SISTEMA
DAS
CONTRADIÇÕES
ECONÔMICAS
OU
FILOSOFIA DA MISÉRIA

Dados Internacionais de Catalogação na Publicação (CIP)
(Câmara Brasileira do Livro, SP, Brasil)

Proudhon, Pierre-Joseph, 1809-1865.
Sistema das contradições econômicas, ou,
Filosofia da miséria, tomo I / Pierre-Joseph
Proudhon ; tradução de J. C. Morel. – São Paulo :
Ícone, 2003. – (Coleção fundamentos de filosofia)

ISBN 85-274-0704-3

1. Economia 2. Filosofia francesa 3. Proudhon,
Pierre-Joseph, 1809-1865. Sistema das contradições
econômicas, ou, Filosofia da miséria 4. Socialismo
5. Trabalho e classes trabalhadoras I. Título.
II. Título: Filosofia da miséria. III. Série.

02-6482   CDD-335

Índices para catálogo sistemático:

1. Economia socialista   335
2. Socialismo : Economia   335

Pierre-Joseph Proudhon

SISTEMA
DAS
CONTRADIÇÕES ECONÔMICAS
OU
FILOSOFIA DA MISÉRIA

TOMO I

Tradução de J. C. MOREL

© Copyright 2003.
Ícone Editora Ltda.

Título Original
Système des Contradictions Économiques
ou Philosophie de la Misère

Capa e Diagramação
Andréa Magalhães da Silva

Tradução, Introdução e Notas
José Carlos Orsi Morel

Revisão
Rosa Maria Cury Cardoso

Proibida a reprodução total ou parcial desta obra,
de qualquer forma ou meio eletrônico, mecânico,
inclusive através de processos xerográficos,
sem permissão expressa do editor
(Lei nº 9.610/98).

Todos os direitos reservados pela
ÍCONE EDITORA LTDA.
Rua das Palmeiras, 213 – Sta. Cecília
CEP 01226-010 – São Paulo – SP
Tel./Fax.: (11) 3666-3095
www.iconelivraria.com.br
editora@editoraicone.com.br
edicone@bol.com.br

Índice

Introdução, 7

Nota Técnica Sobre a Tradução, 33

Prólogo, 37

Capítulo I – Da Ciência Econômica, 85
   § I - Oposição do fato e do direito na economia das sociedades, 85
   § II - Insuficiência das teorias e das críticas, 95

Capítulo II – Do Valor, 115
   § I - Oposição do valor de utilidade e do valor de troca, 115
   § II - Constituição do valor: definição da riqueza, 141
   § III - Aplicação da lei da proporcionalidade dos valores, 158

Capítulo III – Evoluções Econômicas – Primeira Época
  – A Divisão do Trabalho, 177
   § I - Efeitos antagonistas do princípio de divisão, 179
   § II - Impotência dos paliativos. Os Srs. Blanqui, Chevalier,
      Dunoyer, Rossi e Passy, 190

Capítulo IV – Segunda Época – As Máquinas, 213
   § I - Do papel das máquinas na sua relação com a liberdade, 215
   § II - Contradição das máquinas. Origem do capital e do
      salariado, 228
   § III - Preservativos contra a influência desastrosa das máquinas, 249

Capítulo V – Terceira Época – A Concorrência, 261
   § I - Necessidade da concorrência, 261
   § II - Efeitos subversivos da concorrência e destruição da liberdade
      por ela, 278
   § III - Remédios contra a concorrência, 296

Capítulo VI – Quarta Época – O Monopólio, 309
   § I - Necessidade do monopólio, 310

§ II - Desastres no trabalho e perversão nas idéias causadas pelo monopólio, 328

Capítulo VII – Quinta Época – A Polícia ou o Imposto, 353

§ I - Idéia sintética do imposto. Ponto de partida para o desenvolvimento desta idéia, 355

§ II - Antinomia do imposto, 366

§ III - Conseqüências desastrosas e inevitáveis do imposto. (Gêneros de primeira necessidade, leis suntuárias, polícia rural e industrial, patentes de invenção, registro de marcas, etc.), 383

Introdução[1]

I

As *Contradições Econômicas*, figuram entre os primeiros livros de Proudhon. Quando ele começou a redigi-las, tinha publicado apenas a *Celebração do Domingo* (1839), suas três memórias sobre a propriedade (1840-1842) e a *Criação da Ordem na Humanidade* (1843).

Publicadas em 1846, parece que Proudhon tenha começado a redigi-las em 1844. Elas aparecem como uma seqüência lógica de sua *Advertência aos Proprietários* de 1842, que constitui a terceira memória sobre a propriedade. Por ocasião desta redação, Proudhon conserva ainda o seu emprego junto à firma dos irmãos Gauthier, da qual se desligará apenas no final de 1847.

Nascido em 15 de janeiro de 1809 em Besançon, filho de um toneleiro arruinado e de uma cozinheira, ele foi sucessivamente boieiro, tipógrafo e impressor. O escândalo suscitado pelas suas Memórias sobre a Propriedade fez com que ele perdesse uma bolsa de estudos que gozava entre 1839 e 1842 da Academia de Besançon (a pensão Suard). Nesta época também (1839-40) ele perde a tipografia que tinha comprado em sociedade com outros dois companheiros e endivida-se permanentemente, além de ser denunciado como criminoso político, pelas suas memórias sobre a propriedade. Em 1842, depois de ter sido processado e absolvido consegue um emprego na firma de

---

[1] Nesta Introdução, retomamos os principais argumentos expostos na *Introduction*, redigida pela Federação Anarquista Francesa no frontispício de sua edição das *Contradições Econômicas* (1983) e acrescentamos algumas considerações de nossa lavra. A responsabilidade final pelo texto será evidentemente nossa.

dois ex-colegas de estudo, os irmãos Gauthier, que montaram um negócio de transporte fluvial de cargas na região de Lyon. Suas funções nesta firma eram um pouco vagas, funcionando como contador, caixeiro-viajante, procurador para pendências comerciais e judiciais, além de supervisionar embarques e desembarques de mercadorias e projetar roteiros. Foram anos em que ele passava seus dias com marinheiros, estivadores, comerciantes, foguistas e mecânicos, além de carroceiros e oficiais de justiça. Desenvolveu igualmente relações com o movimento operário de Lyon, principalmente com os *canuts* – os operários da seda – cuja ideologia e modo de organização influiriam poderosamente na sua obra. Passa a residir itinerantemente entre Besançon na casa paterna, em Lyon e em Paris onde mantém pequenos apartamentos alugados, ao sabor dos negócios. Nesta época igualmente apaixona-se por uma camponesa em Lyon, mas o romance não vinga. Contratado como proletário, Proudhon lentamente começa a entrar em relações com o "mundo dos negócios" e a manter contactos regulares com representantes comerciais, juristas e homens de Estado e estas novas tarefas o obrigam a redigir memoriais, petições, pareceres, requisições e envolver-se com o lado prático da administração de negócios. Em 1844 é obrigado a permanecer de janeiro até agosto em Lyon, mas os negócios lhe deixam tempo suficiente para que comece a trabalhar em uma obra mais importante que conta ver publicada em Paris: são os primeiros esboços da *Filosofia da Miséria*. Em 1845 Lacordaire vem a Lyon pregar a quaresma e encontrará um ouvinte atento em Proudhon, que aproveitará a oportunidade para fazer "...*uma crítica sumária e peremptória de todo o sistema cristão*" em uma carta endereçada ao dominicano e que será publicada pela *Revue Independente* em 25 de março de 1845, com o título *Miserere ou a Penitência de um Rei*; o escrito entretanto não suscitará o interesse que Proudhon esperava. Esta é a segunda fonte da obra que ora traduzimos.

Em 1845, estabelecido com mais freqüência em Paris mas conservando ainda seu emprego "*de barqueiro*" como dirá em suas cartas, Proudhon entra em contacto com o célebre economista Joseph Garnier, fundador do *Journal des Economistes* e da *Societé de Economie Politique* e através deste com o livreiro Guillaumin, especializado em obras de economia e editor do *Journal de Economistes*, que será também o editor das *Contradições*. Proudhon lhe oferece a obra em uma carta datada de 15 de agosto de 1845, na qual coloca algumas condições "...*inicialmen-*

te, embora o Sr. seja o editor oficial de todas as obras de economia política publicadas na França, espero ter garantida a liberdade de minhas opiniões, por mais distintas que possam ser daquelas dos Srs. Dunoyer, Rossi e Troplong, entre outros. Pretendo utilizar igualmente e da maneira mais ampla, ressalvado o respeito merecido às pessoas e as considerações que merecem as posições e os talentos reconhecidos, do direito de refutação e de crítica. O senhor, Sr. Guillaumin, poderia conceder-me esta dupla franquia? Por minha parte, prometo, e não julgo necessário dizê-lo, manter a polêmica na forma mais polida e acadêmica possível...". Mas como querer que a pena de Proudhon seja "acadêmica" durante mais de oitocentas páginas?

A promessa tranqüiliza inicialmente Guillaumin que à seguir, como diz Saint-Beuve, não foi precisamente congratulado pelos economistas por ter introduzido o lobo no redil. Na medida em que imprimia o livro, o editor sentia seus temores despertarem sobre as reprovações que este suscitaria entre os economistas seus amigos, tão maltratados por seu opositor. Algumas cartas de Proudhon para Guillaumin, indicam que este último lhe pedia certos retoques e abrandamentos de fórmulas demasiado corrosivas. Em 4 de abril de 1846, Proudhon aceita suprimir uma passagem relativa à atitude política dos economistas, que "chateava" Guillaumin.

A obra será posta à venda em 15 de outubro de 1846, quando o autor está em Lyon. Deveria ter sido lançada no dia 5 e o próprio Proudhon acredita ter sido esta a data de lançamento, mas o editor, retido no último momento por seus escrúpulos, queria tê-la submetido à uma "censura prévia", o que não impedirá que a obra levante contra seu autor as iras dos espíritos mais opostos, tanto os economistas liberais quanto os socialistas. Proudhon alegra-se com isto. Tentando acalmar o seu editor, temeroso dos prejuízos que a obra poderia causar aos seus negócios, Proudhon replica-lhe: "..trata-se de fazer de vossa livraria o campo de batalha das idéias sociais, que estão na iminência, como podeis facilmente observar, de afogar as idéias políticas, místicas, diplomáticas e filosóficas. Daqui há dois anos a economia política, a economia social ou ciência econômica, seja qual for o nome que vos aprouver, será tudo na opinião pública e ocupará a cabeça da humana enciclopédia..."

No momento em que Proudhon redige as suas Contradições, a escola dos economistas liberais ou manchesterianos promulga suas teses como verdades absolutas. A vigorosa ofensiva de Proudhon será recebida como uma verdadeira agressão. Os socialistas (saint-simonianos e fourieristas) já tinham começado os ataques, mas Proudhon os repele com violência igual ou maior e os despacha ao nível de seitas místicas e liberticidas. Antiliberal e anticomunista, ele anuncia a derrocada tanto do individualismo econômico, quanto do socialismo de 1848.

Como o leitor logo terá a oportunidade de avaliar, a obra consiste essencialmente em uma série de capítulos semi-autônomos onde o autor toma cada um dos pilares básicos da Economia Política de seu tempo – o conceito de valor, a divisão do trabalho, as máquinas, o crédito, a concorrência, o monopólio, a propriedade etc. – e os submete à crítica, visando demonstrar que todos estes conceitos fundamentais, por mais bem construídos que estejam aparentemente, demonstram-se na verdade contraditórios, conduzindo a efeitos contrários aos que inicialmente se propõem; assim, por exemplo, a divisão do trabalho, que é um instrumento de melhoria de produtividade e de acréscimo de valor, acaba por tornar o trabalhador parcelar, escravo do patrão, reduzido a um salário de fome, e as máquinas, que seriam por seu caráter sintético um antídoto à esta fragmentação, do momento em que se instalam na oficina acabam por piorar as condições do assalariado porque, sendo mais produtivas, acabam por reduzir a necessidade de braços. Para Proudhon a Economia é uma ciência e estas contradições não demonstram o contrário, porque, conquistado pelo método dialético para ele *"onde há contradição, há iminência de solução e de harmonia"*. A sua dialética, entretanto, não será a dialética triádica de Hegel, com *tese, antítese* e *síntese*, mas sim uma dialética serial, inspirada em parte por Fourier e Kant, em parte por Hegel, mas com muito de pessoal, na qual a síntese não ocorre nunca; as contradições ao se desenvolverem demonstram apenas a *parcialidade e a precariedade dos conceitos*, ou seja, a limitação com que estes apreendem a realidade e na verdade a solução da antinomia não está nem no meio-termo ou na conciliação, nem numa síntese arbitrária construída à partir da antítese, mas sim em uma *fusão* dos conceitos antinômicos em um conceito superior, mais amplo e mais forte que simultaneamente englobe e dissolva a antinomia observada neste conceito de ordem superior, e tal conceito, por sua vez gerará outra antinomia, que deverá ser novamente superada, e assim por diante. Este movimento, para Proudhon, é, entretanto, *empírico* e não *apriorístico*, e somente pode ser descoberto pela razão em confronto com a realidade. A crítica que Proudhon faz aos socialistas seus contemporâneos é a de justamente ignorarem este lado científico e concreto da realidade, dado pelas antinomias da economia, ignorância esta que os conduz à utopia dos sistemas irrealizáveis, fruto do sonho ou da boa vontade, ou então à adesão cega e rígida à *negação* de uma tese da economia, sem perceber a necessidade desta *negação* ser superada.

Esta *dialética serial*, Proudhon já tinha esboçado e parcialmente desenvolvido na sua obra *Da Criação do Ordem na Humanidade* (1843), que é escrita justamente entre a crise provocada pelas suas *Memórias sobre a Propriedade* e as *Contradições*, em um momento difícil de sua vida, tanto material quanto politicamente. Tendo sido recém-absolvido em um processo por crime político e estando quase sem recursos materiais, Proudhon tenta ser *"sereno e científico"* nesta obra e isto prejudica muito seu estilo, tornando-a indigesta. A obra, situada entre duas outras muito polêmicas e de impacto, tem pouca ressonância e é pouco lida e conhecida, mesmo hoje em dia. Isto é lamentável porque muitos dos argumentos da *Contradições* são desenvolvimentos e aplicações do método esboçado na *Criação da Ordem*.

Proudhon demonstra-se nas *Contradições* um leitor assíduo da Economia Política clássica e bastante familiar de Adam Smith, de Malthus, de Ricardo, de J. B. Say e de todos os epígonos franceses da escola liberal, seus contemporâneos; demonstra-se igualmente conhecedor do socialismo seu contemporâneo principalmente das obras de Blanqui e de Louis Blanc, com que polemizará asperamente, bem como de Fourier, que já é citado na *A Criação da Ordem*. Além disto manifestará um certo conhecimento da filosofia alemã, que vinha estudando desde 1838, nos tempos da sua bolsa de estudos.

Aqui cabe um pequeno esclarecimento. Proudhon desconhecia o alemão e desta forma não poderia ter acesso direto aos textos dos filósofos alemães. Ele extrai os seus conhecimentos de várias fontes: em primeiro lugar das obras de história da filosofia publicadas em francês, que resumem e citam trechos de vários dos filósofos importantes do Romantismo e do Idealismo alemães. Suas principais fontes neste sentido são o *Cours d'Histoire de la Philosophie* e os *Fragments Philosophiques* de Victor Cousin e a *Histoire de la Philosophie Allemande* de Barchou e Penhoen, esta última obra em dois grandes volumes e cinco capítulos dedicados respectivamente a Leibniz, Kant, Fichte, Schelling e Hegel. Ele as consulta na biblioteca do Institut de France. As suas relações com Tissot, professor de filosofia em Dijon e bisontino como ele, estudioso da filosofia alemã e primeiro tradutor de Kant para o francês, lhe permitirão um melhor conhecimento da filosofia crítica de Kant e a sua leitura em tradução; as aulas de Ahrens, um exilado alemão em Paris e professor de Direito, publicadas em uma obra intitulada *Droit Naturel*, livro que conhecerá grande fortuna, lhe permitirão um melhor conhecimento da filosofia política de Fichte e de Hegel. Serão entretanto seus contactos em Paris com Karl Grünn e com Mikhail Bakunin, entre 1840 e 1848, que lhe permitirão um acesso mais direto à filosofia de Hegel. Lembremos que Grünn fazia parte da esquerda hegeliana e que Bakunin, que dominava perfeitamente o alemão, já era um hegeliano convicto, desde os seus anos de Moscou, no Círculo Stankievich (entre 1835 e 1839). Ainda em 1847, segundo o testemunho de Herzen, Proudhon e Bakunin mantinham animadas discussões filosóficas sobre Hegel, no apartamento do músico Reichel, aonde Bakunin então residia, e que duravam muitas vezes a noite inteira.

Vemos desta forma que Proudhon descobre a filosofia alemã, a economia política inglesa e o socialismo francês – as três fontes que Lenin atribui ao marxismo – de maneira independente e anteriormente à Marx. Veremos também que ele extrai destas fontes conclusões algumas vezes próximas, como é o caso da descoberta da mais-valia, e muitas outras vezes muito distantes e diametralmente opostas, às de Marx.

Este último tem relações contraditórias e ambíguas com o tipógrafo bisontino. Se nos seus primeiros escritos, na *Sagrada Família*, por exemplo, ele o considera muito, dizendo que *O que é a Propriedade* é um manifesto científico do proletariado francês e dizendo que o livro terá para o Quarto Estado, a mesma importância que a obra de Seyes teve para o Terceiro; atacará violentamente as *Contradições Econômicas* em um panfleto de má-fé, a *Miséria da Filosofia*, e conservará pelo resto da vida um rancor profundo pelo francês. Em uma carta a Engels em 1870, na ocasião da guerra franco-prussiana, ele ainda dirá que "*os franceses precisam ser surrados*" e que "*a vitória de Bismark sobre Napoleão III significará a vitória do nosso socialismo sobre o socialismo de Proudhon*". Por que tal ira?

Existem poucos documentos sobre as relações entre Marx e Proudhon, mas é seguro que elas existiram. Proudhon deve ter recebido Marx no apartamento que alugava em Paris, na rua Mazarine 36, entre setembro de 1844 e janeiro de 1845. Nada podemos dizer sobre o número destes encontros, nem sobre a sua duração ou freqüência. Quando Marx chega em Paris em 1844, Proudhon já é um polemista de sólida reputação e conhecido em toda a Europa; ademais ele já goza de alguma influência sobre o proletariado, principalmente em Lyon e em Paris. Marx, ao contrário, é totalmente desconhecido. São homens muito diferentes tanto pela origem social quanto pelo temperamento e é bom citar algumas descrições de ambos, feitas por admiradores críticos.

Karl Grünn assim descreve o seu primeiro encontro com Proudhon: *"... Como eu posso explicar(...) é um proletário que investiga a ciência social e que é recompensado desta coragem por um processo criminal e que não se amargura com isto. Quando eu entrei no quarto de Proudhon, eu vi um homem bastante encorpado, nervoso, de seus trinta anos, vestindo um colete de lã e calçando tamancos. Era um quarto de estudante com uma cama, alguns livros nas estantes e sobre a mesa alguns exemplares do "National" e uma revista de economia política.(...) Nem bem eram passados cinco minutos e já estávamos engajados em uma cordial entrevista e o diálogo corria tão facilmente que eu nem tive tempo de perceber o quanto tinha me enganado ao supor que encontraria aqui a desconfiança de um J. J. Rousseau ou de um Louis Boerne..."*[2].Já Karl Schuz, que nunca foi inimigo do pensamento de Marx, assim o descrevia: *"...o que Marx dizia era certamente substancial, lógico e claro, mas nunca conheci um homem de tanta arrogância nas atitudes, arrogância que tanto feria e que era insuportável. Quando uma opinião afastava-se da sua, ele sequer dava-se ao trabalho de a examinar. Se alguém o contradizia, ele o tratava com um desprezo que mal conseguia dissimular... Eu me lembro ainda do tom de vomitório com o qual ele pronunciava a palavra bourgeois (burguês); era de bourgeois que ele tratava qualquer pessoa que se permitia contradizê-lo..."*[3].

Os contrastes entre as naturezas, as origens e modos de vida entre os dois pensadores deixavam entrever os choques que de fato ocorreriam.

Em 1845, antes de se instalar em Bruxelas, Marx assinou um contrato como editor Leske de Darmstadt para uma *Crítica da Política e da Economia Política*. Em abril deste ano Engels passa por Bruxelas e leva o amigo para a Inglaterra, para que esta conheça Weitling. Em

---

[2] GRÜNN, Karl : *Correspondence*, carta de 4 de janeiro de 1845.
[3] Citado por Daniel HALEVY: *La Jeunesse de Proudhon.*

setembro nasce Laura Marx. Em fevereiro de 1846 Marx e Engels tomam a iniciativa de lançar um comitê de correspondência dos comunistas e começam seus ataques contra Weitling. Em maio, Marx escreve a Proudhon com dupla finalidade: propor que este se torne seu correspondente parisiense e para tentar desvinculá-lo de Karl Grünn, este jovem filósofo alemão, discípulo de Feuerbach e militante socialista, de quem Proudhon é muito amigo, apesar de divergências ideológicas. Grünn é um humanista feurebachiano e Marx um comunista e ambas tendências, apesar de numerosas nuanças, disputam a influência entre os refugiados alemães de Paris e ambas querem vincular-se a Proudhon. Tanto o Marx da *Sagrada Família,* quanto o Grünn do *Movimento Social na França* divulgam suas relações com Proudhon, mas o livro de Marx conhece um sucesso menor que o do seu rival. Em Paris, por fim é Grünn quem é o porta-voz de Proudhon para os alemães exilados, pois Marx tinha sido expulso do país.

Eis o teor das cartas trocadas (os negritos correspondem às ênfases dos próprios autores). Em primeiro lugar a de Marx:

"Meu caro Proudhon:

Há muito tencionava escrever-vos, desde que deixei Paris. Circunstâncias independentes de minha vontade impediram-me até o momento. Peço que acrediteis que foram um excesso de trabalho, os embaraços de uma mudança de domicílio e coisas do tipo os únicos motivos de meu silêncio.

*Agora transportemo-nos **in media res**. Juntamente com dois de meus amigos, Frederic Engels e Philippe Gigot (ambos em Bruxelas), organizei com os socialistas e comunistas alemães uma correspondência contínua que deverá ocupar-se tanto da discussão das questões científicas quando da vigilância à exercer sobre os escritos populares e a propaganda socialista que por este intermédio se pode fazer na Alemanha. A meta principal de nossa correspondência será entretanto colocar os socialistas alemães em contacto com os socialistas franceses e ingleses e manter os estrangeiros ao par dos movimentos socialistas a operarem-se na Alemanha, bem como informar aos alemães residentes na Alemanha sobre os progressos do socialismo na França e na Inglaterra. Desta forma as diferenças de opinião poderão vir à luz e chegaremos a uma troca de idéias e a uma crítica imparcial. Este* será um passo que o movimento social terá dado em sua expressão *literária*, para que se desembarace dos limites da **nacionalidade**. E no momento da ação, será certamente de um grande interesse para cada um estar informado do estado dos negócios no estrangeiro, assim como em casa.

Além dos comunistas da Alemanha, nossa correspondência compreenderá igualmente os socialistas alemães em Paris e Londres. Nossas relações com a Inglaterra já estão estabelecidas; quanto à França, todos acreditamos que não poderemos encontrar melhor correspondente que vós: sabeis que até hoje os ingleses e os alemães vos apreciaram melhor que vossos próprios compatriotas.

Vereis portanto que se trata de criar uma correspondência regular e de assegurar os meios para prosseguir o movimento social nos diversos países, trata-se de atingir um lucro rico e variado, que o trabalho de um só não poderá jamais realizar.

Se concordais com nossa proposição, as despesas de correio para as cartas que lhe serão enviadas, bem como as daquelas que enviareis, serão suportadas daqui, pois estão sendo feitas coletas na Alemanha destinadas a cobrir as despesas de correspondência.

O endereço para o qual escrevereis é o do Sr. Philippe Gigot, rua Bodendrock 8, Bruxelas. Será ele igualmente o responsável pelas cartas de Bruxelas.

Não tenho a necessidade de acrescentar que toda esta correspondência exige de vossa parte o segredo mais absoluto; na Alemanha, nossos amigos têm que agir com a maior circunspecção para evitar comprometerem-se. Respondei-nos logo e acreditai na amizade muito sincera de

Vosso devotadíssimo
Charles MARX

Bruxelas, 5 de maio de 1846

PS.: Denuncio-vos aqui o Sr. Grünn em Paris. Este homem é apenas um cavalheiro da indústria literária, uma espécie de charlatão que quer fazer o comércio das idéias modernas. Ele trata de ocultar a sua ignorância sob frases pomposas e arrogantes, mas apenas conseguiu tornar-se ridículo com o seu galimatias. Além disto, este homem é **perigoso**. **Ele abusa** do conhecimento que travou com autores de renome, graças à sua impertinência, para fazer deles um pedestal e comprometê-los com relação ao público alemão. Em seu livro sobre os socialistas franceses, ele ousa denominar-se o professor (**Privatdozent**, uma dignidade acadêmica na Alemanha) de Proudhon e pretende ter-lhe desvendado axiomas importantes da ciência alemã e brinca com seus escritos. Guardai-vos de semelhante parasita. Talvez mais tarde eu volte a falar-vos sobre este indivíduo. Aproveito com prazer a ocasião que me é oferecida para assegurar-vos o quanto me é agradável entrar em relações com um homem tão distinto quanto vós. Aguardando, permiti que me diga

Vosso devotadíssimo
Philippe GIGOT

Quanto a mim, Sr. Proudhon, apenas posso esperar que aproveis este projeto que acabamos de vos propor e que tereis a complacência de não recusar-nos a vossa cooperação. Assegurando-vos do profundo respeito que vossos escritos inspiraram-me sobre vossa pessoa, sou

Vosso devotadíssimo
Frédéric ENGELS

Vejamos agora a resposta de Proudhon:

Lyon, 17 de maio de 1846

Ao Sr. MARX

Meu caro Sr. Marx, consinto de boa vontade em ser um dos destinatários de vossa correspondência, cuja meta e organização parecem-me ser muito úteis. Não vos prometo entretanto escrever-vos muito e nem com freqüência: minhas ocupações de várias naturezas, bem como uma preguiça natural não me permitem estes esforços epistolares. Tomarei igualmente a liberdade de fazer algumas reservas, que me foram sugeridas por diversas passagens de vossa carta.

Em primeiro lugar, ainda que minhas idéias a respeito de organização e de realizações estejam no momento completamente paradas, ao menos no que diz respeito aos princípios eu creio que é meu dever, bem como dever de todo o socialista, conservar ainda por algum tempo a forma crítica e dubitativa; em uma única palavra, eu faço uma profissão com o público de um antidogmatismo econômico quase absoluto.

Investiguemos em conjunto, se assim o desejais, as leis da sociedade, o modo como tais leis se realizam, o progresso segundo o qual nós chegamos a descobri-las. Mas por Deus! Depois de ter demolido todos os dogmatismos *a priori*, não aspiremos de modo algum por nossa parte a doutrinar novamente o povo; não recaiamos na contradição de vosso compatriota Martinho Lutero que, depois de ter derrubado a teologia católica, pôs-se logo a fundamentar com um grande reforço das excomunhões e dos anátemas, uma teologia protestante. Há três séculos a Alemanha está ocupada unicamente em destruir este remendo do Sr. Lutero; não talhemos para o gênero humano uma nova tarefa como esta por novos desperdícios. Aplaudo de todo o coração vosso pensamento de trazer à luz todas as opiniões; façamos uma boa e leal polêmica; demos ao mundo o exemplo de uma tolerância sábia e previdente mas, como estamos à frente de um movimento, não nos façamos os chefes de uma nova intolerância, não nos ponhamos como apóstolos de uma nova religião, mesmo que esta seja a religião da lógica, a religião da razão. Acolhamos e encorajemos todos os protestos, condenemos todas as exclusões e todo o misticismo; nunca consideremos uma questão como esgotada, quando tivermos usado o nosso último argumento recomecemos, se preciso for, com eloqüência e ironia. Sob tais condições eu entraria com prazer em vossa associação, do contrário não!

Tenho igualmente algumas observações a fazer sobre esta palavra em vossa carta: **No momento da ação**. Talvez ainda conserveis a opinião de que nenhuma reforma é atualmente possível sem um golpe de mão, sem aquilo que se denomina uma revolução, mas que nada mais é que um abalo. Esta opinião, que concebo e escuso e que discutiria de boa-vontade, pois eu mesmo a compartilhei por longo tempo, confesso-vos que meus últimos estudos me fizeram abandoná-la. Acredito que não temos a necessidade disto para triunfar e que conseqüentemente não devemos colocar a **ação revolucionária** como meio de reforma social, porque este pretenso meio seria simplesmente um apelo à força, ao arbítrio, ou, em breve, uma contradição. Eu coloco assim o problema: *fazer voltar para a sociedade, por uma combinação econômica, as riquezas que saíram da sociedade através de outra combinação econômica.* Em outros termos, usar, na Economia Política, a teoria da Propriedade contra a Propriedade, de maneira a gerar aquilo que vós, socialistas alemães, denominais **comunidade** e que eu, no momento, limitar-me-ia a denominar **liberdade, igualdade.** Ora, eu creio saber o meio de resolver em curto prazo este problema: prefiro pois fazer a Propriedade arder em fogo lento do que dar-lhe novas forças fazendo um novo São Bartolomeu dos proprietários.

Minha próxima obra, que no momento já se encontra na metade de sua impressão, vos dirá mais sobre isto.

Eis, meu caro filósofo, o ponto em que me encontro neste momento, salvo engano de minha parte, e se isto não ocorrer posso receber a férula de vossa mão, ao que me submeto de boa-vontade aguardando o momento da revanche. Devo dizer-vos de passagem que tais me parecem ser igualmente as disposições da classe operária da França; nossos proletários possuem uma sede tão grande de ciência que seria muito mal acolhido entre eles aquele que lhes oferecesse apenas sangue para beber. Em breve, seria, em minha opinião, uma má política para nós falar-lhes de exterminadores; os meios rigorosos virão na sua hora, o povo não tem necessidade, para tanto, de nenhuma exortação.

Lamento sinceramente as pequenas divisões que, ao que parece, existem no socialismo alemão, das quais vossas queixas contra o Sr. Grünn oferecem-me a prova. Temo que tenhais visto este escritor sob um luz falsa, meu caro Sr. Marx. Grünn está exilado, sem fortuna, com uma esposa e dois filhos, e, para viver, possui apenas a sua pluma. O que quereis que ele explore para viver, senão as idéias modernas? Compreendo a vossa viva cólera filosófica e concordo que a santa palavra humanidade jamais deveria ser objeto de tráfico; mas quero ver aqui apenas a infelicidade, a extrema necessidade e desculpo o homem. Ah! Se fôssemos todos milionários as coisas se passariam melhor; seríamos santos e anjos. Mas é preciso **viver**, e sabeis que esta palavra não significa ainda, infelizmente, a idéia que dela dá a pura teoria da associação. É preciso viver, e isto significa comprar pão, lenha, carne e pagar o senhorio; caramba, aquele que vende idéias sociais não é mais indigno do que aquele que vende um sermão. Ignoro completamente se Grünn jactou-se de ser meu preceptor; preceptor do que? Eu ocupo-me apenas de economia política, coisa da qual ele sabe quase nada; eu considero a literatura como um brinquedo de menina; quanto à minha filosofia, eu a conheço o suficiente para ter o direito de me divertir ocasionalmente com ela. Grünn nada desvelou-me de absolutamente novo e se disse o contrário, disse uma impertinência da qual estou seguro que se arrepende.

Aquilo que de fato sei, que eu mais estimo e que me faz tolerar um pequeno acesso de vaidade, é que devo ao Sr. Grünn, bem como ao seu amigo Ewerbeck, o conhecimento que tenho de vossos escritos, meu caro Sr. Marx, dos escritos do Sr. Engels e da obra tão importante de Feuerbach. Estes senhores, a meu pedido, gentilmente fizeram algumas análises para mim, em francês (pois infelizmente não sei ler o alemão), das publicações socialistas mais importantes; é por solicitação destes senhores que devo inserir (o que faria de modo próprio, de resto) em minha próxima obra uma menção às obras dos Srs. Marx, Engels, Feuerbach, etc. Por fim, Grünn e Ewerbeck trabalham para manter o fogo sagrado entre os alemães que residem em Paris, e a deferência que têm por estes senhores os operários que os consultam, parece-me uma garantia segura da retidão de suas intenções.

Eu veria com prazer, meu caro Sr. Marx, a vossa retratação de um julgamento produzido em um momento de irritação, pois estaríeis em cólera quando me escrevestes. Grünn testemunhou-me o desejo de traduzir meu livro atual; compreendi que esta tradução, precedendo qualquer outra, lhe proporcionaria algum socorro; eu ficaria muitíssimo agradecido, convosco e com vossos amigos, e não por mim, mas por ele, se pudésseis emprestar-lhe alguma assistência nesta ocasião, contribuindo para a venda de um escrito que sem dúvida poderia, com vosso auxílio, dar-lhe muito mais proveito do que a mim.

Se quiséreis dar-me o testemunho de vosso concurso, meu caro Sr. Marx, eu enviaria imediatamente as minhas provas para o Sr. Grünn e creio que, não obstante vossas rusgas pessoais, das quais não quero constituir-me em juiz, esta conduta nos honraria a todos.

Sou vosso mui devotado. Meus preitos de amizade a vossos amigos, os Srs. Engels e Gigot

P. J. Proudhon.

A reação não tarda, Engels chega em 16 de agosto de 1846 a Paris, com a missão de aí estabelecer a rede de correspondência e de neutralizar Karl Grünn e com isto retardar a penetração das idéias proudhonianas na Alemanha; basta que o leitor consulte a correspondência entre Marx e Engels entre setembro de 1846 e janeiro de 1848 para se dar conta das principais etapas desta epopéia. Enquanto isto as coisas não correm muito bem na Liga dos Comunistas; Weitling é acoimado de reacionário, Kriege é denunciado em uma circular como "comunista emotivo" e Moses Hess, que tinha iniciado Marx e Engels no socialismo, passa a ser um "sifilítico". Marx consegue ser eleito, em agosto de 1847, presidente da seção de Bruxelas da Liga dos Comunistas, mas mesmo assim, é pouco conhecido fora dos círculos militantes restritos. Lembremos que, já em 1875, o grande historiador da Comuna de Paris, Prosper Lissagaray, ainda pode publicar que o Dr. Marx celebrizou-se *por aplicar o método de Spinoza aos problemas sociais* e sequer ser corrigido nas numerosas resenhas de sua obra. Em maio de 1846 a *Ideologia Alemã* não encontra editor e em fevereiro de 1847, o editor Leske denuncia o contrato que tinha assinado com Marx sobre a publicação da *Crítica da Economia Política*, que foi negligenciada pelo autor. É que Marx tinha uma tarefa mais urgente pela frente.

Em outubro de 1846 foi lançado o *Sistema das Contradições Econômicas ou Filosofia da Miséria* de Proudhon. Muitos comentaristas acharão a obra obscura. Proudhon, que tinha longamente meditado sobre ela, usa como fio condutor de seu desenvolvimento uma série de questões econômicas, propostas para concurso pela Academia de Ciências Morais e Políticas e visa tratá-las pelo método da dialética serial, querendo, como dissemos acima, demonstrar que todas as proposições da Academia são contraditórias. Proudhon escreve ao seu amigo Ackermann, já em 1844: "*...Irei mostrar que todos os dados da Economia Política, da legislação, da moral e do governo são contraditórios, não apenas entre-si mas também em-si e que, entretanto, são todos necessários e irrefutáveis...*". Isto já é, como o leitor em breve o comprovará, um programa das *Contradições Econômicas*, que o autor demorará ainda dois anos para construir.

Por ocasião da morte de Proudhon, em 1865, Marx escreverá, no necrológio raivoso que lhe dedicará no *Sozialdemokrat*, que ele é o culpado por ter "adulterado" Proudhon pois o teria "infestado" de hegelianismo durante as discussões das noites parisienses e não teria podido completar o trabalho, devido à sua expulsão de Paris. Pelo que acima expusemos, o leitor pode aquilatar facilmente a veracidade da proposição, que já foi tomada como moeda corrente por muitos historiadores do socialismo.

Mas uma análise do método de Proudhon nos revela que sua dialética pouco deve a Hegel nas suas bases e para fundamentar esta e outras proposições à seguir, remetemos o leitor à *"Criação da Ordem na Humanidade"*, bem como aos apontamentos de Proudhon (os *Carnets*) relativos aos anos 1837-1840, onde ele resume seus estudos no Institut de France, através de pequenas notas de leitura. A dialética proudhoniana é, ao mesmo tempo, a formulação do mecanismo de organização e de evolução das sociedades e um método de raciocínio que tem por meta impedir todo o dogmatismo. O mundo nela aparece ao observador como uma *"pluralidade de elementos irredutíveis, ao mesmo tempo antagônicos e solidários"*. A antinomia é o constituinte típico deste pluralismo, é um "par" de forças ao mesmo tempo antagônicas e complementares. A resolução da antinomia é impossível, porque é da sua existência que resultam o movimento e a vida. A síntese é artificial ou implica a morte. No melhor dos casos estas antinomias se contrabalançam e podem alcançar um equilíbrio, sempre instável porque a perfeição não existe e somente pode ser admitida, metodologicamente, como o ponto de partida de um raciocínio e jamais como um resultado, como possibilidade real.

O leitor familiarizado com as modernas discussões de epistemologia da física, não deixará de notar analogias profundas entre este macérrimo resumo do método proudhoniano e as modernas discussões sobre o fundamento dialético da Mecânica Quântica, ou os princípios de incerteza associados não apenas à Quântica, mas a algumas formulações da Teoria do Caos. Sustentamos que tais analogias não são mera coincidência, mas sim resultam simultaneamente da intuição de Proudhon e de seu apreço pelos cientistas-filósofos fundadores da ciência moderna, como Descartes, Galileu, Bacon, Newton e Leibnitz, a quem ele cita freqüentemente. A moderna concepção das grandezas como operadores, da partícula enquanto complexidade de conteúdos físicos representados pela função de onda, de indeterminabilidade a longo prazo dos sistemas dinâmicos e o significado dos Princípios de Incerteza e de Complementaridade podem ser correlacionadas com mais de um aspecto da dialética proudhoniana e, em nossas notas ao texto, indicaremos melhor estes pontos de convergência.

As antinomias se organizam sob a forma de séries para Proudhon, e esta é uma herança que ele recebe de Fourier. O respeito da antinomia é a fonte da liberdade, tanto individual como coletiva e para ele *"..descobrir uma série é perceber a unidade na multiplicidade..."*[4]. *"...retiremos a antinomia e o progresso dos seres fica inexplicável. Retiremos a série e o mundo nada mais é que uma confusão de oposições terríveis...",* como diz na *Criação da Ordem*. As antinomias podem contrabalançar-se entre si ou com outras antinomias, mas sem resolução possível: *"...um balanço não é uma síntese...", "... a antinomia não se resolve: eis o vício fundamental do sistema de Hegel.."* dirá ele mais tarde na obra *Da Justiça na Revolução e na Igreja*.

A descoberta desta *"lógica real do mundo"* deve permitir elaborar um método de raciocínio, *"uma marcha do espírito de uma idéia para outra através de uma idéia superior, de uma série"*. Tal marcha de idéias por fim, gerada pela cópia do processo real, nunca deve deixar de encarnar-se na realidade, a lógica não se desacopla do mundo porque *"...toda a idéia nasce da ação e à ação deve retornar, sob pena de decadência do agente..."* (*Da Justiça...*). Desta forma, no dizer de Jean Bancal, a dialética serial descobre-se como um método "ideo-realista" que opõe-se tanto ao idealismo quanto ao materialismo.

Dirá ainda um autor importante de meados do séc. XX – Georges Gurvitch – sobre esta polêmica Marx-Proudhon: *"Marx pretende que Proudhon possua um espírito dialético, no sentido em que ele busca constantemente a contradição e que desta forma enreda-se nas suas próprias contradições. Mas isto equivale a esquecer que, independentemente da dialética hegeliana, existem outras interpretações da dialética... Proudhon, longe de demolir a dialética, multiplica os seus métodos. Em suma, quando se lê atentamente Marx, vê-se que ele carrega Proudhon com todos os pecados da dialética, sem querer reconhecer que Proudhon é ao mesmo tempo o iniciador de novas orientações da dialética, precisamente daquelas que hoje venceram e que ligam a dialética a um empirismo sempre renovado..."* (Proudhon et Marx - 1966).

Nas *Contradições* sentimos inegavelmente a influência alemã na terminologia empregada por Proudhon, mas tal influência é muito mais rara na substância. Com efeito se Proudhon ainda utiliza nesta

---

[4] Não podemos mais uma vez nos furtar a uma comparação com os fundamentos da física ao evocar um certo paralelismo entre formulações deste tipo e teoria de bifurcações e as "rotas para o caos" de David Ruelle, por exemplo.

obra freqüentemente o termo *síntese*, do qual se desembaraçará definitivamente apenas à partir do *Da Justiça na Revolução e na Igreja*, mas ele raramente as realiza enquanto tais, designando na maioria das vezes sob tal nome apenas o par tese-antítese, o que não deixa de complicar um pouco a leitura da obra. Uma das raras sínteses que ele tentará aqui, será a tentativa de opor *valor de uso e valor de troca*, que deverão dar origem ao *valor constituído*, mas a construção é incompleta e a discussão das "marcas de fábrica" que ele realiza no parágrafo III do capítulo VII e que seria importante para efetivamente fundamentar este novo tipo de valor é muito esquemática e isolada para atingir este objetivo. Um equívoco comum em muitos comentadores sem conhecimento aprofundado do pensamento proudhoniano é o de acusá-lo de raramente realizar sínteses, quando na verdade, este não é o seu objetivo mas sim o de desenvolver e opor antinomias e séries. Ele não busca uma unidade absoluta e indivisível, mas sim tenta afirmar a pluralidade em uma unidade organizativa. O leitor atento aliás, logo perceberá que na obra, o Absoluto é sempre referenciado e remetido, mas é também constantemente rompido; isto porque, para Proudhon, o Uno, o Absoluto, é totalmente inatingível. A vida e o conhecimento somente são possíveis à partir da cisão do absoluto em Dualidades antinômicas que uma vez instaladas, não deixarão de multiplicar-se, dando origem assim a um movimento cuja intelecção constitui propriamente a compreensão do real e conseqüentemente do absoluto e não, como querem muitos, a reconstituição da unidade perdida.

Não tentaremos aqui analisar as *Contradições Econômicas*; seria tarefa difícil, inglória e ademais inútil. Que o leitor entretenha-se com o texto e o leia com calma e sem espanto, que não se assuste com fórmulas aparentemente paradoxais para um socialista: elas raramente são duráveis. Que ele se lembre que no frontispício da edição original, o autor fez constar como exórdio o versículo do Gênesis *Destruam et Aedificabo* (eu destruo e eu construo) e que se lembre também do trecho de sua carta a Ackermann que acima citamos. O objetivo central de Proudhon aqui é demonstrar as contradições e estabelecer a complementaridade. Neste sentido diríamos que esta é uma obra de "dialética negativa" e que suas "soluções para o problema social" serão o objetivo de suas preocupações à partir da crise da Revolução de 1848, em obras como *O Princípio do Federalismo*, o já citado *Da Justiça...* e o seu testamento político, a *Capacidade Política da Classe Operária*.

23

As *Contradições* marcam uma etapa importante na obra de Proudhon. Sua sociologia, sua moral e sua dialética nela se desenvolvem. Se ódio contra o absolutismo (contra Deus, contra todas as formas de Estado, contra a Exploração) aqui exprimem-se claramente e muitas de suas páginas constituem ainda hoje exposições candentes das entranhas do capitalismo Ele considerará durante toda a sua vida este livro como uma de suas obras-primas. O texto é inegavelmente difícil, nem tanto pela linguagem, elegante mas despojada, mas sim pelo ritmo de exposição e de articulação das idéias. Até se acostumar com a descrição das antinomias, o leitor muitas vezes choca-se com a brutalidade de alguma fórmula, ou pela defesa de uma posição aparentemente paradoxal sob a pena de um anarquista. Estas são entretanto *etapas*, que serão geralmente desconstruídas em parágrafos posteriores do capítulo, ou em outros capítulos, pois existem desdobramentos antinômicos *internos* e *externos* na obra. Se nossa experiência valer de algo, diremos que em trinta anos lemos quatro vezes a obra. Para muitos leitores será conveniente tomar notas de leitura.

II

O livro não fez muito sucesso na França, nos primeiros tempos; a sua segunda edição somente verá a luz em 1860: decorreram portanto quase quinze anos para que a obra se esgotasse. Os economistas liberais, tão maltratados no livro, fizeram silêncio sobre ele o quanto puderam. Na Alemanha, ao contrário, seu impacto foi estrondoso, a ponto de Herzen comentar que "...*A Essência do Cristianismo de Feuerbach e o Sistema das Contradições Econômicas de Proudhon, são os únicos dois livros que contam no séc. XIX...*".

Uma semana depois de lançado, Engels anuncia as *Contradições* a Marx e dois meses mais tarde, no começo de 1847, propõe enviar-lhe as "*notas muito detalhadas que tomei*". Em dezembro de 1846, "*...depois de ter percorrido em dois dias*" a obra Marx transmite suas impressões a Annenkov, em uma carta de dez páginas que é o primeiro embrião da *Miséria da Filosofia* e nela Proudhon é apresentado como um pequeno-burguês místico, que faz uma falsa análise do valor, cuja dialética tem de hegeliana apenas a linguagem e que faz um processo "*ridículo*" do comunismo, etc. O texto de Marx é um panfleto de má-fé, mas nele podemos não obstante detectar algumas oposições reais e fundamentais entre os dois homens.

Em Marx o papel das forças produtivas vai se restringir progressivamente ao plano único da produção de bens, ao passo que Proudhon tenta sempre ampliar o papel das *forças coletivas*. Marx chega praticamente a negar o papel do indivíduo, ao passo que Proudhon afirma ao mesmo tempo a influência capital das coletividades e das sociedades sobre o indivíduo e a ação determinante do homem sobre a economia e a sociedade. Marx busca as leis gerais das sociedades e leis que dependem de um contexto particular na História, enquanto que Proudhon busca estas leis na própria sociedade e a história serve-lhe apenas de material para análise. Enquanto Proudhon luta pela igualdade em todos os planos (social, cultural, econômico, etc.), Marx a combate como teórico burguês (as noções de igualdade e de liberdade que emanam de 1789). Marx finalmente acusa Proudhon de não ter compreendido a dialética de Hegel e de ser *idealista*, o que é o cúmulo contra um autor que denuncia a quase cada página a *ideomania*.

A questão é saber porque a resposta foi tão rápida: honra singular que Marx não ofereceu a nenhum outro. É preciso não esquecer que já em 1842, na *Reinische Zeitung*, ele nos fala dos "*trabalhos penetrantes de Proudhon*" e depois elogia a *Primeira Memória* na *Sagrada Família*, como já o mencionamos. O próprio Engels, em um artigo publicado no *New Moral World* de 4 de novembro de 1843 exprime-se assim: "*...o escritor mais importante desta corrente é Proudhon, um jovem que publicou há dois ou três anos atrás* **O que é a Propriedade?** *(...) É a obra filosófica dos comunistas franceses...*". Ruge igualmente, em uma carta a Marx de 1º de dezembro de 1845 pede que este escreva a Proudhon, solicitando colaboração para os *Anais Franco-Alemães*. Por que este ataque tão súbito? Será por que Marx sentiu-se ofendido pessoalmente pelos ataques de Proudhon ao comunismo? mas ele não cita Marx pessoalmente e antes atraca-se com Louis Blanc e Blanqui. Será porque, como diz Proudhon em uma de suas notas ao texto de Marx, este se sentiu ferido por estar a base econômica do futuro *Capital* já contida nas *Contradições*? será pela grande repercussão que as *Contradições* encontraram na Alemanha? será pela recusa de Proudhon em participar da Liga dos Comunistas, e de submeter-se a ele, sendo então preciso destruí-lo?

A *Miséria da Filosofia* aparece em julho de 1847. Proudhon encontra-se em Lyon a trabalho, quando em 13 de agosto recebe uma carta de Eisermann, um discípulo de Grünn, com a seguinte notícia: *"...A brochura de Marx saiu, não sei se tu a leste e o que farás, mas eu sinto-me à vontade em dizer-te o que penso disto. Não conheço Marx pessoalmente mas, segundo o relato de amigos, eu o cria inteligente, ambicioso mas pouco sincero; seu livro retifica o meu julgamento a seu respeito. Talvez ele salve a sua sinceridade às custas de sua inteligência. Do que serve Hegel ter-lhe ensinado que as idéias se põem, se opõem e se compõem, se ele é incapaz de fazer a sua aplicação e de combinar duas idéias. Pois veja o seu raciocínio sobre o capítulo do valor; tu te aplicas sobretudo ao lado objetivo do produto (o valor de troca) e, por uma multidão de demonstrações, buscas estabelecer que sendo a razão dos produtos na sociedade quantitativa (A vale A), o princípio da troca deve ser a igualdade. Ao invés de captar esta idéia e combiná-la com o lado subjetivo do produto (o valor de uso), para assim chegar à constituição do valor definitivo através do próprio objeto, o que faria toda a idéia de autoridade evaporar, ele vai perseguir a idéia simples e chega no máximo ao absurdo. Mais adiante ele quer convencer-te de um erro de cálculo demonstrativo, para provar que a sociedade ganha mais que o particular nas suas intenções, e identifica o peso das mercadorias com os indivíduos. Mas o que eu mais admirei é o cuidado que ele demonstra em ocultar o seu ponto de vista, diria que ele teme que a coisa lhe machuque as mãos; ele penetra bem, aqui e acolá, o pensamento revolucionário, mas no capítulo onde poderia tê-lo estabelecido ele se safa por uma impertinência. Em suma, o Sr. Marx é um escrevinhador que construiu frases mais ou menos habilmente arranjadas, e isto eu não posso julgar; mas quanto às suas idéias críticas, elas não possuem absolutamente valor algum; apreciando-as através de seu livro, ele me pareceu um Dom Quixote que luta contra os moinhos de vento, o que é tudo para ele. O número daqueles que aderem às nossas idéias cresce dia-a-dia e seria desejável que o jornal não demorasse. Mas no meio em que estamos há tantos obstáculos a vencer, tantas vontades a ultrapassar que teremos que estar muito dispostos à paciência..."*

Alertado, Proudhon pede a Eisermann que lhe envie o exemplar e este último responde-lhe em 27 de agosto de 1847:

Meu caro Proudhon:

Como o exemplar do livro de Marx pertence a Engels, que está fora de Paris, e me foi emprestado por uma terceira pessoa, fui obrigado a comprar um outro, o que retardou o envio de alguns dias. Grünn aconselha-te a não te ocupares com isso. Ele pode ter razão, do seu ponto de vista, mas permite-me que te diga que não compartilho de sua opinião. Sei bem que pode te ser penoso refutar pessoas que não te entenderam e que consideram tua obra como uma entorse dialética. Assim a tua resposta, se quiseres ter uma, não pode ter por meta reerguer aquilo que ele derrubou, pois dele deixou tudo perfeitamente intacto, mas sim a de ajudar a uma multidão de pessoas que se encontram na mesma categoria que ele a sair de sua subjetividade e a colocar-se na realidade. Desta forma, digo-te francamente que todos os críticos que comentarem a tua obra serão mais ou menos desta espécie. O teu livro é inatacável. Não é apenas a marcha real da humanidade, é uma dedução rigorosa da ordem universal dos Fenômenos. Não digo que assinalaste todas as manifestações da antinomia – restaria ainda alguma coisa a fazer – mas sustento que teu livro deva permanecer em pé.(...) Também ficaria contente que nosso jornal não sofresse atrasos; isto daria novos alimentos à nossa atividade. Já é tempo que a ordem chegue pois, no pé em que as coisas vão, não sei o que restará da sociedade daqui a alguns anos..."

Antes de prosseguir notemos que ambas cartas de Eisermann mencionam um jornal; trata-se do semanário *Peuple*, um projeto que já vem sendo acalentado por Proudhon e seus amigos há dois anos, mas que não se realiza ainda por dificuldades financeiras[5] e que só viria à luz durante a revolução de 1848. Além disto Proudhon tem na época algumas outras preocupações: sua mãe e sua tia morrem no final de 1847 com cinco dias de intervalo, seu noivado com Euphrasie Piégard fracassa e ele deixa o seu emprego junto aos irmãos Gauthier,

---

[5] A legislação de Luís Felipe exigia um depósito de caução a todas as empresas jornalísticas, para fazer frente a eventuais processos judiciais, multas impostas pelo governo e para enfrentar períodos de censura ou de fechamento. Todas estas atitudes eram permitidas ao governo pela legislação e o montante desta caução era de 50.000 F, era este dinheiro que fazia falta à iniciativa e estava sendo negociado junto a alguns empresários republicanos.

pensando em acelerar o projeto do jornal; além disto o clima político europeu modifica-se rapidamente.

Entre agosto e o final do ano Proudhon com certeza debruça-se sobre a *Miséria da Filosofia*. Possuímos ainda o exemplar que lhe mandou Eisermann coberto de notas de sua lavra que testemunham o impacto que o livro teve sobre ele; estas notas marginais são muito interessantes. As suas reações públicas serão nulas, entretanto. Alguns quiseram ver nesta atitude um ato de prudência ou de covardia, para não querer trazer a público uma polêmica que ele não poderia vencer. Esta é a vulgata que encontramos em muitas histórias do socialismo e do marxismo. Na verdade temos que ter uma análise mais nuançada. A correspondência Marx-Engels da época demonstra todo um esforço destes últimos para dissolver a influência de Proudhon sobre uma parcela da emigração alemã em Paris. As cartas que citamos acima mostram inclusive que os adeptos de Grünn estavam informados e envolvidos com o projeto do hebdomadário. Da mesma forma a tradução das obras de Proudhon era sucesso de livraria na Alemanha; a tradução de Grünn das *Contradições* teve três edições em dois anos: vendeu mais que na França. A *Miséria da Filosofia*, ao contrário, tinha vendido até dezembro de 1847 apenas 100 exemplares. Assim parece que o ataque de Marx à Proudhon seja uma batalha nesta guerra de influências sobre o movimento socialista alemão e internacional: duas concepções antagônicas de socialismo, *Estatismo ou Anarquia*, que se defrontam. Uma outra frente desta guerra logo vai ser erguida, durante a Revolução de 1848, contra o projeto de um federalismo eslavo, opondo-se simultaneamente ao Império russo e ao Império Austríaco, que é propagado por Bakunin. As polêmicas neste último caso serão mais acerbas e a *Neue Reinische Zeitung*, dirigida por Marx, não recuará nem mesmo diante das calúnias contra o russo.

Uma primeira reação, reservada, de Proudhon, consta de uma carta que ele envia ao editor das *Contradições*, Guillaumin, em 19 de setembro de 1847, três semanas depois de ter recebido a brochura de Marx através de Eisermann: "*...Não sei como o público francês recebeu esta última obra[6]; o fato é que uma terceira edição de sua tradução acaba de ser anunciada na Alemanha. Recebi ao mesmo tempo um libelo*

---

[6] Isto é, as *Contradições Econômicas*.

de um Dr. Marx, as **Misérias da Filosofia**[7], *em resposta à Filosofia da Miséria. Trata-se de um tecido de grosserias, de calúnias, de falsificações e de plagiatos"*. Esta carta ficou inédita até a década de 1880, quando a correspondência de Proudhon começou a ser publicada. Uma reação mais íntima pode ser observada nos diários pessoais de Proudhon (*Carnets V p. 169*) onde podemos ler esta curta observação escrita raivosamente à lápis e datada de 23 de setembro de 1847: "*Marx é a tênia do socialismo*". Esta última observação somente veio a público mais de um século depois de escrita, quando da publicação dos *Carnets* a partir de 1949. Mais tarde, em 20 de novembro do mesmo ano estes mesmos diários registram a intenção de responder à brochura através de um artigo a ser publicado no *Peuple* e intitulado *Dr. Marx*.

Como interpretar estes fatos? "prudência" nunca foi o forte de Proudhon, que perdeu sua bolsa de estudos pelo *O que é a Propriedade?* e muitas amizades pessoais ao tornar públicas suas posições sobre o problema polonês, a unificação italiana, a valorização dos romancistas, etc. A repercussão do texto de Marx parece igualmente ter sido mínima e, depois da troca de cartas que acima citamos, as posições de Marx e de Proudhon sobre a organização do movimento socialista estavam suficientemente esclarecidas. Por outro lado, sabemos que Proudhon estudou atentamente a *Miséria da Filosofia* e que, menos de um mês depois de tê-la recebido, já podia avaliá-la para o seu editor. A questão central nos parece o *peso relativo* atribuído ao fato por Proudhon. Ele parece ter considerado a brochura digna de uma resposta, mas *apenas através de um artigo*, e não por algo mais substancial, porque talvez tivesse elementos para julgar como *pouco importante* o ataque[8], no contexto em que surgia. É de conhecimento geral o envolvimento de Proudhon com os eventos de 1848. Sua correspondência nos mostra a sua preocupação com os rumos de uma revolução que ele considerava como inevitável e da qual será protagonista. Desconfiava particularmente dos "republicanos burgueses" como Lamartine, Vidal e Arago, que obviamente tinham todo o interesse do mundo em uma revolução política mas abominariam a menor reforma econômica; por outro lado, ele não fazia fé nas propostas de socialistas como Louis

---

[7] No plural no original.
[8] Lembremos que Grünn, p. ex, era contrário a uma resposta.

Blanc e Cabet, como o leitor logo se informará através desta tradução. Estes "faladores" e "utopistas" o preocupavam e poderiam comprometer definitivamente o movimento revolucionário se uma concepção correta de revolução econômica não conseguisse triunfar; daí o seu empenho e o de seus amigos pelo jornal. Ele escreve a Maurice em 22 de janeiro de 1848: "...*Eu trabalho como o diabo e estou bastante seguro; persigo a minha meta com uma resolução e uma obstinação incríveis, não transijo com nada, não renuncio a nada...**preparo os materiais do hebdomadário do qual te falei...***" duas semanas depois a revolução estava nas ruas!

Marx e Engels acompanham atentamente a carreira posterior de Proudhon e terão, depois de sua morte, um confronto póstumo com ele através dos conflitos que permearão a I Internacional; uma análise mais detalhada destes fatos nos conduziria, entretanto, muito além do aceitável neste prefácio. Mas um ponto curioso deve ser mencionado por fim.

Os estudos proudhonianos sempre consideraram que se Marx preocupava-se com Proudhon, mesmo depois da *Miséria da Filosofia*, que a inversa não era verdadeira, ou seja, que Proudhon teria realmente esquecido Marx depois do ataque deste último. De fato, há apenas uma única referência a Marx em sua correspondência, depois destes eventos, em uma carta que escreve da prisão em 1851, por terem lhe chegado aos ouvidos boatos, falsos aliás, de uma reconciliação entre Marx e Grünn. Seus diários nada mais mencionam do alemão, nem tampouco as suas obras.

Pierre Haubtmann entretanto, ao pesquisar os papéis inéditos de Proudhon guardados por suas netas descobriu os esboços de um *Curso de Economia Política*, projeto que o ocupou parcialmente entre 1853 e 1856 e que foi posteriormente abandonado pela redação do *da Justiça na Revolução e na Igreja* e nestes esboços Haubtmann encontrou, dentro dos capítulos apropriados do curso, referências ao livro de Marx. Ao comparar o texto dos fragmentos com as páginas indicadas da *Miséria da Filosofia* no exemplar pessoal de Proudhon, Haubtmann percebeu que se tratava exatamente de ***respostas*** às objeções levantadas por Marx no seu texto, muitas delas desenvolvendo as resumidas notas marginais. Infelizmente estes apontamentos ainda não mereceram a atenção dos editores, ficando inéditos desde a sua descoberta (Haubtmann faleceu em 1971) e portanto não possuímos ainda o conteúdo de uma contraposição serena, que hoje, um século e meio depois dos eventos que aqui descrevemos, seriam sem dúvida de enorme interesse. Citemos apenas um dos trechos divulgados por Haubtmann e que diz respeito à questão da divisão do trabalho:

"Cf. Contrad. Econ. e Miséria da Filosofia sobre o trabalho de oficina. Os trabalhadores são como bois atados ao mesmo jugo, aos pares: 24 cavalos e 48 ou 60 a um barco. Perigo extremo. Se um acidente ocorre e metade da tripulação estiver impedida de agir, a outra metade será carregada; depois o colapso começa por pequenas coisas – em uma oficina de tipografia, se os compositores estão parados, logo os prensistas estarão sem trabalho. Servidão mútua. Quase sempre ocorre na grande indústria que a força coletiva e a força divisional sejam empregadas simultaneamente por engrenagem de modo que o trabalhador, reduzido a uma operação elementar, está por outro lado submetido à dependência dos outros perdendo assim, com a extensão de seu espírito, sua liberdade e sua dignidade. – Pequenez de espírito para a minúcia das funções – degradação do coração pela dependência, pela obediência e pela subalternização: eis os efeitos próximos, imediatos, da força divisional e coletiva sobre o trabalho. Enquanto este produz por sua ação a riqueza, cria para si a miséria....Está pois estabelecido que, ainda que multiplique as riquezas, a divisão do trabalho e a força coletiva empobrecem a razão e a consciência do trabalhador..."

É esta a resposta de Proudhon, dez anos depois, a uma objeção de Marx sobre as virtudes do trabalho automático que deveria apagar, segundo este último todas as espécies de idiotismo de ofício.

O séc. XX nos demonstrou a ineficácia desumana de todas as aplicações práticas das teses do Dr. Marx. Demonstrou-nos igualmente que as monstruosidades da economia de mercado, apesar de todos os esforços de uma propaganda pesadíssima e mentirosa para negá-las ou ocultá-las, não são menores nem mais suaves. Talvez já seja tempo para que nos debrucemos detalhada e serenamente sobre as propostas do velho tipógrafo bisontino e as interroguemos para ver se nelas não residem eventualmente alguns dos elementos daquilo que deveria ser os grandes eixos da sociedade do séc. XXI.

Finalizando, apenas gostaríamos aqui de louvar e agradecer a iniciativa do editor Luiz Carlos Fanelli, a coragem e a ousadia de oferecer ao público lusófono a primeira tradução completa de uma obra clássica da economia e do socialismo, que ainda hoje não encontrou abrigo em coleções especializadas ou em edições universitárias no Brasil ou em Portugal. Agradecemos igualmente as suas mostras de paciência por um trabalho, sem dúvida modesto, mas que foi realizado com o maior escrúpulo e cuidado possíveis e disponíveis ao seu tradutor.

São Paulo maio/outubro de 2002
José Carlos Orsi Morel
2º Secretário do Centro de Cultura Social

Nota Técnica
Sobre a Tradução
(Solicitamos a atenção do leitor sobre ela)

Não existe até o momento uma edição crítica realmente completa das obras de Pierre-Joseph Proudhon. Muitas tentativas foram feitas, desde a edição Lacroix, mas nenhuma delas chegou a acabar-se. Proudhon foi um autor fértil; sua bibliografia conta com 48 títulos, entre livros e brochuras, publicados durante a sua vida e mais 16 outros títulos póstumos. Além disto deixou vasta obra como jornalista, manteve ativa correspondência e manteve, por quase quarenta anos, um diário informal, que os eruditos denominam *Carnets*, onde lançava mescladamente e sem ordem, notas de leitura, planos e agendas, notas pessoais, balanços de suas finanças, acontecimentos cotidianos, resumos de jornais e suas opiniões sobre pessoas e fatos: algo mais que um diário estrito. Suas obras acabadas somam 30 volumes, aos quais se deve acrescentar 10 outros de correspondência e 8 dos *Carnets*. Além disto restam ainda numerosos inéditos e com certeza a sua correspondência ainda não foi esgotada.

A editora Marcel Riviére de Paris empreendeu no começo do séc. XX uma edição de suas obras completas, que infelizmente não foi finalizada, mas que se destaca pelo cuidado com que foi realizada, contendo cada volume um prefácio introdutório do editor e um numeroso aparato crítico de notas e bibliografia. A Federação Anarquista Francesa lançou, em 1983, uma edição comparada em três volumes da Filosofia da Miséria e da Miséria da Filosofia, acompanhada pelas notas marginais de Proudhon e por um aparelho de documentos históricos e críticos, prefácios e notas. Esta edição retomava, como texto das Contradições Econômicas, o texto Marcel Riviére. Foi este texto da Federação que tomamos por base de nossa tradução, tendo o cuidado de colacioná-lo com a segunda edição francesa, publicada em 1863 pela casa Gauthier, que foi a última em vida do autor. Colacionamos cerca de 20% do texto e não encontramos diferenças de monta entre os dois, salvo pequenas alterações, devidas à reformulação ortográfica do francês, ocorrida por decreto em 1900. Isto nos convenceu da qualidade desta última edição e a utilizamos como base para a presente tradução.

A tradução, assim como as edições originais, será apresentada ao público em dois volumes. O primeiro, que o leitor tem em mãos, compreende a nossa introdução, o Prólogo de Proudhon e os sete primeiros capítulos. O segundo volume compreenderá os capítulos VIII até XVI e será publicado posteriormente.

O texto contém um grande aparelho de notas. Para facilidade de leitura, inserimo-las todas como notas de rodapé. As notas estão numeradas seqüencialmente e são seguidas de *símbolos de origem*. As notas precedidas do sinal [P] são do próprio Proudhon; as notas precedidas pelo sinal [R.P.] são de Roger Picard, o editor do texto da edição Riviére; as notas assinaladas com [N.E] são as notas inseridas na edição da Federação Anarquista Francesa e finalmente as notas [N.T] são notas devidas ao tradutor. Embora não concordemos com todas as observações de Roger Picard, conservamos todas as suas notas, que no geral são sempre interessantes; divergimos algumas vezes de suas interpretações o que não nos impede de apreciar muito o seu trabalho. As notas da edição francesa possuem em geral um aspecto apenas de esclarecimento histórico ou biográfico e julgamos interessante mantê-las na sua integridade, por seu caráter elucidativo.

Já nossas notas de tradução, as mais numerosas sem dúvida, possuem vários escopos. Muitas delas possuem caráter lingüístico, quando queremos justificar uma opção de tradução ou apostilar um determinado significado. Note o leitor que este é um texto de caráter filosófico e que deve ser tratado com o devido respeito; ademais, Proudhon é um cultor exímio do francês e sua precisão vocabular é muito grande e por isso é importante não somente traduzir o significado, mas também *tentar traduzir o registro e o contexto* dos termos; quando isto é difícil, indicamos o dilema e a decisão. Umas poucas notas são de caráter filosófico, onde pretendemos explicitar, com nossos parcos conhecimentos, algumas referências ou diálogos que o texto possui com várias correntes filosóficas que lhes são contemporâneas. Outras possuem caráter histórico, quando o texto remete ou alude a fatos mais secundários da história européia, que supomos não serem do total domínio do leitor brasileiro e então explicitamos a referência, fazendo isto principalmente porque esperamos que este texto atinja não apenas o público especializado, mas principalmente o leitor médio. Outras ainda tentam ser explicativas, como a longa nota sobre a química que introduzimos no Prólogo em seqüência de uma nota também longa de Proudhon; nosso autor é um homem do séc. XIX e um autodidata, sendo pois estranho às barreiras das especialidades e fazendo referência a coisas que hoje se situam bem afastadas da esfera das Humanidades ou da Economia, quando isto ocorre, geralmente introduzimos uma destas explicações; existem igualmente tentativas de tornar mais claras algumas passagens do autor através de exemplos e aí contamos com o senso crítico do leitor para julgar a validade de nosso esforço. Por fim existem notas que poderíamos denominar de maneira geral de *políticas* e que tentam em primeiro lugar esclarecer algumas doutrinas ou polêmicas dentro do campo do socialismo ou do anarquismo, ou aplicar um raciocínio de Proudhon a um problema de atualidade que nos parece especialmente candente, ou ainda a polemizar com interpretações de nosso autor ou do pensamento anarquista, que nos pareçam criticáveis, equivocadas ou descabidas.

Notemos igualmente que Proudhon constrói o seu texto dialogando com longas citações dos economistas liberais ou dos socialistas seus contemporâneos. Tais citações são pois importantes e fazem parte da dinâmica do texto, mas não podem ser confundidas com o argumento do autor. Desta forma optamos por colocarmos as citações de terceiros autores, no texto das Contradições sempre entre aspas.

Tradutore – *Traditore*. Qualquer um que se ocupe da tarefa de traduzir reconhece a profunda veracidade deste adágio. Tentamos realizar esta tarefa com o maior esmero e rigor possíveis, mas com certeza não estaremos imunes às críticas; dispomo-nos à discutir o nosso trabalho com leitores que o critiquem, mas devemos aqui esclarecer alguns princípios que guiaram esta tarefa:

Proudhon é um autor do séc. XIX e sua prosa é de um francês refinadíssimo, embora geralmente claro e límpido. Lembremos que toda a literatura francesa, entre Napoleão e os naturalistas, esmerava-se em construções sofisticadas e usava, com maior ou menor moderação, vocábulos raros. Basta que o leitor, aqui, se lembre de um Stendahl, de um Hugo, de um Balzac ou de um Zola, ou mesmo de autores mais científicos, como um Renan, um Ampère ou um Claude Bernard, para que compreenda o nosso ponto de vista, o estilo de Proudhon é bastante viril, quase marcial às vezes, e o texto considera-se como uma reflexão filosófica sobre a Economia Política.

Estas características balizaram a nossa estratégia de tradução. Tentamos manter, como dissemos acima, não apenas os sentidos, mas também os registros do texto; fizemos um grande esforço para manter os detalhes das construções de frase proudhonianas, afastando-nos delas apenas nos casos em que a clareza do texto em português ficasse severamente prejudicada. Mantivemos a segunda pessoa do plural como pronome de tratamento formal em todo o texto e a segunda pessoa do singular para os tratamentos informais; este uso ainda esta vivo no francês contemporâneo (como as regras de uso do famoso *tutoyer* bem o demonstram) e persiste em algumas regiões do Brasil e em quase todo o Portugal no falar cotidiano; assim o fizemos, é bom lembrar, não por pedantismo mas por precisão e esta prática nos levou a um uso abundante de "flexões verbais exóticas", como o uso da segunda pessoa plural no condicional, no imperativo e no perfeito do indicativo, mas cremos que o leitor – mormente o brasileiro de São Paulo – não deve ter se esquecido totalmente do que aprendeu nos bancos escolares e que, depois de algumas páginas de luta, acabe por aclimatar-se. É sabido que a regra de pontuação francesa não coincide totalmente com a portuguesa; um problema muito grave é a permissão, dada pela gramática francesa, do uso consecutivo de dois pontos em uma mesma oração, sem que estejam separados por ponto. Neste caso a solução adotada foi quase sempre substituir ao menos um deles por ponto-e-vírgula. Dada também a grande extensão dos períodos do texto, mantivemos uma hierarquia rígida no uso do ponto, do ponto-e-vírgula e da vírgula. As dúvidas semânticas foram em geral sanadas pelo *Larrousse Illustré* de 1997; em algumas raras exceções, que não constavam deste dicionário, recorremos ao *Garnier* de 1867. Gostaríamos finalmente de agradecer previamente a comunicação de quaisquer erros notados pelo leitor, bem como de quaisquer outras críticas.

O Tradutor.

Prólogo

Antes que eu entre na matéria que é o objeto desta nova memória, tenho necessidade de dar conta de uma hipótese que, sem dúvida, parecerá estranha, mas sem a qual me será impossível prosseguir e ser compreendido: quero falar da hipótese de um Deus.

Mas, dirá alguém, supor Deus é negá-lo, por que não o afirmais?

Será minha a culpa se a fé na divindade tornou-se uma opinião suspeita? Se a simples suposição de um Ser Supremo já é notada como marca de um espírito fraco e se, de todas as utopias filosóficas, esta é a única da qual o mundo já não padece? Será minha a culpa se a hipocrisia e a imbecilidade ocultam-se sempre por trás desta santa etiqueta?

Se um doutor supuser no universo uma força desconhecida que arraste sóis e átomos, fazendo mover toda a máquina, nele tal suposição, totalmente gratuita, é completamente natural: será acolhida e encorajada; testemunho da atração, hipótese que jamais se verificará, ela faz entretanto a glória de seu inventor. Mas quando para explicar o curso dos negócios humanos eu suponho, com toda a reserva imaginável, a intervenção de um Deus estou seguro de revoltar a gravidade científica e de ofender ouvidos severos, de tanto que nossa piedade maravilhosamente desacreditou a Providência, de tanto que o charlatanismo de toda a cor opera malabarismos através deste dogma ou desta ficção. Vi os teístas de meu tempo e a blasfêmia errou por meus lábios; considerei a fé do povo, deste povo que Brydaine denominava o melhor amigo de Deus e fremi de indignação com a negação que me escapava. Atormentado por sentimentos contrários, apelei para a razão e é a própria razão quem, entre tantas oposições dogmáticas, comanda-me hoje esta hipótese. O dogmatismo *a priori* aplicado a Deus permaneceu estéril, quem sabe para onde a hipótese nos conduzirá?

E direi, portanto, como estudando no silêncio de meu coração e longe de toda a consideração humana, o mistério das revoluções sociais, Deus, o grande Desconhecido tornou-se uma hipótese para mim, quer dizer, um instrumento dialético necessário.

I

Se eu seguir, através de suas transformações sucessivas, a idéia de Deus, descobrirei que esta idéia é antes de mais nada social; entendo por isso que ela é mais um ato de fé do pensamento coletivo do que uma concepção individual. Ora, como e em qual ocasião produziu-se tal ato de fé? É o que importa determinar.

Do ponto de vista moral e intelectual, a sociedade, ou o homem coletivo, distingue-se do indivíduo sobretudo pela espontaneidade da ação, ou seja, pelo instinto. Enquanto que o indivíduo obedece, ou imagina obedecer, a motivos dos quais tem plena consciência e aos quais é dono de conceder ou recusar sua adesão; enquanto que, em uma única palavra ele se julga livre, e tanto mais livre quanto mais raciocinador e melhor instruído, a sociedade está sujeita a impulsos nos quais nada à primeira vista deixa perceber deliberação ou projeto, mas que, pouco a pouco, parecem dirigidos por um conselho superior existindo fora da sociedade e impelindo-a com força irresistível para um fim desconhecido. O estabelecimento das monarquias e das repúblicas, a distinção das castas, as instituições judiciárias, etc., são algumas das manifestações desta espontaneidade social da qual é mais fácil notar os efeitos do que indicar o princípio ou dar a razão. Todo o esforço, mesmo o daqueles que na seqüência de Bossuet, Vico, Herder e Hegel, aplicaram-se à filosofia da história, foi o de, até o momento, constatar a presença de um destino providencial, que preside a todos os movimentos do homem. E eu observo, a tal respeito, que a sociedade nunca deixa, antes de agir, de invocar o seu gênio: é como se ela quisesse fazer-se ordenar pelo alto, aquilo que a sua espontaneidade já resolveu. As sortes, os oráculos, os sacrifícios, as aclamações populares, as preces públicas, são a forma mais comum destas deliberações *a posteriori* da sociedade.

Esta faculdade misteriosa, completamente intuitiva e por assim dizer, supra-social, pouco ou nada sensível nas pessoas, mas que plana sobre a humanidade como um gênio inspirador, é o fato primordial de toda a psicologia[1].

Ora, diferentemente de outras espécies animais, submetidas como ele simultaneamente aos apetites individuais e aos impulsos coletivos, o homem tem o privilégio de perceber e de assinalar ao seu próprio pensamento o instinto ou fatum que o conduz; veremos mais tarde que ele tem até mesmo o poder de penetrá-lo e mesmo o de influenciar os seus decretos. E o primeiro movimento do homem, arrebatado e penetrado pelo entusiasmo (pelo sopro divino), é o de adorar a invisível Providência da qual ele se sente depender e que ele denomina DEUS, isto é, Vida, Ser, Espírito, ou mais simplesmente ainda EU, pois todas estas palavras nas línguas antigas são sinônimas e homófonas.

Eu sou *Eu*, diz Deus a Abraão e trato *Contigo*. E a Moisés: Eu sou o Ser. Assim falarás aos Filhos de Israel: o Ser envia-me para vós. Estas duas palavras Ser e Eu têm na língua original, a mais religiosa que os homens jamais falaram, as mesmas características[2]. Assim, quando Ie-hovah, fazendo-se legislador através de Moisés, atesta a sua eternidade e jura por sua essência, ele diz como fórmula de juramento: Eu, ou ainda num assomo de energia, Eu o Ser. Assim, o Deus dos Hebreus é o mais pessoal e o mais voluntarioso de todos os deuses e ninguém como ele exprime melhor a intuição da humanidade.

Deus aparece portanto para o homem como um eu, como uma essência pura e permanente que se põe diante dele assim como um monarca diante de seu servidor e que se exprime tanto pela boca dos poetas, dos legisladores e dos adivinhos – *musa, nomos, numen* – quanto pela aclamação popular – *Vox populi vox Dei*. Isto serve para explicar,

---

[1] [R.P.]: No começo da *Miséria da Filosofia*, escrita para refutar as *Contradições* cujo subtítulo é *Filosofia da Miséria*, KARL MARX ralha duramente com este Prólogo ao qual não faltam nem os "mistérios", nem os "segredos arrancados do seio de Deus", nem as "revelações". As Contradições não são um livro comum, um tratado de Economia Política "*é uma Bíblia*".

[2] [P]: *Ie-hovah* e em composição *Iah*, o ser; *iao, iu-piter*, mesmos significados; *há-iah* (heb.) foi; *ei* (gr.) ele é; *ei-nai* ser; *a-ni* (heb.) eu e em conjugação *th-i*, eu; *e-go, io, ich, i, m-i, m-e, t-ibi, t-e*, e todos os pronomes pessoais nos quais as vogais *i, e, ei, oi*, figuram a personalidade em geral e as consoantes *m* ou *n*, *s* ou *t* servem para indicar o número de ordem das pessoas. De resto, não me oponho a que se dispute sobre estas analogias: em tal profundidade, a ciência filológica nada mais é que nuvem e mistério. O que importa, e isso eu observo, é que a relação fonética dos nomes, parece traduzir a relação metafísica das idéias. [O leitor encontrará em muitas oportunidades, notas como esta na *Contradições*. Proudhon começou sua carreira de escritor com duas obras de filologia um *Ensaio de Gramática Geral* e os *Elementos primitivos das Línguas*. Como Renan, foi pela filologia que chegou à filosofia.– N. Ed.].

entre outras coisas, porque existem oráculos verdadeiros e os oráculos falsos e porque os indivíduos seqüestrados desde o nascimento não atingem de per-si a idéia de deus, embora a captem avidamente quando ela lhes é apresentada pela alma coletiva; isto explica igualmente como as raças estacionárias – os chineses por exemplo – acabam por perdê-la[3]. Com relação aos oráculos em primeiro lugar, é claro que toda a sua certeza provém da consciência universal que os inspira; e quanto à idéia de deus, compreende-se facilmente porque tanto o seqüestro quanto o *statu-quo* lhes sejam igualmente mortais. No primeiro caso a falta de comunicação mantém a alma absorvida no egoísmo animal; no outro a ausência de movimento, transformando pouco a pouco a vida social em rotina e mecanismo, elimina por fim toda a idéia de vontade e de providência. Coisa estranha! A religião, que perece pelo progresso, perece igualmente pela imobilidade[4].

---

[3] [P]: Os chineses conservaram em suas tradições a lembrança de uma religião que teria deixado de existir entre eles por volta do séc.V ou VI a.C. (ver PAUTHIER *Chine* Paris, Didot). Uma coisa mais surpreendente ainda é o fato de que este povo singular, ao perder o seu culto primitivo, parece ter compreendido que a divindade nada mais é que o *eu* coletivo do gênero humano, de modo que há dois mil anos a China, em suas crenças comuns, teria chegado aos últimos resultados da filosofia do Ocidente. "...o que o Céu vê e escuta" diz-se no *Tchu-King* , "é aquilo que o povo vê e escuta", "... o que o povo julga digno de recompensa ou punição é aquilo que o Céu quer recompensar ou punir. Há uma comunicação íntima entre o Céu e o povo: que aqueles que exercem o governo sobre o povo sejam portanto atentos e reservados". Confúcio exprimiu a mesma idéia de uma maneira diferente: "...Obtém a afeição do povo e obterás o Império; perde a afeição do povo e perderás o Império". Eis portanto a razão geral, a opinião, tomada como a rainha do mundo; como em outros lugares, isto foi uma revelação. O *Tao-te-King* é ainda mais decisivo. Nesta obra, que nada mais é que uma crítica esboçada da razão pura, o filósofo Lao-Tse identifica perpetuamente, sob o nome de TAO, a razão universal e o ser infinito; tal identificação constante de princípios, que nossos hábitos religiosos e metafísicos diferenciaram profundamente, seria, em minha opinião, o que constitui toda a obscuridade do livro de Lao-Tse.

[4] [N.T]: O leitor mais entrosado com filosofia não deixará de notar a semelhança da argumentação de PROUDHON nos parágrafos acima, sobre a essência da divindade, com as idéias desenvolvidas por FEUERBACH e STRAUSS, mais ou menos coetaneamente. Não podemos afirmar com certeza que Proudhon os tenha lido porque desconhecia o alemão, mas é possível que dos seus contactos com Karl GRÜN tenha extraído algumas informações sobre estes pensadores que no momento revolucionavam a Alemanha. A idéia da Divindade como o *eu coletivo da humanidade*, possui entretanto raízes mais antigas, e poderíamos citar apenas a *Filosofia da Mitologia* de SCHILLER, bem como o conhecido *De Natura Deorum* de CÍCERO, que levanta a hipótese de serem os deuses antigos humanos excepcionais divinizados, como dois precursores importantes desta idéia sendo que o último, fazendo parte dos *curricula* clássicos dos ginásios franceses, não era certamente desconhecido de PROUDHON, que dominava o latim. O nosso autor entretanto muito mais do que *ateu*, define-se como *anti-teísta*, ou seja como um opositor militante da divindade; suas posições sobre a religião serão melhor desenvolvidas em outras obras; aqui registraremos apenas uma anedota extraída de sua correspondência com ACKERMANNque ilustra bem a sua posição: tendo sido recebido como

Observemos ademais que, relacionando à consciência vaga e por assim dizer objetivada de uma razão universal esta primeira revelação da Divindade, nós não prejulgamos absolutamente nada sobre a realidade ou não realidade de Deus. Com efeito, admitamos que Deus nada mais seja que o instinto coletivo ou a razão universal: restaria ainda saber o que é em si tal razão universal; pois, como o veremos a seguir, a razão universal não está dada na razão individual. Em outros termos, o conhecimento das leis sociais, ou a teoria das idéias coletivas, se bem que deduzido dos conceitos fundamentais da razão pura, é entretanto totalmente empírico, nunca podendo ser descoberto *a priori*, através da dedução, da indução ou da síntese, donde se segue que a razão universal, à qual relacionamos tais leis como sendo sua obra própria; a razão universal, que existe, raciocina e trabalha, trabalha existe e raciocina como se em uma esfera à parte da razão pura, da mesma forma em que o sistema do mundo, ainda que criado segundo as leis da matemática, constitui uma realidade distinta da matemática, cuja existência não poderia ser deduzida apenas através das leis desta última: segue-se, eu afirmo, que a razão universal é precisamente, em linguagem moderna, aquilo que os antigos chamavam de Deus. A palavra mudou, o que sabemos sobre a coisa[5]?

maçom em Besançon, em 1847, Proudhon conta que, ao responder uma das três perguntas rituais que o recipiendário deve responder por incitação do Venerável da Loja na qual está sendo iniciado, qual seja *"o que deve o homem a Deus?"* teria dito *"a guerra"* resposta não canônica, para espanto total da loja, que estava interessada em tê-lo em seus quadros, mas não esperava a rude palavra que ofendia o seu romantismo algo carola e seus preceitos... Além disso, talvez fosse hoje interessante reler estas discussões de filosofia da religião à luz do que se sabe sobre a Psicologia e a Antropologia, tal como indicam, por exemplo, as pesquisas de Émile DURKHEIM, Marcel MAUSS e de Carl G. JUNG e de sua escola.

[5] [N.T]: É importante ressaltar neste último parágrafo a afirmação enfática e basilar do *eu coletivo*, por PROUDHON, cujas leis não são dadas aprioristicamente e que é necessário buscá-las empiricamente. Esta afirmação da *especificidade do social* e da necessidade do estudo empírico para determiná-lo ou ao menos circunscrevê-lo, é um ponto comum a vários pensadores anarquistas e, mais importante, uma convergência teórica interessante entre eles e muitos dos fundadores da moderna ciência social, especialmente SPENCER, COMTE, DURKHEIM e MAUSS, sendo igualmente possível encontrar ressonâncias desta opinião na antropologia de campo de inspiração anglo-saxã. Muitos historiadores clássicos das ciências sociais, tais como Célestin BOUGLÉ, Armand CURVEILLER e Georges GURVITCH assinalam este ponto e incluem socialistas utópicos – como SAINT-SIMON e FOURIER – e PROUDHON como precursores e fundadores da sociologia, juntamente com os nomes mais canônicos que acima citamos. A influência marxista e weberiana e também de certa forma a onda estruturalista, tentarão suprimir este ponto de vista substituindo a hipótese empírica por uma hermenêutica, com os resultados catastróficos que se conhece nos casos marxista e estruturalista. Uma crítica mais recente, à partir da década de 1960, referimo-nos aqui a algumas posições e aos desdobramentos delas resultantes contidos nas obras de Michel FOUCAULT, Georges CANGUILLEM e Gilles DELEUZE entre outros, embo-

Persigamos agora as evoluções da idéia divina.

Uma vez posto o Ser Supremo por um primeiro julgamento místico, o homem generaliza imediatamente este tema através de um outro misticismo: a analogia. Deus nada mais é, ainda, que um ponto por assim dizer, mas logo preencherá o mundo.

Assim como pressentindo em si o seu eu social, o homem nele saudou o seu *Autor*, do mesmo modo, descobrindo conselho e intenção nos animais, nas plantas, nas fontes e nos meteoros, assim como em todo o universo, ele atribuiu a cada objeto em particular – e ao todo em seguida – uma alma, um espírito ou um gênio particular que o preside e perseguiu esta indução deificante desde o pico mais elevado da natureza, que é a sociedade, até às existências mais humildes, às coisas inanimadas e inorgânicas. De seu eu coletivo tomado como pólo superior da criação até o derradeiro átomo de matéria, o homem assim *estende* a idéia de deus, isto é, de personalidade e de inteligência, da mesma forma como o próprio Deus, como nos é contado no *Gênesis, estendeu o firmamento*, isto é, criou o espaço e o tempo, capacidades de todas as coisas.

Desta forma sem Deus, soberano fabricante, o Universo e o homem não existiriam: tal é a profissão de fé social. Mas sem o homem Deus não seria pensado e – franqueemos este limite – Deus nada seria. Se a humanidade tem necessidade de um autor, Deus ou os deuses não deixam de ter a necessidade não menor de um revelador: a teogonia das histórias do céu, do inferno e de seus respectivos habitantes – estes sonhos do pensamento humano – são a contrapartida do universo, que alguns filósofos já denominaram por sua vez o sonho de Deus. E que magnificência há nesta criação teológica, obra da sociedade! A criação do *demiurgos* foi apagada; aquele que denominamos Todo-Poderoso foi vencido e, durante séculos a imaginação encantada dos mortais foi desviada do espetáculo da natureza pela contemplação das maravilhas olímpicas.

Mas desçamos desta região fantástica: A razão impiedosa bate-nos à porta e é preciso responder às suas temíveis questões.

---

ra ressaltando o seu caráter "libertário" e insistindo na "molecularidade" e nas micro-relações de poder, mantém ainda soterrada esta importante contribuição, caindo por fim na aporia ou negando – implícita ou explicitamente – o estatuto epistemológico do social e recaindo portanto, nos casos extremos, não mais na hermenêutica, mas sim na literatura, na filosofia de baixa liga (uma "pop-filosofia de plástico" no dizer ácido de Castoríadis) ou simplesmente na aporia!

O que é Deus? Onde ele está? Quanto ele é? O que quer? O que pode? O que promete? E eis que à luz da análise todas as divindades do céu, da terra e dos infernos reduzem-se a um não sei que de incorporal, impassível, imóvel, incompreensível, indefinível, ou seja, em uma única palavra, a uma negação de todos os atributos da existência. Com efeito, quer o homem atribua a cada objeto um espírito ou gênio especial, quer conceba o universo como governado por uma potência única, não é sempre preciso SUPOR uma entidade incondicionada, isto é, impossível, para dela deduzir uma explicação qualquer de fenômenos que ele julga inconcebíveis de outra forma? Mistério de Deus e da razão! Para tornar o objeto de sua idolatria cada vez mais *racional*, o crente o despoja sucessivamente de tudo aquilo que poderia torná-lo *real*, e, depois de prodígios de lógica e de gênio, os atributos do Ser por excelência tornam-se os mesmos que aqueles do nada. Esta evolução é inevitável e fatal: o ateísmo esconde-se no fundo de toda teodicéia.

Tentemos compreender este progresso.

Deus, criador de todas as coisas, mal é criado pela consciência; ou em outros termos, mal elevamos Deus da categoria de eu social para a categoria de eu cósmico, tão logo nossa reflexão começa a demoli-lo, sob o pretexto de aperfeiçoá-lo. Aperfeiçoar a idéia de Deus! Depurar o dogma teológico! Tal foi a segunda alucinação do gênero humano.

O espírito de análise, este Satã infatigável que interroga e contradiz sem cessar, deveria cedo ou tarde buscar a prova do dogmatismo religioso. Ora, quer o filósofo determine a idéia de Deus, quer a declare indeterminável; quer ele a aproxime de sua razão ou dela a afaste, eu digo que esta idéia sofre um atentado: e como é impossível que a especulação detenha-se, é preciso que, ao longo do tempo, a idéia de Deus desapareça. Desta forma o movimento ateísta é o segundo ato do drama teológico, e este segundo ato é dado pelo primeiro como o efeito o é pela causa. *Os céus cantam a glória do Eterno*, diz o salmista, e nós acrescentamos: e o seu testemunho o destrona.

Com efeito, na medida em que o homem observa os fenômenos, ele crê perceber entre a natureza e deus alguns intermediários: são as relações de número, de figura e de sucessão; as leis orgânicas; as evoluções e analogias; é um certo encadeamento no qual as manifestações se produzem ou apelam-se invariavelmente umas às outras. Ele chega até mesmo a observar que no desenvolvimento da sociedade da qual faz parte, as vontades privadas e as deliberações em comum contam para alguma coisa; ele se diz então que o grande Espírito não atua diretamente e de per-si no mundo, e que nem atua arbitrariamente segundo uma vontade caprichosa, mas sim que atua mediatamente através de forças[6] ou de órgãos sensíveis e em virtude de regras. Assim remontando pelo pensamento a cadeia dos efeitos e das causas, ele coloca no seu extremo, como se fosse um balancim, a Deus.

Para além de todos os céus, o Deus dos céus reside,

disse um poeta. Assim, pelo primeiro passo da teoria, o Ser Supremo reduz-se à função de força motriz, de viga-mestra, de cumeeira, ou, se me for permitida a comparação ainda mais trivial, reduz-se à função de soberano constitucional, que reina mas não governa, jurando apenas obedecer à lei e nomear os ministros que a executam. Mas, sob a impressão da miragem que o fascina, o teísta vê neste sistema ridículo, mais uma prova da sublimidade de seu ídolo que faz, em sua opinião, as criaturas servirem de instrumento ao seu poder e a sabedoria dos homens voltar-se para a sua glória.

Logo, não contente de limitar o império do eterno, o homem, por um respeito cada vez mais deicida, irá demandar a sua partilha.

Se eu sou um espírito, um eu sensível e emissor de idéias, continua o teísta, eu também compartilho da existência absoluta; eu sou livre, criador, imortal, igual a Deus. *Cogito ergo sum*; penso, portanto sou imortal: eis o corolário, a tradução do *Ego sum qui sum* e a filosofia está finalmente de acordo com a Bíblia. A existência de Deus e a imortalidade da Alma são dados pela consciência

---

[6] [N.T]: *Ressort* no original francês, cujo significado fundamental é o de mola. Por extensão ímpeto, força de impulsão; ainda no sentido derivado a palavra pode ser utilizada para indicar a causa de movimento, o motor de uma ação física, orgânica ou social, consciente ou não, de dinamismo interno de algo. É nesse sentido que optamos pela tradução por força, mas o leitor deve ter em mente que nesse caso entre *ressort* e *force* existe a ponderável diferença da primeira sugerir uma fonte interna, regulável ou intencional para tal ímpeto.

em um mesmo julgamento[7]: lá o homem fala em nome do universo, para o seio do qual transportou seu eu; aqui, ele fala em seu próprio nome, sem perceber que entre esta ida e esta vinda, ele apenas repete-se.

A imortalidade da alma, verdadeira cisão da divindade que no momento de sua primeira promulgação, ocorrida depois de um longo tempo, pareceu aos fiéis do dogma antigo uma heresia, nem por isso deixou de ser considerada como complemento da majestade divina, como postulado necessário da bondade e da justiça eterna. Sem a imortalidade da alma não se compreende Deus, dizem os teístas, de modo semelhante aos teóricos políticos para quem uma representação soberana e funcionários inamovíveis por toda a parte são o caráter essencial da monarquia. Mas ao passo que a paridade das doutrinas é exata, a contradição das idéias é flagrante: assim o dogma da imortalidade da alma tornou-se a pedra de toque de todos os teólogos-filósofos que desde os séculos de Pitágoras e Orfeu, esforçam-se

---

[7] [N.T]: Uma ilustração deste movimento descrito por Proudhon pode ser nitidamente observada na evolução da religião egípcia, mais precisamente no dogma da teologia menfita. A Enéada de Heliópolis já possui os seus *Dii Otiosi*, tanto na figura de Ré, quanto nas de Geb e Nut, p. ex. Os deuses ativos são Osiris, Seth, Anúbis, Isis e Neftis, além de Horus que será magicamente gerado por Isis à partir do membro decepado de Osíris. A ligação de Osiris com os ritmos cósmicos e a ordem no Universo é inquestionável: ele preside não apenas o ciclo das estações e da vida vegetal, mas também representa o herói civilizador, que institui os fatos fundamentais da cultura, mas principalmente ele preside a transição da vida para a morte e o renascer da natureza e portanto é o deus do Faraó morto, ou melhor *é inicialmente o faraó morto*, pois o rei, nos começos da civilização egípcia é divino, é o elo que une o Além e a Terra e que permite o reino da justiça (*Maat*); filho dos deuses, enquanto está vivo, é como Horus e assimilável a Horus, por um nome especial. É também o único homem a gozar do privilégio da imortalidade, indo depois de seu falecimento, habitar o Amenti transformado em Osiris, conforme se depreende da análise dos *Textos das Pirâmides*. Este privilégio ele muito cedo (por volta da quarta dinastia), começa à compartilhar com o círculo mais íntimo de sua família e, mais tarde (nos meados do Império Antigo) com seus colaboradores mais diretos. A evolução da história egípcia, principalmente a revolução que põe fim ao Império Antigo, tem como conseqüência democratizar cada vez mais o acesso à imortalidade e portanto, em certo sentido, à divindade. Se os textos das pirâmides referem-se exclusivamente ao faraó no Amenti, o Livro dos Mortos, em sua recensão tebana principalmente, vai garantir um lugar na Barca de Ré a praticamente todo o súdito que seja capaz de demonstrar ter vivido com justiça diante do tribunal dos deuses, que se encontre em estado de pureza ritual e que consiga vencer as provas descritas no livro; desta forma, por volta do séc. XVIII a. C., todo o egípcio poderia sonhar com a imortalidade e preparar confiante a sua tumba mais ou menos modesta, conforme sua classe social, mas com a garantia teológica de que seu lugar entre os deuses estava razoavelmente assegurado...

inutilmente em concordar os atributos divinos com a liberdade do homem[8] e a razão com a fé. Este é um terreno de triunfo para os ímpios!... Mas a ilusão não podia ceder tão cedo: o dogma da imortalidade da alma, precisamente por que era uma limitação do Ser incriado, foi um progresso. Ora, se o espírito humano abusa-se pela aquisição parcial da verdade, ele jamais retrograda e tal perseverança em sua marcha é a prova de sua infalibilidade[9]. Iremos em breve adquirir outra prova desta afirmação.

Fazendo-se semelhante a Deus, o homem fazia Deus semelhante a si: esta correlação, que por muitos séculos foi qualificada de execrável, foi o impulso[10] invisível que determinou o novo mito. No tempo dos patriarcas, Deus fazia aliança com o homem, agora, para cimentar o pacto, Deus vai se fazer homem. Ele tomará nossa carne, nossa figura, nossas paixões, nossas alegrias e dores, nascerá de uma mulher e morrerá como nós. Depois desta humilhação do infinito, o homem ainda pretenderá ter engrandecido o ideal de seu Deus, fazendo, por uma conversão lógica, daquele que até então tinha chamado de criador, um conservador, um redentor. A humanidade ainda não diz: Eu que sou Deus; uma tal usurpação horrorizaria a sua piedade; ela diz: Deus está em mim, EMMANUEL, *nobiscum Deus*. E no momento em que a filosofia com orgulho e a consciência universal com pavor gritavam com voz unânime "os deuses se vão" *excedere deos*, um período de dezoito séculos de adoração fervente e de fé sobre-humana inaugura-se.

Mas o termo fatal aproximava-se. Toda a realeza que se deixa circunscrever acabará pela demagogia; toda a divindade que se define, resolve-se em um pandemônio. A cristolatria é o último termo desta longa evolução do pensamento humano. Os anjos, os santos, as virgens, reinam no céu com Deus, diz o catecismo; os demônios e os réprobos vivem no inferno, em meio ao suplício eterno. A sociedade ultramundana possui também a sua esquerda e a sua direita: já é tempo

---

[8] [N.T]: Para uma discussão mais aprofundada desta impossibilidade, que funda o anticlericalismo e o "antiteologismo" da maioria dos anarquistas, remetemos o leitor a um texto importante de Bakunin: *Deus e o Estado* (na verdade este texto é um capítulo de uma de suas últimas obras *O Império Knuto-Germânico e a Revolução Social*, arbitrariamente separado do corpo da mesma pelo primeiro editor das *Obras* e que criou assim vida própria, embora sofra muito em sua densidade argumentativa ao ser separado de seu contexto. Remetemos o leitor interessado ao volume 6 da edição das obras de Bakunin (*Archives Bakounine*) feita pelo I.I.S.G de Amsterdã, para o texto completo).

[9] [N.T]: Vemos mais uma vez o tom "feuerbachiano" acima mencionado em ação!

[10] [N.T]: Mais uma vez *ressort* em francês.

pois que a equação se acabe e que esta hierarquia mística desça sobre a terra e mostre-se na realidade.

Quando Milton representa a primeira mulher mirando-se em uma fonte e estendendo amorosamente seus braços para a sua imagem, como que para abraçá-la, ele pinta traço por traço o gênero humano[11]. Este Deus que adoras, ó homem! este Deus que fizeste bom, justo, Todo-Poderoso, sapientíssimo, imortal e santo, é ti-mesmo: este ideal de perfeições é tua imagem depurada no espelho ardente de tua consciência. Deus, a natureza e o homem são o triplo aspecto do ser uno e idêntico; o homem é o próprio Deus chegando à consciência de si por mil evoluções; em Jesus Cristo o homem sentiu-se Deus e o cristianismo é verdadeiramente a religião do Deus-Homem. Não há outro Deus senão aquele que desde a origem disse EU, não há outro Deus além de TI.

Tais são as últimas conclusões da filosofia, que expira desvelando o mistério da religião e o seu próprio.

II

Parece que desde então tudo acabou-se; parece que tendo a humanidade deixado de adorar-se e de mistificar a si mesma, o problema teológico esteja para sempre afastado. Os deuses partiam: o homem nada mais tem que fazer, exceto entediar-se e morrer por seu egoísmo. Que solidão espantosa estende-se em torno de mim e que corrói o fundo da minha alma! Minha exaltação assemelha-se à aniquilação e, depois que tornei-me Deus, vejo-me apenas como uma sombra. É possível que eu seja um *eu*, mas é muito difícil que eu me tome pelo absoluto, e se eu não sou o absoluto, sou apenas metade de uma idéia[12].

---

[11] [R.P.]: Alusão a uma passagem do *Paraíso Perdido*, livro IV.

[12] N.T]: Seria interessante comparar esta noção do *eu incompleto* ou *eu nostálgico*, que somente se completará, ou se constituirá na interação com a sociedade, que é típica da dialética serial proudhoniana, com a visão do eu expressa na obra quase coetânea do anarco-individualista alemão *Max Stirner*, igualmente desancado por Marx n'*A Ideologia Alemã*. Em seu livro O *Único e sua Propriedade*, Stirner parte de um ponto de vista totalmente inverso ao de Proudhon: o eu visto como realidade irredutível e incomparável, um núcleo duro de singularidade imerso na papa fantasmal das idéias mentirosas: Deus, Sociedade, Família, Estado, etc. Neste caso, o roteiro da anarquia se dá do Ego para a sociedade dos egoístas; no caso proudhoniano esta nucleação no indivíduo isolado é apenas *um momento necessário* na dialética da constituição, na qual o homem percebendo-se como retroprojeção da idéia social de Deus, deverá agora reconstituir-se *contra Deus* e de certa forma reconstituir a sociedade não mais pelos ideais da metafísica, que são declarados falsos no final deste prefácio, mas sim pelas normas da justiça e da reciprocidade, que constituirão a base do *mutualismo*.

Um pouco de filosofia afasta da religião, disse não sei qual pensador irônico, e muita filosofia nos traz de volta a ela. Esta observação é de uma verdade humilhante.

Toda a ciência desenvolve-se em três épocas sucessivas, que se podem denominar, comparando-as às grandes épocas da civilização como época religiosa, época sofística e época científica[13,14]. Assim, a Alquimia designa o período religioso da ciência que mais tarde se chamará Química e cujo plano definitivo ainda não foi encontrado, da mesma forma como a astrologia forma o período religioso de uma outra construção científica: a Astronomia.

Ora, depois de terem ridicularizado por sessenta anos a pedra filosofal, os químicos, conduzidos pela experiência, não mais ousam negar a transmutabilidade dos corpos, ao passo que os astrônomos, através da mecânica do mundo são levados à suspeitar de uma orgânica do mundo, isto é, alguma coisa como a astrologia precisamente. Não

---

[13] [P]: Ver entre outros Auguste COMTE, *Cours de Philosophie Positive* e P. J. PROUDHON *De la Création de l'Ordre dans l'Humanité*.

[N.E.]: Esta obra de Proudhon, à qual ele aqui se refere, choca pela força das negações da *idéia religiosa*, que contém. Proudhon considerava, como os filósofos do séc. XVIII, a religião como agonizante e queria *enterrá-la*; mas ao mesmo tempo, conquistado pelo método histórico dos filósofos do séc. XIX, Proudhon não poupava elogios à religião pelos benefícios que trouxera ao gênero humano. Encontra-se neste livro o enunciado de uma lei histórica análoga à lei dos três estados de Comte, mas que não parece ter sido emprestada deste pensador.

[14] [N.T]: Pode parecer estranho a muitos anarquistas e a alguns especialistas em ciências humanas esta citação "positivista" da lei dos três estados, com tudo o que ela parece carregar de determinismo histórico, de "cientificismo", e demais apodos mais ou menos ofensivos. Lembremos apenas que muitos historiadores modernos da filosofia e da religião, que estão longe de serem considerados "positivistas" pelos críticos (e pensamos aqui em gente como Vernant, Détienne, Conford, Finley, Hoffnung, Eliade, etc.) têm apontado de maneira consistente o surgimento do pensamento científico *à partir* do pensamento religioso e mítico e do impacto onipresente da prática do manejo da natureza. Assim os modernos historiadores da ciência, contrariamente aos seus colegas mais clássicos, *não começam a descrever sua história* a partir do momento da primeira codificação de determinada prática científica (Geometria com Euclides e Arquimedes, Astronomia com Hiparco e Ptolomeu, Física com Galileu e Kepler, etc.), mas sim consideram o instante em que as primeiras reflexões, de qualquer natureza que forem, sobre determinado domínio da ciência aparecem, valorizando desta forma os cômputos semi-astrológicos da Astrometria babilônica, as observações hidrográficas carregadas de religião dos egípcios, a sismologia e a farmácia ao mesmo tempo míticas e científicas dos chineses, etc. Resulta da leitura destas obras mais recentes de História da Ciência, que estas "leis de estados" aparecem como muito plausíveis, tendo em vista o material empírico disponível. (Ver p. ex. André PICHOT: *La Naissance de la Science*, Gérard SIMON: *Kepler Astronome, Astrologue*.) Desta forma a intuição proudhoniana em história da ciência, se pode ser dita talvez rígida, não pode ser acoimada de equivocada ou ultrapassada, quando confrontada às pesquisas contemporâneas.

seria o caso de se dizer que, como o filósofo que há pouco mencionei, que se um pouco de química nos afasta da pedra filosofal, muita química nos conduz de volta à ela e que se um pouco de astronomia nos faz rir dos astrólogos, muita astronomia nos faz crer neles[15,16]?

---

[15] [P]: Não pretendo com isso afirmar de uma maneira positiva a transmutabilidade dos corpos e nem designá-la como objetivo de investigações, nem tampouco tenho a pretensão de dizer qual deva ser a opinião dos cientistas sobre este ponto. Quero apenas assinalar um certo ceticismo que as conclusões mais gerais da filosofia química geram em todo o espírito não prevenido ou melhor dizendo, o ceticismo que é gerado pelas hipóteses inconciliáveis que servem de apoio às teorias químicas. A Química é verdadeiramente o desespero da razão: de todos os lados ela toca o fantástico e quanto mais a experiência nos faz conhecê-la, mais ela se envolve de impenetráveis mistérios. Esta reflexão me foi sugerida pela leitura das *Cartas sobre a Química* de LIEBIG (Paris, Masgana, 1845, tradução de Bertet-Dupiney e Dubréil-Hélion).

Assim, o Sr. Liebig, depois de ter banido da ciência as causas hipotéticas e todas as entidades admitidas pelos antigos, como a força criadora da matéria, o horror ao vácuo, o espírito reitor, etc. (p. 22), logo admite, como condição de inteligibilidade dos fenômenos químicos, uma série de entidades não menos obscuras como a força vital, a força química, a força elétrica, a força de atração, etc. (pp.146, 149). Dir-se-ia tratar de uma percepção das propriedades dos corpos à moda das percepções que os psicólogos efetuaram, sob o nome de liberdade, imaginação, memória, etc., das propriedades da alma. Por que não nos restringirmos aos elementos? Por que, se os átomos pesam por si mesmos como parece acreditar o Sr. Liebig, não seriam eles igualmente elétricos e vivos? Coisa curiosa, os fenômenos da matéria, como aqueles do espírito tornam-se inteligíveis apenas supondo-os produzidos por forças ininteligíveis e governados por leis contraditórias: é o que salta à vista em cada página do livro de Liebig.

A matéria, segundo Liebig, é essencialmente inerte e desprovida de qualquer atividade espontânea (p.148): como então os átomos podem ser pesados? O peso inerente aos átomos não seria o movimento próprio, eterno e espontâneo da matéria? Aquilo que tomamos por repouso não seria antes um equilíbrio? Por que supor uma inércia que as definições desmentem ou uma virtualidade exterior que nada atesta?

Do fato dos átomos serem pesados, o Sr. Liebig conclui que são *indivisíveis* (p. 58). Que raciocínio! O peso é apenas uma força, isto é, algo que cai sob nossos sentidos e que se deixa perceber apenas por seus fenômenos, uma coisa, conseqüentemente, à qual os conceitos de divisão e de indivisão são inaplicáveis, e da presença desta força, da hipótese de uma entidade indeterminada e imaterial, conclui-se pela materialidade indivisível.

De resto o Sr. Liebig confessa que é *impossível à nossa inteligência* figurar partículas absolutamente indivisíveis; reconhece além disso o *fato* desta indivisibilidade não estar provada, mas acrescenta que a ciência não pode prescindir desta hipótese, de modo que, na confissão de um de seus próprios mestres, a química tem como ponto de partida uma ficção que tanto repugna ao espírito, quanto é estranha à experiência. Que ironia!

Os pesos dos átomos, diz o Sr. Liebig, são desiguais porque seus volumes são desiguais: entretanto é impossível demonstrar que os equivalentes químicos exprimam o peso relativo dos átomos ou, de outra forma, que aquilo que consideramos, segundo o cálculo dos equivalentes atômicos, como átomo, não seja composto de vários átomos. Tudo isso equivale a dizer que *mais matéria* pesa mais que *menos matéria*, e como o peso é a essência da materialidade, concluiremos rigorosamente que, sendo o peso sempre idêntico a si mesmo, haverá identidade da matéria quer a diferença entre os corpos simples provenha dos diferentes modos de associação dos átomos, quer dos distintos graus de condensação molecular e que portanto, no fundo, os átomos são transmutáveis, que é o que o Sr. Liebig não admite!

Ele diz: "não temos motivo algum para supor que um elemento se converta em outro (p. 135)". Mas o que sabemos sobre isto? Os motivos para se crer em tal conversão podem muito bem existir, sem que sejam percebidos e não é absolutamente seguro que a nossa inteligência esteja a tal respeito no mesmo nível de nossa experiência. Mas admitamos o argumento negativo de Liebig, o que decorre dele? Que salvo cinqüenta e seis exceções até o momento irredutíveis, toda a matéria está em metamorfose perpétua. Ora, é uma lei de nossa razão supor na natureza unidade de substância, tanto quanto unidade de força e de sistema; é a própria série dos compostos químicos e dos corpos simples que nos conduz a isso irresistivelmente. Como pois recusarmo-nos a seguir até o seu final este caminho aberto pela ciência e admitir uma hipótese que é a conclusão fatal da própria experiência?

Da mesma forma como nega a transmutabilidade dos elementos, ele repele igualmente a formação espontânea dos germens. Ora, se negarmos a formação espontânea é necessário admitir a sua eternidade; e como, por outro lado está provado pela geologia que o globo nem sempre foi habitado, estamos obrigados a admitir que, em determinado instante eclodiram os germens eternos dos animais e plantas, sem pai nem mãe, na face da Terra. Assim a negação da geração espontânea nos reconduz à hipótese desta mesma espontaneidade: o que a metafísica, tão odiada, nos fornece de mais contraditório? Não se creia com isso que eu negue o valor ou a certeza das teorias químicas e nem que o atomismo pareça-me algo absurdo, nem mesmo que eu compartilhe da opinião dos epicuristas sobre a geração espontânea. Tudo o que eu quero observar, mais uma vez, é que, do ponto de vista dos princípios, a química necessita de uma extrema tolerância, pois ela somente é possível através de algumas ficções que repugnam à razão e à experiência e que se entre-destroem.

[16] [N.T]: O leitor talvez tenha ficado algo perplexo com a nota anterior de Proudhon. Adiantemos que o seu conteúdo, aparentemente bizarro e estranho à economia política, deverá desempenhar um papel importante durante os quatro primeiros capítulos da obra, principalmente durante a análise do problema do valor. O teor desta nota, estritamente falando, é um misto de geniais percepções e antevisões do que era a química de seu tempo e no que ele se tornaria com erros mais ou menos grosseiros; ela é igualmente importante para o estabelecimento de alguns princípios da epistemologia proudhoniana. Não nos esqueçamos entretanto que Proudhon era um autodidata e que adquirir erudição em ciências exatas através do autodidatismo – embora não impossível – é mais difícil do que adquirir pelas mesmas vias uma cultura histórica, filosófica ou mesmo filológica (como é o caso de nosso autor). De qualquer forma, o quadro científico da Química na primeira metade do séc. XIX era realmente confuso, pois nele faltavam elementos fundamentais para a sua coerência explicativa; os seus conceitos fundamentais, alguns dos quais contraditórios como bem o mostra Proudhon, somente irão se clarificando durante o correr do séc. XIX, à partir das descobertas da Termodinâmica e da Eletrodinâmica e de certos avanços experimentais e técnicos, mas é apenas com o advento da Física Atômica, que poderemos datar de 1895/96 com a descoberta do elétron por THOMSON e dos Raios X por RÖENTGEN, que a Química começa realmente a constituir um quadro epistemológico mais completo e não ambíguo, que culminará com uma elucidação completa dos principais mecanismos responsáveis pelas ligações químicas proporcionado pela Mecânica Quântica nos anos que medeiam entre1927 e o desencadear da Segunda Guerra Mundial. Desejamos comentar aqui a nota de Proudhon, confrontando-a brevemente com o desenvolvimento histórico da Química e com o que hoje conhecemos sobre os fundamentos desta ciência.

A Química moderna nasce com LAVOISIER e PRIESTLEY no último quartel do séc. XVIII, constituindo-se contra o saber alquímico tradicional que era ainda vivo naquela época; o próprio NEWTON foi um adepto da alquimia, tendo deixado mais escritos sobre ela do que sobre Física propriamente (ver sobre este ponto o livro de M. J. TEETER-DOBBS *The Origins of Newton's Alchemy*). Ao contrário da alquimia, a química clássica concebia a matéria como inerte e puramente passiva, necessitando ser animada pela energia (principalmente pelo calor) para produzir as transformações; Lavoisier postulava igualmente que os elementos eram imutáveis, chegando a tal conclusão através do estudo das reações de oxidação, onde mostrou que a massa dos metais oxidados permanecia constante. A partir do início do séc. XIX, DALTON e PROUST (entre 1802 e1808), com a descoberta das leis das proporções definidas e das proporções múltiplas para as reações químicas, abriram a porta para a hipótese atômica em química, que seria pouco mais tarde enunciada de uma maneira ampla e coerente pelo italiano Amedeo AVOGADRO (1820) ao dizer que os distintos elementos atômicos eram compostos por átomos diferentes e que, em condições ambientais idênticas, volumes iguais de gases possuiriam o mesmo número de moléculas. Devemos também à Avogadro a primeira tentativa de distinção entre *átomo* e *molécula*, sendo a última composta por uma determinada configuração de um certo número dos primeiros.

A hipótese atômica não é propriamente uma novidade em Ciência, pois já na Antigüidade DEMÓCRITO e os Epicuristas eram seus partidários e ARISTÓTELES seu adversário; durante os sécs. XVII e XVIII os partidários do atomismo defrontaram-se com seus adversários principalmente no campo da Teoria do Calor, onde os atomistas interpretavam os fenômenos térmicos como o resultado do movimento dos átomos microscópicos e os adversários supunham a existência de um fluído especial, denominado *calórico* que ao se transferir de um corpo para outro provocava tais fenômenos. NEWTON, BERNOULLI e LEIBNITZ foram atomistas. A enunciação do atomismo moderno por Dalton e Avogadro entretanto não convenceu a muitos investigadores. Paradoxalmente um argumento lançado era o de que os átomos seriam entidades metafísicas, pois não seriam acessíveis à experiência direta; foram necessários muitos anos de pesquisa para se mostrar que, ao contrário, os átomos são acessíveis ao cálculo e à experimentação. Proudhon escreve em um momento no qual esta polêmica é acerba. Os químicos em geral acham que os átomos explicam com mais facilidade que a matéria contínua os fenômenos observados nas reações. Os físicos e matemáticos estão divididos embora seja considerada plausível uma teoria atômica da matéria, desde os trabalhos de Bernoulli: a dúvida maior encontra-se na prova da "realidade" dos átomos, pois a matéria usualmente aparece como contínua e não como descontínua, além disso a visão de uma matéria puramente passiva decorrente da epistemologia kantiana para a mecânica de Galileu e de Newton, não se coadunava com a necessidade de se ter dinamismos internos aos átomos, como meios mais simples de se explicar as reações químicas. Acrescente-se a tais pontos outros desenvolvimentos científicos contemporâneos, como os estudos sobre a Eletricidade e a Óptica e a demonstração, via eletrólise e a descoberta da fotografia, da existência de correlações – a princípio obscuras – entre eletricidade, luz e fenômenos químicos. O quadro realmente é confuso e Proudhon não exagera ao dizer da química de seu tempo que ela é o "desespero da razão": existem muitas lacunas à preencher e muitas paredes a erguer em seu edifício, para que se possa perceber a chave de sua arquitetura...

A primeira crítica que Proudhon levanta à Liebig, no segundo parágrafo da nota 15 é contra o fato deste postular com Lavoisier e Kant a inércia da matéria: esta intuição de Proudhon será confirmada, à partir de 1860, pelos trabalhos de MAXWELL sobre a Teoria Cinética dos Gases e, entre 1880 e 1900, pelos trabalhos clássicos de BOLTZMANN e de GIBBS, fundando a Mecânica Estatística moderna, e evidenciando que o repouso macroscópico de um sistema não implica no repouso de cada uma de suas partículas, mas sim um estado de equilíbrio dinâmico (denominado estado macrocanônico) entre um número enorme de átomos em perpétuo movimento. Por volta de 1842, quando Proudhon começa a escrever o seu livro, o conceito fundamental de *entropia*, que relaciona entre outras coisas os movimentos moleculares aos movimentos macroscópicos de um sistema não estava ainda desenvolvido e viria a sê-lo apenas por CLAUSIUS por volta de 1860.

Proudhon discute a seguir o problema da inércia e da indivisibilidade da matéria. Proudhon mostra-se neste caso tributário da concepção kantiana da inacessibilidade da coisa-em-si ao conhecimento, considerando, como aliás a maioria dos físicos e geômetras do séc. XVIII e do começo do séc. XIX, a força como um artifício matemático para a resolução de problemas físicos. Esta concepção tenta resolver algumas aporias da dinâmica newtoniana, tais como a problemática da ação à distância e a interpretação da "experiência do balde" que derivam por sua vez do conceito de espaço-tempo absoluto newtoniano; enquanto Proudhon escrevia estas linhas, AMPÉRE na França, FARADAY na Inglaterra, ÖERSTED na Suécia e WEBER e LENZ na Alemanha desenvolviam – a partir do estudo da Eletrodinâmica – o conceito moderno de *campo* que faz da força uma realidade física material, mensurável, acessível portanto à quantificação e divisão, ao contrário do que diz Proudhon. O argumento de Liebig, derivando indivisibilidade do peso é equivocado, como Proudhon o assinala, mas não pela razão que ele expõe. Ao discutir a hipótese da insecabilidade atômica, Proudhon aponta corretamente as suas aporias, muito embora de uma perspectiva algo metafísica e equivocada; em 1896 Henri BECQUEREL, ao descobrir a radioatividade natural do urânio, em seu laboratório no Jardin des Plantes aonde Proudhon gostava tanto de passear, demonstrava que ao contrário o átomo era um tomo, isto é um sistema complexo, divisível e transmutável. A transmutabilidade ficou clara à partir do próprio fenômeno da radioatividade mas a divisibilidade do átomo, deveria esperar até os trabalhos de EINSTEIN, MILLIKAN, de Niels BOHR e Ernest RUTHERFORD, entre 1905 e 1915, para estabelecer-se de maneira inequívoca que o átomo era um sistema composto de um núcleo central com elétrons orbitando ao seu redor.

A realidade dos elementos químicos, com *átomos* ou se quisermos *sistemas atômicos distintos*, embora se tenha tornado praticamente evidente com os trabalhos de BOHR, SOMMERFELD e de SCHRÖDINGER, já bem avançado o séc. XX, foi muito reforçada à partir de 1863, graças à invenção da Tabela Periódica dos Elementos, pelo químico russo Dmitri MENDELEIEFF; arranjando os elementos químicos então conhecidos segundo uma periodicidade adequada, Mendeleieff foi capaz de demonstrar que ao longo das colunas assim obtidas, os elementos classificados gozavam de um certo parentesco de suas propriedades físicas e químicas; mais do que isso ele notou ainda que existiam alguns "buracos" que interpretou como elementos químicos ainda não conhecidos. De fato, à partir de sua previsão e utilizando-se uma série de novos métodos experimentais recentemente desenvolvidos, os químicos e físicos foram capazes de, nas décadas que se seguiram, completar estas lacunas, indicando que a cada uma delas correspondia um novo elemento químico, desconhecido até então, cujas propriedades geralmente concordavam com as previstas por Mendeleieff. Desta forma, tanto as leis das reações químicas, quanto a tabela periódica, antes mesmo do desenvolvimento da física atômica, mostravam que existia uma certa plausibilidade em se admitir a existência dos átomos, embora muitas de suas propriedades não fossem bem compreendidas pela ciência clássica. Os trabalhos de PERRIN, em 1900, juntamente com os trabalhos já citados de descoberta da radioatividade, dos raios X e da Mecânica Quântica, mostraram por fim de modo irretorquível a realidade das estruturas atômicas e interpretaram as propriedades químicas dos elementos e das substâncias, bem como as principais propriedades das transformações químicas como resultado das interações entre os elétrons dos átomos.

O problema dos equivalentes químicos entretanto somente ficará esclarecido depois que o modelo atômico de Bohr - Sommerfeld for plenamente desenvolvido, sendo que uma interpretação quantitativa precisa dos dados experimentais será possível apenas com o advento da Mecânica Quântica. Os equivalentes serão então interpretados como relacionados ao número de ligações químicas (orbitais) que os elétrons atômicos podem formar.

Assim os átomos, tais como a moderna Física Atômica os representa, são pensados hoje como estruturas complexas formadas por um núcleo atômico (que por sua vez também não é simples, mas sim formado por dois tipos de partículas: neutrons e prótons, formados por sua vez de quarks) em torno do qual orbitam elétrons. Os átomos têm portanto massa e apresentam, como intui Proudhon propriedades elétricas e magnéticas, e podem unir-se a outros átomos para formar as moléculas, que são a base de todas as substâncias que conhecemos. Os átomos são extremamente pequenos e portanto ocorrem em quantidades enormes no mundo macroscópico. Uma ponta de alfinete contem centenas de bilhões deles; os átomos estão em perpétuo movimento que é denominado *caos molecular* ou *agitação térmica*, e o aparente repouso de um corpo macroscópico é devido apenas ao fato de que na média estas velocidades moleculares se anulam. A radioatividade natural ou induzida, prova também que os átomos não são eternos, mas que podem transformar-se uns nos outros, ao reagirem entre si ou com prótons, neutrons, elétrons ou fótons. Os próprios núcleos atômicos são forjados no coração das estrelas, onde o hidrogênio é queimado, formando sucessivamente todos os elementos da tabela periódica. Em certo ponto de sua evolução tais estrelas explodem (formando as *novas* e as *supernovas*) e injetando o material assim sintetizado no espaço galáctico, onde ele vai se condensar novamente produzindo outras estrelas, planetas e eventualmente seres inteligentes capazes de formular a Física ou pensarem o Anarquismo.

Tenho certamente uma menor inclinação ao maravilhoso que muitos ateus, mas não posso impedir-me de pensar que as histórias de milagres, de predições, de encantos, etc. nada mais sejam que relatos desfigurados de efeitos extraordinários produzidos por certas forças latentes ou, como se dizia outrora, por poderes ocultos. Nossa ciência é ainda tão brutal e tão cheia de má-fé; nossos doutores mostram tanta impertinência por tão pouco saber, negam tão impudicamente os fatos que os perturbam, para poder proteger as opiniões que exploram, que eu desconfio destes espíritos fortes da mesma forma como desconfio dos supersticiosos. Sim, estou convicto que nosso racionalismo grosseiro é a inauguração de um período que, por causa da ciência, se tornará verdadeiramente prodigioso[17]; o universo, a meu ver, é um laboratório de magia, de onde podemos esperar tudo... Isto dito, eu volto ao meu assunto[18].

Enganar-nos-íamos portanto se imaginássemos, segundo a rápida exposição que fizemos da evolução religiosa, que a metafísica disse a sua última palavra a respeito do duplo enigma expresso por estas quatro palavras: existência de Deus, imortalidade da alma. Aqui, como em outras partes, as conclusões mais avançadas e mais bem estabelecidas da razão, aquelas que parecem ter decidido para sempre a questão teológica, nos remetem a um misticismo primordial e implicam os dados novos de uma inevitável filosofia. A crítica das opiniões religiosas nos faz hoje sorrir de nós mesmos e das religiões mas o resumo de

---

[17] [N.T]: Se observarmos o desenvolvimento das ciências exatas e da tecnologia durante os últimos 160 anos, daremos completa razão à Proudhon...

[18] [N.T]: Poderíamos muito discutir sobre este tema de ciência e anarquismo. Inegavelmente Proudhon, Bakunin e Kropotkin, entre outros, consideram a ciência importante para a libertação humana e são, em última instância, otimistas quanto às suas realizações. Isto não significa entretanto *adesão direta e acrítica à fala dos cientistas*. O fato fundamental e básico da ciência é a demonstração de fatos; tanto Proudhon quanto Bakunin sabem que isto é muito difícil, que a razão pode ser desviada de seus objetivos por temores e por interesses conscientes ou não; além disso eles desconfiam profundamente da organização acadêmica do saber e da ciência, daí decorre a constatação de empáfia, contrastando com o pouco saber do sábio. Bakunin, no texto que citamos na nota 8 deste prólogo, adverte os operários que, se por um lado devem apoiar e absorver os conhecimentos científicos, jamais o devem fazê-lo acriticamente, ele mesmo diz que não se deve engordar os cientistas demasiadamente e que uma conclusão científica imposta à sociedade sem discussão e sem persuasão é mais nociva que um dogma. Por outro lado é inegável que, mormente depois da Eletrodinâmica de Maxwell, da Termodinâmica, da Relatividade e da Mecânica Quântica, o mundo físico hoje nos aparece mais como o laboratório de magia proposto por Proudhon do que como uma máquina à vapor de um engenheiro positivista.

tal crítica entretanto nada mais é que uma reprodução do problema. O gênero humano, no momento em que escrevo, está às vésperas de reconhecer e de afirmar alguma coisa que equivalerá para ele à antiga noção da Divindade; e isso não mais como outrora, através de um movimento espontâneo, mas sim com reflexão e em virtude de uma dialética invencível.

Tratarei, em poucas palavras, de fazer-me entender.

Se há um ponto no qual os filósofos, sejam quais forem, acabaram por colocar-se de acordo, é sem dúvida a distinção entre inteligência e necessidade, entre o sujeito do pensamento e o seu objeto, entre o eu e o não-eu, ou ainda em termos mais comuns entre espírito e matéria. Eu bem sei que todos estes termos não exprimem nada de real e de verdadeiro, que cada um deles designa apenas uma cisão do absoluto e que somente ele é verdadeiro e real e que, tomados separadamente, todos estes termos implicam igualmente em contradição. Mas também não é menos certo que o absoluto nos seja completamente inacessível, que nos seja conhecido apenas por seus termos opostos que são os únicos que recaem sob o nosso empirismo e que, se apenas a unidade pode obter a nossa fé, a dualidade será a primeira condição da ciência.

Assim quem pensa e quem é pensado? O que é uma alma e o que é um corpo? Eu desafio a alguém a escapar deste dualismo. Ocorre com as essências o mesmo que com as idéias: as primeiras se mostram separadas na natureza assim como as segundas no entendimento e é assim que as idéias de Deus e de imortalidade da alma, apesar de sua identidade, colocaram-se sucessiva e contraditoriamente na filosofia, da mesma forma que, apesar de sua fusão no absoluto, o eu e o não-eu colocam-se separada e contraditoriamente na natureza e nós temos seres que pensam ao mesmo tempo que seres que não pensam.

Ora, qualquer um que tenha-se dado ao trabalho de refletir sobre isso, sabe que hoje tal distinção, por mais realizada que esteja, é o que a razão pode encontrar de mais ininteligível, de mais contraditório, de mais absurdo. O ser não se concebe sem as propriedades do espírito e nem sem as propriedades da matéria: de modo que, se negais o espírito porque, não recaindo sob nenhuma das categorias de tempo, de espaço, de movimento, de solidez, etc., ele vos parece despojado de todos os atributos que constituem o real, eu por minha vez negarei a matéria, que oferece-me de apreciável apenas a sua passividade, de inteligível apenas as suas formas e não se manifesta em parte alguma como causa (voluntária e livre), furtando-se inteiramente como substância: e aí chegamos ao idealismo puro, quer dizer, ao nada. Mas o nada repugna a estes não-sei-que que vivem e raciocinam, reunindo em si em um estado (que não saberia dizer qual) de síntese começada ou de cisão iminente, todos os atributos antagônicos do ser. Nos é forçoso, pois, começar por um dualismo cujos termos sabemos perfeitamente serem falsos mas que, sendo para nós a condição do verdadeiro, obriga-nos forçosamente; estamos obrigados, em uma palavra, a começar com Descartes e com o gênero humano pelo eu, quer dizer pelo espírito.

Mas depois que as religiões e as filosofias, dissolvidas pela análise, vieram a fundir-se na teoria do absoluto, não ficamos sabendo melhor o que é o espírito e nisso não diferimos em nada dos antigos, salvo pela riqueza de linguagem com a qual decoramos a obscuridade que nos assedia. Apenas, enquanto que para os homens de outrora a ordem acusava uma inteligência *fora* do mundo, para os modernos ele parece antes acusá-la *no* mundo. Ora, quer a coloquemos no interior ou no exterior, à partir do momento em que afirmamos tal inteligência em virtude da ordem, será preciso admiti-la em toda a parte onde a ordem se manifesta, ou não concedê-la a parte alguma. Não há mais razão em se atribuir inteligência à cabeça que produziu a *Ilíada* e não a uma massa de matéria que se cristaliza em octaedros; reciprocamente é tão absurdo relacionar o sistema do mundo às leis físicas, sem ter em conta o eu ordenador, quanto atribuir a vitória de Marengo às combinações estratégicas, sem se levar em conta o primeiro cônsul. Toda a diferença que se poderia distinguir é que no último caso o eu pensante está localizado no cérebro de Bonaparte, ao passo que no caso do universo o eu não possui lugar especial e espalha-se por toda parte.

Os materialistas acreditaram ter superado a opinião contrária, dizendo que o homem, tendo assimilado o universo ao seu corpo, acabou a comparação emprestando a este universo uma alma semelhante a aquela que supunha ser o princípio de sua vida e de seu pensamento e que desta forma todos os argumentos sobre a existência de deus reduzem-se a uma analogia tanto mais falsa quanto mais o termo de comparação seja hipotético.

Seguramente não venho defender o velho silogismo: Todo arranjo pressupõe uma inteligência ordenadora; ora, há no mundo uma ordem admirável; portanto o mundo é obra de uma inteligência. Este silogismo já foi tão rebatido, desde Jó e de Moisés, que, longe de ser uma solução, ele é apenas a fórmula do enigma a decifrar. Conhecemos perfeitamente o que é ordem, mas ignoramos absolutamente o que queremos dizer com a palavra Alma, Espírito ou Inteligência: como poderemos pois concluir pela presença de uma a existência da outra? Recusarei pois, até estar mais amplamente informado, à pretensa prova da existência de Deus tirada da ordem do mundo; poderei nela ver no máximo uma equação proposta à filosofia. Da concepção da ordem à afirmação do espírito há todo um abismo de metafísica à preencher; não tentarei, mais uma vez, tomar o problema pela demonstração.

Mas não é disso que se trata no momento. Eu quis constatar que a razão humana foi fatal e inelutavelmente conduzida à distinção do ser em eu e não-eu, espírito e matéria, alma e corpo. Ora, quem não vê que a objeção dos materialistas prova precisamente aquilo que ela tem por objeto negar? O homem distinguindo em si mesmo um princípio espiritual e um princípio material será outra coisa senão a própria natureza proclamando por sua vez a sua dupla essência e dando testemunho de suas próprias leis? Observemos a inconseqüência do materialismo: ele nega e é forçado a negar, que o homem seja livre; ora, quanto menos o homem tiver liberdade, mais o seu dizer adquire importância e deve ser considerado como a expressão da verdade. Quando eu ouço esta máquina que me diz: "Eu sou alma e eu sou corpo"; se bem que tal revelação me seja estranha e me confunda, ela se reveste aos meus olhos de uma autoridade incomparavelmente maior que a do materialista que, corrigindo a consciência e a natureza, empreende fazê-las dizer: "Eu sou matéria, nada mais que matéria e a inteligência nada mais é que a faculdade material de conhecer".

O que aconteceria se, tomando por minha vez a ofensiva, eu demonstrasse o quanto a existência dos corpos, ou, em outros termos, a realidade de uma natureza puramente corporal, é uma opinião insustentável? – A matéria é, diz-se, impenetrável – Impenetrável ao quê? Perguntaria a si mesma, sem dúvida; pois não ousaria dizer ao espírito, pois isso seria admitir o que se quer descartar. Mas a isso eu oponho uma dupla questão: o que sabeis sobre isso? E o que isso significa?

1º – A impenetrabilidade pela qual se pretende definir a matéria, é apenas uma hipótese de físicos desatentos, uma conclusão grosseira deduzida de um julgamento superficial. A experiência demonstra na matéria uma divisibilidade ao infinito, uma dilatabilidade ao infinito, uma porosidade sem limite designável, uma permeabilidade ao calor, à eletricidade, ao magnetismo, ao mesmo tempo que uma propriedade de retê-los indefinida; afinidades, influências recíprocas e transformações inúmeras: todas coisas incompatíveis com um *aliquid* impenetrável. A elasticidade, que melhor que qualquer outra propriedade da matéria poderia conduzir, através da idéia de mola ou de resistência, à idéia de impenetrabilidade varia ao sabor de mil circunstâncias e depende inteiramente da atração molecular: ora o que há de mais inconciliável com a impenetrabilidade que esta atração? Existe enfim uma ciência que poderia ser rigorosamente definida como a *ciência da penetrabilidade da matéria*: é a química. Com efeito, no que aquilo que denominamos composição química difere de uma penetração[19]?... Em breve, conhece-se da matéria apenas as suas formas; quanto à substância, nada. Como portanto é possível afirmar a realidade de um ser invisível, impalpável, incoercível, sempre mutável, sempre fugaz, impenetrável apenas ao pensamento, ao qual ele deixa entrever apenas os seus disfarces? Materialista! Eu vos permito atestar a realidade de vossas sensações, quanto a aquilo que as ocasiona, tudo o que podeis dizer implica esta reciprocidade: algo (que denominais matéria) é causa das sensações que chegam a um outro algo (que denomino espírito).

---

[19] [P]: Os químicos distinguem a *mistura* da composição, da mesma forma como os lógicos distinguem a associação de idéias de sua síntese. É verdade que, segundo os químicos, a composição seria também uma mistura, ou melhor, uma agregação, desta vez não mais fortuita mas sim sistemática, de átomos, que produziriam os diversos compostos pela diversidade de seus arranjos. Mas trata-se ainda de uma hipótese totalmente gratuita, de uma hipótese que nada explica e que não tem sequer o mérito de ser lógica. Como uma diferença puramente *numérica* ou *geométrica* a composição ou na forma do átomo geraria propriedades *fisiológicas* tão diferentes? Como, se os átomos são indivisíveis e impenetráveis, sua associação, limitada à efeitos mecânicos não os deixaria, com relação à sua essência, inalteráveis? Onde está a relação da causa suposta e do efeito obtido?

Desconfiemos de nossa óptica intelectual: ocorre com as teorias químicas o mesmo que ocorre com os sistemas de psicologia. O entendimento para se dar conta dos fenômenos, opera sobre os átomos que não vê e não verá jamais, como opera sobre o *eu* que igualmente não percebe: ele aplica a tudo as suas categorias; quer dizer que ele distingue, individualiza, concreta, enumera, opõe aquilo que, material ou imaterial, é profundamente idêntico e indiscernível. A matéria, assim como o espírito, representa sob nossos olhos, todos os tipos de papéis; e como as suas metamorfoses não têm nada de arbitrário, nós as tomamos como texto para construir estas teorias psicológicas e atômicas, verdadeiras enquanto que, sob uma linguagem convencional, elas nos representam fielmente a série dos fenômenos; mas radicalmente falsas, a partir do momento em que pretendem realizar as suas abstrações e concluir ao pé da letra.

2º – Mas donde vem esta suposição, que nada na observação externa justifica, que não é verdadeira, da impenetrabilidade da matéria e qual é o seu sentido?

Aqui aparece o triunfo do dualismo. A matéria é declarada impenetrável, não como os materialistas e o vulgo se figuram pelo testemunho dos sentidos, mas pela consciência. É o *eu*, natureza incompreensível, que, sentindo-se livre, distinto e permanente e encontrando fora de si uma outra natureza igualmente incompreensível, mas também distinta e permanente apesar de suas metamorfoses, pronuncia, em virtude das sensações e das idéias que esta sentença lhe sugere, que o *não-eu* é extenso e impenetrável. A impenetrabilidade é uma palavra figurativa, uma imagem sob a qual o pensamento, cisão do absoluto, se representa a realidade material, outra cisão do absoluto; mas esta impenetrabilidade, sem a qual a matéria esvanece-se nada mais é, em última análise, que um julgamento espontâneo do sentido íntimo, um *a priori* metafísico, uma hipótese não verificada do espírito...

Assim quer a filosofia, depois de ter derrubado o dogmatismo teológico, espiritualize a matéria, quer materialize o pensamento; quer idealize o ser ou realize a idéia; quer identifique a *substância* e a *causa*, ela substitui por toda a parte a FORÇA, todas as frases que nada explicam e que nada significam; ela sempre nos reconduz ao eterno dualismo e preparando-nos a crer em nós mesmos, ela nos obriga a crer em Deus, quando não nos espíritos. É verdade que, fazendo o espírito voltar à natureza, distintamente dos antigos que separavam-no dela, a filosofia foi conduzida a esta conclusão famosa, que resume aproximadamente todo o fruto de suas pesquisas: No homem o espírito *sabe-se*, ao passo que, em qualquer outra parte parece-nos que *ele não se sabe*. "...Aquilo que vela no homem, que sonha no animal e que dorme na pedra..." já disse um filósofo.

A filosofia na sua última hora, não sabe, pois, nada a mais que no momento de seu nascimento: é como se ela tivesse aparecido no mundo apenas para verificar o dito de Sócrates e ela nos diz, cobrindo-se solenemente com sua mortalha: "Eu sei que nada sei". Mas o que estou dizendo? A filosofia sabe hoje que todos os seus julgamentos repousam sobre duas hipóteses igualmente falsas, igualmente impossíveis, e entretanto igualmente necessárias e fatais: a matéria e o espírito. De maneira que, ao passo que outrora a intolerância religiosa e as disputas filosóficas, espalhando as trevas por toda a parte, desculpavam a dúvida e convidavam à uma despreocupação libidinosa, triunfo da negação sobre todos os pontos não mais permite sequer esta dúvida; o pensamento, liberto de todo o entrave, mas vencido por seus próprios sucessos, está obrigado a afirmar aquilo que lhe parece claramente contraditório e absurdo. Os selvagens dizem que o mundo é um grande fetiche, guardado por um grande manitú. Durante trinta séculos os poetas, os legisladores e os sábios da civilização, transmitindo-se de idade em idade a lâmpada filosófica, nada escreveram de mais sublime que esta profissão de fé. E eis que no final desta longa conspiração contra Deus, que se autodenomina filosofia, a razão emancipada conclui como a razão selvagem: "O Universo é um não-eu, objetivado por um eu".

A humanidade supõe fatalmente a existência de Deus: e se durante o longo período que se fecha com nosso tempo ela acreditou na realidade de sua hipótese, se neste período ela adorou o inconcebível objeto, se, depois de ter-se apanhado neste ato de fé, ela persiste cientemente, mas não mais livremente, nesta opinião de um ser soberano que ela sabe nada mais ser que não a personificação de seu próprio pensamento, se ela está às vésperas de recomeçar suas invocações mágicas, é preciso acreditar que uma alucinação tão estranha oculte algum mistério que mereça ser aprofundado.

Eu digo alucinação e mistério, mas sem pretender negar com isso o conteúdo sobre-humano da idéia de Deus, como também sem admitir a necessidade de um novo simbolismo, isto é, de uma nova religião. Pois se é indubitável que a humanidade, afirmando Deus ou tudo aquilo que se queira sob o nome de eu ou espírito, não afirme mais do que a si mesma, não poderíamos por outro lado negar que ela se afirma então como outra que aquela que se conhece; isto resulta de todas as mitologias, bem como de todas as teodicéias. E como aliás esta afirmação é irresistível, ela deve-se sem dúvida a relações secretas que importa determinar cientificamente, se possível.

Em outros termos, o ateísmo, ou dito diferentemente o humanismo, verdadeiro sem dúvida na sua parte crítica e negativa, não o seria se se detivesse no homem tal como dado pela natureza, se ele afastasse, como julgamento abusivo, esta afirmação primeira da humanidade, de que ela é filha, emanação, imagem, reflexo ou verbo de Deus; o humanismo, eu digo, nada mais seria se renegasse assim o seu passado, que uma contradição a mais. Nos é forçoso empreender portanto a crítica do humanismo, quer dizer, devemos verificar se a humanidade, considerada em seu conjunto e em todos os períodos de seu desenvolvimento, satisfaz à idéia divina, dedução feita dos atributos fantásticos e hiperbólicos de Deus; devemos verificar se ela satisfaz à plenitude do ser, se ela satisfaz a si mesma. Nos é forçoso investigar, em uma única palavra, se a humanidade *tende* à Deus, segundo o dogma antigo, ou se é ela mesma que *torna-se* Deus, como dizem os modernos. Talvez descubramos no final que os dois sistemas, apesar de sua oposição aparente, sejam verdadeiros ao mesmo tempo e no fundo idênticos; neste caso a infalibilidade da razão humana, tanto nas suas manifestações coletivas quanto nas suas especulações refletidas, seria altamente confirmada. Em uma palavra, até que tenhamos verificado sobre o homem a hipótese de Deus, a negação ateísta nada tem de definitivo[20].

É portanto uma demonstração científica, isto é, empírica, da idéia de Deus que resta ser feita: ora, tal demonstração jamais foi tentada. Ora, tanto na teologia dogmática, repousando sobre a autoridade de seus mitos, quanto na filosofia especulando através de categorias, Deus permaneceu no estado de concepção *transcendental*, quer dizer inacessível à razão e a hipótese sempre subsiste.

Ela subsiste, tal hipótese, eu digo, mais vivaz, mais impiedosa que nunca. Chegamos a uma destas épocas fatídicas na qual a sociedade, desdenhando o seu passado e temerosa do futuro, ou abraça o presente com frenesi, deixando a alguns pensadores solitários o cuidado de preparar a nova fé, ou grita a Deus do abismo de seus gozos e pede um sinal de salvação, ou ainda busca, no espetáculo de suas revoluções como nas entranhas de uma vítima, o segredo de seu destino.

Teria eu necessidade de insistir mais? A hipótese de Deus é legítima, pois ela impõe-se a qualquer homem, apesar de si mesmo; Ela não poderia, portanto, ser-me reprovada por ninguém. Aquele que crê, não poderia fazer menos que conceder-me a suposição de que Deus existe; aquele que nega me é forçado mais ainda a concedê-la porque ele mesmo a fez antes de mim, pois toda a negação implica

---

[20] [N.E.]: Ainda que declarando que "Deus é o mal", Proudhon não chega, como Feurerbach ou Comte a divinizar a humanidade. Para ele o homem é o ser progressivo, por oposição ao ser infinito, que é Deus. Ao se querer divinizar o homem, corre-se o risco de diminuí-lo, da mesma forma que ao querer-se negar Deus, o adversário contra o qual ele está em luta perpétua. Percebe-se que nem os humanistas, nem os teólogos tiveram simpatia por tal doutrina.

afirmação prévia; quanto a aquele que duvida, basta que reflita um instante para compreender que a sua dúvida supõe necessariamente algo que cedo ou tarde ele denominará Deus.

Mas se eu possuo, pelo fato do meu pensamento, o direito de *supor* Deus, eu devo conquistar o direito de *afirmá-lo*. Em outros termos, se minha hipótese se impuser invencivelmente, ela será, pelo momento, tudo o que eu posso pretender. Pois afirmar é determinar; ora, toda a determinação, para ser verdadeira, deve ser dada empiricamente. Com efeito, quem diz determinação, diz relação, condicionalidade, experiência. Assim portanto a determinação do conceito de Deus deve resultar para nós de uma demonstração empírica, devemos nos abster de tudo aquilo que, na pesquisa desta alta incógnita, não tendo sido dado pela experiência, ultrapassasse a hipótese, sob pena de recair nas contradições da teologia e, conseqüentemente de reerguer os protestos do ateísmo.

III

Resta-me dizer como em um livro de economia política, eu tive que partir da hipótese fundamental de toda a filosofia.

Em primeiro lugar, tenho necessidade da hipótese de Deus para fundar a autoridade da ciência social. Quando o astrônomo, para explicar o sistema do mundo e apoiando-se exclusivamente sobre a aparência, supõe com o vulgo ser o céu uma abóbada, a terra plana, o sol do tamanho de um balão, descrevendo uma curva no ar de oriente para ocidente, ele supõe a infalibilidade dos sentidos, ressalvando a possibilidade de retificar mais tarde, na medida do avanço das observações, os dados de base dos quais foi obrigado a partir. É que, com efeito, a filosofia astronômica não poderia admitir *a priori* que nossos sentidos nos enganam e que não vemos aquilo que vemos; no que se transformaria, segundo semelhante princípio, a certeza da astronomia? Mas sendo possível, em alguns casos, retificar e completar o relato dos sentidos pelo seu próprio uso, a sua autoridade permanece inabalável e a astronomia é possível.

Da mesma forma a filosofia social não admite *a priori* que a humanidade em seus atos possa enganar-se ou ser enganada; sem isso no que se tornaria a autoridade do gênero humano isto é a autoridade da razão que, no fundo, é sinônimo da soberania do povo? Mas ela pensa que os julgamentos humanos, sempre verdadeiros naquilo que possuem de atual e imediato, podem completar-se e esclarecer-se sucessivamente uns aos outros, na medida em que as idéias vão sendo adquiridas, de maneira a sempre pôr de acordo a razão geral com a especulação individual e estender indefinidamente a esfera da certeza, o que equivale sempre a afirmar a autoridade dos julgamentos humanos.

Ora, o primeiro julgamento da razão, o preâmbulo de toda a constituição política que busque uma sanção e um princípio, é necessariamente este: *existe um Deus.* O que quer dizer: a sociedade é governada com conselho, premeditação e inteligência. Tal julgamento, que exclui o acaso, é portanto aquilo que funda a possibilidade da ciência social e todo o estudo histórico e positivo dos fatos sociais, empreendido com fins de melhoria e progresso deve supor, com o povo, a existência de Deus, ressalvado o direito de mais tarde dar conta deste julgamento.

Assim, a história das sociedades nada mais é para nós, senão uma longa determinação da idéia de Deus, uma revelação progressiva dos destinos do homem. E enquanto a antiga sabedoria fazia tudo depender da noção arbitrária e fantástica da Divindade, oprimindo a razão e a consciência e travando o movimento pelo terror de um mestre invisível, a nova filosofia – derrubando o método, rompendo a autoridade de Deus bem como a do homem e não aceitando outro jugo a não ser o imposto pelos fatos e pela evidência – faz tudo convergir para a hipótese teológica, como o último de seus problemas.

O ateísmo humanitário, é portanto o último termo do homem e conseqüentemente a última fase da filosofia, servindo de passagem para a reconstrução e verificação científica de todos os dogmas demolidos.

Tenho a necessidade da hipótese de Deus não apenas, como acabei de dizer, para dar um sentido à história, mas também para legitimar as reformas a serem operadas em nome da ciência no Estado.

Quer consideremos a Divindade como exterior à sociedade cujos movimentos ela modera do alto (opinião completamente gratuita e muito provavelmente ilusória), quer a julguemos imanente à sociedade e idêntica a esta razão impessoal e inconsciente que, como um instinto, faz marchar a civilização (se bem que impessoalidade e ignorância de si repugnem a idéia de inteligência), quer finalmente, que tudo aquilo que se cumpra na sociedade resulte da relação entre seus elementos (sistema cujo mérito inteiro consiste em mudar um ativo em passivo, de fazer da inteligência necessidade, ou, o que é o mesmo, em tomar a lei pela causa), em qualquer destes casos sempre segue-se que as manifestações da atividade social aparecem-nos necessariamente como sinais da vontade do Ser Supremo, ou como uma espécie de linguagem típica da razão geral e impessoal, ou ainda como marcos da necessidade e, em qualquer caso, tais manifestações serão para nós de uma autoridade absoluta. Como a sua série está ligada tanto no tempo quanto no espírito, os fatos cumpridos determinam e legitimam os fatos a cumprir-se, a ciência e o destino concordam; se tudo o que ocorre procede da razão e, reciprocamente, a razão julga apenas sobre a experiência daquilo que ocorre, a ciência tem o direito de participar do governo e é isso o que funda sua competência enquanto conselho e justifica sua intervenção como soberano.

A ciência, exprimida, reconhecida e aceita pelo sufrágio de todos como divina, é a rainha do mundo. Assim, graças à hipótese de Deus, toda a oposição estacionária ou retrógrada, todo o embargo[21] proposto pela teologia, pela tradição ou pelo egoísmo, encontra-se peremptória e irrevogavelmente descartada.

Tenho a necessidade da hipótese de Deus para mostrar o vínculo que une a civilização à natureza.

Com efeito, esta hipótese surpreendente – pela qual o homem assimila-se ao absoluto – implicando a identidade das leis da natureza e das leis da razão, permite-nos ver na indústria humana o complemento da operação criadora, torna solidários o homem e o globo que ele habita e – nos trabalhos de exploração deste domínio onde fomos colocados pela Providência e que assim se torna parcialmente nossa obra – esta hipótese nos faz conceber o princípio e o fim de todas as coisas. Assim, se a humanidade não é Deus, ela continua Deus; ou, se preferirmos um outro estilo, aquilo que hoje a humanidade faz com reflexão é a mesma coisa que ela começou a fazer por instinto e que a

---

[21] [N.T]: *Fin-de-non- recevoir* no original francês é um termo do vocabulário jurídico que indica a oposição de efeito suspensivo ou anulante de um determinado ato jurídico em um processo, oferecido pela parte contrária; depois de hesitar entre *contestação*, *oposição* e *embargo*, optamos pela tradução acima, pois *oposição* tem no português contemporâneo do Brasil um sentido quase que exclusivamente político e o termo *contestação*, embora fazendo parte da linguagem informal do foro em português, é bem mais usado em um sentido extrajurídico, que não é o caso do termo francês.

natureza parece cumprir por necessidade. Em todo o caso e qualquer que seja a opinião escolhida, uma coisa permanece indubitável: a unidade da ação da lei. Seres inteligentes, atores de uma fábula conduzida com inteligência, podemos ousadamente concluir de nós para o universo e o eterno e, quando tivermos definitivamente organizado entre nós o trabalho, poderemos dizer com orgulho: A criação está explicada[22].

---

[22] [N.T]: É muito importante ressaltar este "vínculo entre civilização e natureza", suposto por Proudhon e pela maioria dos anarquistas clássicos, que não viam como nós hoje uma oposição ou uma guerra entre as "ciências naturais" e as "ciências humanas"; ao contrário, muitos deles foram estudiosos e cultores das primeiras e utilizavam os seus resultados no combate às posições da Igreja e às "novas" religiosidades nascentes no final do séc. XIX e começos do XX (espiritismo, "ocultismo" à la Blavatski, budismo e religiões orientais, etc.). Devemos notar também o esforço de divulgação que tanto os jornais quanto as brochuras anarquistas fizeram, durante mais de meio século, ao imprimir trechos e obras de Haeckel, Darwin, Flammarion, Ostwald, e muitos outros cientistas preocupados com obras populares.

Os anarquistas estavam então muito mais próximos daquilo que os marxistas denominavam "materialismo vulgar" e não do materialismo dialético. O militante armênio Varlan TCHERKRASSOFF, por exemplo, chega a afirmar que só existe um materialismo, aquele que nos é fornecido pelo método e a experiência das ciências naturais e o conceito monista de matéria que delas decorre, muito distante da inércia e esterilidade da matéria postulados pelos pensadores dualistas. A discussão ao nosso ver é muito importante, embora tenha sido escamoteada nas últimas décadas; esbocemos aqui alguns argumentos principais.

As ciências humanas, à partir do começo do séc. XX, fizeram um grande esforço para constituir uma legitimidade epistemológica para o seu domínio; na época isto foi necessário e admirável e um dos obstáculos de monta a ser superado foi o "reducionismo" (Spencer, p. ex. utilizava em meados do séc. XIX fortemente modelos extraídos da Biologia para sistematizar os primeiros dados da Antropologia e da Sociologia); assim a necessidade de se reivindicar um estatuto específico para o humano enquanto objeto de estudo, as idéias de "homem coletivo", "representação coletiva" e de "ação social", começam a ser elaboradas por Durkheim, Tarde e Mauss entre outros. O próprio marxismo não é estranho a tal tendência, ao opor "materialismo histórico" e "materialismo dialético" ao "materialismo vulgar" embora tal distinção mais cheire a ressaibos de metafísica hegeliana que constitua um conceito epistemologicamente robusto. Outras linhas de ação, derivadas da lingüística, da mitologia comparada, da arqueologia e dos ramos então recém-descobertos da história antiga (tais como a pré-história, a assiriologia e a egiptologia), fortalecerão a demarcação e a primeira exploração deste domínio.

Notemos entretanto que, mesmo neste período de luta de baionetas pelo domínio epistemológico das ciências humanas, nós vemos um dos mais bravos guerreiros e hábeis capitães desta luta – Marcel MAUSS – ter a sua visão de Constantino e dizer que embora fosse importante esta luta, o futuro da sociologia estaria apontando para uma sua fusão na biologia, pois embora a sociedade humana fosse especial, não era obviamente o único caso de ocorrência de fenômenos sociais complexos no mundo animal.

Do lado dos anarquistas, isto não era propriamente uma novidade. O "vínculo entre civilização e natureza", não foi meramente aceito, mas também explorado e aprofundado por vários militantes e muitas vezes com um rigor e um talento realmente notáveis, chegando-se mesmo a obter resultados bastante "premonitórios". Bakunin, na sua importante mas pouco lida obra *O Império Knuto-Germânico e a Revolução Social*, já citada na nota 8, detém-se longamente nesta discussão, apontando para a diferença entre *lei natural*, no sentido da física ou da astronomia e a *lei humana ou convencional* no sentido jurídico e apontando que a liberdade humana pode e deve contestar as segundas, mas apenas pode submeter-se às primeiras, que nada mais são do que as condições gerais e necessárias de qualquer fenômeno ou existência; assim, aponta muito justamente Bakunin, a variação súbita de apenas 10°C na temperatura média do globo, afetaria poderosamente os mais íntimos detalhes da vida humana, uma variação de 30°C afetaria não somente a sociedade humana, mas também tornaria, de modo muito mais geral, impossível a sua vida sobre o planeta. Bakunin entretanto não fica aí e afirma categoricamente existirem *leis naturais*, para a sociedade humana, assim como para qualquer outro domínio da realidade e que quando se tenta transgredir tais leis, os resultados são tão absurdos ou funestos que quando tentamos transgredir as leis termodinâmicas e gravitacionais p. ex. Elisée RECLUS, grande militante e geógrafo de peso (seu tratado de geografia, escrito há mais de cem anos ainda hoje possui autoridade), é outro pensador libertário que não somente assume e estuda o vínculo proposto por Proudhon no campo específico da militância política, como também o explora e utiliza no campo técnico, pois um dos eixos epistemológicos de sua geografia é exatamente este; ressaltemos apenas a epígrafe que coloca no limiar de sua obra *L'Homme et la Terre*, que é, segundo ele, um curso de Geografia Histórica, destinado aos alunos das escolas sindicais: "... O Homem é a Natureza tomando consciência de si mesma..". Notemos ainda que o seu ponto de vista básico, correlacionando a fisiologia humana por um lado, a sua sociologia e antropologia por outro e as características geológicas, climáticas, mesológicas e ecológicas do meio geográfico no qual está imerso como terceiro vínculo, constituem a base de importantes mudanças conceituais na epistemologia das humanidades, estão, por exemplo, na base das concepções de Lucien FEBVRE e de boa parte da Escola dos "Annales" sobre as inter-relações entre meio físico, sociedade e mentalidades. A revista francesa "Herodote", uma das mais importantes e radicais no estudo da geografia contemporânea, não apenas reconhece seu débito para com Réclus, como também organiza periodicamente simpósios e "números especiais" sobre a sua obra. O falecido Prof. Milton SANTOS, organizou simpósios no Dep. de Geografia da USP justamente para analisar e discutir a obra técnica e política de Réclus.

De Kropotkin pouco necessitamos dizer, basta que o leitor deite os olhos sobre o *Apoio Mútuo* para que seja ressaltado, às vezes até exageradamente, o peso do vínculo civilização-natureza em seu pensamento. Talvez seja mais importante ressaltar que a nova síntese possibilitada pelo desenvolvimento científico do séc. XX, tenha corroborado a posição dos anarquistas. É inegável que, à partir do nascimento da moderna Física Atômica (geralmente datado na descoberta dos raios X por Röntgen em 1896), e da resolução de dois paradoxos fundamentais da Física Clássica com a criação da Mecânica Quântica (1900-Planck e 1925/32 Schrödinger, Heisenberg, De Broglie e Dirac) e da Teoria da Relatividade (1905 com Einstein), muitos problemas obscuros no quadro da física clássica e muitas inter-relações profundas entre ramos da ciência aparentemente distintos, vieram à luz, fazendo com que um novo quadro da natureza, surpreendente complexo e dinâmico emergisse. Conseqüências destas revoluções fundamentais, logo se fizeram sentir na astronomia (principalmente na astrofísica e na cosmologia), na biologia (com a emergência da bioquímica e da biologia e da genética moleculares, e a criação da ecologia e da etologia) na geologia, etc., isto sem mencionar as conseqüências tecnológicas.

Este novo quadro, dizíamos, corrobora a visão dos anarquistas porque, em primeiro lugar, permite completar lacunas extensas que a ciência do séc. XIX deixava obscuras e além disso permite organizar os fatos com melhor coerência dos esquemas explicativos, como já frisamos ao comentar as críticas de Proudhon à química de seu tempo e a Liebig, em terceiro lugar este novo quadro permite esclarecer a natureza do vínculo proposto por Proudhon: trata-se de um vínculo de imersão, da mesma natureza, p. ex. do vínculo de imersão que conecta a geologia à astronomia, através da geofísica e da astrofísica, ou do que imerge a biologia na química, através da biologia molecular. Mas note-se muito bem, quem diz imersão não diz *dissolução*. Se utilizássemos, um tanto abusivamente, a nomenclatura matemática, diríamos que o humano é um subdomínio conexo do natural, mas regido por uma topologia muito mais complexa que este.

Conseguimos hoje esboçar um quadro dinâmico no qual vemos a matéria elementar (prótons principalmente) condensar-se pela ação da gravidade em galáxias e estrelas, estas últimas continuarem a contrair-se até que seu caroço atinja temperatura suficiente para que os prótons sejam cozidos em hélio e depois o hélio em elementos mais pesados; sabemos que em dado momento, por razões termodinâmicas, estas estrelas explodem em *novas* e *supernovas*, lançando a maior parte do seu material de volta para a galáxia, que tal material, volta a condensar-se em outras estrelas e volta a ser transformado e novamente ejetado, de maneira que o teor de elementos pesados na galáxia vai aumentando; sabemos algo também sobre o tempo de vida das estrelas: quanto mais "gordas" menos vivem (uma estrela de massa igual a dez vezes a massa do Sol explode em cerca de 100 milhões de anos; uma estrela de massa igual a do Sol explode em 12 bilhões de anos). Sabemos que as estrelas se formam à partir de gigantescas nuvens de gás, cuja massa atinge milhares ou milhões de massa solares, e que portanto nascem em ninhadas; cerca de metade das estrelas de uma galáxia formam astros duplos, gravitando uma em torno da outra, como a Lua em torno da Terra, sabemos também que, à partir de uma determinada densidade da nuvem de gás que incuba as estrelas, é possível que algumas delas, no seu processo de condensação, atraiam para si um disco de gás que orbitará em torno da proto-estrela e que, em alguns bilhões de anos, acabará por condensar corpos mais frios em torno dela: os planetas.

O que distingue basicamente as estrelas dos planetas é a sua massa, se esta for suficientemente grande, a atração gravitacional fará com que a matéria seja comprimida no seu caroço até que a temperatura deste caroço seja suficiente para detonar as reações nucleares; quando tais reações iniciam-se as estrelas atingem um estado de equilíbrio dinâmico no qual a energia térmica gerada no caroço da estrela tende a dilatá-la compensando desta forma a força gravitacional que tende a comprimi-la, é neste estado que a estrela brilha por milhões ou bilhões de anos emitindo enormes quantidades de energia sob forma de luz e de outras radiações. Se a massa de gás que está condensando-se for pequena, a gravitação não consegue aquecer o seu caroço à temperatura suficiente para que as reações termonucleares comecem. O corpo então começa a contrair-se e esfriar, formando os planetas. Alguns planetas, denominados geologicamente ativos, como é o caso da Terra, podem manter o seu caroço aquecido, embora à temperatura relativamente baixa (estima-se a temperatura do núcleo da Terra em 6.000ºC, ao passo que a temperatura do caroço do Sol é mais ou menos um bilhão de graus); outros planetas, dependendo de sua massa e composição química, perdem calor rapidamente, de modo que seu caroço também resfria-se, são chamados planetas geologicamente mortos e a Lua e Mercúrio são bons exemplos. Todas as transformações que observamos nas superfícies dos planetas, dependem por um lado da temperatura de seu caroço e por outro da interação dela com a estrela em torno do qual orbita. Os planetas geologicamente ativos possuem energia interna suficiente para fundir uma parte do seu material e, através de correntes de convecção criar os mais diversos movimentos em sua crosta (formação de placas tectônicas, formação de montanhas, sismos, erupção de vulcões com conseqüências importantíssimas na formação de solos e na composição da eventual atmosfera planetária, etc.), os planetas geologicamente mortos não conseguem mais perfazer estas transformações.

Além disso os planetas interagem com o meio interestelar local e com a estrela em torno da qual orbitam, e esta interação está longe de ser desprezível. Em primeiro lugar no processo de formação do sistema estelar (pois, pelo que hoje sabemos, uma estrela e seus planetas formam-se mais ou menos ao mesmo tempo), sobram muitos detritos que ficam orbitando em torno da estrela e que constituem os cometas, meteoros e meteoritos, que podem chocar-se com os planetas, formando neste caso as *crateras* que podemos observar na superfície da Lua e de Mercúrio. As crateras também existem na Terra, mas como ela é ativa geologicamente com o tempo o movimento das placas tectônicas e a orogênese, acabam apagando seus traços, o que não ocorre na Lua. É também intuitivo o fato de que, no começo de vida de um sistema estelar, exista muito mais destes detritos do que na medida que envelheça. Dependendo do tamanho do meteoro e do planeta estes choques podem ser catastróficos: a extinção dos dinossauros, por exemplo, é atribuída a um choque de um meteoro de mais ou menos 6 km de diâmetro contra a Terra, na região do Golfo do México, ocorrida há uns 60 milhões de anos atrás. Outra interação importante de um planeta com a estrela e os outros planetas que o cercam, é a interação mecânica mediada pela força gravitacional. O problema do movimento de dois corpos interagindo gravitacionalmente, foi estudado experimentalmente por KEPLER e, cerca de 30 anos depois, resolvido matematicamente por NEWTON; as chamadas Leis de Kepler fornecem as características básicas: os planetas movem-se em elipses em torno da estrela, o seu período de translação depende da massa da estrela e da distância mínima de separação entre o planeta e a estrela e a velocidade orbital do planeta é inversamente proporcional à distância do planeta à estrela. Quando entretanto tivermos mais que dois corpos interagindo através da gravidade, o problema é complicadíssimo não existindo até hoje uma solução geral para ele; podem-se obter algumas soluções particulares ou aproximadas através da Teoria das Perturbações. Pode-se dizer que no caso de um planeta sujeito a perturbações, a sua trajetória continua uma elipse, mas que esta começa lentamente a girar em torno de um eixo perpendicular à ela passando pelo centro da estrela; outro efeito importante é que a distância mínima do planeta à estrela agora não é mais constante, mas sim começa a oscilar lentamente no tempo. Ocorre também um outro efeito sobre o eixo de rotação do planeta, imprimindo-lhe um complicado movimento de oscilação. Como a intensidade da energia que o planeta recebe da estrela depende basicamente do inverso do quadrado da sua distância à ela e do ângulo entre a sua superfície e a radiação incidente, vemos que estes efeitos mecânicos devidos à atração mútua acabam por modificar o balanço da energia que ele recebe da estrela; de modo geral quanto mais distante da estrela e quanto mais inclinada com relação à ela estiver a superfície do planeta, menos energia receberá. Já foi demonstrado que uma boa parte das variações seculares do clima da Terra são devidas e este mecanismo; inclusive uma parte do efeito observado nos ciclos das eras glaciais. Além disso a energia que a estrela emite é proporcional à sua massa e, conforme a massa da estrela e a distância média do planeta à ela, a dose de energia recebida pode variar bastante. Muita energia acaba aquecendo bastante a superfície do planeta (Mercúrio, p. ex., muito próximo ao Sol tem temperatura de 300ºC) e com isso dificultando a manutenção de uma atmosfera, evaporando os compostos químicos mais voláteis como a água e quebrando por ação fotoquímica moléculas complexas. Pouca energia deixa a temperatura superficial muito baixa, fazendo com que muitos elementos voláteis condensem-se (Júpiter e Saturno, p. ex., possuem verdadeiros mares de hidrogênio líquido).

Sabemos igualmente que o Universo está em expansão e que no passado era muito menor e muito mais quente do que é hoje. Estima-se a idade total do Universo como sendo cerca de 13-15 bilhões de anos. Sabemos também, pelo estudo das estrelas mais antigas e por outros indícios, que no início o Universo era composto basicamente por hidrogênio e hélio, com traços de berílio e lítio. Todos os elementos mais pesados que estes, como o carbono, o nitrogênio, o oxigênio, o ferro, foram sintetizados nos fornos alquímicos do interior das estrelas, de modo que, como intuiu Proudhon na sua nota sobre a química, os elementos não são estáticos, mas evoluem no coração das estrelas.

Sabemos hoje também que a vida está baseada em moléculas enormes compostas de hidrogênio, carbono, oxigênio e nitrogênio; tais moléculas – os biopolímeros – são compostas de centenas, milhares ou centenas de milhares de átomos e podem ser classificadas em lipídios ou gorduras, glicídios ou açúcares e protídeos ou proteínas. Toda a matéria viva, desde a capa de uma bactéria até o cérebro de Einstein é composta destas substâncias fundamentais. Sabemos também que a vida está dominada por um princípio de evolução química, ou seja ela evolui à partir de estruturas mais simples para as mais complexas, começando com as macromoléculas que não são propriamente vivas, passando pelos coacervados, que são estruturas poliméricas não vivas ainda, mas aonde já se pode distinguir um "meio interior", no sentido que Claude BERNARD dava à palavra, separado do meio exterior onde está o coacervado, através de uma membrana semipermeável, que controla os fluxos de energia e matéria, chegando aos ácidos nucleicos, que são moléculas capazes de multiplicação e aos vírus, simples moléculas de DNA envoltas por capas protéicas. Os biólogos admitem hoje as bactérias como os seres vivos mais simples possíveis. Elas também são denominadas procariontes, pelo fato do seu material genético (os cromossomos) flutuar no citoplasma juntamente com as demais organelas da célula. O

67

próximo passo se dá com a formação dos *eucariontes* que são ainda unicelulares, *mas que mantêm o material genético separado das demais funções vitais*, pela formação do núcleo celular, separado do restante da célula por uma membrana nuclear, da mesma forma como a célula separa-se do meio externo pela parede celular. A partir dos eucariontes temos o desenvolvimento dos vegetais, dos fungos e dos animais como os três ramos dos seres vivos; originalmente serão unicelulares, mas que com o tempo desenvolvem a multicelularidade, por um interessante processo de cooperação, onde várias células associam-se, inicialmente mantendo todas a sua identidade, mas à seguir especializando-se em vários tecidos que por sua vez coordenam-se. Os primeiros seres vivos multicelulares compõem-se de algumas dezenas de células que se agregam; a seguir, observa-se as células mais externas evoluírem para um tipo de epitélio, tornando-se planas e finas, enquanto as células mais internas crescem, desta maneira as células externas cumprem mais ou menos a função de uma parede celular amplificada, ao passo que as células internas especializam-se em elaborar e distribuir os alimentos. É a partir destes modelos simples que evoluem os *tecidos*, conjuntos de células estruturalmente semelhantes e especializadas em uma determinada função vital: especialização e correlação irão se tornar o eixo básico da vida. Os tecidos irão permitir a construção de organismos cada vez mais complexos e maiores; existe entretanto um limite dimensional para que os mecanismos físico-químicos de permeabilidade e adsorsão possam funcionar a contento; ao superar este tamanho, o organismo terá que desenvolver *controles químicos internos* para regular a sua fisiologia, e é assim que se observa o aparecimento das *glias*, tecidos de controle químico que são os ancestrais do sistema nervoso. Os tecidos a seguir reúnem-se em órgãos (fígado, rins, pulmões, etc.) e estes em sistemas (sistema digestivo, respiratório, reprodutor, etc.) e aí temos um animal completo. Uma conseqüência desta construção por intervalos encaixantes é um princípio de sobriedade, ou seja a inovação só acontece quando absolutamente condicionada pela pressão ambiental ou evolutiva e uma vez desenvolvida uma nova estrutura, esta será incorporada às novas etapas. A hemoglobina do chimpanzé, por exemplo, tem um grau de semelhança com a hemoglobina humana maior que 95%, isto é, os polímeros que constituem a hemoglobina do chimpanzé estão organizados de tal forma que apenas 5% deles possui composição química distinta ou está localizado em sítios distintos que os do homem. A distância genética entre o chimpanzé e a galinha é menor que 37%.

A vida surgiu na Terra a mais ou menos 3,8 bilhões de anos atrás, ao passo que o sistema solar tem uma idade aproximada de 4,5 bilhões de anos. Vemos deste modo que a primeira evolução da vida na Terra foi bastante rápida: 700 milhões de anos apenas foram necessários para que as primeiras bactérias surgissem. Estes tempos entretanto não têm nada de aleatório. Vimos acima que inicialmente não havia carbono nem oxigênio no Universo, não havia portanto com que construir biopolímeros e portanto não havia como surgir vida; além disto, nos primeiros dois bilhões de anos de sua existência o nosso Universo era quente e tumultuado demais para que a vida pudesse evoluir com a calma necessária. Nos primeiros bilhões de anos quase todas as galáxias abrigavam quasares em seu seio e estes objetos, extremamente violentos, provocam enormes fluxos de matéria, discos de acreção e conseqüentemente emitem intensamente raios gama e raios X, que são fatais à vida. Além disso as primeiras estrelas a se formarem foram provavelmente mamutes de 100 ou 500 massas solares e portanto explodiam rapidamente (em dez milhões de anos ou menos), não dando tempo aos planetas de se formarem, além de serem muito instáveis na sua evolução; eventuais planetas orbitando em torno de tais estrelas correriam sério risco de explodirem em asteróides. Desta forma concluímos que O UNIVERSO JOVEM É IMPRÓPRIO À VIDA.

Encerrada a era dos quasares, sintetizados elementos pesados em teor suficiente, algumas precondições para a vida estão dadas; de agora em diante a sua evolução dependerá apenas de condições locais: planetas adequados orbitando em torno de estrelas adequadas. Os dados observacionais têm indicado que pelo menos 40% das estrelas possuem sistemas planetários e obviamente estrelas muito grandes ou muito pequenas seriam desfavoráveis à eclosão da vida planetária, as primeiras porque seriam muito quentes e evoluiriam muito rapidamente, destruindo em sua explosão os planetas que pudessem eventualmente abrigar a vida, sendo muito quentes também tenderiam a evaporar a água e aumentar a temperatura superficial de modo que os biopolímeros se decompusessem. Estrelas de pequena massa seriam desfavoráveis pelos motivos contrários. Além disso a posição do planeta com relação à estrela (muito próximo queimaria a vida, muito distante a congelaria) e o seu tamanho (muito pequeno não teria massa suficiente para manter pelo efeito da gravidade uma atmosfera permanente, muito grande teria uma pressão atmosférica muito grande e portanto alta densidade e opacidade do gás, dificultando a passagem da luz para a superfície) desempenham um papel importante. A posição da estrela na galáxia seria também de alguma importância porque sabemos que geralmente a densidade estelar é alta no centro das galáxias, caindo rapidamente em direção às bordas, uma estrela adequada situada muito próxima ao centro galáctico sofreria com certeza uma perturbação gravitacional relativamente grande de suas vizinhas, que tenderia a desestabilizar as órbitas de seu sistema planetário.

Nos 3,8 bilhões de anos que dura a vida sobre a Terra praticamente 2 bilhões foram de domínio exclusivo das bactérias, que mesmo assim viviam apenas em meio aquático; a conquista da terra firme e a evolução dos eucariontes ocupa algo como 600 milhões de anos. Os primeiros organismos multicelulares datam de 1 bilhão de anos atrás e a reprodução sexual apareceu há 700 milhões de anos. Os dinossauros, sofisticadíssimos se comparados às esponjas, mas toscos se comparados aos mamíferos, viveram entre 350 e 60 milhões de anos atrás, e já possuíam sistema nervoso rudimentar: talvez este seja o começo da pré-história do espírito. Com seu desaparecimento começa a evolução acelerada de aves e mamíferos e o musaranho arborícola, o mais longínquo ancestral dos primatas aparece há cerca de 30 milhões de anos. O homem, comparativamente, mal acaba de chegar ao planeta, pois os fósseis mais antigos que possuímos com sinais de hominização datam, conforme os critérios e a polêmica de 4 ou de 2 milhões de anos.

Um século e meio decorreu entre o instante que Proudhon redigia as linhas que motivaram esta longa nota e o instante que o leitor a aprecia, e o vínculo que nosso autor postulava, hoje, cremos, está mais claro: não há sentido em erguer-se uma separação radical entre o humano e a cultura por um lado e a natureza por outro; o homem foi gerado por um processo plenamente natural cujas etapas hoje estão mais claras que há um século; a própria base do espírito, o sistema nervoso, é bem mais velha do que o homem sobre a Terra; é claro também, pelo que expusemos, que o humano não se reduz a um conjunto de equações de balanço químico, mas fica clara também, supomos, a relação de imersão do homem em seu ambiente natural: o choque de um meteoro gordinho (lembremos apenas que um cometa pequeno tem cerca de 20 km de diâmetro), a variação em apenas 5% na temperatura média na Terra (fato bastante provável em algumas décadas, se continuarmos a consumir combustíveis fósseis na taxa atual), o aumento do "buraco" na camada de ozônio, fariam quase tanto estrago na humanidade quanto o advento de uma nova era glacial; paradoxalmente seríamos mais forte e primeiramente atingidos que formas de vida mais simples como as bactérias e as baratas, em função exatamente de nossa extrema complexidade orgânica, isto é, exatamente por causa da base material que nos permitiu evoluir "para fora" da natureza e criar a cultura: o exemplo da ampliação sistemática da incidência de câncer de pele, claramente correlacionável com a expansão do buraco de ozônio, é claríssimo a tal respeito. Neste sentido a percepção dos limites naturais e ecológicos impostos à expansão da cultura material do homem, mormente a necessidade de se rever profundamente as bases da operação da indústria e da agricultura modernas, deve ser saudada como uma etapa fundamental na construção do mencionado vínculo. Há séculos que acostumamo-nos a pensar contra a natureza, já é chegado o momento de invertermos esta direção e os anarquistas, cremos, estariam competentemente preparados para tanto.

Resta entretanto um problema pendente: em algum momento do séc. XX, nas proximidades da 2ª Guerra Mundial cremos, os anarquistas em número cada vez maior foram abandonando esta trilha acima apontada; em seus jornais os textos de divulgação científica vão escasseando, quase não mais se publicam brochuras sobre o tema e pouco se discute sobre os avanços científicos, a não ser quando estes prefiguram perspectivas sombrias, como é o caso da questão nuclear; Ernesto Sábato, p. ex. físico de boa cepa, escritor e anarquista, abandona a ciência pela poesia, desiludido com sua militarização e mesmo em maio de 1968, se vemos nas barricadas matemáticos e físicos como Laurent SCHWARTZ e J.C. LEVI-LEBLOND compartilharem ciência e anarquia, as conseqüências de tais atos serão nulas. Pelo contrário, o que vemos ascender à partir da década de1950 é uma crítica cada vez mais acerba, acerba e confusa, da ciência e uma valorização de tendências irracionalistas. É comum, à partir dos anos 70 ouviremse em cada vez maior número críticas ao "positivismo" de Kropotkin, ao "cientificismo típico do séc. XIX" de Bakunin, à "fé ingênua na ciência" dos anarquistas clássicos, etc. e tudo isso em um momento no qual, lenta, paciente e carinhosamente amadurecidos por duas gerações de cientistas – alguns dos quais participantes ou muito próximos das reivindicações mais avançadas dos socialistas e anarquistas – os primeiros frutos de uma nova concepção e de uma nova síntese científicas que, pela primeira vez em mais de 300 anos mudava radicalmente a posição do sujeito de conhecimento no teatro do mundo, começavam a ser oferecidos ao público.

Não se tratava apenas da revolução epistemológica da relatividade e da física quântica, não apenas as múltiplas descobertas da astrofísica, da biologia, da química e da matemática enfim correlacionadas em um quadro abrangente e harmonioso depois de cinco décadas de tateamentos; não, emergiam visões novas e muito mais profundas que romperiam de vez com o determinismo clássico lagrangeano que, ao contrário da vulgata dos que pouco conhecem história da ciência, já estava bastante combalido quando Maxwell e Boltzmann empreenderam desenvolver a mecânica estatística à partir de 1870; a distinção entre determinismo e preditibilidade, o Teorema de Gödel e a indecidibilidade e por fim os estudos sobre não linearidade e turbulência que conduziram diretamente às modernas teorias do Caos e da Complexidade. Que uso fariam um Proudhon ou um Bakunin destes frutos e destas armas graciosamente caídos em suas mãos? Que júbilo ao ver intuições aparentemente ousadas e temerárias, serem confirmadas por um trabalho minucioso e metódico. Que aríetes poderosos contra as fortalezas da estupidez!

Entretanto, nada disso aconteceu. As pérolas foram para os porcos. Os anarquistas quase não se moveram, sequer para apreender tais novidades. Os escrevinhadores "pós-modernos" de filosofias de plástico, de panacéias para elevar a produtividade, o ânimo ou o falo de empresas abaladas pelo neo-liberalismo, de gerentes ignaros e de trabalhadores "reestruturados" apropriaram-se do tema e por pouco tempo, entre os anos 80 e 90 do século passado, vimos surgir alguns "best-sellers" do gênero, "Cura Quântica", "Psi Quântico", "Gerenciamento e Caos" etc. que depois de cumprirem honradamente seu papel financeiro foram justamente relegados ao lixo cultural e o tema declarado "saturado" pelos editores.

Onde estavam os anarquistas? Alguns, ingênua ou confusamente, estavam criticando a burocratização e o papel ideológico da ciência como elemento de opressão no Estado moderno, fato aliás inegável e que já o velho Bakunin magistralmente levantava na sua crítica às academias no texto que acima citamos. Mas se existe a instrumentalização da ciência, existe também a de qualquer atividade humana, existe igualmente a instrumentalização da arte para fins pouco confessáveis, praticada quotidianamente pela indústria cultural, pelos meios de comunicação de massa e pela propaganda, sem que se levante entretanto a mesma celeuma que o uso da ciência para fins militares. Afinal, criar consenso com combinações sábias de belas imagens e propaganda subliminar, ou emprestar o nome e o prestígio cultural da obra para uso de grandes redes de comunicação, não reforça os mecanismos opressivos?

Outros procuravam "atualizar o anarquismo", sem nunca explicitar convenientemente no que consistiria propriamente tal "aggiornamento"; mas sempre, salvo estupidez ou delírio de nossa parte, tal movimento sutilmente implicava a crítica ao papel da razão, a negação de ponderabilidade aos problemas de opressão e exploração e a substituição dos "grandes temas" pelo local e pelo microscópico. Esclareçamos um pouco o último ponto: inegavelmente ele tem sua raiz em um dos mais caros princípios do anarquismo, que é a autonomia, a federação, mas notemos que no pensamento anarquista clássico existe sempre uma conexão profunda, viva e fundamental entre o local, o regional e o global. Para os que pensam que deliramos remetemo-nos mais uma vez ao *Império Knuto-Germânico*, onde Bakunin articula belamente este problema em si e exteriormente com a questão da ciência; internamente mostrando que a iniciativa local e isolada não conseguirá nunca resistir aos poderosos impulsos centralizadores do capital e do

Estado, necessitando do intermediário de numerosas alianças locais e regionais para conseguir contrarrestar este impulso; externamente, mostrando como o impulso centralizador, ao codificar e restringir a criatividade científica compra a agitação criadora sempre incontrolável e potencialmente subversiva pelas benesses dos postos e das academias, que permitirão enquadrar e domesticar esta criatividade em termos de *produtividade*, ao preço, é certo, da sua esterilização.

Mas qual é a fonte destas atitudes? É isto que convém, mesmo esquematicamente determinar. O anarquismo clássico assumia, até com certo orgulho, o "materialismo vulgar"; o ideal para ele brotava do fundamento obscuro da realidade, assim como o lírio brota do lodo e o método das ciências naturais poderia ser valioso na luta revolucionária. Repentinamente isso cessa; é claro que as monstruosidades ocorridas em escala planetária entre 1914 e 1980 e a miríade de catástrofes locais no mesmo período contribuíram em muito para o descrédito, o uso pesado da ciência na fabricação de armas de destruição de massa, a incorporação de físicos, engenheiros, químicos e biólogos às instituições do Estado Militar-Industrial certamente trouxe sua água ao moinho. Mas isto só não explica porque, desde o começo da Guerra Fria, acumulam-se as manifestações e atitudes dos técnicos contra este tipo de utilização da ciência; basta relembrarmos o nome de Oppenheimer ou o Movimento Pughwatch, para nos convencermos de que algumas alternativas seriam possíveis; mas pouco ou nada foi feito e a demonização da ciência continuou com desenvoltura. E aqui cremos poder detectar um padrão; se o anarquismo clássico deleitava-se com a "ciência", o anarquismo do pós-guerra vai tentar justificar-se enquanto "ciência humana" e muitos de seus militantes modernos, a nível internacional, ocupando profissionalmente postos de relevo nas pesquisas das humanidades, tentarão, muitos com extrema boa-vontade, revesti-lo de certa respeitabilidade acadêmica. Vimos no início desta nota o impulso à autonomização epistemológica das ciências humanas em começos do séc. XX; é claro também que várias correntes defrontam-se nesta busca: as escolas clássicas francesas herdeiras de Durkheim e Tarde; as correntes empiricistas da antropologia inglesa, com Radcliffe-Brown, o funcionalismo malinowskiano, Darril Forde etc.; o estruturalismo, atuando em um amplo espectro que vai da lingüística à mitologia comparada, a escola dos "Annales", a sociologia weberiana e finalmente os vários matizes do marxismo. O peso do marxismo e do estruturalismo são inegáveis e ambas correntes, ao contrário, p. ex., de alguns dos membros do grupo Annalles, como L. Febvre e G. Pirou, consideram o anarquismo como pouco mais que uma aberração; tem pouquíssima simpatia por um pensar que se constituiu praticamente fora dos muros acadêmicos e muitas vezes por mãos toscas de publicistas que teorizavam apenas "na barricada", quando era necessário defender ou fundamentar um ponto de vista prático.

Já nos anos de 1960 esta tentativa de sistematização da humanidade faz claramente água e é neste vácuo metodológico, ao nosso ver, que muitos teóricos modernos do anarquismo se instalam. Um sinal é importante e inequívoco: embora os anarquistas nunca tenham considerado os escritos de seus clássicos como uma Bíblia ou um Corão, é inegável que a sua freqüência e consulta inspirava os militantes. A partir dos anos 60, vemos aparecer uma miríade de autores "libertários", a maioria dos quais, digamo-o claramente, honestamente jamais reivindicou nenhum parentesco ou influência anarquistas; foram mesmo assim classificados de "libertários" utilizando o velho sinônimo que Dejacques utilizara durante o Segundo Império para fugir à repressão, como um neologismo para exprimir uma *nuança* que, muitas vezes, somente estes companheiros viam. Por certo alguns destes novos autores "libertários" tinham posturas antiautoritárias e, localmente, poderiam concordar com o posicionamento anarquista; mas nem isso tampouco é novidade; Herzen por exemplo, é notoriamente influenciado por Proudhon, é um socialista, tem suas críticas à autoridade, mas nunca se reivindicou e certamente não é um anarquista, e foi, não obstante, grande amigo e esteio de Bakunin; o mesmo pode ser dito, por exemplo de Lissagaray, o grande lutador da Comuna, amigo pessoal de Réclus e de Louise Michel e que, não obstante chegou a lançar Réclus, o inventor do slogan "votar é abdicar" a deputado nos anos 1890. Mas nem por isso, embora tais autores sejam estudados e lidos pelos anarquistas são considerados como tal pelos historiadores e eruditos, como também pelos próprios anarquistas.

Esta pletora libertária dos anos 60 e 70, contribuiu em muito para turvar o ambiente; alguns oportunistas disfarçados, como Bernard-Henry Levy demoraram alguns anos para serem desmascarados, mas muitos outros autores, honestos mas não anarquistas, foram arbitrariamente erigidos como pensadores da teoria anarquista, coisa que não eram, e como resultado, ao aparecerem as divergências de fundo e as não concordâncias entre estes pensadores e os clássicos, a confusão instalava-se. É curioso ver por exemplo, em muitos trabalhos históricos e analíticos sobre o anarquismo, em escala internacional, escrito nos anos 1970 e 80, a pobreza da bibliografia propriamente anarquista. Um historiador que se dedique a Constantino ou Carlos Magno, não deixará de citar, ao menos como fonte o *Corpus Historiae Bizantinae*, o *Monumenta Germaniae Historiae* ou uma ou outra capitular; um sociólogo que se debruce sobre o Fascismo, citará *Roma e il Papato* ou o *Mein Kampf*, nem que seja ao menos para colecionar as tolices, mas vemos historiadores e sociólogos que se arvoraram, no período citado, a estudar a evolução do anarquismo da Comuna até à 1ª Guerra Mundial, ou a efetuar uma comparação entre o anarco-sindicalismo italiano, o francês e o espanhol, sem citar a obra de James GUILLAUME sobre a internacional, o livro de Anselmo Lorenzo ou citando de Bakunin apenas uma mísera coletânea de 250 páginas; em compensação Thompson, Hobsbaum, Canguillem, Foucault, Trotski e até o último epígono marxista são abundantemente citados. Restringindo-nos ao Brasil o caso é mais triste ainda; em uma amostragem de 23 trabalhos acadêmicos publicados entre 1965 e 1984 sobre vários temas relacionados ao anarquismo no Brasil, observamos que os autores propriamente anarquistas – clássicos, modernos e brasileiros – correspondem na média à 18% da bibliografia somente e os novos "libertários" mais que 33%.

Está na hora da montanha parir o rato: o objetivo desta nota é em primeiro lugar sublinhar a importância do "vínculo entre civilização natureza" e a conseqüente resolução da questão social como o coroamento desta relação do homem com a natureza como central no pensamento anarquista clássico, que foi perdida à partir da crise do séc. XX e que deve ser urgentemente recuperada pelo pensamento anarquista contemporâneo. Em segundo lugar, a evolução e as revoluções nas "ciências duras" ocorridas no último século, mostraram que tal ponto de vista, longe de ser um delírio ou uma estupidez, é uma possibilidade real, desde que tomemos o vínculo homem/natureza como vínculo de imersão. Em terceiro lugar existem elementos epistemológicos na ciência moderna que reatualizam a posição do ser humano no teatro do mundo, retirando-o da posição de "amo e senhor", mas dando-lhe um lugar invejável de ator e compartícipe neste mesmo mundo; este novo posto coaduna-se perfeitamente com as aspirações filosóficas mais gerais dos clássicos do anarquismo acerca do papel da ciência e do conhecimento técnico na libertação humana, além de fundamentar, de modo bastante sólido algumas suas intuições epistemológicas que ficaram afogadas pelo estilo de pensar científico do séc. XIX. Existem na fronteira da ciência moderna, exteriores aos excessos de tecnicalidade, vários ramos de pensamento e pesquisa, como a teoria das catástrofes, a teoria do caos e a teoria da complexidade e dos fenômenos cooperativos, que seriam de extrema valia na operação política do anarquismo, na perspectiva que descrevemos à partir de nossa interpretação de Proudhon e de Bakunin. É necessário ter clareza e simplicidade; existem os pensadores e militantes do núcleo duro do anarquismo, clássico ou moderno, e existem, como sempre existiram, companheiros de caminho que, sem aderirem nem quererem participar explicitamente do movimento anarquista, concordam em maior ou menor extensão com nossas teses, lutas e metas ou fornecem, mesmo do exterior, elementos importantes que confluem, apoiam, precisam, esclarecem ou complementam nossas teses, propostas e metas. Não há problemas em dialogar com estes pensares ou utilizar topicamente tais teses, é prudente apenas não sermos arrastados pela paixão ou pela analogia, a ponto de tentar fazer coincidir ou concordar o que é distinto, poupando-nos assim as inutilidades das aporias e dos trabalhos de Sísifo e a violência aos fatos e pensamentos que a parte alguma conduzem.

72

Assim o campo de exploração da filosofia encontra-se determinado: a tradição é o ponto de partida de toda a especulação sobre o futuro; a utopia está descartada para sempre; o estudo do eu, transportado da consciência individual às manifestações da vontade social, adquire o caráter de objetividade do qual estava até agora privado; e a história tornando-se psicologia, a teologia antropologia e as ciências naturais metafísicas, a teoria da razão se deduz não mais da vacuidade do intelecto mas sim das formas inumeráveis de uma natureza ampla e diretamente observável.

Tenho a necessidade da hipótese de Deus para testemunhar a minha boa vontade para com uma multidão de seitas, cujas opiniões não compartilho, mas cujos rancores temo: os teístas – conheço alguns que, por causa de Deus estariam prontos a desembainhar a espada e, como Robespierre, fazer funcionar a guilhotina até a destruição do último ateu, sem desconfiar que estes ateus seriam eles mesmos; – os místicos, cujo partido composto em grande parte por estudantes e mulheres e marchando sob as bandeiras dos senhores Lamennais, Quinet, Leroux e outros, e que tomou por divisa: *Tal amo, tal criado*; tal Deus, tal povo; e que, para regular o salário do operário, começam por restaurar a religião; – os espiritualistas os quais, se eu desprezasse os direitos do espírito, acusar-me-iam de fundar o culto da matéria contra o qual eu protesto com todas as forças de minha alma; – os sensualistas e materialistas, para quem o dogma divino é o símbolo da opressão[23] e o princípio da escravização das paixões, fora das quais, dizem eles, não existe para o homem nem prazer, nem virtude e nem gênio; os ecléticos e cépticos, livreiros-editores de todas as velhas filosofias, mas que não filosofando por si e coalizados em vasta confraria, com aprovação e privilégio contra quem pensa, crê ou afirma sem sua permissão; os conservadores enfim, retrógrados, egoístas e hipócritas, pregando o amor a Deus pelo ódio ao próximo, acusando desde os tempos do Dilúvio a liberdade pelas infelicidades do mundo e caluniando a razão pelo sentimento de sua tolice.

Seria possível assim que se acusasse uma hipótese que, longe de blasfemar os fantasmas venerados da fé, apenas aspira fazê-los aparecer à luz do dia? Que, ao invés de rejeitar os dogmas tradicionais e os preconceitos da consciência, pede apenas para verificá-los? Que, defen-

---

[23] [N.T]: *Contrainte* no original francês.

dendo-se de opiniões exclusivas, toma por axioma a infalibilidade da razão e graças a este fecundo princípio, provavelmente não concluirá nunca contra nenhuma das seitas antagonistas? Poderiam os conservadores religiosos e políticos me acusar de perturbar a ordem das sociedades, quando eu parto da hipótese de uma inteligência soberana, fonte de todo o pensamento de ordem? Poderiam os democratas semicristãos maldizerem-me como inimigo de Deus, e por conseqüência traidor da República, quando eu busco o sentido e o conteúdo da idéia de Deus? E os mercadores universitários poderiam imputar-me a impiedade de demonstrar o não valor de seus produtos filosóficos, quando eu sustento precisamente que a filosofia deve ser estudada em seu objeto, quer dizer nas manifestações da sociedade e da natureza?

Tenho necessidade da hipótese de Deus para justificar o meu estilo.

Na ignorância na qual me encontro de tudo o que diz respeito a Deus, o mundo, a alma e o destino; sendo forçado a proceder como materialista, quer dizer, pela observação e pela experiência e a concluir na linguagem de um crente, porque não há outra; não sabendo se minhas fórmulas, teológicas apesar de mim mesmo, devam ser tomadas no sentido próprio ou no figurado; obrigado, nesta perpétua contemplação de Deus, do homem e das coisas a submeter-me à sinonímia de todos os termos que abraçam as três categorias do pensamento, da palavra e da ação, mas não querendo afirmar mais de um lado do que do outro, o próprio rigor da dialética exigiria que eu supusesse nada mais nada menos que esta incógnita que se chama Deus. Estamos cheios de divindade *Jovis omnia plena*; nossos monumentos, nossas tradições, nossas leis, nossas idéias, nossas línguas e nossas ciências, tudo está infectado desta indelével superstição fora da qual não nos é dado falar nem agir e sem a qual sequer pensar.

Tenho enfim a necessidade da hipótese de Deus, para explicar a publicação destas novas Memórias.

Nossa sociedade sente-se grávida de eventos e inquieta-se pelo futuro: como dar razão a estes pressentimentos vagos com o único recurso de uma razão universal, imanente se quisermos, permanente, mas impessoal e conseqüentemente muda? Ou ainda como dar conta disto com a idéia de necessidade, se isto implica que a necessidade se conheça e portanto que ela tenha pressentimentos? Resta ainda, mais uma vez, a hipótese de um agente ou íncubo que pressione a sociedade, dando-lhe visões.

Ora, quando a sociedade profetiza, ela interroga-se pela boca de uns e responde-se pela boca de outros. É sábio então quem sabe escutar e compreender, porque foi o próprio Deus quem falou, *quia locutus est Deus.*

A Academia de Ciências Morais e Políticas propôs a seguinte questão:

Determinar os fatos gerais que regulam as relações dos lucros com os salários e explicar as suas oscilações respectivas.

Há alguns anos, a mesma Academia perguntava: *"Quais são as causas da miséria?"* Será, com efeito que o séc. XIX tem apenas um pensamento que é igualdade e reforma? Mas o espírito sopra onde quer: muitos puseram-se a ruminar a questão, mas ninguém a respondeu. O colégio dos arúspices renovou pois a sua pergunta, mas em termos mais significativos. Ele quer saber se a ordem reina na oficina, se os salários são eqüitativos, se a liberdade e o privilégio fazem-se uma justa compensação, se a noção de valor – que domina todos os fatos das trocas – é, nas formas que lhe foram dadas pelos economistas, suficientemente exata, se o crédito protege o trabalho, se a circulação é regular, se os encargos da sociedade pesam igualmente sobre todos, etc., etc.

E, com efeito, tendo a miséria por causa imediata a insuficiência de renda, convém saber como, exceto nos casos de infelicidade e má-vontade, a renda do operário é insuficiente. É sempre a mesma questão da desigualdade de fortunas, que tanto ruído fez há um século atrás, e que por uma estranha fatalidade reproduz-se sem cessar nos programas acadêmicos, como se fosse um verdadeiro nó dos tempos modernos.

A igualdade portanto, seu princípio, seus meios, seus obstáculos, sua teoria, os motivos de seu adiamento, a causa das iniqüidades sociais e providenciais: eis o que é preciso ensinar ao mundo, apesar dos sarcasmos da incredulidade.

Sei muito bem que os pontos de vista da Academia não são tão profundos e que ela, como um concílio, tem horror às novidades, mas quanto mais ela se volta para o passado, mais ela nos reflete o futuro e mais, conseqüentemente, devemos acreditar em sua inspiração. Pois os verdadeiros profetas são aqueles que não compreendem o que anunciam; que o leitor escute:

"Quais são – disse a Academia – *as aplicações mais úteis que se possa fazer do princípio da associação voluntária e privada para o alívio da miséria?*

E ainda:

"*Expor a teoria e os princípios do contrato de seguros, fazer a sua história e deduzir da doutrina e dos fatos os desenvolvimentos que tal contrato possa receber e as diversas aplicações úteis que dele poderiam ser feitas no atual estado de nossa indústria e de nosso comércio*".

Todos os publicistas concordam que o seguro, forma rudimentar da solidariedade comercial, é uma associação nas coisas, *societas in re*, quer dizer, uma sociedade cujas condições, fundadas sobre relações puramente econômicas, escapam ao arbítrio do homem. De modo que uma filosofia do seguro, ou da mútua garantia dos interesses que fosse deduzida da teoria geral de sociedades reais, *in re*, conteria a fórmula da associação universal, fórmula esta em cuja existência ninguém na academia acredita. E quando, reunindo em um mesmo ponto de vista o sujeito e o objeto, a Academia pede, ao lado de uma teoria da associação dos interesses, uma teoria da associação voluntária, ela nos revela o que deve ser a sociedade mais perfeita e por isso mesmo ela afirma tudo aquilo que é profundamente contrário às suas convicções. Liberdade, igualdade, solidariedade, associação! Por qual inconcebível menosprezo um corpo tão eminentemente conservador propôs aos cidadãos este novo programa dos direitos do homem? Assim, Caifás profetizava a redenção renegando Jesus Cristo.

Sobre a primeira destas questões, quarenta e cinco memórias em dois anos foram dirigidas à Academia: uma prova que o tema estava maravilhosamente afinado com o estado dos espíritos. Mas entre tantos concorrentes, nenhum foi julgado digno do prêmio e a Academia retirou a questão, alegando a insuficiência de concorrentes, mas na verdade porque, sendo o insucesso do concurso a única meta que ela se tinha proposto, era-lhe importante declarar, sem esperar mais, desprovidas de fundamento as esperanças dos partidários da associação.

Assim, portanto, os senhores da Academia desautorizam, na câmara de suas deliberações, aquilo que anunciaram da tribuna! Uma tal contradição nada possui que me estranhe e Deus me livre de considerá-la um crime. Os antigos acreditavam que as revoluções anunciavam-se por sinais espantosos e que, entre outros prodígios, os animais falavam. Era uma figura, para designar estas idéias súbitas e palavras estranhas, que circulam de repente nas massas nos momentos de crise e que parecem privadas de todos os antecedentes humanos, pelo tanto que se afastam do círculo do juízo comum. Na época em que vivemos, coisa semelhante não poderia deixar de acontecer. Depois de ter, por um instinto fatídico e por uma espontaneidade maquinal, *pecudesque locutae*, proclamado a associação, os senhores da Academia de Ciências Morais e Políticas retornaram à sua prudência ordinária, e neles a rotina veio a desmentir a inspiração. Saibamos, pois, distinguir as opiniões do alto dos julgamentos interessados dos homens e tenhamos por certo que, no discurso dos sábios, isto é indubitável e portanto distingamos a parte que se deve à sua reflexão.

A Academia, contudo, rompendo tão bruscamente com suas instituições, parece ter experimentado algum remorso. Em lugar de uma teoria da associação na qual, por reflexão, ela não mais acredita, ela pede agora um *Exame crítico do sistema de instrução e de educação de Pestalozzi, considerado principalmente em suas relações com o bem-estar e a moralidade das classes pobres.* Quem sabe? Talvez a relação entre lucros e salários, a associação, a organização do trabalho enfim, encontrem-se no fundo do sistema de ensino. A vida de um homem não é um perpétuo aprendizado? A filosofia e a religião não são a educação da humanidade? Organizar a instrução seria portanto organizar a indústria e fazer a teoria da sociedade: a Academia, em seus momentos lúcidos, sempre volta a este ponto.

Qual influência, é ainda a academia quem fala, *os progressos e o gosto pelo bem-estar material exercem sobre a moralidade do povo?*

Tomada em seu sentido mais aparente, esta nova questão da Academia é banal e apropriada no máximo ao exercício de um reitor[24]. Mas a Academia, que deverá ignorar até o final o sentido revolucionário de seus oráculos, ergueu as cortinas em sua glosa. O que ela viu pois de tão profundo nesta tese epicurista?

"Será, nos diz ela, que o gosto dos luxos e dos gozos, o amor singular por estes que experimenta a maioria, a tendência das almas e das inteligências a preocuparem-se exclusivamente com eles, o acordo dos particulares e do ESTADO para fazer deles a meta de todos os seus

---

[24] [N.T]: A palavra é tomada aqui no seu sentido etimológico primeiro de "especialista em retórica".

projetos, de todos os seus esforços e de todos os seus sacrifícios, geram sentimentos gerais ou individuais que, benéficos ou nocivos, tornam-se princípio de ação mais poderosos talvez, do que aqueles que em outros tempos dominaram os homens? "

Jamais tão bela ocasião ofereceu-se aos moralistas para acusar o sensualismo do século, a venalidade das consciências e a corrupção erigida como meio de governo: ao invés disto o que faz a Academia de Ciências Morais? Com a calma mais automática ela institui uma série onde o luxo, há tanto tempo proscrito pelos estóicos e pelos ascetas, estes mestres de santidade, deve aparecer por sua vez como um princípio de conduta tão legítimo, tão puro e tão grande, quanto todos aqueles invocados outrora pela religião e a filosofia. Determinai, nos diz ela, os móveis da ação (sem dúvida velhos agora, e desgastados) aos quais sucede providencialmente a história da VOLÚPIA e, à partir dos resultados dos primeiros, calculai os efeitos desta última. Provai, em uma palavra que Aristipo nada mais fez que avançar o seu século e que sua moral deveria ter o seu triunfo, tanto quanto as de Zenon e de A. Kempis.

Temos que tratar, portanto, com uma sociedade que não quer mais ser pobre e que ri-se de tudo aquilo que outrora lhe foi caro e sagrado – a liberdade, a religião e a glória – se não tiver riqueza; que, para obtê-la, ela submete-se a todas as afrontas e torna-se cúmplice de todas as fraquezas e esta sede ardente de prazer, esta irresistível vontade de chegar ao luxo, é o sintoma de um novo período da civilização, é o comando supremo em virtude do qual deveremos trabalhar para a expulsão da miséria: assim disse a Academia. No que se transforma, segundo esta opinião, o preceito de expiação e de abstinência, a moral do sacrifício, da resignação e da mediocridade feliz? Que desconfiança das recompensas prometidas para a outra vida e que desmentido ao Evangelho! Mas sobretudo, que justificação de um governo que tomou a chave de ouro por sistema! Como tantos homens religiosos, tantos cristãos, tantos Sênecas, proferiram de uma única vez tantas máximas imorais?

A Academia, completando o seu pensamento, vai nos responder.

Demonstrar como os progressos da justiça criminal, na perseguição e na punição dos atentados contra as pessoas e as propriedades, seguem e marcam as idades da civilização desde o estado selvagem até o estado dos povos melhor policiados.

Poderemos acreditar que os criminalistas da Academia de Ciências Morais teriam previsto a conclusão de suas premissas? O fato de que se trata de estudar, em cada um de seus momentos, aquilo que a Academia indica pelas palavras *progresso da justiça criminal*, nada mais é que o abrandamento progressivo que manifesta-se, quer nas formas de inquérito e processo penais, quer na penalidade, à medida em que a civilização acredita em liberdade, em luz e em riqueza. De modo que o princípio das instituições repressivas caminha no sentido inverso de todos aqueles que constituem o bem-estar das sociedades; ocorrerá a eliminação constante de todas as partes do sistema penal, bem como de todo o aparelho judiciário e a conclusão última deste movimento será a seguinte: A sanção da ordem não reside nem no terror e nem no suplício; conseqüentemente nem inferno, nem religião.

Mas que inversão das idéias preconcebidas! Que negação de tudo aquilo que a Academia de Ciências Morais tem por missão defender! Mas se a sanção da ordem não mais está no temor de um castigo a ser aplicado seja nesta vida, seja na outra, onde estarão as garantias protetoras das pessoas e das propriedades? Ou melhor, sem instituições repressivas no que se transformaria a propriedade? E sem a propriedade o que seria da família?

A Academia, que nada sabe disso tudo, responde sem se emocionar:

Retraçar as diversas fases da organização da família sobre o solo de França, desde os tempos antigos até nossos dias.

O que significa: determinar, pelos progressos anteriores da organização familiar, as condições de existência da família em um estado de igualdade de fortunas, de associação voluntária e livre, de solidariedade universal, de bem-estar material e de luxo, de ordem pública sem prisões, tribunais, polícia ou carrascos.

Não estranharíamos pois que, depois de ter – a exemplo dos mais audaciosos inovadores – questionado todos os princípios da ordem social, a religião, a família, a propriedade e a justiça, a Academia de Ciências Morais e Políticas tivesse igualmente proposto este problema: *Qual é a melhor forma de governo?* Com efeito, o governo é para a sociedade a fonte donde decorre toda a iniciativa, toda a garantia e toda a reforma. Seria, pois, interessante saber se o governo, tal como está formulado na Constituição, seria suficiente para as solução prática das questões propostas pela Academia.

Mas conheceríamos muito mal os oráculos, se imaginássemos que eles procedem por indução e análise; precisamente porque o problema político seja uma condição ou corolário das demonstrações pedidas, a Academia não pode colocá-lo em concurso. Uma tal conclusão ter-lhe-ia aberto os olhos e, sem esperar as memórias dos concorrentes, ela teria se apressado em suprimir inteiramente o seu programa. A Academia retomou a questão acima e disse:

As obras de Deus, são belas em sua própria essência, *justificata in semetipsa*; elas são verdadeiras, em uma palavra, porque procedem dele. Os pensamentos do homem assemelham-se a espessos vapores, atravessados por longos e finos relâmpagos. *Qual é, pois, o caráter da verdade com relação a nós, e qual é o caráter da certeza?*

É como se a Academia nos dissesse: verificareis a hipótese de vossa existência, a hipótese da Academia que vos interroga, a hipótese do tempo, do espaço, do movimento, do pensamento e das leis do pensamento. Depois verificareis a hipótese do pauperismo, a hipótese da desigualdade de condições, a hipótese da associação universal, a hipótese da felicidade, a hipótese da monarquia e da república, a hipótese de uma providência!...

É toda uma crítica de Deus e do gênero humano.

Eu atesto neste programa uma honrosa companhia: não fui eu quem lançou as condições de meu trabalho, foi a Academia de Ciências Morais e Políticas. Ora, como posso satisfazer a tais condições se eu mesmo não sou dotado de infalibilidade se, em uma palavra, não sou Deus ou adivinho? A Academia admite, com efeito, que a divindade e a humanidade sejam idênticas, ou ao menos correlativas, mas trata-se de saber no que consiste esta correlação; tal é o sentido do problema da certeza, tal é a meta da filosofia social.

Assim pois, em nome da sociedade a quem Deus inspira, uma Academia interroga.

Em nome desta mesma sociedade, eu sou um dos videntes que tenta responder. A tarefa é imensa e eu não me comprometo a cumpri-la: irei até onde Deus me permitir. Mas, seja qual for o meu discurso, ele não provém de mim: o pensamento que faz correr a minha pena não me é pessoal e nada daquilo que escrevo me pode ser imputado. Relatarei os fatos tais como os tiver visto e os julgarei pelo que tiver dito; denominarei cada coisa por seu nome mais enérgico e ninguém poderá encontrar ofensa nisto. Buscarei livremente e segundo as regras da adivinhação que apreendi, aquilo que o conselho divino quer que seja expresso neste momento pela boca eloqüente dos sábios e pelos vagidos inarticulados do povo e quando eu negar todas as prerrogativas consagradas por nossa constituição, não estarei sendo sedicioso. Apontarei para onde nos impele o invisível aguilhão e nem minha ação, nem minhas palavras serão irritantes. Provocarei a nuvem e, quando eu fizer cair o raio serei inocente. Nesta busca solene, para a qual a Academia me convida, tenho mais que o direito de dizer a verdade, tenho o direito de dizer o que penso e que possam o meu pensamento, a minha expressão e a verdade serem sempre uma única e mesma coisa!

E tu[25], ó leitor, pois sem o leitor não há o escritor, tu és a metade de minha obra. Sem ti não passo de um bronze sonoro, com o favor de tua atenção eu direi maravilhas. Vês este turbilhão que passa e que se chama SOCIEDADE, do qual brotam, com um brilho tão terrível, os raios, os trovões e as vozes? Quero fazer com que toques com teus dedos as molas ocultas que o movem, mas é preciso que para tanto tu te reduzas, ao meu comando, ao estado de pura inteligência. Os olhos do amor e do prazer são impotentes para reconhecer a beleza de um esqueleto, a harmonia das vísceras desnudadas, a vida em um sangue negro e congelado: assim, os segredos do organismo social são uma carta fechada para o homem cujas paixões e preconceitos ofuscam o cérebro. Tais coisas sublimes deixam-se atingir apenas em uma silenciosa e fria contemplação. Sofre pois, antes que se abram aos teus olhos os cadernos do livro da vida, eu preparo a tua alma por esta purificação séptica que, por todos os tempos reclamaram de seus discípulos os grandes mestres dos povos: Sócrates, Jesus Cristo, São Paulo, São Remígio, Bacon, Descartes, Galileu e Kant, entre outros.

Quer estejas coberto pelos farrapos da miséria ou ornado pelas vestes suntuosas do luxo, eu te devolvo a esta nudez luminosa que não empanam os fumos da opulência, nem os venenos da pobreza invejosa.

---

[25] [N.T]: Todo este parágrafo esta redigido no vocativo e na segunda pessoa do plural, embora o sujeito – o leitor – seja obviamente singular, o que denota em francês sinal de respeito; a segunda pessoa do singular ainda é viva em francês, mas para uso familiar e íntimo apenas (o famoso "tutoyer") . No português ao contrário (ao menos no português brasileiro de São Paulo), o uso coloquial da segunda pessoa do singular praticamente desapareceu, de modo que nos sentimos autorizados a traduzir o parágrafo em vocativo e nesta pessoa, para manter o registro cerimonial.

Como persuadir aos ricos que a diferença nas condições sociais provém de um erro de contabilidade[26] e como o pobre, com suas trouxas, poderia acreditar que o rico possui de boa-fé? Inquirir sobre os sofrimentos do trabalhador é, para o ocioso, a mais insuportável distração; da mesma forma fazer justiça aos felizes é, para o miserável, a mais amarga beberagem.

És elevado em dignidade? Destituo-te e estás livre. Há um excesso de otimismo, sob este hábito de ordenança, muita subordinação, muita preguiça. A ciência exige a insurreição do pensamento; ora o pensamento de um homem bem colocado é o seu ordenado.

Tua amante, bela, apaixonada, artista, é, quero crê-lo, só tua. Isto quer dizer que tua alma, teu espírito, tua consciência passaram para este que é o mais encantador objeto de luxo que a natureza e a arte produziram para eterno suplício dos humanos fascinados. Eu te separo desta divina metade de ti mesmo: é muito, hoje em dia, querer a justiça e amar a uma mulher. Para pensar com grandeza e limpidez, é preciso que o homem desdobre a sua natureza e permaneça sob a sua hipótese masculina. Aliás, neste estado no qual te coloquei, tua amante não mais te reconhecerá: lembra-te da mulher de Jó.

A que religião pertences?... Esquece a tua fé e por prudência torna-te ateu. O quê? Me dirás, ateu apesar de nossa hipótese? Não, exatamente por causa de nossa hipótese. É preciso ter, por longo tempo, erguido o seu pensamento acima das coisas divinas, para ter o direito de supor uma personalidade além do homem, uma vida além desta vida. De resto, não temas por tua salvação. Deus não se zanga com aqueles que o subestimam por razão, assim como não se importa com aqueles que o adoram sob promessa. E, no estado de tua consciência, o mais seguro para ti é não pensar nele. Não vês que ocorre com as religiões o mesmo que acontece com os governos, pois o mais perfeito deles seria a negação de todos? Que nenhuma fantasia política ou religiosa

---

[26] [N.T]: Este "erreur de compte", Proudhon já o denuncia, desde *O que é a Propriedade* e consistiria exatamente na apropriação individual do excedente gerado pelo fato de cooperarem em uma tarefa comum, muitos trabalhos individuais adequadamente organizados (sinergizados diriam hoje os tecnocratas de plantão). O exemplo de Proudhon é o erguimento de obelisco de Luxor em Paris, que custou no seu tempo cerca de doze horas de trabalho de uma equipe aproximada de uma dezena de operários. Proudhon nota que um único operário trabalhando 120 horas ou mais não conseguiria cumprir a tarefa. Vemos pois que esta é uma idéia muito próxima à "mais valia relativa" e que a mesma, já está embrionariamente presente em Ricardo.

mantenha, pois, a tua alma cativa; este é o único meio de não ser um tolo ou um renegado. Ah!, eu dizia no tempo de minha juventude entusiasta, nunca ouvirei soar as segundas vésperas da república, e nossos padres, vestidos de brancas túnicas, cantar ao modo dórico o hino do retorno: *Muda ó Deus a nossa servidão, como o vento do deserto, em sopro refrescante!...*Mas desesperei dos republicanos e não mais conheço religião, nem padres.

Desejaria ainda, para assegurar completamente o teu julgamento caro leitor, tornar tua alma insensível à piedade, superior à virtude, indiferente à felicidade. Mas isso seria muito exigir de um neófito. Lembra-te somente e jamais o esqueças, que piedade, felicidade e virtude, da mesma forma que a pátria, a religião e o amor, são apenas máscaras...

SISTEMA
DAS
CONTRADIÇÕES ECONÔMICAS
OU
FILOSOFIA DA MISÉRIA

CAPÍTULO I[1]

Da Ciência Econômica

§ I - Oposição do *fato* e do *direito* na economia das sociedades

Eu afirmo a REALIDADE de uma ciência econômica.

Esta proposição, da qual poucos economistas hoje em dia costumam duvidar, é talvez a mais ousada que um filósofo jamais sustentou e a seqüência destas pesquisas mostrará, espero, que o maior esforço do espírito humano será o de conseguir demonstrá-la um dia.

Afirmo por outro lado *a certeza absoluta* ao mesmo tempo que o *caráter progressivo* da ciência econômica que é, em minha opinião, dentre todas as ciências a mais compreensiva, a mais pura e a melhor traduzida em fatos: nova proposição que faz desta ciência uma lógica ou uma metafísica *in concreto*, e muda radicalmente a base da antiga filosofia. Em outros termos, a ciência econômica é para mim a forma objetiva e a realização da metafísica; é a metafísica em ação, a metafísica

---

[1] [R.P.]: Neste capítulo, Proudhon opõe sumariamente as doutrinas socialistas aos ensinamentos dos economistas; os primeiros se perdem na utopia, menosprezando a experiência, os segundos, escravos da rotina, não sabem ler as idéias nas entrelinhas dos fatos e desdenham a razão.

Entre estes dois métodos, não se trata de escolher mas sim de encontrar um vínculo. Não se trata de encontrar uma atitude eqüidistante, que Proudhon disse ser uma traição em religião e um absurdo na ciência! É preciso operar a síntese entre as antinomias previamente ordenadas em séries progressivas e descobrir desta maneira a lei da ordem e da evolução dos fatos humanos.

projetada sobre o plano fugaz da duração e todo aquele que se ocupa das leis do trabalho e da troca é verdadeira e especialmente metafísico[2].

Depois do que foi dito no *prólogo*, nada disso deve surpreender. O trabalho do homem continua a obra de Deus que, criando todos os seres, nada mais faz do que realizar no exterior as leis eternas da razão. A ciência econômica é portanto necessária e simultaneamente uma teoria das idéias, uma teologia natural e uma psicologia. Este apanhado geral basta por si mesmo para explicar como, tendo que tratar com matérias econômicas, eu tivesse previamente que supor a existência de um Deus e sob qual título eu, simples economista, aspiro resolver o problema da certeza.

Mas, apresso-me em dizê-lo, não considero como ciência o conjunto incoerente de teorias ao qual, há aproximadamente cem anos, foi dado o nome *oficial* de *economia política* e que, apesar da etimologia do nome, ainda nada mais é que o código ou a rotina imemorial da propriedade[3]. Estas teorias nos oferecem apenas os rudimentos, ou a

---

[2] [N.T.]: É interessante notar na proposição acima de Proudhon um vínculo explícito entre Economia Política e Filosofia: ECONOMIA=FILOSOFIA. Embora, como dirá explicitamente pouco mais abaixo, Proudhon não considere a Economia de seu tempo uma ciência completamente desenvolvida, o *projeto científico* da economia política é absolutamente central, tanto para o estudo do homem em sociedade, quanto para a superação das atuais contradições sociais vividas pelos humanos na sociedade capitalista. O leitor atento não deixará de notar um mesmo tipo de preocupação no Marx dos Manuscritos Econômico-Filosóficos ou da Crítica da Economia Política. Vemos portanto que, apesar de Marx ter maltratado pesadamente este texto de Proudhon, muitas de suas idéias já tinham sido enunciadas clara e publicamente pelo revolucionário francês. Teremos muitas ocasiões de assinalar tais "empréstimos", conscientes ou não.

[3] [N.T]: Nos seus três primeiros escritos de ressonância, as denominadas *Três Memórias sobre a Propriedade* (*O que é a Propriedade* - (1840); *Carta ao Sr. Blanqui sobre a Propriedade* - (1841) e a *Advertência aos Proprietários* - (1842)) Proudhon faz a crítica do conceito de propriedade. Na *Criação da Ordem na Humanidade* (1843), a nas questões de método, explicitando pela primeira vez a sua *dialética serial*, cuja primeira aplicação metódica será feita no livro que o leitor tem nas mãos, onde Proudhon pretende em primeiro lugar explicitar as principais *contradições* que ele observa nos pressupostos e práticas fundamentais do sistema capitalista, contrastando-os com as aspirações socialistas, para depois, coerente com seu método, apontar o caminho de sua superação, pois para ele a existência de uma contradição explícita é o caminho aberto para a sua resolução. A nova economia social, embora decorrente de postulados coerentes, não repetirá assim esta rotina imemorial da propriedade.

Com relação ao nome de *economia política*, notemos que a palavra *economia* já era utilizada no grego antigo. Sua etimologia é clara a tal respeito: *oikonomia= oikos +nwmia*: a *nomós* ou a lei da casa ou do domínio e observe-se que aqui *nomós*, opondo-se à *themis* (o velho direito consuetudinário e religioso dos clãs) indica em grego antes a regularidade e homogeneidade de um procedimento (como vemos por exemplo na palavra *astronomia*) natural ou social, algo próximo ao cumprimento de um contrato, do que a *lei* no sentido teológico-político da *lex* romana. A economia seria pois em grego a arte de bem gerir seus bens e domínios, e neste sentido uma arte ou ciência de cunho pessoal, é assim que o tratado de Xenofonte – *O Economicon* – é ao mesmo tempo primevo e exemplar, pois nele vemos figurado exatamente e pela primeira vez o procedi-

primeira seção da ciência econômica e é esta a razão, assim como a propriedade, de tais teorias serem totalmente contraditórias entre si e na maior parte do tempo inaplicáveis. A prova desta asserção, que é em certo sentido a negação da economia política tal como nos foi transmitida por A. Smith, Ricardo, Malthus e J. B. Say[4] e que vemos estacionar há meio século, decorrerá particularmente da presente memória.

---

mento canônico de administração de seus bens, por um cidadão da elite ateniense do séc. V a. C. Aristóteles, nas suas *Éticas* e na *Constituição de Atenas*, estende-se um pouco sobre temas econômicos mas de maneira colateral: nestas obras políticas a questão da *liberdade* será central. Será apenas na Renascença que veremos a palavra *economia* ressurgir no vocabulário técnico, mas desta vez para designar os processos fisiológicos dos animais; é a chamada *economia animal*, que tenta estabelecer balanços entre os distintos processos vitais nos animais superiores, sem muito sucesso devido ao atraso relativo das ciências biológicas de então. Será somente no final do séc. XVII que veremos aparecer os primeiros tratados denominados de *Economia Política* e a sua leitura nos indica claramente os cuidados que conduziram seus autores à forjar este novo nome: trata-se agora de estudar não apenas a gestão das fortunas pessoais, mas sim e principalmente as condições e mecanismos da fortuna pública, não mais a economia do *domus* ou doméstica, mas sim a economia pública da *polis* ou economia política. Este movimento obviamente impulsionado pelo mercantilismo e pelas primeiras tentativas de expansão do capitalismo comercial e inicialmente este ramo do pensamento não sabe muito onde se encaixar: juristas e negociantes disputam-no, bem como os funcionários do estado absolutista; o séc. XVIII verá um assomo de interesse dos filósofos sobre esta disciplina: Locke, Hume e os enciclopedistas, de Rousseau a Diderot, D'Alembert e Helvétius, deixarão quando não livros, ao menos opúsculos, artigos e cartas sobre o tema, prefigurando desta forma o cometimento de Adam Smith que, professor de Ética em Glasgow, vinculará por longo tempo Economia e Filosofia Política com sua obra seminal *A Riqueza das Nações* (1776). Ao denominar a Economia Política de seu tempo de *código imemorial da propriedade*, Proudhon não deixa de ter razão, pois se excetuarmos talvez o pequeno tratado de Diderot e alguns trechos de Helvétius e alguns escritos de Ricardo e Sismondi que vemos nestes primeiros escritores da ciência é uma mistura inextricável de generalizações mais ou menos apressadas ou mais ou menos fundadas de fatos empiricamente comprováveis, com tentativas de justificativa da ordem econômica vigente, tomada como imutável e eterna e não mero fruto de circunstâncias históricas. Os primeiros socialistas irão se opor a tais pontos de vista, assim como alguns representantes da antiga ordem nobiliárquica, de modo que se pode dizer que a consolidação da Economia Política é coetânea com sua crítica. Mais modernamente, muitos autores têm se debruçado serenamente sobre o método de Adam Smith e têm criticado com pertinência algumas de suas aporias epistemológicas. Para o leitor interessado nesta polêmica recomendamos a obra de J. ATTALI e M.GUILLAUME *L'Anti Economique* (Paris PUF 1990) e *The End Of Economic Man* de George P. BROCKWAY (há edição brasileira sob o título "*A Morte do Homem Econômico*) S. Paulo, Nobel 1995.

[4] [R.P.]: Jean-Batiste SAY (1767-1832) nasceu em Nimes, aprendeu comércio inicialmente na França e depois na Inglaterra e permaneceu nos negócios durante alguns anos. Desde o Começo da Revolução Francesa, tendo lido as obras de Adam Smith, consagrou-se ao estudo das questões econômicas. Ele funda uma revista, a *Décade Philosophique* em 1794 e entra, graças à amizade de Napoleão, no Tribunal, onde faz parte da Comissão de Finanças e publica, em 1803 o seu *Traité d'Economie Politique* que teve um grande sucesso [*N.T: esta obra está acessível, bem como os outros clássicos da economia política, ao leitor brasileiro, graças à tradução publicada na série "Os Economistas" editada pela Editora Abril de S. Paulo*]. Suas idéias liberais fazem com que seja eliminado do Tribunal; ele deixa então a administração e retorna aos negócios, mas sem deixar de escrever. Durante a Restauração, consagra-se inteiramente à difusão de suas idéias econômicas, através da imprensa e pelo ensino. Foi professor no Conservatoire des Arts et Métiers e depois no Collège de France.

A insuficiência da economia política sempre chocou os espíritos contemplativos que, muito apaixonados por seus devaneios para poder aprofundar a prática, e limitando-se a julgá-la por seus resultados aparentes, formaram desde o começo um partido de oposição ao *status-quo* e entregaram-se a uma sátira perseverante e sistemática da civilização e de seus costumes. A propriedade, ao contrário, base de todas as instituições sociais, nunca deixou de ter defensores zelosos que, gloriosos com seu título de *práticos*, devolveram a guerra pela guerra contra os detratores da economia política e trabalharam com uma mão corajosa e hábil para consolidar o edifício que tinham erguido de concerto os preconceitos gerais e a liberdade individual. A controvérsia, ainda pendente, entre conservadores e reformistas tem por análogo na história da filosofia a querela entre realistas e nominalistas; seria quase inútil acrescentar que, tanto de um lado como de outro, o erro e a razão são iguais e que a rivalidade, a estreiteza e a intolerância das opiniões foram a única causa dos mal-entendidos.

Assim duas potências disputam o governo do mundo, anatemizando-se com o fervor de dois cultos hostis: a economia política, ou a tradição e o socialismo, ou a utopia.

O que é, em termos mais explícitos, a economia política? O que é o socialismo?

A economia política é a coletânea das observações feitas até hoje, sobre os fenômenos da produção e da distribuição das riquezas, quer dizer, o agregado de observações sobre as formas mais gerais e espontâneas, e conseqüentemente mais autênticas, do trabalho e da troca.

Os economistas classificaram, da melhor maneira que puderam, tais observações; descreveram os fenômenos, constataram seus acidentes e suas relações e observaram, em muitas circunstâncias, um caráter de necessidade que os fez denominá-los *leis* a este conjunto de conhecimentos, captados sobre as manifestações por assim dizer mais ingênuas da sociedade, e este conjunto constitui a economia política.

A economia política é portanto a história natural dos costumes, tradições, práticas e rotinas – as mais aparentes e as mais universalmente acreditadas da humanidade – relativas à produção e à distribuição da riqueza. Neste aspecto a economia política considera-se como legítima de *fato* e de *direito*; de fato porque os fenômenos que ela estuda são constantes, espontâneos e universais; de direito porque tais fenômenos têm por si a autoridade do gênero humano, que é a maior autoridade possível. Assim, a economia política qualifica-se de *ciência*, quer dizer, conhecimento racional e sistemático de fatos regulares e necessários.

O socialismo que, semelhante ao deus Vishnu, está sempre morrendo e sempre ressuscitando, teve, há vinte anos, a sua décima milésima encarnação na pessoa de cinco ou seis reveladores[5]; o socialismo afirma a anomalia da constituição presente da sociedade e portanto de todos os seus estabelecimentos anteriores. Ele pretende e demonstra que a ordem civilizada é fictícia, contraditória e ineficaz; que ela gera de per si a opressão, a miséria e o crime; ele acusa, para não dizer que calunia, todo o passado da vida social e incita com todas as suas forças à refusão dos costumes e das instituições.

---

[5] [N.T]: Proudhon refere-se aqui aos socialistas franceses do tempo da restauração; principalmente FOURIER, SAINT-SIMON e LAMENNAIS. O socialismo, enquanto escola de pensamento social independente, nasce como sabemos durante a Revolução Francesa, não apenas na cabeça de teóricos, mas igualmente pelos impulsos de camadas sociais muito bem determinadas, como os *sans-cullottes* e os *enragés*. Estas tendências radicais da Revolução querem fazer das suas palavras de ordem mais que *slogans* políticos e ideológicos; assim a *igualdade* já é pensada pelos *enragés* em 1792, como sendo igualdade econômica e social e não apenas a simples igualdade dos cidadãos perante a lei. Uma boa parte dos conflitos revolucionários entre 1789 e 1797 pode ser compreendida à luz desta luta política entre um socialismo incipiente de base popular e as tendências democráticas e republicanas de uma classe média radicalizada, mas de modo algum disposta a ceder privilégios econômicos e sociais para a *"canalha"*. A ascensão de Napoleão ao poder e as guerras napoleônicas podem ser estudadas deste ponto de vista – como já apontaram vários estudiosos – como a necessidade de se esfriar com uma boa sangria as massas populares demasiado aquecidas pelo simum revolucionário. A Revolução Francesa faz nascer tanto o socialismo de base libertária, com Jacques Roux, os *enragés* e os girondinos, quanto o de base estatal e /ou autoritária, como o socialismo dos irmãos Babeuf, de Saint-Just e de Buonnnarotti. Esta primeira eclosão do socialismo é no geral afogada em sangue. A influência da Revolução Francesa é também marcante no surgimento do socialismo e do anarquismo em outros países como a Inglaterra, com OWEN e GODWIN, a Alemanha, com WEITLING e a Rússia com PESTEL. Na França é apenas a decomposição do bonapartismo e o surgimento da restauração contra-revolucionária, que farão renascer as práticas e o pensamento socialista, através dos já citados FOURIER, LAMENNAIS E SAINT-SIMON entre outros, como também pelo aparecimento de operários socialistas, como os *canuts* de Lyon, do próprio Proudhon e de vários outros alfaiates, tipógrafos, marceneiros e bronzistas. Entende-se pois a metáfora de Vishnu. O leitor interessado poderá encontrar maiores detalhes na monumental *História do Pensamento Socialista* (08v.) de G.D.H. COLE editada em inglês entre 1953 e 1965, com várias traduções em espanhol, italiano e francês; o ambiente socialista na Revolução Francesa foi cuidadosamente estudado por P. KROPOTKIN em 1887 no livro *La Grande Revolution*, traduzido para muitas línguas, inclusive para o português (Ed. Atena S. Paulo -1932) e mais recentemente por Daniél GUERIN em 1962-1966 (*La Lutte de Classes sous la 1ere Republique* e *Bourgeois et Bras-Nus*); uma interessante coletânea anotada dos escritos dos primeiros militantes operários franceses foi recolhida por Alain FAURE e Jacques RANCIÉRE em *La Parole Ouvriére* (Paris 10/18 - 1974). Um quadro histórico sucinto mas preciso da classe operária européia desde a Revolução Francesa pode ser encontrada em Edouárd DOLLEANS *Histoire du Mouvement Ouvrier* (2 v. Paris A. COLIN -1948) com tradução espanhola (Madrid Ed. ZYX 1978).

O socialismo conclui, declarando a economia política uma hipótese falsa, uma sofística inventada em proveito da exploração da maioria pela minoria; e, aplicando o apotegma A *fructibus cognoscetis*, ele acaba por demonstrar a impotência e o nada da economia política, através do quadro das calamidades humanas, pelas quais ele a torna responsável.

Mas se a economia política é falsa, a jurisprudência que, em cada país, é a ciência do direito e do costume, é ainda mais falsa, pois, baseada na distinção do teu e do meu, ela supõe a legitimidade dos fatos descritos e classificados pela economia política. As teorias do direito público e internacional, com todas as suas variedades de governo representativo, são também falsas, pois elas repousam sobre o princípio da apropriação individual e da soberania absoluta das vontades.

O socialismo aceita todas estas conseqüências. Para ele a economia política, considerada por muitos como a fisiologia da riqueza, nada mais é que a prática organizada do roubo e da miséria; assim como a jurisprudência, condecorada pelos legistas com o nome de razão escrita, não é mais, aos seus olhos, que a compilação das rubricas do banditismo legal e oficial ou, em uma palavra, da propriedade. Consideradas em suas relações estas duas pretensas ciências – a economia política e o direito – formam, no dizer do socialismo, a teoria completa da iniqüidade e da discórdia. Passando a seguir da negação à afirmação, o socialismo opõe ao princípio da propriedade o princípio da associação e se fortalece ao recriar de alto a baixo a economia social, isto é, ao constituir um direito novo, uma nova política e instituições e costumes diametralmente opostos às formas antigas[6].

Assim, a linha de demarcação entre o socialismo e a economia política é nítida e a hostilidade flagrante.

A economia política inclina-se à consagração do egoísmo e o socialismo à exaltação da comunidade.

---

[6] [N.T]: Note-se que, em substância, muitas das críticas levantadas por Proudhon à propriedade, bem como uma "idéia geral" sobre a economia Política por parte dos socialistas seus contemporâneos, encontra-se resumida neste parágrafo. Fiel ao seu particular método dialético, uma vez feita a crítica da propriedade do ponto de vista socialista, trata-se agora de saber o quanto de verdade reside na teoria da propriedade da Economia política. As contradições que assim forem levantadas (e que constituirão cada um dos capítulos da Filosofia da Miséria) serão os pontos de partida para uma superação do regime proprietário rumo à justiça social à suprema ordem representada pela Anarquia.

Os economistas, salvo algumas infrações aos seus princípios – pelas quais eles julgam dever acusar os governos – são otimistas quanto aos fatos consumados; os socialistas o são com relação aos fatos a cumprir-se.

Os primeiros afirmam que o que deve ser é e os segundos dizem que o que deve ser *não é*. Conseqüentemente, enquanto os primeiros comportam-se como defensores da religião, da autoridade e dos outros princípios contemporâneos e conservadores da propriedade ainda que sua crítica – dizendo respeito unicamente à razão – atente muitas vezes contra seus próprios preconceitos, os segundos rejeitam a autoridade e a fé, apelando exclusivamente para a ciência, ainda que uma certa religiosidade, totalmente antiliberal, e um desdém bem pouco científico pelos fatos, sejam sempre o caráter mais aparente de suas doutrinas.

De resto, uns e outros não cessam de acusarem-se reciprocamente de imperícia e esterilidade.

Os socialistas pedem contas aos seus adversários da desigualdade das condições, dos deboches comerciais, onde o monopólio e a concorrência em monstruosa união, geram eternamente o luxo e a miséria; eles reprovam as teorias econômicas – sempre moldadas sobre o passado – o fato de deixar o futuro sem esperança; em breve eles assinalam o regime proprietário como uma alucinação horrível, contra a qual a humanidade protesta e debate-se há mais de quatro mil anos.

Os economistas, por sua vez, desafiam os socialistas a produzir um sistema onde se possa prescindir da propriedade, da concorrência e da polícia; eles provam, com fatos na mão, que todos os projetos de reforma nada mais foram que rapsódias de fragmentos emprestados ao próprio regime que o socialismo denigre, plágios – em uma palavra – da economia política, fora da qual o socialismo é incapaz de conceber e de formular uma idéia.

A cada dia vemos acumularem-se novas peças neste grave processo e complicar-se a questão.

Enquanto a sociedade marcha e tropeça, sofre e enriquece-se, seguindo a rotina econômica, os socialistas, desde Pitágoras, Orfeu e o impenetrável Hermes, trabalham para estabelecer seu dogma contraditoriamente à economia política. Algumas tentativas de associação[7] já

---

[7] [R.P.]: Proudhon aqui alude sem dúvidas às colônias owenistas. No momento em que aparecem as *Contradições*, os discípulos de Cabet preparam sua partida para o Texas, onde irão fundar sua Icária.

foram feitas aqui e acolá, segundo suas idéias: mas até o momento estas raras tentativas, perdidas no oceano proprietário, permaneceram sem resultados, e como o destino parece ter decidido esgotar a hipótese econômica, antes de atacar a utopia socialista, o partido reformador está reduzido a devorar os sarcasmos de seus adversários, aguardando chegar a sua vez.

Eis o que está em jogo: o socialismo denuncia sem cessar os malefícios da civilização, constata dia-a-dia a impotência da economia política em satisfazer as atrações harmônicas do homem[8] e apresenta queixa sobre queixa; a economia política preenche seu processo com os sistemas socialistas que todos, um depois do outro, passam e morrem desdenhados pelo senso comum. A perseverança do mal alimenta a queixa de uns, ao mesmo tempo em que o fracasso das tentativas reformistas fornece matéria à ironia maligna dos outros. Quando ocorrerá o julgamento? O tribunal está deserto e enquanto isto a economia política usa de suas vantagens e, sem oferecer caução, continua a reger o mundo: *possideo quia posssideo.*

Se, da esfera das idéias descermos às realidades do mundo, o antagonismo nos parecerá ainda mais grave e mais ameaçador.

Quando nestes últimos anos o socialismo, provocado por longas tempestades, fez sua fantástica aparição entre nós, alguns homens – aos quais toda a controvérsia até então tinha deixado indiferentes e mornos – lançaram-se com pavor nas idéias monárquicas e religiosas; a democracia, que era acusada de levar o socialismo às suas últimas conseqüências, foi amaldiçoada e reprimida. Esta culpabilização dos democratas por parte dos conservadores era uma calúnia. A democracia, por sua própria natureza, é tão antipática ao pensamento socialista, quanto incapaz de suplementar a realeza, contra a qual seu destino é

---

[8] [N.T]: Alusão clara ao socialismo de FOURIER, baseado nas pulsões instintivas e nas atrações passionais entre os homens para a construção das sociedades socialistas (falanstérios). Apesar de ter lido Fourier, bisontino como ele, (ver a nota biográfica) e de ter sido em alguma medida influenciado por ele, Proudhon opõe-se ao fourierismo em muitos pontos, sendo que aqui ele aponta um fundamental: é através da superação das contradições da economia política, e portanto através de um processo ao mesmo tempo prático e racional, que se pode superar as instituições capitalistas e não pelo mero desencadear das paixões. O capitalismo continuará a impedir o desencadear das paixões e a liberação das harmonias humanas pelo seu próprio modo de existir e o lamento deste fato não tem poderes para modificá-lo. Sobre as influências de FOURIER e SAINT-SIMON sobre Proudhon, consultar os livros de Pierre ANSART: *La Naissance de l'Anarchisme* e *Marx et l'Anarchisme* (Paris PUF 1970/75).

conspirar sempre, sem vencer jamais. Isto logo ficou claro e nós somos testemunha do fato quase todos os dias, ao ler os protestos de fé cristã e proprietária destes publicistas democratas que, assim procedendo, começam a ser abandonados pelo povo[9].

Por outro lado a filosofia não se mostra menos estranha nem menos hostil ao socialismo que a política e a religião.

Pois, assim como na ordem política a democracia tem por princípio a soberania do número e a monarquia a soberania do príncipe; da mesma forma como nas coisas da consciência a religião nada mais é que a submissão a um ser místico chamado Deus e ao padre que o representa; da mesma maneira enfim, na ordem econômica a propriedade, isto é o domínio exclusivo do indivíduo sobre os instrumentos de trabalho, é o ponto de partida das teorias. Da mesma forma também a filosofia, tomando por base os pretensos *a priori* da razão, é conduzida fatalmente à atribuir unicamente ao eu a geração e a autocracia das idéias e a negar o valor metafísico da experiência, isto é, ela tende a colocar em toda a parte e no lugar da lei objetiva, o arbítrio, o despotismo.

---

[9] [N.T]: Proudhon trata aqui obviamente dos republicanos e radicais burgueses do tipo de Lamartine ou de Victor Hugo que, por se oporem à restauração monárquica na seqüência do Congresso de Viena são, muito equivocadamente, considerados pelos reacionários como cúmplices dos socialistas. Proudhon está sendo profético aqui, conforme logo os acontecimentos de 1848 e mais adiante os de 1870/71 bem o demonstrarão: *nada mais antioperário que a classe média no poder*. As medidas mais ferozmente antioperárias serão tomadas em junho de 1848 não ainda por Louis Napoleon, mas sim por Ledru-Rolin, Victor Hugo e Cavaignac, republicanos rubérrimos. O romancista, que comanda um dos batalhões de guarda do Parlamento, quando da insurreição operária de junho de 1848, *manda abrir fogo* contra os insurrectos, provocando grande número de baixas, sua desculpa mais tarde (ver *Choses Vues vol de 1870-85*) será o *caráter sagrado* (sic!) *da República*. A própria Comuna de Paris aliás foi fértil nestes episódios de traição e baixeza; Flaubert e Zola não deixam de latir contra a "canalha", conforme se depreende da leitura de sua correspondência e de seus diários, embora o último venha mais tarde a penitenciar-se do fato; Hugo, já mais preocupado com a posteridade refreia-se mas sempre deixa escapar um pouco da sua bílis, e, de qualquer forma, está em contato, mesmo durante o cerco, com Gambetta e Cia. Em suma na prática os republicanos radicais sempre combateram ferozmente os socialistas. Bakunin, n'O *Império Knuto-Germânico* dedicará excelentes páginas ao comportamento político dos republicanos "radicais" franceses. Da mesma forma o clássico de P.E. Lisagaray l' Histoire de La Commune de 1871 (existe tradução brasileira) é referência obrigatória SOBRE O TEMA. Que o leitor não se iluda entretanto pensando ser esta uma questão de interesse meramente histórico. As crises latino-americanas das últimas duas ou três décadas seriam suficientes para remover-lhe as ilusões. Desde os processos de "redemocratização" de finais da década de 1970, até os atuais tempos de globalização e neoliberalismo, o papel das classes médias "democráticas" neste canto do mundo foi o de um verdugo sistemático da população.

Ora, uma doutrina que, nascida subitamente no coração da sociedade, sem antecedentes e nem avós, repelisse de todas as regiões da consciência e da sociedade o princípio arbitral, para substituí-lo como única verdade, pela relação dos fatos; uma doutrina que rompesse com a tradição e recusando a servir-se do passado para algo além de um mero ponto de partida donde se lançasse para o futuro; uma tal doutrina não poderia deixar de sublevar contra si as AUTORIDADES estabelecidas; podemos ver hoje em dia como, apesar de suas discórdias intestinas, tais AUTORIDADES, que no fundo são uma só, entenderem-se para combater o monstro prestes a engoli-las.

Aos operários que se queixam da insuficiência do salário e da incerteza do trabalho, a economia política opõe a liberdade de comércio; aos cidadãos que buscam as condições da liberdade e da ordem, os ideólogos respondem com sistemas representativos; às ternas almas que, destituídas da fé antiga, perguntam a razão e a finalidade de sua existência, a religião propõe os segredos insondáveis da Providência e a filosofia os mantêm sob reserva de dúvida: escapatórias sempre, idéias plenas nas quais o coração e o espírito repousem jamais! O socialismo grita que já é tempo de fazer vela rumo à terra firme e de entrar no porto; mas, dizem os anti-sociais, não há porto; a humanidade marcha sob a guarda de Deus e sob a conduta dos padres, dos filósofos, dos oradores e dos economistas e a nossa circunavegação é eterna.

Desta forma a sociedade encontra-se dividida, desde a sua origem, em dois grandes partidos: um tradicional, essencialmente hierárquico e que, segundo o objeto que se considere, denomina-se realeza ou democracia, filosofia ou religião, ou em uma única palavra, propriedade; e outro que, ressuscitando a cada crise da civilização, proclama-se antes de mais nada *anárquico* e *ateu*, quer dizer refratário a toda e qualquer autoridade divina ou humana: é o socialismo.

Ora, a crítica moderna demonstrou que em um conflito desta espécie a verdade encontra-se não na exclusão de um dos contrários, mas somente na conciliação de ambos; eu digo que é fato adquirido pela ciência que todo antagonismo, seja na natureza, seja nas idéias, resolve-se em um fato mais geral, ou em uma fórmula complexa que faz concordar os oponentes absorvendo, por assim dizer, um e outro. Não poderíamos pois, nós homens do senso comum, aguardando tal solução que sem dúvida o futuro realizará, prepararmo-nos para tão grande transição pela análise das potências em luta, bem como de suas qualidades positivas e negativas? Um tal trabalho, executado com exatidão e consciência, mesmo que não nos conduza de vez à solução, terá ao menos a inapreciável vantagem de nos revelar as condições do problema e por isso nos manter prevenidos contra toda a utopia.

O que existe, pois, de necessário e de verdadeiro na economia política? Para onde ela vai? O que pode? O que ela quer para nós? É o que me proponho determinar nesta obra. O que vale o socialismo? A mesma investigação nos ensinará.

Pois, como no final das contas a meta a que se propõem o socialismo e a economia política é a mesma, à saber a liberdade, a ordem e o bem-estar para todos os humanos, é evidente que as condições a serem preenchidas, ou em outros termos, as dificuldades à vencer para atingir tal meta são as mesmas para ambos, e que portanto resta-nos apenas pesar os meios tentados ou propostos por uma e outra partes. Mas como até o momento foi dado apenas à economia política traduzir suas idéias em atos, ao passo que o socialismo apenas entregou-se à uma perpétua sátira, não será menos claro que apreciando segundo seu mérito os trabalhos econômicos, tenhamos por isso mesmo reduzido ao seu justo valor as declamações dos socialistas, de maneira que nossa crítica, especial em aparência, poderá tomar conclusões absolutas e definitivas.

É isto que é indispensável fazer entender melhor através de alguns exemplos, antes de se entrar a fundo no exame da economia política.

§ II - Insuficiência das teorias e das críticas

Consignemos inicialmente uma observação importante: os contendores estão de acordo em referir-se a uma autoridade comum, que cada um conta ter por si: a CIÊNCIA.

Platão, utopista, organizava a sua república ideal em nome da ciência que, por modéstia e eufemismo denominava filosofia. Aristóteles, prático, refutava a utopia platônica em nome da mesma filosofia. Assim vai a guerra social desde Platão e Aristóteles. Todos os socialistas modernos reclamam a ciência única e indivisível, mas sem poder colocar-se de acordo nem sobre o conteúdo, nem sobre os limites, nem sobre o método desta ciência; os economistas, por sua vez, afirmam que a ciência social não é outra senão a economia política.

Trata-se, portanto, e antes de mais nada, de reconhecer o que pode ser uma ciência da sociedade.

A ciência, em geral, é o conhecimento racional e sistemático daquilo que É.

Aplicando esta noção fundamental à sociedade, diremos: a ciência social é o conhecimento racional e sistemático não do que *foi* a sociedade, nem do que ela *será*, mas sim do que ela É em toda a sua vida, isto é, no conjunto de suas manifestações sucessivas, pois é somente aí que pode existir razão e sistema. A ciência social deve abraçar a ordem humanitária e não apenas em tal ou qual período de sua duração, nem em alguns de seus elementos, mas sim em todos os seus princípios e na integridade de sua existência, como se a evolução social, espalhada no tempo e no espaço, se encontrasse subitamente reunida e fixada em um quadro que, mostrando a série das idades e a seqüência dos fenômenos, descobrisse o seu encadeamento e unidade. Tal deve ser a ciência de toda a realidade viva e progressiva, tal é incontestavelmente a ciência social.

Poderia ocorrer, pois, que a economia política, apesar de sua tendência individualista e de suas afirmações exclusivas, fosse parte constitutiva da ciência social, na qual os fenômenos que ela descreve seriam como pontos de referência primordiais de uma vasta triangulação, e os elementos de um todo orgânico e complexo. Deste ponto de vista o progresso da humanidade, indo do simples ao composto, seria inteiramente conforme a marcha das ciências e os fatos discordantes, tantas vezes subversivos, que hoje formam o fundo e o objeto da economia política, deveriam ser por nós considerados como tantas outras hipóteses particulares sucessivamente realizadas pela humanidade tendo em vista uma hipótese superior cuja realização resolveria todas as dificuldades e, sem derrogar a economia política, desse satisfação ao socialismo. Pois, como eu disse no Prólogo, e em estado de causa, não podemos admitir que a humanidade, de qualquer forma que se exprima, engane-se.

Tornemos agora isso mais claro, através de exemplos.

A questão mais controversa hoje em dia é incontestavelmente a *organização do trabalho*[10].

Como São João Batista pregando no deserto *"Fazei penitência"*, os socialistas gritam por todo o lado esta novidade tão velha como o mundo: *"Organizai o trabalho"* sem jamais poder dizer no que consiste, em sua opinião, esta organização. De qualquer forma, os economistas viram neste clamor socialista uma injúria às suas teorias: era, com efeito, como se lhes fosse reprovado ignorar a primeira coisa que devessem conhecer, o trabalho. Eles responderam pois à provocação de seus adversários, sustentando inicialmente que o trabalho já está organizado, que não existe outra organização para o trabalho a não ser a liberdade de produzir e de fazer trocas, seja por conta própria, seja em sociedade com outros, em cujo caso deve-se proceder de acordo com a marcha estabelecida no Código Civil e no Código de Comércio. Depois, como tal argumentação servisse apenas para excitar o riso nos adversários, eles partiram para a ofensiva e, mostrando que os próprios socialistas não entendiam nada de tal organização, que agitavam como um espantalho, eles terminaram por afirmar que isso era apenas uma nova quimera do socialismo, uma palavra oca de sentido, um absurdo. Os escritos mais recentes dos economistas estão cheios destes julgamentos impiedosos.

É, entretanto, certo, que as palavras *organização do trabalho* apresentam um sentido tão claro e racional quanto estas: organização da oficina, organização do exército, organização da polícia, organização da caridade, organização da guerra. A polêmica dos economistas a este respeito está impregnada de uma deplorável desrazão. Não é menos seguro, entretanto, que esta organização do trabalho seja uma utopia

---

[10] [R.P]: Esta questão foi posta em moda por um opúsculo de Louis BLANC: *L'Organization du Travail*, editado em 1839 e que, apesar de sua pouca originalidade, fez com que seu autor fosse considerado como o chefe do partido operário. O tipo de "oficina nacional" imaginado por Louis Blanc, segundo as concepções saintsimonianas tornou-se rapidamente popular e muito fortificou a confiança dos operários no princípio da associação, oposto ao da concorrência, como motor principal da vida econômica. Mas Proudhon repele o princípio da organização, bem como o da associação no trabalho. A associação cria uma igualdade artificial e gera "...a solidariedade da inabilidade, bem como da incapacidade..." (*Idée Générale dela Revolution-3eme Étude: Du Principe d'Association*), Proudhon desconfia da associação assim como da volúpia. A associação é estéril e até mesmo nociva pois entrava a liberdade do trabalhador. É apenas a divisão do trabalho em liberdade que é fecunda "...quando falais em organizar o trabalho é como se vos propusesse a furar os olhos da liberdade..." (*De l'Organization du Crédit*).

e uma quimera, pois, do momento em que o trabalho – condição suprema de civilização – existe, segue-se que ele já está sujeito a algum tipo de organização, que os economistas podem achar boa, mas que os socialistas julgam detestável.

Restaria pois, relativamente à proposição de organizar o trabalho formulada pelo socialismo, esta contestação de que o trabalho é organizado. Ora, isto é completamente insustentável, dado que é notório que absolutamente nada, nem a oferta, nem a demanda, nem a divisão, a quantidade ou as proporções, nem o preço e a garantia, nada está regularizado no trabalho; ao contrário, nele tudo está entregue aos caprichos do livre-arbítrio, isto é, ao acaso.

Quanto a nós, guiados pela idéia que fazemos da ciência moral, afirmamos contra os socialistas e contra os economistas, não que *é preciso organizar* o trabalho, nem que ele *está organizado* mas sim que ele *organiza-se.*

O trabalho, dizemos, organiza-se: quer dizer que ele está se organizando desde o começo do mundo e que se organizará até o seu final[11]. A economia política nos ensina os primeiros rudimentos desta organização, mas o socialismo tem razão ao pretender que, na sua forma atual, esta organização é insuficiente e transitória. Toda a missão da ciência é buscar sem cessar, tendo em vista os resultados obtidos e os fenômenos que estejam se desenrolando, quais são as inovações imediatamente realizáveis.

O socialismo e a economia política, fazendo-se uma guerra burlesca, perseguem entretanto a mesma idéia no fundo: a organização do trabalho.

---

[11] [R.P]: Proudhon não admite a hipótese de um estado estacionário, nem de uma sociedade fixada de uma vez por todas, no ponto de perfeição sonhado como definitivo pelo socialismo utopista. Esta idéia do perpétuo devir da realidade social circula através de toda a sua obra. Por exemplo em sua *Philosophie du Progrès* ele apresenta "...a verdade, isto é a realidade, tanto na natureza quanto na civilização, como essencialmente histórica, sujeita à progressão, conversão, evolução e metamorfose...". Entretanto, como a sua filosofia da história é ao mesmo tempo intelectualista com a de Comte e materialista como a de Marx, ela inspira-se tanto em evolucionistas, quanto em idealistas como Platão. Parece que Proudhon acredita na existência de um sistema de idéias que condicionam eternamente a justiça e a igualdade, mas ele pensa que tal sistema revela-se à humanidade lenta e dolorosamente; ele se apoiará nesta antinomia para reprovar a Deus que deixa hipocritamente o homem no mistério. Marx na *Miséria da Filosofia* reprovará em Proudhon as suas interpretações intelectualistas da história que fazem dos homens "autores e atores" desta história. Em seu exemplar pessoal da *Miséria*, Proudhon protesta contra tal crítica "... Terei eu jamais pretendido que os *princípios* sejam outra coisa que não a *representação intelectual* e não a *causa geratriz* dos fatos ?..."

Mas ambos são culpados por infidelidade para com a ciência e por calúnia recíproca quando, por um lado, a economia política, tomando por ciência seus farrapos de teoria, recusando-se a todo progresso ulterior e quando o socialismo, abdicando da tradição, tende a reconstruir a sociedade sobre bases inexistentes[12].

Assim o socialismo nada mais é que uma crítica profunda e um desenvolvimento incessante da economia política e, para aplicar o velho aforismo da escola *Nihil est in intellectu, quod non prius fuerit in sensu*, não há nada nas hipóteses socialistas que não se encontre já nas práticas econômicas. A economia política por sua vez nada mais é que uma impertinente rapsódia, no momento em que afirma como absolutamente válidos, os fatos colecionados por Adam Smith e J. B. Say.

Uma outra questão, não menos controversa que a precedente é a da usura, ou empréstimo à juros.

A usura, ou como se diz o preço do uso, é o emolumento, de qualquer natureza, que o proprietário tira do empréstimo de sua coisa. *Quidquid sorti accrescit usura est*, dizem os teólogos. A usura, fundamento do crédito, aparece em primeiro lugar entre os mecanismos[13] que a espontaneidade social põe em jogo em seu trabalho de organização e cuja análise detecta as leis profundas da civilização. Os antigos filósofos e os Padres da Igreja, que devemos considerar como os representantes do socialismo nos primeiros séculos da era cristã, por uma singular inconseqüência que provinha da pobreza das noções econômicas de seu tempo, admitiam a renda da terra e condenavam o juro do dinheiro porque, em sua opinião, este era improdutivo. Eles distinguiam conseqüentemente o empréstimo de coisas que se consomem pelo uso, entre as quais colocavam o dinheiro, e o empréstimo de coisas que, sem consumir-se, davam por seu uso proveito ao usuário.

Os economistas não tiveram trabalho em mostrar, generalizando a idéia de aluguel, que na economia da sociedade a ação do capital, ou a sua produtividade, era a mesma, quer se consumisse em salários, quer se conservasse no papel de instrumento. E que conseqüentemente ou se deveria abolir a renda da terra ou admitir-se o juro sobre o dinheiro, pois um e outro eram, ao mesmo título, a recompensa do privilégio, a indenização do empréstimo. Foram necessários quinze séculos para

---

[12] [N.T.]: *Introuvables*, no original.
[13] [N.T.]: *Ressort* no original. Preferimos aqui a tradução figurada.

fazer passar esta idéia e apaziguar as consciências espavoridas pelos anátemas do catolicismo contra a usura. Mas enfim a evidência e o desejo geral alinharam-se com os usurários; eles ganharam a batalha contra o socialismo e imensas vantagens, incontestáveis, resultaram para a sociedade desta espécie de legitimação da usura. Nesta circunstância o socialismo, que tinha tentado generalizar a lei que Moisés tinha feito apenas para os Israelitas – *Non foeneraberis proximo tuo, sed alieno* – foi batido por uma idéia que ele tinha aceito da rotina econômica, qual seja a renda da terra, elevada à categoria da produtividade do capital.

Mas os economistas por sua vez foram menos felizes quando, mais tarde, tiveram que justificar o aluguel em si e ao estabelecer esta teoria do rendimento do capital. Pode-se dizer que, neste ponto, perderam toda a vantagem que tinham antes adquirido contra o socialismo.

Sem dúvida, e eu sou o primeiro a reconhecer, a renda da terra, bem como a do dinheiro ou de qualquer outro valor mobiliário ou imobiliário, é um fato espontâneo e universal que tem a sua fonte no mais profundo de nossa natureza e que logo se torna, pelo seu desenvolvimento normal, em um dos impulsos mais poderosos da organização. Chegarei mesmo a provar que o juro do capital nada mais é que a materialização do aforismo *"Todo trabalho deve deixar um excedente"*. Mas diante desta teoria, ou melhor dizendo, diante desta ficção da produtividade do capital, ergue-se uma outra tese, não menos certa e que, nos últimos tempos, chocou os mais hábeis economistas: é que todo o valor nasce do trabalho e se compõe essencialmente de salários; ou seja, em outros termos, nenhuma riqueza procede originariamente do privilégio e possui valor apenas por intermédio do trabalho e que, conseqüentemente, apenas o trabalho, entre os homens, é fonte de renda[14]. Como, pois, conciliar a teoria das rendas, ou da produtividade do capital, teoria confirmada pela prática universal e à qual a economia política, no seu aspecto rotineiro, é forçada a se submeter sem conseguir entretanto justificar, com esta outra teoria que nos mostra o valor como composto normalmente de salários e que conduz fatalmente, como igualmente demonstraremos, à igualdade no seio da sociedade entre o produto líquido e o produto bruto?

---

[14] [N.E.]: O leitor deve consultar o *Avertissement aux Proprietaires*, para conhecer a primeira discussão de Proudhon das doutrinas de Smith e de Ricardo sobre o trabalho como fundamento do valor.

Os socialistas não perderam esta oportunidade. Apoderando-se do princípio de que o trabalho é a fonte de todas as rendas, começaram a pedir contas aos detentores dos capitais de todas as suas rendas e benefícios e, da mesma forma como os economistas tinham tido a sua primeira vitória ao generalizar sob uma expressão comum a renda e a usura, da mesma forma os socialistas tiveram a sua vingança fazendo desaparecer, sob o princípio ainda mais geral do trabalho, os direitos senhoriais do capital. A propriedade foi completamente demolida e os economistas tiveram que se calar. Mas, não podendo parar nesta nova ladeira, o socialismo deslizou até os últimos confins da utopia comunista e, por falta de uma solução prática, a sociedade está reduzida a não poder justificar sua tradição e nem a abandonar-se a tentativas das quais o menor defeito seria o de fazê-la retroceder de alguns milênios.

Em tal situação o que prescreve a ciência?

Certamente não se trata de pararmos em algum ponto intermediário, arbitrário, inatingível e impossível; trata-se ao contrário de generalizar-se ainda mais e de descobrir um terceiro princípio, um fato, uma lei superior, que explique a ficção do capital e o mito da propriedade, e que os concilie com a teoria que atribui ao trabalho a origem de toda a riqueza. Eis o que o socialismo, se quisesse ter procedido logicamente, deveria empreender. Com efeito a teoria da produtividade real do trabalho e a da produção fictícia do capital são ambas essencialmente econômicas; o socialismo teve apenas o trabalho de demonstrar a sua contradição, sem nada tirar de sua experiência nem de sua dialética, pois parece estar desprovido de uma e de outra. Ora em um processo regular o querelante que aceite a autoridade de um título para certa parte, deve aceitá-la para o todo; não é permitido cindir peças e testemunhos. O socialismo teria o direito de declinar da autoridade da economia política com relação à usura, quando apóia-se nesta mesma autoridade com relação à decomposição do valor? Não, certamente. Tudo o que o socialismo poderia exigir em tal caso seria que a economia política fosse obrigada a conciliar suas teorias ou que ele mesmo se encarregasse desta espinhosa comissão.

Quanto mais nos aprofundamos nestes solenes debates, mais parece que o processo inteiro decorre do fato de que uma das partes não quer ver enquanto a outra recusa-se a caminhar.

Existe um princípio de nosso direito público que ninguém pode ser privado de sua propriedade a não ser em caso de utilidade pública e mediante justa e prévia indenização[15].

Este princípio é eminentemente econômico pois, por um lado, ele supõe o domínio eminente do cidadão que é expropriado e por outro pressupõe necessariamente sua adesão prévia, segundo o espírito democrático, ao pacto social. Por outro lado a indenização, ou preço do imóvel expropriado regula-se não pelo valor intrínseco do objeto, mas segundo a lei geral do comércio, que é a oferta e a procura, ou seja em uma palavra: a opinião. A expropriação é feita em nome da sociedade e pode ser assimilada a um negócio de conveniência, consentido por cada um com relação a todos; assim, não apenas o preço deve ser pago mas também a conveniência e é assim com efeito que se avalia a indenização. Se os jurisconsultos romanos tivessem captado tal analogia, teriam hesitado menos sem dúvida sobre a expropriação por utilidade pública.

Tal é, pois, a sanção do direito social de expropriar: a indenização.

Ora, na prática não apenas o princípio de indenização não é aplicado todas as vezes que deveria, mas é até mesmo impossível que assim seja. Desta forma, a lei que criou as ferrovias, estipulou indenizações sobre os terrenos a serem ocupados pelos trilhos, mas não fez nada pela multidão de indústrias que o transporte artesanal[16] alimentava e cujas perdas ultrapassaram em muito os valores reembolsados aos proprietários dos terrenos. Da mesma forma, quando foi necessário indenizar os fabricantes de açúcar de beterraba, não passou pela cabeça de ninguém que o Estado deveria também indenizar esta multidão de operários e de empregados que faziam viver a indústria da beterraba e que estariam talvez reduzidos à indigência. É entretanto certo que, segundo a noção do capital e a teoria da produção que, assim como o proprietário imobiliário a quem a estrada de ferro subtraiu seu instrumento de trabalho tem direito à indenização, da mes-

---

[15] [N.E.] O art. 545 do Código Civil (*francês -N.T.*) está assim redigido: " Ninguém pode ser obrigado a ceder sua propriedade, a não ser em caso de utilidade pública e mediante uma justa e prévia indenização".

[16] [N .T.] Traduzimos desta forma o termo francês *roulage* (lit. Rolagem), para tentar tornar mais clara a relação de escala entre o transporte tradicional de tração animal e o moderno transporte ferroviário ou rodoviário.

ma forma o industrial a quem a mesma ferrovia esteriliza os capitais também terá direito a ela. Por que, então, ele não é indenizado? É que é impossível indenizar[17]; com este sistema de justiça e de imparcialidade, a sociedade estaria, no mais das vezes, impossibilitada de agir e retornaria à imobilidade do direito romano. É preciso que haja vítimas... O princípio de indenização é conseqüentemente abandonado; ocorre a bancarrota inevitável do Estado com relação a uma ou mais classes de cidadãos.

Os socialistas chegam neste ponto; eles reprovam a economia política de saber apenas sacrificar os interesses das massas e de criar privilégios; depois, mostrando na lei da expropriação os rudimentos de uma lei agrária[18], eles concluem bruscamente pela expropriação universal, isto é, pela produção e pelo consumo em comum.

---

[17] [R.P.]: A lei de 16 de março de 1915, que proíbe a fabricação do absinto, previu uma indenização aos agricultores que cultivavam a planta de absinto, sob a forma de compra de seus estoques. Mas, como observa muito justamente Proudhon, é impossível indenizar as vítimas de uma transformação de ordem econômica ou técnica. Ademais, o dano destas vítimas é momentâneo e a invenção que as despossuiu muitas vezes lhes dá, e a muitos outros, um novo emprego: a imprensa faz viver mais gente que a cópia manuscrita de livros e as ferrovias empregam mais pessoas que o transporte artesanal. [N.T] *Se concordamos com a primeira parte da argumentação da nota acima, não podemos ocultar a nossa divergência com a segunda. Nestes tempos de "desemprego estrutural", de "obsolescência programada" de produtos e de altíssima concentração de capitais em empresas multinacionais, não se pode mais ter confiança cega em um certo "automatismo" distributivista das inovações tecnológicas e econômicas. Ao contrário, como as estatísticas sociais dos últimos 20 ou 25 anos vêm demonstrando em escala global, os resultados recentes da concentração produtiva e da evolução tecnológica tem sido uma ampliação da miséria (atirando cada vez mais pessoas na faixa de miséria absoluta, como bem o demonstram os últimos relatórios do Banco Mundial e do FMI para quem, entre 1987 e 2000 o número de pessoas vivendo na miséria (isto é com uma renda inferior ou igual a um dólar americano por dia) passou de 20 para 25% da população mundial (ou seja de 1 bilhão e 200 milhões para 1 bilhão e 500 milhões de pessoas, pois a população mundial vem tendendo a estabilizar-se). Dado ainda extremamente significativo, este exército de miseráveis concentra-se no Sudoeste Asiático, na África e na América Latina onde os miseráveis constituem respectivamente 45,8%, 38,5% e 23,9% da população, ao passo que para o mundo desenvolvido este número é menor que 1% (ver os relatórios conjuntos FMI/BM publicados anualmente). Esta acumulação da miséria tem ocorrido de par com um aumento da tensão ecológica sobre o globo, causada fundamentalmente pelo caráter predatório da produção capitalista e pela enorme produção de lixo, que é conseqüência direta dos próprios parâmetros mercadológicos da sociedade de consumo; assim, o "buraco de ozônio", a escassez de água, a contaminação de lençóis freáticos, da atmosfera e dos alimentos com produtos cancerígenos, repetidamente denunciados por organismos internacionais tem a sua origem exatamente do estilo de vida capitalista. A produtividade enquanto isso cresce, mas os problemas que ele gera continuam sem solução. Assim, não se pode hoje ser otimista com relação à transformações técnicas e econômicas. Um ceticismo reservado seria de muito maior utilidade.*

[18] [N.T]: Denominava-se *"lex agrária"* ao conjunto de providências legais introduzidas em Roma, durante o tribunato dos Gracos, com objetivo de conter o poder do patriciato e estancar a revolta da plebe. Tais leis incidiram sobre as dívidas, impedindo a prisão e escravização de devedores, bem como atuaram sobre a concentração fundiária, que era sua conseqüência,

Mas aqui o socialismo recai da crítica na utopia e sua impotência explode novamente nas suas contradições. Se o princípio de expropriação por utilidade pública, desenvolvido em todas as suas conseqüências, conduz a uma reorganização completa da sociedade, antes de se pôr mãos à obra, é preciso determinar esta nova organização; ora, o socialismo – repito-o – tem por ciência apenas os seus farrapos de fisiologia e de economia política. Como é preciso – conforme o princípio de indenização – se não reembolsar, ao menos garantir aos cidadãos os valores que teriam entregue, é preciso em uma palavra, garanti-los contra as eventualidades de mudança. Ora aonde, afora da fortuna pública cuja gestão ele demanda, tomará o socialismo a caução desta mesma fortuna?

É impossível, em boa e sincera lógica, escapar-se a tal círculo. Assim os comunistas, mais francos nos seus procedimentos que certos outros sectários de idéias oscilantes e pacíficas, resolvem tal dificuldade prometendo, uma vez donos do poder, expropriar a todos e não indenizar nem garantir ninguém. No fundo isto poderia não ser injusto nem desleal; infelizmente queimar não é responder, como dizia a Robespierre o interessante Camille Desmoulins; volta-se sempre, neste tipo de debates, ao fogo e à guilhotina. Aqui como em outros lugares, dois direitos igualmente sagrados estão em presença: o direito do

---

pois um proprietário inadimplente, ao saldar suas dívidas com seus bens de raiz, ficava, em uma economia de base agrária, totalmente afastado da produção ou escravizado na prática. Delas resultou um novo cadastro imobiliário e portanto uma nova distribuição de terras, com a moderação (mas não a extinção) do poder plutocrático da nobreza e do Senado. Alguns historiadores consideram este conflito de classe como um dos motores da conquista romana da bacia do Mediterrâneo, pois eram os homens sem perspectiva econômica na Itália que abraçavam com maior convicção os deveres do legionário, pois a perspectiva de uma recompensa em terras, pagava-os de todos os trabalhos. Seja por tradição, seja por falta de terminologia adequada, é comum, entre os teóricos políticos e sociais do final do séc. XVIII até meados do XIX, referir-se às proposições ou tentativas de legislação sobre temas sociais, como *leis agrárias*, muito embora nem sempre o tema abordado tivesse algo a ver com a posse e o uso do solo. Não nos esqueçamos que, até meados de séc. XIX a doutrina econômica dominante e ensinada nas escolas era o *laissez-faire*, para a qual qualquer tentativa de interferência do governo em assuntos econômicos era tida como absurda; daí talvez decorra a falta de terminologia adequada para as distintas proposições de legislação social até 1850. Algo semelhante ocorreu mais recentemente, durante a Guerra Fria, quando a expressão "comunista" nem sempre cobria os atos, pensamentos e fatos propriamente comunistas, no sentido técnico do termo, mas antes referiam-se às atitudes ou pensamentos dos que se opunham ao regime dominante, proviessem estes de qualquer fonte. Proudhon utiliza a expressão neste sentido popular que acima descrevemos e mesmo com uma ponta de ironia, pois tenta mostrar o parentesco profundo de um direito profundamente burguês de indenização, como um dos cavalos de batalha deste mesmo pensamento que é a admissibilidade da legislação social.

cidadão e o direito do Estado; basta-nos dizer que existe uma fórmula de conciliação superior às utopias socialistas e às teorias truncadas da economia política, e que se trata de descobri-la. Mas o que fazem nesta ocasião as partes em litígio? Nada. Dir-se-ia antes que elas apenas levantam as questões para terem a oportunidade de dirigirem-se injúrias. Mas o que digo? Sequer as questões são compreendidas por elas e enquanto o público se entretém com os problemas sublimes da sociedade e do destino humano, os empreendedores da ciência social, tanto os ortodoxos quanto os cismáticos, não estão de acordo sobre os princípios. É testemunho disso a questão que ocasionou estas pesquisas, a qual certamente os seus autores não compreendem melhor que os seus detratores: a *"Relação entre lucros e salários"*.

O quê! Economistas, uma Academia colocando em concurso uma questão cujos termos ela mesmo não compreende! Como tal idéia pode lhe ocorrer?

Pois bem! Isso que eu avanço é incrível, fenomenal, mas é verdadeiro. Como os teólogos, que respondem aos problemas da metafísica com mitos e alegorias, que por sua vez reproduzem sempre os próprios problemas sem jamais resolvê-los, os economistas respondem às questões que eles mesmos se põem contando de que maneira foram levados a colocá-las; aliás se eles concebessem possível ir além disso, deixariam de ser economistas.

O que é por exemplo o lucro? É o que fica com o empresário depois de pagos todos os seus custos. Ora os custos compõem-se de jornadas de trabalho e de valores consumidos, ou seja salários em suma. Qual é portanto o salário de um operário? O menos que puder lhe ser dado, isto é, não se sabe. Qual deve ser o preço de uma mercadoria levada ao mercado pelo empresário? O maior que ele puder obter, ou seja uma vez mais: não se sabe. É até mesmo proibido, em Economia Política, supor-se que as mercadorias ou as jornadas de trabalho possam ser *taxadas*, se bem que se convencione que elas possam ser *avaliadas* e isso pela razão, dizem os economistas, que a avaliação é uma operação essencialmente arbitrária, que não pode chegar jamais a alguma conclusão certa e segura. Como, portanto, encontrar a razão de duas incógnitas que, segundo a economia política, não podem em caso algum ser calculadas? A economia política desta forma coloca problemas insolúveis; mas nós veremos entretanto que é inevitável que ela os coloque, bem como é inevitável que o nosso século os resolva. Eis por que eu disse que a Academia de Ciências Morais e Políticas, ao colocar em concurso a relação entre lucros e salários, tinha falado, sem consciência, tinha falado profeticamente.

Mas, dir-se-á, não é verdade que, se o trabalho for muito demandado e os operários raros, o salário poderá se elevar, ao passo que o lucro, por outro lado cairá? E que, se pelo fluxo das concorrências, a produção for superabundante, haverá excedente e conseqüente venda a preço vil e conseqüentemente ausência de lucro para o empresário e ameaça de dispensa para o operário? E que então este oferecerá o seu trabalho por menos? Que se uma máquina é inventada, ela de início extinguirá os fogos de suas rivais, pois, uma vez estabelecido o monopólio e posto o operário na dependência do empresário, o lucro e o salário irão na proporção inversa um do outro? Todas estas causas, e outras mais, não podem ser estudadas, apreciadas, compensadas, etc., etc.?

Oh! As monografias e as histórias: estamos saturados delas desde Adam Smith e J. B. Say e não surgem mais senão variações sobre seus textos. Mas não é assim que a questão deve ser entendida, se bem que a Academia não lhe tenha dado outro sentido. A *razão do lucro para o salário* deve ser tomada em um sentido absoluto e não no ponto de vista inconclusivo dos acidentes do comércio e da divisão dos interesses: duas coisas que devem receber ulteriormente a sua interpretação. Explico-me.

Considerando o produtor e o consumidor como um único indivíduo cuja retribuição é naturalmente igual ao seu produto e depois distinguindo neste produto duas partes, uma que reembolsa o produtor de seus adiantamentos e a outra que figura o seu *lucro*, segundo o axioma de que todo o trabalho deve deixar um excedente, nós teremos que determinar a razão de uma destas partes com relação à outra. Isto feito, será fácil deduzir daí as relações de fortuna destas duas classes de homens, os empresários e os assalariados, bem como ter a razão de todas as oscilações comerciais. Estas seriam uma série de corolários a juntar à demonstração.

Ora, para que uma tal relação exista e torne-se apreciável, é preciso que, necessariamente, uma lei qualquer, interna ou externa, presida à constituição do salário e do preço de venda; e como, no estado atual das coisas, o salário e os preços variam e oscilam sem cessar, pergunta-se quais são os custos gerais, as causas, que fazem *variar* e *oscilar* o valor e em quais limites se dá esta oscilação.

Mas até mesmo esta questão é contrária aos princípios: pois quem diz *oscilação* supõe necessariamente uma direção média para a qual o centro de gravidade do valor é puxado sem cessar. E quando a Academia pede que se *determine as oscilações do lucro e do salário*, ela pede por isso mesmo que se *determine o valor*. Ora é isso precisamente o que repelem os senhores acadêmicos: eles não querem ouvir falar que se o valor é variável, ele é por isso mesmo determinável, que a variabilidade é indício e condição da determinabilidade. Eles pretendem que o valor, variando sempre, não pode jamais ser determinado. É como se sustentássemos que, sendo dado o número de oscilações por segundo de um pêndulo, a amplitude das oscilações, a latitude e a elevação do local em que se faz a experiência, não se pudesse determinar o valor do comprimento do pêndulo porque este está em movimento. Tal é o primeiro artigo de fé da economia política.

Quanto ao socialismo, ele não parece ter melhor compreendido a questão e nem se incomodar muito com isso. Entre a multidão de seus órgãos, alguns afastam pura e simplesmente este problema, substituindo a distribuição pelo racionamento, isto é, banindo do organismo social o número e a medida; outros saem deste embaraço aplicando ao salário o princípio do sufrágio universal. Não é preciso dizer que estas inépcias encontram os tolos que nelas acreditam aos milhares ou às centenas de milhar.

A condenação da economia política foi formulada por Malthus[19] nesta passagem famosa:

"... Um homem que nasce em um mundo já ocupado, se sua família não possui meios de alimentá-lo, ou se a sociedade não tem precisão de seu trabalho, este homem eu digo, não tem o menor direito de reclamar uma porção qualquer de alimento: ele está em demasia sobre a terra. No grande banquete da natureza, não há lugar para ele. A natureza ordena-lhe que se vá e não tardará ela mesma a colocar tal ordem em execução..."

---

[19] [N.E.]: MALTHUS (*Thomas-Robert*), 1766-1844, publicou em 1798 a 1ª edição e em 1803 a 2ª de seu *Ensaio sobre o Princípio da População*. A 1ª tradução francesa foi feita por um professor de física genebrino, Prévost, em 1809; uma 2ª edição francesa, do mesmo tradutor, apareceu em 1824. No momento em que Proudhon acabava as suas *Contradições*, aparecia uma 3ª edição francesa na Collection des Grands Économistes dirigida por Guillaumin (tomo IV da coleção-1845), com notas de Joseph Garnier. [N.T.]: O leitor brasileiro pode consultar a obra em tradução brasileira, na Coleção "Os Economistas" (Ed. Abril/Ed. Nova Cultural S. Paulo v. ed.).

Eis portanto qual é a conclusão necessária, fatal, da economia política, conclusão que demonstrarei com uma evidência desconhecida até o momento, neste tipo de pesquisas: Morte a quem não possui.

Para melhor captar o pensamento de Malthus, traduzamo-lo em proposições filosóficas, despojando-o de seu verniz oratório:

"A liberdade individual, e a propriedade que é a sua expressão, são dadas na economia política; a igualdade e a solidariedade não o são.

"Sob este regime, é cada um por si: o trabalho, como toda a mercadoria, está sujeito à alta e à baixa e daí decorrem os riscos do proletariado.

"Todo aquele que não tiver renda nem salário, não tem o direito de exigir coisa alguma dos outros: sua infelicidade recai apenas sobre ele; no jogo da fortuna a sorte apostou contra ele."

Do ponto de vista da economia política estas proposições são irrefutáveis e Malthus, que as formulou com tão alarmante precisão, está ao abrigo de qualquer crítica. Do ponto de vista das condições da ciência social estas mesmas proposições são radicalmente falsas e até mesmo contraditórias.

O erro de Malthus, ou melhor dizendo da economia política, não consiste em dizer que um homem que não tem o que comer deva perecer, nem em pretender que sob o regime de apropriação individual, aquele que não trabalhe e que não possua rendas, nada mais tem a fazer senão fugir da vida pelo suicídio, se ele não preferir ser expulso pela fome: tal é por um lado a lei de nossa existência, tal é por outro a conseqüência da propriedade e o Sr. Rossi[20] deu-se muito trabalho para justificar neste ponto o bom senso de Malthus. Eu bem suspeito, é verdade, que o Sr. Rossi, fazendo tão longa e amorosamente a apolo-

---

[20] [N.E.]: ROSSI (*Pellegrino-Louis-Edouard*) 1787-1848. De maturidade precoce, ele conquista desde os vinte anos grandes sucessos no tribunal de Bolonha, mas logo abandona o Fórum pelo ensino. Obrigado a fugir da Itália depois da queda do rei Murat, instala-se em Genebra, aí ensinando Direito e tornando-se membro do Conselho Representativo. Deixa entretanto a Suíça e vem para Paris, onde sucede em 1833 a J. B. Say na cátedra de Economia Política do Collége de France. Naturalizado francês, é eleito membro do Instituto (1836), professor na Faculdade de Direito, decano desta escola e em 1843 par de França e depois embaixador junto à Santa Sé. A Revolução de 1848 o lança de volta à vida privada; ele retoma então sua nacionalidade italiana e torna-se ministro do papa, sendo então assassinado por um revolucionário em 15 de novembro de 1848. Deixou um *Couros d'Economie Politique* inspirado nas doutrinas clássicas, mas não soube, como confessa J. Garnier que era seu admirador, vincular seu nome a nenhuma grande descoberta da ciência.

gia de Malthus, tenha querido expor a economia política, da mesma maneira que seu compatriota Maquiavel, no seu livro do *Príncipe*, exibia o despotismo à admiração do mundo. Fazendo-nos ver a miséria como condição *sine qua non* do arbítrio industrial e comercial, o Sr. Rossi parece dizer: Eis o vosso direito, a vossa justiça, a vossa economia política: eis a propriedade[21].

Mas a ingenuidade gaulesa nada entende destas finezas; seria melhor ter dito à França, na sua língua imaculada: o erro de Malthus, o vício radical da economia política consiste, de modo geral, em afirmar como estado definitivo uma condição transitória, a saber distinção da sociedade em patriciado e proletariado e, de maneira especial, em dizer que em uma sociedade organizada, e conseqüentemente solidária possa ocorrer que uns possuam, trabalhem e consumam, enquanto outros não tenham nem posses, nem trabalho e nem pão. Enfim, Malthus ou a economia política se perdem em suas conclusões, quando vêm na faculdade de reprodução indefinida que goza a espécie humana, nem maior, nem menor que as demais espécies animais e vegetais, uma ameaça permanente de escassez; enquanto daí seria somente permitido deduzir a necessidade, e conseqüentemente a existência de uma lei de equilíbrio entre a população e a produção.

Em poucas palavras, a teoria de Malthus – e aí reside o grande mérito deste escritor, mérito este que nenhum de seus confrades jamais cogitou em reconhecer-lhe – é uma redução ao absurdo de toda a economia política.

Quanto ao socialismo, ele já foi julgado há muito tempo por Platão e por Thomas Morus em uma única palavra: UTOPIA, quer dizer não-lugar, quimera.

Todavia é preciso dizê-lo para a honra do espírito humano e para que seja feita justiça a todos: nem a ciência econômica e legislativa poderia ter sido em seus começos outra que a que vimos, nem a sociedade pode travar-se nesta sua posição primeira.

---

[21] [N.T]: A passagem acima deve ser interpretada ironicamente. Rossi é um dos economistas seus contemporâneos mais maltratados por Proudhon, tanto na *Filosofia da Miséria* quanto em outras obras na correspondência e em artigos de jornal. Sendo, como se vê pela nota anterior, figura considerável na França de Louis-Philippe, de grande peso acadêmico e um dos chefes da escola clássica da economia burguesa na França, não se deve estranhar que ele seja um dos alvos preferenciais de Proudhon até a sua morte em 1848.

Toda ciência deve inicialmente circunscrever o seu domínio, produzir e reunir seus materiais: antes do sistema os fatos; antes do século da arte, o século da erudição. Submetida como qualquer outra coisa à lei do tempo e às condições da experiência, a ciência econômica, antes de buscar como as coisas *devem se passar* na sociedade, tinha que nos dizer como *elas se passam*; e todas estas rotinas que os autores pomposamente classificam em seus livros de *leis*, de *princípios* e de *teorias*, apesar de sua incoerência e de sua contrariedade, deveriam ser recolhidas com uma diligência escrupulosa e descritas com uma imparcialidade severa. Para cumprir esta tarefa seria preciso mais gênio talvez, e sobretudo mais dedicação, do que exigiria o progresso ulterior da ciência.

Se portanto a economia social é ainda hoje em dia mais uma aspiração rumo ao futuro que um conhecimento da realidade, é preciso reconhecer que os elementos deste estudo estão todos contidos na economia política; eu creio exprimir o sentimento geral, dizendo que esta opinião tornou-se a da imensa maioria dos espíritos. O presente encontra poucos defensores é verdade, mas o desagrado com a utopia não é menos universal, e o mundo inteiro compreende que a verdade está em uma fórmula que concilie estes dois termos: CONSERVAÇÃO e MOVIMENTO.

Também devemos dar graças a A. Smith, a J. B. Say, a Ricardo e a Malthus, bem como aos seus temerários contraditores; os mistérios da fortuna, *atria Ditis*, foram desnudados, a preponderância do capital, a opressão do trabalhador, as maquinações do monopólio foram iluminadas em todos os seus pontos, recuando diante do olhar da opinião. Sobre os fatos observados e descritos pelos economistas, raciocina-se e conjectura-se: direitos abusivos e costumes iníquos, respeitados enquanto durou a obscuridade que os fazia viver, mal trazidos à luz do dia expiram sob a reprovação geral; suspeita-se que o governo da sociedade deva ser apreendido não mais em uma ideologia oca, como a do *Contrato Social*, mas sim, como já tinha entrevisto Montesquieu, na relação das coisas; e já uma esquerda de tendências eminentemente sociais, formada por cientistas, por magistrados, por jurisconsultos, por professores e até mesmo por capitalistas e capitães de indústria, todos nascidos representantes e defensores do privilégio, e por um milhão de adeptos, se posta diante da nação e no exterior das opiniões *parlamentares* e busca, na análise dos fatos econômicos, surpreender os segredos da vida das sociedades.

Representemo-nos, portanto, a economia política como uma imensa planície, juncada de materiais preparados para um edifício. Os operários aguardam o sinal, cheios de ardor, loucos para se porem à obra; mas o arquiteto desapareceu sem deixar os planos. Os economistas guardaram na memória muitas coisas: infelizmente não possuem sequer a sombra de um esboço. Conhecem a origem e o histórico de cada peça e o quanto custou para ser moldada, sabem qual é a melhor madeira para os pontaletes e qual argila dá os melhores tijolos; sabem o quanto se gastou em ferramentas e carretos e qual é o salário dos talhadores de pedra e dos carpinteiros, mas não conhecem o destino e o posto de nada. Os economistas não podem dissimular que têm sob os olhos os fragmentos aleatoriamente lançados de uma obra-prima, *disjecti membra poetae*; mas lhes foi impossível até o momento achar o seu desenho geral e todas as vezes que tentaram algumas aproximações, encontraram apenas incoerências. Desesperando por fim das combinações sem resultado, acabaram por erigir em dogma a incoerência arquitetônica da ciência ou, como eles dizem, os *inconvenientes* de seus princípios, ou seja em uma palavra: eles negaram a ciência[22].

Assim, a divisão do trabalho, sem a qual a produção seria quase nula, está sujeita a mil inconvenientes entre os quais o pior é a desmoralização do operário; as máquinas produzem, com o preço baixo vêm os excedentes e o desemprego; a concorrência termina na opressão; o imposto, vínculo material da sociedade, nada mais é que um flagelo temido como o incêndio e a geada; o crédito tem por correlativo obrigatório a bancarrota; a propriedade é um formigueiro de abusos; o comércio degenera-se em jogo de azar, onde é até mesmo permitido blefar: em breve, a desordem encontrando-se por toda a parte em mesma proporção que a ordem, sem que se saiba como a última chegará a eliminar a primeira: *taxis ataxian diokein*; os economistas tomaram o partido de concluir que tudo isto concorre para o bem e consideram qualquer proposta de mudança como hostil à economia política[23].

---

[22] [P]: "... O princípio que preside a vida das nações não é a ciência pura, são os dados complexos que brotam do estado das luzes, das necessidades e dos interesses." Assim se exprimia, em dezembro de 1844, um dos espíritos mais lúcidos da França, o Sr. Léon Faucher. Explique quem puder como um homem desta têmpera foi conduzido, por suas convicções econômicas, a declarar que os *dados complexos* da sociedade opõem-se à *ciência pura*.

[23] [R.P.]: Proudhon irá precisamente servir-se das verdades abstratas descobertas pelos economistas para delas tirar a crítica do sistema social empírico, que é declarado por estes mesmos teóricos como imutável e bom. É um procedimento freqüente em Proudhon buscar combater e vencer seus adversários, utilizando seus próprios argumentos. Sobre Proudhon e os economistas ver RENOUVIER. *Philos. analytique de l'histoire*, T. IV p.555.

O edifício social é pois abandonado; a multidão irrompe no canteiro: colunas, capitéis e bases, as madeiras, a pedra, o metal são distribuídos em lotes e lançados à sorte e assim com todos estes materiais reunidos para um templo magnífico, a propriedade, ignorante e bárbara, construiu choupanas. Trata-se pois, não apenas de reencontrar o plano do edifício, mas também de desalojar os seus ocupantes, que sustentam ser a sua cidade soberba e que, ao ouvirem a palavra restauração, alinham-se em batalha junto às suas portas. Tal confusão foi vista outrora em Babel: felizmente falamos francês e somos mais ousados que os companheiros de Nemrod.

Mas deixemos a alegoria: o método histórico e descritivo, empregado com sucesso quando era preciso operar reconhecimentos é agora inútil; depois de milhares de monografias e tabelas, não estamos mais avançados que nos tempos de Xenofonte e de Hesíodo[24]. Os fenícios, os gregos, os italianos trabalharam outrora como nós hoje trabalhamos: eles investiam o seu dinheiro, assalariavam seus operários, estendiam seus domínios, faziam suas expedições e recuperavam seus adiantamentos, mantinham a sua contabilidade, especulavam, agiotavam, arruinavam-se segundo todas as regras da arte econômica; entendiam-se assim como nós, para arrogarem-se monopólios e para extrair do consumidor e do operário os conseqüentes resgates. De todos estes fatos os relatos superabundam e mesmo que repassássemos eternamente nossas estatísticas e nossos números teríamos sempre diante dos olhos apenas o caos, o caos imóvel e uniforme.

Acredita-se, é verdade, que desde os tempos mitológicos até o presente ano 57 de nossa grande revolução[25], o bem-estar coletivo tenha crescido; o cristianismo foi tido por longo tempo como causa principal desta melhoria, cujas honras completas são hoje em dia reclamadas pelos economistas para os seus princípios. Pois, dizem eles, apesar de tudo, qual foi a influência do cristianismo sobre a sociedade? Pro-

---

[24] [N. T.]: Xenofonte, como vimos na nota 3 foi no autor do *Economicon* e Hesíodo é tido como o autor de *Os Trabalhos e os Dias*, poema didático escrito em dialeto beócio, sobre a organização dos trabalhos agrícolas segundo o calendário astronômico; Proudhon considera-os pois como os primeiros autores de textos econômicos do Ocidente e quer obviamente dizer que trinta séculos de pensamento econômico não trouxeram muita coisa de novo ao ser humano.

[25] [N.T]: A *Filosofia da Miséria* foi publicada pela primeira vez em 1846, e portanto 57 anos depois de 14 de julho de 1789, data da Tomada da Bastilha, data simbólica do início da Revolução Francesa.

fundamente utópico na origem, ele pode sustentar-se e expandir-se apenas adotando, pouco a pouco, todas as categorias econômicas: o trabalho, o capital, as rendas, a usura, o tráfico, a propriedade, ou seja em uma palavra, consagrando a lei romana, a mais alta expressão da economia política.

O cristianismo, estranho na sua teologia às teorias sobre a produção e o consumo, foi para a civilização européia aquilo que eram outrora para os operários ambulantes as sociedades de *compagnonnage* e a franco-maçonaria: uma espécie de contrato de seguros e de apoio mútuo; sob este aspecto ele nada deve à economia política e o bem que praticou não pode ser por ela invocado como testemunho de certeza. Os efeitos da caridade e do devotamento estão fora dos domínios da economia, que deve providenciar a felicidade das sociedades pela organização do trabalho e pela justiça. Ademais, estou pronto para reconhecer os efeitos felizes do mecanismo proprietário mas observo que tais efeitos são inteiramente cobertos pelas misérias que é da natureza deste mesmo mecanismo produzir, de maneira que, como o confessava outrora diante do parlamento inglês um ilustre ministro e como nós em breve demonstraremos, na sociedade atual o progresso da miséria é paralelo e adequado ao progresso da riqueza, fato que anula completamente o mérito da economia política.

Desta forma a economia política não se justifica nem por suas máximas nem por suas obras; quanto ao socialismo, todo o seu valor reduz-se a ter constatado isso. Nos é forçoso, portanto, retomar o exame da economia política, pois somente ela contém, ao menos em parte, dos materiais da ciência social; devemos verificar se suas teorias não ocultam algum erro cuja retificação conciliaria o fato e o direito, revelaria a lei orgânica da humanidade e daria a concepção positiva da ordem.

Capítulo II[1]

Do Valor

§ I - Oposição do *valor de utilidade* e do *valor de troca*

O VALOR é a pedra angular do edifício econômico. O divino artista que nos encomendou a continuação de sua obra, não a explicou a ninguém; mas, baseados em alguns indícios, podemos conjecturá-la. O valor com efeito apresenta duas faces: uma que os economistas denominam valor *de uso*, ou valor em si, e outra valor de *troca* ou de opinião. Os efeitos que o valor, sob este seu duplo aspecto, produz – e que são muito irregulares enquanto o valor não estiver assentado ou, para nos exprimir mais filosoficamente, enquanto ele não estiver constituído – mudam totalmente esta constituição.

Ora, no que consiste a correlação do valor *útil* com o valor de *troca*; o que se deve entender por valor *constituído* e por qual peripécia opera-se tal constituição: tal é o objeto e a meta da economia política. Eu suplico ao leitor que preste toda a atenção ao que se segue: este capítulo é o único de toda a obra que exige de sua parte um pouco de

---

[1] [R.P.]: Este capítulo é importante tanto para captar o método de Proudhon em ação quanto para compreender a idéia principal do sistema econômico exposto nas *Contradições*.

Se Proudhon se compraz em expor as contradições entre os fatos econômicos, não é por ceticismo, pois ele crê firmemente na possibilidade de descobrir a verdade; onde existe oposição, existe, em sua opinião "...iminência de se descobrir a verdade"; onde uma antinomia se manifesta, há "...promessa de resolução dos termos". É somente estabelecendo com cuidado as relações tanto externas quanto internas de um grupo de idéias ou de fatos, que se mostra as insuficiências e que se estimula o espírito a descobrir a solução e a atividade humana a realizar um progresso. Veremos aqui Proudhon - depois de ter oposto e à seguir reaproximado as doutrinas dos economistas e dos socialistas sobre o valor - adotar a teoria do valor fundado sobre o trabalho e dela tirar as conseqüências lógicas que ela deveria acarretar em nome da justiça. Mas enquanto os fatos estiverem em contradição com estas conseqüências, os valores não estarão constituídos e as trocas permanecerão fora das regras de eqüidade.

boa-vontade. Por minha parte, esforçar-me-hei por ser o mais simples e claro.

Tudo aquilo que pode me ser de algum serviço, tem valor para mim e eu sou tão mais rico quanto mais for abundante a coisa útil: até aqui não há dificuldade. O leite, e a carne, os frutos e grãos, a lã, o açúcar, o algodão, o vinho, os metais, o mármore, a terra e por fim o ar, o fogo e o Sol são, com relação a mim, valores de uso, valores por natureza e destino. Se todas as coisas que servem à minha existência fossem tão abundantes como algumas dentre elas – como a luz por exemplo – se, em outros termos, a qualidade de cada espécie de valor fosse inesgotável, o meu bem-estar estaria perpetuamente assegurado e eu não teria que trabalhar, eu sequer pensaria. Neste estado haveria sempre *utilidade* nas coisas, mas não seria mais verdadeiro dizer que as coisas VALEM, pois o valor, como logo veremos, indica uma relação essencialmente social; é somente através da troca, fazendo por assim dizer uma espécie de retorno da sociedade sobre a natureza, que adquirimos a noção de utilidade. Todo o desenvolvimento da civilização deve-se portanto à necessidade na qual se encontra a espécie humana de provocar incessantemente a criação de novos valores; da mesma forma que os males da sociedade têm sua causa primeira na luta perpétua que sustentamos contra nossa própria inércia. Subtraiamos do homem esta necessidade que solicita o seu pensamento e que o molda para a vida contemplativa e o contramestre da criação não será mais que o primeiro dos quadrúpedes.

Mas como o valor de uso se transforma em valor de troca? Pois é preciso observar que os dois tipos de valor, ainda que contemporâneos no pensamento (posto que o primeiro é percebido apenas na ocasião do segundo), sustentam, não obstante, entre si uma relação de sucessão: o valor trocável é dado por uma espécie de reflexo do valor útil, assim como os teólogos ensinam que, na Trindade, o Pai, contemplando-se desde toda a eternidade, gera o Filho. Esta geração desta idéia de valor, não é notada pelos economistas com o cuidado suficiente: é importante que nos detenhamos sobre ela[2].

---

[2] [N.T.]: É no mínimo curioso notar que Marx começa o seu Capital exatamente pela análise do valor, que admite a "sutileza" desta análise (comparada às sutilezas que comparecem na anatomia microscópica). É interessante também notar que Marx *não cita* Proudhon em nenhuma ocasião, durante todo o texto d'O Capital.

Posto que, dentre os objetos dos quais tenho necessidade, um número muito elevado encontra-se na natureza em quantidade medíocre, ou mesmo não se encontra de modo algum, eu sou forçado a auxiliar na produção daquilo que me falta; e como não posso pôr mãos à obra em tantas coisas, proporei a outros homens, meus colaboradores em funções diversas, de me ceder uma parte de seus produtos em troca do meu. Terei portanto de minha parte, do meu produto particular, sempre mais do que consumo; da mesma forma meus pares, por sua parte, terão de seus produtos respectivos sempre mais do que utilizam. Esta convenção tácita cumpre-se pelo *comércio*. Em tal ocasião, observaremos que a sucessão lógica das duas espécies de valor aparece bem melhor na história que na teoria; os homens passaram milhares de anos disputando os bens naturais (é o que se denomina *comunidade primitiva*), antes que sua indústria lhes tenha possibilitado alguma troca[3,4].

---

[3] [R.P.]: Marx reprova em Proudhon o fato de não justificar historicamente a introdução das idéias de troca, de divisão do trabalho, de necessidades, com as quais ele inicia este capítulo e denuncia uma petição de princípio nesta exposição (*Misére de la Philosophie Cap. 1 parágrafo I*): "... o Sr. Proudhon reencontra suas hipóteses primeiras em toda a sua nudez, quando ele crê ter encontrado novas conseqüências".

[4] [N. T.]: Muito poderia ser dito e discutido sobre os fundamentos históricos dos atos econômicos e certamente este será um campo fértil de estudos e debates em futuro próximo. A crise do pensamento econômico contemporâneo, tanto marxista quanto keinesiano ou neoclássico, como já foi mostrado por muitos autores, forçará em maior ou menor prazo uma profunda revisão dos fundamentos epistemológicos da economia. *Jacques ATTALI e Marc GUILLAUME*, p. ex., na sua obra *L'Anti Économique* (2ª ed. Paris, PUF -1990), assumem como definição aproximada, e não compromissada de economia "...*o estudo dos mecanismos de produção, de troca e de consumo em uma estrutura social dada e das interdependências entre estes mecanismos e estas estruturas*."(p. 10). Vemos assim que a economia é colocada explicitamente como ciência social e histórica, na medida em que deve não apenas estudar certos processos do domínio social, como também correlacionar tais processos e as respectivas estruturas sociais que os abrigam e contêm e sua respectiva evolução temporal. Aliás estes autores, em toda a primeira parte da obra (que significativamente é batizada de "Como funciona o econômico") realçam a importância das demais ciências sociais, principalmente a Sociologia, a Antropologia e a História, além dos dados da Psicologia, para um estudo significativo e não tendencioso dos fenômenos econômicos. Vemos que esta definição de ATTALI e de GUILLAUME, não é muito diferente da assumida por Proudhon.

Ressaltemos, entretanto, que Proudhon escreve há mais de um século e meio atrás e que neste interim houveram muitas pesquisas que possibilitaram uma melhor base empírica para o conhecimento da história social das estruturas econômicas. Os antropólogos principalmente foram os responsáveis por tal evolução. Não poderemos retraçar nesta nota toda esta evolução, mas deveremos citar, sem pretensões cronológicas ou eruditas, ao menos os nomes de Bronislav MALINOWSKI, EVANS-PRITCHARD, Georges BALANDIER, Lawrence KRADER, Marshall SAHLINS, Gregory BATESON, Pierre CLASTRES e Jacques LIZOT, e obras como *"Argonauts of the Western Pacific"*, *"The Nuer"*, *"Afrique Ambigüe"*, *"The Hunters"*, *"Stone Age Economics"*, *"Steps to an Ecology of Mind e Naven "*, *" La Societé contre L'État e Essais d'Antropologie Politique"* entre muitas outras como importantes para a alteração do quadro clássico pintado pelos fundadores da economia política sobre "o selvagem" ou a "comunidade primitiva".

Ao contrário do "Bom Selvagem" da teoria política do séc. XVIII, os economistas clássicos geralmente pintam o homem primitivo quase como uma besta: penúria, preguiça, imprevidência, luta impiedosa por recursos mínimos, saque, espoliação e violência, pensamento e moral reduzidos ao nível dos instintos básicos, tais "virtudes" contraditórias ou não, são imputadas em maior ou menor grau e número aos primeiros homens; a ausência de propriedade privada na humanidade primitiva, tão chocante como inegável para estes primeiros teóricos, é tratada muito ambiguamente ou como sinal de profunda barbárie ou através de sutilezas jurídicas e filológicas bizantinas (O historiador francês Fustel de Coulanges p. ex., em argumento que marcou época, sustenta que sempre houve propriedade entre os seres humanos, porém nos primeiros tempos esta era coletiva e não pessoal).

De qualquer forma o desenvolvimento da Antropologia de campo nos finais do séc. XIX e a conseqüente reapreciação de muitos relatos de viajantes europeus sobre a África Negra, América e Oceania, entre os sécs. XVI e XVIII, possibilitou o surgimento de uma visão simultaneamente mais rigorosa e mais justa do que seria a vida econômica dos chamados povos primitivos. Alguns destes dados são hoje suficientemente consensuais para que digamos que os primeiros economistas pintavam um quadro absurdamente irreal e ideológico do que seria a economia primitiva. O homem primitivo certamente não é o anjo de candura nem a criança de inocência pintados por Rousseau, mas certamente está muito distante do monstro de violência e egoísmo e da azêmola de estupidez e imprevidência, pintados por um Rossi, por um Jevons, ou parcialmente por um Smith ou um Malthus. Resumamos estes pontos consensuais ao leitor, remetendo-o aos autores citados e às suas fontes para melhor fundamentação.

Um primeiro conceito importante, recentemente forjado por SAHLINS, mas baseado em décadas de pesquisa em antropologia econômica é o de *sociedade de abundância*, ou seja as sociedades primitivas, desde que funcionem dentro de sua sociologia tradicional, são máquinas de produção bastante eficazes ao contrário do que postula a economia clássica, ou seja produzem o necessário para a sobrevivência do grupo (contados aqui em primeiro lugar os alimentos e depois, por ordem, os esforços na produção de abrigo, de utensílios e armas, cuidados sociais e produção de objetos simbólicos e rituais) mais um excedente médio de 20-40%, que é dispensado regularmente no "comércio exterior" ou mais freqüentemente em cerimônias rituais de desperdício, geralmente associadas a ritos guerreiros, funerais e de "relações exteriores" do tipo *potlach*. Esta produtividade elevada é mantida com uma taxa de intensidade de trabalho surpreendentemente baixa: a média da jornada de trabalho na sociedade primitiva é de apenas quatro horas diárias; note-se que tal média é mais ou menos independente da riqueza natural do nicho ecológico no qual a comunidade está inserida: seja no Kalahari, na Floresta Amazônica, nos desertos de pedra da Austrália ou nos de gelo do Canadá a jornada é praticamente a mesma; Sahlins e Lizot, nos fornecem os números. Note-se também que esta baixa intensidade do trabalho é razoavelmente independente da tecnologia apropriada pela sociedade e os estudos de Sahlins, de Krader e de Lizot são fundamentais neste ponto, pois comparam a intensidade de trabalho entre os caçadores coletores, tidos geralmente como os povos mais desmunidos tecnologicamente, e os praticantes da agricultura de jardinagem, como os índios brasileiros, p. ex. e não observando variações significativas da jornada; ao contrário a observação dos bosquímanos do Kalahari parece indicar que os portadores de tecnologia mais simples esforçam-se menos, não por preguiça, mas sim para acumular energia, evitando trabalho inútil com cargas muito pesadas e confiando em um extenso conhecimento do meio ambiente local para a sua sobrevivência. Um último ponto importante a ressaltar neste resumo da "sociedade de abundância" é a sua atitude com relação à mudança tecnológica: se tais sociedades se confrontam com uma tecnologia mais produtiva, desde que grosseiramente compatível com sua sociologia, elas a adotam, *reduzindo a jornada de trabalho e mantendo constante a produtividade* e não o inverso; o caso clássico deste comportamento é dado pela tentativa de cooptação dos índios das pradarias norte-americanas pelo comércio ianque, na primeira metade do séc. XIX; a introdução de machadinhas e ferramentas de aço entre eles, não redundou em aumento da produtividade (para espanto dos comerciantes acostumados às "leis" do capitalismo) mas sim em redução da jornada de trabalho!...

Um segundo ponto importante que a moderna antropologia ilumina com relação ao comportamento econômico e político da sociedade primitiva é o conceito de *Sociedade contra o Estado* introduzido por Clastres para explicar o conteúdo econômico e político das sociedades primitivas. As sociedades contra o Estado articulam-se de modo a que o poder social permaneça indiviso e inseparado do corpo social. A representação visível do poder, o "cacique" ou chefe, na verdade é vazia e impotente e somente goza de algum poder efetivo nas "relações exteriores" e na guerra. O chefe é sempre aquele que fala bem, que é generoso e que é capaz de atualizar sempre o mito de criação, seu discurso não tem o poder de produzir a obediência, mas apenas relembra a sociedade o mito e a importância da harmonia interna para a preservação da unidade social. As tentativas de "despotismo" ou de personalização do poder são sempre vivamente rechaçadas pela sociedade e o fim de seu propositor pode ser triste; ou seja a sociedade articula-se *contra* o Estado e a conseqüente constituição de um poder concentrado na figura do chefe, pessoal. Clastres articula igualmente uma relação entre esta antropologia do poder e a antropologia econômica, demostrando que ao impedir o nascimento da opressão política a sociedade evita "a fortiori" o surgimento da exploração econômica; o "modo doméstico de produção", que está na base da economia de abundância sempre funciona bem abaixo do limite de sua capacidade produtiva e não havendo mecanismo social que torne possível a apropriação particular de excedentes sociais, não há por conseqüência como estabelecer a exploração e nem a orientação da atividade econômica para a intensificação do trabalho, a melhoria dos rendimentos e a conseqüente tentativa de controle sobre os ritmos de trabalho e os mecanismos da produção; não há também um impulso para a especialização e a troca. O cerne da divisão do trabalho na sociedade primitiva é de base sexual: há tarefas masculinas e tarefas femininas, e como existe igualmente a circulação exogâmica das mulheres, esta divisão de trabalho tem como horizonte um ideal autárquico, no qual os clãs que compõem as "metades da sociedade" trocam trabalho, mulheres, símbolos e favores, de modo a manter a aldeia satisfeita e o mais próxima possível de um estado de autonomia.

É claro que esta autonomia ideal quase nunca é atingida; a exogamia principalmente é um ponto importante de conspiração contra ela e Clastres articula, embora sumariamente uma interessante relação entre "relações exteriores", "comércio", "cunhados" e "guerra", sendo que neste particular, os fatos que ele aponta, particularmente centrados nos índios sul-americanos, não deixam de possuir interessantes ressonâncias com fatos análogos observados na Oceania, entre os bosquímanos e os pigmeus do Kalahari ou na Papuásia; alguns mitos dos antigos semitas e alguns vestígios religiosos asiânicos, parecem igualmente remeter a tais analogias. Por outro lado é importante notar que além da "série econômica", Proudhon postula a existência de outras séries de antinomias que constituem o social e, ao par da econômica, a única outra que ele chegou a desenvolver com alguma amplitude, foi a "série da guerra", através da sua obra "*A Guerra e a Paz*", dos seus escritos sobre a unidade italiana e do seu livro sobre o *Federalismo*. Um caminho útil para futuras pesquisas libertárias, talvez fosse rearticular estas relações entre o "nós" e o "outros", na perspectiva da liberdade, do comércio e da guerra.

Mencionar por fim o comércio, nos remete a todo um campo de extrema amplidão e complexidade da antropologia; as obras-primas, embora não as únicas merecedoras de mérito nestas questões, são o já mencionado estudo do "Kula" por Malinowski e o antigo, mas ainda atualíssimo *Ensaio sobre o Dom* de Marcel Mauss. Tais estudos mostram em primeiro lugar que aquilo que consideramos "comércio" é, antes de mais nada apenas uma subespécie, de uma das espécies possíveis de relações de troca entre comunidades humanas e que imaginar que o ser humano tenha sempre se comportado, no que tange às trocas materiais com a mentalidade do bodegueiro de folhetim, assumida pelo "modelo" do *homo economicus* é no mínimo um desatino. Um segundo ponto de importância nestes estudos é a demonstração de que existe nas sociedades arcaicas uma preocupação não só em realizar as trocas, como também em manter de certa forma a sua eqüidade, que deve ser entendida no sentido amplo de uma "circulação geral", como nos mostra Malinowski; um terceiro ponto finalmente consiste no fato de que as trocas não se restringem apenas à trocas materiais, mas sim que exista associada à estas toda uma complexa rede de trocas simbólicas cujo circuito constitui-se complementar e conexamente ao das trocas materiais e cuja economia e circulação mal começam a ser abordadas pelos pesquisadores (e aqui a referência à Bourdieu e sua Economia de Trocas Simbólicas impõe-se).

Finalmente um ponto que sobressai não apenas da antropologia, mas também do estudo da pré-história e da arqueologia, é que estas redes de "trocas primitivas", estão longe de serem desprezíveis, em termos de extensão geográfica abrangida ou de número de pessoas envolvido, uma mera inspeção do mapa da área do Kula, que Malinowski introduziu nos *Argonauts*, já seria suficiente, mas tanto a arqueologia quanto a pré-história nos fornecem materiais muito mais convincentes. Houve uma fase cultural da humanidade, situada entre o mesolítico e o neolítico, caracterizada por construções monumentais de pedra – a chamada cultura megalítica – cuja extensão é praticamente planetária e cuja origem é anterior à invenção da escrita, os dólmens, menires, tumuli e cromleches, que equivocadamente estamos habituados a atribuir aos celtas, na verdade caracterizam uma cultura anterior à céltica cujas marcas podem ser detectadas em toda a Eurásia, na África e em alguns pontos das Américas. Esta cultura está baseada na ereção de imensas estruturas arquitetônicas com monólitos de pedra pesando entre dez e trinta toneladas cada, alinhados de maneira rebuscada. Um traço notável é o simbolismo destas pedras: não são pedras quaisquer as que são utilizadas, mas sim pedras especiais (granitos e calcáreos) e que são provenientes de jazidas especiais, muitas vezes situadas a dezenas ou centenas de quilômetros de distância dos locais de ereção dos monumentos, fato este que implica, não apenas troca econômica, mas também *organização do trabalho* em ampla escala. Outro dado interessante diz respeito às origens da metalurgia. No Oriente Próximo o Calcolítico pode ser datado do 4º milênio a. C. e os vestígios da metalurgia na Anatólia e no vale do Danúbio talvez sejam mil ou dois mil anos mais antigos e o fato singular aqui é que o estanho utilizado na fabricação do bronze desde muito cedo já viaja das "Ilhas Cassiteritas" (as atuais Ilhas Britânicas) até a Anatólia ou o crescente fértil, ou seja: comércio de longo curso antes da invenção da moeda (que, no caso do Ocidente, apareceu na Lídia por volta do séc. VII a. C.) e antes da implantação de governos centralizados em boa parte do domínio geográfico implicado neste comércio.

Vemos assim que as chamadas "bases" da economia clássica são no mínimo problemáticas, que o comportamento econômico do ser humano pode ser ditado por impulsos e razões totalmente distintos dos que hoje são assumidos como "racionais" pelos representantes da alta finança e das potências capitalistas centrais; além disso é bem possível que uma reavaliação destas relíquias que nos restaram do comportamento econômico do homem primitivo, nos sejam ainda úteis para a construção de uma outra visão de mundo que possa se opor com eficácia à razão dominante do capitalismo e responder concretamente com fatos aos desafios impostos pela espoliação que ele atualmente sanciona contra a vida e os recursos do planeta.

Ora, a capacidade que possuem todos os produtos, sejam naturais ou industriais, de servir para a subsistência do homem denomina-se particularmente valor de utilidade; a capacidade que têm de darem-se um pelo outro, valor de troca. No fundo trata-se da mesma coisa, pois o segundo caso apenas faz acrescentar ao primeiro uma idéia de substituição e tudo isso parece uma sutileza ociosa: na prática as conseqüências serão surpreendentes e alternadamente felizes ou funestas.

Assim, a distinção estabelecida no valor é dada pelos fatos e nada tem de arbitrária: cabe ao homem, submetendo-se a tal lei, fazê-la girar em proveito do seu bem-estar e de sua liberdade. O trabalho, segundo a bela expressão de um autor, o Sr. Walras[5], é uma guerra declarada à parcimônia da natureza; é através dele que se geram ao mesmo tempo a riqueza e a sociedade. Não apenas o trabalho produz incomparavelmente muito mais bens do que os que nos oferece a natureza – de modo que, como já foi observado, somente os sapateiros da França produzem dez vezes mais que as minas do Peru, do Brasil e do México reunidas – mas o trabalho, pelas transformações às quais submete os valores naturais, estendendo e multiplicando ao infinito os seus direitos, faz com que pouco a pouco toda a riqueza, passando necessariamente pelas cadeias industriais, recaia quase que totalmente nas mãos daquele que a criou, ficando pouco ou quase nada para o detentor da matéria-prima[6].

---

[5] [R.P.]: Trata-se aqui de Antoine-Auguste WALRAS, o pai do célebre economista matemático e que, professor secundário, dedicou-se aos estudos econômicos, publicando em 1831 uma obra intitulada *Nature de la Richesse et de l'Origine de la Valeur*. Viveu por alguns anos em Paris, onde foi aluno de Rossi.

[6] [N.T.]: Proudhon refere-se aqui ao fato básico da *agregação de valor* aos produtos, fruto do trabalho humano; ou seja, entrando como matéria-prima na composição de um outro bem manufaturado ou de um serviço, um determinado bem tem o seu valor aumentado por ter recebido uma carga suplementar de trabalho. Quanto mais "trabalhado" for um produto, isto é, quanto mais ele agregar na sua composição, como matérias-primas, outros produtos já "acabados" ou industrializados, mais ele vale, pois mais trabalho humano está nele condensado e assim, considerado o seu valor total, o valor representado pelas matérias-primas iniciais é cada vez menor, proporcionalmente. O estudo das variações dos preços de "comodities", relacionados aos de bens acabados e semi-acabados, nos mostra isso claramente, apesar das flutuações cambiais. Outro exemplo mais dramático pode ser observado "experimentalmente" por qualquer leitor que tenha acesso a um equipamento ou instrumento científico sofisticado de procedência norte-americana p. ex.: se o leitor desmontar o referido equipamento ou instrumento, observará, em primeiro lugar, um alto grau de sistematização interna, i.é. o equipamento, na verdade está composto geralmente por subsistemas altamente integrados e estes por sua vez, estão compostos por peças mais básicas. A observação atenta destas peças e de suas "trade-marks" mostrará ao leitor que na

sua maioria são originárias de países como Taiwan, Filipinas, Tailândia, Brasil, etc. ao passo que os subsistemas e o equipamento final ostentam os garbosos "made in USA". Ou seja, as peças de menor valor são simplesmente "terceirizadas". Como se diz no jargão, tem pouco valor agregado e não é interessante produzi-las nos EUA, mas a finalização e o acabamento estes sim são estratégicos, pois agregam muito mais valor e assim um percentual muito maior do valor total do equipamento ficará de posse do fabricante final. Vejamos agora exemplos mais simples:

Uma chapa de aço que faça parte da carroceria de um automóvel ou da prateleira de uma estante vale mais que a mesma chapa entregue ao almoxarifado de uma metalúrgica sob forma de bobina, da mesma forma como a mesma chapa saiu da metalúrgica que a forneceu valendo mais que o lingote de aço que serviu como matéria-prima para a sua produção, pois este teve que ser aquecido, laminado, cortado e bobinado, e em alguns casos revenido ou submetido a algum tipo de tratamento térmico e transportado, para que pudesse ser útil como matéria-prima à indústria que o adquiriu; o lingote, por sua vez, vale mais que a sucata ou o minério do qual se origina, porque para que tenha sido produzido foram necessários, além dos materiais, equipamentos e procedimentos físico-químicos (lavagem, catação e moagem, no caso do minério; desbaste, limpeza e descarepação no caso da sucata, e a seguir redução, fusão, ajuste de composição química, escoamento, lingoteamento, acabamento, etc.) uma grande quantidade de trabalho humano (mesmo considerando-se a hipótese da automação industrial, pois alguém controla o controlador!). No campo dos serviços ocorre um processo análogo de valorização: os canos, conexões e adesivos utilizados na montagem de um encanamento qualquer, industrial, doméstico ou comercial, valem mais instalados corretamente do que valiam antes de terem sido submetidos ao trabalho dos encanadores e o mercúrio e a prata que compõem a obturação de meu molar valem mais instalados corretamente em minha boca do que no armário de meu dentista. Este é o ponto de vista da Economia Política clássica, também denominado por alguns como o *princípio do valor-trabalho*; notemos que, embora a quase totalidade dos pensadores socialistas tenham adotado tal ponto de vista e que nomes como Smith e Ricardo, tenham sido responsáveis pela sua introdução e desenvolvimento no pensamento econômico, a economia política burguesa, principalmente à partir de Marshall, absorvida por um fetichismo matemático e inconscientemente advertida dos "perigos" que esta hipótese continha, tratou logo de abandoná-la ou de revesti-la de uma espessa carepa matemática, monetarizando a teoria do valor e tentando afogar o conceito simples e relativamente operacional de valor agregado na galimatia das curvas de custo-produção e dos modelos econométricos. Manuais como o de Samuelson, muito populares no ensino da economia até os anos 1970 e mais recentemente a "ortodoxia" monetarista e neoliberal, patrocinada pela chamada escola de Chicago e seu guru Milton FRIEDMANN, levaram esta tendência ao paroxismo. Atualmente no Brasil vivemos um drama social inédito, causado basicamente pela aplicação destes conceitos ocos à gestão econômica do país: a teoria dadaísta da "inflação inercial", a arquitetura do Plano Real, a âncora cambial e a forte recessão econômica induzida no país são conseqüência direta deste modo de pensar. Notemos, por outro lado que a maioria absoluta dos prêmios Nobel de economia, foram atribuídos desde a sua criação aos defensores do monetarismo, ao passo que sobre seus opositores ergue-se no mais das vezes um muro de silêncio. É curioso igualmente, embora as conseqüências sociais sejam no mais das vezes muito tristes, observar de mãos a obra uma certa classe média industrial, composta de engenheiros, economistas, administradores e especialistas em vendas, gerirem o cotidiano fabril; por um lado a tal "agregação de valor" se lhes apresenta com a brutalidade dos fatos naturais; é simplesmente inegável e daí o fato de se dispensar cada vez mais trabalhadores, modificar a engenharia de fábrica e a ergonomia, introduzir novos métodos e equipamentos de produção, aumentar a taxa de exploração (i. é. na prática, aumentar a jornada, cortar benefícios e baixar os salários), de modo a produzir mais com menos, ou seja uma assunção tácita da teoria do valor trabalho; por outro lado vemos malabarismos e contorções simiescas tentando conciliar estas necessidades práticas quotidianas com as teorias dos manuais, por exemplo, ao se tentar estabelecer os preços de venda.

Tal é, pois, a marcha do desenvolvimento econômico: no primeiro momento apropriação da terra e dos valores naturais; depois associação e distribuição pelo trabalho até a igualdade completa. Nossos caminhos são semeados de abismos, o gládio está suspenso sobre nossas cabeças, mas para conjurar todos os perigos, temos a nossa razão; e a razão é o todo-poderio.

Resulta da relação entre o valor útil e o valor trocável que se, por acidente ou má-vontade, a troca fosse proibida a um dos produtores, ou se a utilidade de seu produto e cessasse subitamente, com seus armazéns repletos[7], ele não possuiria mais nada. Quanto mais ele tivesse feito sacrifícios e empregado esforços em produzir, mais profunda seria a sua miséria. Se a utilidade do produto, ao invés de desaparecer totalmente apenas diminuísse – coisa que pode acontecer de cem formas – o trabalhador, ao invés de ser abatido pela decadência e arruinado por uma súbita catástrofe, estaria apenas empobrecido, obrigado a entregar uma quantidade maior de seu valor por uma menor de valores estranhos, sua subsistência estaria reduzida em uma proporção igual ao déficit de sua transação, o que o conduziria gradualmente do bem-estar à extenuação. Se enfim a utilidade do produto crescesse, ou se a sua produção lhe fosse menos custosa, o balanço de trocas se inclinaria em favor do produtor, cujo bem-estar assim poderia elevar-se da mediocridade laboriosa para a opulência ociosa. Este fenômeno da depreciação e do enriquecimento manifesta-se sob mil formas e por mil combinações: é nisto que consiste o jogo passional e cheio de intrigas do comércio e da indústria; é esta loteria cheia de embustes que os economistas crêem dever durar eternamente e cuja supressão é pedida sem que ela o saiba, pela Academia de Ciências Morais e Políticas quando, sob a denominação de lucros e salários, ela nos pede que conciliemos o valor útil e o valor de troca, isto é, quando ela pede que se encontre um meio de tornar todos os valores úteis igualmente trocáveis e, *vice-versa*, todos os valores trocáveis igualmente úteis.

Os economistas ressaltaram muito bem o caráter duplo do valor, mas o que não explicaram com a mesma nitidez é a sua natureza contraditória. E aqui começa a nossa crítica.

---

[7] [N.T.]: Como acontece, em nossos dias, com as revoluções tecnológicas e as obsolescências programadas.

A utilidade é uma condição necessária da troca, mas elimine-se a troca e a utilidade será nula[8]: os dois termos estão indissoluvelmente ligados. Onde é que aparece a contradição?

Posto que, enquanto existimos, subsistimos apenas através do trabalho e da troca e que somos tão mais ricos quanto mais produzimos e trocamos, a conseqüência é, para cada um de nós, produzir o máximo de valor útil possível, para assim poder aumentar proporcionalmente as trocas e portanto os gozos. Pois bem, o primeiro efeito inevitável da multiplicação dos valores é o de ENVILECÊ-LOS: quanto mais abundante for uma mercadoria, mais ela perde termos de troca e mais se deprecia comercialmente. Não é, pois, verdade, que haja contradição entre a necessidade do trabalho e os seus resultados[9]?

---

[8] [N.T.]: Se eu, p.ex. tiver uma goiabeira no fundo de meu quintal, na época da fruta terei uma grande quantidade dela ao meu dispor, poderei comer algumas e transformar outras em doce, visando sua conservação e isso implica trabalho e custos com matéria-prima para mim. Se a colheita for boa, provavelmente não haverá sentido econômico em que eu transforme a totalidade das goiabas que não consumir em doce, pois o meu estoque de goiabada seria ainda muito maior que a minha capacidade de consumo durante a validade do produto; eu posso, é claro, presentear com doce meus familiares, amigos e vizinhos, baixando assim meu estoque, posso ainda tentar vender um pouco de doce no mercado local, mas, de qualquer forma, eu não transformarei em goiabada, mais goiaba do que possa consumir ou trocar (no sentido amplo da palavra, pois, como bem sabem os antropólogos o dom também é troca). O excedente de goiaba, portanto *não serve para nada.*

[9] [N. T.]: Proudhon aqui, sem o saber, aborda uma contradição importante, não apenas no plano conceitual, como se depreende do texto, mas também *empírica.* Não é apenas um dos postulados fundamentais do comportamento do *homo economicus,* tal como introduzido por Smith, que se revela contraditório, é a própria prática social suposta; como vimos na nota 3 deste capítulo a sociedade primitiva não se preocupa em produzir acima de qualquer medida; ao contrário, dedica à produção um tempo social relativamente restrito, menor do que o que gasta em atividades rituais, lúdicas ou quotidianas. O próprio excedente produzido é periodicamente desperdiçado, de maneira que a superprodução é desta forma exorcizada. O comportamento econômico concreto da sociedade primitiva está desta forma bastante distante do previsto pela hipótese do *homo economicus.* Mas outro fato ainda mais importante tem sido os estudos contemporâneos daquilo que foi muito mal denominado por Karl WITTVOGEL *"despotismo oriental";* ou seja as antigas monarquias de base agrária, que se desenvolveram à partir do neolítico em algumas bacias aluviais (como os vales do Nilo, do Tigre e do Eufrates, do Indus e do rio Amarelo). Nestes casos já se observa uma estratificação social muito maior que na sociedade primitiva, com o aparecimento de uma divisão de classes rudimentar, de uma burocracia e de uma estrutura estatal; obviamente um setor "improdutivo" de sacerdotes e burocratas tem que ser alimentado pela produtividade pela base da sociedade; entretanto, ao menos nos milênios iniciais deste tipo de civilização, o quadro tradicional de uma sociedade rigidamente dividida em uma minoria de senhores ociosos produzindo e consumindo a cultura sofisticada e uma maioria de escravos animalizados sustentando a civilização com seu trabalho extenuante, quadro este caricaturado pelos filmes "épicos" de Cecil B. de Mille e da MGM, não

mais se sustenta. Restrinjamos o comentário apenas do caso egípcio, que nos é melhor conhecido pessoalmente, ressaltando que conclusões semelhantes podem ser tiradas do que se conhece da civilização de Mohenjo-Daro e da cultura chinesa primitiva. No caso egípcio, devemos ressaltar que instituições como a escravatura, exércitos permanentes e burocracia apropriando poderes mais extensos somente aparecem em meados do Médio Império, ou, mais precisamente, durante os Raméssidas (à partir de ± 1300 a. C. na cronologia convencional), quando a cultura egípcia já tinha ao menos dois milênios de existência. Mesmo assim é difícil atribuir a um Ramsés um poder absoluto de Luís XIV, por exemplo, pois o poder central dependia sempre de laboriosas negociações com chefetes locais ciosos de sua autonomia que necessitavam igualmente de compromissos com seus "felás" e de sua colaboração, pois esta era a base da prosperidade: os escravos, p. ex. eram geralmente de origem árabe, líbia ou levantina, evitando-se escravizar egípcios; a busca de escravos era uma das metas econômicas importantes da expansão do império egípcio na Síria e na Anatólia, mas durante o Antigo Império a instituição da escravidão era praticamente desconhecida e os camponeses que tornavam fértil com seu braço o exuberante vale do Nilo eram livres e assim se mantiveram até a conquista Macedônia. Por certo, não se trata ainda de pequenos proprietários agrícolas na tradição do Direito Romano, pois a tradição da Aldeia Comunal é ainda muito forte e constitui-se de certa forma na unidade social fundamental: A família nuclear está ainda imersa no clã, seja no caso do povo comum, seja no caso dos burocratas e nobres e o clã ainda guarda uma razoável autonomia sobre o seu território. A aristocracia é, antes de mais nada, uma teocracia; a separação da nobreza civil e militar do clero jamais se dará complemente durante a história egípcia. A hidrografia do rio é de boa ora compreendida e dominada; a agricultura egípcia dependia crucialmente da regularidade das cheias do Nilo e o ciclo de cheias suficientes, excessivas e insuficientes já era conhecido das primeiras dinastias implicando pois a perícia e o esforço coletivos para conviver com elas; a organização do espaço hidráulico era fundamental, mas engana-se quem crê que ela pôde ser obtida despoticamente, pois ela depende antes de uma articulação local entre os vizinhos ribeirinhos mais próximos. O ritmo dos trabalhos agrícolas, já sincopado meteorologicamente, logo recebe sanções e complementos culturais e religiosos. Os festivais de Osíris são o principal ritmo do calendário, mas à eles logo se associam mais dois ou três ligados diretamente à divinização do poder do faraó e à celebração dos deuses locais, que na medida em que a unificação prosseguia, constituía-se em operação político-simbólica fundamental, pois apenas a integração do panteão local com o panteão nacional poderia fornecer os elementos simbólicos e sociais necessários à unidade, impossível de se obter por meios puramente militares em um vale estreito e encaixado, extremamente longo (o Egito histórico ocupa grosso modo os últimos 1200 km do vale do Nilo); a prova disso reside no fato de que em todas as suas crises, os assim denominados períodos intermediários, que separam os "Impérios" egípcios segundo a historiografia tradicional, caracterizam-se não por uma volta à barbárie, mas sim por um retorno à "anarquia", no sentido etimológico do termo, isto é, desaparecido o poder central, a sociedade se concentra nas suas unidades fundamentais locais (aldeias e províncias) e é à partir delas, como no caso de Tutmosis e de Tebas, p. ex., que o poder central se reconstitui.

O ritmo hidrográfico secundado pela cultura propicia um rendimento máximo do solo, mas implica igualmente ritmo e alternância nas atividades agrícolas, nas quais períodos de intensa atividade, como o de reparo de diques antes das inundações, semeaduras e colheitas, são entremeados por tempos de ócio relativo, por ocasião das inundações, que duram um terço do ano. Os estudos arqueológicos mais recentes têm podido demonstrar este ponto com relativa facilidade: o egípcio, no seu quotidiano levava uma vida muito simples mas não estafante, cabanas de camponeses ou palácios de reis eram geralmente construídos com adobe e tijolos de lama seca; a vestimenta básica consistia, para todas as classes sociais muito simplesmente de panos de linho adequadamente dispostos, sendo as distinções sociais marcadas predominantemente por adereços, jóias ou complementos (como as peles de leopardo, insígnia dos sacerdotes) e não pelas roupas; aliás a nudez ou a seminudez eram bastante bem toleradas socialmente, inclusive entre os adultos de qualquer classe social; a pedra era dedicada exclusivamente às "casas dos milhões de anos" – os templos e as tumbas – tornando pois hilariantes as cenas de "filmes históricos" que nos representam pobres escravos sendo chicoteados e esmagados sob imensos blocos de pedra: o ritmo destas construções, bem como a sua logística, simplesmente prescindiam de tais métodos. A produtividade do solo era suficientemente elevada para permitir um avanço na especialização e na divisão de trabalho; as construções e expedições de mineração (pois como o Nilo constitui uma planície aluvial profunda, as jazidas minerais aproveitáveis situam-se nas cadeias de colinas que separam o Vale dos desertos Líbico e Arábico, elevadas em cerca de 500 m. com relação ao Vale, regiões inóspitas e secas que tornam quase impossível a instalação permanente do homem) eram geralmente efetuadas no período das cheias, inicialmente por equipes de aldeões que se alternavam; mais tarde as próprias aldeias começaram a desenvolver internamente seus corpos de artesãos (pedreiros, carpinteiros, barqueiros e metalúrgicos) que operavam como demiurgos interna ou externamente, sendo em contrapartida, mantidos pelos camponeses em suas necessidades fundamentais. O templo e/ou o nobre local recolhia impostos em espécie de alimentos, matérias-primas e produtos semiacabados, sendo tais impostos geralmente calculados tomando por base os dados cadastrais anualmente recolhidos relativos à extensão de áreas cultivadas e às medidas hidrográficas relativas à altura máxima da cheia ocorrida no ano e na região (para tanto existiam desde Philae até a região de Menfis cerca de quinze quilômetros e um sistema eficaz de correios que transmitia à vazante o momento de chegada da cheia em determinado posto). Tal imposto era a seguir distribuído, uma parte deste permanecia no local para atender às necessidades dos demiurgos e do templo, outra parte era enviada à capital da província, onde a taxação dos diversos *nomos* era recolhida e novamente subdividida, sendo que uma parte permanecia na capital do distrito e outra era enviada à administração superior do Estado. Além da taxação os templos, o faraó e em menor medida os burocratas locais, possuíam seus próprios domínios (em média 20% das terras cultiváveis de cada aldeia era "do deus") que eram explorados por meeiros. A taxação servia basicamente para manter a burocracia de escribas e sacerdotes, mas também tinha a função importante de constituir estoques de reservas para os anos de má colheita, quando o "deus" e o faraó, no seu papel de "Bom Pastor", vinham em socorro de seu povo faminto. Embora as crises agrícolas tivessem um forte componente geofísico e nunca tenham podido ser totalmente eliminadas do Egito, é fato que no decorrer do tempo seus efeitos conseguiram ser razoavelmente dominados e os efeitos de desnutrição, que podem ser observados através das múmias, tenham tendido a amortecer-se ao menos até a decomposição final da civilização egípcia, por volta de 700 a. C., quando voltam a aparecer, quase em nível epidêmico, provavelmente devidos ao fato da estrutura produtiva do país ter sido fortemente atingida pelas invasões dos assírios e dos persas. Lembremos entretanto que o Egito romano era, estrategicamente, uma província imperial; mais ainda, era considerado como parte integrante do *fiscus*, o tesouro pessoal do Imperador, isto porque, entre outras coisas, a sua produção de trigo conseguia ser suficiente para manter Roma (isto é o Lácio inteiro, contando com mais de um milhão de habitantes sob Tibério) totalmente abastecida. Mas o ponto fundamental era que toda esta imensa atividade econômica era também, e paradoxalmente, uma atividade *religiosa*. O mito de Osíris é simultaneamente um mito agrícola completo, implicando o renascer periódico da vegetação, um mito cultural, onde o deus represente um papel fundamental de herói civilizador e um mito político que permite conciliar a divindade do Rei, com a sua mortalidade e a legitimidade da sucessão pois Osíris (o Pai e o Rei), uma vez morto reina no Amenti sobre os mortos e é o seu filho Horus quem recolhe a sua sucessão, honra a sua memória e restabelece a ordem cósmica fundada pelo Pai e momentaneamente perturbada por sua morte. Tais mitos são anualmente atualizados através de festivais rituais que ponteiam todo o calendário agrícola

Eu conjuro ao leitor, antes de correr atrás de explicações, que detenha sua atenção sobre os fatos.

Um camponês recolheu vinte sacas de trigo, que se propõe a comer com sua família, julga-se duas vezes mais rico do que estaria do que se tivesse colhido apenas dez; semelhantemente uma dona-de-casa que tivesse tecido cinqüenta jardas de pano se crê duas vezes mais rica do que se tivesse tecido apenas vinte e cinco. Com relação à família, têm ambos razão, mas do ponto de vista de suas relações exteriores, eles podem estar totalmente enganados. Se a colheita de trigo dupli-

---

e ritmam os períodos de labor e de ociosidade, muitas de nossas festas cristãs, como o São João Batista e a semana santa nada mais são do que réplicas diminuídas dos festivais mito-agrários dos egípcios, oportunamente apropriados e emasculados pela Igreja. O número do que poderíamos chamar de feriados religiosos no Antigo Egito era muito grande. Estima-se que no mínimo 30% do ano fosse ocupado por eles, sob a mais diversa característica: tristes ritos funerários, rituais orgásticos de fertilidade ou alegres festas de colheita. Eram de qualquer forma períodos nos quais a atividade produtiva era proibida ou reduzida e se a tais dias acrescentarmos os momentos de atividade produtiva diminuída seja por questões climatológicas, seja pelos ritos faraônicos (as festas de nascimento do príncipe herdeiro, as comemorações do casamento e a celebração dos funerais, acompanhadas do rito de entronização do Príncipe), vemos que, mais uma vez se está longe de um frenesi pelo trabalho ou de vexações escravocratas sobre camponeses oprimidos. Embora inegavelmente estas realezas primitivas não sejam mais igualitárias, embora existam diferenças de classe social e assimetrias na distribuição do poder, nem mesmo assim conseguimos observar, no que a História e a Arqueologia nos registram sobre elas o comportamento previsto pelos teóricos para o *homo economicus*; ao contrário: uma certa auto-regulação do tempo de trabalho, coexistente com a sua especialização, alternância das atividades produtivas e lúdico-rituais mesmo para a base produtiva da sociedade, ausência de escravatura, formas sociais de posse e controle do uso do solo, esboço do controle da produção agrícola através da mensuração e controle da área cultivada, bem como a manutenção de estoques reguladores, esboços de mecanismos de solidariedade e previdência social, muito embora realizados com claras finalidades de propaganda política do *status-quo*, tudo isso nos mostra, no caso da civilização egípcia clássica e, cremos, no caso de outras sociedades agrárias também, que o comportamento econômico real dos homens não coincide com o comportamento previsto pela teoria econômica clássica. E neste caso a epistemologia nos recomenda claramente um procedimento: quando uma teoria, por mais coerente e bela que seja, não se coaduna com os fatos, pior para a teoria...

Finalizemos, remetendo o leitor à uma pequena Bibliografia que, juntamente com as listagens mais amplas nela contida, apoiará as afirmações acima. Referências clássicas são as obras de G. MASPERO (*Histoire des Peuples de l'Orient Ancien*), de James BREASTED (*History of Egypt*) e de Adolf ERDMANN; um resumo histórico moderno e útil, com ampla bibliografia é o de Nicolas GRIMAL (*Histoire de l'Egypte Ancienne*); a cultura material e a arte desde o neolítico é apreciada em Jacques VANDIER (*Manuel d'Archeologie Egyptienne* v. 1- 7), as obras de Alexandre MORET, apesar de escritas no começo do séc. XX ainda são importantes sobre o papel dos clãs na política e na economia do Egito Antigo, bem como duas das obras de Pierre MONTET (*La Vie quotidienne au Temps des Ramses* e *Scenes de la Vie quotidienne dans les tombeaux de l'Ancien Empire*); para uma "sociologia" do Antigo Egito ver Sérgio DONADONI (Ed.) (*The Egyptians*).

car em todo o país, vinte sacas serão vendidas por um preço menor do que dez seriam vendidas se a produção tivesse caído pela metade, da mesma forma como em condições semelhantes cinqüenta jardas de pano valeriam menos que vinte e cinco. De modo que o valor decresce conforme a produção do bem aumenta e que um produtor pode chegar à indigência, enriquecendo-se sempre. E contra isso parece não haver remédio, posto que o único meio de salvação seria que todos os produtos industriais tornassem-se, como o ar e a luz, disponíveis em quantidade infinita, o que é um absurdo manifesto. Deus de minha razão! teria dito Jean-Jacques, não são os economistas que se enganam, é a própria economia política que é infiel às suas definições: *Mentita est iniquitas sibi*.

Nos exemplos precedentes, o valor útil ultrapassa o valor trocável, em outros casos ele é menor. Então o mesmo fenômeno ocorre, mas em sentido inverso: a balança é favorável ao produtor e o consumidor é penalizado. É isto o que ocorre em especial nas crises e carestias, quando a alta nos preços dos gêneros de primeira necessidade sempre tem algo de fictício. Existem profissões igualmente cuja arte consiste em dar à uma utilidade medíocre e da qual passaríamos bem sem, um valor de opinião exagerado: tal é o caso das artes do luxo. O homem, por sua paixão estética, é ávido de futilidades cuja posse satisfaz em alto grau a sua vaidade, seu gosto inato do luxo e seu amor mais nobre e respeitável do belo; é sobre isto que especulam os fornecedores deste tipo de objetos. Impor a fantasia e a elegância não é coisa menos odiosa nem menos absurda do que lançar impostos sobre a circulação, mas tal imposto é lançado por alguns empresários em voga, que o embasbacar geral protege e cujo mérito básico consiste muitas vezes em falsear o gosto e fazer nascer a inconstância. Mas destes ninguém se queixa e todos os anátemas são reservados aos açambarcadores que, à custa do seu gênio, conseguem aumentar em alguns centavos o preço do pão e dos panos[10]...

---

[10] [N.T.]: "Patada" de Proudhon nos *librecambistas*, partidários da circulação sem entraves das mercadorias, mas que não vêem no comércio de luxo um dreno muito mais eficaz, concentrador e elitista de recursos econômicos na mão de poucos. Não nos esqueçamos que será na Paris do séc. XIX, que a profissão de "marchand", intimamente colada às vanguardas artísticas e às "antigüidades", cujo valor venal da obra tentam acrescer, muitas vezes mais que proporcionalmente ao valor estético, irá se desenvolver impetuosamente. Aliás, há pouco o presidente Fernando Henrique Cardoso, ao comentar os resultados prévios do último censo

Mas é pouco ter assinalado no valor útil e no valor trocável este estranho contraste aonde os economistas estão acostumados a ver algo de muito simples: é preciso mostrar que esta aparente simplicidade oculta um mistério profundo, que é de nosso dever penetrar.

Eu incito pois todo o economista sério a me dizer – e que não seja traduzindo ou repetindo a questão – por que causa o valor decresce na medida em que a produção aumenta e, reciprocamente, o que faz crescer este mesmo valor, na medida em que sua produção diminui. Em termos técnicos, o valor útil e o valor trocável, necessários um ao outro, estão na razão inversa um do outro: eu pergunto pois por que a escassez e não a utilidade é sinônimo de carestia. Pois, observemos bem este ponto, a alta e a baixa das mercadorias são independen-

---

estatístico brasileiro, realizado em 2000, disse não achar coerente a tendência, claramente apontada pelo censo, ao desemprego e à baixa remuneração salarial da maioria dos brasileiros (os dados prévios mostram que em dez anos o salário nominal médio industrial no Brasil *caiu em 27%* e que o desemprego *aumentou em 40%*) e o aumento igualmente apontado no crescimento do consumo de bens industrializados mais sofisticados (eletro-eletrônicos, automóveis, imóveis, etc.). É realmente triste e decadente que o nosso decantado misto de príncipe dos sociólogos e imperador não consiga perceber a coerência, tão clara nas poucas linhas acima de Proudhon: ocorre que no modelo vigente a renda é extremamente concentrada na mão de poucos agentes, assim, embora o país estagne, com taxas de crescimento próximas de zero, alguns setores, como o financeiro, crescem desbragadamente induzindo uma demanda seletiva de alguns bens e serviços, uma parcela dos agentes ligados a tais setores, vê a sua renda crescer em muito, ao passo que a massa salarial decresce na proporção mesma desta concentração, ou seja suponhamos que o PIB seja de 1000 unidades arbitrárias e que a população seja representada por 100, a renda média seria 1000/100=10, ora suponhamos que 20% da população detenha 50% da renda (paradoxalmente uma distribuição de renda *melhor* que a do Brasil atual), a renda média desta elite seria pois 500/20= 25 unidades ao passo que a renda média da maioria seria de 500/80= 6,25 unidades, ou seja neste país hipotético a elite ganharia em um ano aquilo que a massa demoraria quatro anos para ganhar. Suponhamos agora que, neste mesmo país a concentração de rendas aumente de modo que após um período de tempo, 10% da população detenha 50% da renda; suponhamos mesmo que o produto do país tenha aumentado, digamos de 10%, no período, de maneira que seu valor agora seja de 1100; segundo o mesmo cálculo cima, a renda da elite será agora de 505/10= 50,5, ao passo que a renda do "povo" será de 505/90=5,61 e a renda média seria agora de 1100/100= 11. Vemos então que a "renda média per capita" aumenta de 10%, a renda média da elite duplica (102 % de aumento) e a renda média do povo *decresce -13,7%* de modo que, mesmo supondo-se um aumento razoável no produto interno, a concentração de renda piora a situação do povo, tornando-o mais pobre; se ao invés de um aumento do produto interno, tivermos uma estagnação os resultados serão ainda piores. Ora, no Brasil atual, os 10% mais ricos têm uma renda bruta vinte e três vezes maior que os 40% mais pobres, ou seja em média a elite ganha em um ano aquilo que o povo demora vinte e três anos para ganhar, quem produzir bens para a elite com certeza os venderá, já quem produzir bens de consumo popular...É pena que tal raciocínio tão luminoso e elementar seja considerado obscuro por um sociólogo, ou será que a cegueira tem outro motivo?

tes da quantidade de trabalho dispensada em sua produção e a maior ou menor despesa que custou a sua produção não serve de nada para explicar as variações das suas cotações. O valor é caprichoso como a liberdade: ele não considera nem a utilidade e nem o trabalho[11]; longe disto, parece que, no curso ordinário das coisas, e ressalvando-se algumas perturbações excepcionais, os objetos mais úteis sejam sempre aqueles que devem ser vendidos aos preços mais baixos; dito de outra forma, parece ser justo que os homens que trabalham com mais comodidade sejam aqueles melhor remunerados e aqueles que derramam na sua corvéia suor e sangue sejam os mais mal pagos[12]. Desta

---

[11] [R.P.]: Proudhon não considera o valor como derivado exclusivamente do trabalho incorporado ao objeto, se bem que ele afirme, em muitas ocasiões, que o trabalho é o *único fator* produtivo, pois a natureza fornece gratuitamente ao homem todas as matérias-primas. "...Trabalhar é produzir do nada..." diz ele (*La Solution du Problème Social Oeuvres T.VI* p. 187). Para Marx ao contrário, todo o valor é criado pelo trabalho e toda a renda, exceto o salário é ilegítima. Ver, p. ex. BOHM-BAWERK (*Histoire Critique des Théories de l'Intéret et du Capital T. II* pp. 10-18), para o vínculo entre as teorias de Ricardo, Proudhon, Rodbertus e Marx e as teorias dos socialistas de cátedra e as suas aproximações com as teorias de Schaëffle (T. II p. 159). Apesar de suas analogias, as teses de Marx e de Proudhon diferem sobretudo no ponto em que Marx pretende, fundando-se na análise científica dos fatos atuais, que desde o presente o valor se determina segundo o tempo de trabalho, ao passo que Proudhon expõe que nenhuma lei fixa os valores na sociedade atual e que será apenas em uma sociedade dominada pela justiça que o valor se "constituirá".

[12] [N.T.]: Amante dos paradoxos e polemista visceral e brilhante, Proudhon não perde oportunidade de aguilhoar os raciocínios ou posturas que lhe parecem tolos ou pouco sólidos. Existe, quando ele escreve tais linhas, uma polêmica já antiga e acerba sobre a natureza do trabalho humano. Uma tradição antiga, de matriz judaico-cristã e baseada na Bíblia, tende a encarar o trabalho como uma maldição imposta por Deus ao homem como conseqüência do pecado original ("ganharás teu pão com o suor do teu rosto" diz Deus à Adão ao expulsá-lo do Paraíso), ao passo que uma corrente mais vinculada aos formuladores da economia política clássica, consideram o trabalho como a fonte essencial da felicidade humana e como o criador da cultura e da civilização. Os socialistas defrontaram-se muito tempo com esta antinomia, sendo no geral iluministas, e portanto adeptos da perfectibilidade humana e moderadamente otimistas, não poderiam negar ao trabalho o seu caráter criador, mas por outro lado , analisando o estatuto do trabalhador na sociedade capitalista, mormente na sociedade paleotécnica, característica da primeira revolução industrial, não poderiam negar o caráter de castigo e de corvéia que o trabalho assalariado apresentava nestes tempos. Muitos socialistas consideraram apenas o lado desagradável do trabalho humano, propondo que ele deveria ser distribuído de maneira equânime, assim como o gozo de seus frutos, outros, entre os quais Fourier, levantaram a hipótese de ser possível, sob o socialismo organizar o trabalho de modo a tornar as suas tarefas agradáveis e prazerosas (como se pode ver, por exemplo na *"Teoria dos quatro Movimentos"* ou no *"Novo Mundo Industrial e Societário"*); alguns fourieristas chegaram até mesmo a levantar a hipótese de que, em sociedade socialista, os trabalhos mais desagradáveis, por não encontrarem muita gente disposta a assumi-los, seriam, "melhor cotados" que os trabalhos mais agradáveis sendo que os que os realizassem conseguiriam mais "bônus", que os demais. Já vimos várias

forma, seguindo este princípio até as suas últimas conseqüências acabaríamos por concluir, da maneira mais lógica do mundo que as coisas cujo uso é necessário e a quantidade infinita devam ser dadas a troco de nada e que aquelas cuja utilidade é nula, mas a raridade extrema devam ter um preço inestimável. Mais ainda, para cúmulo do embaraço, a prática não admite estes casos extremos, por um lado, nenhum produto humano poderia jamais atingir o infinito em grandeza e por outro, mesmo as coisas mais raras precisam ser, em algum grau, úteis, sem o que não seriam suscetíveis de ter algum valor. O valor útil e o valor trocável encontram-se desta forma fatalmente encandeados um ao outro, ainda que, por sua natureza, tendam mutuamente a se excluir.

Não fatigarei o leitor com a refutação das logomaquias que poderiam ser apresentadas para esclarecer o assunto: não há, seguramente, sobre a contradição intrínseca à noção de valor, uma causa assinalável ou uma explicação possível. O fato sobre o qual discorro é um daqueles denominados primitivos, isto é, daqueles que servem para explicar outros fatos, mas que em si mesmos, como os corpos ditos simples da química, são insolúveis[13]. Tal é o dualismo entre o espírito e a matéria. Espírito e matéria são dois termos que, tomados separadamente indicam cada um, um ponto de vista especial do espírito, mas sem responder à realidade alguma. Da mesma forma, sendo necessária ao homem uma grande variedade de produtos, com a obrigação de providenciá-la com o seu trabalho, a oposição entre valor útil e valor trocável, resulta necessariamente daí e desta oposição deriva uma contradição no próprio limiar da economia política. Nenhuma inteligência, nenhuma vontade divina ou humana poderia impedi-la.

Assim, ao invés de buscar uma explicação quimérica qualquer, contentemo-nos simplesmente com constatar a necessidade da contradição.

---

vezes que Proudhon, embora leitor e influenciado por Fourier, era no geral seu opositor; o trecho acima, além de ser uma crítica à economia política, traz uma crítica implícita à teoria do trabalho agradável, que para Proudhon é uma contradição nos termos, pois o trabalho é necessário ao homem e à sociedade e fundamento da liberdade e da justiça, e fazendo parte da condição humana; agradável ou não, é o fado do homem e cumpre exercê-lo em justiça e liberdade, tudo o mais seria um devaneio!...

[13] [N.T.]: Proudhon começa a retomar aqui as suas discussões sobre a química, que tinha começado no Prólogo, com vistas a utilizá-las mais tarde em uma analogia sobre a composição do valor.

Qualquer que seja a abundância dos valores criados e a proporção pela qual eles se trocam, para nós que trocamos nossos produtos é preciso que, se sois vós o *demandante* que meu produto vos convenha e se sois vós o *oferecedor*, que eu concorde com o vosso[14]. Pois ninguém tem o direito de impor ao outro a sua própria mercadoria: o único juiz da utilidade ou, o que é a mesma coisa, da necessidade é o comprador. Assim, no primeiro caso sois vós o árbitro da conveniência e no segundo sou eu. Subtraiamos esta liberdade recíproca e a troca não é mais o exercício da solidariedade industrial: é uma espoliação. O comunismo, seja dito de passagem, jamais triunfará desta dificuldade.

Mas com a liberdade, a produção fica necessariamente indeterminada, seja em quantidade, seja em qualidade, de modo que, tanto do ponto de vista do progresso econômico, quanto do da conveniência dos consumidores, a estimativa permanece eternamente arbitrária e sempre o preço das mercadorias flutuará. Suponhamos por um momento que todos os produtores vendam a preço fixo: haverá aqueles que produzem mais barato ou que produzem melhor e que ganharão muito, enquanto que outros não ganharão nada. De qualquer forma o equilíbrio será rompido. Quereremos então, para acabar com a estagnação do comércio, limitar a produção ao estritamente necessário? Isto é violar a liberdade, pois sendo-me subtraída a faculdade de escolher, eu estarei condenado a pagar o preço máximo e a concorrência, única garantia de um bom preço, estará destruída e provocareis o contrabando. Assim, para impedir o arbítrio comercial vós vos lançareis no arbítrio administrativo; para criar a igualdade destruireis a liberdade, o que é a própria negação da igualdade. Agrupareis todos os produtores em uma fábrica única –suponho que tenhais este segredo – nem mesmo isto basta, pois seria preciso reunir todos os consumidores em um lar comum. E neste ponto abandonareis a questão. Não se trata de abolir a idéia de valor, que é tão impossível quanto abolir o trabalho, mas sim trata-se de determiná-la; não se trata de matar a liberdade individual, mas sim de socializá-la. Ora, está provado que é o livre-arbítrio do homem que dá lugar à oposição entre valor útil e valor de troca: como resolver tal questão enquanto subsistir o livre-arbítrio? E como sacrificá-lo sem sacrificar com ele o homem?...

---

[14] [N.T]: Traduzimos assim literalmente os termos franceses, *demandeur* e *offrant*, para ficarmos mais próximos dos termos *oferta* e *procura*, bastante populares no falar econômico brasileiro. Uma tradução mais tecnocrática seria *cliente* e *fornecedor*.

Portanto, é apenas por minha qualidade de comprador livre, que eu sou juiz de minha necessidade, juiz da conveniência do objeto, juiz do preço que estou disposto a pagar por ele; por outro lado sois vós, em vossa qualidade de livre produtor, quem sois amo dos meios de execução, e que conseqüentemente tendes a faculdade de reduzir vossos custos, e assim o arbítrio introduz-se necessariamente no valor e o faz oscilar entre a utilidade e a opinião.

Mas mesmo esta oscilação, perfeitamente assinalada pelos economistas, nada mais é que o efeito de uma contradição que, traduzindo-se em vasta escala, gera os fenômenos mais inesperados. Três anos de fertilidade em certas províncias da Rússia são uma calamidade pública[15] assim como em nossos vinhedos, três anos de abundância são uma calamidade para o viticultor. Os economistas, eu sei muito bem, atribuem esta desgraça à falta de escoamento para a produção; assim existe entre eles um grande debate sobre escoamento e mercados. Infelizmente, ocorre com a teoria do escoamento[16] o mesmo que ocorre com a teoria da emigração, que se quis opor à Malthus: é uma petição de princípio. Os Estados melhor providos de escoamentos estão sujeitos à superprodução da mesma forma que os países mais isolados e aonde são as baixas e as altas mais conhecidas senão nas Bolsas de Paris e Londres?

Da oscilação do valor e dos efeitos irregulares que dela decorrem, os socialistas e os economistas, cada um por seu lado, deduziram conseqüências opostas, mas igualmente falsas: os primeiros a tomaram como pretexto para caluniar a economia política e excluí-la da

---

[15] [N.T.]: As planícies entre o Do e o Volta, na Ucrânia, compostas pelo fértil *podzol*, ou terra negra são naturalmente apropriadas ao cultivo de cereais, assim como os pampas argentinos ou as planícies aluviais do Nilo; desde a Antigüidade este fato foi notório, e não é por acaso que a lenda grega situa o Tosão de Ouro na Cólquida. Exploradas desde o final da Antigüidade, as planícies ucranianas, transformaram-se em um vasto celeiro para a Europa. Em grande parte Bizâncio conseguiu resistir melhor aos árabes que o Ocidente europeu, por ter mantido o domínio destas regiões granícolas, ao passo que os grandes celeiros do ocidente – o Egito e a região de Cartago – eram perdidos para árabes e berberes. A Rússia manteve o seu peso no mercado mundial do trigo até o começo da revolução de 1917; a estúpida política agrícola dos bolcheviques, fez com que não apenas tal posição fosse perdida como também que a antiga URSS se transformasse em *importadora líquida de trigo, tendo como principal fornecedor os EUA.*

[16] [R.P]: Proudhon alude aqui à lei formulada por J. B. Say, segundo a qual produtos se trocam contra produtos. O melhor remédio contra a superprodução em um país ou em uma indústria seria a superprodução em outro país ou indústria, o equilíbrio das trocas poderia assim restabelecer-se e a crise econômica seria desta forma debelada.

ciência social; os outros para rejeitar qualquer possibilidade de concilia-ção ente os termos e para afirmar como lei absoluta do comércio a in-comensurabilidade dos valores e portanto a desigualdade das fortunas.

Eu digo que em ambas as partes o erro é igual.

1º A idéia contraditória do valor, se bem que trazida à luz pela distinção inevitável entre valor útil e valor trocável, não decorre de uma falsa percepção do espírito, nem de uma terminologia viciosa, nem de aberração alguma da prática: ela é íntima à natureza das coisas e impõe-se à razão como forma geral do pensamento, quer dizer, como categoria. Ora, como o conceito de valor é o ponto de partida da econo-mia política, segue-se que todos os elementos desta ciência – e eu empre-go o termo ciência por antecipação – são contraditórios em si e opos-tos em si e tão bem que cada economista encontra-se incessantemente colocado entre uma afirmação e uma negação igualmente irrefutáveis. A ANTINOMIA, enfim, para servir-me de uma palavra consagrada pela filosofia moderna, é o caráter essencial da economia política, isto é, simultaneamente a sua sentença de morte e a sua justificação[17].

Antinomia significa literalmente *contra-lei*, e quer dizer oposição no princípio ou antagonismo na relação, assim como a contradição, ou *antilogia* indica a oposição ou contrariedade no discurso. A antinomia – e eu peço desculpas por entrar nestes detalhes de escolástica, infeliz-mente ainda pouco familiares à maior parte dos economistas – a antinomia é a concepção de uma lei de dupla face: uma positiva e outra negativa. Tal é por exemplo a lei denominada *atração*, que faz girar os planetas em torno do Sol e que os geômetras decompuseram em força centrípeda e força centrífuga. Tal é ainda o problema da divisibilidade da matéria ao infinito, que Kant demonstrou tanto po-der ser negado quanto afirmado por argumentos igualmente plausí-veis e irrefutáveis[18].

A antinomia apenas exprime um fato e o impõe imperiosa-mente ao espírito; a contradição propriamente dita é um absurdo. Esta distinção entre a antinomia (*contra-lex*) e a contradição (*contra-*

---

[17] [N.T]: O leitor deverá ter notado o tom dialético do parágrafo acima e notado também o parentesco desta dialética antes com KANT do que com HEGEL.

[18] [N.T]: O leitor atento terá notado que esta é a segunda vez, neste capítulo que Proudhon faz referência à problemas da estrutura da matéria, que tratou no Prólogo da obra, ao discutir a química. Na verdade ele prepara o caminho para a introdução de uma analogia para tentar entender a geração dos valores através das reações químicas.

dictio) mostra em que sentido se pôde dizer que, em determinada ordem de idéias e fatos, o argumento de contradição não possui mais o mesmo valor que em matemática.

Na matemática existe uma regra segundo a qual tendo sido uma determinada proposição demonstrada falsa, a sua inversa será verdadeira e reciprocamente[19]. Este chega a ser mesmo o grande método de demonstração matemática. Em economia social, não acontecerá a mesma coisa: assim veremos, por exemplo, que a propriedade foi demonstrada ser falsa pelas suas conseqüências, mas a fórmula contrária, isto é, a comunidade, nem por isso será verdadeira, mas sim é negável ao mesmo tempo e pelos mesmos títulos que a propriedade. Seguir-se-ia daí, como já se disse com uma ênfase bastante ridícula, que toda verdade, toda idéia, procede de uma contradição, isto é, de algo que se afirma e que se nega no mesmo instante e do mesmo ponto de vista e que é preciso rejeitar para longe a velha lógica, que faz da contradição o sinal por excelência do erro? Tal tagarelice é digna de sofistas que, sem fé nem boa-fé, trabalham para eternizar o ceticismo, para

---

[19] [N.T]: Trata-se da *demonstração por absurdo*, que por sua vez decorre do célebre *princípio do terceiro excluso* da Lógica Clássica (ou Cálculo de Predicados). A lógica clássica supõe em primeiro lugar que existem dois tipos de proposições possíveis; as proposições atômicas ou elementares e as proposições compostas ou fórmulas, compostas à partir das proposições atômicas através dos *operadores lógicos* (negação, conjunção, alternância, implicação e equivalência) e dos *quantificadores* (o quantificador de existência e o quantificador de universalidade) segundo determinadas regras. Assume-se igualmente que existem na lógica apenas *dois valores de verdade* (o verdadeiro e o falso), dado um certo conjunto de proposições atômicas, supõe-se que se saiba atribuir a cada uma delas *um e um único valor de verdade* (note-se que a lógica matemática *não se preocupa como se executa tal atribuição*); uma teoria consiste em se extrair, supondo-se alguns postulados, todas as fórmulas verdadeiras, utilizando apenas os postulados e as regras do Cálculo de Predicados. Um teorema importante do Cálculo de Predicados é justamente o princípio do terceiro excluído que nos diz que dada uma fórmula qualquer A ou ela é verdadeira ou a sua negação é verdadeira, não existindo outra possibilidade; notemos que isso é conseqüência, entre outras coisas, de termos assumido um conjunto de apenas dois valores para os valores de verdade. O princípio do terceiro excluso fornece um meio importante de demonstração em matemática. Suponhamos que haja uma proposição matemática sobre cuja verdade não saibamos decidir; se assumirmos que a sua negação é verdadeira e desenvolvermos à partir desta hipótese uma seqüência de raciocínios que nos conduzam a uma proposição que consigamos mostrar ser falsa, então concluiremos que a negação da proposição inicial é igualmente falsa e daí decorre que a sua inversa, ou seja a proposição inicial que não sabíamos demonstrar, seja *verdadeira*. O séc. XX desenvolveu toda uma nova família de lógicas mais amplas, como as lógicas triádicas, com três valores de verdade (verdadeiro, falso e incerto), as lógicas poliádicas e as lógicas modais. Muitos destes esforços visavam justamente tentar resolver os paradoxos calcados pela dialética.

que mantenham a sua impertinente inutilidade. Como a antinomia, do momento em que é desconsiderada, conduz infalivelmente à contradição, tomou-se freqüentemente uma pela outra, sobretudo em francês onde se gosta de designar cada coisa por seus efeitos. Mas nem a contradição, nem a antinomia, que a análise descobre no fundo de toda a idéia simples, são o princípio do verdadeiro. A contradição é sempre sinônimo de nulidade; quanto à antinomia, que muitas vezes denomina-se pelo mesmo nome ela é, com efeito, o precursor da verdade, a quem fornece, por assim dizer, a matéria; mas a antinomia não é a verdade e, considerada em si, ela é causa eficiente de desordem, a forma própria da mentira e do mal.

A antinomia compõe-se de dois termos necessários um ao outro, mas sempre opostos e tendendo reciprocamente a destruir-se. Ouso apenas acrescentar, mas é preciso dar este passo, que o primeiro destes termos recebeu o nome de *tese*, posição, e o segundo o de *antítese*, contraposição. Este mecanismo é agora tão conhecido, que logo o veremos, assim o espero, figurar no programa das escolas primárias. Veremos daqui a pouco como, da combinação destes dois zeros, brota a unidade, ou a idéia, que faz desaparecer a antinomia.

Assim, no valor, não há nada de útil que não se possa trocar e nem nada de trocável que não seja útil: o valor de uso e o valor de troca são inseparáveis. Mas enquanto que, pelo progresso da indústria a demanda varia e multiplica-se ao infinito, a fabricação tende em conseqüência a exaltar a utilidade natural das coisas e finalmente a converter todo o valor útil em valor de troca; por outro lado a produção aumentando incessantemente a potência de seus meios e sempre reduzindo os seus custos, tende a trazer a venalidade das coisas à sua utilidade primitiva, de modo que o valor de uso e o valor de troca estão em luta perpétua.

Os efeitos desta luta são conhecidos: as guerras comerciais e de mercados, a superprodução, a estagnação econômica, as proibições, os massacres da concorrência, o monopólio, a depreciação dos salários, as leis de máximo, a esmagadora desigualdade das fortunas, e a miséria, decorrem todas da antinomia do valor. Ser-me-á dispensado dar aqui a demonstração destes fatos, que aliás decorrerá naturalmente dos capítulos seguintes.

Os socialistas, ainda que pedindo com justa razão o fim deste antagonismo, cometem o erro de menosprezar a sua fonte e de ver nele apenas um mero desprezo do senso comum, que poderia ser reparado por um decreto da autoridade pública. Daí esta explosão lamentável de sensibilidade piegas, que tornou o socialismo tão insosso para os espíritos positivos e que, ao propagar as mais absurdas ilusões, atrai a cada dia mais tolos. O que eu reprovo ao socialismo, não é ter vindo sem motivo, mas é o ter se mantido tão longamente e tão obstinadamente estúpido.

2º Mas os economistas cometeram o erro não menos grave de repelir *a priori* – e isso precisamente por causa dos dados contraditórios ou melhor antinômicos, do valor –toda a idéia e toda a esperança de reforma, sem querer jamais compreender que, por isso mesmo, por ter a sociedade atingido o seu período de maior antagonismo, havia iminência de conciliação e harmonia. Seria tal ponto entretanto que um exame atento da economia política faria seus adeptos praticamente tocarem com as mãos, se tivessem em maior conta as luzes da metafísica moderna.

Está com efeito demonstrado, por tudo aquilo que a razão humana sabe de mais positivo, que aonde se manifesta uma antinomia, existe promessa de resolução dos termos e, conseqüentemente, anúncio de uma transformação. Ora, a noção de valor, tal como foi exposta entre outros por J. B. Say, recai precisamente neste caso. Mas os economistas, permanecendo na sua maioria e por uma inconcebível fatalidade, estranhos ao movimento filosófico, não tiveram como supor que o caráter essencialmente contraditório, ou, como eles dizem, variável do valor, fosse ao mesmo tempo o sinal autêntico de sua constitucionalidade, quero dizer, de sua natureza eminentemente harmônica e determinável. A maior desonra que disto resulta para as diversas escolas econômicas é certamente que a oposição que fizeram ao socialismo procede unicamente desta falsa concepção de seus próprios princípios: uma prova entre mil bastará.

A Academia de Ciências (não a de Ciências Morais e Políticas, a outra), saindo um dia de suas atribuições, aceitou a leitura de uma memória na qual se propunha calcular tabelas de valor para todas as mercadorias, segundo a média de produção por homem e por jornada de trabalho em cada indústria. O *Journal des Économistes* (agosto de 1845) logo tomou o texto desta comunicação, usurpadora aos seus olhos, para protestar contra o projeto de tarifas que era seu objeto e para restabelecer aquilo que ele denominava os verdadeiros princípios.

"Não existe, dizia o artigo em sua conclusão, medida de valor, padrão de valor; é a própria ciência econômica que diz isto, assim como a ciência matemática nos diz que não existe movimento perpétuo ou a quadratura do círculo e que tal quadradura e tal movimento jamais serão encontrados. Ora, se não há padrão de valor, se a medida do valor não passa de uma ilusão metafísica, qual é, definitivamente, a regra que preside às trocas?... É, nós já o dissemos a oferta e a demanda, de maneira geral, eis a última palavra da ciência."

Ora, como o *Journal des Économistes* prova que não há medida de valor? Sirvo-me do termo consagrado, pois mostrarei daqui a pouco que esta expressão *medida de valor* contém algo de suspeito e que não traduz exatamente aquilo que queremos, aquilo que exatamente se deve dizer.

Este jornal repetia, acompanhando-a de exemplos a exposição que acima fizemos sobre a variabilidade do valor, mas sem atingir, como nós o fizemos, a contradição. Ora, se o estimável redator, um dos economistas mais destacados da escola de J. B. Say, tivesse hábitos dialéticos mais severos, se ele tivesse a mão longamente exercitada não apenas em observar os fatos, mas também em buscar a sua explicação nas idéias que os produzem, eu não duvido que ele teria se expressado de maneira mais reservada e que, ao invés de ver na variabilidade do valor a *última palavra da ciência*, ele teria reconhecido por si mesmo tratar-se apenas da primeira. Refletindo que a variabilidade no valor procede não das coisas mas do espírito, ele ter-se-ia dito que, assim como a liberdade do homem possui a sua lei, o valor deve ter igualmente a sua e, conseqüentemente, que a hipótese de uma medida do valor, posto que é assim que nos exprimimos, nada tem de irracional; ao contrário, é a negação da existência de tal medida que é ilógica e insustentável.

E de fato, aonde a idéia de medir, e conseqüentemente fixar, o valor repugna à ciência? Todos os homens acreditam nesta fixação, todos a querem, a buscam e a supõem; cada proposição de venda ou de compra nada mais é, no final das contas, que uma comparação entre dois valores, é uma sua determinação, mais ou menos justa se assim o quisermos, mas efetiva. A opinião do gênero humano sobre a diferença que existe entre o valor real e o preço do comércio é, por assim dizer, unânime. É isso que faz com que tantas mercadorias se vendam a preço fixo; é isto mesmo que prova que, até nas suas variações estes valores encontram-se fixados: este é o caso do pão, por exemplo. Ninguém negará o fato de que se dois industriais podem trocar, com base no crédito, recíproca e mutuamente, mercadorias a preço fechado e em quantidades especificadas, que dez, cem ou mil não o possam fazer igualmente. Ora, isto seria precisamente ter resolvido o problema da medida do valor. O preço de cada coisa seria debatido, eu concordo, porque o debate é ainda para nós a única maneira de fixar o preço; mas enfim, como toda a luz brota do choque, o debate, embora seja uma prova de incerteza, tem por fim, abstraindo-se a maior ou menor boa-fé que nele se introduz, descobrir a razão dos valores entre si, isto é, a sua medida e a sua lei.

Ricardo, na sua teoria da renda, deu um magnífico exemplo da comensurabilidade dos valores. Ele mostrou que as terras aráveis estão entre si, fixando-se os demais custos, como os respectivos rendimentos e que a prática universal está neste ponto de acordo com a teoria. Ora, quem nos garante que esta maneira absolutamente positiva e segura de avaliar as terras, e de uma maneira geral todos os capitais investidos, não possa igualmente estender-se aos produtos?

É costume dizer: a economia política não se governa pelos *a priori*, ela pronuncia-se apenas sobre os fatos e é a experiência quem nos ensina que não há e nem pode haver medida de valor e que prova que, se tal idéia pode apresentar-se naturalmente, sua realização é completamente quimérica. A oferta e a demanda; tal é a regra das trocas.

Não repetirei que a experiência prova precisamente o contrário; que tudo no movimento econômico das sociedades indica uma tendência à constituição e fixação do valor; que este seria o ponto culminante da economia política, a qual, através desta constituição, seria totalmente transformada; e que seria também o sinal supremo da ordem na sociedade: este resumo geral, reiterado sem prova, seria insípido. Mas limito-me no momento aos termos da discussão e digo que a *oferta* e a *demanda*, que se pretende serem a única regra dos valores, nada mais são que formas cerimoniais[20] que servem para colo-

---

[20] [N.T]: A Antropologia como já ressaltamos em notas anteriores virá apoiar esta intuição de Proudhon ao estudar detalhadamente as trocas cerimoniais. Ver, p. ex. Bronislav MALINOWSKI *"Argonauts of Western Pacific"* e Marcel MAUSS *"Essai sur le Don"*.

car em presença o valor de utilidade e o valor trocável e para provocar a sua conciliação. São os dois pólos elétricos, cujo contato deve produzir o fenômeno de afinidade econômica denominado TROCA. Como os pólos de uma pilha, a oferta e a demanda são diametralmente opostas e tendem ser cessar a anular-se mutuamente. É por seu antagonismo que o preço das coisas exagera-se ou aniquila-se; o que se quer saber é se não seria possível, em qualquer ocasião, equilibrar ou ao menos fazer transigir estas duas potências, de modo que o preço das coisas seja sempre a expressão de seu valor verdadeiro, a expressão da justiça. Dizer depois disso que a oferta e a demanda são a regra das trocas, quer dizer que a oferta e a demanda são a regra da oferta e da demanda, é não explicar a prática, é declará-la absurda e eu nego que a prática seja absurda.

Citei a pouco Ricardo como tendo dado, para um caso especial, uma regra positiva de comparação dos valores: os economistas fazem melhor ainda; a cada ano eles recolhem, nas tabelas estatísticas, a média de todas as cotações. Ora, qual é o sentido de uma média? Cada um concebe que em uma operação particular, tomada ao acaso em um milhão, nada pode indicar se foi a oferta, isto é o valor útil, ou a demanda, quer dizer o valor trocável, que predominou. Mas como todo o exagero nos preços das mercadorias é cedo ou tarde seguido de uma baixa proporcional, ou seja como, em outros termos, na sociedade os lucros do ágio são iguais às perdas, pode-se com justa razão considerar a média dos preços durante determinado período, como indicativa do valor real e legítimo dos produtos. É bem verdade que esta média chega tarde demais, mas quem sabe se poderíamos descobri-la com antecedência? Qual é o economista que ouse dizer que não?

De qualquer forma é preciso buscar a medida do valor; é a lógica que o exige e as suas conclusões estão igualmente contra os economistas e os socialistas. A opinião que nega a existência desta medida é irracional e sem sentido. Pode-se dizer o que se quiser, por um lado que a economia é uma ciência de fatos, e que os fatos são contrários à hipótese de determinação do valor; e por outro que esta questão escabrosa não terá mais lugar em uma associação universal, que absorveria todo o antagonismo, eu sempre replicarei à direita e à esquerda:

1° Que como não se produz fatos que não tenham causa, da mesma forma não existem fatos que não tenham leis, e que se a lei das trocas ainda não foi encontrada, o erro não é dos fatos, mas sim dos cientistas;

2º Que enquanto o homem tiver que trabalhar para subsistir, e trabalhar livremente, a justiça será a condição da fraternidade e a base da associação: ora, sem uma determinação do valor, a justiça é manca e impossível.

§ II - Constituição do valor: definição da riqueza

Nós conhecemos o valor em seus dois aspectos contrários, não o conhecemos no seu TODO. Se pudéssemos adquirir esta nova idéia, teríamos o valor absoluto e uma ponderação[21] dos valores tal como pedia a memória lida na Academia de Ciências seria possível.

Imaginemos a riqueza como uma massa mantida por uma força química em estado permanente de composição e na qual elementos novos entram sem cessar e combinam-se em proporções diferentes, mas segundo uma lei certa: o valor é a razão proporcionada (a medida) segundo a qual cada elemento faz parte do todo[22].

---

[21] [N.T.]: *Tarification*, no original francês, que pode ser traduzido literalmente como pesar com tara, tarar ou calibrar uma balança com taras; um método absoluto de pesagem para balanças de dois braços é justamente o método das taras, como o leitor pode observar consultando qualquer manual antigo de Física (recomendamos pessoalmente o de GANOT-MANOEUVRIER, o de WOLLATSON ou o de PERRUCCA). A tradução por *tarificação*, como o objeto da ação de *tarar* seria possível mas esotérica, o termo *calibração* pareceu-nos descontextualizado, daí a tradução figurada.

[22] [N.T]: Aqui inicia-se a "analogia química" que já anunciamos e que Proudhon propõe para que se entenda o significado e a geração do valor na economia. Proudhon vai pensar a geração do valor em analogia ao que ocorre em um reator químico, onde os reagentes são introduzidos no vaso de reação a uma determinada taxa e os produtos são retirados segundo outra; para que o reator funcione em equilíbrio e que não haja perdas de reagentes ou energia, é preciso que as taxas de injeção e de extração sejam ajustadas em determinados valores, bem como as condições físicas no vaso de reação (temperatura, pressão, concentração de catalisadores, etc.) sejam devidamente controladas. Como em primeiro lugar julgamos, como os anarquistas do séc. XIX, haver "leis naturais" no mundo e o mundo humano imerso no mundo natural, embora específico, e julgamos também possível o estabelecimento de modelos econométricos não tecnocráticos para o pensamento econômico socialista, desenvolveremos este ponto com algum cuidado. Aqui nos concentraremos nos fatos básicos da química que constituem a primeira parte da analogia, pedindo desculpas ao leitor por fazê-lo retornar às trivialidades, mas isso é necessário.

Ao fazer referência à "massa mantida por uma força química em estado permanente de composição" Proudhon indica claramente a lei das proporções definidas, descoberta por Dalton e por Proust no começo do séc. XIX. Segundo esta lei, os reagentes químicos não se combinam arbitrariamente para dar origem aos produtos, mas sim em proporções que, para cada reação química são sempre as mesmas (notemos de passagem que estas proporções podem ser estabelecidas conhecendo-se a composição dos reagentes, pela teoria da valência). Assim por exemplo o *oxigênio* se combina com o *hidrogênio* para formar a *água* sempre na proporção de 1:2, isto é, uma parte de oxigênio para duas de hidrogênio, segundo a reação: $2H_2 + O_2 \rightarrow 2 H_2O$, o que é interpretado na teoria atômica dizendo-se que uma *molécula* de oxigênio, combina-se com *duas moléculas* de hidrogênio para formar *duas moléculas* de água; pode-se deduzir também que as moléculas de hidrogênio e oxigênio são *diatômicas*, isto é formadas por dois átomos cada, ao passo que a molécula de água é *triatômica*, isto é, formada por três átomos; o como e o porquê destas diferenças não vem ao caso por enquanto. Vejamos agora um exemplo um pouco mais complexo, a síntese do *sal de cozinha* ou cloreto de sódio, à partir do ácido clorídrico e da soda cáustica (hidróxido de sódio); esta reação sempre se dá na proporção de *1:1*, ou seja, uma molécula de ácido reage sempre com uma molécula de soda, segundo a equação: $HCl + NaOH \rightarrow Na\,Cl + H_2O$; vemos neste caso que a molécula de ácido clorídrico é *diatômica*, a de soda cáustica é *triatômica* e a do sal diatômica; se ao invés do ácido clorídrico utilizarmos o *ácido sulfúrico*, veremos agora que serão necessárias duas partes de soda para reagir completamente com uma parte de ácido (2:1), formando um outro tipo de sal o *sulfato de sódio* ou *sal de Glauber* e água, segundo a reação: $H_2SO_4 + 2NaOH \rightarrow Na_2SO_4 + 2 H_2O$ e agora, tanto a molécula de ácido sulfúrico, quanto a de sulfato de sódio são *heptatômicas*, isto é, cada uma delas possui sete átomos. Algumas reações químicas, como a formação do sal de cozinha ou do sal de Glauber a partir do respectivo ácido e da soda, ocorrem espontaneamente, uma vez postos os reagentes em contacto, outras, como a formação da água à partir do hidrogênio e do oxigênio necessitam de um "gatilho" (uma faísca elétrica por exemplo) para começarem. O tempo necessário para que tais reações se completem é igualmente variável; uma primeira dependência, quase óbvia, é com a *concentração dos reagentes*, pois quanto maior for a quantidade de material disponível mais tempo demorará a reação, mas além disto, dependendo da energética da reação, algumas podem ser intrinsecamente mais rápidas que outras; assim por exemplo as *explosões* do ar e da gasolina no cilindro de um automóvel, ou da pólvora no interior de um rojão são muito rápidas, exigindo apenas frações de segundo para que a reação se complete, outras, como a transforma-ção do nitrogênio contido nos restos de proteínas das fezes de aves marítimas em *salitre*, em alguns ambientes costeiros, como as ilhas do sul do Chile, p. ex. (o célebre *guano*), podem demorar décadas ou séculos, tais diferenças são estudadas e explicadas pela Termodinâmica Química. Se um dos reagentes não está presente na quantidade adequada a reação será dita incompleta, podendo ocorrer que haja *excesso* ou *falta* de um reagente; quando as quantidades estão corretas diz-se que os reagentes estão presentes *em proporção estequiométrica*. Para se apre-ciar corretamente as quantidades de reagentes, utilizamos o conceito de *mol*, que decorre do princípio de Avogadro. Não entraremos em detalhes aqui, bastando por enquanto dizer que a cada elemento químico poderemos atribuir uma determinada *massa atômica*, que geralmente está disponível em tabelas e que, conhecendo-se a *fórmula* de um certo composto químico, poderemos calcular o valor de seu mol multiplicando a massa atômica de cada um dos elemen-tos que comparece na fórmula pela sua *atomicidade* (isto é, pelo número de átomos daquela espécie contido na molécula) somando-se a seguir os resultados. Assim, por exemplo, a *massa atômica* do hidrogênio é 1,008 g e a do oxigênio 15,999 g, o mol da água será pois 2*1,008 + 15,999= 18,015g e se reagirmos por exemplo 10,08 kg de hidrogênio com 159,99 kg de oxigênio estaremos na proporção estequiométrica, mas 5 g de hidrogênio e 8 g de oxigênio não. Deve-mos reter de tudo isso que a analogia que Proudhon propõe pode ser representada pelo seguinte argumento: sejam A,B,C, etc. os diferentes fatores de produção (insumos) que entram na composição de um determinado bem e sejam m,n,p, etc. as suas respectivas quantidades, o bem poderia ser representado por: $A_m B_n C_p$ ... A quantificação do valor do bem, dependeria, pois, de conhecermos o *"valor unitário"* de cada um dos componentes A,B,C,... e da proporção correta de combinação entre eles. Se por exemplo, assumirmos provisoriamente que conhece-

Seguem-se daí duas coisas: uma, que os economistas enganaram-se completamente quando buscaram a medida do valor no trigo, no dinheiro, na renda, etc., bem como quando, depois de ter demonstrado que tal padrão de medida não estava aqui nem lá, concluíram que não havia nem razão nem medida para o valor; a outra é que a proporção dos valores pode variar continuamente sem deixar por isto de estar sujeita a uma lei, cuja determinação é exatamente a solução pedida[23].

Este conceito de valor satisfaz, como veremos, a todas as condições, pois ele abraça ao mesmo tempo o valor útil, no que este tem de

---

mos o *tempo de produção* de cada um dos insumos que entram na composição do bem e que o *valor agregado* a cada insumo seja proporcional ao seu tempo de produção (e na verdade esta não é ainda a proposta de Proudhon, embora seja próxima dela) teríamos o valor constituído deste

bem dado por: $V = \alpha m.t(A) + \beta n.t(B) + \gamma p.t(C) + \ldots = \sum_{j=1}^{n} \alpha_j n_j t\left(A_j\right)$ onde A_j é o j-ésimo insumo,

n_j é a quantidade dele necessária para a produção do bem em questão $t(A_j)$ é o tempo de produção deste insumo e α_j é a constante de proporcionalidade que define o valor deste insumo em função de seu tempo de produção; matematicamente o valor seria uma forma bilinear que dependeria da quantidade de insumos agregada ao bem final e do tempo de produção de cada um deles e esta fórmula poderia ser facilmente generalizada até reduzir-se somente à matérias-primas e trabalho. Na verdade, fiel à dialética, Proudhon irá imaginar um sistema mais complexo e realista, algo como um sistema de "reações químicas" entre insumos e produtos em um vaso de reação que é a própria sociedade, o sistema então dependeria explicitamente do tempo, através das *velocidades* ou *taxas* pelas quais os insumos são inseridos (produção) e os produtos retirados (consumo) do referido reator, havendo pois, neste caso, a possibilidade não só da "estequiometria" não ser obedecida, mas também dos próprios coeficientes estequiométricos serem variáveis no tempo.

[23] [N.T.]: Isto fica claro, se o leitor voltar à fórmula que introduzimos na nota acima (mesmo lembrando que ele não exprime ainda a totalidade do pensamento de Proudhon). Os tempos de produção dos insumos podem variar, ou as mudanças tecnológicas podem alterar a cesta de insumos necessária à produção ou a sua proporção relativa (como, por exemplo, a crise do petróleo de 1973 propiciou não apenas o desenvolvimento de combustíveis alternativos derivados da biomassa, como impôs a busca de motores de maior rendimento, de modo que, de qualquer forma o volume consumido de petróleo e derivados variou bastante), sob tais hipóteses, inegavelmente o valor de V variará, mas o modo como este valor nos é tornado acessível (a "fórmula" ou a "lei") não. Na verdade o pensamento de Proudhon é mais complexo e dinâmico, porque não parte, como o fizemos por motivos didáticos para o estabelecimento da fórmula em questão, de uma "composição fixa" para o valor, mas sim vai pensar todos os valores reagindo no cadinho da sociedade como em um imenso athanor e daí se segue que na verdade as "concentrações" dos diversos produtos variarão no tempo e a sua solução não será mais uma simples forma bilinear, mas sim, como se depreende da teoria das reações químicas uma equação matricial que é a solução de um sistema de equações diferenciais (de primeira ordem no caso mais simples) e é neste sentido que a solução depende do problema; se isso é uma dificuldade para economistas, para físicos e engenheiros é praticamente o quotidiano da profissão!...

positivo e fixo e o valor trocável, no que possui de variável; em segundo lugar faz cessar a contrariedade que parecia um obstáculo insuperável à toda a determinação; ademais, nós mostraremos que o valor assim compreendido difere completamente daquilo que seria simplesmente uma justaposição das duas idéias do valor útil e do valor trocável, e que ela está dotada de propriedades novas[24].

A proporcionalidade dos produtos não é propriamente uma revelação que pretendamos fazer ao mundo e nem uma novidade que trazemos para a ciência, da mesma forma que a divisão do trabalho não era coisa inaudita quando Adam Smith explicou as suas maravilhas[25]. A proporcionalidade dos produtos é, como nos seria fácil provar por inúmeras citações uma idéia vulgar que se arrasta por toda a parte nas obras de economia política, mas para a qual ninguém até hoje[26] tentou restituir o posto que lhe é devido: é isso o que hoje tentaremos fazer. Tivemos que fazer esta declaração, de resto, para tranqüilizar o leitor no que tange às nossas pretensões de originalidade e para reconciliarmo-nos com os espíritos cuja timidez os torna pouco favoráveis às idéias novas.

Os economistas parecem ter sempre entendido, por medida do valor, apenas um padrão, um tipo de unidade primordial, existindo de per-si que se aplicaria a todas as mercadorias como o metro aplica-se a todas as grandezas. Assim pareceu a muitos que tal era o papel do dinheiro. Mas a teoria da moeda provou que, longe de ser a medida dos valores, o dinheiro é apenas a sua aritmética, e uma aritmética convencional. O dinheiro está para o valor assim como o termômetro está para o calor: o termômetro com sua escala arbitrariamente graduada, indica quando há perda ou acumulação de calórico, mas quais são as leis de equilíbrio do calor, qual é a sua proporção nos diversos cor-

---

[24] N.T]: Isto é, Proudhon efetuou uma extensão epistemológica do conceito e portanto o novo conceito estendido *abrange* o antigo e inclui novas propriedades que não estão contidas no antigo. Assim, ocorre quando se efetua a extensão algébrica do corpo dos reais para o corpo dos complexos, todas as propriedades algébricas e topológicas dos reais estão contidas nos complexos, mas nem todas as propriedades dos complexos são compartilhadas pelos reais; assim, por exemplo o conceito de *conjugado* faz sentido no campo complexo mas não nos reais e portanto a teoria das matrizes complexas será mais rica que a das matrizes reais e analogamente pode ser mostrado que a teoria das funções de uma variável complexa é equivalente à teoria dos pares de funções reais de duas variáveis reais.

[25] [N.E.]: Cf. A SMITH, *A Riqueza das Nações* Livro I caps. 1,2,3.

[26] [N.T.]: 1846.

pos, qual é a quantidade necessária para produzir uma ascensão de 10, 15 ou 20 graus na escala do termômetro, eis o que o termômetro; não diz, nem mesmo é seguro que os graus da escala, todos iguais entre si, correspondam a adições iguais de calórico.

A idéia que se fazia até o momento da medida do valor é, portanto, inexata; o que buscamos não é um padrão de valor, como se disse muitas vezes, e isso não tem sentido, mas sim uma lei segundo a qual os produtos se proporcionam na riqueza social; pois é do conhecimento de tal lei que dependem, no que têm de normal e legítimo, a alta e a baixa das mercadorias. Em uma palavra, da mesma forma como por medida dos corpos celestes entendemos a razão resultante da comparação destes corpos entre si, da mesma forma, por medida dos valores é preciso entender a razão que resulta de sua comparação, ora eu digo que esta razão tem sua lei e esta comparação o seu princípio.

Suponho portanto uma força que combina, em proporções certas, os elementos da riqueza e que deles faz um todo homogêneo; se os elementos constituintes não se encontram na proporção adequada, a combinação não deixa de se fazer, mas em lugar de absorver toda a matéria, ela rejeitará uma parte como inútil. O movimento interior pelo qual se produz a combinação e que determina a afinidade das diversas substâncias, este movimento na sociedade é a troca, não apenas a troca considerada em sua forma elementar de homem a homem, mas a troca enquanto a fusão de todos os valores produzidos pelas indústrias privadas em uma única e mesma riqueza social. Enfim, a proporção segundo a qual cada elemento entra no composto, esta proporção é o que denominamos valor; o excedente que resta depois desta combinação é o *não valor*, enquanto que, pelo acesso de uma certa quantidade de outros elementos, ele não se trocar.

Explicaremos mais abaixo o papel do dinheiro.

Tudo isto posto, concebe-se que em um dado momento a proporção dos valores que formam a riqueza de um país possa, através de estatísticas e de inventários ser empiricamente determinada ao menos de maneira aproximada, mais ou menos como os químicos, auxiliados pela análise, descobriram experimentalmente a proporção de hidrogênio e de oxigênio necessárias para a formação da água. Este método aplicado à determinação dos valores nada tem de questionável, é antes de mais nada, uma operação de contabilidade. Mas um tal trabalho, por mais interessante que fosse, nos traria muita pouca coisa. Por um lado, com efeito, sabemos que a proporção varia sem cessar; por outro é claro que, como um levantamento da fortuna pública fornece a proporção dos valores apenas no lugar e no momento nos quais a tabela foi construída, nós não poderemos daí induzir a lei de proporcionalidade da riqueza. Não seria apenas um trabalho deste tipo que seria necessário para nos ajudar; seria necessário, admitindo-se que o procedimento fosse digno de confiança, milhares ou milhões de trabalhos semelhantes.

Ora, é neste ponto que a ciência econômica difere radicalmente da química. Os químicos, para os quais a experiência desvelou suas belas proporções, nada sabem do como e do porquê de tais proporções nem da força que as determina[27]. A economia social, ao contrário, a quem nenhuma pesquisa *a posteriori* poderia dar a conhecer a lei de proporcionalidade dos valores, pode entretanto captá-la na própria força que a produz e que já é tempo de a darmos à conhecer.

Esta força, que A. Smith celebrou com tanta eloqüência e que seus sucessores menosprezaram, dando-lhe por igual o privilégio, esta força é o TRABALHO. O trabalho difere de produtor a produtor em quantidade e qualidade; ocorre com ele o mesmo que com os outros grandes princípios da natureza e com as leis mais gerais, simples em sua ação e sua fórmula, mas modificados ao infinito pela multidão das causas particulares e manifestando-se sob uma variedade inumerável de formas. É o trabalho, o trabalho somente que produz todos os elementos da riqueza e que os combina até a sua derradeira molécula segundo uma lei de proporcionalidade variável, mas certa. É o trabalho, enfim, que, como um princípio de vida, agita, *mens agitat*, a matéria, *molem*, da riqueza e que a proporciona.

A sociedade ou homem coletivo produz uma infinidade de objetos cujo gozo constitui seu *bem-estar*. Este bem-estar desenvolve-se não apenas em razão da quantidade dos produtos, mas também em razão de sua *variedade* (qualidade) e *proporção*. Deste dado fundamental, segue-se que a sociedade deve sempre, a cada instante de sua vida, buscar nos produtos uma proporção tal que a maior soma de bem-estar seja atingida, levando-se em conta o poder e os meios de produção. Abun-

---

[27] [N.T.]: Ou não sabiam, pois 150 anos de trabalhos científicos, com o desenvolvimento da Atomística e da Mecânica Quântica alteraram completamente o panorama, hoje sabemos que as proporções da química dependem da valência dos átomos em cada reação e estas são determinadas essencialmente pelo princípio de exclusão de Pauli, associado à solução da equação de Schrödinger para o potencial coulombiano, que gera a teoria das órbitas.

dância, variedade e proporção nos produtos são os três termos que constituem a RIQUEZA; a riqueza, objeto da economia social está submetida às mesmas condições de existência que o belo, objeto da arte; que a virtude, objeto da moral e que a verdade, objeto da metafísica.

Mas, como se estabelece esta proporção tão maravilhosa e tão necessária que sem ela uma parte do labor humano é perdida, quer dizer, inútil, anarmônica, inveraz, e conseqüentemente sinônimo de indigência e de nada?

Prometeu, segundo a fábula, é o símbolo da atividade humana. Prometeu furta o fogo do céu e inventa as primeiras artes; Prometeu prevê o futuro e quer igualar-se a Júpiter; Prometeu é Deus. Denominemos, portanto, a sociedade de Prometeu[28].

Prometeu dedica ao trabalho, em média, dez horas por dia, sete ao repouso e outras tantas ao prazer. Para tirar de seus exercícios o fruto mais útil, Prometeu contabiliza o esforço e o tempo que cada objeto de seu consumo lhe custa. Apenas a experiência pode instruí-lo nesta tarefa, e esta experiência será toda a sua vida. Assim, embora trabalhando e produzindo, Prometeu comete uma infinidade de equívocos. Mas, no final das contas, quanto mais trabalha mais seu bem-estar refina-se e mais seu luxo idealiza-se; quanto mais ele estende suas conquistas sobre a natureza, mais ele fortifica em si mesmo o princípio de vida e de inteligência cujo exercício o torna feliz. É neste ponto que, uma vez cumprida a primeira educação do Trabalhador e uma vez colocadas em ordem suas ocupações, trabalhar para ele não é mais penar, mas sim viver e gozar. Mas a atração do trabalho não destrói a sua regra, ao contrário é fruto desta e aqueles que, sob o pretexto de que o trabalho deva ser atrativo, concluem pela negação da justiça e pela comunidade, assemelham-se às crianças que, depois de terem colhido flores em um jardim, estabelecem o seu canteiro nas escadas[29].

---

[28] [R.P.]: Sob a forma do mito de Prometeu, Proudhon retoma aqui a tese da economia política clássica sobre a formação do capital e sobre a adaptação automática da produção às necessidades. Se esta hipótese fosse exata, ela implicaria na igualdade de satisfações, na infalibilidade das previsões de produção, a correspondência exata da demanda de produtos com a necessidade de produtos. V. OTT *Traité d'Économie sociale* (2ª ed. 1892 T. I e III p. 120 e ss.). Esta personificação da sociedade sob o nome de Prometeu reencontra-se na *Philosophie du Prógres*. Cf. também o *Leviathan* de Hobbes.

[29] [N.E.]: Alusão à Charles Fourier e à sua teoria do trabalho atrativo, estabelecida principalmente no *Nouveau Monde Industriel ou Invention du procedé d'Industrie attrayante et combinée distribuée en séries passionantes* (Paris 1829). Proudhon foi influenciado pelo fourierismo (ver, p. ex. a *Création de l'Ordre dans l'Humanité*), mas nas *Contradições* opõe-se resolutamente a muitos de seus pontos.

Na sociedade, a justiça, pois, nada mais é que a proporcionalidade dos valores; ela tem por garantia e sanção a responsabilidade do produtor.

Prometeu sabe o que um certo produto lhe custa uma hora de trabalho e um outro um dia, uma semana ou um ano; ele sabe ao mesmo tempo que todos estes produtos, pelo acréscimo de seus custos, formam a progressão de sua riqueza. Ele começará, pois, por assegurar sua existência, provendo-se das coisas menos custosas e conseqüentemente mais necessárias; depois, na medida em que tiver tomado estas medidas de segurança, considerará os objetos de luxo, procedendo sempre, se for prudente, segundo a gradação natural do preço que cada coisa lhe custa. Prometeu se enganará às vezes no seu cálculo, ou ainda, levado pela paixão, sacrificará um bem imediato por um gozo prematuro e, depois de ter vertido suor e sangue, passará fome. Assim esta lei carrega em si mesma a sua sanção: ela não pode ser violada sem que o infrator seja logo punido.

Say tinha razão ao dizer: "A felicidade desta classe (a dos consumidores), composta por todas as outras, constitui o bem-estar geral, o estado de prosperidade de um país". Apenas deveria ter acrescentado que a felicidade da classe dos produtores, que se compõe igualmente de todas as outras, constitui igualmente o bem-estar geral, o estado de prosperidade de um país. Da mesma forma, quando ele diz "... a fortuna de cada consumidor está em perpétua rivalidade com tudo aquilo que compra", deveria ter também acrescentado: "... a fortuna de cada produtor é constantemente atacada por tudo aquilo que vende". Sem esta reciprocidade claramente expressa, a maioria dos fenômenos econômicos torna-se ininteligível; e eu farei ver, no local apropriado como, por causa desta grave omissão, a maioria dos economistas que escreveram livros, escreveram desatinos sobre a balança de comércio.

Disse à pouco que a sociedade produz primeiro *as coisas menos custosas e conseqüentemente as mais necessárias...*Ora, será verdade que no produto, a necessidade tenha por correlativo o preço baixo e *viceversa*, de modo que estas duas palavras *necessidade e preço baixo*, da mesma forma que as seguintes *preço alto e supérfluo* sejam sinônimas?

Se cada produto do trabalho, tomado isoladamente, pudesse bastar à existência do homem, a sinonímia em questão não poderia ser posta em dúvida; todos os produtos teriam as mesmas propriedades e seriam aqueles que nos fossem mais vantajosos de produzir, e conseqüentemente os mais necessários, os que custariam menos. Mas não é com tal precisão teórica que se formula o paralelismo entre a utilidade e o preço dos produtos: seja por previdência da natureza, seja por qualquer outra causa, o equilíbrio entre a necessidade e a faculdade produtora é mais que uma teoria, é um fato que tanto a prática quotidiana quanto o progresso da sociedade testemunham.

Transportemo-nos ao dia seguinte do nascimento do homem, no dia de partida da civilização: não é verdade que as indústrias originalmente as mais simples, aquelas que exigem menor preparação e menores custos fossem as seguintes: *coleta, pastoreio, caça e pesca*, em seguida às quais, depois de muito tempo, veio a agricultura[30]? Desde então estas quatro indústrias primordiais aperfeiçoaram-se e apropriaram-se: dupla circunstância que não altera a essência dos fatos, mas que lhes dá, ao contrário, mais relevo. Com efeito, a propriedade está sempre vinculada preferencialmente aos objetos de utilidade mais imediata, aos *valores feitos*, se assim ouso dizer; de modo que poderíamos construir uma escala de valores pelos progressos da apropriação.

Em sua obra *Liberdade do Trabalho*, o Sr. DUNOYER[31] vinculou-se positivamente a tal princípio, distinguindo quatro grandes categorias industriais, que ele alinha segundo a ordem de seu desenvolvi-

---

[30] [N.T.]: Hoje sabemos, graças ao desenvolvimento da arqueologia e da pré-história, que as primeiras indústrias humanas foram realmente as de coleta: coleta de frutos, matérias minerais e vegetais, caça e pesca; temos testemunhos evidentes e abundantes disto desde 500 mil anos a. C. e evidências mais fragmentárias e tênues para tempos mais antigos, mas de qualquer forma os primeiros vestígios de hominização dos antropóides, datam de 2 milhões de anos atrás, quando o nosso comportamento não seria muito distinto do dos chimpanzés e gorilas. A agricultura começa a desenvolver-se a somente 25 mil anos atrás, sendo praticada de início conjuntamente com a coleta; o pastoreio, paradoxalmente, não se demonstrou coevo da coleta e da caça, sendo ao contrário de invenção mais recente, mais próximo à invenção da agricultura (talvez a 30 ou 50 mil anos atrás). Boas introduções ao tema podem ser encontradas nas obras de Graham CLARK *Pre History* (da qual existem traduções para o português e o espanhol) e de Gordon CHILDE *What Happened in History?* Assim, salvo pelo caso do pastoreio, a opinião de Proudhon é válida ainda hoje.

[31] [N.E.]: DUNOYER, Charles (1786-1862), funda com Charles Comte em 1814 o jornal *Le Censeur*, que foi muitas vezes perseguido, condenado e apreendido durante a Restauração. Durante a monarquia de Julho, Dunoyer foi prefeito e depois conselheiro de Estado; sob o Império, abandonou suas funções e dividiu o seu tempo entre o Institut, onde entrou em 1832, e os estudos econômicos. Antes de escrever a obra à qual Proudhon aqui alude: *De la Liberté du Travail ou Simple Exposé des Conditions dans lesquelles les Forces Humaines s'Exercent avec le plus de puissance* (3v. 1845), Dunoyer havia publicado uma obra sobre l'*Industrie et la Morale Considerées dans leurs rapports avec la Liberté* (1825) e uma outra intitulada: *Esprit et Methodes comparées del'Anglaterre et de la France dans les Entreprises de Tarvaux Publics* (1840).

mento, isto é, do menor para o maior dispêndio de trabalho. Elas são: *indústrias extrativas*, compreendendo todas as funções semi-bárbaras citadas acima; *indústria comercial, indústria manufatureira, indústria agrícola*. É com profunda razão que o sábio autor colocou em último lugar a agricultura. Pois, apesar de sua alta antigüidade, é um fato positivo que esta indústria não marchou com o mesmo passo que as outras; ora, a sucessão das coisas na humanidade não deve ser determinada segundo sua origem, mas segundo o seu desenvolvimento completo. Pode ser assim que a indústria agrícola tenha nascido antes das outras, ou que todas sejam contemporâneas, mas será julgada a última em data, aquela que se aperfeiçoar em último lugar.

Assim, a própria natureza das coisas, bem como suas próprias necessidades[32] indicavam ao trabalhador a ordem na qual ele deveria atacar a produção dos valores que compõem o seu bem-estar: nossa lei de proporcionalidade é, portanto, simultaneamente física e lógica, objetiva e subjetiva e possui o mais alto grau de certeza. Sigamos a sua aplicação.

De todos os produtos do trabalho, nenhum talvez tenha custado mais longos e pacientes esforços que o calendário. Entretanto, ele é um

---

[32] [R.P]: A este quadro histórico do desenvolvimento da produção, Marx opõe a sua teoria da evolução econômica determinada pela luta de classes. Mas a explicação de Proudhon, que se completará no parágrafo III deste capítulo, contém mais nuanças que a do seu adversário.

[N.T]: Se a teoria da luta de classes como fator de evolução econômica pode ter alguma valia no regime econômico capitalista ou em regimes à ele aparentados, ela perde totalmente o seu poder explicativo ao considerarmos o quadro mais geral da história humana, onde a evolução econômica pode obedecer a impulsos bastante distintos; a antropologia econômica, p. ex. demonstra a profunda inadequação deste esquema para explicar a economia primitiva: em sociedades onde não existem classes sociais distintas ou rigidamente separadas, não pode existir luta de classes. O que dissemos em notas anteriores sobre a economia primitiva e sobre a economia do "despotismo oriental" deve bastar para inquietar o leitor. Aliás, como já o mostrava em finais do séc. XIX o militante armênio Varlan TCHERKRASSOF, em sua obra *O Marxismo antes e depois de Marx*, nem é a teoria da luta de classes uma descoberta e um desenvolvimento exclusivo de Marx, nem mesmo a sua versão seria uma das mais completas e detalhadas, restando nela muito de esquemático e mecânico, que ele não teve tempo, não quis, ou não pôde desenvolver e que no futuro seriam o germe de monstruosidades e aberrações não-somente teóricas como práticas (no estalinismo p. ex. e na prática política dos diversos PC's). Basta que relembremos aqui a célebre "teoria dos cinco estados da sociedade (comunismo primitivo, escravismo, feudalismo, capitalismo e socialismo), propalada pela vulgata estalinista na primeira metade do séc. XX como sendo o mecanismo profundo de funcionamento de *qualquer sociedade concreta* e a sua conseqüência inusitada no Brasil, onde o PCB resolveu apoiar a "burguesia nacional", nos anos 1950, contra os "setores latifundiários feudais", por crer no caráter progressivo da revolução burguesa no Brasil; foi preciso o golpe de 1º de abril de 1964 e suas trágicas conseqüências, para que tal "teoria" começasse a ser contestada.

daqueles cujo usufruto hoje pode ser adquirido ao preço mais baixo e conseqüentemente, segundo nossas próprias definições, tornou-se um dos mais necessários. Como, portanto, explicaremos esta mudança? Como o calendário, tão pouco útil às primeiras hordas, para quem bastava a alternância dos dias e das noites, e a do inverno e do verão, tornou-se ao longo do tempo tão indispensável, tão barato, tão perfeito? porque, por um acordo maravilhoso da economia social, todos estes epítetos se traduzem mutuamente. Como, em uma palavra, dar razão à variabilidade do valor do calendário segundo nossa lei de proporção?

Para que o trabalho necessário para a produção do calendário fosse executado, fosse possível, era preciso que o homem ganhasse tempo sobre suas primeiras ocupações e sobre aquelas que foram sua conseqüência imediata. Em outros termos, era preciso que estas indústrias tornassem-se mais produtivas ou menos custosas do que eram no início: o que equivale a dizer que era primeiro preciso resolver o problema da produção do calendário sobre as próprias indústrias extrativas.

Suponho, pois, que subitamente, por uma feliz combinação de esforços, pela divisão do trabalho, pelo emprego de alguma máquina, por um direcionamento melhor compreendido dos agentes naturais, por sua indústria, em uma palavra, Prometeu tenha encontrado um meio de produzir em um dia, a quantidade de determinado objeto, que outrora produzia em dez: o que se segue disto? Que o produto mudará de lugar na tabela dos elementos da riqueza; seu poder de afinidade por outros produtos, se assim posso dizer, aumentou e seu valor relativo por isso diminuiu proporcionalmente. Ao invés de ser cotado a 100, por exemplo, agora valerá 10. Mas nem por isso tal valor deixa de ser sempre e rigorosamente determinado; e será ainda o trabalho que unicamente fixará a cifra de sua importância. Assim o valor varia e a lei dos valores é imutável: mais ainda, se o valor é suscetível de variação, é porque ele está submetido a uma lei cujo princípio é essencialmente móvel, a saber: o trabalho é medido pelo tempo.

O mesmo raciocínio aplica-se à produção do calendário, como a todos os valores possíveis. Não tenho necessidade de acrescentar como a civilização – isto é o fato social do acréscimo de riquezas – multiplicando os nossos negócios, tornando nossos instantes cada vez mais preciosos, forçando-nos a manter registro perpétuo e detalhado de toda a nossa vida, tornou o calendário para nós uma das coisas mais necessárias. Sabe-se igualmente que esta descoberta admirável suscitou, como seu complemento natural, uma de nossas indústrias mais preciosas: a relojoaria.

Aqui coloca-se, de modo completamente natural, uma objeção, a única que se possa erguer contra a teoria da proporcionalidade dos valores.

Say, e os economistas que o seguiram, observaram que o próprio trabalho estava sujeito à avaliação; uma mercadoria como as outras enfim, e haveria portanto um círculo vicioso em tomá-lo por princípio e causa eficiente do valor. Portanto, concluem, é preciso que nos refiramos à raridade e à opinião, para fundamentá-lo.

Estes economistas, que eles permitam-me dizê-lo, deram mostras com isso de uma prodigiosa desatenção. Diz-se que o trabalho *vale*, não enquanto mercadoria em-si mas em função dos valores que se supõem encerrados potencialmente nele. O *valor do trabalho* é uma expressão figurada, uma antecipação da causa sobre o efeito. É uma ficção, da mesma forma que a *produtividade do capital*. O trabalho produz, o capital vale e quando, por uma espécie de elipse, diz-se valor do trabalho, dá-se um passo que nada tem de contrário às regras da linguagem, mas cujo sentido os teóricos devem evitar de tomar como realidade. O trabalho, como a liberdade, o amor, a ambição e o gênio, é uma coisa vaga e indeterminada em sua natureza, mas que define-se qualitativamente por seu objeto, quer dizer, que torna-se uma realidade pelo seu produto. Assim, portanto, quando se diz "...o trabalho deste homem vale cinco francos por dia", é como se disséssemos: "... o produto do trabalho quotidiano deste homem vale cinco francos".

Ora, o efeito do trabalho é eliminar incessantemente a escassez e a opinião como elementos constitutivos do valor; por uma conseqüência necessária, é o de transformar as utilidades naturais ou vagas (apropriadas ou não) em utilidades mensuráveis ou sociais: daí resulta que todo o trabalho é ao mesmo tempo uma guerra declarada à parcimônia da natureza e uma conspiração permanente contra a propriedade.

Segundo esta análise, o valor considerado na sociedade que formam entre si pela divisão do trabalho e pela troca os produtores, é a *razão de proporcionalidade dos produtos que compõem a riqueza*; e o que se denomina especialmente valor de um produto é uma fórmula que indica, em caracteres monetários, a proporção deste produto na riqueza geral. A utilidade funda o valor; o trabalho fixa a sua proporção; o preço é a expressão que, salvo as aberrações que iremos estudar, traduz esta relação.

Tal é o centro em torno do qual oscilam o valor útil e o valor trocável, o ponto aonde eles vêm lançar-se e desaparecer; tal é a lei absoluta e imutável que domina as perturbações econômicas, os caprichos da indústria e do comércio e que governa o progresso. Todo o esforço da humanidade pensante e trabalhadora, toda a especulação individual e social, como parte integrante da riqueza coletiva obedecem a tal lei. O destino da economia política era, colocando sucessivamente todos estes termos contraditórios, fazer reconhecer tal lei; o objeto da economia social, para a qual eu peço por um momento permissão para distinguir da economia política se bem que no fundo elas não devessem diferir uma da outra, será o de promulgá-la e realizá-la por toda a parte.

A teoria da medida ou da proporcionalidade dos valores é, tomemos cuidado com isso, a própria teoria da igualdade. Da mesma forma como se viu com efeito que, na sociedade, a identidade do produtor e do consumidor é completa, a renda paga a um ocioso é como um valor lançado às chamas do Etna; da mesma forma, um trabalhador ao qual se paga um salário excessivo é como o ceifador a quem se desse um pão por ter colhido uma espiga e tudo aquilo que os economistas qualificaram de *consumo improdutivo* nada mais é no fundo que uma infração à lei da proporcionalidade.

Veremos na seqüência como destes dados simples o gênio social deduziu pouco a pouco o sistema ainda obscuro da organização do trabalho, da distribuição dos salários, da ponderação dos produtos e da solidariedade universal. Pois a ordem na sociedade estabelece-se sobre os cálculos de uma justiça inexorável e de modo algum sobre os sentimentos paradisíacos de fraternidade, de devotamento e de amor que tantos honráveis socialistas esforçam-se hoje em dia por excitar no povo. É em vão que eles, a exemplo de Jesus Cristo, preguem a necessidade e dêem o exemplo do sacrifício; o egoísmo é mais forte e a lei de severidade, a fatalidade econômica é a única capaz de domá-lo. O entusiasmo humanitário pode produzir abalos favoráveis ao progresso da civilização; mas estas crises do sentimento, da mesma forma que as oscilações do valor, jamais terão por resultado estabelecer mais forte e absolutamente a justiça. A natureza, ou a Divindade, desconfia fortemente de nossos corações; ela não acreditou no amor do homem pelo

153

seu semelhante e tudo aquilo que a ciência nos desvenda da visão da Providência sobre a marcha das sociedades – e eu digo isto para a vergonha da consciência humana, mas é preciso que nossa hipocrisia o saiba – atesta da parte de Deus uma profunda misantropia. Deus nos ajuda não por bondade, mas porque a ordem é a sua essência; Deus procura o bem do mundo, não porque o julgue digno disto, mas porque a religião de sua suprema inteligência o obriga a isto e, enquanto o vulgo lhe atribui o doce nome de Pai, é impossível para o historiador e para o economista-filósofo acreditar que ele nos ame ou nos estime.

Imitemos esta sublime indiferença, esta ataraxia estóica de Deus; e como o preceito da caridade sempre fracassou na produção do bem social, busquemos na razão pura as condições da concórdia e da virtude.

O valor concebido como proporcionalidade dos produtos, ou dito de outra forma, o VALOR CONSTITUÍDO[33] supõe necessariamente, e em um mesmo grau, *utilidade* e *venalidade*, indivisível e harmoniosamente unidas. Ela supõe utilidade porque sem esta condição o produto estaria desprovido desta afinidade que o torna trocável e que conseqüentemente o transforma em um elemento da riqueza; ele supõe venalidade porque, se o produto não fosse a qualquer momento e por um determinável preço aceitável para troca, seria um não-valor, seria nada.

Mas no valor constituído, todas estas propriedades adquirem um significado mais amplo, mais regular e mais verdadeiro que antes. Assim, a utilidade não é mais esta capacidade, por assim dizer, inerte das coisas de servir aos nossos gozos e explorações; a venalidade tampouco, não é mais este exagero de uma fantasia cega ou de uma opinião sem princípio; a variabilidade enfim, deixa de traduzir-se por um debate cheio de má-fé entre a oferta e a procura: tudo isso desapareceu para dar lugar a uma idéia positiva, normal e, em todas as modificações possíveis, determinável. Pela constituição dos valores, cada

---

[33] [R.P]: Esta teoria do valor constituído, cuja importância é fundamental na doutrina de Proudhon, encontra-se, ocupando um lugar de igual importância, na doutrina do socialista alemão RODBERTUS. Não se poderia afirmar entretanto que ele a tenha emprestado de Proudhon, pois é ele mesmo quem afirma (*Carta social* no T. II de suas Obras), ter tido a idéia antes. Charles RIST (*História das Doutrinas Econômicas*) a encontra em uma passagem da obra fundamental de Rodbertus, na qual estão expressas todas as suas principais teorias que datam de 1837. Karl Marx consagra grande parte da *Misére de la Philosophie* a refutar a teoria do valor constituído, mas sua refutação em muitos pontos não tem clareza.

produto, se me for permitido estabelecer esta analogia, é como o alimento que, descoberto pelo instinto e depois preparado pelo órgão digestivo, entra na circulação geral onde se converte, segundo as proporções corretas, em carnes, ossos, líquidos, etc.. dando ao corpo a vida, a força e a beleza.

Ora, o que se passa com a idéia de valor quando, das noções antagônicas de valor útil e valor trocável, nós nos elevamos à noção de valor constituído ou valor absoluto? Ocorre, se ouso dizer, um encaixe, uma penetração recíproca na qual os dois conceitos elementares, capturando-se mutuamente como os átomos com ganchos de Epicuro, absorvem-se um no outro e desaparecem, deixando em seu lugar um composto dotado, em grau superior, de todas as suas propriedades positivas e desembaraçado de todas as suas propriedades negativas. Um valor verdadeiro, como a moeda, uma participação comercial em uma empresa sólida, os títulos de renda do Estado e as ações de primeira linha, que não poderão nem exagerar seu valor sem razão, nem perder termos de troca; um tal valor não está mais submetido à lei natural de aumento das especialidades industriais e de acréscimo de produtos. Mais ainda, um tal valor não é o resultado de uma transação, isto é, do ecletismo, de um ponto intermediário ou de uma mescla; ele é o produto de uma fusão completa, produto inteiramente novo e distinto dos seus componentes, assim como a água, produto da combinação do hidrogênio e do oxigênio, é um corpo à parte, totalmente distinto de seus elementos.

A resolução de duas idéias antitéticas em uma terceira de ordem superior é o que a escola denomina *síntese*. Somente ela dá a idéia positiva e completa que se obtém, como se viu, pela afirmação ou negação sucessivas – pois isso no fundo é a mesma coisa – de dois conceitos em oposição diametral. Donde se deduz este corolário de uma importância capital tanto na aplicação quanto na teoria: todas as vezes que na esfera da moral, da história ou da economia política, a análise constatar a antinomia de uma idéia, pode-se afirmar *a priori* que esta antinomia oculta uma idéia mais elevada que, cedo ou tarde fará a sua aparição.

Lamento insistir sobre estas noções familiares a todos os nossos jovens do colegial[34], mas devo estes detalhes a certos economistas que,

---

[34] [N.T]: *Baccalauréat* no original francês, que corresponde aos nossos estudos secundários. Mais uma vez, vemos Proudhon insistir no caráter *elementar* da filosofia.

a respeito de minha crítica da propriedade, acumularam dilemas sobre dilemas para me provar que se eu não fosse partidário da propriedade, seria necessariamente comunista, e isto tudo por não saberem o que é *tese, antítese* e *síntese.*

A idéia sintética de valor, como condição fundamental da ordem e do progresso para a sociedade, foi vagamente percebida por A. Smith quando, para me servir da expressão do Sr. Blanqui[35], "...ele mostrou no trabalho a medida universal e invariável dos valores e fez ver que toda a coisa tinha seu preço natural, para o qual gravitava sem cessar em meio às flutuações dos preços correntes, ocasionadas por *circunstâncias acidentais* estranhas ao valor venal das coisas".

Mas esta idéia de valor era totalmente intuitiva em Adam Smith; ora, a sociedade não modifica seus hábitos apenas por intuições, ela decide-se apenas sob a autoridade dos fatos. Era preciso que a antinomia se exprimisse de uma maneira mais sensível e mais nítida e J. B. Say foi o seu principal intérprete. Mas apesar dos esforços de imaginação e da espantosa sutileza deste economista, a definição de Smith o domina, contra sua vontade e destrói sempre os seus raciocínios.

"Avaliar uma coisa – diz Say[36] – é *declarar* que ela deva ser *estimada* tanto quanto outra que se designa.... O valor de cada coisa é vago e arbitrário *enquanto não for* RECONHECIDO...." . Há portanto uma maneira de se reconhecer o valor das coisas, quer dizer, de fixá-lo, e como tal reconhecimento ou fixação se faz pela comparação das coisas entre si, há também um caráter comum, um princípio, através do qual *declara-se* que uma coisa valha mais, menos ou tanto quanto outra.

Say tinha dito antes: "A medida do valor é o valor de outro produto". Mais tarde, tendo percebido que tal frase era uma tautologia, ele a modificou da seguinte maneira: "A medida do valor é a *quantida-*

---

[35] [R.P.]: BLANQUI, Adolphe (1798- 1854), nascido em Nice, filho do convencional e irmão do célebre agitador revolucionário, instalou-se cedo em Paris e sucedeu em 1833 a J. B. Say na École des Arts et Métiers e dirigiu desde 1830 uma escola de comércio. Deputado pela Gironda, redator-chefe do *Journal des Économistes*, ele desenvolveu uma atividade considerável, viajou por toda a Europa e escreveu muitos volumes e brochuras. Sua *Histoire de l'Economie Politique* (2v. - 1837) , à qual Proudhon aqui se refere foi reeditada em 1879, traduzida em muitas línguas e ainda permanece uma obra útil. Blanqui interessou-se por Proudhon, desde as primeiras publicações deste último e escreveu-lhe em resposta ao seu envio da segunda *Memóire sur la Proprieté*, em 1º de maio de 1841: " não é possível ter-se mais estima por um homem do que a que tenho por si".

[36] [N.E.]: Cf. J.B. SAY *Cours d'Economie Politique*, Introduction Générale, cap. IV.

de de um outro produto" o que é também pouco inteligível. Então este escritor, ordinariamente tão lúcido e tão firme, embaraça-se por distinções vãs: "pode-se *apreciar* o valor das coisas, mas não se pode *medi-lo*, quer dizer, compará-lo com um título invariável e conhecido, porque tal título não existe. Tudo o que se pode fazer reduz-se a *avaliar* as coisas comparando-as". Outras vezes ele distingue valores *reais* de valores *relativos*: " Os primeiros são aqueles onde o valor das coisas muda com os custos de produção; os segundos são aqueles onde o valor das coisas muda com relação ao valor de outras mercadorias".

Singular preocupação de um homem de gênio que não percebe que *comparar, avaliar, apreciar* é MEDIR, que toda a medida não sendo mais que uma comparação, indica por isso mesmo uma relação verdadeira se a comparação é bem feita; conseqüentemente o valor ou medida real e o valor ou medida relativa, são coisas perfeitamente idênticas e que a dificuldade encontra-se não em se achar um padrão de medida, porque todas as quantidades desempenham este papel reciprocamente, mas sim em determinar o ponto de comparação. Em geometria o ponto de comparação é a extensão e a unidade de medida é tanto a divisão do círculo em 360 partes iguais, quanto a circunferência do globo terrestre, ou a dimensão média do braço, da mão, do polegar ou do pé do homem[37]. Na ciência econômica, dissemos que

---

[37] [N.T.]: O que Proudhon tenta relembrar nesta passagem, algo confusamente, é a distinção fundamental que a Metrologia faz dos *elementos* que compõem uma medida: em primeiro lugar temos o *mesurando*, que é o objeto ou sistema sobre o qual se executa uma operação de *medição*; a operação de *medição* consiste na *determinação experimental* do valor de uma determinada *grandeza* sobre o mesurando, esta determinação experimental se dá através da comparação do mesurando com um determinado *padrão* da grandeza à determinar e tal comparação pode ser efetuada através de muitos procedimentos possíveis. A cada *grandeza* podem ser associadas uma ou mais *unidades*, de modo que a comparação que acima mencionamos pode ser quantificada. A *medida* desta forma é o resultado da operação de medição sobre o mesurando considerado e compõe-se a saber de três elementos: o *valor*, que geralmente é dado por um número real, a *unidade* na qual a medida é efetuada e que geralmente é definida por um procedimento físico especial e o *erro experimental* associado a tal medida, que é um outro número real, ou uma porcentagem que caracteriza a precisão da medição, e que é determinado estatisticamente de maneira geral, e que depende do método e dos instrumentos utilizados para se realizar a medição, de modo que em geral uma medida escreve-se como: $m=(A \pm e)u$, onde m é a medida, A o seu valor e o erro experimental e u a unidade. É assim que dizemos por exemplo que um par de sapatos pesa 2150 g (gramas), ou que a esperança média de vida ao nascer do homem brasileiro é hoje de 68,7 anos. É pois fundamental *saber o que se quer medir*, aquilo que Proudhon chama de *ponto de comparação* e que modernamente denominamos *grandeza*; ao discutir geometria, Proudhon comete um pequeno deslize ao confundir sob o conceito de extensão duas grandezas distintas que são o *ângulo* e o *comprimento*; é claro que ambas estão relacionadas

segundo A. Smith, o ponto de vista sob o qual os valores se comparam é o trabalho; quanto à unidade de medida, a adotada hoje na França é o FRANCO. É incrível que tantos homens de bom senso agitem-se há mais de quarenta anos contra uma idéia tão simples. Mas não: *a comparação de valores efetua-se sem que haja entre eles nenhum ponto de comparação e sem unidade de medida.* Eis o que os economistas do séc. XIX resolveram sustentar contra tudo e contra todos, ao invés de abraçar a teoria revolucionária da igualdade. O que dirá disso a posteridade[38]?

Irei precisamente mostrar, por exemplos muito caros, que a idéia de medida ou de proporção entre os valores, necessária na teoria, realizou-se e realiza-se quotidianamente na prática.

§ III - Aplicação da lei de proporcionalidade dos valores

Todo produto é um sinal representativo do trabalho.

Todo produto pode conseqüentemente ser trocado por outro e a prática universal está aí como testemunho.

Mas se suprimirmos o trabalho, não nos restarão senão utilidades maiores ou menores que, não sendo marcadas por nenhum caráter econômico, de nenhum sinal humano, são incomensuráveis entre si, isto é, logicamente não permutáveis.

A prata, como toda outra mercadoria, é um sinal representativo do trabalho; nesta qualidade ela pode servir como avaliador co-

---

através da trigonometria, mas são *distintas*. Quanto à unidades é interessante comentar que no tempo de Proudhon o Sistema Métrico Decimal tinha sido introduzido na França há pouco mais de meio século (1792) e que ele substituía as antigas unidades antropomórficas e incoerentes, contadas em bases numéricas distintas, por um conjunto e unidades homogêneas, contadas sempre em base decimal, coerentes e relacionadas entre si pelas leis da matemática ou da física: assim o *metro* foi considerado como a quadragésima milionésima parte de um meridiano da Terra e as medidas que culminaram com tal definição foram conduzidas por Delambre à partir de 1780 (hoje a definição do metro é outra e está baseada na constância da velocidade da luz); as antigas medidas antropomórficas foram caindo progressivamente em desuso na medida em que o sistema métrico se difundia, mas ainda hoje são utilizadas; o braço humano gerou a *toesa*, o *côvado*, a *jarda* e a *braça*; a mão o *palmo* e a *polegada*. O leitor interessado nestes assuntos encontrará informação atualizada em: PRIEUR, G e NADI, M (org.) *La Mesure et la Instrumentation* (Paris- Masson 1995).

[38] [R.P.]: A posteridade se surpreenderá menos do que pensa Proudhon, diz Marx, pois ela lhe encontrará precursores, como RICARDO principalmente, cuja análise da noção de valor não deixa de ter analogias com a de Proudhon.

mum e como intermediário das transações. Mas a função particular que o uso atribuiu aos metais preciosos, o de servir de agente para o comércio, é puramente convencional e toda outra mercadoria poderia, com maior ou menor comodidade talvez, representar este papel; os economistas reconhecem este fato e citam mais de um exemplo dele. Mas qual será pois a razão da preferência geralmente atribuída aos metais para servir de moeda e como se explica esta especialidade de função do metal, sem análogo na economia política? Pois toda a coisa única e incomparável em sua espécie é por isso mesmo a de mais difícil compreensão e muitas vezes ela não é absolutamente compreendida. Ora, seria possível restabelecer a série da qual a moeda parece ter se destacado e conseqüentemente reconduzi-la ao seu verdadeiro princípio?

Sobre tal questão os economistas, segundo o seu hábito, lançaram-se fora do domínio de sua ciência; fizeram física, mecânica, história, etc.; falaram de tudo, mas não responderam. Os metais preciosos, disseram, por sua raridade, sua densidade, sua incorruptibilidade, ofereciam para a moeda comodidades que não era fácil encontrar em mesmo grau em outras mercadorias. Em breve, os economistas ao invés de responder a questão de economia que lhes era colocada, puseram-se a tratar de questões de técnica. Eles mostraram muito bem a conveniência mecânica do ouro e da prata para servir de moeda, mas o que nenhum deles viu ou compreendeu foi a razão econômica que determinou, em favor dos metais preciosos o privilégio que eles gozam.

Ora, o que ninguém observou é que de todas as mercadorias, o ouro e a prata foram as primeiras cujo valor chegou à constituição. No período patriarcal o ouro e a prata se negociam e se trocam em lingotes, mas já com uma clara tendência à dominação e a uma preferência marcada. Pouco a pouco os soberanos se apossam deles e impõem-lhes o seu selo e desta consagração soberana nasce a moeda, quer dizer a mercadoria por excelência, aquela que, apesar de todos os abalos do comércio conserva o seu valor proporcional determinado e que se faz aceitar como meio de pagamento.

O que distingue a moeda, com efeito, não é a dureza do metal, que é menor que a do aço, nem a sua utilidade, que é muito inferior à do trigo, do ferro, do carvão mineral e de toda uma multidão de substâncias, que são reputadas vis, quando comparadas ao ouro. Não é nem a raridade e nem a densidade: uma e outra poderiam ser supridas, quer pelo trabalho efetuado sobre outras matérias, quer como hoje em dia, pelas notas bancárias que representam vastas quantidades de ferro ou de cobre. O traço distintivo do ouro e da prata vem, eu o repito, do fato de que, graças às suas propriedades metálicas, à dificuldade de sua produção e sobretudo à intervenção da autoridade pública, eles logo conquistaram enquanto mercadorias a fixidez e a autenticidade[39].

Eu digo, portanto, que o valor do ouro e da prata, principalmente da parcela que entra na fabricação das moedas, se bem que este valor talvez ainda não tenha sido calculado de maneira rigorosa, nada tem de arbitrário; acrescento que ele não é suscetível de depreciação, como os outros valores, se bem que possa variar continuamente. Todo o volume de raciocínio e de erudição que foi gasto para provar, com o exemplo da prata, que o valor é coisa essencialmente indeterminável, são outros tantos paralogismos, que provêem de uma falsa idéia da questão, *ab ignorantia elenchi*.

Felipe I, rei da França misturou à libra de Carlos Magno um terço de liga imaginando que, como possuía o monopólio de fabricação de moedas, poderia fazer o que faz qualquer comerciante que possua o monopólio de um produto. Qual foi o efeito desta alteração das moedas tão reprovada à Felipe e aos seus sucessores? Um raciocínio muito justo do ponto de vista da rotina comercial, mas muito falso em ciência econômica, à saber que como a oferta e a demanda são a regra dos valores, pode-se, seja produzindo-se uma escassez factícia, seja concentrando toda a produção, fazer subir as cotações e portanto o valor das coisas e que isto é verdadeiro para o ouro e a prata, assim como para o trigo, o vinho, o azeite e o tabaco. Tão logo a fraude de Felipe foi percebida, a moeda foi reduzida ao seu justo valor e ele mesmo perdeu aquilo que julgou que ganharia de seus súditos. A mesma coisa ocorreu como conseqüência de outras tentativas análogas. De onde provém tal erro de avaliação?

É que, dizem os economistas, aviltando-se o título das moedas, a quantidade de ouro e prata de fato não aumentou nem diminuiu, e a proporção destes metais com as outras mercadorias não se modificou e que conseqüentemente não estava no poder do soberano fazer com que aquilo que valia 2 no Estado, valesse subitamente 4. Deve-se

---

[39] [R.P]: Esta fixidez e esta autenticidade aplicam-se apenas ao título da moeda e não ao seu valor, observa Marx, mas tal observação parece injusta porque Proudhon admite, alguns parágrafos mais abaixo, a teoria que faz depender o valor da moeda de sua abundância ou raridade.

mesmo considerar que, se ao invés de alterar as moedas, o rei tivesse o poder de duplicar a sua massa, o valor trocável do ouro e da prata teria logo baixado pela metade, sempre por motivo desta proporcionalidade e do equilíbrio. A alteração das moedas seria, portanto, da parte do rei, um empréstimo forçado ou, dizendo melhor uma bancarrota, um estelionato.

Maravilhoso: os economistas explicam muito bem, quando querem, a teoria da medida dos valores; basta para isso que os coloquemos no capítulo da moeda[40]. Como entretanto eles não vêem que a moeda é a lei escrita do comércio, o tipo da troca, o primeiro termo desta longa cadeia de criações que todas, sob o nome de mercadorias, devem receber a sanção social e tornar-se, senão de fato, ao menos de direito, aceitáveis como moeda em todo o tipo de mercado?

"A moeda – diz muito bem o Sr. Augier[41] – pode servir ou de escala de constatação para os negócios perfeitos ou de um bom instrumento de troca, apenas quando seu valor se aproxima ao máximo do ideal de permanência, pois ela sempre compra apenas o valor que possui." (*Histoire du Crédit Public*).

Traduzamos esta observação eminentemente judiciosa em uma fórmula geral.

O trabalho torna-se uma garantia de bem-estar e de igualdade, apenas quando o produto de cada indivíduo está em proporção com a massa; pois ele nunca trocará ou comprará mais que um valor igual ao que nele está incorporado.

Não é estranho que se tome tão bravamente a defesa de um comércio agiota e infiel, ao mesmo tempo em que se grite contra a tentativa de um monarca moedeiro-falso que antes de mais nada, apenas estava aplicando ao dinheiro o princípio fundamental da economia política[42]: a instabilidade arbitrária dos valores? Se a *régie*[43] porventura

---

[40] [N.T.]: Mais uma vez podemos observar a acuidade e a atualidade de Proudhon. A mesma crítica, hoje, não poderia ser levantada aos monetaristas?

[41] [N.E.]: AUGIER, Marie *Du Crédit Public et de son Histoire depuis les Temps plus Anciens jusqu"a nos Jourd* (PARIS, Guillaumin 1842).

[42] [N.T]: Da mesma forma, a maioria dos técnicos, economistas, jornalistas econômicos e políticos hoje não acha estranho que o FMI e o Banco Mundial sejam tão rígidos no controle da emissão monetária, gastos e contas públicos dos países subdesenvolvidos e tolerem com tanta complacência o imenso déficit público dos EUA e a verdadeira orgia financeira praticada

pensar em vender 750 gramas de tabaco como se fosse um quilograma, os economistas gritarão ser um roubo, mas se a mesma *régie* aumentar o seu preço em 2 francos por quilograma, eles dirão que é caro, mas não verão nisto nada de contrário aos seus princípios. Que grande imbróglio é a economia política!

Existe, pois, na monetarização do ouro e da prata algo mais do que é dito pelos economistas: há a consagração da lei de proporcionalidade, o primeiro ato de constituição dos valores. A humanidade sempre opera, em todos os domínios, por gradações infinitas; depois de ter compreendido que todos os produtos do trabalho devem estar submetidos a uma medida de proporção que os torne igualmente permutáveis, ela começa por dar tal caráter de permutabilidade absoluta a um produto especial, que se tornará para ela o tipo e o padrão de todos os outros. É assim que, para elevar seus membros à liberdade e à igualdade, ela começa por criar os reis. O povo tem o sentimento confuso desta marcha providencial quando, em seus sonhos de fortuna e em suas lendas, ele fala sempre de ouro e realeza; e os filósofos nada mais fizeram que render homenagem à razão universal quando, em suas homilias ditas morais e em suas utopias societárias eles clamam com igual troar contra o ouro e a tirania. *Auri sacra fames!* Ouro maldito! Gritaria com prazer um comunista. Mas com igual razão deveria gritar: maldito trigo, malditas vinhas, malditos carneiros, pois tudo, da mesma forma que o ouro e a prata, todos os valores comerciais, devem atingir uma exata e rigorosa determinação. Tal obra começou há muito tempo e hoje avança a olhos vistos.

---

pelo conluio internacional das bolsas, cujo movimento anual não tem correlação alguma com o movimento da economia real – a soma de bens e serviços realmente produzida pelo trabalho humano concreto (dados do jornal *Le Monde Diplomatique* e do grupo ATTAC mostram que, nos anos de 1998 a 2000, o movimento médio das principais bolsas do mundo cresceu cerca de 40% mais que o produto bruto do mundo, ou seja concretamente cerca de uma em cada três ações então em curso eram apenas papel pintado! A crise das NASDAC no 2º semestre de 2001, aliás, veio a demonstrar cabalmente a fragilidade desta "nova economia".

[43] [N.T.]: As *régies* (literalmente regências) são, no Direito Público Francês, entidades autárquicas que operam alguns monopólios estatais: hoje os transportes públicos ou serviços sanitários p. ex, mas que no séc. XIX atingiam na França, na Rússia, na Espanha e em outros países europeus e americanos o comércio do tabaco e de bebidas alcoólicas de alto grau (os chamados "espíritos" ou aguardentes: conhaque, vodka, kirch, etc.) e outros bens do tipo. Estes monopólios poderiam ser exercidos diretamente, ou "vendidos" a grupos empresariais que os exploravam em troca de uma renda paga ao governo. A idéia fundamental por trás destas práticas é que sendo o álcool e o tabaco luxos supérfluos, poderiam ser pesadamente taxados e vendidos por um preço bem maior que o seu valor, para desta forma subsidiar outros investimentos públicos mais necessários e mais difíceis de financiar.

Passemos agora à outras considerações.

Um axioma geralmente admitido pelos economistas é o de que *todo trabalho deve deixar um excedente.*

Esta proposição é para mim de uma verdade universal e absoluta: ela é um corolário da lei de proporcionalidade, que pode ser considerada como o sumário de toda a ciência econômica. Mas, e eu peço desculpas aos economistas por isso, o princípio de que *todo o trabalho deva deixar um excedente*, não tem sentido em sua teoria e não é suscetível de demonstração alguma. Como – se a oferta e a procura são a única regra dos valores – poderíamos reconhecer o que *excede* e o que *basta*? Nem o preço de compra, nem o preço de venda, nem o salário podem ser matematicamente determinados; como então seria possível conceber um excedente, um lucro[44]? A rotina comercial nos deu, juntamente com a palavra, a idéia de lucro; e como somos politicamente iguais, conclui-se que todo o cidadão tem igual direito a realizar, em sua indústria pessoal, seus lucros. Mas as operações do comércio são essencialmente irregulares e já se demonstrou, sem réplica possível, que os ganhos extraídos do comércio nada mais são que uma requisição arbitrária e forçada do produtor sobre o consumidor ou, em uma palavra, um deslocamento, para se dizer o mínimo. Isso logo se perceberia, se fosse possível comparar os números totais dos déficits anuais com o montante dos ganhos. No sentido da economia política, o princípio de que *todo trabalho deve deixar um excedente*, nada mais é que a consagração do direito constitucional que todos adquirimos com a revolução[45], de roubar o próximo.

---

[44] [N.T.]: *Profit* no original francês, que também pode ser traduzido como *proveito*. O leitor deve ter esta polissemia em mente para compreender a próxima frase de Proudhon.

[45] [N.T.]: O autor refere-se aqui à Revolução Francesa que, além da introdução da Declaração Universal dos Direitos do Homem e do Cidadão, realizou uma verdadeira subversão na ordem jurídica estabelecida no Absolutismo, abolindo, p. ex. a organização artesanal do trabalho, desregulamentando relações econômicas, modificando as regras de alienação de bens de raiz e principalmente introduzindo um novo corpo de relações jurídicas entre os cidadãos: O Código Civil napoleônico que, entre outras coisas, permitia por exemplo a venda das terras comunais dos municípios, mas proibia a organização dos trabalhadores em entidades de resistência ou de apoio mútuo (fato que tipificava, segundo o código, o delito de *coalizão*, que era um delito contra a ordem econômica!...), ao passo que permitia a associação dos capitais em sociedades comerciais (que são as precursoras de nossas limitadas e anônimas), abolia limites quantitativos dos juros e dos lucros, introduzia o voto censitário, etc. Os manuais de história geralmente dão conta apenas dos aspectos "progressistas" destas reformas jurídicas, ressaltando as "conquistas de novas liberdades", mas deixam geralmente à sombra todos os aspectos nova, eficaz e pesadamente repressivos para as camadas "de baixo" destas novas leis.

A lei de proporcionalidade dos valores pode ser a única a dar a razão deste problema. Retomarei a questão de um pouco mais acima: ela é suficientemente grave para que eu a trate com a extensão merecida.

A maioria dos filósofos e dos filólogos vêem na sociedade apenas um ente de razão ou, melhor dizendo, um nome abstrato servindo para designar uma coleção de homens. É um preconceito que recebemos desde a infância, com as primeiras noções de gramática, segundo as quais os substantivos coletivos e os que indicam gênero ou espécie, não designam realidade alguma. Haveria muito a dizer sobre este ponto, mas eu limitar-me-ei ao meu assunto. Para o verdadeiro economista, a sociedade é um ser vivo, dotado de inteligência e de atividade próprias, regida por leis especiais que apenas a observação descobre e cuja existência manifesta-se não sob forma física, mas pelo concerto e íntima solidariedade de todos os seus membros. Assim, quando há pouco, sob o emblema de um deus da fábula, fazíamos a alegoria da sociedade, nossa linguagem, no fundo, nada tinha de metafórico; era o ser social, unidade orgânica e sintética, a quem acabávamos de denominar. Aos olhos de alguém que tenha refletido sobre as leis do trabalho e da troca (eu deixo de lado toda outra consideração), a realidade, quase diria a personalidade, do homem coletivo, é tão clara e certa quanto à realidade e personalidade do homem individual[46]. Toda a diferença consiste no fato de que o último apresenta-se aos sentidos sob o aspecto de um organismo cujas partes estão em coerência material, circunstância que não existe na sociedade. Mas a inteligência, a espontaneidade, o desenvolvimento, a vida, tudo aquilo que constitui do mais alto grau à realidade do ser, é também essencial à sociedade tanto quanto ao homem; e disto decorre que o governo das sociedades é *ciência*, quer dizer estudo de relações naturais, e não *arte*, quer dizer, bel-prazer e arbítrio. Daí decorre por fim que toda a sociedade declina, a partir do momento em que passa para as mãos dos ideólogos.

O princípio de que *todo o trabalho deve deixar excedente*, indemonstrável na economia política, quer dizer na rotina proprietá-

---

[46] [R.P.]: Proudhon retoma muitas vezes esta questão da realidade do ser social, sem entretanto levar esta assimilação tão longe quanto um SCHAEFFLE (ver sobre este ponto BOUGLÉ, C., *Sociologie de Proudhon* - 1912; GIDE,C & RIST, C. *Histoire des Doctrines Économiques* 1ª ed. p. 718; BOULEN, *Les Idées Solidaristes de Proudhon* - 1912).

ria, é um daqueles que testemunham melhor a realidade da pessoa coletiva; pois, como veremos, este princípio é verdadeiro para os indivíduos apenas porque emana da sociedade, que lhe confere desta forma o benefício de suas próprias leis.

Mas vamos aos fatos. Foi observado que as empresas ferroviárias são uma fonte menor de riqueza para os seus empresários do que para o Estado. A observação é justa; e deveríamos acrescentar que ela aplica-se não apenas às ferrovias mas à toda a indústria. Este fenômeno entretanto que deriva essencialmente da lei de proporcionalidade dos valores e da identidade absoluta da produção e do consumo é inexplicável com a noção comum de valor útil e de valor trocável.

O preço médio do transporte de mercadoria por meios tradicionais é de 18 cêntimos por tonelada e por quilômetro, preço com a mercadoria tomada e posta[47]. Calculou-se que, com este preço, uma empresa ferroviária comum mal chegaria a obter 10% de lucro líquido, resultado quase igual ao de uma empresa de transporte tradicional. Admitamos que a velocidade do transporte ferroviário, com todas as compensações feitas, esteja para a velocidade do transporte por terra, na razão de 4:1; como na sociedade o tempo é o próprio valor, sob igualdade de preços, a estrada de ferro apresentará sobre o transporte tradicional uma vantagem de 400%. Entretanto esta vantagem enorme, muito real para a sociedade, está bem longe de realizar-se na mesma proporção para o transportador, que enquanto faz com que a sociedade usufrua de uma mais valia de 400%, retira para si 10%. Suponhamos com efeito que a ferrovia eleve a sua tarifa a 25 cêntimos enquanto a do transporte artesanal permanece à 18; ela perderia instantaneamente todas as suas encomendas: expedidores, destinatários, todos retornariam às diligências ou ao carroção se fosse preciso. A locomotiva seria abandonada; uma vantagem social de 400% seria sacrificada para uma perda privada de 33%[48].

---

[47] [R.P.] Ver a discussão aritmética de Marx, na *Miséria da Filosofia*, destas proposições, abstração feita da sua falta de lógica inicial e consiste em comparar as porcentagens de velocidade com as porcentagens de lucro, que são grandezas incomensuráveis.

[48] [N.T.]: Existem alguns defeitos óbvios nesta discussão de Proudhon que no entanto não atingem o cerne de sua demonstração. Em primeiro lugar os *fatores de escala* são importantes, porque, embora o custo unitário do bem (do transporte) seja o mesmo nos dois casos, uma vez instalada a ferrovia esta poderá transportar muito mais carga que os transportes tradicionais, atraindo os clientes deste último pelas suas vantagens comparativas (rapidez, confiabilidade, etc.); em segundo lugar existe a questão dos *capitais fixos* sendo as ferrovias, ou qualquer outro

A razão disto é fácil de perceber: a vantagem que resulta da rapidez da ferrovia é antes de mais nada social, e cada indivíduo nela participa apenas em uma proporção mínima (não nos esqueçamos de que se trata neste momento apenas do transporte de mercadorias), enquanto que a perda onera direta e pessoalmente o consumidor. Um benefício social igual a 400 representa para o indivíduo, se a sociedade for composta apenas por um milhão de homens, 4 décimos milésimos ao passo que uma perda de 33% para o consumidor suporia um déficit social de 33 milhões. O interesse privado e o interesse coletivo tão divergentes à primeira vista, são portanto perfeitamente idênticos e adequados; e este exemplo já pode servir para fazer compreender como, na ciência econômica, todos os interesses conciliam-se.

Assim portanto, para que a sociedade realize o ganho acima suposto, é absolutamente necessário que a tarifa da ferrovia não ultrapasse, ou ultrapasse muito pouco o preço do transporte artesanal[49].

Mas, para que tal condição seja preenchida ou, em outros termos, para que a ferrovia seja comercialmente possível, é preciso que a matéria transportável seja suficientemente abundante para cobrir ao menos os juros do capital investido e as despesas de manutenção da via. Assim, a primeira condição de existência de uma ferrovia é uma grande circulação, e isso supõem uma produção maior ainda e uma grande massa de trocas.

---

grande empreendimento industrial, grandes consumidores de capital na sua etapa de instalação, faz-se necessária geralmente para a sua implementação, a associação de grandes grupos financeiros e do Estado; este alto investimento inicial, para ser amortizado exige na prática operações de *dumping*, preços administrados, etc. de modo a rapidamente concentrar monopolisticamente a clientela, de modo que a médio prazo a grande indústria sufoca a pequena e praticamente acapara a maior fatia do mercado. Em terceiro lugar cumpre notar que o mesmo lucro percentual corresponde a lucros físicos bastante distintos conforme o porte da empresa (10% de lucro para um taxista é muito menos dinheiro do que 10% de lucro para uma empresa de ônibus); além disso, como se sabe há mais de meio século, para empresas altamente capitalizadas o *faturamento* é um critério tão importante quanto o *lucro líquido*, na avaliação da acumulação do capital, pelas vantagens estratégicas e financeiras que os jogos e disponibilidade de caixa permitem.

[49] [N.T.]: Isto explica, de uma maneira quase trivial, a famosa questão dos subsídios; porque de uma maneira geral os empreendimentos intensivos em capital têm os preços finais de suas mercadorias subsidiados ou "administrados" como uma série de incentivos indiretos. Isto explica também a atitude ambígua da burguesia e do Estado para com a questão dos subsídios; bem como a "choradeira" dos setores não subsidiados. Como no caso das indenizações, discutido no capítulo I podemos dizer que no capitalismo é tão impossível indenizar a todos que necessitam quanto subsidiar a todos que querem.

Mas produção, circulação e trocas não são coisas que se improvisam; além disso as distintas formas de trabalho não se desenvolvem isolada e independentemente uma da outra: o seu progresso é necessariamente vinculado, solidário e proporcional. O antagonismo pode existir entre os industriais; apesar deles a ação social é una, convergente e harmônica, ou, em uma palavra, pessoal. Deste modo, enfim, há um dia marcado para a criação dos grandes instrumentos de trabalho; é aquele dia quando o consumo geral pode sustentar o seu emprego, quer dizer – pois todas estas proposições se traduzem – é o dia no qual o trabalho ambiente pode alimentar as novas máquinas. Antecipar a hora marcada para o progresso do trabalho, seria imitar aquele louco que, para descer de Lyon até Marselha, fez aparelhar apenas para si todo um navio a vapor[50].

Uma vez esclarecidos estes pontos, nada mais fácil do que explicar como o trabalho deve deixar a cada produtor um excedente.

Comecemos pelo que diz respeito a sociedade: Prometeu saindo do seio da natureza desperta para a vida em uma inércia cheia de encantos, mas que logo se transformaria em miséria e tortura se ele não se apressasse a sair dela pelo trabalho. Na sua ociosidade original, o produto de Prometeu seria nulo e o seu bem-estar idêntico ao de um bruto, podendo ser representado por zero[51].

Prometeu põem-se à obra e desde a sua primeira jornada, primeira jornada da segunda criação, o produto de Prometeu, quer dizer sua riqueza, seu bem-estar, é igual a 10.

---

[50] [N.T.]: Nestes tristes tempos de "desemprego estrutural", talvez pudéssemos ler sob uma nova luz os entusiasmos suscitados entre os economistas e os engenheiros, a partir da década de 1980, sobre as virtudes e a "inevitabilidade" da automação e das "novas tecnologias". Os "impactos sociais da automação", bem como o das técnicas de gestão a eles associadas (re-engenharia, reestruturação, down-sizing, etc.) demonstraram extrema perversidade e regressividade sociais, aniquilando empregos e setores econômicos inteiros ao longo do mundo, bem como aumentando a pobreza e a concentração de rendas em escala mundial. Provou-se que nem sempre estas "novas tecnologias" foram tão eficazes quanto o previsto; pouco importa: seu objetivo real era o de aumentar o poder dos grandes grupos multinacionais e os governos a eles associados, sobre a economia planetária. A mudança tecnológica resultou de uma decisão imperial e não de um impulso social; como diz Proudhon, talvez o tempo destas mudanças não tenha ainda socialmente chegado.

[51] [N.T.]: Proudhon aqui mostra-se um tributário da concepção de "pobreza" do homem primitivo, assumida pela economia clássica. Já vimos em notas ao prólogo e ao capítulo I que a antropologia nos desmentiu tal visão. O problema hoje seria antes o de determinar por qual corte foi possível passar-se das "sociedades primitivas", sociedades contra o Estado e de abundância para as sociedades policiadas, produtivas e de desperdício.

No segundo dia, Prometeu divide o seu trabalho e o seu produto torna-se igual a 100.

No terceiro dia, e em cada um dos dias seguintes, Prometeu inventa as máquinas, descobre novas utilidades nos corpos, e novas forças na natureza; o campo de sua existência estende-se do domínio sensível para a esfera do moral e da inteligência, e a cada passo que dá a sua indústria, a cifra de sua produção eleva-se e denuncia-lhe um acréscimo de felicidade. E como por fim para ele consumir é produzir, fica claro que cada jornada de consumo usando apenas o produto da véspera, deixa um excedente de produto para a jornada de amanhã.

Mas observemos igualmente, observemos este fato capital: o bem-estar do homem está na razão direta da intensidade do trabalho e da multiplicidade das indústrias; de maneira que o acréscimo da riqueza e o acréscimo do labor são correlativos e paralelos.

Dizer agora que cada indivíduo participa das condições gerais do desenvolvimento coletivo, seria afirmar uma verdade que, por causa de sua evidência, poderia parecer tola. Assinalemos antes as duas formas gerais de consumo na sociedade.

A sociedade, da mesma forma que o indivíduo, tem de início seus objetos de consumo pessoal, objetos cuja necessidade o tempo tratou pouco a pouco de mostrar e que seus misteriosos instintos comandaram que criassem. Assim, houve na Idade Média para um grande número de cidades, um momento decisivo onde a construção de paços municipais e de catedrais tornou-se uma paixão violenta, que precisou ser satisfeita a qualquer custo; a própria existência da comunidade delas dependia. Segurança e força, ordem pública, centralização, nacionalidade, pátria, independência, eis o que compõe a vida da sociedade e o conjunto de suas faculdades mentais; eis os sentimentos que deveriam encontrar sua expressão e suas insígnias. Tal foi outrora o destino do templo de Jerusalém, verdadeiro paládio da nação judaica; tal foi o templo de Júpiter Capitolino em Roma. Mais tarde, depois do paço municipal e do templo, órgãos por assim dizer da centralização e do progresso, vieram os outros trabalhos de utilidade pública: pontes, teatros, escolas, hospitais, estradas, etc.

Sendo os monumentos de utilidade pública de um uso essencialmente comum e conseqüentemente gratuito, a sociedade se ressarce dos adiantamentos realizados pelas vantagens políticas e morais que resultam destas grandes obras e que, dando um empenho de segurança ao trabalho e um ideal aos espíritos, imprimem um novo impulso à indústria e às artes.

Mas existem igualmente os objetos de consumo doméstico, que são os únicos a recair na categoria da troca: estes podem ser produzidos apenas em condições de mutualidade que permitam o seu consumo, isto é, com reembolso imediato e com lucro aos produtores. Desenvolvemos tais condições suficientemente na teoria da proporcionalidade dos valores, que poderíamos denominar igualmente teoria da redução progressiva dos custos de produção.

Demonstrei pela teoria e pelos fatos o princípio de que *todo o trabalho deve deixar um excedente*; mas este princípio, tão certo quanto uma proposição de aritmética, está ainda longe de realizar-se para todos. Enquanto que pelo progresso da indústria coletiva, cada jornada de trabalho individual obtém um produto cada vez maior, e conseqüentemente necessário e enquanto o trabalhador com o mesmo salário, deveria tornar-se a cada dia mais rico, existem na sociedade estados que *aproveitam* e outros que se *enfraquecem*; existem trabalhadores com salário duplo, triplo ou cêntuplo e outros em déficit; por toda a parte enfim há pessoas que gozam e outras que sofrem e, por uma divisão monstruosa das faculdades industriais há ainda indivíduos que consomem e que nada produzem. A distribuição do bem-estar segue todos os movimentos do valor e os reproduz em miséria e luxo com dimensões e energia assustadoras. Mas por toda a parte também o progresso da riqueza, quer dizer a proporcionalidade dos valores, é a lei dominante; e quando os economistas opõem às queixas do partido social o acréscimo progressivo da fortuna pública e os abrandamentos trazidos às condições mesmo das classes mais infelizes, eles proclamam sem perceber uma verdade que é a condenação de suas teorias.

Pois eu desafio os economistas a interrogarem-se por um momento, no silêncio de seus corações, longe dos preconceitos que os perturbam, sem consideração aos cargos que ocupam ou esperam, aos interesses que servem, aos sufrágios que ambicionam, as distinções que embalam a sua vaidade; que eles digam se, até o dia de hoje, o princípio de que todo o trabalho deva deixar um excedente lhes apareceu com esta cadeia de preliminares e de conseqüências que levantamos? Ou se com estas palavras eles jamais conceberam outra coisa senão o direito de agiotar sobre os valores, manobrando a oferta e a procura? Se não é verdade que eles afirmam ao mesmo tempo, por um lado o progresso da riqueza e do bem-estar e conseqüentemente a medida dos valores; e por outro o arbítrio das transações comerciais e da incomensurabilidade dos valores, em tudo o que elas têm de mais contraditórias? Não será em virtude desta contradição que nós os ouvimos repetir sem cessar nos seus cursos e que lemos nas obras de economia política esta hipótese absurda: *se o preço de TODAS as coisas fosse duplicado...*Como se o preço de todas as coisas não fosse uma proporção das coisas e como se pudéssemos duplicar uma proporção, uma relação, uma lei! Não seria, enfim, por causa da rotina proprietária e anormal defendida pela economia política, que cada um no comércio, na indústria, nas artes e no Estado, sob pretexto de serviços prestados à sociedade, tenda sem cessar a exagerar a sua importância, e assim solicite recompensas, subvenções, gordas pensões e amplos honorários; como se a retribuição de qualquer serviço não estivesse necessariamente fixada pelo montante de seus custos? Por que os economistas não divulgam com todas as suas forças esta verdade tão simples e tão luminosa: o trabalho de qualquer homem pode comprar apenas o valor que ele encerra e tal valor é proporcional aos serviços de todos os outros trabalhadores; se, como eles parecem acreditar, o trabalho de cada um deva deixar um excedente?...

Mas eis aqui uma última consideração que apresentarei em poucas palavras.

J. B. Say, aquele dentre todos os economistas que mais insistiu sobre a indeterminabilidade absoluta do valor, é também aquele que deu-se mais trabalho para derrubar esta proposição. É ele quem, se eu não me engano, o autor da fórmula: *Todo o produto vale aquilo que custa* ou, o que é o mesmo, *os produtos compram-se com produtos*. Este aforismo, cheio de conseqüências igualitárias, foi contradito por outros economistas; examinaremos sucessivamente a afirmativa e a negativa.

Quando eu digo: Todo o produto vale os produtos que ele custou, isto significa que todo o produto é uma unidade coletiva que, sobre uma nova forma, agrupa um certo número de outros produtos consumidos em quantidades diversas. Donde se segue que os produtos da indústria humana são, uns com relação aos outros, *gêneros e espécies*, que formam uma série que vai do simples ao composto, segundo o número e a proporção dos elementos, todos equivalentes entre si e que constituem cada produto. Pouco importa, quanto ao presente, que esta série, bem como a equivalência de seus elementos, seja mais ou menos exatamente expressa na prática pelo equilíbrio dos salários e das fortunas; trata-se antes de mais nada da relação das coisas, da lei econômica[52]. Pois aqui, como sempre a idéia gera primeiro e espontaneamente o fato, que, reconhecido em seguida pelo pensamento que lhe deu o ser, retifica-se pouco a pouco e define-se conforme ao seu princípio. O comércio, livre e concorrente, é apenas uma longa operação de retificação tendo por objeto ressaltar a proporcionalidade dos valores, aguardando que o direito civil a consagre e a tome por regra da condição das pessoas. Eu digo portanto, que o princípio de Say, *todo produto vale aquilo que custa*, indica uma série da produção humana, análoga às séries animal e vegetal e na qual as unidades elementares (jornadas de trabalho) são reputadas iguais. De modo que a economia política afirma desde o seu começo, mas através de uma contradição, aquilo que nem Platão, nem Rousseau, nem nenhum publicista antigo ou moderno acreditou possível, a igualdade das condições e fortunas.

Prometeu é sucessivamente lavrador, vinhateiro, padeiro e tecelão. Seja qual for o ofício que exerça, como ele trabalha apenas para si, ele compra aquilo que consome (seus produtos) com uma única e mesma moeda (seus produtos), cuja unidade métrica é necessariamente a sua jornada de trabalho. É verdade que o trabalho em si é suscetível de variação; Prometeu nem sempre está igualmente disposto e, de um momento para outro seu ardor, sua fecundidade aumentam ou diminuem. Mas como tudo o que está sujeito a variar, o trabalho possui a sua média e isto nos autoriza a dizer que, em suma, a jornada de trabalho paga a jornada de trabalho, nem mais, nem menos. É bem verdade que, se compararmos os produtos de uma certa época da vida social com os de outra, que a centésima milésima jornada do gênero humano dará um resultado incomparavelmente superior ao da primeira; mas é o caso de dizer igualmente que a vida do ser coletivo, assim como a do indivíduo, não pode ser cindida; que seus dias não se assemelham, que eles estão indissoluvelmente unidos e que na totalidade da existência,

---

[52] [R.P.]: Marx critica esta tese de equivalência das jornadas dos trabalhadores, qualquer que seja o seu ofício. Mas Proudhon tem em vista, sobretudo a reabilitação do trabalho manual e pretende provar a igualdade de todas as funções no esforço coletivo que mantém a vida social (Cf. VERMOREL, *Le Parti Socialiste*, p. 225). A idéia não era nova e Marx se compraz em ferir o orgulho de Proudhon, assinalando em uma longa análise a semelhança das idéias de seu adversário e as de um comunista inglês então pouco conhecido, o Sr. Bray, autor de um livro intitulado: *Labour's Wrongs and Labour's Remedy* (LEEDS, 1839).

a dor e o prazer lhes são comuns. Se, pois, o alfaiate, para dar o valor de uma jornada, consome dez jornadas do tecelão, é como se o tecelão desse dez dias de sua vida por um dia de vida do alfaiate. É precisamente isto que ocorre quando um camponês paga 12 francos a um notário por uma escrita cuja redação lhe custou uma hora; e esta desigualdade, esta iniqüidade nas trocas é a mais poderosa causa de miséria que os socialistas desvelaram e que os economistas confessam em voz baixa, aguardando um sinal de seu amo que lhes permita proclamá-la em voz alta.

Todo erro na justiça comutativa é uma imolação do trabalhador, uma transfusão de sangue do corpo de um homem para o corpo de outro homem....Que ninguém se assuste: não tenho nenhuma intenção de fulminar com uma irritante filípica a propriedade; eu penso ao contrário, que segundo os meus princípios, a humanidade nunca se engana e que, constituindo-se inicialmente sobre o direito de propriedade ela apenas lançou um dos princípios de sua organização futura e que, uma vez abatida a preponderância da propriedade, o que resta fazer é reconduzir à unidade esta famosa antítese. Tudo o que me poderia ser objetado em favor à propriedade eu conheço tão bem quanto os meus censores, aos quais eu peço apenas um pouco de clemência, mas a eles lhes falta a dialética. Como as riquezas das quais o trabalho não fosse o módulo seriam *válidas*? E se é o trabalho quem cria a riqueza e legitima a propriedade, como explicar o consumo do ocioso? Como um sistema de distribuição no qual o produto vale mais ou menos, segundo as pessoas, daquilo que custou seria leal?

As idéias de Say conduzem à uma lei agrária; desta forma o partido conservador apressou-se a protestar contra elas "A primeira fonte da riqueza, tinha dito o Sr. Rossi, é o trabalho. Proclamando este grande princípio a escola industrial não apenas evidenciou um princípio econômico, mas também o princípio dos fatos sociais que, nas mãos de um hábil historiador, torna-se o guia mais seguro para seguir a espécie humana na sua marcha e no seu estabelecimento na face do globo"[53].

Porque, depois de ter consignado em seu curso estas palavras tão profundas, o Sr. Rossi acreditou ter que retratar-se delas em uma

---

[53] [N.T]: Vê-se por esta curta citação de Rossi que a "concepção materialista da história" não saiu, toda pronta e armada dos cérebros geniais de Marx e de Engels, como na fábula Minerva rompeu da cabeça de Júpiter.

revista, comprometendo assim gratuitamente sua dignidade de filósofo e de economista?

"Dizeis que a riqueza não é senão o resultado do trabalho, afirmais que em todos os casos o trabalho é a medida do valor e o regulador dos preços; e para escapar bem ou mal das objeções que se erguem de todas as partes contra esta doutrina, umas incompletas e outras absolutas, sereis conduzidos, bem ou mal, a generalizar a noção de trabalho e a substituir esta análise por uma síntese completamente errônea."

Lamento que um homem como o Sr. Rossi sugira-me um pensamento tão triste, mas lendo as passagens que acabo de citar, não posso impedir-me de dizer: A ciência e a verdade não contam mais para nada; o que se adora atualmente é a bodega e depois da bodega o constitucionalismo desesperado que a representa. A quem o Sr. Rossi pensa dirigir-se? Ele quer trabalho ou outra coisa? Análise ou síntese? Quer tudo isto de uma vez só? Que ele escolha, pois a conclusão ergue-se invariável contra ele.

Se o trabalho é a fonte de toda a riqueza, se é o guia mais seguro para seguir-se a história dos estabelecimentos humanos sobre a face do globo, como a igualdade na distribuição, a igualdade na medida do trabalho, não seria uma lei?

Se, ao contrário, existem riquezas que não provêem do trabalho, como a posse destas riquezas é um privilégio? Qual é a legitimidade do monopólio? Que se exponha pois, de uma vez por todas, esta teoria do direito ao consumo improdutivo, esta jurisprudência do bel-prazer, esta religião da ociosidade, prerrogativa sagrada de uma casta de eleitos[54]!

O que significa agora este chamado à *análise* dos falsos resultados da *síntese*? Estes termos de metafísica servem apenas para doutrinar os tolos, que não duvidam que qualquer proposição possa ser transformada à vontade em analítica ou sintética. *O trabalho é o princípio do valor e a fonte da riqueza*: proposição analítica, como quer o Sr. Rossi, pois tal proposição é o resumo de uma análise na qual se demonstra que há identidade entre a noção primitiva do trabalho e as noções subseqüentes de produto, valor, capital, riqueza, etc. Vemos entretanto

---

[54] [R.P.]: A tentativa de explicar todo o movimento econômico pela noção do trabalho será retomada pelos economistas cristãos da escola de BUCHEZ. Cf. A. OTT *Traité d'Economie sociale* 2ª ed t I, p. 29 ss. (1892).

que o Sr. Rossi rejeita a doutrina que deriva desta análise. *O trabalho, o capital e a terra são fontes de riqueza.* Proposição sintética, que é precisamente o que o Sr. Rossi não quer; com efeito a riqueza é aqui considerada como noção geral que se produz sob três espécies distintas, mas não idênticas. Entretanto a doutrina assim formulada é a que tem a preferência do Sr. Rossi. Agradaria ao Sr. Rossi que tornássemos sua teoria do monopólio em analítica, e a nossa do trabalho em sintética? Eu posso lhe dar esta satisfação...Mas enrubesceria de continuar com um homem tão grave tal brincadeira. O Sr. Rossi sabe melhor do que ninguém que a análise e a síntese não provam de per-si absolutamente nada e que o que importa, como dizia Bacon, é fazer comparações exatas e enumerações completas.

Como o Sr. Rossi estava possuído pela verve das abstrações, o que diria ele a esta falange de economistas que recolhem com tanto respeito as menores palavras saídas de sua boca:

"O capital é a *matéria* da riqueza, assim como a prata é a matéria da moeda, como o trigo é a matéria do pão e, remontando a série até o final, como a terra, a água, o fogo e a atmosfera são a matéria de todos os nossos produtos. Mas é o trabalho, o trabalho apenas, que cria sucessivamente cada utilidade dada a estas *matérias*, e que conseqüentemente as transforma em capitais e riquezas. O capital é trabalho, quer dizer inteligência e vida realizadas; como os animais e as plantas são a realização da alma universal; como as obras-primas de Homero, de Rafael e de Rossini são a expressão de suas idéias e de seus sentimentos. O valor é a proporção segundo a qual todas as realizações da alma humana devem balancear-se para produzir um todo harmônico que, sendo riqueza, gera para nós o bem-estar, ou melhor é o sinal, e não o objeto, de nossa felicidade.

"A proposição *não há medida de valor*, é ilógica e contraditória; isto resulta dos próprios motivos sobre os quais tentou-se estabelecê-la.

"A proposição, *o trabalho é o princípio de proporção dos valores*, não apenas é verdadeira, porque resulta de uma análise irretorquível, mas também é a meta do progresso, a condição e a forma do bem-estar social, o começo e o fim da economia política. Desta proposição e de seus corolários, *todo o produto vale o que custa e os produtos compram-se com produtos*, deduz-se o dogma da igualdade de condições.

"A idéia de valor socialmente constituído, ou de proporcionalidade dos produtos, serve para explicar, entre outras coisas: a) como uma invenção mecânica, não obstante os privilégios que cria temporariamente e as perturbações que ocasiona, produz sempre no final uma melhoria geral; b) como a descoberta de um procedimento econômico nunca pode dar ao seu inventor um lucro igual ao que ela dá à sociedade; c) como, por uma série de oscilações entre a oferta e a procura, o valor de cada produto tende sempre a nivelar-se com os preços de venda e com as necessidades do consumo e conseqüentemente a estabelecer-se de uma maneira fixa e positiva; d) como a produção coletiva, aumentando incessantemente a massa das coisas consumíveis e conseqüentemente sendo a jornada de trabalho cada vez melhor paga, o trabalho deve sempre deixar um excedente a cada produtor; e) como o trabalho, longe de diminuir pelo progresso industrial, aumenta incessantemente em quantidade e qualidade, quer dizer, em intensidade e dificuldade para todas as indústrias; f) como o valor social elimina continuamente os valores fictícios ou, em outros termos, como a indústria opera a socialização do capital e da propriedade; g) enfim, como a distribuição dos produtos regulariza-se na medida em que a garantia mútua produzida pela constituição dos valores impele a sociedade para a igualdade das condições e das fortunas.

"Por fim, como a teoria da constituição sucessiva de todos os valores comerciais implica um progresso infinito do trabalho, da riqueza e do bem-estar, o destino social, do ponto de vista econômico, nos é revelado: *Produzir incessantemente, com a menor soma de trabalho possível para cada produto, a maior quantidade e a maior variedade possíveis de valores, de maneira à realizar para cada indivíduo a maior soma de bem-estar físico, moral e intelectual, e para a espécie, a mais alta perfeição e uma glória infinita.*"

Agora que determinamos, e não sem esforço, o sentido da questão proposta pela Academia de Ciências Morais e Políticas, a respeito das oscilações do lucro e do salário, já é tempo de abordar a parte essencial de nossa tarefa. Em toda parte onde o trabalho não está socializado, quer dizer em todo lugar aonde o valor não está determinado sinteticamente, há perturbação e deslealdade nas trocas, guerra de astúcias e de emboscadas, impedimento da produção, da circulação e do consumo, trabalho improdutivo, ausência de garantias, espoliação, falta de solidariedade, indigência e luxo, mas ao mesmo tempo há um esforço do gênio social para conquistar a justiça e a tendência constante à associação e à ordem. A economia política não é outra coisa senão a história desta grande luta. Por um lado, com efeito, a economia política enquanto tal consagra e pretende eternizar as anomalias do valor e as prerrogativas do egoísmo e é efetivamente a teoria da infelicidade e a organização da miséria; mas quando ela expõe os meios inventados pela civilização para vencer o pauperismo, ainda que tais meios tenham constantemente se voltado para vantagem exclusiva do monopólio, a economia política é o preâmbulo da organização da riqueza.

Importa, portanto, retomar o estudo dos fatos e das rotinas econômicas, detectar o seu espírito e formular a sua filosofia. Sem isto, nenhuma inteligência da marcha das sociedades pode ser adquirida e nenhuma reforma tentada. O erro do socialismo foi, até o momento, o de perpetuar o devaneio religioso lançando-se em um futuro fantástico ao invés de capturar a realidade que o esmaga; da mesma forma o erro dos economistas é o de ver em cada fato positivo da realidade uma sentença de proscrição de qualquer mudança.

Quanto a mim, não é desta forma que concebo a ciência econômica, a verdadeira ciência social. Ao invés de responder pelos *a priori* aos temíveis problemas de organização do trabalho e de distribuição das riquezas, eu interrogarei a economia política como a depositária dos pensamentos secretos da humanidade; farei os fatos falarem segundo a ordem de sua geração, e relatarei, sem nada acrescentar de meu, o seu testemunho. Isto tudo será ao mesmo tempo uma triunfante e lamentável história, onde os personagens serão as idéias, os episódios as teorias e as datas as fórmulas.

Capítulo III

Evoluções Econômicas Primeira Época - A Divisão do Trabalho

A idéia fundamental, a categoria dominante da economia política é o VALOR.

O valor atinge a sua determinação positiva por uma série de oscilações entre a *oferta* e a *procura*.

Desta forma, o valor se coloca sucessivamente, sob três aspectos: valor útil, valor trocável e valor sintético ou valor social, que é o valor verdadeiro. O primeiro termo gera contraditoriamente o segundo e os dois em conjunto, absorvendo-se em uma penetração recíproca, produzem o terceiro, de tal maneira que a contradição ou o antagonismo das idéias aparece como ponto de partida de toda a ciência econômica e que dela se pode dizer, parodiando o comentário de Tertuliano sobre o Evangelho, *credo quia absurdum*. Existe na economia das sociedades uma verdade latente desde que haja contradição aparente: *credo quia contrarium*.

Do ponto de vista da economia política, o progresso da sociedade consiste portanto em resolver incessantemente o problema da constituição dos valores, ou seja o problema da proporcionalidade e da solidariedade dos produtos.

Mas, enquanto que na natureza a síntese dos contrários é contemporânea à sua oposição, na sociedade os elementos antitéticos parecem produzir-se a longos intervalos de tempo e resolverem-se apenas depois de uma longa e tumultuada agitação. Assim, não há exemplo, sequer podemos imaginar, um vale sem as colinas, esquerda sem direita, pólo norte sem o pólo sul ou de um bastão que tivesse uma única extremidade ou duas extremidades sem ter o meio, etc. O corpo humano também, com sua dicotomia tão perfeitamente antitética, é formado integralmente desde o instante da concepção; repugna à razão que ele se componha, peça por peça, como as roupas que mais tarde irão cobri-lo, imitando-o[1,2].

Na sociedade, ao contrário, bem como no espírito, a idéia deve atingir em um único salto a sua plenitude, de modo que um tipo de abismo separa por assim dizer as duas posições antinômicas e que mesmo sendo estas por fim reconhecidas, não se percebe ainda por isso qual será a síntese. É preciso que os conceitos primitivos sejam, por assim dizer, fecundados por controvérsias ardentes e lutas apaixonadas; as batalhas sangrentas serão os preliminares da paz. Neste momento, a Europa fatigada de guerra e de polêmica, aguarda um princípio conciliador e é o sentimento vago desta situação que faz com que a Academia de Ciências Morais e Políticas pergunte *quais são os fatos gerais que regulam as relações dos lucros com os salários e que determinam as suas oscilações*, em outros termos, quais são os episódios mais salientes e as fases mais notáveis da guerra entre o trabalho e o capital.

Se eu demonstrar, portanto, que a economia política, com todas as suas hipóteses contraditórias e suas conclusões equívocas, nada mais é que a organização do privilégio e da miséria, terei provado por isso mesmo que ela contém implicitamente a promessa da organização

---

[1] [P]: Um filólogo sutil, o Sr. Paul Ackermann, fez ver, tomando o francês por exemplo, que como cada palavra de uma língua possui seu contrário, ou, como diz o autor, seu *antônimo*, o vocabulário inteiro poderia ser disposto aos pares e formar um vasto sistema dualista. (Ver *Dictionnaire des Antonymes*, por Paul ACKERMANN, Paris, Brockhaus e Avenarius -1843) [N. E.]: Proudhon manteve longa relação de amizade com o filólogo Paul Ackermann, cuja esposa, e depois viúva, foi a poetisa Louise Ackermann. Ambos, o filólogo e o sociólogo tinham pertencido em sua juventude a uma sociedade secreta do Franco Condado: a Sociedade dos Filadelfos. Ver sobre este ponto SAINTE -BEUVE *Proudhon* pp. 30 e ss.

[2] [N.T.]: Recordemos que no tempo de Proudhon a embriologia estava ainda pouco desenvolvida, devido, basicamente, aos defeitos de óptica dos microscópios de então, que não permitiam acompanhar com a devida precisão e cuidado a evolução do oócito nas suas primeiras etapas de desenvolvimento (desde a fecundação do óvulo pelo espermatozóide até o final do estágio de mórula). LEUWOKEN, nos finais do séc. XVIII, já tinha estabelecido com segurança e experimentalmente a *teoria das duas sementes*, demonstrando, à partir do estudo de rãs e sapos que óvulos que não tivessem tido contacto prévio com espermatozóides não se fecundavam. Mas o processo embriogenético em si, principalmente nas suas primeiras fases, somente veio a ser esclarecido à partir da segunda metade do séc. XIX. Uma especulação comum na época, era a *hipótese do homúnculo*, que dizia que os animais já preexistiam no espermatozóide completamente formados e que o óvulo desempenhava um papel de catalisador e nutriz de seu desenvolvimento, isto é, à partir da penetração no óvulo, o germe do animal passaria a se desenvolver, estimulado pelas matérias nutritivas que lá encontraria. As aporias e paradoxos desta hipótese foram muitos e só foram resolvidos completamente à partir de 1860. Parece que Proudhon aqui refere-se a tais teorias embriológicas.

do trabalho e da igualdade, pois, como já se disse, toda a contradição sistemática é o anúncio de uma composição; mais ainda, eu terei lançado as bases desta composição. Desta forma, enfim, expor o sistema das contradições econômicas é lançar os fundamentos da associação universal, é dizer como os produtos da obra coletiva *saíram* da sociedade, é explicar como será possível fazê-los a ela *retornar*; mostrar a gênese dos problemas de produção e de distribuição, é preparar a sua solução. Todas estas proposições são idênticas e de uma igual evidência.

§ I - Efeitos antagonistas do princípio de divisão

Todos os homens são iguais na comunidade primitiva, iguais por sua nudez e ignorância, iguais pelo poder indefinido de suas faculdades. Os economistas consideram habitualmente apenas o primeiro destes aspectos e negligenciam totalmente o segundo. Entretanto, segundo os filósofos mais profundos dos tempos modernos, La Rochefoucauld, Helvetius, Kant, Fichte, Hegel, Jacotot[3], a inteligência difere nos indivíduos apenas pela determinação *qualitativa*, que constitui a especialidade ou a aptidão própria de cada um, enquanto que, naquilo que ela tem de essencial, à saber o julgamento, ela é em todos *quantitativamente* igual. Daí resulta que, mais cedo ou mais tarde, na medida em que as circunstâncias forem favoráveis, o progresso geral deve conduzir todos os homens da igualdade original e negativa, para a equivalência positiva de talentos e conhecimentos.

Insisto sobre este dado precioso da psicologia, cuja conseqüência necessária é que a *hierarquia das capacidades* não poderia ser doravante admitida como princípio e lei da organização: apenas a igualdade é nossa regra, como ela também é nosso ideal[4]. Da mesma forma as-

---

[3] [R.P]: JACOTOT (Joseph) 1770-1840, matemático, físico e químico, conhecido sobretudo por suas teorias pedagógicas e pelo ardor que empregou em sustentá-las. Publicou numerosos artigos no *Journal del'Emancipation Intellectuelle*, fundado em 1829 por seus dois filhos, um advogado e outro médico.

[4] [R.P]: A idéia de igualdade é o suporte de toda a filosofia econômica e social de Proudhon. É ela que ele opõe ao saint-simonismo, ao qual alude aqui. Mais tarde ele exprimirá sua revolta contra a hierarquia saint-simoniana de uma maneira mais rude, dizendo (*De La Justice* T. I p. 140 1858): "Se eu tivesse a honra de viver na Igreja de Saint-Simon, meu primeiro movimento seria o de esbofetear o pontífice". É pela idéia de igualdade, também, que ele se separa dos fourieristas: "cedo ou tarde, exclama ele na *Création de l'Ordre* (p. 296) a Igualdade.... tendo seus jornais, seus escritores, seus propagadores se encontrará diante deste marionete que se chama Fourier e então veremos".

Sobre a idéia de igualdade em Proudhon, cf. BERTHOD: *Saint-Simon, Fourier, Proudhon* no livro *Tradition Philosophique et la Pensée Française* (Paris 1922, pp. 162/179).

sim como demonstramos, pela teoria do valor, que a igualdade da miséria deve se converter progressivamente na igualdade de bem-estar, da mesma forma a igualdade das almas, negativa em seu começo, pois ela representa apenas o vácuo, deve reproduzir-se positivamente no último termo da educação da humanidade. O movimento intelectual se cumpre paralelamente ao movimento econômico: eles são a expressão, a tradução um do outro; a psicologia e a economia social concordam, ou melhor dizendo, nada mais fazem que desenrolar, cada uma, de um ponto de vista diferente, a mesma história. É isto o que aparece na grande lei de Smith, a *divisão do trabalho*.

Considerada em sua essência a divisão do trabalho é o modo segundo o qual se realiza a igualdade das condições e das inteligências. É ela que, pela diversidade de funções, dá lugar à proporcionalidade dos produtos e ao equilíbrio nas trocas e conseqüentemente nos abre o caminho da riqueza, bem como, descobrindo-nos o infinito em toda a parte, seja na arte ou na natureza, ela nos conduz a idealizar todas as nossas operações e torna o espírito um criador, isto é, a própria divindade, *mentem diviniorem*, imanente e sensível em todos os trabalhadores.

A divisão do trabalho é, portanto, a primeira fase da evolução econômica, bem como do progresso intelectual: nosso ponto de partida é verdadeiro do lado do homem e do lado das coisas, e a marcha de nossa exposição nada tem de arbitrário.

Mas, nessa hora solene da divisão do trabalho, o vento das tempestades começa a soprar sobre a humanidade. O progresso não se dá para todos de uma maneira igual e uniforme, se bem que no final deva atingir e transfigurar toda a criatura inteligente e trabalhadora. Mas ele começa por apossar-se de um pequeno número de privilegiados, que compõem assim a elite das nações, ao passo que a massa persiste ou mesmo mais se afunda na barbárie. É esta acepção das pessoas por parte do progresso que fez com que por longo tempo se acreditasse na desigualdade natural e providencial das condições, que gerou as castas, e constituiu hierarquicamente todas as sociedades. Não se compreende que toda a desigualdade, nada mais sendo que uma negação, trouxesse em si o sinal de sua ilegitimidade e o anúncio de sua decadência; menos ainda se poderia imaginar que esta mesma desigualdade procedesse acidentalmente de uma causa cujo efeito ulterior deveria fazê-la desaparecer inteiramente.

Assim, como a antinomia do valor reproduz-se na lei da divisão, o primeiro e o mais potente instrumento de saber e de riqueza que a Providência colocou em nossas mãos, torna-se para nós um instrumento de miséria e de imbecilidade. Eis a fórmula desta nova lei de antago-nismo, a qual devemos as duas doenças mais antigas da civilização, a aristocracia e o proletariado: O *Trabalho, dividindo-se segundo a lei que lhe é própria e que é a condição primeira de sua fecundidade, atinge a nega-ção de seus fins e destrói-se a si mesmo; em outros termos: A divisão fora da qual não há mais progresso, nem riqueza, nem igualdade, subalterniza o operário, torna a inteligência inútil, a riqueza nociva e a igualdade impossível.*

Todos os economistas desde Adam Smith assinalaram as *vanta-gens* e os *inconvenientes* da lei de divisão, mas sempre insistindo muito mais sobre as primeiras que sobre os segundos, porque isto serviria melhor ao seu otimismo, e sem que nenhum deles jamais tenha se perguntado quais poderiam ser os *inconvenientes de uma lei*[5]. Eis como J. B. Say resumiu a questão:

"Um homem que faz durante toda a sua vida uma mesma ope-ração consegue seguramente executá-la melhor e mais rapidamente que um outro homem; mas ao mesmo tempo torna-se menos capaz de qualquer outra ocupação, seja física, seja moral; suas outras faculdades extinguem-se e daí resulta uma degeneração no homem considerado individualmente. É um triste testemunho a dar reconhecer que aquele

---

[5] [R.P.] Proudhon não remonta muito longe para encontrar as origens das teorias sobre a divisão do trabalho, detendo-se em Smith. Marx que lhe reprova acrescenta que Proudhon nada mais fez em todo este capítulo do que parafrasear mais ou menos pomposamente as idéias de seus antecessores. Nas anotações lançadas à margem de seu exemplar do panfleto de Marx, Proudhon defende a originalidade de seu pensamento. Ele não considerou apenas, como diz "a divisão no sentido de A. Smith, mas a grande divisão natural dos ofícios" e acrescenta "a divisão para mim remonta além de A. Smith, se ela for tomada neste sentido mais amplo". Ele precisa que o maquinismo, e tudo aquilo o que Marx denomina o "sistema automático", seguiu a divisão do trabalho e produziu efeitos distintos sobre a existência do operário "A degradação do operário é mais avançada naquilo que denominais *sistema automático* do que naquilo que A. Smith denomina *divisão*; quanto a mim assinalei estes dois graus pela *divisão* e pelas *máquinas*. Eu disse: "a divisão do trabalho parcela, mutila e espalha o homem; as máquinas o escravi-zam: é exatamente a mesma coisa que disse o Dr. URE". Mais adiante, precisando suas conclu-sões, Proudhon escreve "é preciso que o operário, resumindo sempre a habilidade antiga e a moderna, saiba trabalhar ao mesmo tempo com seus dedos e com as máquinas. Pois é absurdo que não possa viver sem a máquina aquele que se fez substituir pela máquina. Este sintetismo, elevado ao mais alto grau, exige do operário ao mesmo tempo uma capacidade maior e um desenvolvimento menor de capacidade". (A leitura desta última palavra é incerta). Cf.. Cap. IV sobre as máquinas.

que jamais fez outra coisa se não a décima oitava parte de um alfinete possa imaginar ser operário simplesmente porque movimentou durante toda a sua vida uma lima ou um martelo; quem está neste estado degenera a dignidade de sua natureza; e é este ainda o caso do homem, que por seu estado, exerce apenas as faculdades mais desligadas de seu espírito...Em resumo pode-se dizer que a separação dos trabalhos é um hábil emprego das forças do homem, que ela faz crescer prodigiosamente os produtos da sociedade, mas que ela subtrai alguma coisa da capacidade de cada homem tomada individualmente". (*Traité d'Economie Politique*).

Assim, qual é, depois do trabalho, a causa primeira da multiplicação de riquezas e da habilidade dos trabalhadores? A divisão.

Qual é a causa primeira da decadência do espírito, e como não nos cansaremos de provar da miséria civilizada? A divisão.

Como o mesmo princípio perseguido rigorosamente nas suas conseqüências conduz a efeitos diametralmente opostos? Nenhum economista, nem antes nem depois de Smith percebeu que aí reside um problema a esclarecer. Say vai até o ponto de reconhecer que na divisão do trabalho a mesma causa que produz o bem e gera o mal; depois, após algumas palavras de comiseração para com as vítimas da separação das indústrias e contente por ter feito uma exposição imparcial e fiel, ele nos deixa nesse ponto. "Sabeis, parece que diz, que quanto mais se divide a mão-de-obra mais se aumenta o poder produtivo do trabalho, mas ao mesmo tempo quanto mais este trabalho reduz-se progressivamente a um mecanismo, mais se embrutece a inteligência."

Indignar-nos-emos em vão contra uma teoria que, criando através do próprio trabalho uma aristocracia das capacidades, conduz fatalmente à desigualdade política; em vão protestaremos em nome da democracia e do progresso que não existirão mais no futuro nem nobreza, nem burguesia e nem párias. O economista responde com a impassibilidade do destino: estais condenados a produzir bastante e a produzir barato, sem o que a vossa indústria será sempre raquítica, vosso comércio nulo e arrastar-vos-eis na cauda da civilização, ao invés de tomar o seu comando. O quê! Entre nós homens generosos, haveria os predestinados ao embrutecimento e quanto mais nossa indústria aperfeiçoar-se mais aumentaria o número de nossos irmãos malditos?... Pois é, eis a última palavra do economista.

Não se pode menosprezar na divisão do trabalho, como fato geral e como causa, todos os caracteres de uma LEI; mas como esta lei rege duas ordens de fenômenos radicalmente inversos e que se entredestróem, é preciso confessar também que esta lei é como uma espécie de incógnita nas ciências exatas, que ela é coisa estranha, uma lei contraditória uma *contra-lei*, uma antinomia. Acrescentemos, na forma de um prejulgamento que tal parece ser o traço distintivo de toda a economia das sociedades do ponto de vista da filosofia.

Hora, a menos de uma RECOMPOSIÇÃO do trabalho, que apague os inconvenientes da divisão, conservando entretanto seus efeitos úteis, a contradição inerente ao princípio não tem remédio. É preciso, segundo a palavra dos sacerdotes judeus que conspiraram a morte de CRISTO, é preciso que o pobre pereça para assegurar a fortuna do proprietário, *expedit unum hominem pro populo mori*. Irei demonstrar a necessidade desta sentença: depois disso, se restar ao trabalhador parcelar uma centelha de inteligência, ele se consolará pelo pensamento de que morre segundo as regras da economia política.

O trabalho, que deveria trazer a consciência ao seu clímax e torná-la cada vez mais digna de felicidade, conduzindo pela divisão parcelar ao desmoronamento do espírito, diminui o homem da mais nobre parte de si, *minorat capitis*, e o rejeita na animalidade. A partir deste momento, o homem decaído, trabalha como um bruto e conseqüentemente deve ser tratado como um bruto. Tal julgamento da natureza e da necessidade, a sociedade o executará.

O primeiro efeito do trabalho parcelar, depois da depravação da alma, é o prolongamento das jornadas que crescem na razão inversa da soma de inteligência dispendida. Pois como o produto aprecia-se simultaneamente do ponto de vista da quantidade e da qualidade, se por uma evolução industrial qualquer, o trabalho se inflete em certo sentido, é preciso que haja compensação do outro. Mas como a duração das jornadas não pode exceder a dezesseis a dezoito horas por dia, a partir do momento no qual a compensação não puder ser tomada no tempo, ela se tomará sobre o preço e o salário diminuirá. E tal baixa se dará, não como já se ridiculamente imaginou, porque o valor é essencialmente arbitrário, mas sim porque ele é essencialmente determinável. Pouco importa que a luta entre a oferta e a procura termine pela vantagem do patrão ou em proveito do assalariado; tais oscilações podem variar de amplitude segundo circunstâncias acessórias bem conhecidas e que já foram mil vezes apreciadas. O que é certo e o que importa unicamente para nós notar, é que a consciência universal não paga na mesma taxa o trabalho de um contramestre e o esforço de um peão. Há, pois, necessidade de redução do preço da jornada: de maneira que o trabalhador, depois de ter sido afligido em sua alma por uma função degradante, não pode deixar de ser igualmente atingido no corpo pela modicidade da recompensa. É a aplicação literal do Evangelho: *aquém tem pouco, subtrairei o pouco que tem*.

Existe nos acidentes econômicos uma razão impiedosa que se ri da religião e da eqüidade bem como dos aforismos da política e que torna o homem feliz ou infeliz na medida em que ele obedece ou subtrai-se às prescrições do destino. Certamente estamos longe desta caridade cristã onde hoje se inspiram tantos honrados escritores[6] e que, penetrando no coração da burguesia, esforça-se por temperar através de uma multidão de obras piedosas, os rigores da lei. A economia política não conhece senão a justiça, a justiça inflexível e apertada como a bolsa de um ávaro; e é pelo fato da economia política ser o efeito da espontaneidade social e a expressão da vontade divina que eu pude dizer: Deus é o contraditor do homem e a Providência é misantropa. Deus nos fez pagar ao peso de sangue e na medida das nossas lágrimas, cada uma de nossas lições; e para o cúmulo do mal, em nossas relações com nossos semelhantes, agimos todos como ele. Onde está, pois, o amor do pai celeste por suas criaturas? Onde está a fraternidade humana?

Poderia ser de outra forma? Perguntam-se os teístas. Decaído o homem, resta o animal: como o Criador nele reconheceria a sua imagem? O que é mais simples do que tratá-lo então como besta de carga? Mas a provação não durará para sempre e cedo ou tarde o trabalho, depois de se ter *particularizado*, se sintetizará.

Tal é o argumento de todos aqueles que buscam justificativas na Providência e que não conseguem, na maioria das vezes, nada além

---

[6] [R.P]: A renascença das idéias cristãs no começo do séc. XIX, não se manifesta apenas na literatura e na filosofia. Os economistas dela participam e numerosos sistemas sociais fundados sobre os princípios do cristianismo vêm a luz. Sismondi aparece como um dos promotores deste movimento, Proudhon alude aqui, sem dúvida, à *Économie Politique Chrétienne* de VILLENEUVE-BARGEMONT (3 v. 1834) e ao *Essai d'un Traité Complet de Philosophie au Point de Vue Catholicisme et du Progrès* de BUCHEZ (1838-1840). Sobre os economistas cristãos consultar GARRIGUET, *Question Sociale et Écoles Sociales* (14ª ed. PARIS, 1922).

do que emprestar novas armas ao ateísmo. Quer dizer então que Deus poderia ter enviado, por seis milênios, uma idéia que poderia ter poupado milhões de vítimas – a distribuição simultaneamente especial e sintética do trabalho! Ao contrário, ele nos deu por seus servidores Moisés, Buda, Zoroastro, Maomé e outros e estes insípidos rituais, opróbrio da razão, que fizeram degolar mais homens do que as letras que contêm. Ou seria melhor que acreditássemos na revelação primitiva de que a economia social seria esta ciência maldita, este fruto da árvore reservada a Deus e que é proibido ao homem tocar? Por que esta reprovação religiosa do trabalho, se é verdade – como já a ciência econômica o descobre – que o trabalho é o pai do amor e o órgão de toda a felicidade? Por que tal ciúme contra nosso avanço? Mas, se como parece agora, o nosso progresso depende apenas de nós, do que serve adorar este fantasma de divindade, o que quer esta corja de inspirados que nos persegue com seus sermões? Todos vós, cristãos protestantes e ortodoxos, neo-reveladores, charlatães e tolos, ouvi o primeiro verso do hino humanitário sobre a misericórdia de Deus: "Na medida em que o princípio da divisão do trabalho recebe uma aplicação completa, o operário torna-se mais fraco, mais limitado e mais dependente! A arte faz progressos, o artesão regride!" (TOCQUEVILLE, *De la Démocratie en Amérique*).

Evitemos, entretanto, antecipar nossas conclusões, e prejulgar a última revelação da experiência. Deus no presente aparece-nos como menos favorável que adverso: limitemo-nos a constatar o fato.

Da mesma forma como a economia política, nos fez ouvir no seu ponto de partida, esta palavra misteriosa e sombria: *Na medida em que a produção do bem aumenta, a venalidade diminui*; da mesma forma, chegada à primeira estação ela nos adverte com uma voz terrível: *na medida em que a arte progride o artesão regride*.

Para melhor fixar as idéias, citemos alguns exemplos.

Quais são em toda metalurgia os menos industriosos dos assalariados? Precisamente aqueles que são denominados *mecânicos*. Desde que as máquinas foram tão admiravelmente aperfeiçoadas, um mecânico não sabe mais limar ou apresentar uma peça à plaina: quanto à mecânica propriamente dita ela é um problema dos engenheiros e dos contramestres. Um ferreiro de aldeia reúne muitas vezes, pela necessidade de sua posição, os talentos diversos de serralheiro, afiador, armeiro, mecânico, carroceiro e veterinário: estranharíamos, no mundo das belas almas, a ciência que reside sob o martelo deste homem a quem o povo, sempre sarcástico, chama de *queima-ferros*. Um operário da Creuzot[7] que viu durante dez anos tudo o que há de mais grandioso e de mais fino que a sua profissão pôde oferecer, não é, ao sair da fábrica nada mais que um ser inábil para prestar outro serviço e para ganhar a sua vida. A incapacidade do indivíduo está na razão direta da perfeição da arte e isto é verdade para todos os estados, assim como para a metalurgia.

O salário dos mecânicos sustentou-se até o momento a uma taxa elevada; é inevitável que caia um dia, pois a qualidade medíocre do trabalho não pode sustentá-lo.

Acabo de citar uma arte mecânica, citemos agora uma indústria liberal[8].

Gutemberg e seus industriosos companheiros Furst e Schoeffer, jamais acreditariam que, pela divisão do trabalho, sua invenção sublime cairia no domínio da ignorância ou quase no idiotismo. Há poucos homens de inteligência tão fraca, tão pouco *letrados*, quanto a massa operária vinculada aos diversos ramos da indústria tipográfica: compositores, prensistas, fundidores, encadernadores, e papeleiros. O tipógrafo dos tempos de Estienne, tornou-se pouco mais que uma abstração. O emprego de mulheres para a composição dos caracteres, feriu o coração desta nobre indústria, e consumiu a sua degradação. Conheci uma *compositora*, que era uma das melhores, e que não sabia ler, conhecendo as letras apenas pelas formas. Toda a arte da profissão retirou-se

---

[7] [N.T]: A *Creuzot* foi a primeira das siderúrgicas de grande porte criadas na França, durante a década de 1810/20 destinada inicialmente a apoiar os esforços militares de Napoleão; dedicou-se também a produzir a máquina à vapor de Watt e posteriormente foi uma das grandes responsáveis pelo fornecimento de materiais e peças para o nascente parque ferroviário francês (trilhos e locomotivas, principalmente). Na segunda metade do séc. XIX, começou a produção das máquinas-ferramenta e no final do século foi uma das pioneiras na produção de automóveis e caminhões. Curiosamente foi uma das primeiras empresas industriais a ser *estatizadas* no mundo, por causa de sua importância estratégica no processo de industrialização da França, acossado pelos ingleses e alemães. Para maiores detalhes e uma bibliografia sobre este tema remetemos o leitor à M. DAUMAS (org.) *Histoire Génerále des Techniques* T 3 e 4 (PARIS PUF 1996). (Há tradução brasileira parcial.)

[8] [R.P]: Proudhon fala aqui de um ofício que conhece bem, pois ele foi por muitos anos operário tipógrafo, corretor de provas e depois impressor. O emprego das mulheres como tipógrafas nunca deixou de suscitar conflitos na indústria do livro. Hoje em dia, graças aos contratos coletivos regionais entre a federação operária e os organismos patronais, as dificuldades diminuíram de freqüência e intensidade.

para a especialidade dos oficiais tipógrafos e dos corretores, estes eruditos modestos que a impertinência dos autores e dos patrões humilha e em alguns poucos operários verdadeiramente artistas. A imprensa, em uma palavra, caiu no automatismo e não está mais, por seu pessoal, ao nível da civilização. Logo dela restarão apenas alguns monumentos.

Ouço dizer que os operários tipógrafos de Paris trabalham, através da associação, para reerguer-se de sua decadência: que seus esforços possam não esgotar-se em um empirismo vão ou perder-se em estéreis utopias!

Depois da indústria privada, observemos a administração.

Nos serviços públicos, o efeito do trabalho parcelar se produzem de maneira não menos espantosa e não menos intensas: por toda a parte na administração, na medida em que a arte se desenvolve, o grosso dos funcionários vê o seu vencimento diminuir. Um carteiro recebe nos serviços postais entre 400 e 600 francos de vencimentos anuais e sobre esta quantia a administração retem dez por cento para aposentadoria. Depois de trinta anos de trabalho a pensão, ou melhor a restituição, é de 300 francos anuais, que cedidos a algum asilo pelo titular lhe darão direito ao leito, à sopa e à roupa lavada. O coração sangra-me ao dizê-lo, mas acho a administração generosa: qual seria a retribuição justa para um homem cuja função consiste em andar? A lenda concede apenas *cinco tostões* ao Judeu Errante e os carteiros recebem vinte ou trinta, embora seja verdade que na sua maioria tenham família. A parte do serviço que exige o uso das faculdades intelectuais é reservada aos diretores e comissário: estes são melhor pagos, fazem o trabalho de homens.

Em toda parte, pois, tanto na indústria privada quanto nos serviços públicos, as coisas estão arranjadas de modo a que nove décimos dos trabalhadores sirvam de bestas de carga para o décimo restante: tal é o efeito inevitável do progresso industrial e a condição indispensável de toda riqueza. É importante, pois, levarmos em conta esta verdade elementar, antes de falar ao povo de igualdade, de liberdade, de instituições democráticas e de outras utopias cuja realização supõe previamente uma revolução completa nas relações dos trabalhadores.

O efeito mais notável da divisão do trabalho é a decadência da literatura.

Na Idade Média e na antigüidade o letrado era um tipo de doutor enciclopédico, sucessor do trovador e do poeta e sabia de tudo, podia tudo. A literatura, altiva, regia a sociedade: reis buscavam o favor de escritores, ou vingavam-se de seu desprezo queimando-os, a eles e seus livros. Mas era ainda uma forma de reconhecer a soberania literária.

Hoje ou se é industrial, ou advogado, médico, banqueiro, comerciante, professor, engenheiro, bibliotecário, etc.; não se é mais homem de letras. Ou melhor, cada um que se tenha elevado a um grau um pouco mais notável na sua profissão é, necessária e somente por isso, um letrado: a literatura, como o bacharelado[9], tornou-se a parte elementar de cada profissão. O homem de letras reduzido à sua expressão pura é o *escritor público*, um tipo de caixeiro-frasista cuja variedade mais conhecida é o jornalista...

Uma estranha idéia ocorreu há quatro anos atrás ao parlamento de fazer uma lei sobre a propriedade literária![10], como se doravante a idéia tendesse cada vez mais a ser tudo, e o estilo nada. Graças a Deus ocorre com a eloqüência parlamentar o mesmo que com a poesia épica e a mitologia: o teatro atrai raramente os homens de negócios e os cientistas; e enquanto os peritos se estranham com a decadência da arte, o observador filosófico nela vê apenas o progresso da razão viril que é mais importunado do que alegrado com estas difíceis bagatelas. O interesse do romance sustenta-se apenas quando este aproxima-se da realidade; a história reduz-se a uma exegese antropológica; por toda a parte enfim, a arte de bem dizer aparece como a auxiliar subalterna

---

[9] [N.T]: Na França este é o título daquele que conclui seus estudos secundários e passa por exames públicos unificados que, junto com o título lhe reconhecem o direito de freqüentar as universidades.

[10] [R.P.]: Proudhon desenvolveu mais completamente as suas idéias sobre a propriedade intelectual em uma obra intitulada: *Les Majorats Littéraires*. Ele alude aqui à lei de 5 de julho de 1844, cuja votação foi precedida de uma longa discussão na imprensa.

[N.T]: Na obra acima citada, Proudhon critica profundamente a idéia da propriedade literária e neste ponto os anarquistas o seguirão. De fato estes sempre se posicionaram radicalmente contra as idéias de propriedade literária, patentes e "copyrights". Não se pode aqui discutir a questão a fundo, mas basta esboçar alguns argumentos. Os anarquistas consideram factícia a divisão social que impõe a muitos os trabalhos duros e mal remunerados e que garantem a uma minoria o gozo remunerado dos prazeres intelectuais; consideram que qualquer ser humano é capaz de realizar trabalhos físicos e intelectuais e que além disto os intelectuais, por terem se mantido por mais tempo sem trabalhar, apenas estudando e se preparando, tem uma dívida social que deve ser ressarcida. A propriedade intelectual, ao restringir a circulação das idéias, ao fazer com que pessoas totalmente alheias ao processo de criação técnica, científica ou artística (herdeiros, editores, corporações, entes de arrecadação de direitos autorais, etc.) se beneficiem desta restrição, apropriando-se de bens que não lhe pertencem, apenas agravam esta dívida social e criam novas desigualdades.

da idéia do fato. O culto da palavra, muito empolado e muito lento para espíritos impacientes é negligenciado e os artifícios perdem cada dia mais as sua sedução. A língua do séc. XIX compõe-se de fatos e números e o mais eloqüente entre nós é aquele que com menos palavras sabe exprimir mais coisas. Quem não sabe falar esta língua é relegado sem misericórdia entre os reitores e dizemos que ele não tem idéias.

Em uma sociedade nascente, o progresso das letras necessariamente precede o progresso filosófico e industrial e por muito tempo serve a ambos de expressão. Mas chega o dia em que o pensamento transborda a língua e então, por conseqüência, a preeminência conservada pela literatura torna-se para a sociedade um sintoma seguro de decadência. A linguagem é com efeito, para cada povo, a coleção de suas idéias nativas, a enciclopédia que lhe revela de início a Previdência; é o campo que a razão deve cultivar, antes de atacar diretamente a natureza pela observação e pela experiência. Ora, desde que uma nação – uma vez esgotada a ciência contida em seu vocabulário – em lugar de prosseguir a sua instrução por uma filosofia superior, envolve-se em seu manto poético e põe-se a brincar com seus períodos e hemistíquios, pode-se ousadamente pronunciar que tal sociedade está perdida. Tudo nela se tornará sutil, mesquinho e falso; ela nem mesmo terá a vantagem de conservar no seu esplendor esta língua pela qual está loucamente apaixonada; ao invés de marchar na via dos gênios da transição, dos Tácito, dos Tucídedes, dos Maquiavel e dos Montesquieu, nós a veremos cair em uma queda irresistível da majestade de Cícero às sutilezas de Sêneca, às antíteses de Santo Agostinho, nos trocadilhos de São Bernardo.

Não nos façamos ilusões: a partir do momento em que o espírito, inicialmente todo contido no verbo, passa para a experiência e o trabalho, o homem de letras propriamente dito nada mais é que a personificação raquítica da menor de nossas faculdades; e a literatura, rejeito da indústria inteligente, encontra saída apenas entre os ociosos que ela diverte e os proletários que ela fascina, entre os saltimbancos que assediam o poder e os charlatães que o defendem, entre os hierofantes do direito divino que assalariam porta-vozes do Sinai e os fanáticos da soberania popular, cujos raros órgãos se reduzem a ensaiar a sua facúndia tribunícia sobre tumbas, esperando que ela faça chover dardos do alto e que sabem apenas dar ao público as paródias dos Gracos e de Demóstenes.

A sociedade, com todos os seus poderes, está, pois, de acordo em reduzir indefinidamente a condição do trabalhador parcelar; e a experiência, confirmando em toda a parte a teoria, prova que este operário está condenado ao infortúnio desde o ventre de sua mãe, sem que nenhuma reforma política, nenhuma associação de interesses, nenhum esforço nem da caridade pública e nem do ensino o possa socorrer. Os diversos específicos imaginados nestes últimos tempos, longe de poder curar esta chaga, servem apenas para envenená-la irritando-a; e tudo o que se escreveu a este respeito nada mais fez do que evidenciar o círculo vicioso da economia política.

É o que iremos demonstrar em poucas palavras.

§ II - Impotência dos paliativos. Os Srs. Blanqui, Chevalier, Dunoyer, Rossi e Passy

Todos os remédios propostos contra os funestos efeitos da divisão parcelar, reduzem-se a dois, que no fundo seriam um só, pois o primeiro é o inverso do segundo: elevar a moral do operário, aumentando o seu bem-estar e a sua dignidade ou preparar desde agora a sua emancipação e a sua felicidade pelo ensino.

Examinaremos sucessivamente estes dois sistemas, um representado pelo Sr. Blanqui e outro pelo Sr. Chevalier.

O Sr. Blanqui é o homem da associação e do progresso, o escritor de tendências democráticas, o professor acolhido pela simpatia do proletariado[11]. Em seu discurso de abertura para o ano de 1845, o Sr. Blanqui proclamou como meio de salvação a associação do trabalho e do capital e a participação do operário nos lucros, ou seja um começo de solidariedade industrial. "Nosso século – proclama – deve ver nascer o produtor coletivo." O Sr. Blanqui esquece-se que o produtor coletivo já nasceu há muito tempo, assim como o consumidor coletivo e que a questão não é mais genética, mas sim médica. Trata-se de fazer com que o sangue, provindo da digestão coletiva, ao invés de ser levado totalmente à cabeça, ao ventre e ao peito, chegue também aos braços e às pernas. Ignoro ademais quais são os meios que se propõe empregar o Sr. Blanqui para realizar o seu generoso pensamento; se seria a criação

---

[11] [N.T]: Proudhon refere-se aqui ao economista, irmão do revolucionário.

de oficinas nacionais, ou encomendas do Estado, ou ainda a expropriação dos empresários e a sua substituição por companhias de trabalhadores, ou por fim se ele se contentará a recomendar aos operários a constituição de caixas de poupança e neste último caso a participação poderia ser adiada para as calendas gregas.

Seja como for, a idéia do Sr. Blanqui resume-se em um aumento de salário, proveniente do título de co-associados ou ao menos no de co-interessados, que ele confere aos operários. Mas o que valeria para o operário esta participação nos lucros?

Uma fiação de 15.000 fusos, empregando 300 operários dá no máximo por ano 20.000 francos de lucro. Possuo a informação de um industrial de Mulhouse que as fábricas de tecidos da Alsácia estão geralmente abaixo deste índice e que esta indústria já não é mais um meio de se ganhar dinheiro pelo *trabalho*, mas sim pelo *ágio*. VENDER, vender bem, vender caro, eis toda a questão; fabricar é apenas um meio de preparar uma operação de venda. Quando eu suponho, portanto, um lucro de 20.000 francos por fábrica de 300 pessoas, e como o meu argumento é geral, suporei que este é o lucro médio. Admitamos esta cifra. Dividindo 20.000 francos, o lucro da fábrica, por 300 pessoas e por 300 jornadas de trabalho eu encontro para cada dia de trabalho de cada operário um soldo de 22 cêntimos e 2 milésimos, ou seja para a despesa quotidiana um aumento de apenas 18 cêntimos – apenas um pedaço de pão. Será que vale a pena expropriar os empresários e arriscar a fortuna pública para erguer estabelecimentos tão frágeis, nos quais a propriedade estaria parcelada em ações tão infinitamente pequenas que, ao não se sustentarem mais pelo lucro, fariam estas empresas perderem lastro e não estarem mais asseguradas contra as tempestades? E caso não se trate de expropriação, que pobre perspectiva apresentaremos à classe operária: um aumento de 18 cêntimos por dia como preço de séculos de poupança; pois este será o tempo necessário para que ela forme seus capitais, levando-se em conta o desemprego periódico que a faz devorar periodicamente suas economias!

O fato que acabo de relatar foi já assinalado de muitas maneiras. O Sr. Passy[12] registrou ele mesmo em uma fiação da Normandia onde os operários estavam associados ao empresário, os salários de várias famílias durante dez anos e encontrou médias variando entre

---

[12] [P]: Na sessão da Academia de Ciências Morais e Políticas de setembro de 1845.

1200 e 1400 francos por ano. Quis em seguida comparar estes resultados com os salários dos operários simplesmente assalariados e reconheceu que as diferenças são muito pequenas. Tais resultados são aliás fáceis de prever. Os fenômenos econômicos obedecem leis abstratas e impassíveis como números: apenas o privilégio, a fraude e o arbítrio perturbam a sua imortal harmonia.

O Sr. Blanqui, arrependendo-se ao que parece desta sua primeira incursão nas idéias socialistas, apressou-se a se retratar de suas palavras[13]. Na mesma sessão onde Passy demonstrava a insuficiência da sociedade por participação, ele exclamou: "Não parece que o trabalho seja coisa suscetível de organização e que dependa do Estado regular a felicidade da humanidade como a marcha de um exército, com uma precisão matemática? Aí reside uma tendência má, uma ilusão que a Academia deve combater, porque ela não é apenas uma quimera, é um sofisma perigoso. Respeitamos as boas e leais intenções, mas não tememos dizer que publicar um livro sobre a organização do trabalho, é fazer pela qüinquagésima vez um tratado da quadratura do círculo ou sobre a pedra filosofal".

Assim, impelido pelo zelo, o Sr. Blanqui acaba de arruinar a teoria da participação, que já tinha sido tão fortemente abalada pelo Sr. Passy através do exemplo seguinte: "O Sr. Dally, agricultor dos mais esclarecidos, estabeleceu uma contabilidade sobre cada pedaço de terra

---

[13] [N.E]: PASSY, Hyppolyte (1793-1880): Fez-se conhecido em 1826 com um livro de tendências liberais intitulado: *De l'Aristocratie Considerée dans ses rapports avec le Progrés de la Civilization* deputado e muitas vezes ministro sob Luís Felipe e depois em 1849, ele retirou-se da vida pública após o golpe de Estado de Luís Napoleão. Durante 40 anos manteve um posto preponderante na seção de economia política da Academia de Ciências Morais e Políticas. Publicou em 1848 o seu *Traité des causes de l'Inegalité des Richesses* e, em 1876 a obra *Des Formes de Gouvernement et des Lois qui les Régissent.*

A sessão da Academia de Ciências Morais e Políticas à qual Proudhon alude ocorreu não em setembro mas sim em 16 de agosto de 1845 (ver Séances et Travaux de l'Ac. Sc. Mor T VII p. 204-205, 1845 e a citação de Blanqui na p. 189). A discussão entre Blanqui, Passy, de Beaumont, Dunoyer, Villermé e outros, instituiu-se a respeito de um relatório de Villermé sobre duas obras recentemente publicadas, uma de G. DU PUYNODE: *Des Lois du Travail et des Classes Ouvriéres* e outra de MORIN: *Essai sur l'Organization du Travail et l'Avenir des Classes Labourieuses.*

A citação que Proudhon faz das palavras de Blanqui ganha se for completada: "Decretar o trabalho, prosseguiu o economista, assinalar-lhe as regras, as condições, os limites, é para um governo coisa impossível, ele não é dono, ele não é competente para resolver um tal problema". O Sr. Passy "adere sem reservas" à esta declaração; o Estado deve se abster de toda intervenção nas relações entre empregadores e empregados. Tímidas observações do Sr. Beaumont em sentido contrário, observações estas retomadas energicamente por Dunoyer, que não concede apartes ao filósofo Franck e ao Sr. Passy, que a lei deve e pode proteger o trabalho de mulheres e crianças.

e sobre cada produto plantado e constata que, em um intervalo de trinta anos, o mesmo homem jamais chegou a recolher duas colheitas semelhantes em um mesmo pedaço de terra. Os produtos variaram de 26.000 francos até 9.000 ou mesmo 7.000 francos, chegando em alguns casos a 300 francos. É certo que alguns produtos, como as batatas por exemplo, arruinam-se em uma colheita a cada nove. Como, portanto, em presença destas variações, sobre rendas tão irregulares e tão incertas, estabelecer distribuições regulares e salários uniformes para os trabalhadores"?..."

Poderíamos responder a isso dizendo que as variações de produtividade de cada pedaço de terra, indicam apenas que é necessário associar os proprietários entre si, depois de ter associado os operários aos proprietários e que isso estabeleceria uma solidariedade mais profunda; mas isso seria exatamente prejulgar aquilo que é precisamente a nossa questão e que o Sr. Blanqui, depois de ter sobre ela refletido, julga definitivamente impossível a organização do trabalho. Aliás é evidente que a solidariedade não acrescentaria um óbolo à riqueza comum e portanto que ela não toca o problema da divisão.

Em suma, o lucro tão invejado e muitas vezes tão problemático dos patrões, está longe de cobrir a diferença entre os salários efetivos e os salários demandados; e o antigo projeto do Sr. Blanqui, miserável em seus resultados e desaconselhado pelo seu próprio autor, seria um flagelo para a indústria manufatureira. Ora, como a divisão do trabalho está hoje estabelecida por toda parte, o raciocínio se generaliza e nós teremos por conclusão que *a miséria é tanto um efeito do trabalho quanto da preguiça.*

Responde-se a isto, e este argumento goza de grande favor entre o povo: que se aumente o preço dos serviços e que se duplique ou triplique o valor dos salários.

Confesso que se tal operação fosse possível, ela obteria pleno sucesso, apesar do que disse o Sr. Chevalier[14], a quem eu devo neste

---

[14] [R.P]: Michel CHEVALIER (1806-1879) homem de ação e de pensamento, consagrou-se inicialmente às idéias saint-simonianas, colaborou com o *L'Organisateur*, dirigiu *Le Globe* e foi perseguido, juntamente com o Padre Enfantin, por sua propaganda. Mas pouco depois o governo o enviou aos Estados Unidos para que lá estudasse os meios de desenvolvimento do transporte. Sua missão inspirou-lhe interessantes obras. A atividade prática e a produção intelectual de Michel Chevalier foram consideráveis. Suas *Lettres sur l'Organization du Travail*, seus *Essais de Politique Industrielle* e sobretudo seus numerosos artigos do *Journal des Debats* e do *Journal des Économistes* o conduziram a expressar os seus pontos de vista sobre os mesmos problemas abordados nas *Contradições*.

ponto uma pequena retificação. Segundo o Sr. Chevalier, se aumentássemos o preço de uma mercadoria qualquer, as outras aumentariam na mesma proporção, de modo que não haveria vantagem para ninguém.

Este raciocínio que os economistas repisam a mais de um século é tão falso quanto velho e talvez pertencesse ao Sr. Chevalier, na sua qualidade de engenheiro, o dever de retificar a tradição econômica. O ordenado de um chefe de escritório é de 10 francos por dia e o salário de um operário 4; se a renda fosse aumentada de 5 francos, a razão das fortunas, que no primeiro caso seria de 100 para 40, estaria no segundo caso como 100 está para 60. O aumento dos salários fazendo-se necessariamente por adição e não por cociente, seria, pois, um excelente meio de nivelamento e os economistas mereceriam que os socialistas lhes devolvessem todas as acusações de ignorância com as quais são gratificados a torto e a direito.

Mas eu digo que um tal aumento é impossível e que a suposição é absurda pois, como aliás percebeu muito bem o Sr. Chevalier, a cifra que indica o preço da jornada de trabalho é apenas um expoente algébrico sem influência sobre a realidade: o que é preciso antes de mais nada pensar em aumentar, embora retificando as desigualdades de distribuição, não é a expressão monetária, mas sim a quantidade de produtos. Até hoje todo o movimento de alta nos salários não pode deixar de ter outro efeito que não o aumento do trigo, do vinho, da carne, do açúcar, do sabão, do carvão, etc.; quer dizer, terá o efeito de uma carestia. Por que, no fundo, o que é o salário? É o preço de venda do trigo, do vinho, da carne, do carvão; é o preço integrado de todas estas coisas. Mas iremos um pouco mais longe: o salário é a proporcionalidade dos elementos que compõem a riqueza e que são consumidos a cada dia reprodutivamente pela massa dos trabalhadores. Ora, duplicar o salário, no sentido em que o povo o entende, é atribuir a cada um dos produtores uma parte maior que seu produto, o que é contraditório; se a alta incide apenas em um pequeno número de indústrias, isto provocará uma perturbação geral nas trocas, isto é, a carestia. Deus me livre das previsões! Mas apesar de toda a minha simpatia pela melhoria da sorte da classe operária, é impossível, eu o declaro, que as greves seguidas de aumento de salário não provoquem um aumento geral do custo de vida. Isto é tão certo como dois e dois são quatro[15]. Não será por tais receitas que os operários chegarão à riqueza e, o que é mil vezes mais precioso que a riqueza, à liberdade. Os operários, apoiados pelo favor de uma imprensa imprudente e exigindo aumento de salário, serviram muito mais ao monopólio que aos seus verdadeiros interesses; que eles possam enfim reconhecer, quando o mal-estar tornar-se para eles mais duro, o fruto amargo de sua inexperiência!

Convencido da inutilidade ou, por melhor dizer, dos funestos efeitos dos aumentos de salário e bem sentindo que a questão é orgâ-

---

[15] [N.T]: Pode parecer paradoxal ao leitor, que Proudhon, considerado por muitos anarquistas como o pai do anarco-sindicalismo e da autogestão, se posicione aqui "contrário" às greves. O problema é importante de modo que convém examiná-lo brevemente. Em primeiro lugar notemos que o argumento de Proudhon apenas indica que as melhorias salariais obtidas com as greves, tendem a provocar aumento do custo de vida e isso é, em geral, verdadeiro, embora a fração do "repasse" aos preços dependa bastante das circunstâncias políticas e econômicas: uma classe trabalhadora mais organizada e atenta pode frear estes aumentos, ao passo que uma economia oligopolizada e um quadro inflacionário tendem a facilitá-lo e acelerá-lo. Um outro ponto a ressaltar é que, apesar de criticar as reivindicações puramente salariais, Proudhon não condena a greve de uma maneira geral e absoluta, sendo que sua posição sobre o tema sofreu também uma evolução à partir de 1848; em terceiro lugar o leitor deve lembrar-se sempre que este é um livro que Proudhon escreve sobre a economia política, procurando ressaltar as contradições e paradoxos desta ciência com vistas a superá-los. Suas posições mais amplas e matizadas sobre a questão da organização operária, serão abordadas na segunda fase de suas obras, à partir da *Idée Génerale de la Révolution au XIXe. Siécle* (1851), culminando com a obra que pode ser considerada como seu testamento político, que é *De la Capacité Politique de la classe Ouvriére* (1864). De maneira geral, embora utilizando a organização sindical e a greve como arma, o anarco-sindicalismo, tem na sua teoria da *greve geral revolucionária*, muito mais que uma reivindicação parcelar e econômica. Os sindicatos são vistos no anarco-sindicalismo como "escolas de revolução" onde o trabalhador, inicialmente impelido para eles pelas suas necessidades concretas, nele aprenderá a solidariedade, a organização, a cultura e a fazer a revolução; as greves são apenas *um* dos métodos de luta, ao lado por exemplo do label, do boicote, da manifestação, etc., mesmo as greves não são vistas como isoladas; elas podem abranger uma seção, uma fábrica, toda uma categoria e mesmo generalizar-se; são inúmeros os casos de greves de solidariedade, isto é, uma seção, uma fábrica ou uma categoria pararem suas atividades em apoio à reivindicação de outros companheiros (este tipo de greve praticamente desapareceu nas últimas décadas) e os seus motivos não são exclusivamente econômicos: condições de trabalho, autoritarismo de chefes e contramestres, uso de matérias-primas impróprias ou corrompidas, medidas contra a carestia, protestos contra guerras e atitudes específicas do governo, estes e muitos outros são temas de elevada mobilização tanto ou mais que os temas econômicos, que no geral não ocupam papel muito preeminente (assim, na greve geral de 1917 em S. Paulo, p. ex. a questão salarial era apenas a *oitava reivindicação* dos operários). Em resumo, embora estimando a greve como um útil instrumento para fomentar a rebeldia e a organização do trabalhador, os anarquistas nunca confiaram muito na sua eficácia e nem a usaram exclusivamente como método de reivindicação salarial.

nica e não comercial, o Sr. Chevalier toma o problema ao contrário. Ele pede antes de mais nada para a classe operária a instrução e propõe neste sentido amplas reformas.

A instrução! Esta é também a palavra do Sr. Arago aos operários, é o princípio do progresso. A instrução!...É preciso saber de uma vez por todas o que podemos esperar dela para a solução do problema que nos ocupa; é preciso saber, eu digo, não se é desejável que todos a recebam – pois disso ninguém discorda – mas sim se isso é possível.

Para bem captar todo o alcance dos pontos de vista do Sr. Chevalier é indispensável conhecer a sua tática.

O Sr. Chevalier, moldado a longo tempo pela disciplina, primeiro por seus estudos politécnicos, mais tarde por suas relações saint-simonianas e finalmente por sua posição universitária, não parece admitir que o aluno possa ter outra vontade que a do regulamento, um sectário outro pensamento que não o do chefe e um funcionário público outra opinião que não a do poder. Esta pode ser uma maneira de conceber a ordem, tão respeitável como qualquer outra e eu não pretendo exprimir sobre este ponto nem aprovação nem crítica. O Sr. Chevalier emitiu um julgamento que lhe é pessoal? Em virtude do princípio de que tudo o que não é proibido pela lei, é permitido, ele se apressa por tomar a dianteira e dizer o que pensa, ressalvando a possibilidade de se vincular a seguir, se houver ocasião, à opinião da autoridade. Foi assim que, antes de se fixar no regaço constitucional, ele instalou-se no colo do Sr. Enfantin[16]; foi assim que ele aplicou-se aos canais, às ferrovias, à finança, à propriedade muito tempo antes do ministério ter adotado algum sistema sobre a instalação dos tri-

---

[16] [R.P]: ENFANTIN (1796-1864), aluno da Escola Politécnica, desde a juventude entra em relações com Saint-Simon de quem foi o discípulo mais influente. Suas conferências da rua Monsigny, o colocam em evidência e ele logo vai pregar a religião saint-simoniana na província. Principal redator do *Globe*, ele divide com Bazard o título de padre supremo da doutrina e proclama-se Messias e lei viva. Depois de ter se separado de Bazard, ele funda em Menilmontant uma comunidade saint-simoniana, que lhe rende um processo e uma condenação a um ano de prisão por ultraje aos costumes. Ele continua a propaganda, parte para o Egito em busca da mãe, volta à França e termina a sua vida ocupando-se de negócios industriais (ele dirige a ferrovia de Lyon) e financeiros (funda, juntamente com Duveyrier o jornal *Le Crédit*), mas vendo diminuir de ano para ano o número de seus discípulos. Sobre Enfantin e a escola saint-simoniana, o leitor poderá consultar as obras de Charlety (*Histoire du Saint-Simonisme* 1896) e de Weil (*Saint Simon et son Oeuvre*, 1894 - *L'Ecole Saint-simonienne* 1896).

lhos, sobre a conversão das rendas, sobre as patentes, a propriedade intelectual, etc.

O Sr. Chevalier não é, entretanto, um admirador cego do ensino universitário e, até nova ordem, ele não se perturba em dizer o que pensa. Suas opiniões são das mais radicais.

O Sr. Villemain tinha dito em um relatório: "O objetivo do ensino secundário é o de preparar longamente um punhado de homens escolhidos para todas as posições à ocupar e à servir na administração pública, na magistratura, nos tribunais e nas diversas profissões liberais, inclusive os graus superiores e as especialidades científicas da marinha e do exército".

"A instrução secundária – observa então o Sr. Chevalier[17] – é chamada também a preparar homens que serão uns agricultores, outros manufatureiros, estes comerciantes, aqueles técnicos[18]. Ora, no programa oficial todo este mundo é esquecido. Tal omissão é um pouco forte; porque, enfim, o trabalho industrial nas suas diversas formas, a agricultura e o comércio não são para o Estado um acessório, nem um acidente: são o principal!.. Se a Universidade quer justificar o seu nome, é preciso que ela tome um partido neste sentido, senão logo verá erguer-se contra ela uma *universidade industrial...* Então será altar contra altar, etc..."

E como é próprio de uma idéia luminosa esclarecer todas as questões a ela vinculadas, o ensino profissional fornece ao Sr. Chevalier um meio muito expedito de decidir, de passagem, a querela entre o clero e a Universidade à respeito da liberdade de ensino.

"É preciso convir que se fez uma bela concessão ao clero deixando-se a latinidade servir de base ao ensino. O clero sabe latim tão bem como a Universidade: é a sua própria língua. Seu ensino também é mais barato: é portanto impossível que ele não atraia uma grande parte da juventude para seus pequenos seminários e suas instituições plenas..."

A conclusão vem a seguir: que se mude a matéria do ensino e se descatolicizará o reino; e como o clero conhece apenas latim e a Bíblia, como ele não conta em seu seio nem mestres de artes, nem agricultores e nem contadores, como entre quarenta mil padres não há sequer vinte homens capazes de traçar uma planta ou forjar um

---

[17] [P]: *Journal des Economistes,* abril de 1843.
[18] [N.T]: *Ingénieurs-libres* (engenheiros livres) no original.

prego, logo veremos que os pais de família irão preferir a indústria ao breviário, se eles estimam ser o trabalho a mais bela das línguas para se erguer preces a Deus.

Acabaria assim esta oposição ridícula entre a educação religiosa e a ciência profana, do espiritual e do temporal, da razão e da fé, do altar e do trono, velhas rubricas agora vazias de sentido, mas com as quais ainda se distrai a bonomia do público, enquanto se aguarda que ele se zangue.

O Sr. Chevalier, de qualquer modo, não insiste sobre esta solução: ele bem sabe que religião e monarquia são dois parceiros que, embora sempre às turras, não podem existir um sem o outro; e, para não despertar suspeitas, ele se lança a uma outra idéia revolucionária: a igualdade.

"A França tem condições de fornecer anualmente à Escola Politécnica[19] vinte vezes mais alunos do que os que hoje fornece (como a

---

[19] [N.T]: A *École Politechnique* foi um dos esteios da chamada reforma napoleônica da Universidade. A Universidade medieval, que se prolongou por todo o Antigo Regime, estava baseada nas chamadas *cinco faculdades*: Teologia, Direito, Medicina e Filosofia (esta última dividida entre o *trivium*, ou ciclo elementar e o *quadrivium* dos estudos mais avançados). Esta organização perdurou por muito tempo depois da sua utilidade estar perempta e a reforma pombalina da Universidade de Coimbra, realizada em meados do séc. XVIII, com todo o peso do Iluminismo, não conseguiu alterar em muito este esquema, embora os *curricula* tenham sido modificados e atualizados, fato este que demonstra a vitalidade dos conservadores no ensino. Já Galileu, Descartes e Bacon tinham levado o pensamento científico para fora dos muros da Universidade e durante os sécs. XVII e XVIII vemos florescer o fenômeno das academias científicas, organizações públicas de erudição independentes da Universidade nas quais a nova ciência e a nova filosofia eram cultivadas. Em 1720 por exemplo, os industriais e comerciantes de Londres fundam a Royal Society como objetivo explícito de desenvolver novos conhecimentos e a sua aplicação aos problemas práticos e esta entidade é ainda hoje uma das instituições científicas mais prestigiosas e reconhecidas internacionalmente. Napoleão tentou refundir a Universidade francesa no espírito das academias, transformando-a em uma ferramenta útil nas mãos do Estado e da burguesia, ao invés de ser um mero ornamento. Não nos cabe aqui julgar esta iniciativa, mas apenas descrevê-la. Partindo da velha Sorbonne como base, o curso de teologia foi eliminado, as faculdades de direito e de medicina foram reformadas e foram criadas novas escolas entre as quais a *Faculté de Sciences*, especializada no ensino das ciências exatas e naturais, a *École de Pharmacie*, com o objetivo de formar farmacêuticos e a *École Normale Supérieure*, que originalmente tinha por missão fornecer professores para o ensino primário e secundário laicos, mas que com o tempo alterou a sua missão; a antiga Faculdade de Filosofia, transformou-se na *Faculté de Philosophie et Lettres* com o objetivo de estudar as chamadas ciências humanas e que de início contemplava apenas os cursos de Filosofia, História, Letras modernas, Letras clássicas e Letras orientais. A *École Politechnique* foi criada no espírito de se formar uma elite fortemente especializada em ciências exatas e que fornecesse um quadro de gestores para a administração pública e para as forças armadas. Embora o seu ensino fosse vagamente descrito como "engenharia", na verdade estava e ainda está muito longe do que é considerada uma boa formação padrão de engenheiro no resto do mundo; sua ênfase na matemática era e é notável; muitos dos melhores matemáticos dos sécs. XIX e XX, como Cauchy, Sturm, Jordan

média atual é de 176 este número seria 3520). Basta que a Universidade assim o queira...Se a minha opinião tivesse algum peso, eu sustentaria que a aptidão matemática é *muito menos especial* do que normalmente se acredita. Eu lembro o sucesso com o qual crianças, tomadas quase que ao acaso nas calçadas de Paris, aprenderam seguindo o ensino de La Martinière, através do método do capitão Tabareau."

Se o ensino secundário, reformulado segundo o ponto de vista do Sr. Chevalier, fosse seguido por todos os jovens franceses, enquanto que hoje ele é seguido apenas por 90.000, teríamos sem exagero que elevar a cifra dos especialistas matemáticos de 3.520 para 10.000; mas, pela mesma razão, teríamos 10.000 artistas, filólogos e filósofos; 10.000 médicos, físicos, químicos e naturalistas; 10.000 economistas, jurisconsultos e administradores; 20.000 industriais, contramestres, negociantes e contadores; 40.000 agricultores, vinhateiros, mineiros, etc.; no total 100.000 capacidades por ano, ou seja cerca de um terço da juventude. O restante, não possuindo aptidões especiais, mas sim aptidões mescladas se classificaria indiferentemente um pouco em cada parte.

É certo que um tão poderoso impulso dado às inteligências aceleraria a marcha da igualdade, e não duvido que este seja o desejo secreto do Sr. Chevalier. Mas eis o que precisamente me inquieta: as capacidades não faltam, assim como a população, e o problema é encontrar emprego para umas e pão para a outra. Em vão nos diz o Sr. Chevalier: "A instrução secundária daria menor ocasião para a queixa de que ela lança na sociedade uma multidão de ambiciosos, destituídos dos meios de satisfazer os seus desejos e interessados apenas em subverter o Estado; pessoas não aplicadas e inaplicáveis, que não servem para nada e que se crêem próprios para tudo, em particular para dirigir os negócios públicos. Os estudos científicos exaltam menos o espírito. Eles o iluminam e o regulam ao mesmo tempo, eles adaptam o ho-

---

ou Schwartz, foram seus professores e uma certa tradição os obrigava a serem autores dos *Cours d'Analise* uma tradição similar estabeleceu-se no ensino da Astronomia. A *Politechnique* gozava de autonomia, possuía um estatuto especial e seus alunos eram submetidos à uma organização militar; o estudo da Engenharia propriamente dita era feito por exemplo na *École des Ponts et Chaussés*, especializada em Engenharia Civil, estradas e grandes obras e na *École des Mines* para a metalurgia e a geologia. A seleção para a *Politechnique* era muito rigorosa e o mero "bacharelado" não dava acesso à ela, sendo necessário uma preparação e um exame vestibular especiais, centrados obviamente na matemática. De qualquer forma a *Politechnique* acabou formando grande parte da elite francesa: políticos, generais, ministros, industriais e presidentes da república passaram por seus bancos.

mem à vida prática..." Esta linguagem, eu lhe replicaria, é boa para os patriarcas: um professor de economia política deve ter mais respeito por sua cátedra e por seu auditório. O governo não possui mais que cento e vinte postos disponíveis para os cento e setenta e seis politécnicos admitidos anualmente na escola; qual seria o excedente se o número admitido fosse de dez mil ou de apenas três mil e quinhentos, admitindo-se a cifra do Sr. Chevalier? Generalizemos: o total dos postos civis é de sessenta mil, com cerca de três mil vagas que se abrem anualmente: que terror para o poder se, adotando-se as idéias reformistas do Sr. Chevalier, ele se visse assediado por cinqüenta mil solicitantes! Uma objeção semelhante já foi feita muitas vezes aos republicanos, sem que estes tivessem respondido: quando todos tiverem o seu título de eleitor, os deputados serão melhores e o proletariado mais avançado[20]? Eu faço a mesma pergunta ao Sr. Chevalier: Quando cada ano escolar vos trouxer cem mil capacidades, o que fareis com elas?

Para poder estabelecer esta interessante juventude tereis que descer ao último escalão da hierarquia. Fareis um rapaz começar, depois de quinze anos de sublimes estudos, não como hoje nos graus de engenheiro aspirante, de subtenente de artilharia, de guarda-marinha de 2ª classe, de substituto, de controlador, de guarda-geral, etc., mas sim por empregos ignóbeis de peão, de praça-de-pré, de dragador, de ajudante, de foguista e de rato de porão. E lá ele deverá ficar, esperando que a morte, clareando as fileiras, o faça avançar de um passo. Pode ser que um homem saído da Politécnica e que seja um novo Vauban[21] termine sua vida como calceteiro em uma estrada de segunda classe ou como sargento em um regimento.

Oh! Quanto o catolicismo mostrou-se mais prudente e como ele os ultrapassou a todos vós, saint-simonianos, republicanos, universitários e economistas no conhecimento do homem e da sociedade! O padre sabe que nossa vida é apenas uma viagem e que nossa perfeição não pode ser realizada aqui embaixo e ele se contenta em esboçar

---

[20] [N.T]: Na monarquia de julho o voto era ainda censitário na França; o sufrágio universal foi instituído apenas em 1848 e em muito contribuiu para a ascensão de Luis Bonaparte ao poder, primeiro como deputado, depois como Presidente da República e afinal, e por vinte longos anos como Imperador, quando então o sufrágio universal servia apenas para os famigerados plebiscitos imperiais.

[21] [N.T]: Sebastién LE PRESTE marquês de VAUBAN (1633-1707)- engenheiro militar e marechal de França, responsável pela fortificação de suas fronteiras.

sobre a terra uma educação que deve encontrar o seu complemento no céu. O homem que a religião formou está contente em saber, em fazer e em obter aquilo que basta ao seu destino terrestre e não poderá nunca tornar-se um embaraço para o governo: antes será o seu mártir. Ó religião querida! Por que a burguesia, que tem tanta necessidade de ti, te despreza?...

Em que espantosos combates de orgulho e de miséria esta mania de ensino universal nos precipita! De que serviria a educação profissional, para que escolas de agricultura e de comércio, se os estudantes não possuem estabelecimentos nem capitais? Que necessidade temos de nos fartar até os vinte anos de toda a espécie de ciências para irmos amarrar fios em um tear mecânico[22] ou escavar carvão no fundo de um poço? O quê? tendes confessadamente apenas 3000 empregos a dar a cada ano para 50000 capacidades possíveis e falais ainda em criar escolas! Permanecei antes em vosso sistema de exclusão e de privilégio, velho como o mundo, apoio de dinastias e de patriciados, verdadeira máquina de capar[23] homens, para assegurar os prazeres de uma casta de sultões. Fazei pagar caro as vossas lições, multiplicai os entraves, descartai, pelo tamanho das provas, o filho do proletário a quem a fome não permite freqüentá-las e protegei com todo o vosso poder as escolas eclesiásticas, onde se aprende a trabalhar pela outra vida, a resignar-se, a jejuar, a respeitar os grandes, a amar o rei e a orar a Deus. Pois todo o estudo inútil torna-se cedo ou tarde, um estudo abandonado: a ciência é um veneno para os escravos.

Certamente o Sr. Chevalier tem muita sagacidade para não ter percebido as conseqüências de sua idéia. Mas ele a disse do fundo do coração e podemos apenas aplaudir a sua boa intenção: é preciso antes de mais nada que os homens sejam homens, depois, quem viver verá.

---

[22] [N.T]: *Mule-jenny* no original, que foi o tear padrão da 1ª revolução industrial. Para maiores informações consultar a bibliografia da nota 7 deste capítulo.

[23] [N.T.]: *Hongrer* no original francês, verbo que designa precisamente a *castração do cavalo*; como se sabe os garanhões, embora muito fortes são fogosos, muito difíceis de montar e impróprios ao tiro; sua castração os torna mais dóceis aos trabalhos pesados e à tração, sem diminuir muito a sua força. Proudhon utiliza com precisão vocabular tal verbo para designar o papel acomodatício e repressor da educação religiosa sobre os homens; não se trata apenas da emasculação mas sim de uma emasculação "produtiva". Desconhecemos a existência de um étimo similar em Português.

Assim, marchamos aventurosamente, conduzidos pela Providência que adverte-nos apenas golpeando: este é o começo e o fim da economia política.

Ao contrário do Sr. Chevalier, professor de economia no Collége de France, o Sr. Dunoyer, economista do Instituto não quer que se organize o ensino. A organização do ensino é uma variedade da organização do trabalho; portanto não à organização. O ensino, observa o Sr. Dunoyer, é uma profissão e não uma magistratura; como todas as profissões ele deve permanecer livre. É a comunidade, é o socialismo, é a tendência revolucionária cujos principais agentes foram Robespierre, Napoleão, Luis XVIII e o Sr. Guizot que lançaram estas idéias funestas de centralização e de absorção de todas as atividades no Estado[24]. A imprensa é bem livre e a pena dos jornalistas uma mercadoria; a religião é também bem livre e todo o portador de sotaina, curta ou longa, que saiba bem excitar a curiosidade pública, pode reunir em torno de si um auditório. O Sr. Lacordaire tem os seus devotos, o Sr. Leroux[25] seus apóstolos, o Sr. Buchez, o seu convento. Por que então o ensino não seria livre? Se o direito do ensinado, como o do comprador, é indubitável, o do ensinante, que nada mais é que uma variedade de vendedor, é o seu correlativo: é impossível tocar na liberdade de ensino, sem violentar a mais preciosa das liberdades, a liberdade de consciência. Ademais, acrescenta o Sr. Dunoyer, se o Estado deve o ensino a todos, logo se pretenderá que ele deve igualmente trabalho, e depois o alojamento, a mesa..... Aonde isto nos levaria?

---

[24] [N.T]: Esta passagem tem um tom fortemente irônico e agressivo para com Dunoyer. Afinal, Napoleão "encerra" a revolução francesa com a forte sangria de suas guerras, Luis XVIII é o chefe da reação monárquica que assumirá o trono da França depois da queda de Napoleão, sendo derrubado com uma revolta em 1830 e Guizot (1787-1874), durante toda a sua longa vida, foi seu ministro e ativo reacionário em todos os episódios perturbados que a França viveu. São, portanto, homens conservadores e não obstante partidários da centralização e da burocracia, herdeiros de certa forma da tradição jacobina. Com relação ao ensino, basicamente tanto Luis XVIII quanto Guizot, mantiveram a reforma napoleônica e as restrições à interferência do clero no ensino. O ensino religioso, malvisto na França desde a Revolução, será reabilitado mais tarde por Luis Napoleão através da chamada Lei Falloux.

[25] [R.P]: PIERRE LEROUX (1787-1871). Depois de sua ruptura com a escola saint-simoniana em 1831, ele toma a direção da *Revue Encyclopedique* onde expõe a sua teoria social e filosófica inspirada ao mesmo tempo no saint-simonismo e no hegelianismo, com fortes tintas católicas. No momento em que Proudhon escrevia suas *Contradições*, Pierre Leroux publicava uma revista mensal, a *Revue sociale pour la Solution Pacifique du Problème du Proletariat* (3v. 1845-1847).

A argumentação do Sr. Dunoyer é irrefutável: organizar o ensino é dar a cada cidadão a promessa de um emprego liberal e de um salário confortável; estes dois termos estão tão intimamente ligados quanto a circulação arterial e a venosa. Mas a teoria do Sr. Dunoyer implica igualmente que o progresso é verdadeiro apenas para uma certa elite da humanidade, e que para os nove décimos do gênero humano a barbárie é a condição perpétua. É exatamente isto, segundo o Sr. Dunoyer, que constitui a essência das sociedades, que se manifesta em três tempos: religião, hierarquia e mendicidade. De modo que, neste sistema, que é o de Destutt de Tracy, de Montesquieu e de Platão, a antinomia da divisão, como a do valor é insolúvel.

Dá-me um prazer inexprimível, necessito confessá-lo, ver o Sr. Chevalier partidário da centralização do ensino, combatido pelo Sr. Dunoyer partidário da liberdade; o Sr. Dunoyer por sua vez em oposição ao Sr. Guizot e o Sr. Guizot, como representante dos centralizadores, em contradição com a constituição, que assegura o princípio da liberdade; e a constituição pisoteada pelos universitários, que reclamam para si o privilégio do ensino, apesar da ordem formal do evangelho aos padres: *Ide e ensinai*. E acima de todo este ruído de economistas, de legisladores, de ministros, de acadêmicos, de professores e de padres, a Providência econômica dando um desmentido ao evangelho e exclamando: O que quereis, ó pedagogos, que eu faça com vosso ensino?

Quem nos tirará desta angústia? O Sr. Rossi inclina-se por um ecletismo. Pouco dividido, o trabalho fica improdutivo; muito dividido, embrutece o homem. A sabedoria está entre os extremos: *in medio virtus*. Infelizmente esta sabedoria centrista nada mais é que uma mediocridade de miséria juntada a uma mediocridade de riqueza, de modo que a condição é pouco modificada. A proporção do bem e do mal, ao invés de estar na razão de 100 para 100, estará na razão de 50 para 50: isto basta para dar conta das medidas do ecletismo. De resto o ponto médio do Sr. Rossi está em oposição com a grande lei econômica: *Produzir com os menores custos possíveis a maior quantidade possível de valores*...Ora, como o trabalho poderia cumprir o seu destino sem uma extrema divisão? Busquemos mais fundo, por favor.

"Todos os sistemas – diz o Sr. Rossi – todas as hipóteses econômicas pertencem ao economista; mas o homem inteligente, livre, responsável, está sob o império da lei moral... A economia política nada mais é que uma ciência que examina as relações entre as coisas e delas tira conseqüências. Ela examina quais são os efeitos do trabalho: deve-reis, na aplicação, aplicar o trabalho segundo a importância da meta. Quando a aplicação do trabalho é contrária a uma meta mais elevada que a produção da riqueza, não se deve aplicá-la.... Suponhamos que fosse um meio de riqueza nacional fazer as crianças trabalharem quinze horas por dia: a moral diria que isto não é permitido. Isto prova que a economia política é falsa? Não, isto prova que confundis aquilo que deve ser separado."

Se o Sr. Rossi tivesse um pouco mais desta ingenuidade gaulesa, tão difícil de adquirir pelos estrangeiros, ele teria simplesmente *lançado sua língua aos cães* como diz Madame de Sevigné. Mas é preciso que um professor fale, fale, fale, não para dizer alguma coisa, mas apenas para não ficar mudo. O Sr. Rossi gira três vezes em torno da questão e depois se deita; isto basta para algumas pessoas crerem que ele a respondeu.

Certamente, já é um sintoma vergonhoso para uma ciência quando, ao desenvolver-se segundo os princípios que lhe são próprios, ela chega ao ponto de ser desmentida por uma outra; como podem, por exemplo, os postulados da economia política acharem-se contrários aos da moral, se eu suponho que a economia política e a moral sejam ciências. O que seria do conhecimento humano se todas suas afirmações se entredestruíssem? Em que nos fiaríamos? O trabalho parcelar é uma ocupação de escravo, mas é o único verdadeiramente fecundo; o trabalho indiviso pertence ao homem livre, mas não paga os seus custos. De um lado a economia política nos diz: Sede ricos; e de outro a moral: Sede livres; e o Sr. Rossi, falando em nome das duas nos adverte ao mesmo tempo que não podemos ser nem ricos e nem livres, pois sê-lo pela metade é a mesma coisa que não sê-lo. A *doutrina* do Sr. Rossi, longe de satisfazer esta dupla tendência da humanidade, tem portanto o inconveniente de, por não ser exclusiva, tirar-nos tudo; esta é, sob outra forma, a história do sistema representativo.

Mas o antagonismo é muito mais profundo do que vê o Sr. Rossi. Pois, segundo a experiência universal que está neste ponto de acordo com a teoria, o salário reduz-se em razão da divisão do trabalho, e fica claro que submetendo-nos à escravidão parcelar, não obteremos por isso a riqueza; apenas teremos transformado homens em máquinas: basta ver a população operária dos dois mundos. E como por outro lado, fora da divisão do trabalho a sociedade recai na barbárie, é evidente que, ainda que se sacrifique a riqueza, nem por isso se atingirá a liberdade; basta ver, na Ásia e na África, o destino de todas as raças nômades[26]. Existe portanto a necessidade, uma necessidade imperiosa, proveniente tanto da ciência econômica quanto do moral, de resolver os problemas da divisão do trabalho; ora, onde estão os economistas? Há trinta anos, desde que Lemontey, desenvolvendo uma observação de Adam Smith, ressaltou a influência desmoralizante e homicida da divisão do trabalho, o que foi respondido? Quais pesquisas foram realizadas? Quais combinações propostas? A questão chegou sequer a ser compreendida?

Todos os anos os economistas prestam contas, com uma exatidão que eu louvaria ainda mais se não a visse permanecer sempre estéril, do movimento comercial dos Estados da Europa. Eles sabem quantos metros de tecido, quantas peças de seda, quantos quilogramas de ferro foram produzidos; sabem qual é o consumo *per capita* de trigo, de vinho, de açúcar e de carne; diríamos que para eles o *nec plus ultra* da ciência seria publicar inventários e o último termo de sua combinação, o de tornarem-se controladores gerais das nações. Nunca tantos materiais reunidos forneceram tão belas perspectivas à pesquisa: o que se achou? Que princípio novo brotou desta massa? Que solução a tantos novos problemas dela resultou? Qual a nova direção impressa aos estudos?

Uma questão entre outras parece ter sido preparada para o julgamento definitivo: é o pauperismo. O pauperismo é, hoje em dia, de todos os acidentes do mundo civilizado, o melhor conhecido: sabe-se mais ou menos de onde ele provém, quando e como ele chega e o quanto ele custa; calculou-se qual é a sua proporção, nos diversos graus de civilização e estamos convencidos ao mesmo tempo que todos os remédios pelos quais tentou-se até hoje combatê-lo foram impotentes. O pauperismo foi dividido em gêneros, espécies e variedades: existe dele uma história natural completa, um dos ramos mais importantes da antropologia. Pois bem! O que resulta irretorquivelmente de todos os fatos recolhidos, mas que não se viu e o que não se quer ver, aquilo que os economistas obstinam-se a cobrir com seu silêncio, é que o pauperismo será constitucional e crônico nas sociedades enquanto subsistir

---

[26] [N.T]: Mais uma vez aqui a visão de Proudhon é tributária dos economistas clássicos, ver a nota 4 do capítulo II, para uma discussão da economia dos povos primitivos.

o antagonismo do trabalho e do capital, e que tal antagonismo pode acabar apenas com uma negação absoluta da economia política. Qual saída para este labirinto os economistas descobriram?

Este último ponto merece que nos detenhamos sobre ele um instante.

Na comunidade primitiva, a miséria, como já observei no parágrafo precedente, é a condição universal.

O trabalho é a guerra declarada a tal miséria.

O trabalho organiza-se inicialmente pela divisão, a seguir pelas máquinas, depois pela concorrência, etc., etc.

Ora, trata-se de saber se não é da essência desta organização, tal como nos é dada pela economia política, fazer cessar a miséria de alguns ao mesmo tempo em que agrava a miséria de outros de uma maneira fatal e invencível. Eis os termos nos quais a questão do pauperismo deve ser colocada e eis como devemos empreender a sua resolução.

O que significam pois estas futricas eternas dos economistas sobre a imprevidência dos operários, sobre sua preguiça, sua falta de dignidade, sua ignorância, seus deb000hes, seus casamentos prematuros, etc.? Todos estes vícios, toda esta crápula nada mais é que o manto do pauperismo; mas a causa, a causa primeira que retém quatro quintos do gênero humano no opróbrio qual é? A natureza não fez todos os homens igualmente grosseiros, rebeldes ao trabalho, lúbricos e selvagens? O patrício e o proletário não saíram do mesmo barro? De onde decorre, portanto, que depois de tantos séculos e apesar de tantos prodígios da indústria, das ciências e das artes, que o bem-estar e a polidez não tenham se tornado o patrimônio de todos? De onde vem o fato de que em Paris e Londres, nos centros das riquezas sociais, a miséria seja tão odiosa quanto nos tempos de César e de agrícola? Como, ao lado desta aristocracia refinada, a massa tenha permanecido tão inculta? Acusa-se os vícios do povo, mas os vícios das altas classes não parecem menores; ao contrário, talvez sejam ainda maiores. A mancha original é igual para todos: mais uma vez, de onde provém o fato de que o batismo da civilização não tenha tido para todos a mesma eficácia? Não seria porque o próprio progresso já é um privilégio e que um homem que não possua nem carro nem montaria esteja forçado a patinar eternamente na lama? Mas o que estou dizendo? Para o homem totalmente desmunido, o desejo de salvação não chega: ele caiu tão baixo, que a própria ambição extinguiu-se em seu coração[27].

"De todas as virtudes privadas, observa com infinita razão o Sr. Dunoyer, a mais necessária, aquela que nos dá sucessivamente todas as outras, é a paixão do bem-estar, é o desejo violento de sair da miséria e da abjeção, é esta emulação e esta dignidade que não nos permite contentarmo-nos com uma situação inferior... Mas este sentimento, que parece tão natural, é infelizmente muito menos comum do que se pensa. Há poucas críticas que a grande maioria dos homens mereça menos que a que lhes é dirigida pelos moralistas ascéticos de serem muito amigos das facilidades: ao contrário, seria a crítica inversa que lhes deveria ser endereçada com muito maior justiça.... Existe mesmo na natureza humana este fato notável de que quanto menores as luzes e recursos os homens possuam, menor é o desejo que experimentam de adquiri-las. Os mais miseráveis selvagens e os menos iluminados dos homens, são precisamente aqueles aos quais é mais difícil dar necessidades, aqueles que exigem maior esforço para inspirá-los sair de seu estado; de modo que é preciso que o homem já se tenha fornecido, através de seu trabalho, um certo bem-estar para que experimente com alguma vivacidade a necessidade de melhorar sua condição e de aperfeiçoar a sua existência, que eu denomino amor ao bem-estar." (*De la Liberté du Travail*, T. II p. 80.)

Assim a miséria das classes laboriosas provém em geral de sua falta de coração e de espírito ou, como disse em algum lugar o Sr. Passy, da fraqueza e da inércia de suas faculdades morais e intelectuais. Esta inércia deriva do fato que as ditas classes laboriosas, ainda semi-selvagens, não experimentam com suficiente vivacidade o desejo de melhorar a sua condição: é este o fato observado pelo Sr. Dunoyer. Mas como esta ausência de desejo é por sua vez um efeito da miséria,

---

[27] [N.T]: Neste parágrafo e nos próximos Proudhon tenta utilizar os argumentos e os preconceitos dos economistas clássicos, para combater os princípios do *laisser-faire* e justificar as pretensões de justiça dos trabalhadores; assim tenta mostrar que os "vícios" e a "lama" são comuns a todos os homens e que não são os pretensos "defeitos" do povo que causam a sua miséria. Igualmente, assumindo os postulados do "homo economicus", vai tentar mostrar que como a ambição e o interesse próprio são virtuosos e legítimos, segundo os economistas clássicos, o povo tem direito a ambicionar a sua saída do estado de miséria e a exigir o bem-estar, mesmo que isto atinja os postulados da "liberdade" econômica, evidenciando desta forma o caráter antagônico entre os princípios da economia política e os da justiça.

conclui-se que miséria e apatia são uma e outra efeito e causa, e que o proletariado gira em círculos.

Para sair deste abismo é preciso ou o bem-estar, quer dizer o aumento progressivo dos salários, ou inteligência e coragem, quer dizer desenvolvimento progressivo das faculdades: duas coisas diametralmente opostas à degradação da alma e do corpo, que é o efeito natural da divisão do trabalho. A infelicidade do proletariado é, pois, totalmente providencial e empreender a sua extinção, nos termos onde hoje se encontra a economia política, seria provocar a tromba revolucionária.

Pois não é sem razão profunda, extraída das mais altas considerações da moral, que a consciência universal – exprimindo-se ao mesmo tempo pelo egoísmo dos ricos e pela apatia do proletariado – recusa a retribuição a um homem que faz o ofício de uma alavanca ou de uma mola. Se, por impossibilidade, o bem-estar material pudesse caber ao operário parcelar, veríamos algo de monstruoso produzir-se: operários ocupados em trabalhos repugnantes tornariam-se como estes romanos atulhados pelas riquezas do mundo, cuja inteligência embrutecida não seria mais capaz de inventar sequer novos gozos. O bem-estar sem educação embrutece o povo e o torna insolente: esta observação foi feita desde a mais alta antigüidade. *Incrassatus est, et recalcitravit*, diz o Deuteronômio. De resto, o trabalhador parcelar julgou-se a si mesmo: ele está contente, desde que tenha o pão, o sono num catre e a embriaguez no domingo. Toda outra condição lhe seria prejudicial e comprometeria a ordem pública.

Em Lyon, existe uma classe de homens que, com o favor do monopólio concedido pela prefeitura, recebe um salário superior aos professores de faculdade e aos chefes de escritório dos ministérios: são os carregadores. Os preços de embarque e de desembarque em alguns portos de Lyon, segundo as tarifas das *Rigues*[28], ou seja, as companhias de estivadores são de 30 cêntimos por cem quilogramas. Com esta taxa, não é raro que um homem ganhe 12, 15, ou até mesmo 20 francos por dia; apenas para isso deverá carregar 40 ou 50 sacos de um barco para um armazém. É tarefa de poucas horas. Que condição favorável ao desenvolvimento da inteligência tanto para os filhos quanto para os pais, se por si mesma e pelos ócios que proporciona, a riqueza

---

[28] [N.E.]: As rigues são barcas utilizadas no Rhône, que emprestaram o seu nome às associações de marinheiros das quais nos fala Proudhon.

fosse um princípio moralizador! Mas não ocorre nada disso: os carregadores de Lyon são hoje o que sempre foram, bêbados, crápulas, brutais, insolentes, egoístas e frouxos. É penoso dizê-lo, mas considero esta declaração como um dever porque ela contém a verdade: uma das primeiras reformas a operar nas classes trabalhadoras será a de reduzir o salário de algumas delas, ao mesmo tempo em que se elevará o salário das outras. Não é pelo fato de pertencer às últimas classes do povo, que o monopólio torna-se mais respeitável, sobretudo quando ele serve para manter o mais grosseiro individualismo. A revolta dos operários da seda[29] não encontrou simpatia alguma entre os carregadores e entre a gente ribeirinha em geral; eles lhes foram hostis. Nada que se passa fora dos portos tem poder de emocioná-los. Bestas de carga previamente moldadas pelo despotismo, desde que seja mantido o seu privilégio eles jamais se imiscuirão em política. Devo dizer, entretanto, em seu favor, que há já algum tempo, como as necessidades da concorrência abriram brechas nas tarifas, sentimentos mais sociáveis começaram a despertar nestas naturezas maciças: com mais algumas reduções, condimentadas com um pouco de miséria e as *Rigues* lyonesas formarão o corpo de elite quando for preciso assaltar as bastilhas[30].

Em resumo, é impossível e contraditório que no sistema atual das sociedades, o proletariado chegue ao bem-estar pela educação ou à educação pelo bem-estar. Pois, sem contar que o proletário, o homem-máquina, seja tão incapaz de suportar tanto bem-estar quanto a instru-

---

[29] [N.T.]: Proudhon refere-se aqui às célebres revoltas dos *canuts*, os operários da seda de Lyon, logo após a revolução de 1830 (entre 1831 e 1833); revolta esta tida como o nascimento do moderno movimento operário na França e que tanto assustou Hegel, por não enquadrar-se no espírito da história universal e até mesmo contradizê-lo; a organização destes operários era horizontal e federativa e suas aspirações autogestionárias (ver a tal respeito o livro de Fernand RUDÉ *Les Canuts: Soyers deLyon*). Proudhon, trabalhando na ocasião como caixeiro viajante dos irmãos Garnier teve oportunidade de conviver com os Canuts e com eles muito aprendeu.

[30] [N.T.]: Ao leitor que terá estranhado esta diatribe de Proudhon, devemos ressaltar o seguinte: em primeiro lugar o seu compromisso com a verdade dos fatos; em segundo a sua verve e combatividade, inseparáveis de seu estilo e método de análise; em terceiro lugar uma razão mais profunda - a necessidade da liberdade da justiça e da igualdade. Já vimos que Proudhon considera o trabalho como fundante da natureza humana e como fonte de todo o valor; os trabalhadores devem ser livres e iguais e os trabalhos, embora distintos nos seus escopos e objetos são equivalentes; se não há sentido em privilegiar o trabalho de um cientista com relação ao trabalho do ferreiro de aldeia, não há motivo igualmente para que um estivador ganhe 10 vezes mais que um carpinteiro ou um tecelão. Este ponto, que receberá muitos desenvolvimentos na história ulterior do anarquismo, é praticamente desconhecido dos capitalistas e das outras escolas socialistas.

ção, está demonstrado por um lado que seu salário tende sempre mais a cair do que elevar-se; por outro lado mostra-se que a cultura de sua inteligência mesmo aquela que poderia receber, lhe seria inútil: de modo que existe para ele um impulso contínuo em direção à barbárie e à miséria. Tudo o que foi tentado nestes últimos anos, na França e na Inglaterra com vistas a melhorar a sorte das classes pobres, seja com relação ao trabalho de crianças e mulheres, seja com relação ao ensino primário – a menos que fosse fruto de alguma intenção do radicalismo – foi feito ao arrepio dos dados econômicos e em prejuízo da ordem estabelecida. O progresso, para a massa dos trabalhadores, é sempre um livro fechado com sete selos; e não será com contra-sensos legislativos que este impiedoso enigma será explicado.

De resto, se os economistas, por causa de insistir inutilmente nas suas velhas rotinas, acabaram por perder até mesmo a compreensão das coisas da sociedade, não se pode dizer que os socialistas tenham melhor resolvido a antinomia que levanta a divisão do trabalho. Ao contrário, eles detiveram-se na negação; pois não seria negação ainda opor, por exemplo, a uniformidade do trabalho parcelar uma suposta variedade na qual cada um pudesse mudar de ocupação dez, quinze ou vinte vezes, à vontade no mesmo dia?

Como se mudar dez, quinze, vinte vezes por dia o objeto de um exercício parcelar fosse tornar o trabalho sintético; como se, por conseqüência, vinte frações de jornada de um braçal pudessem dar o equivalente à jornada de um artista[31]. Supondo-se que este volteio industrial fosse praticado, podemos afirmar previamente que ele se desvaneceria diante da necessidade de tornar os trabalhadores responsáveis e, conseqüentemente suas funções pessoais, ela não mudaria nada na condição física, moral ou intelectual do operário; no máximo ela lhe poderia, por dissipação, assegurar mais ainda a sua incapacidade e conseqüentemente a sua dependência. Aliás é o que confessam os organizadores, os comunistas e outros. Eles têm tão pouca pretensão de resolver a antinomia da divisão, que admitem todos, como condição essencial da organização a hierarquia do trabalho, quer dizer a classificação dos operários em parcelares e em generalizadores ou sintéticos e que em

---

[31] [N.T.] : Proudhon usa aqui a palavra artista no sentido que o séc. XIX: não só o pintor ou músico, mas também o operário especializado artesanal – o marceneiro, o serralheiro ou o canteiro – escultor.

todas as utopias a distinção das capacidades, fundamento ou pretexto eterno para a desigualdade dos bens, seja admitida como eixo. Reformadores cujos planos poderiam apenas ser recomendados pela lógica e que depois de terem declamado contra o *simplismo*, a monotonia, a uniformidade e o parcelamento do trabalho, vêem em seguida propor uma *pluralidade* como se fosse uma SÍNTESE; tais inventores já foram julgados e devem voltar à escola.

Mas tu, ó crítico, perguntará sem dúvida o leitor, qual é a tua solução? Mostra-nos esta síntese que, conservando a responsabilidade, a personalidade, ou em uma palavra a especialidade do trabalhador deva reunir a extrema divisão e a maior variedade em um todo complexo e harmônico.

Minha resposta está pronta: interroguemos os fatos e consultemos a humanidade; não poderemos tomar melhor guia. Depois das oscilações do valor, a divisão do trabalho é o fato econômico que influi da maneira mais sensível sobre lucros e salários. É o primeiro piquete plantado pela Providência sobre o solo da indústria o ponto de partida desta imensa triangulação que deve por fim determinar para cada um e para todos o direito e o dever. Sigamos, pois, nossos indícios fora dos quais poderíamos apenas desviarmo-nos e nos perder:

Tu longe sequere, et vestigia semper adora.

Capítulo IV

Segunda Época - As Máquinas

"... Vi com profunda tristeza a CONTINUIDADE DA MISÉRIA nos distritos manufatureiros do país."
Palavras da rainha Vitória na abertura do Parlamento.

Se alguma coisa é apropriada para fazer refletir os soberanos é, o fato de que, espectadores mais ou menos impassíveis das calamidades humanas, eles estão, pela própria constituição da sociedade e pela natureza de seu poder, na impossibilidade absoluta de sanar os sofrimentos dos povos: lhes é proibido tratar de tais assuntos. Toda questão relativa a trabalho e a salários, dizem de comum acordo os teóricos da economia e do governo representativo, deve permanecer fora das atribuições do poder. Do alto da esfera gloriosa onde os colocou a religião, os tronos, as dominações, os principados, as potestades e toda a milícia celeste, miram, insensíveis às tempestades, a tormenta das sociedades, mas o seu poder não se estende sobre os ventos e as vagas. Os reis nada podem fazer pela salvação dos mortais. Na verdade tais teóricos têm razão: o príncipe está estabelecido para manter e não para revolucionar; para proteger a realidade e não para providenciar a utopia. Ele representa um dos princípios antagonistas; ora, criando a harmonia, eliminaria a si mesmo, o que seria de sua parte soberanamente inconstitucional e absurdo.

Mas, a despeito das teorias, o progresso das idéias muda sem cessar a forma exterior das instituições, de modo a tornar continuamente necessário aquilo mesmo que o legislador não quis nem previu; é assim, por exemplo, que as questões relativas aos impostos tornam-se questões de distribuição de riquezas; as questões de utilidade pública mudam-se em questões de trabalho nacional e organização industrial; as relativas às finanças em operações de crédito e aquelas de direito internacional; em problemas de alfândegas e mercados; fica pois demonstrado que o príncipe que, segundo a teoria, não deve jamais intervir nestas coisas, é entretanto continuamente chamado à elas, sem que a teoria tenha previsto e elas se tornam a cada dia, e por um movimento irresistível, objeto de governo que por sua vez, diga-se o que se quiser dizer, não é e nunca poderá ser – como a divindade da qual emana – nada além de uma hipótese e de uma ficção.

E como por fim seja impossível que o príncipe e os interesses cuja defesa é sua missão, consintam em reduzirem-se e aniquilarem-se diante dos princípios emergentes e os novos direitos que se apresentam; segue-se que o progresso, depois de ter-se cumprido nos espíritos através de um movimento insensível, realiza-se na sociedade através de arranques, e que a força – malgrado as calúnias das quais ela é objeto – é a condição *sine qua non* das reformas. Toda a sociedade na qual o poder de insurreição está comprimido é uma sociedade morta para o progresso: não há na história verdade melhor provada do que esta.

E o que eu digo das monarquias constitucionais é válido igualmente para as democracias representativas: em toda a parte o pacto social manietou o poder e conjurou a vida, sem que tenha sido possível ao legislador ver que trabalhava contra sua própria meta e nem que fosse possível que procedesse de outra forma.

Oh! deploráveis atores de comédias parlamentares – monarcas e representantes – eis enfim o que sois: talismãs contra o futuro! Cada ano vos traz as queixas do povo e quando vos é solicitado remédio, vossa prudência cobre o rosto! É preciso apoiar o privilégio, isto é, a consagração do direito do mais forte que criastes e que muda todos os dias? Logo, ao menor sinal de vossa cabeça, agita-se e corre às armas e alinha-se para a batalha numerosa milícia. E quando o povo se queixa que, apesar de seu trabalho, precisamente por causa de seu trabalho, a miséria o devora, quando a sociedade vos pede do que viver, vós lhe recitais atos de misericórdia! Toda a vossa energia trabalha para a imobilidade, toda vossa virtude desvanece-se em aspirações! Como o fariseu, ao invés de alimentar vosso pai, rezais por ele! Ah! Eu vos digo, temos o segredo de vossa missão: existis apenas para nos impedir de viver. *Nolite ergo imperare*, ide-vos!...

Nós, que concebemos sob um ponto de vista totalmente outro a missão do poder; nós que queremos que a obra especial do governo seja precisamente explorar o futuro, buscar o progresso, dar a todos liberdade, igualdade, saúde e riqueza, nós continuamos com coragem nossa obra de crítica, certos que, quando tivermos desnudado a causa do mal da sociedade, o princípio de suas febres, o motivo de suas agitações, não nos faltará força para aplicar o remédio.

§ I - Do papel das máquinas na sua relação com a liberdade

A introdução das máquinas na indústria ocorre em oposição à lei da divisão do trabalho, como se fosse para restabelecer o equilíbrio profundamente comprometido por esta lei. Para bem apreciar o alcance deste movimento e captar o seu espírito, algumas considerações gerais tornam-se necessárias[1].

Os filósofos modernos, depois de terem recolhido e classificado seus anais, foram conduzidos pela natureza de seus trabalhos a ocuparem-se também da história: foi então que perceberam, não sem surpresa, que a *história da filosofia* era no fundo a mesma coisa que a *filosofia da história*; além disso, perceberam que estes dois ramos da especulação, aparentemente tão diversos – a história da filosofia e a filosofia da história – nada mais eram que a encenação[2] das concepções da metafísica, que é por sua vez toda a filosofia.

Ora, se dividirmos a matéria da história universal em um certo número de quadros, tais como matemática, história natural, economia social, etc., perceberemos que cada uma destas divisões contém também metafísica. E isso ocorreria até mesmo com a última subdivisão da totalidade da história; de modo que a filosofia inteira jaz no fundo de qualquer manifestação natural ou industrial, que ela não faz distinção nem das grandezas nem das qualidades, que para elevarmo-nos às suas concepções mais sublimes, todos os paradigmas podem ser

---

[1] [R.P.]: Nas páginas que se seguem, Proudhon adapta às suas necessidades o método hegeliano. Marx o acusa de não ter, apesar de seus esforços, compreendido coisa alguma do sistema de Hegel; "ele tem apenas a linguagem da dialética", "...apropria-se das categorias como pequeno-burguês..." e "...compõe um tecido de bizarrias e contradições...", etc. (Cf. a *Miséria da Filosofia*, Cap. II *A Metafísica da Economia Política* parágrafo 1: o método).

[2] [N.T]: *Mise-en- scène*, no original francês.

empregados com igual conveniência e enfim que todos os postulados da razão encontram-se na indústria mais modesta, assim como nas ciências mais gerais, de modo que para fazer de todo o artesão um filósofo, quer dizer, um espírito generalizador e altamente sintético, bastaria apenas ensinar-lhe a sua profissão[3].

Até o presente, é verdade, a filosofia, assim como a riqueza, foi reservada a algumas castas apenas: temos a filosofia da história, a filosofia do direito e outras filosofias mais; é uma espécie de apropriação que, como muitas outras decepa igualmente nobre, deverá desaparecer. Mas para consumir esta imensa equação, é preciso começar pela filosofia do trabalho, depois da qual cada trabalhador poderá por sua vez empreender a filosofia de seu estado.

Assim, não sendo cada produto da arte e da indústria, cada constituição política e religiosa, bem como toda criatura organizada ou não organizada, nada mais que uma realização, uma aplicação na-

---

[3] [N.T]: Esta posição de Proudhon sobre o posto da filosofia no saber humano é bastante original e importante no desenvolvimento de seu pensamento político. Proudhon considera a filosofia como *elementar* e como *fundamental* ao conhecimento; para ele é o *trabalho*, na sua acepção mais geral de esforço metódico e meditado para a resolução de problemas, quem é o pai da filosofia. A influência de Hegel é aqui perceptível; é curioso ver também como Proudhon chega a conclusões semelhantes às de Marx, com relação a *filosofia da praxis; para ele a filosofia* assim concebida é a *base* do conhecimento e sendo simples, elementar, e fundamental deveria ser ensinada na escola primária. Proudhon desenvolve este ponto de vista em várias obras, mas duas são neste sentido exemplares: a *Creation de l'Ordre dans l'Humanité* (1844) e o volumoso tratado *De la justice dans la Revolution et dans l'Église* (1860). Traduzimos alguns trechos do prefácio desta última para melhor elucidar a questão:

"A filosofia compõe-se de um certo número de questões ou problemas que sempre foram considerados como problemas fundamentais do espírito humano e que, por esta razão, eram considerados inacessíveis ao vulgo. A filosofia, dizia-se, é a ciência do universal, a ciência dos princípios, a ciência das causas... a ciência de Deus, do homem, e do mundo... Cremos que as questões das quais se ocupa a filosofia são todas questões de senso comum; acreditamos ademais que, longe de constituir uma ciência universal, tais questões tratam apenas das próprias condições do saber. Antes de aspirar ser sábio, deve-se começar por ser filósofo. E por que vangloriarmo-nos disto? Assim a primeira questão da filosofia é saber o que ela quer e sobretudo o que ela pode...a FILOSOFIA, segundo o significado etimológico da palavra e a prática constante dos pensadores,... é a *Pesquisa* e, na medida do possível, a *Descoberta da razão das coisas* ... segundo isto a filosofia não é a ciência; ela é o preliminar da ciência. Não é pois racional concluir como há pouco fazíamos, que o ensino ao invés de terminar com a filosofia deveria antes começar com ela? Aquilo que se denomina *filosofia da história, filosofia das ciências.* Etc... seria apenas uma maneira ambiciosa de se designar a própria ciência, isto é, aquilo que há de mais aprofundado, de mais generalizado em nossos conhecimentos. Os cientistas profissionais gostam de manter-se inicialmente na descrição pura e simples dos fatos sem buscar a sua razão. Na medida em que a razão das coisas se desvela, ela toma um posto na ciência e o cientista sucede ao filósofo.

tural ou prática da filosofia, fica demonstrada a identidade das leis da natureza e da razão e do ser com a idéia; e quando, por nossa parte, estabelecemos a conformidade constante dos fenômenos econômicos com as leis puras do pensamento, a equivalência do real e do ideal nos fatos humanos, nós apenas repetimos, sobre este caso particular, esta demonstração eterna.

O que dizemos, com efeito?

Para determinar o valor, em outros termos para organizar em si mesmas a produção e a distribuição das riquezas, a sociedade procede exatamente como a razão na geração dos conceitos. De início, ela coloca um primeiro fato, emite uma primeira hipótese: a divisão do trabalho, verdadeira antinomia cujos resultados antagônicos desenvolvem-se na economia social, da mesma maneira como as conseqüências poderiam ter-se deduzido no espírito, de modo que o movimento industrial, seguindo em tudo a dedução das idéias, divide-se em uma dupla corrente, uma a dos efeitos úteis e a outra a dos resultados subversivos, todos igualmente necessários e produtos legítimos da mesma lei. Para constituir harmonicamente tal princípio de dupla face e resolver esta antinomia, a sociedade faz surgir uma segunda antinomia, que logo será seguida por uma terceira e tal será a marcha do gênio social até que este, tendo esgotado todas as suas contradições – e isto eu suponho, mas não está provado que a contradição na humanidade tenha um fim[4] – ele retorne de um único salto sobre todas as suas posições anteriores e, em uma única fórmula, resolva todos os seus problemas.

---

[4] [N.T]: Esta é uma observação importante, na verdade, como o demonstrarão seus escritos ulteriores, sua correspondência e suas notas íntimas, Proudhon é muito céptico sobre esta "resolução final" das contradições da humanidade. Ele trata de pensar as contradições atuais, em termos das séries, e as passadas, na medida em que estas últimas influenciam as primeiras, tentará também descobrir os instrumentos para a superação das primeiras e é neste sentido que devem ser lidos o seu socialismo e o seu anarquismo, mas não é de forma alguma certo para ele que, uma vez superadas as contradições atuais e instalado o socialismo, todas as contradições sociais se dissolvam e a história acabe. Esta concepção do devir e da história, de base material, mas que opera igualmente com os conceitos, obviamente não se coaduna com o "materialismo histórico" que baseando-se na dialética triádica hegeliana, prevê necessariamente – e sejam quais forem os contorcionismos teóricos praticados pelos marxistas para fugir desta necessidade – uma escatologia e o fim da história (é o próprio Hegel quem diz "... a ave de Minerva só alça vôo ao entardecer"). Este é pois mais um conflito teórico entre o nosso autor e Marx; a história dos últimos cento e cinqüenta anos está aí à disposição, deixamos ao leitor o encargo de decidir qual a concepção da história que mais se ajusta à realidade.

Seguindo em nossa exposição este método do desenvolvimento paralelo da realidade e da idéia[5], encontraremos uma dupla vantagem: de início, a de escapar à pecha de materialismo, tão freqüentemente endereçada aos economistas, para quem os fatos são verdade apenas porque são fatos e fatos materiais. Para nós, ao contrário, os fatos não são matéria, porque não sabemos o que quer dizer esta palavra matéria, mas sim manifestações visíveis de idéias invisíveis[6]. De tal forma, os fatos provam apenas na medida da idéia a que representam e eis por que nós rejeitamos como ilegítimos e não definitivos o valor útil e o valor de troca e mais tarde a divisão do trabalho em si, ainda que, para os economistas tudo isto fosse de uma autoridade absoluta.

Por outro lado, não poderemos também ser acusados de espiritualismo, de idealismo ou de misticismo, porque, admitindo como ponto de partida apenas a manifestação exterior da idéia, idéia que ignoramos, que não existe, enquanto não se refletir, como a luz, que nada seria se o Sol existisse sozinho em um vazio infinito[7]; assim, afastando

---

[5] [N.T]: Somente este pequeno trecho já seria suficiente para desautorizar as críticas de "idealismo pequeno burguês" que o "Leão do proletariado" ruge tão enraivecido contra o nosso tipógrafo. Em nenhum momento há em Proudhon, ou nos anarquistas clássicos em geral, preeminência ou prevalência alguma da idéia sobre a matéria e os fatos. Os fatos estão aí, dados, e é a partir deles que se deve agir e pensar, mas por outro lado é óbvio para os anarquistas que os fatos são percebidos e apreendidos em um ambiente conceitual e ideológico ele mesmo "construído materialmente" como dirá Bakunin em uma carta a Herzen, de modo que há interpenetração e as idéias sociais em certo momento podem condicionar o desenvolvimento dos fatos. Será Bakunin quem, mais tarde, desenvolverá este ponto com clareza, profundidade e precisão, ao nosso ver inigualáveis entre todos os textos anarquistas que se debruçaram sobre o problema, ao estudar por exemplo a correlação entre a política e a base econômica e o papel ativo e reacionário do estado. Remetemos o leitor interessado no tema mais uma vez ao texto de Bakunin *L'Empire Knouto-Germanique et la Révolution Sociale* (tomo 6 das *Oeuvres* editadas pelo IISG de Amsterdam (org. Arthur LEHNING) – citamos à partir da impressão francesa retomada pelas Éditions Champ Libre e recomendamos o texto francês, embora existam várias traduções mais acessíveis, não por pedantismo, mas sim porque esta é a única *edição completa* deste texto fundamental do autor, e que foi muito maltratado pelos sucessivos editores).

[6] [N.E.]: Nas suas notas marginais ao seu exemplar da *Misére de la Philosophie*, Proudhon retorna a esta teoria: "...teria eu jamais pretendido porventura que os PRINCÍPIOS sejam outra coisa que não a *representação* intelectual, e não a *causa geratriz* dos FATOS..." (p. 106) e mais além : "...aparecer e existir são duas coisas diferentes e a primeira é verdadeira apenas para nós..." (p. 107) e por fim: "... sim, produção é *aparição*" (p. 108).

[7] [N.T]: É interessante notar aqui a analogia entre o conceito que Proudhon faz da idéia e de sua relação com o fato, com as concepções atuais dos físicos sobre a realidade e a relação do conceito físico com a realidade experimental, conceitos e relações estes, como se sabe, que nasceram já na física newtoniana, mas que foram totalmente subvertidos com o aparecimento

todo o *a priori* teogônico e cosmogônico, toda a investigação sobre a substância, a causa, o eu e o não eu, nós nos limitaremos a buscar as *leis* do ser e a seguir o sistema de suas aparências, tão longe quanto a razão puder atingir[8].

No fundo, todo conhecimento detém-se diante de um mistério: tais são, por exemplo, a matéria e o espírito, que nós admitimos, um e outro, como duas essências desconhecidas, suporte de todos os fenômenos. Mas não é o caso de dizer que o mistério seja o ponto de partida do conhecimento, nem que o misticismo seja a condição necessária da lógica; ao contrário, a espontaneidade de nossa razão tende a recalcar perpetuamente o misticismo; ela protesta *a priori* contra todo mistério, pois o mistério para ela serve apenas para ser negado e a negação do misticismo é o único ponto onde a razão não tem necessidade de uma experiência.

Em suma, os fatos humanos são a encarnação das idéias humanas; portanto estudar as leis da economia social é fazer a teoria das leis da razão e criar a filosofia. Iremos agora seguir o curso de nossas pesquisas.

Deixamos, no fim do capítulo precedente, o trabalhador às voltas com a lei da divisão; como este Édipo infatigável vai fazer, para resolver tal enigma?

Na sociedade a aparição incessante das máquinas é a antítese, a fórmula inversa da divisão do trabalho[9]; é o protesto do gênio industrial contra o trabalho parcelar e homicida. O que é com efeito uma máquina? Uma máquina reúne diversas partículas de trabalho que a divisão tinha separado. Toda a máquina pode ser definida como um resumo de várias operações, uma simplificação dos impulsos, uma

---

da física quântica e sua intuição fundamental de que o conhecimento só é possível, pela interação entre o "instrumento de medida" e a "realidade" observacional e que esta interação modifica essencialmente os termos do problema (i. é, o processo de medida altera não apenas o instrumento como também a realidade), tudo isso conduzindo à uma redefinição de "objetividade" e de "realidade". Remetemos o leitor interessado nestas discussões ao clássico de Mário BUNGE *"Philosophy of Physics"* (1ª ed. D. Reidel, Dordrecht 1973) (há tradução francesa de 1975).

[8] [N.T]: Trata-se pois de assumir, ao menos inicialmente, uma atitude claramente *fenomenológica*, "avant la lettre". Vemos mais uma vez a surpreendente intuição de Proudhon em funcionamento, prefigurando aqui a atitude prognosticada por Husserl para enfrentar a crise do neo-kantismo no final do séc. XIX.

[9] [R.P]: Parece que Marx tem razão contra Proudhon, quando ele sustenta que o maquinismo e a concentração da indústria desenvolvem a divisão do trabalho, ao invés de restringi-la. Cf. BABBAGE *Traité sur l'Economie des Machines* (PARIS, 1833) e ANDREW URE: *Philosophy of Manufactures* (LONDRES 1835).

condensação de trabalho uma redução de custos. Sob tais aspectos a máquina é a contrapartida da divisão. Portanto, pela máquina haveria a restauração do trabalhador parcelar, diminuição do esforço para o operário, baixa de preço no produto movimento na relação dos valores, progresso rumo a novas descobertas e acréscimo do bem-estar geral.

Assim como a descoberta de uma fórmula dá um novo poder ao geômetra, a invenção de uma máquina é uma abreviação da mão-de-obra que multiplica a força do produtor, e pode-se acreditar que a antinomia da divisão do trabalho, se não for inteiramente vencida, será ao menos balanceada e neutralizada por ela. É preciso ler, nos cursos do Sr. Chevalier, as inúmeras vantagens que resultam para a sociedade da intervenção das máquinas; é um quadro cativante ao qual me agrada remeter o leitor.

As máquinas, colocando-se na economia política contraditoriamente à divisão do trabalho, representam a síntese que se opõe no espírito humano à análise; e como, e logo o veremos, na divisão do trabalho e nas máquinas toda a economia política já está dada, assim como na análise e na síntese está toda a lógica, temos a filosofia. O homem que trabalha procede necessariamente e a cada passo por divisão e com o auxílio de instrumentos; da mesma forma o que raciocina faz passo a passo análise e síntese e nada, absolutamente nada mais. O trabalho e a razão não irão jamais além disto: Prometeu, como Netuno, com três passos atinge os extremos do mundo.

Destes princípios tão simples, tão luminosos como axiomas, deduzem-se conseqüências imensas.

Como na operação intelectual a análise e a síntese são essencialmente inseparáveis e como, por outro lado, a teoria torna-se legítima apenas sob a condição de seguir os passos da experiência, segue-se que o trabalho, reunindo a análise e a síntese, a teoria e a experiência em uma ação contínua, o trabalho, forma exterior da lógica, e por conseguinte resumindo a realidade e a idéia, representa-se novamente como um modo universal de ensino[10]. *Fit fabricando faber*: de todos os sistemas de educação, o mais absurdo é o que separa a inteligência da atividade e cinde o homem em duas entidades impossíveis, um abstrator e um autômato. Eis porque aplaudimos as justas queixas do Sr. Chevalier,

---

[10] [N.T]: É interessante aproximar esta e as seguintes colocações de Proudhon, com as suas considerações sobre o ensino desenvolvidas no capítulo anterior.

do Sr. Dunoyer e de todos aqueles que reclamam uma reforma no ensino universitário; eis também o que funda a esperança dos resultados que nos são prometidos por uma tal reforma. Se a educação fosse antes de mais nada experimental e prática, reservando os discursos apenas para explicar, resumir e coordenar o trabalho; se fosse permitido aprender pelos olhos e pelas mãos aquilo que não se pode aprender pela imaginação e pela memória, logo veríamos com as formas do trabalho, multiplicarem-se as capacidades; todos, conhecendo a teoria de alguma coisa, saberiam por isso mesmo a língua filosófica e poderia acontecer, ao menos uma vez na vida, que alguém pudesse criar, modificar, aperfeiçoar, dar provas de inteligência e de compreensão, produzir sua obra-prima, ou seja em uma palavra, mostrar-se homem. A desigualdade das aquisições da memória em nada modificariam a equivalência das faculdades e o gênio não nos pareceria mais do que é com efeito: a saúde do espírito.

Os belos espíritos do séc. XVIII disputaram longamente sobre o que constitui o *gênio*, no que ele difere do *talento*, o que se deve entender por *espírito*, etc. Eles tinham transportado para a esfera intelectual as mesmas distinções que, na sociedade, separavam as pessoas. Havia para eles gênios reis e dominadores, gênios príncipes, gênios ministros; e mais ainda espíritos nobres e espíritos burgueses, talentos urbanos e talentos camponeses. E no grau mais baixo da escala, jazia a multidão grosseira dos industriosos, almas mal esboçadas, excluídas da glória dos eleitos. Todos os tipos de retórica ainda estão cheios destas impertinências que o interesse monárquico, a vaidade dos letrados, e a hipocrisia socialista esforçam-se por acreditar, para a perpétua escravidão das nações e sustento da ordem das coisas.

Mas, se está demonstrado que todas as operações do espírito reduzem-se a duas – análise e síntese – que são necessariamente inseparáveis, ainda que distintas; se, por uma conseqüência forçada, apesar da infinita variedade dos trabalhos e dos estudos, o que o espírito faz é simplesmente recomeçar sempre a tecer a mesma tela, o homem de gênio nada mais é que um homem de boa constituição, que trabalhou bastante, muito meditou, analisou, comparou, classificou, resumiu e concluiu; ao passo que o ser limitado é aquele que estagnou-se em uma rotina endêmica e que ao invés de desenvolver suas faculdades, matou a sua inteligência pela inércia e pelo automatismo. É absurdo distinguir como diferindo em natureza aquilo que difere na realidade apenas pela idade, e depois converter em privilégio e exclusão, os diversos graus de um desenvolvimento, ou os acasos de uma espontaneidade que, através do trabalho e da educação devem a cada dia esmaecer-se.

Os reitores psicólogos que classificaram as almas humanas em dinastias, raças nobres, famílias burguesas e proletariado, tinham observado entretanto que o gênio não era universal, que ele possuía a sua especialidade; conseqüentemente Homero, Platão, Fídias, Arquimedes, César, etc., que pareciam todos primeiros em seu gênero, foram assim declarados iguais e soberanos de reinos separados. Que inconseqüência! Como se a especialidade dos gênios não traísse a própria lei da igualdade das inteligências! Como se, por um outro lado, a constância do sucesso no produto do gênio, não fosse a prova que ele opera segundo princípios estranhos a si e que são o penhor da perfeição de suas obras, de tanto que ele os segue com fidelidade e certeza! Esta apoteose do gênio, sonhada com olhos abertos por homens cujo balbuciar permanecerá sempre estéril, faria crer na tolice inata da maioria dos mortais, se não fosse a prova mais cabal de sua perfectibilidade.

Assim o trabalho, depois de ter diferenciado as capacidades e preparado o seu equilíbrio pela divisão das indústrias, completa, se assim ouso dizer, o armamento da inteligência pelas máquinas. Tanto segundo os testemunhos da história quanto segundo a análise, e não obstante as anomalias causadas pelo antagonismo dos princípios econômicos, a inteligência difere no homem, não pelo poder, pela clareza ou extensão, mas em primeiro lugar pela especialidade ou, como diz a escola, pela determinação qualitativa e em segundo lugar pelo exercício e pela educação. Portanto, tanto no indivíduo quanto no homem coletivo, a inteligência é muito mais uma faculdade que vem, que se forma, que se desenvolve, *quae fit*, que uma entidade ou enteléquia que exista completamente formada, anterior ao aprendizado. A razão, ou seja lá qual for o nome que lhe seja dado, gênio, talento, indústria, é no seu ponto de partida uma virtualidade nua e inerte, que pouco a pouco cresce, fortifica-se, colore-se, determina-se e nuancia-se ao infinito. Pela importância de suas aquisições, por seu capital em uma palavra, a inteligência difere e diferirá sempre de um indivíduo para outro; mas como potência é igual em todos na origem e o progresso social deve, aperfeiçoando incessantemente os seus meios, torná-la no final igual em todos. Sem isto o trabalho continuaria sendo para uns um privilégio e para outros um castigo[11].

Mas o equilíbrio das capacidades, cujo prelúdio vimos na divisão do trabalho, não preenche todo o destino das máquinas e a visão da Providência estende-se muito além disto. Com a introdução das máquinas na economia é dado desenvolvimento à LIBERDADE.

A máquina é o símbolo da liberdade humana, a insígnia de nossa dominação sobre a natureza, o atributo de nosso poder, a expressão de nosso direito, o emblema de nossa personalidade. Liberdade é inteligência: eis todo o homem; pois se afastamos como mística é ininteligível toda a especulação sobre o ser humano considerada do ponto de vista da substância (espírito ou matéria), não nos resta mais que duas categorias de manifestação, compreendendo a primeira tudo aquilo que se denomina sensação, volição, paixão, atração, instinto, sentimento e a outra todos os fenômenos classificados sob os nomes de atenção, percepção, memória, imaginação, comparação, julgamento, raciocínio, etc. Quanto ao aparelho orgânico, longe de ser o princípio ou a base destes dois tipos de faculdades devemos considerá-lo como sendo a sua realização sintética e positiva, sua expressão viva e harmoniosa. Pois, assim como da emissão secular que a humanidade teria feito de seus princípios antagonistas deve resultar um dia a organização social, da mesma forma o homem deve ser concebido como o resultado de duas séries de virtualidades.

Assim, depois de ter-se posto como lógica, a economia social, prosseguindo sua obra, põe-se como psicologia. A educação da inteligência e da liberdade, o bem-estar do homem em uma única palavra, são todas expressões perfeitamente sinônimas, eis a meta comum da economia política e da filosofia[12] determinar as leis da produção e da

---

[11] [R.P]: Cf. *De la Justice* e ver BERTHOD *La Philosophie du Travail et l'École* (in *Proudhon et nôtre Temps*, p. 62 e ss.).

[12] [R.P]: Bem-estar e liberdade é a divisa adotada em nossos dias pela C.G.T [(N.T) – a organização anarco-sindicalista francesa, surgida dos esforços de Ferdinand Pelloutier e de Émile Pouget em 1892 e tomada pelos comunistas em 1926], cujo espírito como se sabe, foi fortemente influenciado pelo proudhonismo. A liberdade segundo Proudhon, não é esta independência absoluta que concebem os economistas clássicos. "*Do ponto de vista social,* escreve ele em suas *Conféssions d'un Révolutionnaire*, *liberdade e solidariedade são termos idênticos... o homem mais livre é aquele que tem mais relações com seus semelhantes*". Encontraremos um desenvolvimento extenso da noção de liberdade e de suas aplicações segundo Proudhon, no livro de um de seus discípulos A. VERMOREL (*Le Parti Socialiste* PARIS 1870) que dirigiu o *Courier Français*, órgão dos mutualistas e cuja política combatia o autoritarismo sem distinção de origem. [(N.E): As notas de R. Picard datam de 1923].

distribuição de riquezas seria demonstrar, por uma exposição objetiva e concreta, as leis da razão e da liberdade; seria criar *a posteriori* a filosofia e o direito; para qualquer lado que nos voltemos, estamos em plena metafísica.

Tentemos agora, com os dados reunidos da psicologia e da economia política, definir a liberdade.

Se fosse permitido conceber a razão humana em sua origem, como um átomo lúcido e refletor, capaz de representar um dia o universo, mas em um primeiro instante vazio de toda imagem; poder-se-ia por isto mesmo considerar a liberdade no começo da consciência como um ponto vivo, *punctum saliens*, uma espontaneidade vaga, cega, ou melhor, indiferente e capaz de receber todas as impressões, disposições e inclinações possíveis. A liberdade é a faculdade de agir e não agir, que, por uma escolha ou determinação qualquer (e eu aqui emprego a palavra determinação no ativo e no passivo simultaneamente) sai de sua indiferença e torna-se *vontade*.

Digo, portanto, que a liberdade, da mesma forma que a inteligência, é por sua natureza uma faculdade indeterminada e informe que espera o seu valor e o seu caráter das impressões do exterior; faculdade conseqüentemente negativa de início, mas que pouco a pouco determina-se e desenha-se pelo exercício, quer dizer, pela educação.

A etimologia, tal ao menos como eu a compreendo, da palavra liberdade fará com que meu pensamento seja melhor entendido. O radical é *lib-et*, agrada, (cf. o alemão *lieben* - amar); donde se fez *lib-eri*, os filhos, aqueles que nos são caros, nome reservado aos filhos do pai de família; *lib-ertas*, condição, característica ou inclinação das crianças de raça nobre; *lib-ido* paixão de escravo que não reconhece nem Deus, nem lei, nem pátria, sinônimo de *licentia*, má-conduta. Segundo aquilo que a espontaneidade determina tão útil e generosamente, denominou-se *libertas*; como sendo o contrário daquilo que se determina de uma maneira nociva, viciosa e frouxa em mal, e que se chama *libido*.

Um economista erudito, o Sr. Dunoyer, deu da noção de liberdade uma definição que se aproxima da nossa e que, aproximada da nossa, acabará de demonstrar a sua exatidão:

"Denomino liberdade este poder que o homem adquire de usar as suas forças mais facilmente, *na medida em que franqueia-*

se[13] dos obstáculos que perturbavam originalmente o seu exercício. Digo que é tão mais *livre* aquele que está mais *liberto* das causas que o impediam de servir-se de tais poderes; quanto mais ele afastou de si tais causas; quanto mais fez crescer e desobstruiu a esfera de sua ação... assim, diz-se que um homem possui o espírito livre, ou que ele goza de grande liberdade de espírito não apenas quando sua inteligência não é turvada por nenhuma violência exterior, mas mais ainda quando ela não está obscurecida pela embriaguez, nem alterada pela doença e nem retida na impotência por falta de exercício[14]".

O Sr. Dunoyer visualizou a liberdade apenas pelo seu lado negativo, isto é, como se ela fosse apenas sinônimo de *libertação*[15] *dos obstáculos*. E desta maneira a liberdade não seria uma faculdade no homem, ela nada seria. Mas logo o Sr. Dunoyer, embora persistindo na sua definição incompleta, capta o verdadeiro lado da coisa; é então que ele chega a dizer que o homem inventando uma máquina, serve a sua liberdade, não como nos exprimimos, porque ele a determina, mas, segundo a linguagem e o estilo do Sr. Dunoyer, porque ele elimina

---

[13] [N.T]: *Il s'affranchit* no original francês. O verbo *affranchir* é geralmente traduzido como *liberar*, ou *libertar* e por sua vez é derivado do vocábulo *franc* - franco, que pode ser usado como substantivo ou adjetivo. Este vocábulo por sua vez penetrou no francês e nas demais línguas neolatinas pela contaminação do Baixo Latim pelo termo germânico *Frank*, que geralmente indicava o homem de condição livre, por oposição ao servo e ao escravo (*Diener* e *Knecht*); os Francos, à partir do séc. III d. C. constituíram uma confederação de tribos germânicas, mesclando provavelmente restos de outros povos, que se estabeleceram (dividindo-se posteriormente em francos sálicos e francos ripuários) na margem esquerda do Reno, desde as praias da Holanda até as suas nascentes, de onde, impelidos pelos Godos e Hunos invadiriam a Gália no final do séc. IV, estabelecendo-se entre o Reno e o Loire e formando um núcleo que, através dos merovíngios e carolíngios, daria origem aos modernos Estados da França e da Alemanha; os francos constituíam-se essencialmente em uma casta guerreira e parecem ter tido costumes algo diferentes dos demais povos germânicos; de qualquer modo o latim medieval acabou identificando *franco* com *livre* no sentido de *liberto* ou isento de restrições, encargos ou deveres; assim por exemplo *terra franca* significa aquela sobre a qual não paira nenhum jugo feudal, terra sem senhores, como o *Franco-Condado* pátria de Proudhon, pertencente à antiga Lotaríngia, e onde os camponeses conseguiram manter as suas terras à salvo dos senhores por séculos ou ainda *vila franca* uma cidade sobre a qual nem o bispo, nem o imperador, nem o senhor local tinham jurisdição. Ao traduzirmos *il s'affranchit* por *franqueia-se*, não quisemos apenas fugir da tautologia ou pedantear, mas sim manter a precisão vocabular que o contexto exige.

[14] [N.E]: Cf. DUNOYER: *De la Liberté du Travail ou Simple Exposé des Conditions dans lesquelles les Forces Humaines s'Exercent avec plus de Puissance* (1845). Este livro e a reedição, sob novo título de uma obra publicada em 1825: *L'Industrie et la Morale Considerées dans leurs Rapports avec la Liberté*, da qual foi feita outra edição em 1830 com outro título. Para os detalhes cf. VILLEY: *L' Oeuvre Économique de Dunoyer* (PARIS 1889).

[15] [N.T]: *Affranchissement* no original.

uma sua dificuldade. "Assim, a linguagem articulada é melhor instrumento que a linguagem por sinais; o homem é mais livre para exprimir o seu pensamento e imprimi-lo no espírito de outrem pela palavra do que pelos gestos. A palavra escrita é um instrumento mais poderoso que a palavra articulada; o homem será mais livre para atuar sobre o espírito de seus semelhantes, quando sabe figurar as palavras aos olhos do que quando apenas sabe articulá-las. A imprensa é um instrumento duzentas ou trezentas vezes mais poderoso que a pena; somos portanto duzentas ou trezentas vezes mais livres para entrar em relação com outros homens, quando podemos divulgar as nossas idéias pela impressão do que quando podemos apenas publicá-las pela escrita."

Não levantarei tudo o que esta maneira de representar a liberdade encerra de inexato e de ilógico. Desde Destutt de Tracy, o último representante da filosofia de Condillac, o espírito filosófico obscureceu-se entre os economistas da escola francesa; o medo da ideologia perverteu a sua linguagem e percebe-se, lendo-os, que a adoração do fato lhes fez perder até o sentimento da teoria. Prefiro constatar que o Sr. Dunoyer, e a economia política com ele, não se enganou sobre a essência da liberdade, uma força, energia ou espontaneidade indiferente em si a toda a ação e por conseqüência, igualmente suscetível de toda determinação, boa ou má, útil ou nociva. O Sr. Dunoyer bem que suspeitou da verdade, quando escreveu: "Ao invés de considerar a liberdade como um dogma, eu a apresentaria como um *resultado*; em lugar de fazê-la o atributo do homem, eu a faria o *atributo da civilização*; ao invés de imaginar formas de governo capazes de estabelecê-la eu exporia, da melhor maneira que me fosse possível como *ela nasce de todos nossos progressos*".

E depois acrescenta com não menor razão:

"Observar-se-á quanto este método difere do método dos filósofos dogmáticos que falam apenas de direitos e de deveres; daquilo que os governos têm o dever de fazer e as nações o direito de exigir, etc. Eu não digo sentenciosamente: os homens têm o direito de ser livres; limito-me a perguntar como ocorrerá que o sejam? "

Segundo esta exposição, podemos resumir em quatro linhas a obra que o Sr. Dunoyer quis fazer: REVISÃO dos obstáculos que *entravam* a liberdade e os meios (instrumentos, métodos, idéias, costumes, religiões, governos, etc.) que a *favorecem*. Sem suas omissões a obra do Sr. Dunoyer teria sido a própria filosofia da economia política.

Depois de ter levantado o problema da liberdade, a economia política nos fornece dela uma definição que está conforme em todos os pontos a aquela que nos dá a psicologia e que nos sugerem as analogias da linguagem; eis como, pouco a pouco, o estudo do homem encontra-se transportado da contemplação do eu para a observação das realidades.

Ora, da mesma forma que as determinações da razão no homem receberam o nome de *idéias* (as idéias sumárias, suposições *a priori* ou princípios, concepções e categorias; as idéias secundárias ou mais especialmente adquiridas e empíricas); da mesma maneira as determinações da liberdade receberam o nome de volições, sentimentos, hábitos, costumes, etc. Depois, como a linguagem, figurativa em sua natureza, continuou a fornecer os elementos da primeira psicologia, criou-se o hábito de designar para as idéias, como lugar ou capacidade onde elas residem, o nome de *inteligência* e à volição, aos sentimentos etc., o nome de *consciência*. Todas estas abstrações foram por muito tempo tomadas por realidades pelos filósofos, e nenhum deles percebia que toda a distribuição das faculdades da alma é necessariamente obra da fantasia e que a sua psicologia era apenas uma miragem.

De qualquer maneira, se concebermos agora estas duas ordens de determinação – a razão e a liberdade – como reunidas e fundidas pela organização em uma *pessoa* viva, razoável e livre, logo compreenderemos que elas devem se prestar um socorro mútuo e influenciar-se reciprocamente. Se, por erro ou inadvertência da razão, a liberdade, cega por sua natureza, toma um falso e funesto hábito, a razão não tardará, ela própria, a ressentir-se disto; no lugar de idéias verdadeiras, conformes às relações naturais das coisas, ela reterá apenas os preconceitos, tão mais difíceis de extirpar da inteligência, quanto mais tornarem-se pela idade caros à consciência. Neste estado a razão e a liberdade são diminuídas; a primeira fica perturbada no seu desenvolvimento e a segunda comprimida em seu impulso e o homem fica desviado, isto é, ao mesmo tempo é mau e infeliz.

Assim, quando por conseqüência de uma percepção contraditória e de uma experiência incompleta, a razão pronunciou-se pela boca dos economistas que não havia regra para o valor e que a lei do comércio era a oferta e a procura, a liberdade entregou-se ao fogo da ambição, do egoísmo e do jogo; o comércio transformou-se em mera aposta, submetida a algumas regras de polícia; a miséria rompeu das fontes da riqueza; o socialismo, escravo ele mesmo da rotina, soube apenas protestar contra os efeitos, ao invés de erguer-se contra as causas e a razão teve que reconhecer, pelo espetáculo de tantos males, que ela tinha tomado um falso caminho.

O homem pode atingir o bem-estar não apenas quando sua razão e sua liberdade caminham de acordo, mas também quando elas não se detêm jamais em seu desenvolvimento. Ora, como o progresso da liberdade tanto como o da razão, são indefinidos e como aliás estas duas potências estão intimamente ligadas e solidárias, é preciso concluir que a liberdade é tão mais perfeita, qùão mais ela se determina conforme às leis da razão, que são as leis das coisas; e que, se tal razão fosse infinita, a própria liberdade se tornaria também infinita. Em outros termos, a plenitude da liberdade reside na plenitude da razão: *summa lex, summa libertas.*

Estes preliminares foram indispensáveis para bem apreciar o papel das máquinas e para ressaltar o encadeamento das evoluções econômicas. A tal respeito, lembrarei ao leitor que não fazemos aqui uma história segundo a ordem do tempo, mas sim segundo a sucessão das idéias. As fases ou categorias econômicas apresentam-se em sua manifestação tanto contemporâneas quanto invertidas e daí provém a extrema dificuldade que os economistas de todos os tempos experimentaram para sistematizar as suas idéias; daí o caos de suas obras, mesmo as mais recomendáveis sob outros aspectos, como as de Adam Smith, Ricardo e J. B. Say. Mas nem por isso as teorias econômicas deixam de ter a sua sucessão lógica e a sua série no entendimento; é tal ordem que gabamo-nos de ter descoberto e que fará da presente obra ao mesmo tempo uma filosofia e uma história.

§ II - Contradição das máquinas. Origem do capital e do salariado

Da mesma forma com que as máquinas diminuem o esforço do operário, elas abreviam e diminuem também o trabalho, de maneira que este se torna a cada dia mais ofertado e menos demandado. Pouco a pouco é verdade, a redução dos preços faz o consumo aumentar, a proporção se restabelece e o trabalhador é reconvocado; mas como os aperfeiçoamentos industriais sucedem-se sem cessar e tendem continuamente a substituir o trabalho do homem pela operação mecânica, segue-se que há a tendência constante a diminuir uma parte do serviço e portanto a eliminar os trabalhadores da produção. Ora, ocorre com a ordem econômica o mesmo que acontece com a ordem espiritual: fora da igreja não há salvação; fora do trabalho, não há subsistência. A sociedade e a natureza, igualmente impiedosas, estão de acordo para executar esta nova sentença.

"Quando uma nova máquina ou um procedimento mais expedito qualquer, diz J. B. Say, substitui um trabalho humano já em atividade, uma parte dos braços industriosos, cujo serviço é utilmente empregado, fica sem trabalho. Uma nova máquina, portanto, substitui assim o trabalho de uma parcela dos trabalhadores, mas não diminui a quantidade das coisas produzidas, de modo que, se não for adotada ela *desloca a renda*. O efeito ulterior é completamente favorável às máquinas pois, se a abundância do produto e a modicidade do preço de custo baixam o seu valor venal, o consumidor – isto é, todo mundo – tirará proveito disto."

O otimismo de Say é uma infidelidade à lógica e aos fatos. Não se trata aqui apenas de um pequeno número de acidentes, ocorridos em um lapso de trinta séculos pela introdução de uma, duas ou três máquinas; trata-se de um fenômeno regular, constante e geral. Como a renda foi *deslocada*, como diz J. B. Say, por uma máquina, ela o será por outra e assim por diante, enquanto restar trabalho por fazer e trocas a efetuar. Eis como o fenômeno deve ser apresentado e considerado; mas convenhamos que então ele muda singularmente de aspecto. O deslocamento da renda, a supressão do trabalho e do salário é um flagelo crônico, permanente e indelével, uma espécie de cólera[16] que às vezes aparece sob a figura de um Gutemberg e outras reveste a forma de um Arkwright, que aqui denomina-se Jacquard e em outra parte James Watt ou marquês de Jouffroy[17]. Depois de ter grassado mais ou menos tempo sob determinada forma, o monstro toma uma outra e os economistas, que acreditavam ter ele partido exclamam: Não era nada! Tranqüilos e satisfeitos, visto que se apoiam, com todo

---

[16] [N.T]: No caso presente a infecção bacteriana, cujas epidemias tantos estragos causaram, em escala mundial, no séc. XIX e que ainda hoje no Brasil ceifa as suas vítimas.

[17] [N.T]: Gutemberg foi o inventor ocidental da imprensa de tipos móveis (já conhecida em uma forma mais primitiva pelos chineses); Arkwright foi o inventor do tear mecânico e Jacquard introduziu uma programação mecânica no tear que tornava possível a produção de tecidos com detalhes bordados. Watt inventou a máquina a vapor.

o peso de sua dialética, sobre o lado positivo da questão, fechando os olhos para o seu aspecto subversivo salvo quando, ao lhes falarmos sobre a miséria, eles recomeçarem seus sermões sobre a imprevidência e a embriaguez dos trabalhadores[18].

Devemos a observação seguinte ao Sr. Dunoyer; ela nos dará uma medida de todas as elucubrações desta espécie: "em 1750, a população do ducado de Lancaster era de 300.000 almas. Em 1801, graças ao desenvolvimento das máquinas de fiar, esta população era de 672.000 almas; em 1831 atingia 1.336.000 almas. Ao invés dos 40.000 operários ocupados antigamente pela indústria algodoeira, esta ocupa, depois da invenção das máquinas 1.500.000".

O Sr. Dunoyer acrescenta que enquanto o número de operários empregados neste tipo de trabalho, atingia esta extensão singular, o preço do trabalho tornava-se uma vez e meia maior. A população portanto apenas seguiu o movimento industrial e o seu crescimento foi um fato normal e irrepreensível; mas o que digo? Foi um fato feliz, posto que é citado para honra e glória do desenvolvimento mecânico. Mas de repente o Sr. Dunoyer dá meia volta: tendo logo faltado trabalho a aquela multidão de máquinas fiadoras, o salário decresceu necessariamente; a população que tinha sido atraída pelas máquinas, foi abandonada pelas máquinas e ao Sr. Dunoyer cabe dizer então: Foi o abuso dos casamentos a causa da miséria.

O comércio inglês, solicitado por sua imensa clientela, chama operários de todos os cantos e provoca o casamento; enquanto o trabalho abunda, o casamento é algo excelente, cujos efeitos se gosta de citar no interesse das máquinas; mas, como a clientela é flutuante, desde que o trabalho e os salários escasseiem, grita-se abuso de casamentos e acusa-se a imprevidência dos operários. A economia política, quer dizer o despotismo proprietário, nunca pode estar errada: é preciso que o erro seja do proletariado.

---

[18] [N.T]: Cremos este parágrafo muito importante e atual e que deveria ser meditado e retomado por todos aqueles preocupados com as mudanças sociais causadas pelas novas tecnologias e pela automação. Como Proudhon mostra no capítulo anterior, não será com panacéias pedagógicas do tipo cursos de computação e de esportes para desempregados que se resolverá o impacto das mudanças tecnológicas sobre o nível de emprego e nem obedecendo cegamente as "regras do mercado" e as imposições dos organismos de controle econômico internacionais, que se conseguirá resolver o problema de geração de renda para a classe trabalhadora.

O exemplo da indústria gráfica foi muitas vezes citado, sempre com um pensamento otimista. O número de pessoas que vivem hoje da fabricação de livros é talvez mil vezes maior do que era o número de copistas e iluminadores do tempo de Gutemberg; conclui-se desta forma, com um ar satisfeito, que a imprensa não fez mal a ninguém. Fatos análogos poderiam ter sido citados ao infinito, sem que um único pudesse ser recusável, mas também sem que a questão avançasse um passo. Mais uma vez, ninguém discorda que as máquinas contribuíram para o bem-estar geral[19]: mas eu afirmo, a respeito deste fato irrefutável que os economistas faltam com a verdade, quando avançam de uma maneira absoluta que a *simplificação dos processos de produção nunca e em nenhum lugar teve por conseqüência diminuir o número de braços empregados em uma indústria qualquer.*

O que os economistas deveriam dizer é que as máquinas, da mesma forma que a divisão do trabalho, são ao mesmo tempo, no sistema atual da economia social uma fonte de riquezas e uma causa permanente e fatal de miséria.

"Em 1836, em uma fábrica de Manchester, nove teares, cada um de trezentos e vinte e quatro fusos, eram conduzidos por quatro tecelões. Na seqüência, dobrou-se o comprimento dos carros, de modo que cada tear pudesse suportar seiscentos e vinte e quatro fusos e dois homens apenas bastavam para dirigi-los."

---

[19] [N.T]: Mais uma vez é necessário matizar as palavras de Proudhon e lembrar que ele escreve este livro em pleno "otimismo tecnológico", que caracterizou, com raríssimas exceções (como a do físico e engenheiro, Bernard BRUNHES p. ex., cujos estudos de termodinâmica – resumidos em uma pequena obra-prima menosprezada: *La Dégradation de l'Energie* – apontavam para a limitação física dos recursos do planeta e para a sua degradação, causada pelo aumento da entropia decorrente dos processos industriais o fazem um ecologista *avant la lettre*) o séc. XIX. As máquinas e as técnicas podem ser ambíguas ou francamente nocivas: os efeitos da talidomida e do DDT, p. ex., mostraram-se desastrosos e muito mais graves que seus benefícios; o uso indiscriminado de antibióticos conduziu à evolução de cepas bacterianas multirresistentes, que hoje nos ameaçam; o próprio automóvel, se de início significou uma ampliação da liberdade de movimentos, hoje pode significar restrição (como no caso dos congestionamentos) e morte (como nos acidentes de trânsito), além dos efeitos nocivos da poluição por eles gerada, que tende a aumentar o efeito-estufa e o buraco na camada de ozônio, além de efeitos sociais e econômicos indesejáveis. Parafraseando Proudhon, deveríamos, p. ex. pesquisar meios de transporte que, preservando a liberdade e autonomia de locomoção, como o automóvel inicialmente proporcionou, minimizasse ou eliminasse os defeitos intrínsecos à esta tecnologia, ou seja destas "*contradições tecnológicas*" que hoje nos cercam e dominam, extrair uma síntese, – a justiça tecnológica – que nos possibilitasse simultaneamente um melhor acesso ao bem-estar coletivo e uma ampliação, da liberdade e da justiça, através da autogestão!...

Eis claramente o fato bruto da eliminação do operário pela máquina. Por uma simples combinação, três em cada quatro operários perdem seus postos; pouco importa que, daqui a cinqüenta anos a população do globo tenha dobrado, a clientela da Inglaterra quadruplicado e novas máquinas tenham sido construídas; os fabricantes ingleses retomarão seus operários? Os economistas pretendem fazer prevalecer, em favor das máquinas, o aumento da população mundial? Então devem renunciar à teoria de Malthus e deixar de esbravejar contra a fecundidade excessiva dos casamentos.

"Não se parará por aí: logo uma nova melhoria mecânica permitirá que um único operário execute a tarefa que antes ocupava quatro." Nova redução de três quartos sobre a mão-de-obra: no total uma redução de quinze dezesseis avos sobre o trabalho do homem.

"Um fabricante de Boston escreve: o alongamento dos carros de nossos teares permitiu-nos empregar apenas vinte e seis tecelões, quando em 1837 empregávamos trinta e cinco." Outra dizimação dos trabalhadores: sobre cada quatro, há uma vítima.

Todos estes fatos foram extraídos da *Revue Economique* de 1842 e não existe ninguém que não possa indicar fatos análogos. Eu assisti pessoalmente a introdução das impressoras mecânicas e posso dizer que vi com meus olhos o mal que elas causaram aos impressores. Há quinze ou vinte anos as impressoras mecânicas estão bem estabelecidas; uma parte dos operários foi transferida para a composição, outros abandonaram seu ofício e muitos morreram de miséria: é assim que se opera a refusão[20] dos trabalhadores na seqüência das inovações industriais. Há vinte anos atrás[21], oitenta equipagens de cavalos faziam o

---

[20] [N.E]: Proudhon emprega aqui, ao que parece de maneira imprópria, um termo da antiga prática jurídica: dizia-se refusão das despesas para indicar o reembolso das custas necessárias, quando se queria manter o direito de oposição.

[21] [N.T]: Por volta de 1825, pois a obra foi redigida em 1844-45. As "equipagens" de cavalos às quais Proudhon se refere são uma tecnologia desenvolvida em vários países da Europa Central, à partir de meados do séc. XVII, para o transporte fluvial de cargas em rios de pequeno caudal ou em canais (que na época começavam a desenvolver-se, interligando as distintas bacias hidrográficas). Barcaças de desenho especial de fundo chato, ponta afilada e bojo largo propiciando um pequeno ângulo de ataque, eram atreladas com cabos à parelhas e cavalos que caminhavam, pela margem em estradas estreitas e grosseiramente pavimentadas, construídas especialmente para este fim: dispensava-se então os remadores (lembremo-nos da grande demanda de homens para a Marinha Mercante ou de Guerra do período) e as velas e poderia se operar os transportes com regularidade mesmo em condições adversas, com não mais que dois ou três marinheiros por barcaça. À distâncias predeterminadas existiam pequenos portos,

serviço de navegação de Beaucaire à Lyon; tudo isso desapareceu diante de vinte barcos à vapor. Seguramente o comércio ganhou com isto; mas a população de marinheiros, o que aconteceu com ela? Foi transportada das barcaças para os vapores? Não: foi para onde vão todas as indústrias desclassificadas: evaporou-se.

De resto os documentos seguintes, que extraio da mesma fonte, dão uma idéia mais positiva da influência dos aperfeiçoamentos industriais sobre a sorte dos operários.

"A média dos salários semanais em Manchester, é de 12, 50 F (10 shillings). Sobre 450 operários há apenas 40 que ganham 25 F." O autor do artigo tem o cuidado de observar que o custo de vida inglês é cinco vezes maior que o francês: este salário seria equivalente ao salário de um operário que tivesse que viver na França com 2,50 F por semana.

Revista de Edimburgo (1835): "O novo carro de Sharpe e Robert de Manchester, é devido a uma coalizão de operários (que não queriam deixar diminuir os seus salários) e esta invenção castigou rudemente os imprudentes membros desta coalizão". O castigado merece o castigo. A invenção de Sharpe e de Robert em Manchester deveria resolver a situação; a recusa dos operários em submeter-se à redução que lhes era pedida, ofereceu apenas a oportunidade. Não poderíamos dizer, dado o ar de vingança proclamado pela *Revista de Edimburgo*, que as máquinas têm um efeito retrógrado?

De um fabricante inglês: "A insubordinação de nossos operários nos faz pensar em *passar sem eles*. Fizemos e provocamos todos os esforços de inteligência imagináveis, para substituir o serviço dos homens por instrumentos mais dóceis e quase conseguimos. A mecânica libertou o capital da opressão do trabalho. Em todo o posto onde ainda ocupamos um homem, é apenas em caráter provisório, esperando que seja inventado para nós um meio de realizar a tarefa sem ele".

Que sistema é este que conduz um negociante a pensar com delícia que a sociedade logo poderá passar sem os homens! *A mecânica libertou o capital da opressão do trabalho!* É a mesma coisa que um ministro querer libertar o orçamento da opressão do contribuinte. Insensato!

---

providos de estalagem e entrepostos para embarque e desembarque, troca dos animais e das equipes. Tal sistema sobreviveu até meados do séc. XIX, sendo definitivamente relegado apenas com a consolidação das ferrovias (ver, mais uma vez, Maurice DAUMAS (org.) *Histoire Génerale des Techniques. T 3,4*, PARIS PUF 1996).

Se os operários te custam, eles são também teus compradores: o que farás com teus produtos quando, expulsos por ti, eles não mais consumirem? Assim o contragolpe das máquinas, depois de ter esmagado os operários, não tarda a ferir seus amos, pois se a produção exclui o consumo, logo ela mesma terá que parar[22, 23].

"Durante o quarto trimestre de 1841, quatro grandes falências ocorridas em uma cidade industrial inglesa, colocaram 1720 pessoas na rua." Estas falências foram ocasionadas pelo excesso de produção, o

---

[22] [R.P.]: Proudhon aqui esboça uma explicação das crises pelo subconsumo das classes operárias, tese que Marx mais tarde desenvolverá em toda a sua amplitude e que ele parece ter emprestado das *Contradições Econômicas*. A idéia, aliás, já se encontra em Robert Owen.

[23] [N.T]: É óbvia a atualidade deste parágrafo. Parece-nos entretanto que em 150 anos o capitalismo teve oportunidade de refinar muito mais a sua perversidade; depois das tentativas, frustradas pela crise do petróleo de 1973, de se implantar nas economias capitalistas avançadas uma *sociedade de consumo* e de fazer dela compartícipes as elites econômicas subordinadas do Terceiro Mundo, depois de Reagan, Tatcher e o seu desmonte do estado de "bem-estar social" – ocasionado em parte pelo fato do império soviético já estar mostrando na época sensíveis sinais de decomposição, e portanto da pouca necessidade decorrente de comprar a docilidade das classes trabalhadoras do mundo capitalista desenvolvido com benefícios econômicos e sociais – vimos, com uma rapidez fulminante e surpreendente as velhas teses do *laissez-faire* renascerem com um ímpeto insuspeito. O desejo toscamente aspirado pelo industrial citado por Proudhon não foi amplamente realizado pela automação do trabalho, possibilitada pela micro-informática e pelas novas técnicas gerenciais de produtividade exacerbada? ("modelo japonês", restruturação, gerenciamento por metas, cinco S, Tan-Ban, "Just-in time", e outros que tais). A "desregulamentação" do trabalho, não aponta claramente para uma quebra de direitos históricos dos trabalhadores (como reduções progressivas de jornada, regulamentação dos descansos – férias e repouso semanal – precarização dos mecanismos de previdência e segurança social, etc.) e um retorno à situação tão bem descrita por Proudhon e por outros, do trabalho anterior às lutas empreendidas na I Internacional? A constituição de um imperialismo planetário de empresas multinacionais, comandadas por uma burocracia tecnocrática em conluio com as altas instâncias de decisão política e econômica internacionais e a formação de uma classe média de "especialistas" e "formadores de opinião" destinada a impor – através de métodos nazistas de propaganda – o consenso de que vivemos no melhor dos mundos possíveis não revive de maneira muito mais aperfeiçoada a ideologia desta economia política tão agudamente escrutinada e denunciada em suas contradições por Proudhon? A emergência por fim de um neo-maltusianismo prático no qual um "excedente" populacional inabsorvível no atual universo de concentracionarismo econômico é dissipado por guerras tribais e religiosas, pelas guerras e problemas sanitários causados pelas drogas e pelo grassar das epidemias de novas e velhas pragas (AIDS, cólera, tuberculose, hepatite, etc.), de uma maneira relativamente anódina e pouco suscitadora de protestos da consciência humanitária – como se observa nos dramas atualmente vividos na África, na América Latina, no Oriente Médio e no Sudeste Asiático – não visaria por fim estabelecer, de maneira mil vezes mais eficaz que há século e meio, esta extinção de indóceis já prognosticada pelo mesmo patrão inglês acima citado?

O que eram aspirações, transformam-se rapidamente em realidade. Esperamos sinceramente que a leitura deste e de outros textos do anarquismo clássico desperte o leitor para estas analogias e o impila a pensar e agir.

que significa ausência de mercado ou miséria do povo. Que pena que a mecânica não possa libertar o capital da opressão dos consumidores! Que pena que as máquinas não comprem os tecidos que elas fabricam! Este seria o ideal de sociedade: se o comércio, a agricultura e a indústria pudessem funcionar sem que houvesse um único homem sobre a terra!.

"Em uma paróquia do Yorkshire, há nove meses que os operários trabalham apenas dois dias por semana." Máquinas!

"Em Geston, duas fábricas, avaliadas em 60.000 libras esterlinas, foram vendidas por 26.000. Elas produziam mais do que podiam vender". Máquinas!

"Em 1841, o número de crianças *acima* de treze anos, trabalhando nas fábricas diminui porque as crianças *com menos de* treze anos tomaram seu lugar." Máquinas! O operário adulto torna-se novamente um aprendiz, uma criança: tal resultado estava previsto desde a fase da divisão do trabalho, durante a qual nós vimos a qualidade do operário baixar na medida em que a indústria se aperfeiçoa.

Para terminar, o jornalista faz esta reflexão: "desde 1836 a indústria algodoeira retrograda" quer dizer, ela não está mais em razão com as outras indústrias: outro resultado previsto pela teoria da proporcionalidade dos valores.

Hoje as coalizões e as greves operárias parecem ter cessado em todos os pontos da Inglaterra, e os economistas regozijam-se com razão com este retorno à ordem e ao bom senso. Mas pelo fato de que os operários não mais acrescentam, para dizer o mínimo, a miséria de seu desemprego voluntário à miséria que lhes criam as máquinas, pode-se deduzir que a sua situação modificou-se? E se nada mudou nesta situação, o futuro não seria sempre uma triste cópia do passado?

Os economistas gostam de repousar seu espírito em quadros da felicidade pública: é com este sinal principalmente que os reconhecemos e que entre si eles se apreciam. Todavia não faltam também entre eles imaginações melancólicas e doentias, sempre prontas a opor aos relatos de prosperidade crescente, as provas de uma miséria obstinada.

O Sr. Théodore Fix[24] resumia assim a situação geral em dezembro de 1844:

---

[24] [R.P]: FIX, Théodore, nascido em Soleure, em 1800, de uma família de protestantes franceses emigrados, fez seus estudos científicos na França e ligou-se aos economistas, dirigindo a *Revue Mensuelle d'Economie Politique* desde 1833. Colaborou no *Journal des Economistes*. Deixou uma obra interessante: *Observations sur l'Etat des classes Ouvriéres*, publicada em 1846, ano de sua morte.

"A alimentação dos povos não está mais exposta à estas terríveis perturbações causadas pela penúria de víveres e pela fome, tão freqüentes até o começo do séc. XIX. A variedade das culturas e os aperfeiçoamentos agrícolas conjuraram estes flagelos de maneira quase absoluta. Avaliava-se, em 1791, a produção total de trigo da França em 47 milhões de hecto-litros, aproximadamente: isto daria, descontada a parcela reservada às sementes, um hectolitro e 65 centilitros por habitante. Em 1840, a mesma produção foi avaliada em 70 milhões de hectolitros, dando por indivíduo a quantidade de um hectolitro e 82 centilitros, sendo que as superfícies cultivadas foram praticamente as mesmas que o eram antes da Revolução... As matérias trabalhadas cresceram em proporções ao menos tão grandes quanto as substâncias alimentares e pode-se dizer que a massa de tecidos mais que duplicou, e talvez tenha até triplicado em cinqüenta anos. O aperfeiçoamento dos processos técnicos conduziu a tal resultado...

"Desde o começo do século, a vida média cresceu em dois ou três anos: índice irrecusável de um maior bem-estar ou, se o quisermos, de uma atenuação da miséria.

"No espaço de vinte anos, a cifra das arrecadações indiretas, sem nenhuma mudança onerosa na legislação, elevou-se de 540 milhões para 720: sintoma não apenas do progresso econômico, mas também do progresso fiscal.

"Em 1º de janeiro de 1844 a caixa de depósitos e consignações devia às caixas de poupança 351 milhões e meio e Paris representava 105 milhões desta soma. A instituição entretanto desenvolveu-se somente à partir dos últimos doze anos e devemos notar que os 351 milhões e meio atualmente depositados nas caixas de poupança não constituem a massa inteira das economias realizadas, porque neste momento há capitais acumulados que recebem outro destino... Em 1843, sobre 320.000 operários e 80.000 domésticos moradores da capital, 90.000 operários depositaram na caixa de poupança 2.547.000 francos e 34.000 domésticos depositaram 1.268.000 francos".

Todos estes fatos são perfeitamente verdadeiros e a conseqüência que se deveria tirar em favor das máquinas, não poderia ser mais exata: com efeito elas imprimiram ao bem-estar geral um impulso poderoso. Mas os fatos que exporemos a seguir não são menos autênticos e a conseqüência que deles brota contra as máquinas não será menos justa, a saber que elas são a uma causa incessante de pauperismo. Eu apelo para os números do próprio Sr. Fix:

Sobre os 320.000 operários e 80.000 domésticos residentes em Paris, existem 230.000 dos primeiros e 46.000 dos segundos, num total de 276.000, que nada colocam nas caixas de poupança. Ousaríamos pretender que se trata de 276.000 dissipadores e doidivanas que se expõem voluntariamente à miséria? Ora, como mesmo entre aqueles que fazem economias encontram-se pessoas pobres e medíocres para quem a caixa de poupança é apenas um adiamento da libertinagem ou da miséria, concluímos que sobre todos os indivíduos que vivem de seu trabalho, quase três quartos ou são imprevidentes, preguiçosos e debochados porque nada colocam nas caixas de poupança, ou que são pobres demais para realizar economias. Não há outra alternativa. Mas o senso comum não nos permite acusar em massa a classe trabalhadora; é portanto necessário imputar o erro ao nosso regime econômico. Como o Sr. Fix não percebeu que seus próprios números o acusavam[25]?

---

[25] [N.T]: Sobre os seis últimos parágrafos há alguns comentários importantes a fazer. Em primeiro lugar, é indubitável ser bastante possível na economia capitalista que *"o país vá bem e o povo vá mal"* como admitiu, depois de uma viagem ao Nordeste brasileiro o ditador Emílio Garrastazu Médici, no auge do "milagre brasileiro"; esta declaração não foi a primeira e nem a última do tipo. Ficou célebre na história o artifício do marechal Potemkin para mostrar à Catarina II os efeitos "benéficos" de sua política econômica sobre o povo. Como mostramos em outra nota a produção de bens pode ser elevada, os capitais podem ser abundantes e bem constituídos, mas não havendo distribuição adequada, isto tudo em nada aproveita ao grosso da população. É por este e outros motivos similares que podemos caracterizar o capitalismo como uma *sociedade de desperdício* e não como *sociedade de escassez* ou *sociedade de abundância*; isto é produz-se muito ou pouco basicamente em função do mercado e da geração de lucros e não tendo-se em vista a satisfação das necessidades; nesta lógica, portanto, é natural sucatear uma tecnologia ainda funcional socialmente, se isto der lucros aos detentores do capital, é natural esfomear o país e ao mesmo tempo bater recordes de produção agrícola de produtos de monocultura exportadora, etc. Dados insuspeitos da FAO, nos mostram que hoje não há, como Fix já o dizia há 150 anos atrás, propriamente *escassez física* de alimentos no globo, isto é, a massa de alimentos produzida é suficiente para o consumo da população mundial; o problema reside no *acesso* da população a tais bens, ou seja: *40% da população mundial não tem hoje renda suficiente para comprar alimentos e mesmo assim a sua produção continua alta e os preços não caem*. Por quê? Basicamente pela política de subsídios agrícolas praticada pelos países capitalistas centrais, aliada ao flagelo da *monocultura de exportação*, da *concentração fundiária* e da *falta de incentivo* a cooperativas rurais de produção e à agricultura familiar nos países de terceiro e quarto mundo (note o leitor que estas são conclusões dos relatórios da FAO). Outro dado interessante são os estudos dos agrônomos da FAO mostrando que, hoje, apenas 50% das terras cultiváveis do mundo são efetivamente cultivadas, sendo a maioria delas improdutiva por decisão política dos governos e entidades de controle basicamente para evitar que a produção excessiva se acentue; os mesmos estudos revelam que, seria possível, utilizando-se corretamente 80% das terras cultiváveis atualmente disponíveis, isto é *sem expandir a fronteira agrícola* alimentar algo como 11 ou 12 bilhões de habitantes, o que seria portanto o *limite ecológico* de nossa espécie com a tecnologia atual.

Espera-se que com o tempo todos ou quase todos trabalhadores depositarão nas caixas de poupança. Sem esperar o testemunho do futuro, podemos verificar na prática se tal esperança é fundamentada.

Segundo o testemunho do Sr.Vée, administrador do V distrito de Paris, "o número de famílias indigentes inscrito nos controles dos escritórios de beneficência é de 30.000: o que perfaz 65.000 indivíduos". O recenseamento efetuado no começo de 1846 acusou 88.474 indigentes. E as famílias pobres mas não inscritas, quantas são? Praticamente a mesma cifra. Coloquemos pois 180.000 pobres indubitáveis, ainda que nem todos oficiais. E todos aqueles que vivem na necessidade, embora mantendo a aparência de bem-estar, quantos são? Duas vezes mais: no total existem em Paris 360.000 pessoas em dificuldades.

"Fala-se do trigo, exclama um outro economista, o Sr.Louis Leclerc[26], mas não existem populações imensas que vivem sem pão? Sem sair da nossa pátria, não é verdade que há populações que vivem exclusivamente de milho, de trigo sarraceno ou de castanhas? ..."

Ora, o mundo hoje possui cerca de 6,5 bilhões de habitantes, a população ainda cresce, mas em ritmo muitíssimo menor do que o previsto pelos demógrafos nos anos 1950/60 e as dificuldades econômicas e as epidemias como a da AIDS têm *reduzido efetivamente a população* na África, na China e na América Latina. Não somos partidários do aumento indiscriminado da população, mas não podemos nos furtar em denunciar a sofística que se esconde atrás de alguns "argumentos científicos" e de "ações sociais de emergência". As projeções demográficas hoje prevêem a estabilização da população mundial, daqui a um século mais ou menos, em 8 bilhões de habitantes; não há necessidade técnica portanto de pressões suplementares sobre o meio ambiente, através da expansão da fronteira agrícola e nem da introdução de transgênicos – cujos efeitos de médio e longo prazo aliás são completamente desconhecidos –. A questão é política e econômica: trata-se de racionalizar o uso da terra, de evitar as tecnologias concentradoras, os subsídios e a monocultura. Por outro lado vemos a luta contra a fome desenvolver-se de uma maneira absolutamente degradante. As propostas de "fome zero" baseiam-se sem exageros de nossa parte na assimilação alimentar dos homens em porcos: utilização de restos de restaurantes para "sopões", leite em pó de péssima qualidade e altíssimo preço "gratuito" para favelados e o combate à desnutrição infantil com farelo, cascas de legumes e frutas, e sementes: tudo isto para se dar satisfações à "opinião pública", deixando intocadas as raízes do problema.

O ponto enfim é o seguinte: O "progresso" e a "miséria" são elementos fundamentais para o desenvolvimento do capitalismo, como Proudhon tenta mostrar nestas *Contradições*; a superação destes problemas não se dará com paliativos ou com a busca de soluções que não se choquem com a ideologia dominante; apesar de todos os esforços embrutecedores da propaganda e das instituições, os homens não são porcos e é isto que os "dirigentes" mais cedo ou mais tarde terão que entender.

[26] [R.P.]: Louis LECLERC era então um dos principais colaboradores do *Journal des Economistes*; ele desenvolveu (15/10/1848) uma teoria da propriedade que justificava a apropriação de bens exteriores naquilo que eles representam pelo esforço dispensado em adquiri-los, uma parcela da vida do proprietário, uma porção de faculdades e de órgãos irrevogavelmente consumida para obtê-la.

O Sr. Leclerc denuncia o fato: forneçamo-lhe a interpretação. Se, como é indubitável, o acréscimo da população se faz sentir principalmente nas grandes cidades, isto é, justamente nos pontos aonde se consome mais trigo, é claro que a média *per capita* pode ter crescido sem que com isso a condição geral melhorasse. Nada mais mentiroso que uma média.

"Fala-se, prossegue o mesmo autor, do acréscimo do consumo indireto. Tentaríamos em vão inocentar a falsificação parisiense: ela existe; ela tem os seus mestres, seus oficiais, sua literatura seus tratados didáticos e clássicos... A França possuía vinhos sofisticados, o que foi feito deles? No que tornou-se esta brilhante riqueza, onde estão os tesouros desde Probus pelo gênio nacional? E entretanto quando se considera os excessos que o vinho causou por toda a parte onde é caro, por toda a parte aonde não entra no regime regular; quanto a Paris, capital do reino dos bons vinhos, vê-se o povo afogar-se em algo falsificado, misturado, nauseabundo e por vezes execrável, vemos as pessoas remediadas beber em casa ou aceitar de boca fechada em restaurantes de renome os pretensos vinhos suspeitos, violáceos, e de uma insipidez, de uma platitude e miséria que fariam fremir o mais pobre dos camponeses borguinhões ou turanginos; podemos pois duvidar de boa-fé que os licores alcoólicos não sejam uma das mais imperiosas necessidades de nossa natureza!..."

Eu cito completa esta passagem porque ela resume, num caso particular, tudo aquilo que se pode dizer sobre os *inconvenientes* das máquinas. Com relação ao povo, ocorre com os tecidos a mesma coisa que com o vinho ou, em geral, com todos os tipos de gêneros e mercadorias criados para o consumo das classes pobres. É sempre a mesma subtração[27]: reduzir por procedimentos quaisquer os custos de fabricação, para que se consiga: 1 – sustentar com vantagem a concorrência contra colegas mais felizes ou mais ricos; 2 – servir a esta inumerável clientela de expolidas que não podem pagar o preço de nada, se a qualidade for boa. Produzido pelas vias ordinárias, o vinho custa muito caro para a massa dos consumidores; ele corre o risco de ficar nas adegas dos vinhateiros. Eis como o fabricante de vinhos se sai desta dificuldade: não podendo mecanizar a cultura, ele encontra um meio,

---

[27] [N.T]: *Déduction* no original que possui duplo sentido de deduzir no sentido da lógica e de deduzir no sentido da contabilidade; preferimos aqui o segundo sentido.

através de alguns acessórios, de colocar o precioso líqüido ao alcance de todos. Alguns selvagens, durante as suas carestias, comem terra; o operário da civilização bebe água. Malthus foi um grande gênio.

Para aquele que considera o crescimento na vida média da população, eu reconheço a sinceridade do fato; mas ao mesmo tempo declaro que a observação é defeituosa. Expliquemos este ponto. Suponhamos uma população de dez milhões de almas; se, por qualquer causa que se queira, a vida média viesse a aumentar em cinco anos para um milhão destes indivíduos e a mortalidade continuasse a grassar da mesma forma que antes para os outros nove milhões, encontraríamos, distribuindo este aumento sobre a totalidade, que a vida média por habitante teria aumentado de seis meses. Ocorre com a vida média, autoproclamada um índice do bem-estar médio, a mesma coisa que acontece com a instrução média: o nível dos conhecimentos não pára de aumentar, o que não impede que existam hoje na França tantos bárbaros quanto no tempo de Francisco I. Os charlatões que se propuseram a explorar as estradas de ferro fizeram um grande barulho sobre a importância da locomotiva para a circulação das idéias e os economistas, sempre à caça de tolices civilizadas, não deixaram de repetir esta estupidez. Como se as idéias tivessem necessidade das locomotivas para se espalhar[28]! Mas o que de fato impede que as idéias circulem do

---

[28] [N.T]: Como se vê, pouca coisa muda sob o céu do capitalismo, apesar do grande esforço da máquina de propaganda dos empresários e do governo dizer o contrário. A recente onda sobre o computador, a INTERNET e os denominados negócios eletrônicos são a testemunha viva disto. Levantamentos europeus mostraram que em 1999 o número de endereços eletrônicos do mundo mal chegava à 10% da população mundial e que, além disto cerca de 35% da população mundial sequer tinha acesso ao telefone, ficando pois liminarmente prejudicada no acesso à rede mundial de computadores. Não obstante ouvimos loas histéricas ao "novo mundo que se abria", à "mundialização" e ao advento do "cidadão midiático" (afinal, que diabo é isto?). A NASDAQ foi criada em New York justamente para separar os negócios das "companhias virtuais" dos negócios da bolsa em geral, como se tratasse de uma aristocracia dos negócios. A crise da NASDAQ, à partir do ano 2000 e principalmente à partir de 11 de setembro de 2001, veio a demonstrar cabalmente – como se necessário fosse – a fragilidade e a vigarice que se ocultam por trás deste mundo de "negócios". A maioria das pessoas continua hoje sem acesso à Internet, exatamente como há vinte anos atrás e muitos dos negócios do mundo são tocados à moda tradicional. Conhecemos mesmo casos, nas pequenas indústrias químicas e metalúrgicas, de *reversão* desta tecnologia, que propiciava curto-circuitos da cadeia de mando, pequenas falcatruas resistências enfim dos trabalhadores em uma plataforma muito adequada à isso. Ao atingir este ponto muitas empresas começam a atuar em um espírito "anti-Internet", procurando vigiar e centralizar os fluxos de informação, o que é justamente o contrário da proposta original desta tecnologia.

Instituto aos subúrbios de Saint-Antoine e de Saint-Marceau e nas ruas estreitas e miseráveis da Cité e do Marais[29], por toda a parte enfim onde mora esta multidão mais desprovida ainda de idéias que de pão? Donde vem o fato de que entre parisiense e parisiense, apesar dos ônibus e do correio expresso, a distância é hoje em dia três vezes maior que no século XIV?

A influência subversiva das máquinas sobre a economia social e a condição dos trabalhadores exerce-se de mil maneiras, todas elas encadeando-se e atraindo-se mutuamente: a escassez do trabalho, a redução dos salários, a superprodução, a falta de escoamento da produção, a alteração e a falsificação dos produtos, as falências, a desclassificação dos operários, a degeneração da espécie e finalmente a doença e a morte[30].

O próprio Sr. Théodore Fix observou que nos últimos cinqüenta anos[31] a altura média do homem na França tinha diminuído de alguns milímetros[32]. Esta observação nos remete à que fizemos há pouco: sobre o que se baseia esta diminuição?

---

[29] [N.T]: O Institut de France, como vimos acima é uma das instituições da cúpula do sistema intelectual e universitário Francês. Os subúrbios citados foram durante todo o séc. XIX e boa parte do XX o reduto operário de Paris. A Cité é a referência à ilha no meio do Sena, onde nasceu a cidade de Paris e onde está situada a catedral de Notre-Dame: é a cidade antiga e medieval que será arrasada por Haussmann para a construção da Paris burguesa e elegante, das largas avenidas e bulevares, durante o governo de Napoleão III. Esta reforma de Paris, além de ter propiciado lucros indecentes pela especulação imobiliária, permitiu que se desmontasse o labirinto de ruelas que foram tão úteis aos sublevados do povo em 1789, 1830 e 1848. O Marais – literalmente "pântano" era a região ribeirinha ao Sena, sujeita à inundações e enchentes, que também foi "saneada".

[30] [N. E.]: "Quanto mais o trabalho se divide e as máquinas se aperfeiçoam, menos vale o operário, conseqüentemente menos ele é pago; além disto, pelo mesmo salário, sua tarefa aumenta. Esta é uma lógica fatal, cujos efeitos nenhuma legislação poderá controlar."(Proudhon "*De la Justiçe...*" 6º estudo 2ª ed. p. 94.)

[31] [N.T]: Entre 1793/6 e 1843/6, portanto.

[32] [N.T]: Este é um dos efeitos muito bem conhecidos e documentados em todos os processos de industrialização; é devido à forte proletarização das camadas camponesas e ao empobrecimento dos artesãos, que, afastadas da terra umas e empobrecidos outros, não podem adquirir gêneros de primeira necessidade em quantidade suficiente, muito embora os novos métodos de produção possam aumentar a sua oferta. Todos os países que adotaram alguma forma de estatística sanitária ou tomaram dados antropométricos pela introdução do serviço militar obrigatório reconheceram este efeito estatístico. No Brasil, a forte concentração de renda e o aumento do latifúndio durante a ditadura militar de 1964, ocasionou o aparecimento no Nordeste do país, no final da década de 1970, dos gabirus, adultos não anões de baixa estatura e pouco peso: uma adaptação orgânica à fome! Mais um fruto para meditação daqueles que consideram o sistema sob o qual vivemos como o melhor possível...

Em um relatório lido perante a Academia de Ciências Morais e Políticas, sobre o resultado da lei de 22 de março de 1841[33], o Sr. Léon Faucher assim se exprimia: "...os jovens operários são pálidos, fracos, de pequena estatura e lentos de pensamento e de movimentos. Com quatorze ou quinze anos não parecem mais desenvolvidos que as crianças de nove ou dez anos em seu estado normal. Quanto ao seu desenvolvimento intelectual e moral, vê-se que, com a idade de treze anos não possuem a noção de Deus e que jamais ouviram falar de seus deveres e para muitos a primeira escola moral foi uma prisão".

Eis o que o Sr. Léon Faucher observou, para grande desprazer do Sr. Charles Dupin, a quem declara que a lei de 22 de março é impotente para remediar a situação. Não nos zanguemos com esta impotência do legislador: o mal provém de uma causa tão natural para nós quanto o Sol e, na trilha aonde nos engajamos, todas as cóleras, assim como todos os paliativos, apenas piorariam nossa situação. Sim, enquanto a ciência e a indústria fazem tão maravilhosos progressos, existe a necessidade – a menos que o centro de gravidade da civilização desloque-se subitamente – de que a inteligência e o conforto do proletariado se atenuem; enquanto a vida se prolonga e melhora para as classes remediadas, é fatal que ela piore e abrevie-se para os indigentes. Isto resulta dos escritos dos que melhor pensam, quero dizer, dos mais otimistas.

Segundo o Sr. de Morogues[34], 7.500.000 homens na França têm apenas 91 francos para dispor ao ano, ou seja 25 cêntimos por

---

[33] [R.P]: A lei de 22 de março de 1841 foi a primeira a regulamentar o trabalho nas manufaturas da França. Ela autorizava a admissão de crianças desde a idade de 8 anos, limitando a duração de seu trabalho a oito horas diárias, entre a idade de 8 a 12 anos e a 12 horas entre 13 e 16 anos; o trabalho noturno era proibido às crianças menores de 13 anos. Esta lei visava apenas as oficinas que empregavam mais de 20 pessoas. Apesar de sua óbvia insuficiência, ela recebeu uma aplicação muito incompleta, pela falta de um corpo de fiscais de trabalho, então inexistente. Ela caiu rapidamente em desuso e a proteção do trabalho infantil na indústria começou apenas com a lei de 19 de maio de 1874. Antes de 1841, muitos trabalhos denunciaram os abusos cometidos contra as crianças na indústria.

[34] [R.P.]: DE MOROGUES (Barão BIGOT), 1776-1840, engenheiro agrônomo que foi trazido para a economia social pela economia agrícola. Além de inúmeras obras de tecnologia e de agronomia, ele escreveu os seguintes livros: *Politique Religieuse et Philosophique, ou Constituition Morale du Gouvernement* (1827); *De la Production Nationale Considérée comme Base du Commerce* (1829); *De la Misére des Ouvriers et de la Marche à Suivre pour y Remedier* (1832), onde ele conclui em favor das indústrias e do consumo de luxo como meio de elevar os salários; *Recherches sur les Causes de la Richesse et de la Misére des Peuples Civilisés* (1834); *Du Pauperisme, de la Mendicité et des Moyens d'en Prévenir les Funestes Effets* (1834): entre os meios propostos, ele preconiza a colonização agrícola; *La Politique Basée sur la Morale et la Mise en Rapport avec les Progrés de la Societé* (1834).

dia. *Cinco tostões! cinco tostões!* Há qualquer coisa de profético neste odioso refrão.

Na Inglaterra (excluindo-se a Escócia e a Irlanda), a verba para socorro aos pobres teve a seguinte evolução:

1801	4.078.891	libras p/ uma população de	8.872.980
1818	7.870.801	libras p/ uma população de	11.978.875
1833	8.000.000	libras p/ uma população de	14.000.000

O progresso da miséria foi portanto mais rápido que o aumento da população; o que acontece com as hipóteses de Malthus diante deste fato? É entretanto indubitável que no mesmo período o bem-estar médio aumentou: qual é pois o significado das estatísticas?

A taxa de mortalidade para o primeiro distrito de Paris é de um óbito a cada cinqüenta e dois habitantes; a do 12º distrito é de um para vinte e seis. Ora, este último distrito conta com um indigente a cada sete habitantes, ao passo que o outro conta apenas um para cada vinte e oito. O que não impede que a vida média da população de Paris tenha crescido, como bem observa o Sr. Fix.

Em Mulhouse[35] as probabilidades médias de vida ao nascer são de vinte e nove anos, para os filhos das classes remediadas e de DOIS anos para os filhos da classe operária; em 1812 a vida média na mesma localidade era de vinte e cinco anos, nove meses e doze dias, ao passo que em 1827 ela era apenas de vinte e um anos e nove meses. Neste período, para toda a França, a vida média aumenta. O que isto quer dizer?

O Sr. Blanqui, não podendo explicar ao mesmo tempo tanta prosperidade e tanta miséria, exclama em algum lugar: "O aumento da produção não é o aumento da riqueza... A miséria, ao contrário, espalha-se mais rápido na medida em que a indústria se concentra. É preciso que exista algum vício radical em um sistema que não garante segurança alguma nem ao capital e nem ao trabalho e que parece multiplicar os embaraços dos produtores, ao mesmo tempo em que os força a multiplicar os seus produtos".

---

[35] [N.T]: Cidade do Sudeste da França e capital do departamento do Alto-Reno, onde se instalaram as primeiras tecelagens industriais de porte da França, objeto de estudo de várias estatísticas sociais e sanitárias durante o séc. XIX e um dos cenários d'*Os Miseráveis* de Victor Hugo.

Não há vício radical aqui; aquilo que estranha o Sr. Blanqui é simplesmente aquilo que a Academia da qual faz parte pediu a determinação: são as oscilações do pêndulo econômico, o VALOR, que vão batendo alternativamente e de maneira uniforme o bem e o mal, até que a hora da equação universal tenha soado. Se me for permitida uma outra comparação, a humanidade em sua marcha é como uma coluna de soldados que, partindo ao mesmo passo e no mesmo instante, sob as batidas compassadas do tambor, perdem pouco a pouco os seus intervalos. Tudo avança, mas a distância entre a cabeça e o final do batalhão aumenta sem cessar; é uma conseqüência necessária do movimento que haja os adiantados e os dispersos.

Mas é preciso penetrar mais fundo ainda na antinomia. As máquinas nos prometiam um acréscimo de riqueza; elas mantiveram sua palavra, mas dotando-nos ao mesmo tempo de um acréscimo de miséria. Elas nos prometiam a liberdade; provarei que nos trouxeram a escravidão.

Eu disse que a determinação do valor, e com ela as tribulações da sociedade, começaram com a divisão das indústrias, sem a qual não poderia existir nem troca, nem riqueza, nem progresso. O período que percorremos neste momento, o período das máquinas, distingue-se por um caráter particular: o SALARIADO.

O salariado deriva em linha reta do emprego das máquinas, quer dizer – para dar ao meu pensamento toda a generalidade de expressão que ele reclama – da ficção econômica pela qual o capital torna-se agente de produção. O salariado enfim é posterior à divisão do trabalho e à troca e é o correlativo obrigatório da teoria da redução de custos, seja qual for a maneira com que se obtenha tal redução. Tal genealogia é suficientemente interessante para que digamos algumas palavras sobre ela.

A primeira, a mais simples e a mais poderosa das máquinas é a *oficina*.

A divisão apenas fazia separar as diversas partes do trabalho, deixando a cada um a especialidade que mais lhe agradava: a oficina agrupa os trabalhadores segundo a relação de cada parte ao todo. Ela é, na sua forma mais elementar, a ponderação dos valores, que segundo os economistas não se pode encontrar. Ora, pela oficina a produção e o déficit vão aumentar ao mesmo tempo.

Um homem observou que dividindo a produção em suas diversas partes e fazendo executar cada uma delas por um determinado operário, ele obteria uma multiplicação de força cujo produto seria muito superior à soma de trabalho que fornece a mesma equipe de operários quando o trabalho não está dividido.

Captando o fio desta idéia, ele se diz que, formando um grupo permanente de trabalhadores escolhidos para o objeto especial ao qual se propõe, ele obterá uma produção mais contínua, mais abundante e a menor custo. Além disso, não será mais indispensável que os operários estejam todos reunidos em um mesmo local: a existência da oficina não se deve essencialmente a tal contacto. Ela resulta da relação e da proporção dos diferentes trabalhos e do pensamento comum que os dirige. Em uma palavra, a reunião em um mesmo local pode oferecer suas vantagens que não devem ser negligenciadas, mas não é ela que constitui a oficina.

Eis pois a proposição que faz o especulador a aqueles que deseja fazer com que colaborem consigo: Eu vos garanto uma colocação perpétua para vossos produtos, se me aceitais por comprador ou por intermediário. O negócio é tão evidentemente vantajoso que a proposição não pode deixar de ser aceita. O operário nela encontra continuidade de trabalho, preço fixo e segurança; por seu lado o empreendedor terá maior facilidade para as vendas pois, produzindo mais barato, terá maior poder sobre os preços; seus lucros enfim serão mais consideráveis, dada a massa dos investimentos. Não haverá ninguém, pessoa do público ou magistrado, que não felicite o empreendedor por ter acrescido a riqueza social através de suas combinações e que não lhe votem uma recompensa.

Mas, em primeiro lugar, quem diz redução de despesas diz redução dos serviços, não na nova oficina, mas sim para os operários da mesma profissão que ficaram fora dela, bem como para muitos outros cujos serviços acessórios serão no futuro menos demandados. Assim, toda a formação de oficina corresponde a uma despossessão dos trabalhadores: tal assertiva, por mais contraditória que pareça, é tão verdadeira para uma oficina quanto para uma máquina.

Os economistas concordam com ela, mas repetem aqui a sua eterna cantilena de que, depois de certo tempo, tendo a demanda do produto aumentado pela queda no seu preço, o trabalho voltará a ser de novo tão demandado quanto antigamente. Sem dúvida COM O TEMPO o equilíbrio se restabelecerá; entretanto, frisemos mais uma vez, ele não será restabelecido no mesmo ponto em que foi perturbado mas em outro porque o espírito de invenção, assim como o trabalho, nunca se detém. Ora, qual teoria poderia justificar estas perpétuas hecatombes? "Quando se tiver, escreveu Sismondi, reduzido o número de homens de esforço a um quarto ou um quinto do número atual, então se terá necessidade apenas de um quarto ou de um quinto do número atual de padres, de médicos, etc. Se conseguíssemos eliminar absolutamente este número, poder-se-ia muito bem passar sem o gênero humano." É isso o que aconteceria efetivamente se, para se colocar o trabalho de cada máquina em relação com as necessidades de consumo, isto é, para se restaurar a proporção dos valores continuamente destruída, não fosse necessário criar sem cessar novas máquinas, abrir outros mercados e conseqüentemente multiplicar os serviços e deslocar outros braços. Desta forma a indústria e a riqueza por um lado e a população e a miséria por outro avançam por assim dizer em fila, uma empurrando a outra.

Eu mostrei o empreendedor no começo da indústria tratando de igual para igual com seus companheiros, que mais tarde se tornarão *seus operários*. É sensível de fato que esta igualdade primitiva deva rapidamente desaparecer, pela posição vantajosa do mestre e pela dependência dos assalariados. É em vão que a lei assegure a cada um o direito de empreender, assim como a faculdade de trabalhar só e de vender diretamente os seus produtos. Segundo nossa hipótese este último recurso é impraticável, pois a oficina tem por objeto aniquilar o trabalho isolado. E quanto ao direito de, como se diz, erguer seu arado e colocá-lo para trabalhar, acontece na indústria como na agricultura: saber trabalhar não conta para quase nada, é preciso também ter chegado na hora; a bodega, como a terra, é do primeiro ocupante. Quando um estabelecimento teve a oportunidade de se desenvolver, de ampliar suas bases, de lastrear seus capitais, de assegurar a sua clientela, o que pode contra esta força tão superior o operário que possui apenas os seus braços? Assim, não é de modo algum por um ato arbitrário de poder soberano, nem por usurpação fortuita e brutal, que se estabeleceram na Idade Média as corporações e os mestrados: a força dos fatos as tinha criado muito tempo antes que os éditos dos reis lhes tivessem dado consagração legal e, apesar da reforma de 1789, nós as vemos hoje em dia reconstituir-se sob nossos olhos com uma energia cem vezes mais temível. Abandonemos o trabalho às suas próprias tendências e a servidão de três quartos da humanidade estará assegurada.

Mas isto não é tudo. A máquina ou a oficina, depois de ter degradado o trabalhador dando-lhe um mestre, acaba de envilecê-lo fazendo-o decair do posto de artesão para o de braçal.

Outrora a população das margens do Saône e do Rhone se compunha em grande parte de marinheiros, todos formados no transporte dos barcos, seja por cavalos, seja à remo. Hoje em dia, quando os reboques à vapor estabeleceram-se em praticamente todos os pontos, os marinheiros, na sua maioria não encontrando mais meios de viver de seu ofício, ou passam três quartos do tempo desempregados ou então se transformam em foguistas.

A miséria ou a degradação: eis o dilema que as máquinas impõem ao operário. Pois ocorre com as máquinas o que ocorre com as peças de artilharia: exceto o capitão, todos que ela ocupa são apenas *servos*, escravos.

À partir do estabelecimento das grandes manufaturas, uma verdadeira multidão de pequenas indústrias desapareceu dos lares: como podem estas novas operárias, ganhando entre 50 e 75 cêntimos por dia, ter a mesma inteligência de suas avós?

"Depois do estabelecimento da ferrovia entre Paris e Saint-Germain, nos conta o Sr. Dunoyer, foram instaladas entre o Pecq e muitas destas localidades mais ou menos vizinhas tantas linhas de ônibus[36] e viaturas que tal estabelecimento, contra toda a previsão, aumentou o uso dos cavalos em proporção considerável."

---

[36] [N.T]: Não se trata obviamente de nossos ônibus atuais com motor de combustão interna, mas sim de linhas especiais de transporte à tração animal em grandes estruturas, capazes de transportar cerca de duas dezenas de pessoas. Por influência da ferrovia, estes *omnibus* primitivos muitas vezes rodavam sobre trilhos. Houveram igualmente tentativas de se instalar caldeiras neles, para movê-los a vapor, mas que não foram muito bem sucedidas. Estas "linhas" eram geralmente exploradas pelo poder público municipal diretamente ou através de concessão e tinham que manter horários e periodicidade predeterminados. Redundaram em um transporte público local mais rápido e relativamente barato, permitindo à uma boa parte da população, devido à tração animal, usufruir das vantagens de velocidade e rapidez nas suas movimentações locais, que no séc. XVIII eram apanágio apenas das elites. O ônibus (sua etimologia deriva do latim *omnibus* = para todos) teve importantes repercussões sociais, ao forçar o contacto entre os passageiros usuários de um mesmo trajeto, ao exigir uma ampliação das vias públicas, marcando mais severamente a antinomia via carroçável/calçada e ao confinar o deslocamento dos cidadãos à estas últimas, na categoria de *pedestre*. Aumentou igualmente aquilo que Ivan ILLITCH denomina *velocidade generalizada* das sociedades locais, dentro do espírito *"time is money"* tão peculiar ao capitalismo. Remetemos o leitor para os detalhes mais uma vez à obra de Maurice DAUMAS (org.) *Histoire Générale des Tecniques* v. 3 (PARIS, PUF 1968/1996) e para a pequena, porém luminosa obra de Ivan ILLITCH *Énergie et Equite* (PARIS, Seuil 1979).

Contra toda previsão! Não seria exatamente o economista que deveria prever coisas deste tipo? Multipliquemos as máquinas e aumentaremos o trabalho penoso e repugnante: este apotegma é tão seguro quanto aqueles que datam dos tempos do dilúvio. Eu posso ser acusado, se assim se quiser, de malevolência para com a mais bela invenção de nosso século: nada me impedirá de dizer que o principal resultado das estradas de ferro, depois da escravização da pequena indústria, será o de criar uma população de trabalhadores degradados calceteiros, varredores, carregadores, estivadores, guardas, porteiros, pesadores, engraxadores, faxineiros, foguistas, bombeiros, etc. Quatro mil quilômetros de estradas de ferro fornecerão para a França um suplemento de cinqüenta mil servos e não é para este mundo, certamente, que o Sr. Chevalier pede escolas profissionais.

Mas poderia se dizer que apesar de tudo, como a massa dos transportes aumentou proporcionalmente muito mais que o número de diaristas, a vantagem está com as ferrovias e que no final das contas houve progresso. Poder-se-ia até mesmo generalizar esta observação e aplicar o raciocínio à todas as indústrias.

Mas é precisamente a generalização do fenômeno que faz ressaltar a servidão dos trabalhadores. O primeiro papel na indústria está reservado às máquinas e o segundo ao homem: todo o engenho desenvolvido pelo trabalho volta-se ao embrutecimento do proletariado. Que gloriosa nação será a nossa, quando sobre quarenta milhões de habitantes, ela contar trinta e cinco entre braçais, escrevinhadores e criados!

Com a máquina e a oficina o direito divino, isto é, o princípio de autoridade, faz a sua entrada na economia política. O Capital, o Domínio, o Privilégio, o Monopólio, as Sociedades Anônimas, o Crédito, a Propriedade, etc.: tais são na linguagem econômica os nomes diversos daquilo que alhures se denomina Poder, Autoridade, Soberania, Lei Escrita, Revelação, Religião, Deus, enfim, causa e princípio de todas as nossas misérias e de todos os nossos crimes e que, quanto mais tentamos definir, mais nos escapa.

Seria, portanto, impossível que no estado presente da sociedade, a oficina com a sua organização hierárquica e suas máquinas, pudesse, em lugar de servir exclusivamente aos interesses da classe menos numerosa, menos trabalhadora e mais rica, ser empregada para o bem de todos?

É o que iremos examinar.

§ III - Preservativos contra a influência desastrosa das máquinas

Redução de mão-de-obra é sinônimo de baixa nos preços e conseqüentemente de aumento nas trocas, pois se o consumidor paga menos, ele comprará mais.

Mas redução de mão-de-obra é igualmente sinônimo de restrição do mercado, pois se o produtor ganha menos, ele comprará menos. É assim com efeito que as coisas se passam. A concentração das forças na oficina e a intervenção do capital na produção sob o nome de máquinas, geram simultaneamente a superprodução e a penúria e o mundo inteiro viu estes dois flagelos mais temíveis que o incêndio e a peste desenvolver-se em nossos dias na mais vasta escala e com intensidade devoradora. É, entretanto, impossível recuarmos: é preciso produzir, produzir sempre e produzir barato, sem isso a existência da sociedade estará comprometida. O trabalhador, que, para escapar ao embrutecimento que o ameaçava no começo da divisão, criou tantas máquinas maravilhosas, encontra-se por suas próprias obras ou atingido por um interdito ou subjugado. Contra tal alternativa quais meios são propostos?

O Sr. Sismondi, com todos os homens de idéias patriarcais, queria que a divisão do trabalho, juntamente com as máquinas e as manufaturas, fosse abandonada e que cada família retornasse ao sistema de indivisão primitiva, quer dizer *cada um por si e Deus para todos*[37], na acepção mais literal da palavra. Isto é retrogradar, é impossível.

O Sr. Blanqui volta por sua vez à carga com seu projeto de participação do operário e de sua inserção nas sociedades comerciais, em benefício do trabalhador coletivo, de todas as indústrias. Eu já mostrei que tal projeto comprometeria a fortuna pública, sem melhorar de maneira apreciável a sorte dos trabalhadores; aliás, o próprio Sr. Blanqui parece ter se aliado a este sentimento. Como conciliar, com efeito, esta participação do operário nos lucros com os direitos dos inventores, dos empreendedores e dos capitalistas, dentre os quais uns têm que se cobrir pelos grandes adiantamentos e por seus longos e pacientes esforços, outros que expõem sem cessar suas fortunas adquiridas e correm sozinhos com os riscos da empresa, muitas vezes ousados,

---

[37] [N.T]: Houvemos por bem traduzir por este ditado português, o dito francês que consta do original: *chacun chez soi, chacun pour soi*, cuja tradução literal em português seria "cada um em sua casa e cada um por sua conta".

e os terceiros, por fim, que não poderiam suportar redução em suas taxas de juros, sem perder de algum modo suas poupanças? Como fazer concordar, com efeito, a igualdade que se quer estabelecer entre os trabalhadores e os seus mestres, com a preponderância que não se pode subtrair dos chefes das indústrias, dos acionistas e dos inventores e que implica tão claramente para eles na sua apropriação exclusiva dos lucros? Decretar através de uma lei a admissão de todos os trabalhadores na divisão dos lucros seria pronunciar a dissolução da sociedade; todos os economistas perceberam tão bem este ponto que acabaram por transformar em exortação aos senhores da indústria aquilo que inicialmente tinha-lhes ocorrido como projeto. Ora, enquanto o assalariado tiver como benefício, apenas a parte que lhe for deixada pelo empresário, apenas se pode prever para ele uma indigência eterna; não está no poder dos detentores do trabalho fazer com que as coisas ocorram de outro modo[38].

De resto esta idéia, aliás muito louvável, de associar os operários aos empresários tende à esta conclusão comunista, evidentemente falsa em suas premissas: a última palavra das máquinas é tornar o homem rico e feliz, sem que tenha necessidade de trabalhar. Posto, que, todos

---

[38] [N.T]: Pode parecer estranho à primeira vista ao leitor esta afirmação tão taxativa da "impotência" do trabalho em mudar seu estatuto, principalmente considerando a grande influência de Proudhon sobre o proletariado francês durante a revolução de 1848, a I Internacional e mesmo posteriormente, durante os anos de formação e de desenvolvimento do anarco-sindicalismo. Notemos apenas que em primeiro lugar esta, como tantas outras passagens aparentemente paradoxais da *Filosofia da Miséria*, é uma derivação metodológica, visando inicialmente combater as propostas "reformistas" que pretendem melhorar a sorte dos operários mantendo intactos os princípios de base da organização capitalista e Proudhon quer mostrar que tal operação é impossível, sendo assim necessária uma ampla *superação* deste sistema; em segundo lugar, relembremos um aspecto político importante; na época em que Proudhon escreve este livro existe toda uma série de setores políticos burgueses, como os republicanos, os bonapartistas e os positivistas, que estão interessados em obter o apoio do proletariado para derrubar a monarquia de Luís Felipe, à exemplo da Revolta de 1830 que conduziu este último ao poder, expulsando pela segunda e última vez os Bourbons do trono de França (o próprio Luís Napoleão, que mais tarde se tornará Napoleão III, é autor de uma obra que tem ressonância na época sobre a *extinção do pauperismo* que obviamente dista muito de qualquer tintura de socialismo, coberta entretanto de fórmulas pomposas e retóricas de exeqüibilidade duvidosa, mas de impacto) e que se dirige ao proletariado com propostas populistas e autoritárias, visando amenizar os conflitos de classe em nome de uma pretensa união nacional. Combater estas tendências e denunciar suas ilusões era urgente, conforme os acontecimentos vieram depois a demonstrar. Em terceiro lugar, lembremos que Proudhon ainda está *construindo* a sua "história das contradições"; esta apenas na sua "segunda época", num total de dez e que esta aparente incapacidade será depois desenvolvida em antinomia.

os agentes naturais devam fazer tudo por nós, as máquinas devem pertencer ao Estado e a meta do progresso é a comunidade.

Examinarei a teoria comunista em seu devido lugar.

Mas creio dever prevenir desde já os partidários desta utopia, que a esperança na qual se embalam à respeito das máquinas é apenas uma ilusão dos economistas, algo como o movimento perpétuo, que sempre se busca mas que nunca é encontrado, porque se pede a quem não pode dar. As máquinas não funcionam sozinhas: é preciso, para manter seu movimento, organizar em torno delas um imenso serviço; de modo que o homem cria para si tanto mais tarefas quanto mais se cercar de instrumentos, o grande negócio com as máquinas é muito menos dividir os seus produtos do que assegurar a sua alimentação, isto é, renovar incessantemente o seu motor. Ora este motor não é o ar, a água, o vapor ou a eletricidade; é o trabalho, ou seja o mercado.

Uma ferrovia suprime ao longo de todo o seu percurso o transporte artesanal: os areeiros, os seleiros, os carroceiros, os donos de albergues; captemos o fato no momento que sucede a instalação da estrada. Suponhamos que o Estado, por medida de conservação, ou pelo princípio da indenização transforme todos estes industriais desqualificados pela estrada de ferro em proprietários ou exploradores da ferrovia; suponhamos que o preço dos transportes tenha se reduzido em 25% (sem isso para que serviria a estrada de ferro?), a renda de todos estes industriais reunidos teria diminuído de um valor igual, o que significa que um quarto das pessoas que antigamente viviam do transporte artesanal se encontrará, apesar dos cuidados do Estado, literalmente sem recursos. Para encarar este déficit eles têm apenas uma esperança: que a massa de transportes efetuados pela ferrovia cresça em 25%, ou que eles consigam se empregar nas outras categorias industriais, o que parece de início impossível porque, por hipótese e de fato, todos os empregos da vizinhança já estão ocupados, que por toda a parte a proporção é regrada e que a oferta segue a demanda.

Entretanto, é preciso que, se quisermos que a massa de transportes aumente, um novo estímulo seja dada ao trabalho nas outras indústrias. Ora, admitindo-se que se empregue os trabalhadores desqualificados neste esforço produtivo e que sua redistribuição nas diversas categorias de trabalho seja tão fácil de executar quanto a teoria o prevê, estaríamos ainda longe da meta à atingir. Isto porque, se o pessoal empregado no transporte estiver para o pessoal da produção como

100 está para 1000, para obter, com uma circulação 25% mais barata, ou em outros termos mais poderosa na razão de um quarto, a mesma renda que antes, é preciso reforçar a produção também em um quarto, o que significa acrescentar à milícia agrícola e industrial não 25, número que é indicado pela proporção da indústria de transporte, mas sim 250 trabalhadores. Para chegar a tal resultado seria preciso criar máquinas e criar, o que é pior, homens: é este fato que sempre traz a questão de volta ao mesmo ponto. Assim, acumula-se contradição sobre contradição; não é mais somente o trabalho que, pela máquina, falta ao homem; é ainda o homem que, por sua fraqueza numérica e pela insuficiência de seu consumo faz falta para a máquina; de modo que, enquanto se espera que o equilíbrio se estabeleça, há ao mesmo tempo falta de trabalho e falta de braços, falta de produtos e falta de mercados. E isto que dizemos sobre a ferrovia é verdadeiro para todas as indústrias; o homem e a máquina sempre se perseguem, sem que o primeiro possa atingir o repouso e nem que a segunda seja saciada.

Quais são, pois, os progressos da mecânica? Quando máquinas cem vezes mais maravilhosas que o tear mecânico, o tear de meia e a prensa cilíndrica forem inventadas, quando forem descobertas forças cem vezes mais poderosas que o vapor, muito longe de libertar[39] a humanidade e de lhe criar ócios, longe de tornar a produção de qualquer coisa gratuita, isto apenas multiplicaria o trabalho, provocaria a população, tornaria mais pesada a servidão, tornaria a vida cada vez mais cara e escavaria mais o abismo que separa a classe que comanda e goza da classe que obedece e sofre.

Suponhamos agora todas estas dificuldades vencidas, suponhamos que os trabalhadores disponibilizados pela estrada de ferro bastem para este acréscimo de serviço que reclama a alimentação da locomotiva e que a compensação foi efetuada sem rupturas e que ninguém sofrerá com ela; ao contrário, suponhamos que o bem-estar de cada um aumentará de uma fração do lucro realizado pela ferrovia sobre o transporte artesanal. O que impede, seria perguntado, que as coisas se passem com esta regularidade e precisão? O que haveria de mais fácil, para um governo inteligente, do que operar assim todas as transições industriais?

Levei a hipótese tão longe quanto ela pode ir, para demonstrar de um lado a meta para a qual se dirige a humanidade e por outro as

---

[39] [N.T]: *Affranchir* no original.

dificuldades que ela deve vencer para atingi-la. Seguramente a ordem providencial é que o progresso se cumpra, no que diz respeito às máquinas, da maneira que acabo de descrever; mas o que embaraça a marcha da sociedade e a faz ir de Sila a Caribdes é justamente o fato dela não estar organizada. Atingimos apenas a segunda fase de suas evoluções e já encontramos em nosso caminho dois abismos que parecem infranqueáveis: a divisão do trabalho e as máquinas. Como fazer com que o operário parcelar, se for um homem inteligente, não se embruteça; e como fazer; se ele já estiver embrutecido, com que retorne à vida intelectual? Como, em segundo lugar, fazer nascer entre os trabalhadores esta solidariedade de interesses, sem a qual o progresso industrial se conta apenas por suas catástrofes, quando estes mesmos trabalhadores estão profundamente divididos pelo trabalho, pelo salário, pela inteligência e pela liberdade, isto é, pelo egoísmo? Como, por fim, conciliar aquilo que o progresso ocorrido teve por efeito tornar inconciliável? Apelar para a fraternidade e a comunidade seria antecipar as datas; não há nada de comum, não pode existir fraternidade entre criaturas como as que a divisão do trabalho e o serviço das máquinas fizeram. Não é deste lado, ao menos no presente, que devemos buscar uma solução.

Pois bem! Diríamos que como o mal reside mais nas inteligências que no sistema, voltemos ao ensino, trabalhemos pela educação do povo.

Para que a instrução seja útil, para que até mesmo ela possa ser recebida, é preciso, antes de mais nada que o aluno seja livre, assim como antes de se semear a terra, é preciso que a tornemos móvel pelo arado e que a desembaracemos de espinhos e de ervas daninhas. Aliás o melhor sistema de educação, mesmo no que diz respeito à filosofia e à moral, seria o da educação profissional; ora, ainda mais uma vez, como conciliar esta educação com a divisão parcelar e o serviço das máquinas? Como o homem, que através de seu trabalho tornou-se escravo, isto é, um móvel, uma coisa, se transformaria pelo mesmo trabalho, ou continuando o mesmo exercício uma pessoa? Como não se vê que estas idéias repugnam e que se, por impossibilidade, o proletário pudesse chegar a um certo grau de inteligência, ele se serviria dela, antes de mais nada, para revolucionar a sociedade e mudar todas as relações civis e industriais? O que digo não é um exagero vão. A classe operária, em Paris e em outras grandes cidades, é muito superior por suas idéias ao que era há vinte e cinco anos atrás; quem ousa me dizer que esta classe não é hoje decidida e energicamente revolucionária? E ela se tornará cada vez mais, na medida em que adquirir as idéias de justiça e de ordem, sobretudo na medida em que compreender o mecanismo da propriedade.

A linguagem, e peço permissão para voltar mais uma vez à etimologia, a linguagem parece ter claramente expressado a condição moral do trabalhador, depois que foi, se assim ouso dizer, despersonalizado pela indústria. No latim, a idéia de servidão implica a de subalternização do homem com relação às coisas e quando mais tarde o direito feudal declarou o servo *vinculado à gleba*, ele nada mais fez que traduzir por uma perífrase o sentido literal da palavra *servus*[40]. A razão espontânea, o próprio oráculo da fatalidade, já tinha pois condenado o operário subalterno antes que a ciência tivesse constatado a sua indignidade. O que podem, diante disto, os esforços da filantropia para com seres que a Providência já rejeitou?

O trabalho é a educação de nossa liberdade. Os antigos tinham um senso profundo desta verdade quando distinguiam entre artes servis e artes liberais. Pois tal profissão, tais idéias e tais idéias, tais costumes. Tudo na escravidão toma o caráter de rebaixamento: os hábitos, os gostos, as inclinações, os sentimentos e os prazeres; há nela subversão universal. Ocupar-se da educação das classes pobres! Isto seria criar nestas almas degeneradas o mais atroz antagonismo; seria impor-lhes idéias que lhes tornassem o trabalho insuportável, afeições incompatí-

---

[40] [P]: Apesar das autoridades mais recomendáveis, não posso fazer idéia de como servo, em latim *servus*, seja dito derivar de *servare*, conservar, porque o escravo era um prisioneiro de guerra que se conservava para o trabalho. A servidão, ou ao menos a criadagem, é certamente anterior à guerra, se bem que com esta última tenha recebido um acréscimo notável. Porque se tal fosse a origem da idéia como da coisa, não se teria dito, em lugar de *serv-us*, de maneira mais conforme à dedução gramatical, *serv-atus*? Para mim a etimologia veraz se descobre na oposição entre *serv-are* e *serv-ire*, cujo termo primitivo é **ser-o, in-ser-o*, juntar, apertar, de onde se deriva *series*, junta, continuidade; *ser-a* fechadura; *sertir* (fr. N.T) encaixar, etc. Todas estas palavras implicam a idéia de uma coisa principal à qual se acrescenta um acessório, como objeto de utilidade particular. Daí: *serv-vire*: ser um objeto de utilidade, objeto secundário à outrem; *serv-are*, como dizemos apertar, apartar, designar certa utilidade à uma coisa; um móvel enfim, um homem de serviço. O oposto de *serv-us* é *dom-inus* (*dom-us, dom-anium* e *domare*); quer dizer o chefe da família, o senhor da casa, aquele que põe ao seu uso os homens; *servat*, os animais, *domat*, e as coisas (da casa N.T.); *possidet*. Que posteriormente os prisioneiros de guerra fossem reservados para a escravidão: *servati ad servitium*, ou melhor *serti ad glebam*, entende-se agora perfeitamente, pois seu destino sendo conhecido, bastou emprestar o nome.

veis com a grosseria de seu estado, prazeres cujo sentimento nelas embotou-se. Se um tal projeto pudesse dar certo, ao invés de fazer do trabalhador um homem, ele o transformaria num demônio. Que se estude, pois, estas fisionomias que populam as prisões e os cárceres e que me seja dito se a sua maioria não pertence a sujeitos que a revelação do belo, da elegância, da riqueza, do bem-estar, da honra e da ciência, de tudo enfim que faz a dignidade do homem, considerou muito fracos e a quem ela desmoralizou e matou[41].

"Seria ao menos necessário fixar os salários, dizem os menos ousados, e estabelecer em todas as indústrias tarifas aceitas por mestres e operários."

É o Sr. Fix quem levanta esta hipótese de salvação. E ele responde vitoriosamente:

"Estas tarifas foram estabelecidas na Inglaterra e em outros lugares e sabe-se o que elas valem: em toda a parte elas foram violadas pouco depois de aceitas, tanto pelos mestres quanto pelos operários".

As causas desta violação são fáceis de captar: são as máquinas, são os processos e as combinações incessantes da indústria. Uma tarifa é acertada em um determinado momento, mas eis que subitamente ocorre uma nova invenção que dá ao seu autor a possibilidade de fazer baixar o preço da mercadoria. Que farão os outros empresários? Deixarão de produzir e dispensarão os operários, ou proporão uma redução de salário. É o único partido que podem tomar, esperando que também descubram por sua vez um procedimento através do qual, sem rebaixar a taxa dos salários, poderão produzir mais barato que seus concorrentes; e isto ainda equivalerá a uma supressão de operários.

O Sr. Léon Faucher parece inclinado ao sistema de indenização. Ele diz:

"Concebemos que, em um interesse qualquer, o Estado – o representante da vontade geral – ordene um sacrifício à indústria". – Ele supostamente sempre pode obrigar, a partir do momento em que outorga a alguém o direito de produzir e o protege e defende contra todo o ataque à esta liberdade. "Mas isto é uma medida extrema, uma

---

[41] [R.P]: Proudhon não é de modo algum um adversário da educação do povo, como poderia fazer crer a amargura desta página; ao contrário, para ele o primeiro dever dos operários é o de se instruir: "a ciência, tal é agora o esforço supremo comandado ao povo, sob pena de uma eterna servidão. Quem não tem inteligência pode servir apenas de instrumento. Quem não tem consciência do direito, não tem direito". (*Theorie de l'Impôt*)

experiência sempre perigosa e que deve ser acompanhada de todas as salvaguardas possíveis para os indivíduos. O Estado não tem o direito de subtrair a uma classe de cidadãos o trabalho que os faz viver, antes de ter provido suficientemente a sua subsistência ou de se ter assegurado de que eles encontrarão em uma nova indústria o emprego de sua inteligência e de seus braços. É um princípio dos países civilizados, que o governo não pode se apossar, mesmo por motivo de utilidade pública, de uma propriedade particular, a menos de ter previamente ressarcido o proprietário por justa e prévia indenização. Ora, o trabalho nos parece uma propriedade tão legítima, tão sagrada quanto um campo ou uma casa e nós não compreendemos que seja expropriado sem nenhuma espécie de indenização..."

"Assim como estimamos quiméricas as doutrinas que representam o governo como o provedor universal de trabalho na sociedade, da mesma forma nos parece justo e necessário que todo o deslocamento de trabalho operado em nome da utilidade pública ocorra apenas mediante uma compensação ou transição e que não se imole nem os indivíduos, nem as classes à razão de Estado. O poder, nas nações bem constituídas, tem sempre tempo e dinheiro à dar para amortecer estes sofrimentos parciais. E é precisamente porque a indústria não emana dele, porque ela nasce e desenvolve-se sob a impulsão livre e individual dos cidadãos, que o governo deve, quando o curso destas coisas é perturbado, oferecer ao trabalho alguma espécie de reparação ou de indenização."

Isto é que são palavras de ouro: o Sr. Léon Faucher pede, seja lá o que diga, a organização do trabalho. Fazer com que *todo deslocamento de trabalho opere-se apenas através de uma compensação ou de uma transição e que os indivíduos e as classes nunca sejam imolados à razão de Estado*, quer dizer ao progresso da indústria e à liberdade das empresas, lei suprema do Estado, é sem dúvida alguma constituir, de uma maneira que o futuro determinará, *o provedor de trabalho na sociedade* e o guardião dos salários. E, como já repetimos muitas vezes, o progresso industrial e conseqüentemente o trabalho de desqualificação e requalificação na sociedade é contínuo, não é uma transição particular para cada inovação que se trata de encontrar, mas sim um princípio geral, uma lei orgânica de transição aplicável a todos os casos possíveis e produzindo seu efeito por si mesma. O Sr. Léon Faucher estará em condições de formular esta lei e de conciliar os diversos antagonismos que descrevemos? Não, porque ele se detém de preferência na idéia de uma indenização. *O poder*, diz ele, *nas nações bem organizadas, tem sempre tempo e dinheiro a dar para amortecer estes sofrimentos parciais.* Envergonho-me em dizer por causa das intenções generosas do Sr. Faucher, mas elas me parecem radicalmente impraticáveis.

O poder possui apenas o tempo e o dinheiro que ele subtrai aos contribuintes. Indenizar com impostos os industriais desqualificados, seria lançar um ostracismo sobre as novas invenções e realizar o comunismo através das baionetas; não é resolver a dificuldade. É inútil insistir mais sobre as indenizações através do Estado. A indenização, aplicada segundo os pontos de vista do Sr. Faucher, ou conduziria ao despotismo industrial, a alguma coisa como o governo de Mehemet-Ali[42], ou degeneraria em uma taxa para os pobres, quer dizer uma hipocrisia vã. Para o bem da humanidade, mais vale não indenizar e deixar o trabalho buscar por si a sua eterna constituição.

Há aqueles que dizem: que o governo traga os trabalhadores desqualificados para os pontos aonde a indústria privada ainda não está estabelecida, onde as empresas individuais poderiam esperar. Temos montanhas a reflorestar, cinco ou seis milhões de hectares de

---

[42] [N.T]: MEHEMET-ALI (1769-1849) paxá do Egito entre 1811 e 1849. Embora de origem circassiana, conseguiu manter a independência do Egito contra a Sublime Porta e contra a França e a Inglaterra, na seqüência da crise gerada pela tentativa de invasão do país por Napoleão I, em 1795. Galvanizado pela idéia de "modernização" empreendeu desenvolver o país em moldes capitalistas, tendo para tanto enfrentado e imobilizado a burocracia otomana local e combinado algumas características da sociedade tradicional com as exigências da sociedade capitalista. Praticamente introduziu e subsidiou a agricultura do algodão em grande escala no país e esboçou uma tímida industrialização baseada nos têxteis, nos transportes à vapor e na valorização de algumas pequenas indústrias artesanais locais, como os couros finos e os objetos de cobre. Percebendo a importância de uma formação técnica e científica para o desenvolvimento econômico, circunscreveu a influência dos mulás e do islamismo ortodoxo no ensino, utilizando para tanto a aliança com grupos islâmicos minoritários, com os coptas e algumas táticas de composição, de maneira a tornar o ensino mais laico e posto sobre o controle direto do Estado. Partidário ferrenho da intervenção do Estado na economia e espírito burocrático, autoritário e centralizador, foi um dos pioneiros da "via prussiana" para o desenvolvimento capitalista, tornando o Estado investidor direto ou acionista de vários empreendimentos de porte, estes últimos geralmente efetuados em parceria com o capital estrangeiro. É a este intervencionismo estatal em um ambiente de pouca liberdade política que Proudhon aqui se refere. Suas reformas foram na sua maior parte anuladas pelo seu sucessor, através da intervenção otomana direta e das pressões inglesas. Para uma rápida avaliação de seu papel e sua influência na formação do moderno mundo árabe o leitor pode consultar a parte histórica da sintética, mas importante obra sob mais de um aspecto – de Georges CORM *Le Proche-Orient Éclate* (2ª ed. Paris, Gallimard, 1992).

terras a preparar para o cultivo, canais a cavar, mil coisas enfim, de utilidade imediata e geral a empreender.

"Pedimos ainda perdão aos nossos leitores por isto, responde o Sr. Fix, mas ainda assim somos obrigados a fazer intervir o capital. Estas superfícies, com exceção de alguns terrenos comunais, estão em repouso porque se exploradas não trariam nenhum produto líquido, muito provavelmente pelos custos do seu cultivo. Tais terrenos são possuídos por proprietários que têm ou não o capital necessário para explorá-los. No primeiro caso o proprietário se contentaria muito provavelmente, se explorasse tais terrenos, com um lucro mínimo e talvez renunciasse a aquilo que se chama a renda da terra; mas percebeu que empreendendo estas culturas perderia seu capital de base e seus outros cálculos lhe mostraram que a venda dos produtos não cobriria os custos da cultura... No final das contas, esta terra ficará, pois, em repouso, porque o capital que nela fosse investido não traria nenhum lucro e se perderia. Se fosse de outra forma, todos estes terrenos estariam logo sendo cultivados; as poupanças, que hoje tomam outro rumo, se conduziriam necessariamente e em certa medida para as explorações agrícolas, porque os capitais não possuem afetos: eles têm interesses e sempre buscam o emprego ao mesmo tempo mais seguro e mais lucrativo."

Este raciocínio, muito bem motivado, implica em dizer que o momento de explorar as terras improdutivas ainda não chegou para a França, da mesma forma que o momento de possuir ferrovias não chegou ainda para os Cafres e os Hotentotes. Pois, como dissemos no capítulo II, a sociedade começa pelas explorações mais fáceis, mais seguras, mais necessárias e menos dispendiosas; é pouco a pouco que ela passa a utilizar as coisas relativamente menos produtivas. Desde que o gênero humano se atormenta sobre a face do globo, ele nunca realizou outra tarefa; para ele o mesmo cuidado sempre retorna: assegurar a sua subsistência enquanto parte para novas descobertas. Para que a utilização de que falamos não se torne uma especulação ruinosa, uma causa de miséria, ou, em outros termos para que ela seja possível, é preciso portanto multiplicar mais ainda nossos capitais e nossas máquinas, descobrir novos processos, dividir melhor o trabalho. Ora, solicitar ao governo que tome uma tal iniciativa é fazer como os camponeses que, ao ver a tempestade aproximar-se se põem a rezar à Deus e a invocar seu santo. Os governos, nunca é demais repetir, são hoje os representantes da Divindade, eu quase que diria os executores das vinganças celestes: nada podem por nós. Saberá o governo inglês, por exemplo, dar trabalho aos infelizes que se refugiam nas workhaus? E mesmo que soubesse, ousaria[43]? *Ajuda-te e o céu te ajudará!* Este ato de desconfiança popular para com a Divindade nos diz também aquilo que deveremos esperar do poder: nada.

Chegados à segunda estação de nosso calvário, ao invés de entregarmo-nos à contemplações estéreis, sejamos cada vez mais atentos aos ensinamentos do destino. O penhor de nossa liberdade está no progresso de nosso suplício.

---

[43][N.T]: As workhouses foram criadas no começo do séc. XIX, pela legislação que aboliu as antigas Poor Laws que, entre outras coisas garantiam aos cidadãos empobrecidos o seu sustento através das terras comunais da sua paróquia de origem, além de pequenas ajudas financeiras geradas pelo dízimo e instituições semelhantes. Mesmo o operário que tivesse ido tentar a sorte longe, poderia voltar ao torrão e pleitear o benefício. Estas terras comunais foram longamente cobiçadas pelos capitalistas para a criação de carneiros com vistas à produção de lã, ou usos similares e eram tidas como "improdutivas". Na referida reforma tais terras foram privatizadas e a ajuda aos pobres passou a ser da alçada do Estado; a criação das workhouses, instituições totais do tipo de conventos, manicômios e prisões, insere-se neste contexto. Estas instituições eram extremamente malvistas pelos trabalhadores, seja pela rudeza de seus estatutos, que permitiam por exemplo castigos corporais e a separação das famílias em locais diferentes; seja pelo regime de semi-confinamento em regiões distantes da aldeia dos operários, rompendo assim o seus vínculos de solidariedade mais imediatos, seja pela má qualidade do alojamento e da alimentação e a pouca oportunidade de realmente reempregar o operário. Os escritos de Robert OWEN, a *New View on Society* entre outros, e alguns romances, como *Jude, the Obscure* de Thomas HARDY e as obras de Dickens discutem e descrevem com precisão o sistema, ou ao menos fazem abundantes referências à ele. Paradoxalmente, desde muito cedo o Parlamento Britânico criou comissões de inquérito destinadas à investigação das condições de trabalho nas minas e fábricas, das condições de moradia e alimentação e também sobre a saúde e a situação econômica dos trabalhadores: são os famosos *Blue Books*. O quadro parece ter sido descrito com extremo realismo e precisão, mas as providências tomadas não correspondiam em presteza e profundidade aos quadros descritos, daí talvez a ironia da segunda frase de Proudhon.

Capítulo V

Terceira Época
- A Concorrência

Entre a hidra de cem goelas da divisão do trabalho e o dragão indomado das máquinas, no que se transformará a humanidade? Um profeta disse há mais de dois mil anos: Satã olha a sua vítima e a guerra incendeia-se: *Aspexit gentes et dissolvit.* Para nos preservar destes dois flagelos, a fome e a peste, a providência nos envia a discórdia.

A concorrência representa esta era da filosofia onde uma semi-inteligência das antinomias da razão tendo gerado a arte do sofista, os caracteres do falso e do verdadeiro confundiram-se e aonde ocorrem no lugar das doutrinas, apenas os decepcionantes torneios do espírito. Assim, o movimento industrial reproduz fielmente o movimento metafísico; a história da economia social está totalmente contida nos escritos dos filósofos. Estudemos esta fase interessante, cujo caráter mais chocante é subtrair o julgamento, tanto daqueles que crêem, quanto daqueles que protestam.

§ I - Necessidade da concorrência

O Sr. Louis Reybaud[1], romancista de profissão e economista de ocasião, brevetado pela Academia de Ciências Morais e Políticas por

---

[1] [R.P.]: Louis REYBAUD (1799-1879). Filho de um comerciante e no começo ele próprio comerciante, Reybaud entrou em 1829 no jornalismo e colaborou nos principais jornais da oposição. Em 1836 ele publica na *Revue des Deux Mondes* seus *Études sur les Réformateurs Socialistes*, onde Proudhon não é esquecido. Seu principal sucesso vem de um romance satírico intitulado *Jérome Paturot à la Recherche d'une Position Sociale* (1843). Deputado por Marselha e representante do povo, ele retirou-se da vida política após o golpe de Estado de Luís Napoleão.

suas caricaturas anti-reformistas tornou-se, com o tempo, um destes escritores mais antipáticos às idéias sociais; O Sr. Louis Reybaud entretanto, por menos que faça, não deixa de estar profundamente imbuído destas mesmas idéias; a oposição que ele faz romper não está no seu coração e nem no seu espírito: ela está nos fatos.

Na primeira edição dos seus *Estudos sobre os Reformadores Contemporâneos*, o Sr. Reybaud, emocionado com o espetáculo das dores sociais tanto quanto com a coragem destes fundadores de escolas que acreditam com explosões de sentimentalidade poder reformar o mundo, exprimiu formalmente a opinião de que aquilo que sobrenadava de todos estes sistemas era a ASSOCIAÇÃO. O Sr. Dunoyer, um dos juízes do Sr. Reybaud, dava-lhe este testemunho, mais honroso para o Sr. Reybaud pela sua forma, ligeiramente irônica:

"O Sr. Reybaud, que expôs com tanta justeza e talento, em um livro que a Academia Francesa premiou, os vícios dos três principais sistemas reformistas, concorda com o princípio que lhes serve de base, a associação. A associação é aos seus olhos, e ele o declara, *o maior problema dos tempos modernos*. Ela está chamada, diz ele, à resolver o problema da distribuição dos frutos do trabalho. Se, para a resolução de tal problema, a autoridade nada pode, a associação poderia tudo. E o Sr. Reybaud fala aqui como um escritor de falanstério..."

O Sr. Reybaud excedeu-se um pouco, como se pode ver. Dotado de muito bom senso e de muita boa-fé para não perceber o precipício, ele logo sentiu que se desviara e começou a recuar. Não considero um crime esta sua mudança de posição; o Sr. Reybaud é um destes homens que não se pode, sem injustiça, considerar responsáveis por suas metáforas. Ele tinha falado sem refletir e retratou-se; nada de mais natural! Se os socialistas devessem questionar alguém, este seria o Sr. Dunoyer, que provocou a abjuração do Sr. Reybaud por este singular cumprimento.

O Sr. Dunoyer não tardou a perceber que suas palavras não tinham caído em ouvidos moucos. Ela conta que, para a glória dos bons princípios, "em uma segunda edição o Sr. Reybaud de sua vontade temperou aquilo que suas expressões poderiam oferecer de absoluto. Ele disse, no lugar de poderia *tudo*, poderia *muito*".

Esta foi uma modificação importante, como bem o frisou o Sr. Dunoyer, mas que ainda permitiria ao Sr. Reybaud escrever ao mesmo tempo: "Estes sintomas são graves; poder-se-ia considerá-los como prognósticos de uma organização confusa, na qual o trabalho procuraria um equilíbrio e uma regularidade que lhe faltam... No fundo de todos estes esforços oculta-se um princípio, a associação, que erraríamos ao condenar por suas manifestações irregulares".

Enfim, o Sr. Reybaud declarou-se altamente partidário da concorrência, o que quer dizer que ele decididamente abandonou o princípio da associação. Pois se por associação deve-se entender apenas as formas de sociedade determinadas pelo Código Comercial, e das quais os Srs. Troplong e Delangle nos deram compendiadamente a filosofia, não há porque ter trabalho em distinguir os socialistas dos economistas, pois um seria o partido que busca a associação e outro o partido que crê que tal associação existe.

Não se imagine que, pelo fato de ter ocorrido ao Sr. Reybaud dizer irrefletidamente sim e não sobre uma questão sobre a qual ele não parece ter até o momento uma idéia clara, eu o coloque ao lado destes especuladores do socialismo que, depois de terem lançado ao mundo uma mistificação, começam logo a fazer a sua retirada sob o pretexto de que, sendo agora a idéia de domínio público, eles nada mais têm a fazer salvo deixá-la seguir seu caminho. O Sr. Reybaud, na minha opinião, pertence antes à categoria dos tolos, que conta em seu seio com tantas pessoas honestas e com gente de muito espírito. O Sr. Reybaud permanecerá aos meus olhos o *vir probus dicendi peritus*, o escritor consciencioso e hábil, que até pode deixar-se surpreender, mas que sempre exprime apenas aquilo que vê e aquilo que experimenta. Aliás o Sr. Reybaud, uma vez colocado no terreno das idéias econômicas, não poderia concordar consigo, pois tinha muita nitidez na inteligência e justeza no raciocínio. Farei, diante dos olhos do leitor, esta curiosa experiência.

Se pudesse ser ouvido pelo Sr. Reybaud, eu lhe diria: tomai partido pela concorrência e estareis errado; tomai partido contra a concorrência e errareis outra vez, o que significa que tereis sempre razão. Depois disto, convencido que não falhastes nem na primeira edição de vosso livro e nem na quarta, conseguireis formular vosso sentimento de uma maneira inteligível e eu vos considerarei um economista de gênio, como Turgot ou A. Smith, mas previno-vos que vos assemelhareis mais ao último, que sem dúvida conheceis, e sereis um igualitário! Mantereis a ousadia?

Para melhor preparar o Sr. Reybaud à esta espécie de reconciliação consigo mesmo, mostremo-lhe inicialmente que esta versatilidade de julgamento – que qualquer outro além de mim lhe reprovaria com acidez injuriosa – é uma traição não ao escritor, mas aos fatos dos quais tornou-se intérprete.

Em março de 1844, o Sr. Reybaud publicou à respeito dos grãos oleaginosos, assunto que interessava à cidade de Marselha, sua pátria, um artigo no qual pronunciava-se vivamente à favor da livre concorrência e do óleo de sésamo. Segundo as informações recolhidas pelo autor e que parecem autênticas, o sésamo forneceria de 45 a 46 por 100 de óleo, enquanto a colza fornece entre 25 e 30 por 100 e a oliva apenas 20 a 22. O sésamo por esta razão desagrada aos fabricantes do Norte que pediram e obtiveram a sua proibição. Enquanto isso os ingleses estão à espreita, prontos para se apossar deste ramo precioso do comércio. Pode-se proibir o grão, diz o Sr. Reybaud, mas o seu óleo nos será retornado, transformado em sabão, ou de outra maneira qualquer e teríamos perdido o benefício da fabricação. Por outro lado o interesse de nossa marinha exige que este comércio seja protegido; trata-se de nada menos que 40.000 toneladas de grãos, o que supõe um aparelho de navegação de 300 vasos e 3.000 marinheiros.

Estes fatos são conclusivos: 45% de óleo ao invés de 25%, qualidade superior a todos os óleos da França; redução de preços para um gênero de primeira necessidade; economia para os consumidores; 300 navios e 3.000 marinheiros; eis o que nos valeria a liberdade de comércio. Viva portanto a concorrência e o sésamo!

Depois, para melhor assegurar estes brilhantes resultados, o Sr. Reybaud, arrastado pelo seu patriotismo e perseguindo sua idéia, observa, muito judiciosamente em nossa opinião, que o governo deveria se abster doravante de todo o tratado de reciprocidade para os transportes; ele pede que a marinha francesa execute tanto as importações quanto as exportações do comércio francês. "O que se chama reciprocidade, diz ele, é uma pura ficção cuja vantagem fica com aquela das partes cuja navegação custa mais barato. Ora, como na França os elementos da navegação, tais como a compra do navio, o salário da tripulação, as despesa de armação e de abastecimento, elevam-se a uma taxa excessiva e superior à das outras nações marítimas, segue-se que todo o tratado de reciprocidade equivale para nós a um tratado de abdicação, e que, ao invés de consentir em um ato de conveniência mútua, nós nos resignamos, consciente ou involuntariamente a um sacrifício." Aqui, o Sr. Reybaud faz ressaltar as conseqüências desastrosas da reciprocidade: "A França consome 500 mil fardos de algodão e são os norte-americanos que os trazem aos nossos portos; ela emprega enormes quantidades de carvão mineral, e são os ingleses que operam o seu transporte; os suecos e os noruegueses entregam eles mesmos os seus ferros e madeiras; os holandeses os seus queijos; os russos, seu cânhamo e seu trigo; os genoveses o seu arroz; os espanhóis os seus óleos, os sicilianos o seu enxofre; os gregos e armênios, todos os gêneros do Mediterrâneo e do Mar Negro".

Evidentemente um tal estado de coisas é intolerável, pois termina por deixar nossa marinha mercante inútil. Apressemo-nos, pois, em voltar para a oficina marítima, de onde o baixo preço da navegação estrangeira tende a nos excluir. Fechemos nossos portos aos barcos estrangeiros ou ao menos apliquemo-lhes uma forte taxa. Portanto, abaixo a concorrência e as marinhas rivais!

Terá o Sr. Reybaud começado a compreender que as oscilações econômico-socialistas são muito mais inocentes do que ele acreditava? Que reconhecimento ele me deverá, por ter tranqüilizado a sua consciência talvez alarmada!

A reciprocidade da qual se queixa tão amargamente o Sr. Reybaud é apenas uma forma da liberdade comercial. Tornemos a liberdade de transações plena e inteira e o nosso pavilhão será expulso da superfície dos mares, assim como nossos óleos o seriam do continente. Portanto, pagaremos mais caro o nosso óleo se persistirmos a fabricá-lo nós mesmos, pagaremos mais caro nossos gêneros coloniais, se quisermos fazer o seu carreto. Para chegar ao melhor preço seria preciso depois de renunciar aos nossos óleos, renunciar também à nossa marinha; e logo teríamos que renunciar aos nossos panos e tecidos, aos nossos tecidos estampados e aos nossos ferros; depois, como uma indústria isolada custa necessariamente ainda mais caro, renunciar aos nossos vinhos, ao nosso trigo e à forragem! Qualquer que seja o partido que escolhamos, o privilégio ou a liberdade, chegaremos ao impossível e ao absurdo.

Existe, sem dúvida, um princípio de acomodação, mas, a menos de derivar do mais perfeito despotismo, tal princípio deve derivar de uma lei superior à própria liberdade: ora é precisamente tal lei que ninguém ainda definiu e que eu peço aos economistas, se verdadeiramente eles possuírem a ciência. Pois eu não posso reputar cientista aquele que, com a melhor boa-fé e com todo o espírito do mundo, pregue, com quinze linhas de distância a liberdade e o monopólio.

Não é evidente, de uma evidência imediata e intuitiva, que A CONCORRÊNCIA DESTRÓI A CONCORRÊNCIA? Existiria na geometria um teorema mais certo, mais peremptório que este? Como, portanto, sob quais condições, em qual sentido, um princípio que é a negação de si mesmo pode entrar na ciência? Como ele pode tornar-se uma lei orgânica da sociedade? Se a concorrência é necessária, se, como diz a escola, ela é um postulado da produção, como se torna tão devastadora? E se seu efeito mais certeiro é o de perder aqueles que ela arrasta, como se tornaria útil? Pois os *inconvenientes* que caminham na sua seqüência, da mesma forma que o bem que ela proporciona, não são acidentes provenientes do homem: eles decorrem logicamente, uns e outros, do princípio e subsistem ao mesmo título face à face...

Em primeiro lugar, a concorrência é tão essencial ao trabalho quanto a divisão, porque ela é a própria divisão apresentando-se sob outra forma, ou melhor elevada à sua segunda potência; a divisão, eu digo, não mais como na primeira época das evoluções econômicas, adequada à força coletiva e conseqüentemente absorvendo a personalidade do trabalhador na oficina, mas dando também nascimento à liberdade, fazendo de cada subdivisão do trabalho uma soberania onde o homem se coloca na sua força e independência. A concorrência, em uma palavra, é a liberdade na divisão e em todas as partes divididas: começando nas funções mais amplas, ela tende a realizar-se até nas operações inferiores do trabalho parcelar.

Neste ponto os comunistas levantam uma objeção. É preciso, dizem eles, em todas as coisas distinguir o uso do abuso. Existe uma concorrência útil, louvável e moral, uma concorrência que engrandece o coração e o pensamento, uma nobre e generosa concorrência: é a emulação; e por que esta emulação não teria por objeto a vantagem de todos?... Há uma outra concorrência funesta, imoral e insociável; uma concorrência ciumenta, que odeia e mata: é o egoísmo.

Assim diz a comunidade; assim exprimiu-se há mais ou menos um ano, na sua profissão de fé social *La Reforme*.

Sinto-me mal por fazer oposição a homens cujas idéias são no fundo as minhas, mas não posso aceitar esta dialética. *La Reforme*, acreditando tudo conciliar por uma distinção mais gramatical do que real, fez sem o perceber uma política centrista, isto é, a pior espécie de diplomacia. Sua argumentação é exatamente a mesma que a do Sr. Rossi com relação à divisão do trabalho: ela consiste em opor entre si a consciência e a moral para limitar uma pela outra, do mesmo modo como o Sr. Rossi pretendia travar e restringir pela moral as induções econômicas, cortando aqui, aparando acolá, segundo a necessidade e a ocasião. Refutei o Sr. Rossi dirigindo-lhe esta simples questão: como é possível que a ciência esteja em desacordo consigo mesma e a ciência da riqueza com a ciência do dever? Da mesma forma eu pergunto aos comunistas: como um princípio cujo desenvolvimento é visivelmente útil, pode ser ao mesmo tempo funesto?

Diz-se: a emulação não é a concorrência. Observo inicialmente que esta pretensa distinção incide apenas sobre os efeitos divergentes do princípio, o que fez crer que existissem dois princípios e que os confundíssemos. A emulação nada mais é que a própria concorrência. E como fomos lançados nas abstrações, tomarei de bom grado este caminho. Não há emulação sem meta, da mesma forma como não existe impulso passional sem objeto, e como o objeto de qualquer paixão é necessariamente análogo à própria paixão – uma mulher para o amante, o poder para o ambicioso, o ouro para o avaro, uma coroa para o poeta – da mesma forma o objeto da emulação industrial é necessariamente o lucro; não, retoma o comunista, o objeto da emulação do trabalhador deve ser a utilidade geral, a fraternidade e o amor.

Mas a própria sociedade, pois, ao invés de nos determos no homem privado, como fizemos até o momento, agora queremos nos ocupar do homem coletivo, a sociedade, eu digo, trabalha apenas tendo em vista a riqueza: o bem-estar, a felicidade, tal é o seu único objeto. Como poderia aquilo que é verdadeiro para a sociedade não o ser para o indivíduo? Afinal de contas a sociedade não seria o homem, a humanidade inteira não viveria em cada um? Como substituir pelo objeto imediato da emulação, que na indústria é o bem-estar pessoal, este motivo afastado e quase metafísico que se denomina o bem-estar geral? Como este último nada é sem o outro, como um pode derivar do outro?

Os comunistas, em geral, cultivam uma ilusão estranha: fanáticos pelo poder, é pela força central, que no caso particular que tratamos é a riqueza coletiva, da qual eles pretendem derivar, por uma espécie de retorno, o bem-estar do trabalhador que criou esta riqueza, como se o indivíduo existisse posteriormente à sociedade e não a sociedade posteriormente ao indivíduo. De resto, este não será o único caso onde veremos os socialistas dominados, apesar de sua vontade pelas tradições do regime quanto contra o qual protestam.

Seria necessário insistir? A partir do momento em que o comunista muda o nome das coisas, *Vera rerum vocabula*, ele confessa implicitamente a sua impotência e põe-se fora de causa. Por este motivo eu lhe diria como toda a resposta: negando a concorrência abandonais a tese; doravante não mais contais na discussão. Em outra oportunidade investigaremos até que ponto um homem deve sacrificar-se ao interesse de todos: pelo momento trata-se de resolver o problema da concorrência, quer dizer, conciliar a mais alta satisfação do egoísmo com as necessidades sociais; poupai-me de vossa moral.

A concorrência é necessária para a constituição do valor, ou seja, para o próprio princípio da distribuição, e conseqüentemente para o advento da igualdade. Enquanto um produto for dado por um único fabricante, o seu valor real permanece um mistério, seja por dissimulação da parte do produtor seja por incúria ou incapacidade de fazer baixar o preço de custo ao seu limite extremo. Desta forma o privilégio de produção é uma perda real para a sociedade e a publicidade da indústria bem como a concorrência dos trabalhadores uma necessidade. Todas as utopias imaginadas e imagináveis não podem subtrair-se dessa lei.

Certamente não nego que o trabalho e o salário possam e devam ser garantidos; tenho até mesmo a esperança de que a época desta garantia não esteja afastada; mas mantenho que a garantia do salário é impossível sem o conhecimento exato do valor, e que este valor pode apenas ser descoberto pela concorrência e não pelas instituições comunistas ou por um decreto do povo. Pois existe algo mais poderoso aqui que a vontade do legislador e dos cidadãos: é a impossibilidade absoluta para o homem de cumprir o seu dever, quando esteja descarregado de toda responsabilidade para consigo; ora, a responsabilidade para consigo em matéria de trabalho implica necessariamente concorrência com os outros[2]. Se for ordenado, à partir de 1º de janeiro de 1847 que

---

[2] [R.P.]: Proudhon não se confessa hostil à noção de direito ao trabalho. Alguns anos mais tarde, em 1848, quando esta questão veio a ser discutida na Assembléia Nacional, ele escreveu um artigo muito vivo contra os adversários deste direito sob o título *Os Malthusianos* (*Le Peuple*, 10 de agosto de 1848, reimpresso nas suas *Idées Revolutionnaires*). Este panfleto obteve algum sucesso, chegando até mesmo a inspirar uma canção popular sobre Malthus (citada J. GARNIER *Le Principe de La Population*, p. 355). Entretanto nas *Contradições* (cap. XIII) ele sustentou sobre a população uma tese próxima à doutrina de Malthus. Ver os discursos de Proudhon na Assembléia, seção de 31 de julho de 1848, reimpressos numa coletânea intitulada: *Le Droit au Travail à L'Assemblée Constituante* (prefácio de J. Garnier, ed. Guillaumin, 1848). "Se o senhor me conceder o direito ao trabalho, dizia ele em uma reunião de comissão à Goudchaux, eu lhe

o trabalho e o salário estão garantidos a todos, logo um imenso relaxamento vai suceder à tensão ardente da indústria, o valor real cairá rapidamente abaixo do valor nominal, a moeda metálica, apesar de sua efígie e do seu timbre, experimentará a sorte dos *assignats*[3], o comerciante pedirá mais para entregar menos e nós nos instalaremos no círculo mais baixo do inferno de miséria do qual a concorrência é apenas a terceira etapa.

Embora eu possa admitir, juntamente com alguns outros socialistas, que um dia a atração do trabalho possa servir de alimento à emulação[4] sem segundas intenções de lucro, qual seria a utilidade desta utopia na fase que agora estudamos? Estamos ainda na terceira época da evolução econômica, na terceira idade da constituição do trabalho, quer dizer, em um período no qual é impossível para o trabalho ser atraente. Pois o trabalho atrativo pode ser unicamente o efeito de um alto desenvolvimento físico, moral e intelectual do trabalhador. Ora, é exatamente este desenvolvimento, esta educação da humanidade pela indústria, que é o objeto que perseguimos através das contradições da economia social. Como, portanto, a atração pelo trabalho poderia nos servir de princípio e de alavanca, quando ela é ainda para nós uma meta e um fim?

---

concedo o direito de propriedade." É que, com efeito, o reconhecimento e o exercício do direito ao trabalho implicaria no desaparecimento de todo "monopólio", no sentido amplo que Proudhon dá a tal termos. "O direito ao trabalho, escreve ele, é o direito que possui cada cidadão de qualquer ofício ou profissão que seja, de *estar ocupado* em sua indústria, através de um salário fixado não arbitrariamente e ao acaso, mas segundo o curso atual e normal dos salários." (*Le Droit au Travail et Le Droit de Proprieté* ,1850 T.7 das obras)

[3] [N.T]: Os *assignats* foram papéis de crédito de circulação forçada criados pelo Diretório em 1792, para fazer frente à escassez de metálico durante as etapas críticas da Revolução Francesa: uma tentativa de criação de moeda fiduciária sem lastro. Seu destino foi trágico, pois depreciou-se muito rapidamente no comércio, causando inflação e carestia para o povo, que era inicialmente o seu principal detentor; causou também manobras especulativas, pois sendo um título de crédito garantido pelo governo, em conseqüência das especulações, acabou acumulando-se nas mãos dos comerciantes e banqueiros, que exigiam o seu valor em metálico pelo valor de face, muito maior que o valor de curso realmente praticado pelo mercado. Os seus efeitos econômicos formam talvez uma das causas do Terror, pela penúria que causaram nas grandes cidades e pelos conflitos por ele gerados no campo.

[4] [R.P.]: Alusão ao sistema de Fourier; Cf. Cap. XII parágrafo 9. Talvez seja contra o fourierismo, a qual entretanto, ele muito deve como se pode ver na *Création de l'Ordre dans L'Humanité*, que Proudhon se insurge mais vivamente. Na época em que escrevia, esta escola mantinha ainda toda a sua influência e, muito mais que o saint-simonismo, contava com grande número de adeptos.

Mas, se é indubitável que o trabalho, como manifestação mais alta da vida, da inteligência e da liberdade, carrega em si sua própria atração, eu nego peremptoriamente que tal atração possa ser totalmente separada do motivo de utilidade, e portanto de um retorno ao egoísmo; eu nego o trabalho pelo trabalho, da mesma forma que nego o estilo pelo estilo, o amor pelo amor, a arte pela arte[5]. O estilo pelo estilo produz em nossos dias uma literatura expedita e improvisada, sem idéias; o amor pelo amor conduz à pederastia, ao onanismo e à prostituição; a arte pela arte nos conduz às bizarrias, à caricatura e ao culto da feiúra. Quando o homem busca em seu trabalho apenas o prazer do exercício, logo deixa de trabalhar: ele brinca. A história está cheia de fatos que atestam tal degradação. Os jogos da Grécia, os ístmicos, os olímpicos, os píticos, os nemeus, são exercícios de uma sociedade que produzia por escravos; a vida dos espartanos e dos antigos cretenses foram seus modelos; os ginastas, as palestras, os hipódromos e as agitações da ágora entre os atenienses, as ocupações que Platão designa aos guerreiros em sua República, nada mais fazem que traduzir o gosto de seu século; em nossa sociedade feudal por fim as justas e torneios, todas estas invenções além de outras sobre as quais me silencio – desde o jogo de xadrez, inventado ao que se diz durante o cerco de Tróia por Palamedes, até as cartas de baralho ilustradas por Gringonneur para Carlos VI – são exemplo de no que se transforma o trabalho, quando dele afastamos os motivos sérios de utilidade. O trabalho, o trabalho verdadeiro, aquele que produz riqueza e que nos dá a ciência, tem muita necessidade de regra, de perseverança e de sacrifício, para ser por muito tempo amigo da paixão, fugaz por natureza, inconstante e desordenada; é algo de muito elevado, de muito ideal, de muito filosófico, para tornar-se exclusivamente prazer e gozo, isto é, misticismo e sentimento. A faculdade de trabalhar, que distingue o homem dos brutos, tem sua fonte nas profundezas da razão: como poderia transformar-se em nós numa simples manifestação de vida, em um ato voluptuoso de nossa sensibilidade?

De maneira que nos lançarmos em uma transformação de nossa natureza sem antecedentes históricos, da qual ninguém até hoje expri-

---

[5] [N.T]: Este é um dos motivos da ferrenha oposição de Proudhon aos românticos e aos republicanos radicais da esquerda romântica, este "cultivo de si" separado de considerações sobre a utilidade social pareceria a Proudhon um desperdício, um absurdo e uma imoralidade, daí resultando a série de epítetos fortes que o leitor verá a seguir.

miu a idéia; numa transformação que é apenas um sonho ininteligível até mesmo para aqueles que hoje a defendem, é uma inversão do progresso, um desmentido às leis mais certas da ciência econômica, e, como toda resposta, eu apenas descarto a sua discussão.

Mantenhamo-nos nos fatos, pois apenas os fatos possuem um sentido e podem nos servir. A Revolução Francesa fez pela liberdade industrial tanto quanto fez pela liberdade política, mas a França em 1789 não percebeu todas as conseqüências do princípio cuja realização demandava; digamo-lo claramente: ela não se enganou nem em seus votos nem em sua espera. Qualquer um que isto negasse perderia aos meus olhos todo o direito à crítica: não disputo com um adversário que coloque como princípio o erro espontâneo de vinte e cinco milhões de homens.

No final do séc. XVIII a França, cansada dos privilégios, queria a qualquer preço sacudir o torpor de suas corporações e elevar a dignidade do operário, conferindo-lhe a liberdade. Era preciso emancipar o trabalho em toda a parte, estimular o gênio, tornar o industrial responsável, suscitando-lhe mil competidores e fazendo pesar apenas sobre ele as conseqüências de sua moleza, de sua ignorância e de sua má-fé. Desde antes de 89 a França estava madura para a transição; foi Turgot quem teve a honra da primeira travessia[6].

Por que, pois, se não fosse a concorrência um princípio da economia social, um decreto do destino, uma necessidade da alma humana, por que, ao invés de *abolir* as corporações os mestrados e as jurandas, não se buscou antes *reparar* tudo isto? Por que, ao invés de uma revolução, não bastou uma simples reforma? Por que a negação, se uma simples modificação bastava, levando-se em conta aliás que este partido medianeiro estava inteiramente de acordo com as idéias conservadoras compartilhadas pela burguesia? Que o comunismo e a democracia quase socialista, que no que tange ao princípio da concorrência representam sem perceber o sistema centrista e a idéia contra-revolucionária, me expliquem se puderem esta unanimidade da nação!

Acrescentemos que os eventos confirmaram a teoria. A partir do ministério de Turgot, um acréscimo de atividade e de bem-estar

---

[6] [N. Ed.]: O édito de Turgot que suprimia as corporações foi promulgado em 1776, mas registrado apenas depois de vivas admoestações do Parlamento de Paris; não deveria sobreviver à queda do ministro e foi revogado durante este mesmo ano.

começou a manifestar-se na nação. A prova pareceu tão decisiva, que obteve o imediato assentimento de todas as legislaturas; a liberdade de indústria e comércio figura em nossas constituições no mesmo posto que a liberdade política. É a tal liberdade, por fim, que a França deve, há sessenta anos os progressos de sua riqueza...

Depois deste fato capital, que estabeleceu de uma maneira tão vitoriosa a necessidade da concorrência, eu peço permissão para citar três ou quatro outros que, sendo de uma generalidade menor, evidenciarão melhor a influência do princípio que defendo.

Por que a agricultura encontra-se tão prodigiosamente atrasada entre nós? Donde vem o fato da rotina e da barbárie planarem ainda em um número tão grande de localidades e sobre um ramo tão importante do trabalho nacional? Entre as numerosas causas que poderíamos citar, eu vejo, em primeiro lugar a falta de concorrência. Os camponeses, arrancando-se mutuamente retalhos de terreno, fazem concorrência no tabelião e não nos campos. Falemo-lhes de emulação, do bem público e os deixaremos espantados! Que o rei, dizem eles (e o rei para eles é o sinônimo do Estado, do bem público, da sociedade), que o rei cuide de seus negócios e nós cuidaremos dos nossos! Eis a sua filosofia e o seu patriotismo. Ah! Se o rei pudesse suscitar-lhes concorrentes! Infelizmente é impossível. Enquanto que na indústria a concorrência deriva da liberdade e da propriedade, na agricultura a liberdade e a propriedade são um obstáculo direto à concorrência. O camponês, que é retribuído não segundo o seu trabalho e inteligência, mas segundo a qualidade da terra e a boa vontade de Deus, apenas cogita ao cultivar a terra em pagar o mínimo de salários e fazer os menores investimentos que puder. Seguro de sempre encontrar colocação para os seus gêneros, ele busca mais a diminuição de custos que a melhoria do solo e a qualidade dos produtos. Ele semeia e a Providência faz o resto. A única espécie de concorrência que conhece a classe agrícola é a dos "baux" e não se pode negar que na França, no Beauce por exemplo, ela conduziu a resultados úteis. Mas como o princípio desta concorrência é, por assim dizer um princípio de segunda mão, como ele não emana diretamente da liberdade e da propriedade dos cultivadores, tal concorrência desaparece com a causa que a produz, de tal forma que, para determinar a decadência da indústria agrícola em muitas localidades, bastaria fazer dos arrendatários proprietários...

Um outro ramo do trabalho coletivo que nestes últimos anos deu lugar a vivos debates, é o das obras públicas. "Para dirigir a construção de uma estrada, diz muito bem o Sr. Dunoyer, seria melhor um desbravador ou um postilhão do que um engenheiro fresco, recém saído da Escola de Pontes e Caminhos." Não há ninguém que não tenha tido a oportunidade de verificar a justiça desta observação.

Sobre um de nossos mais belos rios, célebre pela importância de sua navegação, uma ponte iria ser construída. Desde o começo dos trabalhos, os homens do rio perceberam que os arcos seriam muito baixos para que os barcos pudessem circular durante as cheias; fizeram esta observação ao engenheiro encarregado da condução dos trabalhos. *As pontes*, respondeu ele com uma dignidade soberba, *são feitas para os que passam sobre elas e não para os que passam debaixo delas*. Estas palavras tornaram-se proverbiais na região. Mas como é impossível que a tolice tenha razão até o fim, o governo sentiu necessidade de rever a obra de seu agente e, no momento em que escrevo, os arcos da ponte estão sendo elevados. Será que se os negociantes interessados no percurso da via navegável tivessem se encarregado do empreendimento por sua conta e risco, seria preciso voltar à ele uma segunda vez? Poderíamos escrever um livro com as preciosidades de mesma espécie cometidas pela sábia juventude das Pontes e Caminhos que, mal saída da escola e tornada inamovível, não é mais estimulada pela concorrência.

Cita-se, como prova da capacidade industrial do Estado, e conseqüentemente como prova da possibilidade de se abolir em toda a parte a concorrência, a administração dos tabacos. Lá, diz-se não há falsificação, não há processos judiciais, não há falências nem miséria. Os operários, suficientemente remunerados, instruídos, sermoneados, moralizados e assegurados por uma aposentadoria formada à partir de sua poupança, estão em uma condição incomparavelmente melhor que a da imensa maioria dos operários ocupados pela indústria livre.

Tudo isto pode ser verdade; quanto a mim eu ignoro. Não sei o que se passa na administração dos tabacos; não tomei informações junto aos seus diretores, nem junto a seus operários e não tive necessidade delas. Quanto custa o tabaco vendido pela administração? Quanto ele vale? Podereis responder à primeira questão, basta passar no primeiro escritório. Mas não podereis me dizer nada sobre o segundo porque vos falta um termo e comparação, porque vos é impedido de controlar através dos preços de varejo praticados e conseqüentemente impossível de aceitar. Assim, portanto, a empresa de tabacos, erigida em monopólio, custa à sociedade mais do que ela lhe fornece; é uma indústria que, ao invés de subsistir por seu próprio produto, vive de subvenção e que conseqüentemente, longe de nos fornecer um modelo, constitui um dos primeiros abusos que uma reforma deveria atingir.

E quando falo na reforma à introduzir na produção do tabaco, não considero apenas o imposto enorme que triplica ou quadruplica o valor deste produto, nem a organização hierárquica dos seus empregados, que faz de uns, por seus ordenados, aristocratas tão custosos como inúteis, e de outros assalariados sem esperança, retidos perpetuamente em uma condição subalterna. Não falo igualmente dos privilégios dos escritórios e de todo este mundo de parasitas que ele faz viver; tenho em vista sobretudo o trabalho útil, o trabalho dos operários. Pelo único fato do operário da administração de tabacos não ter concorrência, ele não está interessado em benefício ou em perda; em uma palavra ele não é livre, sua produtividade é necessariamente menor e seu serviço muito caro. Pode-se dizer, depois disto que o governo trata bem os seus assalariados: onde está a maravilha nisto? Como não se vê que é a liberdade quem carrega o peso do privilégio e que se, por impossibilidade, todas as indústrias fossem tratadas como a dos tabacos, a nação não mais poderia equilibrar suas receitas e suas despesas e que o Estado entraria em falência?

Produtos estrangeiros. Eu cito o testemunho de um cientista alheio à economia política, o Sr. Liebig. "Antigamente a França importava da Espanha a cada ano entre 20 e 30 milhões de francos em soda, pois a soda da Espanha era a melhor. Durante toda a guerra com a Inglaterra o preço da soda, e conseqüentemente o do sabão e do vidro, aumentou sem parar. As fábricas francesas sofreram muito com tal estado de coisas. Foi então que Leblanc[7] descobriu o meio de extrair a soda do sal comum. Tal processo foi para a França uma fonte de riquezas; a fabricação da soda teve uma extensão extraordinária, mas nem Leblanc, nem Napoleão gozaram do benefício da invenção. A Restauração, que se aproveitou da cólera da população contra o autor do bloqueio continental, recusou-se a saldar a dívida do Imperador, cujas promessas haviam estimulado a descoberta de Leblanc..."

---

[7] [N.E.]: Nicolas LEBLANC (1753-1806), médico e químico francês que dedicou-se à indústria e descobriu processos que permitem extrair o carbonato de sódio do sal marinho. Expropriado de suas descobertas durante a Revolução, foi membro da Assembléia Legislativa, administrador do departamento do Sena e diretor das pólvoras, sempre continuando suas pesquisas científicas.

"Há alguns anos, o rei de Nápoles tentou converter em monopólio o comércio de enxofre da Sicília. A Inglaterra, que consome uma imensa quantidade deste enxofre, ameaçou declarar guerra ao rei de Nápoles se o monopólio fosse efetivamente mantido. Enquanto os dois governos trocavam notas diplomáticas, quinze patentes de invenção foram depositadas na Inglaterra, para a extração do ácido sulfúrico, à partir de minérios de gesso, das pirites de ferro e de outras substâncias minerais abundantes na Inglaterra. Mas os negócios foram acomodados junto ao rei de Nápoles e nenhuma destas inovações teve seqüência; ficou apenas demonstrado que se a extração do ácido sulfúrico pelos novos procedimentos tivesse tido sucesso, isto teria aniquilado o comércio que a Sicília faz de seu enxofre."

Desconsideremos a guerra com a Inglaterra, desconsideremos a fantasia monopolista do rei de Nápoles e não poderemos mais pensar na extração de soda à partir do sal marinho na França, e nem na Inglaterra tentando extrair ácido sulfúrico das montanhas de gesso e pirita que encerra. Ora, tal é precisamente a ação da concorrência sobre a indústria. O homem abandona a sua preguiça apenas quando a necessidade inquieta e o meio mais seguro para nele extinguir o gênio, é libertá-lo de todos os cuidados, de subtrair-lhe o apetite dos lucros e das distinções sociais que dele resultam, criando em torno dele *a paz completa, a paz perpétua* e transportando para o Estado a responsabilidade de sua inércia.

Sim, é preciso dizê-lo a despeito do quietismo moderno: a vida do homem é uma guerra permanente: guerra contra a necessidade, guerra contra a natureza, guerra com seus semelhantes e conseqüentemente, guerra consigo mesmo. A teoria de uma igualdade pacífica, fundada sobre a fraternidade e o devotamento é apenas uma falsificação da doutrina católica sobre a renúncia aos bens e prazeres deste mundo, o princípio da mendicidade, o panegírico da miséria[8]: o ho-

---

[8] [R.P.]: Cf. *Solution du Probléme Social*, p. 35. [N.T.]: Esta passagem de Proudhon é importante por vários motivos; em primeiro lugar por mostrar que Proudhon não é um "harmonista" e nem pensa com seu socialismo em construir paraísos sobre a terra. Ao contrário, é apenas o trabalho ativo e duro, a luta contra as condições adversas que pode permitir o avanço da humanidade. Em segundo lugar porque prenuncia a segunda das "séries sociais", isto é, o segundo sistema de contradições que é necessário enfrentar e reduzir para que se estabeleça a justiça social: é a *série da guerra* e, que nas contradições é mal e mal esboçada, mas que ganhará desenvolvimento importante nos dois volumes dedicados à *Guerra e a Paz*, bem como nos estudos sobre o *Federalismo*. A importância antropológica desta série da guerra já foi por nós ressaltada em uma nota ao *Prólogo* desta obra.

mem pode amar seu semelhante até a morte; mas nunca o amará o bastante para trabalhar para ele.

À teoria do devotamento, que acabamos de refutar de fato e de direito, os adversários da concorrência acrescentam uma outra, que é exatamente o oposto da primeira, pois é uma lei do espírito o fato de que, quando ele menospreza a verdade, qualquer que seja seu ponto de equilíbrio, ele acaba oscilando entre duas contradições. Esta nova teoria do socialismo anticoncorrencial é a teoria dos encorajamentos.

O que há aparentemente de mais progressista que o estímulo ao trabalho e à indústria? Não há democrata que não faça disto um dos mais belos atributos do poder; não há utopista que não conte com ele em primeiro plano, entre os meios de organizar a felicidade. Ora, o governo é por sua natureza tão incapaz de dirigir o trabalho, que toda recompensa por ele concedida é um verdadeiro furto realizado sobre o caixa comum. O Sr. Reybaud vai nos fornecer o texto desta introdução.

"Os prêmios concedidos para encorajar as exportações, observa em algum lugar o Sr. Reybaud, equivalem a impostos pagos pela importação de matérias-primas; a vantagem é rigorosamente nula e serve apenas como encorajamento ao sistema de contrabando."

Este resultado é inevitável. Suprimamos os impostos alfandegários e a indústria nacional sofre, como vimos acima no caso do sésamo; mantenhamos as taxas, não concedendo nenhum tipo de incentivo às exportações e o comércio nacional será vencido nos mercados estrangeiros. Para remediar tais inconvenientes poderíamos introduzir incentivos? Estaríamos apenas dando com uma mão o que retiraríamos com a outra e estaríamos provocando a fraude, o último resultado, o *caput mortuum*, de todo o tipo de incentivo à indústria. Segue-se daí que todo o encorajamento ao trabalho, todo o prêmio concedido à indústria, afora o preço natural do produto, é um dom gratuito, uma gorjeta extraída do consumidor e oferecida em seu nome a algum favorito do poder, em troca de zero, de nada. Encorajar a indústria é, pois, no fundo sinônimo de encorajar a preguiça; é uma das formas da vigarice.

No interesse de nossa marinha de guerra, o governo acreditou dever conceder aos empreendedores de transportes marítimos um prêmio por cada homem empregado em seus navios. Eu continuo a citar o Sr. Reybaud: "Cada barco que parte para a Terra Nova, embarca de 60 a 70 homens. Sobre este número 12 são marinheiros e o resto se compõe de aldeões arrancados aos trabalhos do campo e que, engajados como diaristas para a preparação do peixe, continuam completamente alheios às manobras e que têm do marinheiro apenas os pés e o estômago. Estes homens, entretanto, figuram nos arquivos da inscrição naval e perpetuam uma decepção. Quando se trata de defender a instituição dos prêmios, este número é levado em consideração e contribui para o sucesso das propostas."

É uma comédia ignóbil! Exclamará algum reformador ingênuo. Que seja: analisemos o fato e tratemos de destacar a idéia geral que nele se encontra.

Em princípio, o único encorajamento ao trabalho que a ciência pode admitir, é o lucro. Pois se o trabalho não pode encontrar em seu próprio produto a sua recompensa, por mais que o encorajem, ele deve ser cedo ou tarde abandonado e, se este mesmo trabalho é acompanhado de um produto líquido será absurdo acrescentar a tal produto um dom gratuito e sobrecarregar assim o valor do serviço. Aplicando tal princípio, eu digo portanto: Se o serviço da marinha mercante exige apenas 10.000 marinheiros, não se deve pedir que ela empregue 15.000; o melhor para o governo será fazer embarcar 5.000 convocados nos navios do Estado e fazê-los percorrer caravanas como se fossem príncipes. Todo encorajamento oferecido à marinha mercante é um convite direto à fraude, mas o que digo? É a proposição de um salário para um serviço impossível. Será que a manobra, a disciplina, todas estas condições do comércio marítimo acomodam-se a estes acréscimos de pessoal inútil? O que pode fazer o armador diante de um governo que lhe oferece uma prebenda para embarcar em seu navio gente que ele não necessita? Se o ministro lança o dinheiro do tesouro pela janela, serei eu culpado por recolhê-lo?

Assim, coisa digna de observação, a teoria dos incentivos emana em linha reta da teoria do sacrifício e por não querer que o homem seja responsável os adversários da concorrência, por uma contradição fatal em suas idéias, são obrigados a fazer do homem um deus ou um bruto. E depois eles estranham que a sociedade não se mova aos seus apelos! Pobres crianças! Os homens nunca serão nem melhores e nem piores do que hoje são, nem do que sempre foram. Desde que seu bem particular os solicite, eles desertam o bem geral; e nisso eu os considero senão honráveis, ao menos dignos de desculpa. É vossa a culpa se exigis deles mais do que eles vos devem ou se excitais a sua cupidez por recompensas que não merecem. O homem nada possui de mais precioso que a si mesmo e conseqüentemente não possui outra lei salvo a da sua responsabilidade. A teoria do devotamento, da mesma forma que a teoria das recompensas é uma teoria de escroques dispersora da sociedade e da moral; e seja o que for o que dela esperais, seja o sacrifício, seja o privilégio ou a manutenção da ordem, criais na sociedade um novo antagonismo. Ao invés de fazer nascer a harmonia e a livre atividade das pessoas, tornareis os indivíduos estranhos uns aos outros e, comandando a união, insuflareis a discórdia[9].

Em resumo, fora da concorrência resta apenas esta alternativa: o encorajamento, uma mistificação, ou o sacrifício, uma hipocrisia.

Portanto, a concorrência, analisada em seu princípio, é uma inspiração da justiça; entretanto iremos agora ver que a concorrência, em seus resultados, é injusta.

§ II - Efeitos subversivos da concorrência e destruição da liberdade por ela

O reino dos céus se ganha pela força, diz o Evangelho, *e apenas os violentos o arrebatam*. Tais palavras são a alegoria da sociedade. Na sociedade regulada pelo trabalho, a dignidade, a riqueza e a glória são postas em concurso; elas são a recompensa dos fortes e pode-se definir a concorrência como o regime de força. Os antigos economistas não perceberam inicialmente esta contradição; os modernos foram forçados a reconhecê-la.

"Para se elevar um Estado do último grau de barbárie para o mais alto grau de opulência, escrevia Adam Smith, são necessárias três coisas: a paz, impostos moderados e uma administração tolerável da justiça. Todo o resto é feito pelo *curso natural das coisas*."

Sobre este trecho o último tradutor de Smith, o Sr. Blanqui, deixa cair esta sombria glosa: "Vimos o curso natural das coisas produzir efeitos desastrosos e criar a anarquia na produção, a guerra pelos mercados e a pirataria na concorrência. A divisão do trabalho e o aperfeiçoamento das máquinas, que deveriam realizar para a grande

---

[9] [R.P]: "A melhor das associações é aquela na qual a liberdade entra na maior proporção e o devotamento na menor" (*Idéia Geral da Revolução*). O devotamento, diz Proudhon em outro lugar, não pode ser o princípio da sociedade mas sim sua meta e seu fruto.

família operária do gênero humano a conquista de alguns ócios em proveito de sua dignidade, gerou em muitos pontos apenas o embruteci-mento e a miséria... Quando A. Smith escrevia, a liberdade ainda não tinha chegado, com seus embaraços e abusos; o professor de Glasgow previu apenas as doçuras... Smith teria escrito como Sismondi, se tivesse sido testemunha do triste Estado da Irlanda e dos distritos manufatu-reiros da Inglaterra dos tempos em que vivemos..."

Sus literatos, homens de Estado, jornalistas, crentes e semi-crentes, todos vós que sois dados à missão de doutrinar os homens, Ouvis estas palavras que parecem ter sido traduzidas de Jeremias? Final-mente ireis dizer-nos para onde pretendeis conduzir a civilização? Qual conselho dareis à sociedade, à pátria em alarme?

Mas com quem eu falo? Ministros, jornalistas, sacristãos e pe-dantes! Quem neste mundo inquieta-se com problemas de economia social? Será que ao menos ouviram falar em concorrência?

Um lionês, uma alma endurecida na guerra mercantil, viaja pela Toscana. Ele observa que fabrica-se anualmente neste país entre quinhentos e seiscentos mil chapéus de palha, agregando um valor total de 4 ou 5 milhões. Esta indústria é praticamente o único ganha-pão do povo miúdo. Como, ele diz, uma cultura e uma indústria tão fáceis não foram ainda transportadas para o Languedoc e para a Pro-vença cujo clima é o mesmo que o da Toscana? Mas, observa a tal respeito um economista, se retirardes esta indústria dos camponeses da Toscana como eles farão para viver?

A fabricação de tecidos de seda negra tornou-se para Flo-rença uma especialidade cujo segredo ela guardava preciosamente. "Um hábil fabricante de Lyon, observa com satisfação um turista, estabeleceu-se em Florença e acabou por captar os procedimentos apropriados de tintura e de tecelagem. Provavelmente esta desco-berta *diminuirá* a exportação florentina." (*Voyage en Italie*, pelo Sr. FULCHIRON.)

Outrora, a criação do bicho-da-seda tinha sido abandonada aos camponeses da Toscana a quem ajudavam a viver. "Vieram as sociedades agrícolas; percebeu-se que o bicho-da-seda no quarto de dormir do camponês não encontrava nem ventilação adequada e nem temperatura suficientemente homogênea e nem cuidados tão bem prestados quanto os que conseguiria se os operários que os criassem fizessem disso o seu único ofício. Em conseqüência, cidadãos ricos, inteligentes e generosos construíram, sob os aplausos do público, aquilo que denominam *bigateiras* (de *bigatti* bicho-da-seda)." (Sr. de SISMONDI).

E depois perguntais: será que estes criadores de bicho-da-seda, estes fabricantes de panos negros e de chapéus irão perder o seu trabalho? Justamente; lhes será provado que eles terão todo o interesse nisto porque conseguirão os mesmos produtos a custo menor do que custa hoje fabricá-los. Eis o que é a concorrência.

A concorrência com seu instinto homicida rouba o pão a toda uma classe de trabalhadores e vê nisto apenas uma melhoria, uma economia; ela furta covardemente um segredo e aplaude-se como se fizesse uma *descoberta*; ela modifica as zonas naturais de produção em detrimento de todo um povo e pretende nada mais ter feito senão utilizar as vantagens de seu clima. A concorrência subverte todas as noções de eqüidade e de justiça; ela aumenta os custos reais de produção, multiplicando sem necessidade os capitais investidos e provoca a carestia de produtos e o seu envilecimento, corrompe a consciência pública colocando o jogo no lugar do direito, e mantém por toda a parte o terror e a desconfiança.

Mas sem este caráter atroz, a concorrência perderia os seus melhores efeitos; sem o arbítrio nas trocas e os alarmes do mercado, o trabalho não elevaria sem cessar fábrica contra fábrica e menos acossada, a produção não realizaria nenhuma de suas maravilhas. Depois de ter feito surgir o mal da própria utilidade de seu princípio, a concorrência sabe tirar novamente o bem do mal; a destruição gera a utilidade, o equilíbrio se realiza pela agitação e pode-se dizer da concorrência aquilo que Sansão disse do leão que esmagou: *De comedente cibus exiit, et de forte dulcedo.* Existirá algo, em toda a esfera da ciência humana, mais surpreendente que a economia política?.

Evitemos, entretanto, ceder a um movimento de ironia, que seria de nossa parte uma invectiva injusta. É próprio da ciência econômica encontrar sua certeza nas suas contradições e todo o erro dos economistas consiste em não ter sabido compreender isto. Nada mais pobre que sua crítica, nada mais entristecedor que a perturbação de seus pensamentos, desde que tocam a questão da concorrência: diríamos tratar-se de testemunhas forçadas pela tortura a confessar aquilo que sua consciência exigiria manter em silêncio. O leitor há de me ser grato se eu puser sob seus olhos os argumentos do "deixar-passar"[10], fazendo-o, por assim dizer, assistir um conciliábulo de economistas.

O Sr. Dunoyer abre a discussão.

O Sr. Dunoyer é, dentre todos os economistas, aquele que mais energicamente abraçou o lado positivo da concorrência e conseqüentemente, como se poderia esperar, é aquele dentre todos que pior captou o seu lado negativo. O Sr. Dunoyer é intratável no que tange a aquilo que ele denomina os princípios; está muito longe de acreditar que de fato na economia política o sim e o não posam um e outro verdadeiros no mesmo instante e no mesmo grau; digamos mesmo em seu louvor, que uma tal concepção lhe repugna tanto mais quanto mais há de franqueza e lealdade em suas doutrinas. O que eu não daria para poder fazer penetrar nesta alma tão pura, mas tão obstinada esta verdade tão certa para mim quanto a existência do sol, de que todas as categorias da economia política são contradições! Em lugar de esgotar-se inutilmente na tentativa de conciliar a prática e a teoria, no lugar de se contentar com a ridícula derrota de admitir que tudo aqui embaixo possui vantagens e inconvenientes, o Sr. Dunoyer buscaria uma idéia sintética na qual todas as antinomias se resolvem e do conservador paradoxal que ele hoje é, tornar-se-ia conosco revolucionário inexorável e conseqüente.

"Se a concorrência é um princípio falso, diz o Sr. Dunoyer, segue-se que há dois mil anos a humanidade segue por um falso caminho."

Não, isto não decorre como dizeis; vossa observação preconceituosa refuta-se pela própria teoria do progresso. A humanidade põe os seus princípios pouco a pouco e por vezes a longos intervalos: nunca ela se desfaz do seu conteúdo, embora ela os destrua sucessivamente na sua expressão e na sua fórmula. Esta destruição é denominada *negação*; porque a razão geral, sempre progredindo, nega incessantemente a plenitude e a suficiência das idéias anteriores. Desta forma, a concorrência sendo uma das épocas da constituição do valor, um dos elementos da síntese social, sendo ao mesmo tempo verdadeiro e falso dizer que ela seja indestrutível em seu princípio e que entretanto, na sua

---

[10] [N.T.]: Alusão ao apotegma da escola liberal de economia "laissez-faire; laissez passer", que pode ser traduzido literalmente como "deixem fazer e deixem passar" ou "deixe estar e tolere" como conselho às autoridades: de não imiscuir-se nos assuntos econômicos porque, por mais escabrosa que esteja a situação, a célebre "mão invisível" acabará por tudo acertar e regular e as intervenções apenas tumultuariam o processo.

forma atual ela deva ser abolida, ser negada. Se portanto alguém aqui está em oposição com a história, sois vós.

"Tenho que fazer, à respeito das acusações das quais a concorrência foi objeto, várias observações. A primeira é que este regime, bom ou mau, ruinoso ou fecundo, não existe realmente ainda; ele estabeleceu-se apenas excepcionalmente em algumas partes e da maneira mais incompleta."

Tal observação carece de sentido. *A concorrência mata a concorrência*, dissemos ao começar; tal aforismo pode ser tomado como uma definição. Como a concorrência poderia um dia completar-se? Aliás, mesmo que concedêssemos que a concorrência não existe ainda em sua integralidade, isto provaria simplesmente que a concorrência não atua com todo o poder de eliminação que nela existe; mas isto em nada alteraria sua natureza contraditória. Por que teríamos ainda necessidade de esperar mais trinta séculos para saber que quanto mais a concorrência se desenvolve, mais ela tende a reduzir o número de concorrentes?

"A segunda é que o quadro que dela se traça é infiel; não se leva suficientemente em conta a extensão alcançada pelo bem-estar geral, inclusive o bem-estar das classes laboriosas."

Se alguns socialistas menosprezam o lado útil da concorrência, por vosso lado não fazeis nenhuma menção aos seus efeitos perniciosos. O testemunho de vossos adversários vem completar o vosso e a concorrência é colocada sob toda a sua luz e de uma dupla mentira resulta para nós a verdade. Quanto à gravidade do mal logo nos defrontaremos com ela.

"A terceira é que o mal experimentado pelas classes laboriosas não é relacionado às suas verdadeiras causas."

Se há outras causas de miséria que não a concorrência, isto impediria que esta última contribuísse com sua parte para a primeira? Mesmo que houvesse apenas um único industrial arruinado todos os anos pela concorrência, mesmo que fosse reconhecido que esta ruína seria o efeito necessário do princípio, a concorrência enquanto princípio, deveria ser rejeitada.

"A quarta é que os principais métodos propostos para obviá-la seriam apenas expedientes..."

Isto é possível: mas concluo daí que a insuficiência dos remédios propostos vos impõe um novo dever, que é o de precisamente investigar os meios mais expedientes para prevenir o mal da concorrência.

"A quinta é que os verdadeiros remédios, na medida em que é possível remediar estes males pela legislação, estariam precisamente no regime que se acusa tê-los produzido, quer dizer, no regime cada vez mais real da liberdade e da concorrência."

Pois bem: eu o quero! O remédio para a concorrência, em vossa opinião, é tornar a concorrência universal. Mas para que a concorrência seja universal é preciso fornecer a todos os meios de concorrer; é preciso destruir ou modificar a predominância do capital sobre o trabalho, mudar as relações do mestre com o operário, em uma única palavra, resolver a antinomia da divisão e a das máquinas; é preciso ORGANIZAR O TRABALHO: Poderia o senhor nos dar esta solução?

O Sr. Dunoyer desenvolve em seguida, com uma coragem digna de melhores causas, sua utopia própria de concorrência universal: é um labirinto onde o autor tropeça e contradiz-se a cada passo.

"A concorrência, diz o Sr. Dunoyer, encontra uma multidão de obstáculos."

Com efeito, ela os encontra tantos e tão poderosos, que torna-se impossível ela mesma. Pois qual é o meio de triunfar dos obstáculos inerentes à própria constituição da sociedade e por conseqüência inseparáveis da própria concorrência?

"Existe por outro lado, nos serviços públicos um certo número de profissões que o governo acredita dever reservar-se o exercício mais ou menos exclusivo; há um número mais considerável delas que a legislação constitui em monopólio para um número restrito de indivíduos. As que são abandonadas à concorrência, estão sujeitas a formalidades e a restrições, a inúmeras perturbações, que evitam a aproximação de muita gente e onde, conseqüentemente, a concorrência está longe de ser ilimitada. Existem, por fim, aquelas que estão submetidas a taxas variadas, necessárias sem dúvida, etc... "

O que significa isto? O Sr. Dunoyer não pretende, sem dúvida, que a sociedade passe sem governo, sem administração, sem polícia, impostos ou universidades, em tudo aquilo que, em uma palavra, constitui uma sociedade. Portanto, como a sociedade implica necessariamente exceções à concorrência, a hipótese de uma concorrência universal é quimérica e eis-nos novamente colocados no regime do bel-prazer: coisa que já sabíamos pela definição de concorrência. Existirá algo de sério nesta argumentação do Sr. Dunoyer?

Os mestres da ciência outrora começavam por rejeitar longe de si toda idéia preconcebida, esforçando-se por vincular os fatos, sem alterá-los nem dissimulá-los jamais, às leis gerais. As pesquisas de Adam Smith são, no momento em que surgiram, um prodígio de sagacidade e de alta razão. O Quadro Econômico de Quesnay[11] por mais ininteligível que pareça, testemunha um sentimento profundo de síntese geral. A introdução do grande tratado de J. B. SAY é inteiramente dedicada ao caráter científico da economia política e nela observa-se a cada linha a necessidade que o autor sentia de noções absolutas. Os economistas do século passado[12] certamente não constituíram a ciência, mas buscaram com ardor e boa-fé esta constituição.

Quanto estamos hoje afastados destes nobres pensamentos! Não é mais uma ciência que se busca, são interesses de casta e de dinastia que se defendem[13]. Insiste-se obstinadamente na rotina por causa da própria impotência e taxa-se de heresia todos os fatos acusadores; calunia-se as tendências do século e nada irrita mais um economista do que querer raciocinar com ele[14].

"O que é característico do tempo atual, exclama o Sr. Dunoyer em tom de vivo descontentamento, é a agitação de todas as classes, é a sua inquietude, sua impossibilidade de deter-se em algo e o fato de nunca se contentarem; é o trabalho infernal realizado sobre as classes menos felizes para que elas se tornem cada vez mais descontentes, na medida em que a sociedade realiza mais esforços para que elas tenham na realidade menos motivos de queixa."

---

[11] [R.P]: QUESNAY, fundador da doutrina fisiocrática, tinha resumido em seu *Tableau Économique*, seus pontos de vista científicos sobre a circulação de riquezas. Este quadro suscitou o maior entusiasmo entre seus discípulos e na sociedade de seu tempo. Impresso em poucos exemplares, O Quadro tornou-se raríssimo; um exemplar foi encontrado em 1894 e publicado. Cf. WEULERSSE *Le Mouvement Physiocratique* (2v. 1911).

[12] [N.T.]: Isto é do séc. XVIII, pois o livro foi publicado em 1846.

[13] [N.T.]: É interessante notar que Engels, no prefácio à tradução inglesa d'*O Capital*, que redige após a morte de Marx, bem como no prefácio da 2ª edição d'*A Situação da Classe Trabalhadora na Inglaterra*, também nota o caráter profundamente ideológico dos escritos de "economia política clássica" durante o séc. XIX, sem mencionar Proudhon, obviamente.

[14] [N.T.]: Este caráter dogmático e obstinado foi herdado pelos modernos tecnocratas, defensores do monetarismo, do neo-liberalismo e do consenso de Washington, para os quais as pretensas regras de sua "ciência" são perfeitas e imutáveis; se o mundo real com suas crises, com seu desemprego estrutural e miséria crescente, com sua concentração de rendas gritante, distancia-se cada vez mais dos fins teóricos previstos pelo modelo econométrico, pior para a realidade, pois o modelo é para eles inquestionável.

Bom! Pelo fato dos socialistas aguilhoarem a economia política, eles são diabos encarnados! Existiria algo mais ímpio com efeito do que ensinar ao proletário que ele é lesado em seu trabalho e em seu salário e que no meio em que vive a miséria é irremediável?

O Sr. Reybaud repete, reforçando-a, a queixa de seu mestre o Sr. Dunoyer: diríamos que se trata de dois serafins de Isaías, cantando um *Sanctus* à concorrência. Em junho de 1844, no momento em que publicava a quarta edição dos *Reformadores Contemporâneos*, o Sr. Reybaud escrevia, na amargura de sua alma: "Devemos aos socialistas a organização do trabalho, o direito ao trabalho; eles são os promotores do regime de vigilância... As câmaras legislativas de ambos os lados do estreito[15] submetem-se pouco a pouco à sua influência... assim a utopia ganha terreno..." e o Sr. Reybaud deplora a *influência secreta* do socialismo sobre os melhores espíritos, inclina-se para o rancor! Fala do *contágio não percebido* que toma até mesmo aqueles que romperam lanças contra o socialismo. Depois ele anuncia, como um último ato de justiça contra os maus a próxima publicação, sob o título de *As Leis do Trabalho*, de uma obra onde ele provará (a menos de uma nova evolução em suas idéias) que as leis do trabalho nada têm em comum com o direito ao trabalho e nem com a organização do trabalho e que a melhor das reformas é deixar como está[16].

"Desta forma, acrescenta o Sr. Reybaud, a tendência da economia política não está mais na teoria, mas sim na prática. As partes abstratas desta ciência parecem doravante fixadas. A controvérsia das definições esgotou-se ou quase. Os trabalhos dos grandes economistas sobre o valor, o capital, a oferta e a procura, o salário, os impostos, as máquinas, as rendas, o acréscimo da população, a superprodução, os escoamentos, os bancos, os monopólios, etc., etc. parecem ter marcado o limite das pesquisas dogmáticas e formam um conjunto de doutrinas além do qual há pouca coisa a esperar."

Facilidade em falar, impotência em raciocinar, tal teria sido a conclusão de Montesquieu sobre este estranho panegírico dos fundadores da economia social. A CIÊNCIA ESTÁ FEITA! O Sr. Reybaud fez um juramento; e o proclama com muita autoridade; ele é repetido na

---

[15] [N.T.]: Alusão à França e à Inglaterra, separadas no Mar do Norte pelo Canal da Mancha.

[16] [N.T.]: *Laisser-faire* no original. Ver a nota 10 do presente capítulo.

Academia, nas cátedras, no conselho de Estado, nas câmaras; ele é publicado nos jornais; até mesmo faz-se com que o Rei o pronuncie nos seus discursos de final de ano e, diante dos tribunais, os requerentes são julgados em conseqüência dela.

A CIÊNCIA ESTÁ FEITA! Que loucura a nossa, socialistas, em buscar a luz em pleno meio-dia e de protestar, empunhando nossas lanternas, contra o brilho destes sóis.

Mas senhores, é com lástima sincera e com profunda desconfiança que me vejo forçado a pedir alguns esclarecimentos. Se não podeis remediar nossos males, dai-nos ao menos boas palavras, dai-nos evidências, dai-nos resignação.

"É patente, diz o Sr. Dunoyer, que a riqueza está hoje infinitamente melhor distribuída, do que jamais o foi."

"O equilíbrio das alegrias e do penar, logo retoma o Sr. Reybaud, tende sempre a se restabelecer aqui embaixo."

Mas o quê! O que estais dizendo? *Riqueza melhor distribuída, equilíbrio restabelecido!* Explicai-vos por favor sobre esta melhor distribuição. Será a igualdade que vem ou a desigualdade que se vai? Será a solidariedade que se estreita ou a concorrência que diminui? Não vos deixarei enquanto não me tivéreis respondido, *non misura cutem* ... Pois seja qual for a causa do restabelecimento do equilíbrio e da melhor distribuição que assinalais, eu a abraçaria com ardor e a perseguiria até as últimas conseqüências. Antes de 1830, e eu tomo esta data ao acaso, a riqueza estava pior repartida: como isto aconteceu? Hoje, em vossa opinião esta está melhor distribuída: por quê? Percebeis onde eu quero chegar: não sendo ainda a distribuição perfeitamente eqüitativa, nem o equilíbrio absolutamente justo, eu pergunto por um lado, qual é o impedimento que perturba o equilíbrio e por outro em virtude de qual princípio a humanidade passa sem cessar do pior ao menos mal e do bem ao melhor? Porque no final das contas este princípio secreto de melhoria não pode ser nem a concorrência, nem as máquinas, nem a divisão do trabalho, nem a oferta e a procura: todos estes princípios são apenas alavancas que, cada um por sua vez, fazem oscilar o valor como muito bem o compreendeu a Academia de Ciências Morais e Políticas. Qual é, pois, a lei soberana do bem-estar? Qual é esta regra, esta medida, este critério do progresso, cuja violação é a causa perpétua da miséria? Falai e não peroreis mais.

A riqueza está melhor repartida, dizeis. Vejamos vossas provas.

O Sr Dunoyer:

"Segundo os documentos oficiais, existem pouco menos de onze milhões de cadastros rurais na França. Estima-se em mais ou menos seis milhões o número de proprietários que pagam as cotas deste cadastro, de modo que, supondo-se em média quatro indivíduos por família, haveria ao menos vinte e quatro milhões de pessoas em uma população de trinta e quatro, que participam da propriedade do solo".

Assim, no caso mais favorável haveria na França dez milhões de proletários, quase um terço da população. Ei! O que me dizeis sobre isto? Acrescentemos a estes dez milhões a metade dos outros vinte e quatro, para quem a propriedade, agravada de hipotecas, fracionada, empobrecida e deplorável não vale a posse de um ofício e não teremos ainda o número de indivíduos que vivem a título precário.

"O número destes vinte e quatro milhões de proprietários tende sensivelmente a crescer."

Sustento, por minha parte, que ele tende sensivelmente a decrescer. Qual é o verdadeiro proprietário em vossa opinião o detentor nominal que é taxado, aferido e hipotecado ou o credor que recebe á renda? Os credores judeus e os banqueiros de Basiléia sempre foram os verdadeiros donos da Alsácia; o que prova o excelente julgamento destes prestamistas é que eles nunca pensam em adquirir: preferem colocar os seus capitais.

"Aos proprietários rurais, é preciso acrescentar cerca de 1.500.000 patenteados, ou seja, a quatro pessoas por família, seis milhões de pessoas interessados como chefes em empresas industriais."

Em primeiro lugar, um grande número destes patenteados são também proprietários rurais e assim estão contados em dobro. Em segundo lugar pode-se afirmar que sobre a totalidade dos industriais e comerciantes patenteados, um quarto no máximo realiza lucros reais, outro quarto apenas consegue equilibrar os seus negócios e o resto encontra-se constantemente em déficit. Tomemos, assim, no máximo, a metade dos supostos chefes de empresas, que acrescentaremos aos problemáticos doze milhões de proprietários reais e chegaremos a um total de quinze milhões de franceses, por sua educação, sua indústria, seus capitais, seu crédito e suas propriedades, em estado de fazer concorrência. Para o excedente da nação, ou seja dezenove milhões de habitantes, a concorrência é como a "poule-au-pot" de Henrique IV, um bocado que eles fazem para a classe que pode pagar, mas no qual não podem tocar.

Outra dificuldade. Estes dezenove milhões de homens, para os quais a concorrência permanece inabordável, são os mercenários dos concorrentes assim como outrora os servos combatiam por seus senhores, mas sem poder erguer bandeira própria e nem colocarem-se em pé de guerra. Ora, se a concorrência não pode tornar-se por si mesma uma condição comum, como aqueles para os quais ela apresenta apenas perigos não exigiriam garantias da parte dos barões aos quais servem?[17] E se estas garantias não lhe podem ser recusadas, como poderiam ser outra coisa senão entraves à concorrência, assim como a Paz de Deus, inventada pelos bispos foi um entrave às guerras feudais? Para a constituição da sociedade, dizia eu há pouco, a concorrência é uma coisa excepcional, um privilégio; agora eu pergunto como, com a igualdade de direitos, este privilégio ainda é possível.

Pensais que quando eu reclamo para os consumidores e os assalariados garantias contra a concorrência, isto seja um sonho de socialista? Escutai dois de vossos mais ilustres confrades, a quem não acusareis de empreitar uma obra infernal.

O Sr. Rossi, no Tomo I de seu tratado, lição 16 reconhece ao Estado o direito de regulamentar o trabalho, *quando o perigo for muito grande e as garantias insuficientes*, o que quer dizer sempre. Pois o legis-

---

[17] [N.T.]: Este tema retorna freqüentemente nas análises econômicas de Proudhon, estando também presente nas críticas dos saint-simonianos e de outros socialistas: na prática o capitalismo enfeudou-se, isto é, apesar da teoria postular a liberdade, a iniciativa e a concorrência, devido ao acúmulo de capitais e à concentração da propriedade em poucas mãos, as chaves do sistema pertencem na realidade a uma minoria quase estamental da sociedade, que logo marca sua influência nas decisões governamentais, nas práticas judiciárias e policiais etc., perpetuando assim na prática uma estratificação e a desigualdade sociais, não mais baseadas na aristocracia do sangue, no domínio de terras e nos privilégios a eles associados, mas sim na riqueza. É interessante notar que outros autores, como Werner SOMBART e Henri SÉE, por exemplo, ao estudarem a evolução histórica do capitalismo observam, há partir de meados do séc. XIX, tendências monopolísticas, burocráticas e regulamentadoras, que modificam pontos essenciais da hipótese concorrencial do capitalismo clássico. Mais modernamente, sob o impacto da burocratização da Revolução Russa, o advento de regimes burocrático-autoritários de tipo fascista e finalmente o desenvolvimento das impropriamente denominadas "empresas multinacionais", esta tendência "feudal" acentua-se, a ponto de alguns autores como Cornelius CASTORIADIS falarem de "capitalismo burocrático" como denominação mais apropriada para o sistema assim desenvolvido. Remetemos o leitor interessado para as obras de SOMBART *El Apogeo del Capitalismo* (2v. México FCE 1997- O original foi publicado em alemão em 1927) e de CASTORÍADIS *La Societé Burocratique* (3ª ed. PARIS Christian Bourgeois Éditeur 1999, que retoma e amplia a edição original em dois volumes, publicada em 1973 e que se compõe de textos redigidos entre 1948 e 1998. Existe tradução brasileira).

lador deve visar a ordem pública pelos *princípios das leis*: Ele não espera que fatos imprevistos ocorram para reprimi-los com mão arbitrária. Aliás, no Tomo II, pp.73-77, o mesmo professor assinala, como conseqüência de uma concorrência exagerada, a formação de uma aristocracia financeira e fundiária e a derrota previsível da pequena propriedade, e lança assim o grito de alarme. Por seu lado, o Sr. Blanqui declara que a organização do trabalho está na ordem do dia da ciência econômica (embora depois tenha se retratado); ele provoca a participação dos operários nos lucros e prevê o advento do trabalhador coletivo, e troveja sem cessar contra os monopólios, as proibições e a tirania do capital. *Qui habet aures audienti audiat!* O Sr. Rossi, na qualidade de criminalista, posiciona-se contra o banditismo da concorrência. O Sr. Blanqui, como juiz de instrução[18], denuncia os culpados: é a contrapartida do dueto há pouco interpretado pelos Srs. Reybaud e Dunoyer. Enquanto aqueles gritam *Hosana*, estes respondem, como os Padres dos Concílios *Anathema*.

Mas, dir-se-á, o Sr. Blanqui e o Sr. Rossi pretendem atingir apenas os *abusos* da concorrência, evitaram de proscrever o seu princípio e neste ponto estão perfeitamente de acordo com os Srs. Reybaud e Dunoyer.

Protesto contra esta distinção, no interesse do renome dos dois professores.

De fato os abusos tudo invadiram e a exceção tornou-se regra. Quando o Sr. Troplong, juntamente com todos os economistas, defendia a liberdade de comércio, ele reconhecia que a coalizão dos grandes transportadores era um destes fatos contra os quais o legislador se encontrava absolutamente sem ação e que pareciam desmentir as noções mais sadias da economia social; ele teve ainda o consolo de dizer que este fato era completamente excepcional e que não acreditava que se generalizasse. Ora, tal fato generalizou-se: Basta que o jurisconsulto mais rotineiro ponha a cabeça para fora de sua janela, para ver que hoje tudo absolutamente está monopolizado pela concorrência:

---

[18] [N.T.]: Este posto não existe na magistratura brasileira. Trata-se de um juiz, um membro do Judiciário, ao qual é atribuída a direção de um inquérito, que na França e em muitos outros países europeus, pode ser *executado* pela polícia, mas sem a autonomia que ela goza para tanto no Brasil. O juiz instrutor, é o análogo do *questor* na legislação italiana e, embora assuma algumas das funções do nosso promotor público, não se confunde com ele. Na França, p.ex. sua figura coexiste com a do promotor.

os transportes (terrestres, marítimos e ferroviários), os trigos e farinhas, os vinhos e aguardentes, madeiras, carvão mineral, óleos comestíveis, ferros, tecidos, o sal, os produtos químicos, etc.[19]. É triste para a jurisprudência, esta irmã gêmea da economia política ver em menos de um lustro suas solenes previsões desmentidas: mas é mais triste ainda para uma grande nação ser conduzida por gênios tão pobres e respigar as poucas idéias que a fazem viver no carrascal de seus escritos.

Em teoria, mostramos que a concorrência, pelo seu lado útil, deveria ser universal e ser levada ao seu máximo de intensidade; mas vimos também que, por seu aspecto negativo, ela deve ser esmagada em toda parte, até o seu último vestígio. Os economistas estão em condição de operar esta eliminação? Eles teriam previsto as suas conseqüências? E calculado as suas dificuldades? Ousaria lhes propor o seguinte caso para resolver.

Um tratado de coalizão, ou melhor de associação, pois os tribunais sentem-se muito embaraçados para definir uma e outra, acaba de reunir em uma mesma companhia, todas as minas de carvão da bacia do Loire[20]. Sob a queixa das prefeituras de Lyon e de Saint-Etienne, o ministro nomeou uma comissão encarregada de examinar o caráter e as tendências desta temível sociedade. Pois bem, eu pergunto o que pode fazer neste caso a intervenção do poder, assistido pela lei civil e pela economia política.

Grita-se contra a coalizão. Mas pode-se de fato impedir os proprietários de minas de se associar, de reduzir seus custos gerais e de exploração, de tirar, pelo trabalho melhor organizado, um partido mais vantajoso de suas minas? Poderia lhes ser ordenado que recomeçassem a antiga guerra e que se arruinassem pelo aumento das despesas, pelo desperdício, pela superprodução, pela desordem e pela baixa nos preços? Tudo isto é absurdo.

Poderíamos impedi-los de aumentar seus preços, de modo a reajustar os interesses de seus capitais? Deveríamos então defendê-los contra as demandas de aumento de salário da parte dos operários; que

---

[19] [N.T.]: Que diria hoje Proudhon, se pudesse observar os efeitos devastadores da "globalização" e do "neo-liberalismo", ambos entretanto construídos sob os dogmas liberais, mas terrivelmente concentradores e expoliadores?

[20] [N.Ed.]: Em 1837 existiam 65 companhias de mineração no Loire, que fundiram-se em três sociedades anônimas; em 1843, uma destas acabou por absorver as outras.

se refaça a lei das sociedades anônimas, que se proíba o comércio das ações e quando todas estas medidas tiverem sido tomadas, como os capitalistas proprietários da bacia carbonífera não podem sem injustiça serem obrigados a perder os capitais investidos em um regime diferente, que sejam indenizados.

Poderíamos impor-lhes uma tarifa? Isto seria uma lei de máximo. O Estado deveria pois substituir os exploradores, efetuar a contabilidade do capital, calcular os juros, as despesas administrativas, regular o salário dos mineiros, os ordenados dos engenheiros e dos diretores, o preço das madeiras empregadas na exploração, as despesas com materiais e enfim determinar a cifra normal e legítima dos lucros. Tudo isto não se pode fazer através de portaria ministerial, é preciso uma lei. O legislador ousaria, por causa de uma indústria especial, mudar todo o direito público dos franceses e colocar o poder no lugar da propriedade? Portanto, das duas coisas uma: ou o comércio de carvão mineral cairá nas mãos do Estado, ou o Estado encontrará um meio de conciliar, para a indústria extrativa, liberdade e ordem, e neste caso os socialistas pedem que aquilo que teria sido executado em um ponto, seja imitado para tudo.

A coalizão das minas do Loire colocou a questão social em termos que não permitem que dela fujamos. Ou a concorrência, quer dizer o monopólio e tudo o que se segue; ou a exploração através do Estado, quer dizer a carestia do trabalho e o empobrecimento contínuo; ou por fim uma solução igualitária, em outros termos a organização do trabalho, o que implica a negação da economia política e o fim da propriedade.

Mas os economistas não procedem com esta lógica brusca; eles gostam de caminhar segundo a necessidade. O Sr. Dupin (na sessão da Academia de Ciências Morais e Políticas de 10 de junho de 1843) exprime a opinião de que "se a concorrência pode ser útil no interior, ela deve ser impedida de povo para povo"[21].

Impedir ou deixar passar, eis a eterna alternativa dos economistas: seu gênio não vai além disto. Em vão grita-se que não se trata de

---

[21] [N.T.]: Como o leitor pode observar, as idiotices que sustentam propostas como a da ALCA (Área de Livre Comércio das Américas) e outras, como os acordos da OMC (Organização Mundial de Comércio), apesar da óbvia inconsistência, possui ampla e respeitável tradição acadêmica. Os nossos presunçosos doutores tupiniquins por Harvard repetem empoladamente imbecilidades velhas de quase dois séculos, e ainda chamam isto de "modernidade".

nada *impedir* nem de tudo *permitir*; o que lhes é pedido, o que a sociedade espera deles é uma *conciliação*; mas esta dupla idéia não penetra em seu cérebro.

"É preciso, replica ao Sr. Dupin o Sr. Dunoyer, *distinguir* a teoria da prática."

Meu Deus! Todos sabemos que o Sr. Dunoyer, inflexível quanto aos princípios em suas obras, é muito complacente quanto a eles na sua prática no Conselho de Estado. Mas que ele se digne de colocar a si mesmo a seguinte questão: Por que eu sou sempre obrigado a distinguir entre teoria e prática? Por que elas não concordam?

O Sr. Blanqui, como homem conciliador e pacífico que é, apóia o sábio Sr. Dunoyer, quer dizer, a teoria. Pensa, todavia, como o Sr. Dupin, isto é, pela prática, que a concorrência não está *isenta de reproches*. Logo o Sr. Blanqui, que tem medo de caluniar e de atiçar o fogo!

O Sr. Dupin obstina-se em sua opinião. Ele cita, contra a concorrência, a fraude, a venda sob falso peso e a exploração das crianças. Tudo isto sem dúvida para provar que a concorrência *no interior* pode ser útil!

O Sr. Passy, com a sua lógica comum, observa que sempre haverá pessoas desonestas, etc., etc. Acusai a natureza humana, exclama, mas não a concorrência.

Desde a primeira palavra, a lógica do Sr. Passy afasta-se da questão. O que se reprova à concorrência são os inconvenientes que resultam de sua própria natureza e não as fraudes das quais ela é ocasião e pretexto. Um fabricante encontra um meio de substituir um operário que lhe custa 3 francos por dia, por uma mulher à qual ele paga apenas 1 franco. Este procedimento é o único que lhe permite sustentar a baixa nos preços e tocar o seu negócio. Logo ela acrescentará as crianças às operárias. Depois, obrigado pelas necessidades da guerra, ele reduzirá pouco a pouco os salários e aumentará a jornada de trabalho. Onde está o culpado? Este argumento poderá ser refeito cem vezes e ser aplicado a todas as indústrias, sem que necessitemos acusar a natureza humana.

O próprio Sr. Passy é aliás obrigado a reconhecê-lo, quando ele acrescenta: "Quanto ao trabalho forçado de crianças, o erro é dos pais". Justamente. E o erro dos pais deve-se a quem?

"Na Irlanda, continua este orador, não há concorrência e entretanto a miséria é extrema."

Neste ponto a lógica comum do Sr. Passy foi traída por um erro de memória extraordinário. Na Irlanda há o monopólio completo e universal da terra e uma concorrência ilimitada e encarniçada pelos arrendamentos. Concorrência-monopólio, estas são as duas bolas de ferro que, amarradas aos seus pés, deve arrastar a infeliz Irlanda.

Quando os economistas se cansam de acusar a natureza humana, a cupidez dos pais e a turbulência dos radicais, eles se regozijam pelo quadro de felicidade do proletariado. Mas mesmo assim não podem entrar de acordo entre si e nem consigo mesmos e nada pinta melhor a anarquia da concorrência do que esta desordem em suas idéias.

"Hoje a esposa do artesão veste-se com saias elegantes que não teriam sido desdenhadas pelas grandes damas de um outro século." (M. CHEVALIER, 4ª lição). É este mesmo Sr. Chevalier quem, depois de um cálculo muito pessoal estima que a totalidade da renda nacional daria 65 cêntimos *per capita* e por dia. Alguns outros economistas fazem descer este valor a 55 cêntimos. Ora, como é necessário retirar desta soma o necessário para compor as fortunas superiores, pode-se estimar, segundo os cálculos do Sr. de Morogues, que a renda *per capita* de metade dos franceses não ultrapasse 25 cêntimos por dia.

"Mas, retoma com uma exaltação mística o Sr. Chevalier, a felicidade não residiria na harmonia entre os desejos e os gozos, no equilíbrio entre as necessidades e as satisfações? Não residiria em um certo estado de alma, cujas condições não compete à economia política prover e cujo nascimento não seria sua missão? Isto é obra para a religião e a filosofia." Economista, diria Horácio ao Sr. Chevalier se vivesse em nosso tempo, ocupa-te de minha renda apenas e deixa a mim o cuidado de minha alma: *Det vitam, det opes, oequum mí animum ipse parabo.*

O Sr. Dunoyer tem novamente a palavra:

"Poderíamos facilmente em muitas cidades, durante os dias de festa, confundir a classe operária com a classe burguesa (e porque existem duas classes?) de tanto que o porte da primeira é rebuscado. Na alimentação os progressos não foram menores. A nutrição é ao mesmo tempo mais abundante, mais substancial e mais variada. A qualidade do pão melhorou por toda a parte. A carne, a sopa e o pão branco tornaram-se, em muitas cidades industriais, de um uso muito mais comum que outrora. Por fim, a duração média da vida elevou-se de trinta e cinco para quarenta anos"[22].

Mais adiante o Sr. Dunoyer nos dá o quadro das fortunas inglesas segundo Marshall. Resulta deste quadro que na Inglaterra dois milhões e quinhentas mil famílias têm uma renda de 1200 francos anuais. Ora, na Inglaterra 1200 francos de renda correspondem, pelo custo de vida, a 730 francos entre nós, soma esta que, dividida entre quatro pessoas, dá 182F 50c. para cada um, ou seja 50 cêntimos por dia, o que se aproxima do valor de 65 cêntimos que o Sr. Chevalier atribui para cada francês. A diferença em favor destes últimos provém do fato de que, sendo o progresso da riqueza menos avançado na França, a miséria nela é menor. Como acreditar nas descrições luxuriantes dos economistas ou nos seus cálculos?

"O pauperismo cresceu a tal ponto na Inglaterra, confessa o Sr. Blanqui, que o governo inglês teve que buscar um refúgio contra ele nas terríveis casas de trabalho..." Com efeito, estas pretensas casas de trabalho, onde o trabalho consiste em ocupações ridículas e estéreis são apenas, diga-se o que se disser, casas de tortura. Pois, para um ser racional existe tortura maior do que girar um moinho sem grãos e sem farinha, com o único objetivo de fugir ao repouso e escapar à ociosidade?

"Esta organização (a organização da concorrência), continua o Sr. Blanqui, tende a fazer passar todas as rendas do trabalho para o lado do capital... é em Reims, em Mulhouse, em Saint-Quentin, bem como em Manchester, em Leeds e em Spitafield, que a existência dos operários é mais precária..." Segue-se um quadro espantoso da miséria dos operários. Homens, mulheres, crianças, moças, passam diante de nós esfomeados, estiolados, cobertos de andrajos, pálidos e ferozes. A descrição termina por este trecho: "Os operários da indústria mecânica não podem mais fornecer soldados para o recrutamento do exército". Parece que a sopa e o pão branco do Sr. Dunoyer não são de muito proveito.

---

[22] [N.T.]: Este quadro ufanista está infelizmente bem afastado da realidade. O médico L. VILLERMÉ, na obra citada na nota 23, traça um quadro mais preciso e realista das condições materiais da classe operária francesa de então: condições espantosas.

O Sr. Villermé[23] considera a libertinagem das jovens operárias como *inevitável*. O concubinato é seu estado habitual; elas são inteiramente subvencionadas pelos patrões, comissários e estudantes. Ainda que o casamento tenha mais atração para o povo do que para a burguesia, muitos proletários, malthusianos sem o saber, temem constituir família e seguem a corrente. Assim como os operários são carne de canhão, as operárias são carne de prostituição; isto explica a roupa elegante do domingo. Em suma, por que motivo estas senhoritas seriam mais obrigadas à virtude que as suas similares burguesas?

O Sr. Buret[24], coroado pela academia nos diz: "Afirmo que a classe operária está abandonada de corpo e alma ao bel-prazer da indústria". O mesmo autor nos diz em outro lugar: "Os menores esforços da especulação podem fazer com que o preço do pão varie de cinco cêntimos ou mais por libra; isto representa 620 milhões e 500 mil francos para uma população de 34 milhões de almas". Observemos de passagem que o muito pranteado Buret considerava a existência dos acaparadores como um preconceito popular. Ei sofista!: acaparador ou especulador, o que importa o nome se reconhecemos a coisa?

Tais citações preencheriam volumes inteiros. Mas o objeto deste escrito não é o de relatar as contradições dos economistas e fazer uma guerra sem resultado às pessoas. Nossa meta é mais elevada e mais digna: trata-se de desenvolver o *Sistema das Contradições Econômicas*, o que é totalmente diferente. Terminaremos pois aqui esta triste revisão; e lançaremos, antes de terminar, um breve olhar sobre os diversos meios propostos para remediar os inconvenientes da concorrência.

---

[23] [R.P.]: O Dr. VILLERMÉ realizou, entre 1835 e 1836, uma pesquisa sobre as condições de trabalho nas manufaturas. Os resultados foram publicados inicialmente na forma de um relatório para a Academia de Ciências Morais e Políticas e depois em um volume intitulado: *Tableau de l'Etat Physique et Moral des Ouvriers* (1840). [N.T.]: esta obra de Villermé é muito importante pois retrata fielmente a situação de penúria nas fábricas francesas de seu tempo, relato este que coincide, nos seus principais efeitos, aos inquéritos semelhantes que conhecemos em outras épocas e países de industrialização acelerada. Villermé não é um socialista, o que dá mais peso às suas conclusões. Este livro é ainda muito apreciado hoje em dia, não apenas pelos dados que contém, mas também pela sua metodologia. O grande investigador contemporâneo do trabalho, Cristophe DESJOURS o tem em alta conta. Ele foi recentemente reeditado em francês (1992) com prefácio e notas explicativas.

[24] [RP]: BURET (1810-1842), discípulo de Sismondi, publicou uma obra sobre *La Misére des Classes Labourieuses en France et en Anglaterre* 1841, 2 vol..

§ III - Remédios contra a concorrência

Poderá ser abolida a concorrência no trabalho?

Isto equivaleria a perguntar se a personalidade, a liberdade e a responsabilidade individual poderiam ser suprimidas.

A concorrência, com efeito, é a expressão da atividade coletiva; da mesma forma que o salário, considerado na sua acepção mais alta, ela é a expressão do mérito e do demérito, ou seja em uma palavra, da responsabilidade do trabalhador. Declamamos e revoltamo-nos em vão contra estas duas formas essenciais da liberdade e da disciplina no trabalho. Sem uma teoria do salário, não há distribuição, não há justiça; sem a organização da concorrência, não há garantia social e portanto não há solidariedade.

Os socialistas confundiram duas coisas essencialmente distintas, quando, opondo a união da família no lar à concorrência industrial, perguntaram se a sociedade não poderia ser constituída precisamente como uma grande família, cujos membros seriam ligados pela afeição do sangue e não como uma espécie de coalizão, onde cada um é retido pela lei de seus interesses.

A família não é, se assim ouso dizer, o tipo, a molécula orgânica da sociedade. Na família, como já muito bem o observou o Sr. de Bonald, existe apenas um ser moral, um único espírito, uma única alma, eu diria quase, como na Bíblia, uma única carne. A família é o tipo e o berço da monarquia e do patriciado; nela reside e se conserva a idéia de autoridade e de soberania, que se apaga cada vez mais no Estado. É sobre o modelo da família que todas as sociedades antigas e feudais se organizavam e é precisamente contra esta velha constituição patriarcal que a democracia moderna protesta e se revolta.

A unidade constitutiva da sociedade é a oficina[25].

Ora, a oficina implica necessariamente um interesse de corpos e interesses privados; uma personalidade coletiva e indivíduos. Daí decorre um sistema de relações desconhecidos na família, dentre as quais a oposição da vontade coletiva, representada pelo *mestre*, e as vontades individuais, representadas pelos *assalariados*, figura em primeiro posto. Vêm em seguida as relações entre oficina e oficina,

---

[25] [R.P.]: E é a oficina quem deve substituir o governo, bem como o contrato deve substituir a lei. Toda a sociologia proudhoniana afirma esta predominância do econômico sobre o político.

de capital para capital, ou seja em outros termos, a concorrência e a associação. Pois concorrência e associação apóiam-se uma sobre a outra; não existiriam uma sem a outra e, bem longe de excluírem-se, elas sequer são divergentes. Quem diz concorrência, supõe já um fim comum; a concorrência não é, pois, o egoísmo e o erro mais deplorável do socialismo foi tê-la considerado como a derrubada da sociedade.

Não se trata pois de destruir a concorrência, coisa tão impossível quanto destruir a liberdade; trata-se de encontrar o seu equilíbrio, a sua polícia, eu diria. Pois toda a força, toda a espontaneidade, seja individual seja coletiva, deve receber a sua determinação; ocorre a tal respeito com a concorrência o mesmo que acontece com a inteligência e a liberdade. Como portanto a concorrência se determinará harmonicamente na sociedade?

Nós já ouvimos a resposta do Sr. Dunoyer, falando pela economia política: a concorrência deve determinar-se por si mesma. Em outros termos, segundo o Sr. Dunoyer e todos os economistas, o remédio contra os inconvenientes da concorrência é mais concorrência ainda; e como a economia política é a teoria da propriedade, do direito absoluto de usar e de abusar[26], é claro que a economia política não terá outra coisa a responder. É como se pretendêssemos que a educação da liberdade se faz pela liberdade, a instrução do espírito pelo espírito e a determinação do valor pelo valor; todas estas são proposições evidentemente tautológicas e absurdas.

---

[26] [N.T.]: Proudhon retoma aqui uma das conclusões de sua polêmica obra O *que é a Propriedade*, que publicou seis anos antes das *Contradições*. O direito de uso e abuso sobre algo é, no final da análise, a definição mais precisa e concreta que Proudhon considera possível para a propriedade. A propriedade possui portanto um caráter ambíguo; enquanto é para o proprietário o aval de sua liberdade e segurança, ela, com relação à sociedade e o trabalhador, é prepotência, opressão e roubo. A questão da "constituição" da propriedade oporá desde muito cedo Proudhon e Marx. Se o último vê n'O *que é a Propriedade* "um manifesto revolucionário e científico do proletariado francês" (Cf. Marx "a *Sagrada Família*"), a recusa de Proudhon em conceder a absorção de toda a propriedade privada nas mãos do Estado e a implantação da fórmula comunista, propondo ao invés disto o usufruto coletivo através das oficinas, de todo o capital social, naquilo que mais tarde viria a se denominar autogestão, tornará a ruptura entre ambos inevitável, ruptura esta que ocorrerá efetivamente à partir da tentativa da organização da Liga dos Comunistas por Marx, à partir de 1845, e à partir da venenosa resposta de Marx às *Contradições*: a *Miséria da Filosofia*. Ao leitor interessado nas relações entre Marx e Proudhon, recomendamos introdutoriamente a leitura da pequena mas elucidativa obra de Luís Alfredo GALVÃO: *Marx & Marx* (S. PAULO, Ática 1975, com reimpressões posteriores).

E com efeito, para nos encerrarmos no assunto que tratamos, salta à vista que a concorrência, praticada por si mesma e sem outro fim senão o de manter uma independência vaga e discordante, não conduzirá a nada e que as oscilações serão eternas. Na concorrência são os capitais, as máquinas, os procedimentos, o talento e a experiência, isto é, os capitais no sentido amplo, que estão em luta; a vitória está assegurada aos maiores batalhões. Se, pois, a concorrência exercer-se apenas em proveito dos interesses privados e se seus efeitos sociais não forem nem determinados pela ciência e nem reservados pelo Estado, haverá na concorrência, como na democracia, uma contínua tendência da guerra civil para a oligarquia, da oligarquia para o despotismo e depois, pela dissolução deste último, de retorno à guerra civil, sem fim e sem repouso[27]. Eis porque a concorrência abandonada a si mesma não pode jamais chegar à sua constituição; da mesma forma que o valor, ela tem necessidade de um princípio superior que a socialize e defina. Tais fatos já estão suficientemente bem estabelecidos para que os possamos considerar como adquiridos pela crítica e nos dispensar de a eles retornar. A economia política, no que diz respeito à polícia da concorrência, não tem e nem pode ter outro meio que a própria concorrência, e assim demonstra-se impotente.

Resta pois saber como o socialismo entendeu tal solução. Um único exemplo dará medida de seus meios e nos permitirá tomar a seu respeito, considerações gerais.

---

[27] [N.T.]: Estas poucas palavras de Proudhon poderiam nos auxiliar muito na compreensão do quadro social do 3º Mundo dos dias de hoje, com sua miséria, seu desemprego, violência, crime organizado, tráfico de drogas, etc., etc. A operacionalização do Consenso de Washington, ocorrida à partir do 2º governo Reagan e a queda da ex-União Soviética fizeram com que o capitalismo se desfizesse de todas as salvaguardas "sociais" que tinha absorvido – mais por prudência que por necessidade – em 150 anos de luta de classes e voltasse a uma concorrência monopolística levada ao extremo ideológico e não sujeita a nenhum tipo de regulamentação pública, onde cerca de trinta grandes conglomerados multinacionais tendem a ditar as regras econômicas em escala planetária. Esta "privatização da concorrência" obviamente faz crescer catastroficamente os problemas sociais e a violência, causando a formação de políticas públicas extremamente repressivas como a "tolerância zero" e a militarização da questão social, como hoje podemos ver claramente na Colômbia, no Peru e em algumas grandes cidades brasileiras, ou seja, o estágio de guerra civil e a tentativa de implantação de "governos fortes". Ora, quem viveu ou estudou a história recente da América Latina, sabe muito bem como terminam as ditaduras... recomendamos ao leitor interessado nesta questão a leitura do pequeno livro de Cristophe DESJOURS: *Souffrance en France* (PARIS, Seuil 1998) traduzido para o português sob o título *A banalização da Injustiça Social* (S. PAULO, FGV 1999).

O Sr. Louis Blanc será talvez, dentre todos os modernos socialistas, aquele que por seu notável talento melhor soube atrair a atenção do público sobre seus escritos. Na sua *Organização do Trabalho*, depois de ter reduzido o problema da associação a um único ponto, a concorrência, ele pronuncia-se sem hesitar pela abolição desta última. Apenas por isso se pode julgar o quanto este escritor, em geral tão avisado, iludiu-se sobre o valor da economia política e sobre o alcance do socialismo. Por um lado, o Sr. Blanc, recebendo não sei de onde suas idéias feitas, tudo atribuindo ao seu século e nada à história, rejeita absolutamente, tanto pelo conteúdo quanto pela forma, a economia política e com isto se priva dos próprios materiais da organização; por outro lado ele atribui à tendências ressuscitadas de todas as épocas anteriores, mas que ele pretende serem novas, uma realidade que elas não possuem e desconhece a natureza do socialismo, que é a de ser exclusivamente crítica. O Sr. Blanc nos deu, pois, o espetáculo de uma imaginação viva e sempre pronta à luta contra uma impossibilidade; ele acreditou na adivinhação do gênio, mas deveria ter percebido que a ciência não se improvisa e que, quer nos chamemos Adolphe Boyer, Louis Blanc ou J. J. Rousseau, a partir do momento em que nada houver na experiência, nada haverá no entendimento.

O Sr. Blanc começa por esta declaração: "Não conseguimos compreender aqueles que imaginaram algum misterioso acoplamento dos dois princípios opostos. Enxertar a associação na concorrência é uma idéia pobre: é substituir eunucos por hermafroditas".

Estas quatro linhas serão para sempre lamentáveis para o Sr. Blanc. Elas provam que na época da quarta edição de seu livro, ele estava tão pouco avançado em lógica, quanto está em economia política e que ele raciocinava sobre ambas, como um cego sobre as cores. O hermafroditismo em política consiste precisamente na exclusão, porque a exclusão sempre traz de volta, sob uma forma qualquer e no mesmo grau, a idéia excluída; e o Sr. Blanc ficaria estranhamente surpreendido se lhe fosse mostrado que, pela mistura perpétua que ele faz em seu livro dos princípios mais contrários, a autoridade e o direito, a propriedade e o comunismo, a aristocracia e a igualdade, o trabalho e o capital, a recompensa e o devotamento, a liberdade e a ditadura, o livre exame e a fé religiosa, o verdadeiro hermafrodita, o publicista de duplo sexo, é ele. O Sr. Blanc, situado nos confins da democracia e do socialismo, um grau abaixo da República, dois graus abaixo do Sr. Barrot, três abaixo do Sr. Thiers é ele mesmo, por mais que faça ou diga, um descendente de quarta geração do Sr. Guizot: um doutrinário.

"Certamente, exclama o Sr. Blanc[28] não estamos entre aqueles que gritam por anátema ao princípio da autoridade. Tivemos mil ocasiões de defender tal princípio contra ataques tão perigosos quanto ineptos. Nós sabemos que, quando em uma sociedade a força organizada não está em algum lugar, o despotismo está por toda parte..."

Assim, segundo o Sr. Blanc, o remédio para a concorrência, ou melhor o meio de aboli-la, consiste na intervenção da autoridade, na substituição da liberdade individual pelo Estado: é o inverso do sistema dos economistas.

Lamentaria muito que o Sr. Blanc, cujas tendências sociais são conhecidas, me acusasse de lhe mover uma guerra impolítica ao refutá-lo. Eu faço justiça às intenções generosas do Sr. Louis Blanc; leio e gosto de suas obras e lhe agradeço particularmente pelo grande serviço que prestou desnudando, em sua *História de Dez Anos*, a incurável indigência de seu partido. Mas ninguém deve consentir em ser feito de tolo ou de imbecil; ora, descartadas todas as questões pessoais, o que pode haver em comum entre o socialismo, este protesto universal, e a mistura mal feita de velhos preconceitos que constitui a república do

---

[28] [R.P]: LOUIS BLANC, que podemos considerar como um dos precursores do socialismo de Estado, apela incessantemente para a intervenção dos poderes públicos, para a realização das reformas sociais que concebe. Nenhuma outra tendência poderia desagradar mais a Proudhon e assim ele não poupava críticas nem sarcasmos a este "representante de nossa jovem democracia" (cap. XII parágrafo 7). Em sua *Idéia Geral da Revolução*, Proudhon lhe reprova por ter "envenenado os operários com fórmulas absurdas" e lhe confere esta fórmula: "ele se acreditava a abelha da Revolução, mas na verdade foi apenas a sua cigarra" (p. 108). Proudhon deveria recusar-se a participar da Comissão do Luxembourg, criada pelo pedido de Louis Blanc e trabalhando sobre sua direção. Este último nela desenvolveu amplamente a sua doutrina da organização do trabalho (ver p. ex. a sua brochura *La Révolution de Frévier ao Luxenbourg* PARIS, 1849). A comissão foi dissolvida em maio de 1848: durou dois meses.

Quanto à *Histoire de Dix Ans* (1830-1840), à qual Proudhon aludirá mais adiante, ela foi publicada pela primeira vez em cinco volumes entre 1841 e 1844 (a última edição, em 2 volumes, é de 1879-1881). Sobre esta história, diz o Sr. CHARLETY (*Histoire de la France Contemporaine*, T. V, p. 4 nota): "o seu interesse deriva da personalidade do autor, contemporâneo dos fatos, sincero mas inexato e declamatório". Ela teve considerável sucesso entre os inimigos da Monarquia de Julho, os legitimistas por um lado e os republicanos por outro que ambos, ao que se diz, documentaram o autor. Um biógrafo de Louis Blanc (HIPP. CASTILE, *Portaits Politiques* 1856) qualifica este livro de máquina de guerra contra o Regime; em sua opinião o autor foi nesta circunstância: "O secretário geral da democracia" e seu livro "a ferramenta que arrancou um dos maiores blocos de pedra do edifício de Julho".

Sr. Blanc? O Sr. Blanc não se farta de apelar para a autoridade e o socialismo se declara altivamente anárquico; o Sr. Blanc coloca o poder acima da sociedade e o socialismo tende a subordinar o poder à sociedade; o Sr. Blanc faz descer a vida social do alto e o socialismo pretende fazê-la brotar e vegetar à partir de baixo; o Sr. Blanc corre atrás da política e o socialismo busca a ciência. Basta de hipocrisia portanto, eu diria ao Sr. Blanc: com certeza não quereis o catolicismo, nem a monarquia nem a nobreza, mas tendes necessidade de um Deus, de uma religião, de uma ditadura, de censura, de hierarquia, de distinções e postos. E quanto a mim, eu nego vosso Deus, vossa autoridade, vossa soberania, vosso Estado jurídico e todas as vossas mistificações representativas; não quero nem o incensório de Robespierre e nem a vara de Marat e antes de me submeter à vossa democracia andrógina, eu apóio o *status quo*. Há dezesseis anos vosso partido resiste ao progresso e trava a opinião; há dezesseis anos ele mostra a sua origem despótica acolitando o poder na extremidade da centro-esquerda; já é tempo que ele abdique ou que metamorfoseie-se. Implacáveis teóricos da autoridade que sois, o que proponedes ao governo a quem fazeis a guerra, que ele não possa realizar de uma maneira mais suportável que vós?

O SISTEMA do Sr. Blanc resume-se em três pontos:

1º) *Criar no poder uma grande força de iniciativa*, isto é, em língua francesa, tornar o arbítrio todo poderoso para realizar a utopia;

2º) *Criar e prover de encomendas, às custas do Estado, oficinas públicas;*

3º) *Extinguir a indústria privada, pela concorrência da indústria nacionalizada.*

É tudo.

O Sr. Blanc abordou o problema do valor, que implica por si só todos os outros? Ele sequer desconfia disto. Ele nos deu uma teoria da distribuição? Não. Ele resolveu a antinomia da divisão do trabalho, causa eterna de ignorância, de imoralidade e de miséria para o operário? Não. Fez desaparecer a contradição entre as máquinas e o salariado e conciliou os direitos da associação com os da liberdade? Não, ao contrário o Sr. Blanc consagra esta contradição. Sob a proteção despótica do Estado, ele admite o princípio da desigualdade dos cargos e dos salários, adicionando por compensação o direito eleitoral. Ora, os operários que votam seus regulamentos e que nomeiam seus chefes não são livres? Então, bem poderia acontecer que estes operários votantes decidissem que entre eles não haveria nem chefia e nem diferenças de salário e então, como nada foi previsto para dar satisfação às capacidades industriais mantendo a igualdade política, a dissolução penetrará na oficina e, a menos de uma intervenção da polícia, cada um voltará aos seus negócios. Tais temores não parecem sérios nem fundados ao Sr. Blanc: ele aguarda as provas com calma, mas é certo que a sociedade não se perturbará para desmenti-lo.

E as questões tão complexas, tão intrincadas do imposto, do crédito, do comércio internacional, da propriedade e da herança, o Sr. Blanc as aprofundou? E o problema da população, ele o resolveu? Não, não, mil vezes não: quando o Sr. Blanc não decide uma dificuldade, ele a elimina. A respeito da população, ele diz: "Como somente a miséria é prolífica e como a oficina social fará desaparecer a miséria, não precisamos nos preocupar com isto".

Em vão o Sr. Sismondi, apoiado pela experiência universal lhe grita: "Não temos confiança alguma naqueles que exercem poderes delegados. Acreditamos que toda corporação dirigirá pior seus negócios do que aqueles que estão animados por um interesse individual; não haverá entre os diretores negligência, fausto, dilapidação, favoritismo, temor de se comprometer, todos os efeitos enfim que se observa na administração da fortuna pública, em oposição à da fortuna privada. Acreditamos, ademais, que em uma assembléia de acionistas haverá apenas desatenção, capricho e negligência, e que uma empresa mercantil estaria constantemente comprometida e logo arruinada, se ela dependesse de uma assembléia deliberante e não de um comerciante". Mas o Sr. Blanc não escuta nada; ele se embevece com a sonoridade de suas próprias frases: o interesse privado, ele o substitui pelo devotamento à coisa pública; a concorrência é substituída pela emulação e pelas recompensas. Depois de ter estabelecido o princípio da hierarquia industrial, conseqüência necessária de sua fé em Deus, na autoridade e no gênio, ele se abandona a poderes místicos, ídolos de seu coração e de sua imaginação.

Desta forma o Sr. Blanc começa por um golpe de Estado, ou melhor, segundo a sua expressão original, por uma aplicação da *força de iniciativa* que ele cria ao poder; e ele impõe uma contribuição extraordinária aos ricos para poder fazer encomendas ao proletariado. A lógica do Sr. Blanc é muito simples, é a lógica da República: o poder pode aquilo que o povo quer e aquilo que o povo quer é verdadeiro. Maneira singular de reformar a sociedade, esta de reprimir as suas tendências mais espontâneas, de negar as suas manifestações mais autênticas, ao invés de generalizar o bem-estar pelo desenvolvimento regular das tradições, de deslocar o trabalho e a renda! Mas na verdade para que servem tais disfarces? Por que tantas voltas? Não seria mais simples aplicar uma lei agrária? O poder, em virtude de sua força de iniciativa, não poderia de uma única vez declarar que todos os capitais e instrumentos de trabalho seriam propriedade do Estado, ressalvando-se uma indenização a conceder aos seus detentores como forma de transição? Por meio desta medida peremptória, mas leal e sincera, o campo econômico estaria varrido; não haveria custo adicional para a utopia e o Sr. Blanc poderia então, sem nenhum impedimento, proceder à vontade a organização da sociedade.

Mas o que eu estou dizendo? Organizar! Toda a obra orgânica do Sr. Blanc consiste neste grande ato de expropriação ou de substituição, como se queira: a indústria, uma vez deslocada e republicanizada, uma vez constituído o grande monopólio, o Sr. Blanc não duvida que a produção siga sem problemas; ele não entende que se eleve contra aquilo que ele denomina o seu *sistema*, nenhuma dificuldade. E de fato, o que objetar a uma concepção tão radicalmente nula, tão inapreensível como esta do Sr. Blanc? A parte mais curiosa de seu livro está na coletânea escolhida que ele faz das objeções propostas por alguns incrédulos e aos quais responde – adivinha-se – vitoriosamente. Estes críticos não perceberam que, discutindo o *sistema* do Sr. Blanc, eles argumentavam sobre as dimensões, o peso e a figura de um ponto matemático. Ora, ocorre que a controvérsia sustentada pelo Sr. Blanc lhe ensinou mais do que as suas próprias meditações o tinham feito e percebe-se que, se tais objeções tivessem continuado, ele acabaria por descobrir aquilo que acredita ter inventado: a organização do trabalho.

Mas, enfim a meta, aliás tão restrita, que perseguia o Sr. Blanc, à saber a abolição da concorrência e a garantia de sucesso de uma empresa patrocinada e mantida pelo Estado, esta meta seria atingível? Eu citaria a tal respeito as reflexões de um economista de talento, o Sr. Joseph Garnier, às palavras do qual eu me permito acrescentar alguns comentários.

"O governo, segundo o Sr. Louis Blanc, escolheria os operários *morais* e lhes daria *bons* salários." Desta forma são necessários para o

Sr. Blanc homens especiais; ele não se gaba de agir sobre qualquer temperamento. Quanto ao salário, o Sr. Blanc os promete *bons*; isto é mais fácil do que definir a sua medida.

"O Sr. Blanc admite por hipótese que as oficinas dariam um excedente líquido e que fariam além disto uma concorrência tão boa contra a indústria privada que esta última se transformaria também em oficinas nacionais."

Como isto poderia ocorrer se os preços de venda das oficinas nacionais são mais elevados que os das oficinas livres? Eu mostrei no Capítulo I que 300 operários de uma tecelagem produziriam explorando-a em comum um excedente líquido e regular não superior a 20.000 francos anuais e que estes 20.000 francos, distribuídos entre os 300 trabalhadores aumentaria a sua renda em apenas 18 cêntimos por dia. Ora, isto é válido para todas as indústrias. Como a oficina nacional, que *deve aos seus operários bons salários*, cobrirá este déficit? Pela emulação, responde o Sr. Blanc.

O Sr. Blanc cita com extrema complacência a casa Leclaire, sociedade de operários pintores de paredes, que conduz muito bem os seus negócios e que ele considera como uma demonstração viva de seu sistema. O Sr. Blanc poderia ter acrescentado a este exemplo uma multidão de sociedades semelhantes, que provariam tanto quanto a casa Leclaire[29], isto é, não muito. A casa Leclaire é um monopólio coletivo, mantido pela grande empresa que a envolve. Ora, trata-se de saber se a sociedade inteira pode se tornar um monopólio, no sentido que o Sr. Blanc e o patrão da casa Leclaire o entendem, coisa que eu nego totalmente. Mas no que diz respeito mais de perto à questão que nos ocupa, o que o Sr. Blanc não percebeu, é aquilo que resulta das contas que a casa Leclaire lhe forneceu e que mostra que os salários pagos por esta casa são muito superiores à média geral; a primeira coisa a fazer no caso de uma reorganização da sociedade seria suscitar concorrentes à casa Leclaire, seja entre seus operários, seja entre os outros.

---

[29] [R.P]: A casa Leclaire, que existe ainda em nossos dias [isto é em 1927 N.T.], é uma empresa de pintura cujo fundador teve a idéia, em 1843, de fazer o pessoal participar nos lucros. O empreendimento, se bem que inicialmente contestado pela administração pública que recusou a Leclaire a autorização para reunir os operários, suscitou um vivo interesse na opinião pública, que via nela um germe da solução da questão social.

"Os salários seriam regulados pelo governo. Os membros das oficinas nacionais disporiam delas segundo sua conveniência e a *incontestável excelência da vida em comum não tardaria em fazer nascer, da associação dos trabalhos, a associação voluntária dos prazeres*."

O Sr. Blanc é comunista ou não? Que ele se pronuncie de uma vez por todas ao invés de fugir da questão; se o comunismo não o torna mais inteligível, ao menos saberemos o que ele quer.

"Lendo o suplemento no qual o Sr. Blanc julgou adequado combater as objeções que alguns jornais lhe fizeram, vê-se melhor o que há de incompleto em sua concepção, filha ao menos de três pais: o saint-simonismo, o fourierismo e o comunismo, com o concurso da política e pouca, muito pouca, economia política."

"Segundo suas explicações, o Estado seria apenas o regulador, o legislador e protetor da indústria e não o fabricante ou o produtor universal. Mas como ele protege exclusivamente as oficinas nacionais para destruir a indústria privada, ele chega necessariamente ao monopólio e recai na teoria saint-simoniana, apesar de si mesmo, ao menos no que tange à produção."

O Sr. Blanc não poderia discordar: seu *sistema* está dirigido contra a indústria privada e nele o poder, por sua força de iniciativa, tende a extinguir qualquer iniciativa individual e a proscrever o trabalho livre. O acoplamento de contrários é odioso para o Sr. Blanc; assim o vemos, depois de ter sacrificado a concorrência à associação, sacrificar ainda a liberdade. Eu aguardo a abolição da família.

"A hierarquia contudo sairia do princípio eletivo, como no fourierismo, como na política constitucional. Mais ainda, estas oficinas nacionais, regulamentadas pela lei, seriam outra coisa que não corporações? Qual é o vínculo das corporações? A lei! O que fará a lei? O governo. Suporemos que ele será bom? Pois bem, a experiência demonstrou que nunca se conseguiu regulamentar todos os inumeráveis acidentes da indústria. Dizeis que o governo fixará de uma vez por todas a taxa de lucros, a taxa dos salários; esperais que ele consiga um modo de fazer com que os trabalhadores e os capitais se refugiem nas oficinas sociais. Mas não dizeis como o equilíbrio se estabelecerá entre as oficinas que terão a tendência à vida em comum e ao falanstério; não dizeis como estas oficinas evitarão a concorrência interna e externa; como elas controlariam o excesso de população com relação ao capital e nem como as oficinas sociais manufatureiras se diferenciariam das oficinas sociais dos campos, e muitas outras coisas mais. Sei muito bem o que respondereis: Pela virtude específica da lei! E se vosso governo, vosso Estado não souberem fazê-la? Não percebeis que deslizais sobre uma encosta e que sois obrigados a vos agarrar em algo análogo a uma lei viva? Isto fica claro ao ler-vos; preocupai-vos sobretudo em inventar um poder suscetível de ser aplicado ao vosso sistema; mas eu vos declaro, depois de vos ter lido atentamente, que não penso que possuis ainda uma noção clara e precisa daquilo que vos é necessário. O que vos falta, como a todos, é uma noção veraz da liberdade e da igualdade, que não podereis menosprezar e a quem estais obrigados sacrificar, sejam quais forem as precauções que tomeis."

"Não conhecendo a natureza e as funções do poder, não ousastes deter-vos em uma única explicação; não destes o menor exemplo."

"Admitamos que as oficinas funcionem para produzir, serão então oficinas comerciais, que farão circular seus produtos e que farão trocas. Quem pois regulará os preços? A lei ainda? Na verdade vos digo que vos seria necessária uma nova aparição do monte Sinai, sem a qual não saireis jamais, vós, vosso conselho de Estado, vossa câmara de representantes ou vosso areópago de senadores, deste embaraço."

Estas reflexões são de uma justiça invencível. O Sr. Blanc, com sua organização pelo Estado está sempre obrigado a concluir por onde deveria começar e que lhe teria evitado o trabalho de escrever o seu livro: *o estudo da ciência econômica*. Como disse muito bem o seu crítico: "O Sr. Blanc cometeu o grave erro de fazer estratégia política com questões que não se prestam a tal uso"; ele tentou comprometer o governo com isso e apenas conseguiu demonstrar cada vez melhor a incompatibilidade do socialismo com esta democracia palradora e parlamentar. Seu panfleto, todo esmaltado de páginas eloqüentes, honra a literatura; quanto ao valor filosófico do livro, ele seria rigorosamente o mesmo se o autor tivesse se limitado a escrever em cada página, em caracteres maiúsculos esta única palavra: EU PROTESTO.

Resumamos:

A concorrência, como posição ou fase econômica e considerada na sua origem, é o resultado necessário da intervenção das máquinas, da constituição da oficina e da teoria da redução geral de custos; considerada na sua significação própria e na sua tendência ela é o modo segundo o qual manifesta-se e exerce-se a atividade coletiva, é a expressão da espontaneidade social, o emblema da democracia e da igualdade, o instrumento mais enérgico da constituição do valor e o suporte da associação. Como impulso das forças individuais, ela é o penhor de sua liberdade, o primeiro momento de sua harmonia, a forma da responsabilidade que as une todas e que as torna solidárias.

Mas a concorrência abandonada a si mesma e privada da direção de um princípio superior e eficaz, nada mais é que um movimento vago, uma oscilação sem objeto do poder industrial, eternamente arrastado entre dois extremos igualmente funestos: as corporações e o patronato por um lado, aos quais como vimos a oficina deve a sua origem e o monopólio, que será tratado no próximo capítulo, por outro.

O socialismo, protestando com razão contra esta concorrência anárquica, nada propôs ainda de satisfatório para a sua regulamentação; e a prova disto é que encontra-se por toda a parte, nas utopias que até o momento viram a luz, a determinação ou a socialização do valor abandonada ao arbítrio e todas as reformas chegarem[30] ou à corporação hierárquica, ou ao monopólio do Estado ou ao despotismo da comunidade.

---

[30] [N.Ed.]: Esta frase final parece ter sido construída com alguma negligência, o que é raro em Proudhon. Seria melhor: "e vemos todas as reformas chegarem..."

Capítulo VI

Quarta Época
O Monopólio

Monopólio: comércio, exploração ou gozo exclusivo de uma coisa.

O monopólio é o oposto natural da concorrência. Esta simples observação basta, como já dissemos, para fazer cair as utopias derivadas do pensamento de abolir a concorrência, como se ela fosse o contrário da associação e da fraternidade. A concorrência é a força vital que anima o ser coletivo; destruí-la, se tal suposição pudesse realmente ser feita, seria matar a sociedade.

Mas desde que a concorrência é necessária, ela implica a idéia do monopólio, pois o monopólio é como que a sede de cada individualidade concorrente. Os economistas também demonstraram, e o Sr. Rossi reconheceu formalmente, que o monopólio é a forma da posse social, fora da qual não há trabalho, não há produto, não há troca nem riqueza. Toda posse imobiliária é monopólio; toda utopia industrial tende a constituir-se em monopólio e o mesmo deve ser dito das outras funções não compreendidas nestas duas categorias.

O monopólio por si não carrega a idéia de injustiça; mais ainda, existe nele algo que, sendo da sociedade tanto quanto do homem, o legitima: aí reside o lado *positivo* do princípio que iremos examinar.

Mas o monopólio, da mesma forma que a concorrência, torna-se anti-social e funesto: como acontece isto? Pelo *abuso*, responderão os economistas. E é então no definir e reprimir dos abusos do monopólio que os magistrados se aplicam; é na sua denúncia que a nova escola de economistas coloca a sua glória.

Mostraremos que os ditos abusos do monopólio nada mais são que os efeitos do desenvolvimento, em sentido *negativo*, do monopólio legal; que eles não podem ser separados de seu princípio

sem que este princípio seja arruinado; são por conseqüência inacessíveis à lei e toda repressão a tal respeito é arbitrária e injusta.
De tal forma que o monopólio, princípio constitutivo da sociedade
e condição de riqueza, é ao mesmo tempo e em mesma medida
princípio de espoliação e de pauperismo; que quanto mais fazemos ele produzir o bem, mais dele recebemos o mal; que sem ele
o progresso se detém e com ele o trabalho se imobiliza e a civilização se esvanece.

§ I - Necessidade do monopólio

Assim, o monopólio é o termo fatal da concorrência, que o
engendra por uma negação incessante de si mesma: esta geração do
monopólio é já a sua justificação. Pois, como a concorrência é inerente
à sociedade, assim como o movimento o é aos seres vivos, o monopólio,
que vem na sua seqüência, que é sua meta e seu fim, e sem o qual a
concorrência não é mais aceita, o monopólio é e permanecerá legítimo
por tanto tempo quanto a concorrência, por tanto tempo quanto os
processos mecânicos e as combinações industriais, por tanto tempo
enfim, quanto a divisão do trabalho e a constituição dos valores forem
necessidades e leis.

Assim, pelo único fato de sua geração lógica, o monopólio está
justificado. Todavia, tal justificação pareceria pouca coisa e apenas con-
tribuiria para relançar mais energicamente a concorrência, se o monopólio não pudesse colocar-se por si e como princípio.

Nos capítulos precedentes, vimos que a divisão do trabalho é a
especificação do operário, considerado sobretudo como inteligência;
que a criação das máquinas e a organização da oficina exprimem a sua
liberdade e que, pela concorrência, o homem ou a liberdade inteligente, entra em ação. Ora, o monopólio é a expressão da liberdade vitoriosa, o preço da luta, a glorificação do gênio; é o estimulante mais forte
de todos os progressos cumpridos desde a origem do mundo: o sinal de
que, como dizíamos a pouco, a sociedade, se não pode subsistir com
ele, tampouco teria se feito sem ele.

Donde vem pois ao monopólio esta virtude singular da qual a
etimologia da palavra e o aspecto vulgar da coisa estão longe de nos
dar a idéia?

O monopólio nada mais é, no fundo, que a autocracia do homem sobre si mesmo: é o direito ditatorial concedido pela natureza a todo o produtor de usar suas faculdades como bem quiser, de dar impulso ao seu pensamento na direção que preferir, de especular na especialidade que lhe aprouver escolher com todo o poder de seus meios, de dispor soberanamente dos instrumentos que ele mesmo criou e dos capitais acumulados por sua poupança para a empresa cujos riscos lhe parecerem bons de correr sob a condição expressa de gozar sozinho do fruto da descoberta e dos benefícios da aventura.

Este direito é parte tão essencial da liberdade, que ao negá-lo, mutila-se o homem no seu corpo, na sua alma e no exercício de suas faculdades, e que a sociedade, que progride apenas pelo livre desabrochar dos indivíduos, com falta de exploradores vê sua marcha entravada.

Já é tempo de dar, pelo testemunho dos fatos, um corpo a todas estas idéias.

Conheço uma comuna onde, desde tempo imemorial não existiam caminhos, nem para o desbravamento de novas terras, nem para a comunicação com o exterior. Durante três quartos do ano toda a importação ou exportação de gêneros era impossível: uma barreira de lama e pântanos protegia contra toda invasão do exterior e toda excursão os habitantes da aldeia sacrossanta. Seis cavalos naqueles dias mal bastavam para puxar a carga que seria suportada por um rocim ao passo em uma boa estrada. O prefeito do lugar resolveu, apesar do conselho municipal, fazer passar um caminho sobre seu território. Por muito tempo foi ridicularizado, maldito e execrado. Todos não tinham se passado muito bem até hoje sem a estrada? Por que era necessário gastar o dinheiro da comuna, e fazer com que os lavradores perdessem seu tempo com prestações, carretos e corvéias? Era para satisfazer o seu orgulho que o senhor prefeito queria, às custas dos pobres fazendeiros, abrir uma avenida tão bela para os seus amigos da cidade que vinham visitá-lo!...Apesar de tudo a estrada foi feita e os camponeses aplaudiram! Que diferença diziam: antigamente era preciso oito cavalos para levar trinta sacos ao mercado e gastávamos três dias, agora partimos de manhã com duas montarias apenas e à noite já estamos de volta. Mas em todos estes discursos, não se tratava mais do prefeito. Depois que os fatos lhe deram razão, não se falava mais nele: soube até mesmo que alguns lhe guardavam rancor.

Este prefeito conduziu-se como Aristides[1]. Mas suponhamos que, cansado das vociferações absurdas, ele tivesse proposto aos seus administrados construir a estrada às suas custas, desde que lhe fosse pago um pedágio por cinqüenta anos, garantindo-se ademais o direito de cada um viajar pelos campos, como no passado: no que teria sido esta transação fraudulenta?

Eis a história da sociedade e dos monopolizadores.

Nem todos estão dispostos a presentear os seus concidadãos com uma estrada ou uma máquina: ordinariamente é o inventor que, depois de ter esgotado a sua saúde e seus bens, espera recompensa. Recusemos pois, admoestando-os, a Arkwright, a Watt ou a Jacquard o privilégio de suas descobertas e eles se isolarão para trabalhar, levando talvez seu segredo para a tumba. Recusemos ao colono a posse do solo que desbrava e ninguém o desbravará.

Mas, argumenta-se, será este o verdadeiro direito, o direito social, o direito fraternal? O que se desculpa ao sair da comunidade primitiva, o efeito da necessidade, é provisório apenas e deve desaparecer diante de uma inteligência mais completa dos direitos e dos deveres do homem e da sociedade.

Não recuo diante de nenhuma hipótese: vejamos, aprofundemos. Já é um ponto importante a confissão dos adversários de que durante o primeiro período da civilização as coisas poderiam se passar de modo diferente. Resta saber se os estabelecimentos serão com efeito provisórios, como já se disse, ou se serão resultado de leis imanentes e eternas da sociedade. Ora, a tese que sustento neste momento é bem mais difícil, pois está em oposição direta com a tendência geral, que em breve deverei derrubar por sua contradição.

Peço que me seja dito como é possível apelar para os princípios da sociabilidade, da fraternidade e da solidariedade, quando a própria sociedade repele toda a transação solidária e fraternal. No começo de cada indústria, no primeiro albor de uma descoberta, o homem que inventa está isolado; a sociedade o abandona e recua. Dizendo me-

---

[1] [N.T.]: ARISTIDES (540 a. C. – 468 a. C.), denominado O Justo: General e homem político ateniense, que cobriu-se de glórias em Maratona, mas foi, por instigação de seu rival Temístocles, condenado pelo povo em 483 ao ostracismo, aceitando cordatamente a sentença. Chamado de volta à pátria por ocasião da segunda guerra médica, combateu em Salamina e em Platéia. Proudhon o cita aqui, como aliás é o caso em toda a literatura clássica, como um exemplo de tolerância e paciência para com as injustiças do povo.

lhor, este homem, relativamente à idéia que concebeu e cuja realização ele persegue, torna-se sozinho a sociedade inteira. Ele não tem mais associados, não tem mais colaboradores, nem mais garantias; todos fogem dele e ele apenas arca com as responsabilidades, portanto apenas a ele cabem as vantagens da especulação.

Insista-se: é a cegueira por parte da sociedade, é o abandono dos seus direitos e dos interesses mais sagrados do bem-estar das gerações futuras; e o especulador, melhor informado ou mais feliz, não pode sem deslealdade aproveitar do monopólio que a ignorância universal lhe entrega.

Sustento que esta conduta da sociedade é, quanto ao presente, um ato de grande prudência; quanto ao futuro, mostrarei que ela não perde com isso. Já mostrei no capítulo II, pela solução da antinomia do valor, que a vantagem de qualquer descoberta útil é incomparavelmente menor para o inventor, seja lá o que faça, do que para a sociedade; conduzi a demonstração sobre este ponto com rigor matemático. Mais tarde mostrarei ainda que, além do benefício que lhe é assegurado por toda a descoberta, a sociedade exerce sobre os privilégios que concede, temporária ou perpetuamente, repetições de várias espécies, que cobrem amplamente os excessos de algumas fortunas privadas e cujo efeito conduz prontamente ao equilíbrio. Mas não nos antecipemos.

Observo portanto que a sociedade manifesta-se por uma dupla maneira: a *conservação* e o *desenvolvimento*.

O desenvolvimento efetua-se pelo impulso das energias individuais; a massa é de natureza infecunda, passiva e refratária a qualquer novidade. Ela é, se ouso empregar a expressão, a matriz, estéril por si mesma, mas onde vêm se depositar os germes criados pela atividade privada que, na sociedade hermafrodita, desempenha a função do órgão masculino.

Mas a sociedade conserva-se apenas quando se furta à solidariedade para com as especulações particulares, quando ela deixa absolutamente todas as inovações por conta e risco dos indivíduos. Poderíamos em algumas páginas, levantar a lista das invenções úteis. As empresas conduzidas a um bom fim são contáveis, mas nenhum número exprime a multidão das idéias falsas e dos ensaios imprudentes que todos os dias brotam nos cérebros humanos. Não existe inventor ou operário que, para uma concepção sadia e justa, não tenha gerado milhares de quimeras; não há inteligência que, para uma centelha de razão, não lance turbilhões de fumaça. Se fosse possível dividir em duas partes todos os produtos da razão humana, colocando de um lado os trabalhos úteis e de outro tudo aquilo que foi despendido em força, em espírito, em capitais e em tempo pelo erro, veríamos espantados que a prevalência da segunda coluna sobre a primeira seria talvez de um bilhão para cem. O que seria da sociedade se ela tivesse que assumir tal passivo e saldar todas estas bancarrotas? No que se transformaria por sua vez a responsabilidade e a dignidade do trabalhador se, coberto pela garantia social ele pudesse, sem riscos para si, entregar-se a todos os caprichos de uma imaginação delirante e a jogar a cada momento com a existência da humanidade?

De tudo isto concluo que o que é praticado na origem, será praticado até o fim e que sobre tal ponto, como sobre qualquer outro, deveremos visar a conciliação; é absurdo pensar que nada do que existe possa ser abolido. Pois sendo o mundo das idéias infinito como a natureza e estando os homens sujeitos à especulação, quer dizer ao erro, tanto hoje como sempre, existe constantemente para os indivíduos uma excitação para especular e para a sociedade razão de desconfiar disto e de precaver-se; há conseqüentemente e sempre matéria para o monopólio.

Para escapar deste dilema o que se propõe? O resgate? Em primeiro lugar o resgate é impossível: com todos os valores sendo monopolizados, de onde a sociedade tiraria os recursos para indenizar os monopolistas? Qual seria a sua hipoteca? Por outro lado, o resgate seria perfeitamente inútil; quando todos os monopólios tivessem sido resgatados ainda restaria organizar a indústria. Onde está o sistema? Sobre o que se fixa a opinião? Quais problemas foram resolvidos? Se a organização for de molde hierárquico, voltaremos ao regime do monopólio; se ela for democrática, voltaremos ao ponto de partida e as indústrias resgatadas recairão no domínio do público, isto é, na concorrência, e pouco a pouco os monopólios voltarão; por fim, se a organização for de molde comunista teríamos apenas passado de uma impossibilidade a outra, pois, como demonstraremos a seu tempo, a comunidade, da mesma forma que a concorrência e o monopólio, é antinômica, impossível.

Com o fim de não comprometer a fortuna pública em uma solidariedade ilimitada, e portanto funesta, contentar-nos-íamos em impor regras ao espírito de invenção e de empresa? Criaríamos uma censura para os homens de gênio e para os loucos? Isto supõe que a sociedade conheça previamente justo aquilo que se trata de descobrir. Submeter a um prévio exame os projetos dos empreendedores é proibir *a priori* todo o movimento. Pois, mais uma vez ainda, relativamente à meta proposta, há um momento em que cada industrial representa em sua pessoa a própria sociedade e vê melhor e mais longe que todos os outros homens reunidos, e isto muitas vezes sem que ele sequer possa se explicar ou ser compreendido. Quando Copérnico, Kepler, e Galileu, precursores de Newton, disseram à sociedade cristã, então representada pela Igreja: A Bíblia enganou-se; a Terra gira e o Sol está imóvel, eles tinham razão contra a sociedade que, confiando nos sentidos e nas tradições, os desmentia. A sociedade teria podido aceitar a solidariedade ao sistema copernicano? Ela pouco podia fazer, pois este sistema contradizia abertamente a sua fé e, enquanto esta aguardava o acordo entre a razão e a fé, Galileu, um dos inventores responsáveis por tal sistema, era submetido à tortura em testemunho da nova idéia. Nós hoje somos mais tolerantes, eu suponho; mas esta própria tolerância nos prova que, mesmo concedendo liberdade ao gênio, não pretendemos ser menos discretos que nossos avós. As patentes de invenção chovem, mas *sem garantia do governo*. Os títulos de propriedade são colocados sob a guarda dos cidadãos, mas nem o cadastro, nem a constituição garantem o seu valor: é apenas o trabalho que os faz valer. E quanto às missões científicas e outras, que de quando em quando o governo se põe na cabeça de confiar à exploradores sem dinheiro, elas são uma rapina e uma corrupção a mais.

De fato a sociedade não pode garantir a ninguém o capital necessário à experimentação de um idéia; de direito, ela não pode reivindicar o resultado de uma empresa que não subscreveu; o monopólio portanto é indestrutível. De resto, a solidariedade de nada serviria, pois como cada um pode reclamar para as suas fantasias a solidariedade de todos, e como cada um teria o mesmo direito de obter do governo um aval incondicional[2], logo chegaríamos a um arbítrio universal, isto é, pura e simplesmente voltaríamos ao *status-quo*.

---

[2] [N.T]: *Blanc-seing* no original francês, que pode ser traduzido literalmente como "assinar um papel em branco", algo análogo a nossa expressão figurada "assinar um cheque em branco". Preferimos a tradução mais metafórica.

Alguns socialistas[3] muito infelizmente inspirados – e eu digo isto com toda a força de minha consciência – pelas abstrações evangélicas acreditaram resolver tal dificuldade através de belas máximas: "A desigualdade das capacidades é a prova da desigualdade dos deveres", "Recebestes muito da natureza, dai o bastante para vossos irmãos" e outras frases sonoras e tocantes que jamais deixam de ter efeito sobre inteligências ocas, mas que são o cúmulo imaginável da inocência. A fórmula prática que se deduz destes adágios maravilhosos, é que cada trabalhador deve todo o seu tempo à sociedade e que a sociedade deve lhe dar em troca tudo o que for necessário para a satisfação de suas necessidades, na medida dos recursos que disponha.

Que meus amigos comunistas me perdoem! Eu seria menos áspero com suas idéias se não estivesse profundamente convencido, na minha razão e no meu coração, de que a comunidade, o republicanismo e todas as utopias sociais, políticas e religiosas que desdenham os fatos e a crítica sejam o maior obstáculo a vencer que exista atualmente para o progresso. Como não se compreende que a fraternidade somente pode se estabelecer através da justiça? que é apenas a justiça, condição, meio e lei da liberdade, quem deva ser o objeto de nosso estudo e que é preciso perseguir sem cessar, nos menores detalhes, a sua determinação e a sua fórmula? Como escritores a quem a linguagem econômica é familiar esquecem que a superioridade dos talentos é sinônimo de superioridade de necessidades e que, longe de esperar conseguir das personalidades vigorosas algo a mais que do vulgo, a sociedade deva ao contrário velar constantemente para que tais personalidades não recebam mais do que dão, ao passo que a massa já tem tanto trabalho em devolver tudo o que recebe? Qualquer que seja o lado para o qual nos inclinemos, é sempre preciso retornar ao livro-caixa, à contabilidade de receitas e despesas, a única garantia contra os grandes consumidores bem como contra os parcos produtores[4]. O operário está sempre *avançado* com relação à sua produção; ele tende sempre a

---

[3] [N.Ed.]: Em todo o desenvolvimento que se segue, Proudhon alude ao comunismo evangélico e às doutrinas de fraternidade de Pierre Leroux, mas sobretudo de Cabet, cujo livro, *Voyage en Icarie* exerceu uma forte influência nos meios operários na década de 1840.

[4] [N.T.]: Esta última expressão deve ser entendida não no sentido atual daquela unidade que tem um volume de produção pequeno, mas sim no sentido daquele que produz abaixo de sua capacidade, ou seja o caso de uma *produtividade baixa deliberada*.

tomar *crédito*, a contrair *dívidas* e a entrar em *falência*; ele tem a necessidade de ser perpetuamente lembrado do aforismo de Say: *os produtos se compram com produtos*.

Supor que o trabalhador de alta capacidade possa se contentar, em favor dos pequenos, com a metade de seu salário, supor que forneça gratuitamente seus serviços e que produza, como diz o povo, *para o rei da Prússia*, quer dizer para a abstração que se chama a sociedade, o soberano, ou meus irmãos, é fundamentar a sociedade sobre um sentimento, não digo inacessível ao homem, mas que, erigido sistematicamente em princípio, transforma-se em falsa virtude, em uma hipocrisia perigosa. A caridade nos é comandada como reparação das enfermidades que afligem por acidente aos nossos semelhantes e eu concedo, sob tal ponto de vista, que a caridade possa ser organizada; eu concebo que, procedendo da própria solidariedade, ele torne-se simplesmente justiça. Mas a caridade tomada como instrumento de igualdade e lei de equilíbrio seria a dissolução da sociedade. A igualdade produz-se entre os homens pela rigorosa e inflexível lei do trabalho, pela proporcionalidade dos valores, pela sinceridade das trocas e a equivalência das funções; ou seja em uma única palavra, pela solução matemática de todos estes antagonismos[5].

---

[5] [N.T]: O parágrafo acima é de extrema importância, não apenas para esclarecer a concepção autogestionária e libertária do socialismo de Proudhon, como também por remeter a alguns temas importantes dentro do pensamento anarquista e que merecerão longos desenvolvimentos durante a sua história, por autores clássicos como Bakunin e Kropotkin, ou por modernos como Abraham Guillén e Edoardo Colombo. O ponto fundamental que deve ser ressaltado é que a sociedade constitui um **grande sistema de trocas** e que é apenas na constituição eqüitativa e livre deste sistema que a igualdade e a liberdade podem ser alcançadas. O leitor, mesmo pouco versado em Antropologia, perceberá ressonâncias desta hipótese no pensamento de Marcel Mauss (no seu célebre *Ensaio sobre o Dom*, que citamos muitas vezes nestas notas) e no de Pierre Bourdieu, principalmente na sua teoria da *Economia das Trocas Simbólicas*. É através do trabalho que a igualdade e a liberdade podem ser construídas; a igualdade aqui é claramente vista como um conjunto de *equivalências* e não como identidade única e global, daí a importância, para o anarquismo, do indivíduo como fonte de criatividade, de energia e de iniciativa; os indivíduos, distintos mas equivalentes, reconhecem-se enquanto tais e constituem a sociedade quando defrontados nas antinomias do trabalho e da economia: na busca da constituição do valor, na proporção das rendas e dos esforços e na realização da justiça nas trocas. Aí reside igualmente o fundamento da autogestão proudhoniana e a sua recusa em assumir o comunismo, pelo fato deste último absorver toda a iniciativa no Estado, reduzindo os indivíduos a uma igualdade bruta e elementar: todos serão igualmente nulos! É interessante igualmente confrontar esta "circulação econômica geral", pensada por Proudhon e por muitos anarquistas, com as regras da economia e da acumulação capitalista, que são denunciadas continuamente como antinômicas; além disto tais regras são nocivas porque tendem a restaurar a desigualdade no

Eis porque a caridade, primeira virtude do cristão, legítima esperança do socialismo e meta de todos os esforços do economista, torna-se um vício social desde que se faça dela um princípio de constituição e uma lei; eis porque alguns economistas puderam dizer que a caridade legal tenha causado mais males à sociedade do que a usurpação proprietária. O homem, assim como a sociedade da qual faz parte, está em uma conta-corrente perpétua consigo mesmo: tudo aquilo que ele consome, deve ele mesmo produzir. Esta é uma regra geral da qual ninguém pode se subtrair sem ser, *ipso facto*, marcado pela desonra ou suspeito de fraude. Idéia singular realmente a de decretar, sob o pretexto de fraternidade, a inferioridade relativa da maioria dos homens! Depois de tão bela declaração, nada mais resta a não ser tirar dela todas as suas conseqüências e logo, graças à fraternidade, a aristocracia estará de volta.

Dupliquemos o salário normal do operário e o convidaremos à preguiça, humilharemos a sua dignidade e desmoralizaremos a sua consciência. Subtraiamos o preço legítimo de seus esforços e insuflaremos a sua cólera ou exaltaremos o seu orgulho. Tanto em um quanto em outro caso, alteraremos os sentimentos fraternais. Coloquemo-o, ao

---

sentido em que não se trata mais nelas de uma circulação livre e proporcional de equivalentes de trabalho, mas sim de uma circulação que implica necessariamente *fontes* (trabalho) e *sorvedouros* (capital) de valor, localizados em pontos distintos da sociedade (os proletários, ou trabalhadores, aos quais o anarquismo posterior gostará de adornar com o título de *produtores*, por um lado e os *proprietários*, detentores das propriedades, capitais e rendas por outro). A necessidade das trocas *não é um imperativo moral*, mas sim o fato social básico e fundante de qualquer sociedade; daí a aversão do anarquismo, bem como de muitas outras escolas de socialismo, à caridade social, às "doutrinas sociais" da Igreja e às "campanhas de solidariedade" comandadas pelos patrões ou pelo Estado, por constituir-se esta caridade em uma relação muito assimétrica, onde alguns desfazem-se (quase diríamos excretam) de seu supérfluo, para que outros, recebendo estes dejetos, sobrevivam. Tal relação obviamente cristaliza e intensifica a dominação e o controle sociais, mas, antes de mais nada rompe a rede de trocas e automaticamente exclui quem recebe a caridade da malha social. O leitor interessado sobre estes temas, pode consultar os livros de Jean BANCAL (*Proudhon, Pluralisme et Autogestion* - 2v. PARIS Aubier 1978 - há tradução brasileira incompleta sob o título *Proudhon, Socialismo e Autogestão* BRASÍLIA, Novos Tempos 1982), de Fernando PRESTES MOTTA (*Proudhon: Burocracia e Autogestão* S. PAULO, Brasiliense 1982) e de Pierre ANSART *Naissance de l'Anarchisme* (PARIS, PUF, 1970). Para quem se interessa em bestialógicos, uma amostra interessante da incompetência, da incompreensão e da estupidez da filosofia acadêmica ao lidar com Proudhon, e outros socialistas ditos utópicos, principalmente na questão do trabalho, pode ser encontrada no livro de José Arthur GIANOTTI *Origens da Dialética do Trabalho* (S. PAULO, Difel 1966), título infelizmente traduzido em francês, ao passo que o trabalho de Prestes-Motta, sequer foi reeditado em português.

contrário, no gozo de sua condição de trabalho, o único meio previsto pela natureza para associar os homens, tornando-os bons e felizes, e voltaremos à lei da distribuição econômica, *os produtos se compram com produtos*. O comunismo, e eu já me queixei disto várias vezes, é a própria negação da sociedade em sua base, que é a equivalência progressiva das funções e das aptidões. Os comunistas, para os quais todo o socialismo se inclina, não acreditam na igualdade pela natureza e pela educação; eles a suprem por decretos soberanos que, por mais que possam fazer, são inexeqüíveis. Em vez de buscar a justiça na relação dos fatos, eles a tomam na sua sensibilidade; denominando justiça tudo aquilo que lhes parece amor ao próximo e confundindo sem cessar as coisas da razão com as do sentimento.

Por que, pois, fazer intervir sem cessar nas questões de economia a fraternidade, a caridade, o devotamento e Deus? Não seria porque os utopistas acham mais fácil discorrer sobre as grandes palavras, do que estudar seriamente as manifestações sociais?

Fraternidade! Irmãos o quanto quiseres, desde que eu seja o primogênito e vós o caçula; desde que a sociedade, a nossa mãe comum, honre a minha primogenitura e meus serviços dobrando a minha porção. Provereis as minhas necessidades, dizeis, na medida de vossos recursos. Eu, ao contrário, compreendo que deva ser na medida de meu trabalho, senão eu deixo de trabalhar.

Caridade! Eu nego a caridade, é misticismo. Falar-me-eis em vão de fraternidade e de amor: permanecerei convicto de que amais apenas a guerra e sinto muito bem que não vos amo. Vossa amizade é apenas fingimento e se me amais, é por interesse. Peço tudo aquilo que me cabe e nada mais do que aquilo que me cabe: por que me recusareis?

Devotamento! Eu nego o devotamento, é misticismo[6]. Falai-me do *deve* e do *haver*, único critério, aos meus olhos, do justo e do

---

⁶ [R.P]: Proudhon não admite a fraternidade como princípio de ação, porque ela implica em sacrifício e subordinação, enquanto o racionalismo social coloca a igualdade de direitos como apanágio de todos os homens e a justiça como a única regra de suas relações. A justiça é precisamente este "reconhecimento em outrem de uma personalidade igual à nossa" (*Memóire sur la Proprieté*), é "o respeito espontaneamente experimentado e reciprocamente garantido da dignidade humana em qualquer pessoa e em qualquer circunstância onde ela se ache comprometida, sob qualquer risco que nos exponha a sua defesa" (*De la Justice,.. T1*). Daí Proudhon deduz o princípio de equivalência dos serviços na vida econômica, do qual faz a base de seu mutualismo. Sobre as diversas definições de justiça em Proudhon ver (*De la Justice dans la Révolution et dans l'Église 2eme. Étude ch. VII: definição de justiça*).

injusto e do bem e do mal na sociedade. A cada um segundo suas obras, em primeiro lugar e se em algum momento eu for impelido a vos socorrer, eu o farei de boa-vontade; mas não quero ser obrigado a isto. Obrigar-me ao devotamento é o mesmo que assassinar-me!

Deus! Eu não conheço Deus, é mais um misticismo. Começai por riscar esta palavra de vossos discursos se quereis que eu vos escute, pois três mil anos de experiência ensinaram-me que qualquer um que me fale de Deus ou quer a minha liberdade ou a minha bolsa. Quanto me deveis? Quanto vos devo? Eis minha religião e o meu Deus.

O monopólio existe pela natureza e pelo homem: ele tem a sua fonte simultaneamente no mais profundo de nossa consciência e no fato exterior de nossa individualização. Da mesma forma que em nosso corpo e em nossa inteligência tudo é especialização e propriedade o nosso trabalho se produz apenas com um caráter próprio e específico, que constitui a sua qualidade e o seu valor. E como o trabalho não pode se manifestar sem uma matéria ou objeto de seu exercício, pois a pessoa apela necessariamente à coisa, o monopólio estabelece-se do sujeito para o objeto de uma maneira tão infalível quanto a duração constitui-se do passado para o futuro. As abelhas, as formigas, e outros animais vivendo em sociedade, parecem, individualmente, dotados apenas de automatismo: a alma e o instinto neles são quase que exclusivamente coletivos. Eis porque entre estes animais, não pode haver lugar para o privilégio e o monopólio; porque, mesmo em suas operações mais refletidas, eles não se consultam e nem deliberam. Mas sendo a humanidade individualizada na pluralidade, o homem torna-se fatalmente monopolizador, pois não sendo monopolizador, não é nada; o problema social consiste em saber, não como se abolirá, mas sim como se conciliará todos os monopólios.

Os efeitos mais notáveis e mais imediatos do monopólio são:

1 – Na ordem política, a classificação da humanidade em famílias, tribos, cidades, nações e Estados: é a divisão elementar da humanidade em grupos e subgrupos de trabalhadores, distinguíveis por suas raças, suas línguas, seus costumes e seus climas. Foi através do monopólio que a espécie humana tomou posse do globo, da mesma forma como será pela associação que ela se tornará de fato a sua soberana.

O direito político e civil, tal como foi concebido por todos os legisladores sem exceção e como foi formulado pelos jurisconsultos, nasceu desta organização patriótica e nacional das sociedades, e forma na série das contradições sociais, uma primeira e vasta ramificação, cujo estudo exigiria para si quatro vezes mais tempo do que o que podemos dar para a discussão das questões de economia industrial propostas pela Academia.

2 – Na ordem econômica, o monopólio contribui para o acréscimo do bem-estar, inicialmente aumentando a riqueza geral pelo aperfeiçoamento dos meios e depois CAPITALZANDO, quer dizer consolidando as conquistas do trabalho, obtidas pela divisão, as máquinas e a concorrência. Deste efeito do monopólio resulta a ficção econômica pela qual o capitalista é considerado como produtor, e o capital como agente de produção; depois, como conseqüência desta ficção, a teoria do *produto líquido* e do *produto bruto*.

A este respeito, queremos apresentar algumas considerações. Citemos inicialmente o Sr. Say:

"O valor produzido é o produto bruto: este valor, depois de deduzidos os custos de produção, é o produto *líquido*".

"Ao considerarmos uma nação em massa, ela não possui produto líquido, pois como os produtos têm um valor igual aos custos de produção, quando se subtrai tais custos, subtrai todo o valor dos produtos. A produção nacional e a produção anual devem, pois, sempre ser consideradas como produção bruta."

"A renda é a renda bruta."

"A produção líquida pode apenas ser entendida quando se trata dos interesses de um produtor, por oposição aos interesses dos outros produtores. Um empresário faz o seu *lucro* do valor *produzido*, deduzindo-se o valor consumido. Mas o que é para ele valor consumido como compra de um serviço produtivo é, para o autor do serviço, uma porção da sua renda." (*Traité d'Économie Politique*, tábua analítica).

Estas definições são irrepreensíveis. Infelizmente J. B. Say não percebeu todo o seu alcance e não poderia prever que um dia seu sucessor imediato no Collège de France as atacaria. O Sr. Rossi pretendeu refutar a proposição de J. B. Say de que para uma nação o produto líquido é a mesma coisa que o produto bruto pela seguinte consideração: que as nações, assim como os empresários, nada produzem sem adiantamentos, e que se a fórmula de J. B. Say fosse verdadeira, dela seguir-se-ia que o axioma *ex nihilo nihil fit* não mais seria verdadeiro.

É precisamente isto que acontece: a humanidade, da mesma forma que Deus, produz tudo de nada, *Ex nihilo nilum*, da mesma forma como ela é um produto do nada e como o seu pensamento procede do nada; e o Sr. Rossi não teria cometido um tal menosprezo, se não tivesse confundido, como os fisiocratas, os produtos do *reino industrial* com aqueles dos reinos animal, vegetal e mineral. A economia política começa com o trabalho, desenvolve-se pelo trabalho e tudo aquilo que não procede do trabalho recai na utilidade pura, quer dizer na categoria das coisas submetidas à ação do homem mas não ainda tornadas trocáveis pelo trabalho, e tal categoria de coisas permanece radicalmente estranha à economia política[7]. O próprio monopólio, por mais estabelecido que esteja por um ato puro da vontade coletiva, nada muda nestas relações, pois, segundo a história, segundo a lei escrita e segundo a teoria econômica, o monopólio existe, ou é suposto existir, apenas posteriormente ao trabalho.

A doutrina de Say é portanto inatacável. Relativamente ao empreendedor, cuja especialidade sempre supõe outros industriais colaborando com ele, o lucro é aquilo que sobra do valor produzido, uma vez feita a dedução dos valores consumidos, entre os quais é preciso contar o salário do empreendedor, ou seja as suas retiradas. Relativamente à sociedade, que encerra todas as especialidades possíveis, o produto líquido é idêntico ao produto bruto.

Mas existe um ponto cuja explicação eu busquei em vão em Say e nos outros economistas, a saber, como se estabelece a realidade e a legitimidade do produto líquido. Pois é sensível que, para fazer desaparecer o produto líquido basta aumentar o salário dos operários e a taxa de valores consumidos, mantendo-se o preço de venda constante. De maneira que nada, ao que parece, distingue o produto líquido de uma retenção efetuada sobre os salários ou, o que é a mesma coisa, de uma retirada exercida sobre o consumidor; o produto líquido tem assim o aspecto de uma extorsão operada pela força e sem a menor aparência de direito[8].

---

[7] [N. Ed.]: Proudhon, como bom discípulo de Ricardo, coloca o trabalho como fonte dos fenômenos econômicos e principalmente como fonte de valor. É o sistema *ponocrático* em oposição à teoria *fisiocrática* que faz derivar toda a vida econômica do produto líquido fornecido *gratuitamente* ao homem pela natureza.

[8] [N.Ed.]: Desde seus primeiros escritos, Proudhon denunciou a ilegitimidade do lucro e esboçou uma teoria muito próxima à teoria da mais-valia de Marx. Da mesma forma como Fourier tinha sido tomado pelo ódio ao espírito de lucro comercial, durante a sua vida de "caixeiro de loja", Proudhon nos conta como o seu pai lhe ensinou o desprezo do lucro, recusando-se sempre a vender os tonéis que fabricava, por mais do que lhe custasse para produzir acrescido do que lhe bastava para viver modestamente (*De la Justiçe 3ème Étude Chap. I par. 3 e Corresp. TII p. 239*).

Esta dificuldade já foi resolvida previamente na nossa teoria da proporcionalidade dos valores.

Segundo esta teoria, todo o explorador de uma máquina, de uma idéia ou de um fundo, deve ser considerado como um homem que acaba de aumentar, a custos iguais, a soma de uma certa espécie de produtos e conseqüentemente, que acaba de aumentar a riqueza social, economizando o tempo de produção. O princípio da legitimidade do produto líquido está portanto nos procedimentos anteriores em uso: se uma nova combinação dá certo, haverá um excedente de valor e conseqüentemente um benefício, que é o produto líquido; se a empresa apoiou-se sobre uma base falsa, haverá um déficit sobre o produto bruto e, a longo prazo, falência e bancarrota. No caso em que, e este é o caso mais freqüente, não existe inovação alguma da parte do empresário, como o sucesso da empresa depende da execução, a regra do produto não continua aplicável. Ora, como segundo a natureza do monopólio, toda empresa deve ficar por conta e risco do empresário, segue-se que o produto líquido lhe pertence, sob o título mais sagrado que existe entre os homens: o trabalho e a inteligência.

É inútil relembrar que muitas vezes o produto líquido é exagerado, seja por reduções fraudulentas obtidas sobre os salários, seja por qualquer outra maneira. Estes são abusos que procedem não do princípio, mas da cupidez humana e que estão fora do domínio da teoria. De resto eu já mostrei, tratando da constituição do valor no parágrafo 2 do capítulo II: 1º) que o produto líquido nunca pode ultrapassar a diferença que resulta da desigualdade dos meios de produção; 2º) que o benefício que resulta para a sociedade de cada nova invenção é incomparavelmente maior que o benefício do empresário. Não retornarei a tais questões, que considero esgotadas: observarei somente que, pelo progresso industrial, o produto líquido tende constantemente a decrescer para o industrioso ao passo que por outro lado o bem-estar aumenta, assim como as camadas concêntricas que compõem o tronco de uma árvore diminuem sua espessura na medida em que esta árvore cresce e que elas se encontrem mais afastadas do centro.

Ao lado do produto líquido, recompensa natural do trabalhador, eu assinalei como um dos mais felizes efeitos do monopólio a *capitalização* dos valores, da qual nasce um outro tipo de lucro, à saber os *juros* ou o aluguel dos capitais.

Quanto à renda, se bem que freqüentemente confundida com os juros, ainda que na linguagem comum ela se resuma, como o lucro e os juros, na expressão comum de GANHO[9], ela é distinta do juro; ela não decorre do monopólio, mas da propriedade; ela dá lugar a uma teoria especial da qual falaremos no local apropriado.

Qual é pois esta realidade conhecida por todos os povos e entretanto ainda tão mal definida, que denominamos juros, ou preço do empréstimo e que dá lugar à ficção da produtividade do capital?

Todos sabem que um empresário, quando faz a contabilidade de seus custos de produção, os divide ordinariamente em três categorias: 1º) os valores consumidos e os serviços pagos; 2º) despesas com pessoal; 3º) amortecimento de juros e de capitais. É desta última categoria de despesas que nasceu a distinção entre o empresário e o capitalista[10], se bem que ambos títulos exprimam sempre a mesma faculdade: o monopólio.

---

[9] [N.T.]: *Revenu* (literalmente aquilo que retorna) no original francês. A língua francesa associa *rente*, que corresponde à *renda* em português à soma monetária obtida pelo proprietário de um terreno rural proveniente da cessão do seu direito de uso a um terceiro: é a *renda da terra* dos fisiocratas mais ou menos; por extensão utiliza-se a mesma palavra para designar a renda proveniente do aluguel de imóveis urbanos. Muito provavelmente esta é uma herança na língua dos usos medievais, onde o senhor feudal detinha as suas terras de feudo, provenientes dos seus vínculos pessoais de vassalagem, assim como o direito de suserania das terras comunais ou do Rei associadas de alguma forma ao seu domínio; ora estas últimas eram de uso dos servos claramente e, para que as terras do feudo não se tornassem improdutivas, várias formas de *prestações* foram estabelecidas pelo Direito Feudal, indo dos camponeses ao senhor, tais como a *corvéia*, obrigação de dedicar uma parcela do tempo de trabalho ao cultivo do domínio do senhor, sem participação nos produtos, a *mão-morta* que consistia em impostos, em espécie e/ou moeda sobre a produção das terras comunais e finalmente vários *direitos feudais*, como a obrigação de moer o grão no moinho do feudo, com a conseqüente percepção de outra taxa em espécie ou moeda sobre a farinha obtida, pedágio, direitos sobre fornos de assar (geralmente coletivos), sobre forjas, etc. No português *renda* adquiriu um sentido mais amplo de um *rendimento econômico qualquer*, ao passo que os aluguéis concentraram-se em imóveis e bens móveis duráveis. Quanto a renda da terra, temos adjetivação abundante, mas poucos substantivos: as *meias e meeiros*, as *parcerias e parceiros*, as *posses*, etc. Esta diferença lingüística talvez aponte para a crise prematura do feudalismo clássico em Portugal e nas alianças entre a Casa Real e a burguesia, que datam já do reinado de D. Diniz, que marca também o início da expansão marítima. Remetemos o leitor interessado nestes temas a três obras antigas, mas de alguma substância ainda nos dias de hoje. Trata-se da *História de Portugal* (4v) e da *História do Estabelecimento da Inquisição em Portugal* (3v.) de Alexandre HERCULANO e da mais moderna *Épocas do Portugal Econômico* de João Lúcio de AZEVEDO.

[10] [N.T.]: Proudhon refere-se obviamente às primeiras etapas do *capitalismo concorrencial* ou *capitalismo clássico*; na medida em que o regime avançava, com a crescente concentração de capitais, o aumento do peso relativo das sociedades anônimas e dos conglomerados na produção e a concentração do crédito em um sistema bancário cada vez mais poderoso, vemos surgir

Assim, uma empresa industrial que não dê juros ao capital e não forneça produto líquido, é uma empresa insignificante que apenas consegue transformar valores, sem nada acrescentar à riqueza; uma empresa enfim que não possui razão alguma de existência e que será abandonada na primeira oportunidade. Donde vem pois o fato deste juro do capital não ser considerado como um suplemento suficiente do produto líquido? Como ele não se confunde com o produto líquido?

Aqui mais uma vez a filosofia dos economistas falha.

Para defender a usura, eles pretenderam que o capital seria produtivo e transformaram uma metáfora em realidade. Os socialistas antiproprietários não se deram ao trabalho de derrubar os seus sofismas; resulta desta polêmica um tal desfavor da teoria do capital que hoje em dia no espírito do povo, *capitalista* e *ocioso* são sinônimos. Certamente não vou aqui me retratar daquilo que eu mesmo sustentei, junto com tantos outros, nem reabilitar uma classe de cidadãos que menoscaba tão estranhamente os seus deveres, mas o interesse da ciência e o do próprio proletariado obrigam-me a completar minhas primeiras asserções e a manter os princípios verdadeiros.

1 – Toda a produção é efetuada tendo em vista um consumo, isto é um gozo. Na sociedade as palavras correlativas de produção e consumo, da mesma forma que as de produto líquido e produto bruto, designam uma coisa perfeitamente idêntica. Se, portanto, depois de realizar um produto líquido, um trabalhador se limitasse ao seu salário ao invés de se servir deste produto para aumentar seu bem-estar e se sempre aplicasse o excedente que lhe chega a uma nova produção, como fazem aquelas pessoas que investem tudo o que ganham[11], a pro-

---

a era do *capitalismo financeiro* e finalmente o *capitalismo burocrático* moderno, caracterizado pelos grandes conglomerados multinacionais, regidos por conselhos de acionistas e por uma burocracia especializada, nos quais o peso dos bancos como acionistas e proprietários é cada vez maior. Neste contexto a distinção entre *empresário* e *capitalista* é mais fluida é difícil de captar, se é que teria algum significado, *salvo para o caso dos pequenos e médios empresários que sobrevivem nos interstícios do sistema burocrático e cujas relações com o sistema financeiro são cada vez mais tempestuosas.* Remetemos o leitor às obras já citadas de SÉE e de SOMBART, para uma introdução ao tema.

[11] [N.T.]: *..qui ne gagnent que pour acheter* no original francês, ou seja *... que ganham apenas para comprar,* traduzindo literalmente, o que faz pouco sentido no contexto. Lembremos que no tempo de Proudhon ainda estamos muito distantes da "sociedade de consumo" e que a "compra" referida não pode ser confundida com o impulso consumista, mas sim deve ser entendida no sentido de aumentar as posses, no sentido que Weber interpretava a moral calvinista: comprar para acumular e não para gastar; por estes motivos optamos pela tradução acima.

dução cresceria indefinidamente, enquanto que o bem-estar da população, raciocinando-se do ponto de vista da sociedade, permaneceria no *status quo*. Ora, o juro do capital investido em uma empresa industrial, e que foi formado pouco a pouco pela acumulação do produto líquido, este juro é como uma transação entre a necessidade de aumentar a produção por um lado e por outro de aumentar o consumo, isto é, uma maneira de reproduzir e consumir ao mesmo tempo o produto líquido. Eis porque algumas companhias industriais pagam aos seus acionistas um dividendo antes mesmo que a empresa comece a render. A vida é curta e o sucesso caminha em passos medidos; por um lado o trabalho comanda, por outro o homem quer gozar. Para concordar todas estas exigências, o produto líquido será dado à produção, mas entrementes (*inter-ea, inter-esse*), quer dizer enquanto aguarda o novo produto, o capitalista gozará.

Assim como a cifra do produto líquido marca o progresso da riqueza, o juro do capital, sem o qual o produto líquido seria inútil e sequer existiria, marca o progresso do bem-estar. Qualquer que seja a forma do governo que se estabeleça entre os homens, quer vivam sob monopólio ou em comunidade, quer cada trabalhador tenha a sua conta aberta para lançar débitos e créditos, quer a comunidade distribua o trabalho a bel-prazer, a lei que acabamos de desvendar se cumprirá sempre. Nossa contabilidade de juros nada mais faz do que lhe render testemunho.

2 – Os valores criados pelo produto líquido entram na poupança e capitalizam-se sob a forma mais eminentemente cambiável, a menos suscetível de depreciação e a mais livre, em uma única palavra sob a forma de numerário, o único valor constituído. Ora, por mais que este capital, livre que é, venha a engajar-*se*, que dizer a tomar a forma de máquinas, de construções, etc.; ele não deixará de ser suscetível de troca, mas estará muito mais exposto que antes às oscilações da oferta e da demanda. Uma vez engajado, ele dificilmente poderá se *desengajar* e o único recurso de seu titular será a exploração. Apenas a exploração é capaz de conservar ao capital engajado o seu valor nominal; é possível que ela o aumente como é possível que ela o atenue. Um capital assim transformado é como se estivesse investido em uma empresa marítima; o juro é o prêmio do seguro do capital. E tal prêmio será maior ou menor segundo a abundância ou raridade dos capitais.

Mais tarde distinguiremos entre o prêmio do seguro e o juro do capital e fatos novos resultarão deste desdobramento; desta forma a história da humanidade nada mais é que uma distinção perpétua de conceitos da inteligência.

3 – Não somente o juro dos capitais faz o trabalhador gozar de suas obras, como também assegura sua poupança; mas, e aqui está o efeito mais maravilhoso deste juro, recompensando o produtor, ele o obriga a trabalhar sem parar.

Se um empresário for seu próprio capitalista, pode ocorrer que ele se contente como todo benefício, de retirar juros de seus fundos; mas é certo então que a sua indústria não verá mais progressos e conseqüentemente que ela sofra. Isto se percebe quando o capitalista não é o próprio empresário; como então, pela saída dos juros, o benefício é absolutamente nulo para o fabricante, sua indústria vive em perigo contínuo, do qual lhe importa libertar-se o quanto antes. Pois assim como o bem-estar deve desenvolver-se para a sociedade em uma progressão indefinida, da mesma forma a lei do produtor é que ele realize continuamente um excedente; sem isto sua existência é precária, monótona e fatigante. O juro devido ao capitalista pelo produtor é como o chicote do colono que estala sobre a cabeça do escravo adormecido; é a voz do progresso que grita: Anda! Anda! Trabalha! O destino do homem o impele à felicidade, é por isto que ele lhe proíbe o repouso.

4 – Por fim o juro do dinheiro é a condição de circulação dos capitais e o principal agente da solidariedade industrial. Este aspecto foi captado por todos os economistas e nós aqui trataremos dele de uma maneira especial, ao ocuparmo-nos do crédito.

Eu provei, e imagino melhor do que ninguém até o momento, que:

O monopólio é necessário, pois ele é o antagonismo da concorrência;

Que ele é essencial para a sociedade, pois sem ele jamais ela sairia das florestas primitivas e sem ele, ela rapidamente retrogradaria;

Por fim, que ele é a coroa do produtor, quando seja pelo produto líquido, seja pelos juros dos capitais que ele entrega à produção, ele traz ao monopolizador um acréscimo de bem-estar que merecem a sua previdência e os seus esforços.

Iremos portanto glorificar, juntamente com os economistas, e consagrar, em benefício de conservadores empedernidos, o monopó-

327

lio? Eu bem que poderia, desde que, como eu lhes dei razão no que precede, eles me dessem razão por sua vez no que se segue.

§ II - Desastres no trabalho e perversão nas idéias causadas pelo monopólio

Da mesma forma que a concorrência, o monopólio implica contradição nos termos e na definição. Com efeito, como consumo e produção são coisas idênticas na sociedade e como vender é sinônimo de comprar, quem diz privilégio de venda ou de exploração, diz necessariamente privilégio de consumo ou de compra e isto conduz à negação de uma e de outro. Daí a proibição de consumir e a de produzir pronunciada pelo monopólio contra o salariado. Se a concorrência é a guerra civil, o monopólio é o massacre dos prisioneiros.

Estas proposições diversas reúnem todas as espécies de evidência física, algébrica e metafísica. O que eu acrescentarei será apenas uma exposição amplificada destes fatos, e apenas esta exposição os demonstra.

Toda a sociedade, considerada em suas relações econômicas, divide-se naturalmente em capitalistas e trabalhadores, em empresários e assalariados, distribuídos em uma escala cujos graus marcam a renda de cada um, quer tal renda componha-se de salários, de lucros, de juros, de aluguéis ou de outros rendimentos[12].

Desta distribuição hierárquica de pessoas e rendas, resulta que o princípio de Say que há pouco mencionamos: *em uma nação, o produto líquido é igual ao produto bruto*, não é mais válido porque, sob o efeito do monopólio, a cifra dos *preços de venda* é muito maior que a cifra dos *preços de custo* e como os preços totais de venda devem equilibrar os preços totais de custo, visto que uma nação, na verdade tem como mercado apenas a si mesma, segue-se que as trocas, e portanto a circulação e a vida, tornam-se impossíveis.

---

[12] [N.T]: *Rente* no original francês. Quanto à proposição de que *toda a sociedade compõe-se de trabalhadores e capitalistas*, notemos mais uma vez que Proudhon considera aqui somente as sociedades capitalistas. Como já ressaltamos várias vezes nestas notas, os economistas e sociólogos do séc. XIX, possuíam poucos conhecimentos empíricos sobre a economia das sociedades primitivas e das sociedades antigas, tendendo, pois, a projetar no passado as imagens das estruturas econômicas geradas no capitalismo.

"Na França, 20 milhões de trabalhadores, espalhados por todos os ramos da ciência, da arte e da indústria, produzem tudo o que é útil para a vida do homem. A soma de seus salários reunidos é igual, por hipótese, a 20 bilhões de francos; mas por causa dos benefícios (produto líquido e juros) concedidos aos monopolistas, a soma dos produtos deve ser paga por 25 bilhões. Ora, como a nação não possui outros compradores senão os seus assalariados e os pagadores de salários, e como uns não pagam pelos outros, e como ainda o preço de venda é o mesmo para todos, fica claro que para manter a circulação possível, o trabalhador deveria pagar cinco francos a cada quatro que recebeu." (*O que é a Propriedade, capítulo IV*).

Eis portanto o que faz com que pobreza e riqueza sejam correlativas e inseparáveis, não apenas nas idéias, mas também nos fatos; eis o que as faz existir concorrentemente e o que dá ao assalariado o direito de pretender que o rico não possua mais que o pobre e que este último esteja sempre frustrado. Depois que o monopólio fez a contabilidade de despesas, de benefícios e de juros, o assalariado-consumidor faz a sua e descobre que tendo lhe sido prometido um salário representado no contrato por cem, foi-lhe pago efetivamente setenta e cinco. O monopólio leva portanto o assalariado à bancarrota e é rigorosamente verdadeiro dizer que o primeiro vive dos despojos do segundo.

Há seis anos eu ergui esta espantosa contradição[13]: Por que ela não repercutiu na imprensa? Por que mestres tão renomados não advertiram a opinião pública? Por que aqueles que reclamam os direitos políticos do operário não lhe disseram que ele está sendo roubado? Por que os economistas calaram-se? Por quê?

Nossa democracia revolucionária não fez tanto barulho porque ela tem medo das revoluções; mas, dissimulando o perigo que ela não ousa encarar, ela apenas consegue aumentá-lo. "Nós parecemos, diz o Sr. Blanqui, foguistas que aumentam a massa de vapor, ao mesmo tempo em que fecham todas as válvulas." Vítimas do monopólio consolai-vos! Se os carrascos não querem vos ouvir, é a Providência quem resolveu batê-los: *Non audierunt, diz a Bíblia, quia Deus volebat occidere eos.*

---

[13] [N.T.]: De fato, Proudhon publica a sua primeira memória sobre a propriedade "O que é a Propriedade", que gerará um grande escândalo, em 1840.

Como a venda não pode preencher as condições do monopólio, ocorre o acúmulo de mercadorias; o trabalho produz em um ano aquilo que o salário não lhe permite consumir em quinze meses; assim deverá ocorrer desemprego durante um quarto do ano. Mas se o trabalhador não está empregado, não há renda para ele: como ele poderá comprar? E se o monopolista não puder se desfazer de seus produtos, como a sua empresa sobreviverá? A impossibilidade lógica multiplica-se em torno da oficina; os fatos que a traduzem estão por toda a parte.

"Os tecelões de malha da Inglaterra, diz Eugène Buret, reduziram-se a comer apenas a cada dois dias. Isto dura já dezoito meses." E ele cita a seguir outros fatos semelhantes.

O que nos aflige mais duramente no espetáculo dos efeitos do monopólio, é ver os infelizes operários acusarem-se reciprocamente por sua miséria e imaginarem que coalizando-se e apoiando-se uns nos outros, eles evitarão a redução dos salários. "Os irlandeses, diz um observador, deram uma funesta lição às classes laboriosas da Grã-Bretanha... Eles ensinaram a nossos trabalhadores o segredo fatal de limitar as suas necessidades apenas à manutenção da vida animal e contentarem-se, como os selvagens, do mínimo de meios de subsistência, que bastem para prolongar a vida...Instruídas por este fatal exemplo e cedendo em parte à necessidade, as classes laboriosas perderam este orgulho louvável que as levava a mobiliar apropriadamente suas casas e a multiplicar em torno de si as comodidades decentes que contribuem para a felicidade."

Nunca li nada de mais desolador e de mais estúpido. O que quereis que os operários fizessem? Os irlandeses chegaram: seria preciso massacrá-los? O salário foi reduzido: seria melhor recusá-lo e morrer? A necessidade comanda; sois vós mesmos quem dizeis. Depois vieram as jornadas intermináveis, a doença, a deformidade, a degeneração, o embrutecimento e todos os outros sinais da escravidão industrial; todas estas calamidades nasceram do monopólio e de seus tristes antecedentes: a concorrência, as máquinas e a divisão do trabalho. Vós entretanto acusais os irlandeses!

Os operários outrora acusavam a má sorte e exortavam-se à paciência: era a contrapartida dos agradecimentos que dirigiam à providência, quando o trabalho abundava e os salários eram suficientes.

Encontro em um artigo publicado pelo Sr. Léon Faucher no *Journal des Économistes* (setembro de 1845), a informação de que há algum tempo os operários ingleses perderam o hábito das coalizões, o que é seguramente um progresso pelo qual devemos felicitá-los; mas esta melhoria no moral dos operários provém sobretudo de sua instrução econômica. "Não são dos manufatureiros, exclamava no comício de Bolton um operário tecelão, que o salário depende. Nas épocas de depressão os mestres são por assim dizer, o chicote do qual se arma a necessidade; e, quer queiram ou não é preciso que eles batam. O princípio regulador é a relação da oferta com a procura; e os mestres não têm esse poder... ajamos pois, prudentemente; saibamos resignarmonos à má fortuna e a tirar partido da boa; secundando os progressos de nossa indústria seremos úteis não apenas a nós mesmos, mas ao país inteiro." (*Aplausos*.)

Até que enfim: eis operários bem amestrados, operários modelo. Que homens estes tecelões que submetem-se sem se queixar ao *chicote de necessidade*, porque o princípio regulador do salário é a *oferta* e a *demanda*! O Sr. Léon Faucher acrescenta com ingenuidade encantadora: "Os operários ingleses são raciocinadores intrépidos. Se lhes dermos um *princípio falso*, eles o conduzirão matematicamente até o absurdo sem se deter e sem se espantar, como se marchassem para o triunfo da verdade". Quanto a mim espero que apesar de todos os esforços da propaganda economista, os operários franceses nunca sejam raciocinadores com tal força. A *oferta* e a *demanda*, assim como o *chicote da necessidade*, não tem mais poder sobre seus espíritos. Esta miséria faltará para a Inglaterra; ela não ultrapassará o estreito.

Pelo efeito combinado da divisão, das máquinas, do produto líquido e do juro, o monopólio estende suas conquistas em uma progressão crescente; seus desenvolvimentos abraçam a agricultura bem como o comércio e a indústria, e todas as espécies de produtos. Todos conhecem a frase de Plínio sobre o monopólio fundiário que determinou a queda da Itália: *Latifundia perdidere Italiam*. É este mesmo monopólio que ainda hoje empobrece e torna inabitável na Campagna Romana e que forma o círculo vicioso no qual agita-se convulsivamente a Inglaterra; é ele que, estabelecido violentamente na seqüência de uma guerra de raças, produziu todos os males da Irlanda, e que causa ainda tantas tribulações a O'Connel, impotente, com toda a sua facúndia, em conduzir seus partidários através deste labirinto. Os grandes sentimentos e a retórica são o pior remédio para os males da sociedade; seria mais fácil à O'Connel transportar a Irlanda e os irlandeses do Mar do Norte para o Oceano australiano, do que fazer cair o monopólio; que o matem afogado em suas arengas. As comunhões gerais e as prédicas não serão melhores; se o sentimento religioso é o único ainda a sustentar o moral do povo irlandês, já se faz tempo de que um pouco desta ciência profana, tão desdenhada pela Igreja, venha ao socorro destes cordeiros que seu báculo não mais defende.

A invasão do monopólio no comércio e na indústria é muito bem conhecida para que eu aqui reúna alguns testemunhos; aliás do que serviria argumentar quando os resultados falam tão alto? A descrição da miséria das classes operárias por E. Buret possui algo de fantástico, que nos oprime e apavora. São cenas nas quais a imaginação recusa-se a acreditar, apesar dos certificados e das atas registradas. Os esposos totalmente nus, ocultos no fundo de uma alcova desmunida, com seus filhos igualmente nus; populações inteiras que não vão mais à igreja no domingo porque estão nuas; cadáveres mantidos oito dias sem sepultura, porque não restava ao defunto sequer uma mortalha para sepultá-lo, nem com que pagar o féretro e o transporte (enquanto o bispo goza de quatrocentas à quinhentas mil libras de renda); famílias inteiras enfiadas em esgotos vivendo no mesmo lugar que os porcos e capturadas vivas pela podridão, ou ainda morando em buracos como os Albinos; octogenários deitados nus sobre tábuas nuas; a virgem e a prostituta expirando na mesma nudez; por toda a parte o desespero, o desgaste, a fome, a fome.! ... E este povo que expia os crimes de seus amos não se revolta! Não, pelas chamas de Nêmesis! Quando o povo não tem mais vingança não há mais Providência.

As exterminações em massa do monopólio não encontraram ainda os seus poetas. Nossos fazedores de rima alheios aos negócios deste mundo, sem entranhas para com o proletário continuam a suspirar para a lua as suas melancólicas *volúpias*. Que assunto para *meditações*[14], entretanto, fornecem as misérias engendradas pelo monopólio!

É Walter Scott quem fala:

"Outrora, já há muitos anos, cada aldeão tinha sua vaca e seu porco e um recinto em torno da casa. Lá onde hoje em dia apenas um único fazendeiro lavra, viviam outrora trinta pequenos fazendeiros;

---

[14] [N.E.]: Proudhon visa aqui Lamartine e sem dúvida a Saint-Beuve, cujo romance poético *Volupté* acabava de aparecer na 3ª ed.1845.

de modo que para um único indivíduo, que é mais rico sozinho do que trinta fazendeiros de antigamente, existem hoje vinte e nove diaristas miseráveis, sem emprego para a sua inteligência e para seus braços, e mais da metade deles está em excesso. A única função útil que desempenham é pagar *quando podem*, uma renda de 60 shilings por ano pelas cabanas em que moram".

Uma balada moderna citada por E. Buret, canta a solidão do monopólio:

A roca está muda no vale:
Desfez-se o sentimento da família.
Num pouco de fumaça o velho avô
Estende a mão pálida; mas a lareira está vazia
Tão desolada como o seu coração.

Os relatórios produzidos pelo parlamento rivalizam com o romancista e o poeta:

"Os habitantes de Glensheil, nas vizinhanças do vale de Dundee, distinguiam-se outrora entre todos os seus vizinhos pela superioridade de suas qualidades físicas. Os homens eram de alta estatura, robustos, ativos e corajosos; as mulheres tinham porte e eram graciosas. Os dois sexos possuíam um gosto extraordinário pela poesia e pela música. Hoje tudo isto, infelizmente, se foi! Uma longa prova de pobreza, a privação prolongada de alimento suficiente e de roupas convenientes, deterioraram profundamente esta raça, que era tão notavelmente bela."

Eis aí a degradação fatal que assinalamos nos dois capítulos relativos à divisão do trabalho e às máquinas. E os nossos literatos ocupam-se de gentilezas retrospectivas como se a atualidade não bastasse ao seu gênio! O primeiro dentre eles que se aventurou por estes caminhos infernais causou escândalo nos seus sequazes! Frouxos parasitas, vis traficantes de prosa e versos, todos dignos do salário de Marsias! Ó se vosso suplício pudesse durar tanto quanto meu desprezo, deveríeis acreditar na eternidade do inferno.

O monopólio, que há pouco nos pareceu tão bem fundado na justiça, é tão mais injusto na medida em que não apenas torna o salário ilusório, mas também engana o operário na própria avaliação deste salário, tomando com relação a esta última um falso título e uma falsa qualidade.

O Sr. de Sismondi, nos seus *Études d'Economie Sociale* observa em algum lugar que quando um banqueiro remete a um negociante notas bancárias[15] em troca de seus valores, longe de dar crédito ao negociante, ele, ao contrário, recebe deste último. "Este crédito, acrescenta o Sr. Sismondi, é na verdade tão curto, que o negociante não se dá ao trabalho de examinar se o banqueiro é digno de sua

---

[15] N.T.]: *Billets de banque*= bilhetes de banco no original. A emissão da moeda fiduciária, entre cujos tipos se encontra o papel-moeda possui uma história longa e tumultuada. Se os governos desde muito cedo se arvoraram o monopólio de bater moeda metálica, o papel-moeda ao contrário iniciou sua trajetória como instrumento de crédito na mão de particulares, ao menos no Ocidente (os chineses parecem ter usado um certo tipo de papel-moeda de base provincial desde o II século d.C.). A origem desta iniciativa é geralmente atribuída aos mercadores e banqueiros das repúblicas italianas de Gênova, Salerno e Veneza, que estabelecerem, desde o final dos tempos carolíngios, uma rede ampla de entrepostos comerciais e feitorias ao longo do Mediterrâneo Oriental e que muniam os comandantes de seus barcos de cartas de crédito junto aos seus representantes locais. Tais cartas permitiam a realização de compras e pagamentos sem o aporte de metálico, cada entreposto mantendo assim a sua contabilidade e realizando-se encontros periódicos de contas. Originalmente este mecanismo era utilizado apenas entre a "matriz" de uma determinada firma e suas "filiais" e visava principalmente a segurança, evitando o transporte desprotegido de ouro e prata e diminuindo, portanto, as perdas por atos de pirataria. Na medida em que o comércio levantino se desenvolvia, este mecanismo foi utilizado igualmente para "transporte virtual" de valores entre particulares e funcionários públicos através das notas promissórias: uma certa quantia em metálico, destinada a um determinado particular em outra praça era depositada junto ao comerciante de uma praça e este emitia um escrito prometendo pagar ao indivíduo mencionado, na outra praça a quantia depositada. Com as Cruzadas e a criação das Ordens Militares, principalmente a dos Templários, este sistema desenvolveu-se até formar uma verdadeira rede bancária de alcance continental e as promissórias e letras de câmbio garantidas pelas Ordens ou pelas grandes companhias comerciais passaram a ter curso paralelo ao metálico. Em muitos casos as Ordens Militares passaram a ser os verdadeiros banqueiros de muitos reis europeus, financiando o seu tesouro, em troca de privilégios de bater moeda, de isenções e de compra de direitos de arrecadação fiscal. Estima-se inclusive que a extinção dos Templários pelo Papado tenha sido motivada pelas agruras financeiras de Filipe o Belo nas mãos da Ordem. Na Renascença e no Regime Absolutista, sendo o mercantilismo a doutrina econômica dominante, o Rei e o Estado tentaram novamente centralizar a emissão de moeda metálica e o controle do fluxo de metais preciosos. O choque causado pela súbita introdução da prata peruana e mexicana e posteriormente do ouro brasileiro na economia européia, desestimulou o uso de papéis, além de provocar a ruína econômica da Espanha e de Portugal e alavancar a indústria capitalista na Inglaterra e nos Países Baixos. O papel da moeda na economia não era percebido corretamente e o entesouramento arbitrário e a busca de prebendas que eram seus corolários acabavam minando a estrutura produtiva do país, fazendo com que o excesso de metálico fosse drenado para o Exterior. Foi somente na segunda metade do séc. XVIII que se percebeu o caráter de equivalente geral, ou de valor constituído, como diz Proudhon, da moeda e a necessidade de proporcioná-la de alguma forma com a atividade produtiva do país: o acúmulo de metálico não bastava mais para as necessidades de circulação e daí a necessidade de se estabelecer a moeda fiduciária, representada pelas notas bancárias. Dada a experiência desastrosa dos "assignats" durante a Revolução Francesa, no começo do séc. XIX a emissão de moeda fiduciária ficou por

confiança, ademais é ele o primeiro que solicita o crédito e não o primeiro em concedê-lo."

Assim, segundo o Sr. Sismondi na emissão de notas bancárias, os papéis do negociante e do banqueiro estão invertidos: o primeiro é o credor e o segundo é o devedor.

Ocorre algo análogo entre o monopolizador e o assalariado.

De fato, são os trabalhadores, como o negociante no Banco, que pedem para descontar o seu trabalho; de direito é o empresário quem lhes deveria fornecer caução e segurança[16]. Explico-me.

Em todo o empreendimento, seja de que natureza for, o empresário não pode reivindicar legitimamente, além de seu trabalho pessoal, nada além da sua IDÉIA; quanto à EXECUÇÃO, resultado do concurso de numerosos trabalhadores, ela é um efeito da força[17] coletiva, cujos autores, tão livres em sua ação quanto o chefe, não podem produzir nada gratuitamente[18]. Ora, trata-se de saber se a soma dos salários individuais pagos pelo empresário equivale ao efeito coletivo que menciono; pois se isso não ocorresse o axioma de Say, *todo produto vale aquilo que custa*, seria violado.

"O capitalista, dizíamos, pagou as jornadas dos operários ao preço discutido, conseqüentemente não lhes deve nada. Para ser exato seria preciso dizer que ele paga tantas vezes o preço de uma jornada quantos são os operários que ocupa, o que não é de modo algum a mesma coisa. Porque esta força imensa que resulta da união dos tra-

---

conta dos grandes bancos privados, na tradição medieval. O efeito a que Proudhon aqui se refere foi notado precocemente na circulação de notas bancárias: as notas em si não são valor, tem um lastro apenas fiducial em metálico, mas baseiam seu curso apenas na credibilidade da instituição que as emite. O mencionado negociante que recebe uma quantia de notas equivalente ao giro de sua mercadoria, por sua vez colocará estas notas em circulação e as pessoas que a receberem por sua vez comprarão e pagarão valores reais com elas; se não houver um certo "encaixe" por parte da instituição emissora, conforme a velocidade de giro da moeda, esta poderá comprar muito mais valor do que aquele que ela nominalmente representa. Depois de inúmeras crises financeiras, finalmente chegou-se a um consenso, à partir da segunda metade do séc. XIX da necessidade de centralizar a emissão de moeda fiduciária em um único banco ou instância, que garantiria por sua vez o encaixe necessário, através de depósito compulsório de uma certa porcentagem do meio circulante de posse dos bancos neste banco central e esta prática deu origem ao uso do papel-moeda tal como hoje o conhecemos.

[16] [N.T.]: Porque, de fato, para Proudhon é o trabalho quem cria valor.

[17] [N.T.]: *Puissance* no original francês.

[18] [N. T.]: Traduzimos desta forma a seguinte locução francesa: *...ne peuvent produire rien qui lui revienne gratuitement.*

balhadores, da convergência e da harmonia de seus esforços; esta economia de custos obtida pela sua formação em oficina, esta multiplicação do produto, prevista é verdade pelo empresário, mas que é realizada por forças livres, isto ele não os pagou. Duzentos granadeiros, trabalhando sob a direção de um engenheiro, ergueram em algumas horas o obelisco sobre a sua base; seria possível a um único homem, em duzentos dias, realizar a mesma tarefa? Nas contas do empresário, entretanto, a soma dos salários é a mesma em ambos os casos, porque ele se atribui o benefício gerado pela força coletiva. Ora, das duas uma: ou trata-se de uma usurpação de sua parte ou de um erro." (Proudhon *Qu'est-ce que la Proprieté?* capítulo III)[19].

Para explorar convenientemente a *mule-jenny*[20], foram necessários mecânicos, construtores, comissários, brigadas de operários e de operárias de todo o tipo. Em nome de sua liberdade, de sua segurança, de seu futuro e do futuro de seus filhos estes operários, engajando-se na indústria da fiação tiveram que fazer reservas; onde estão as cartas de crédito que eles entregaram aos empresários? Onde estão as garantias que receberam? O quê! Milhões de homens venderam seus braços e alienaram a sua liberdade sem conhecer o alcance de seu contrato? Engajaram-se sob a promessa de um trabalho contínuo e de retribuição suficiente, executaram com suas mãos aquilo que o pensamento dos mestres concebeu e tornaram-se, por esta co-

---

[19] [N.T.]: Nos dois últimos parágrafos e no seguinte Proudhon retoma mais uma vez a sua teoria sobre a "força coletiva" e o "erro de contabilidade" que jaz no fundamento do sistema capitalista: a apropriação individual do esforço produtivo produzido pela coletivização e cooperação no trabalho. Muitos autores consideram tal formulação como absolutamente equivalente ao conceito de *mais valia relativa*, que Marx irá mais tarde desenvolver no seu *O Capital*. Notemos mais uma vez que Proudhon não é citado nem uma vez nesta obra; notamos até mesmo a citação do livro de LIEBIG, discutido por Proudhon no prefácio destas *Contradições*, mas nada do revolucionário francês. Este conceito será entretanto central para a elaboração da concepção socialista de Proudhon baseada na autogestão e no federalismo, tanto político quanto administrativo e econômico. A "mais valia" gerada pelo esforço coletivo, se não deve ser apropriada individualmente, também não deve ficar unicamente nas mãos do grupo que cristalizou o "produto final", pois assim como a força coletiva, nessa última etapa produtiva, é maior que a mera somatória das horas de trabalho individuais dispensadas, da mesma forma o grupo empenhado nesta tarefa final também depende de outros (fornecedores de matéria-prima, de serviços de apoio, de equipamentos, etc.) cujo trabalho também é "cooperado" e permite a maximização da produtividade do esforço produtivo do grupo final. Desta forma este produto da força coletiva deve ser distribuído coletivamente através das diversas "oficinas" associadas. O "obelisco" referido por Proudhon é o obelisco de Luxor.

[20] [N.T.]: Trata-se como já vimos do tear mecânico multifusos.

laboração, associados da empresa. E quando o monopólio, não podendo ou não querendo mais fazer trocas, suspende a fabricação e deixa estes milhões de trabalhadores sem pão, é dito a eles que *se resignem*. Pelos novos processos de trabalho, eles perderam nove jornadas de trabalho em dez e como compensação lhes é mostrado o *chicote da necessidade* erguido sobre eles! Eles recusam-se então a trabalhar por um salário menor, lhes é provado que é a si mesmos que eles punem. Se eles aceitam o preço que lhes é oferecido, eles perdem este *nobre orgulho*, este gosto pelas *comodidades decentes* que fazem a felicidade e a dignidade do operário e lhe dão direito às simpatias do rico. Se eles se combinam para fazer aumentar o seu salário, são lançados na prisão! São eles quem deveria perseguir seus exploradores nos tribunais, mas é sobre eles que os tribunais vingam os atentados à liberdade de comércio! Vítimas do monopólio, são eles que suportam as penas cabidas aos monopolizadores! Oh! justiça dos homens, cortesã estúpida, até quando sob teus ouropéis de deusa, beberás o sangue do proletariado degolado?

O monopólio invadiu tudo: a terra, o trabalho e os instrumentos de trabalho, os produtos e a distribuição dos produtos. A própria economia política não pôde deixar de reconhecer: "...Encontrareis quase sempre em vosso caminho, diz o Sr. Rossi, um monopólio. Quase não há produto que se possa considerar como o resultado puro e simples do trabalho; assim a lei econômica que proporciona o preço aos custos de produção nunca se realiza completamente. É uma fórmula que é profundamente *modificada* pela intervenção de um ou de outro monopólio, aos quais se acham submetidos os instrumentos de produção". (*Cours d'Economie Politique* T. I p. 143.)

O Sr. Rossi está em uma posição suficientemente elevada para dar à sua linguagem toda a precisão e a exatidão que a ciência recomenda, quando se trata de monopólio. É aquilo que ele denomina com tanta benevolência uma *modificação das fórmulas econômicas* e que não passa de uma longa e odiosa violação das leis fundamentais do trabalho e das trocas. É por efeito do monopólio que na sociedade o produto líquido conta-se acima do produto bruto e o trabalhador coletivo deve resgatar seu próprio produto a um preço superior ao que o produto custa, o que é contraditório e impossível; é por ele que o balanço natural entre a produção e o consumo é destruído, que o trabalhador é enganado tanto sobre o montante de seu salário quanto sobre os regulamentos deste; é pelo monopólio que o progresso no seu bem-estar se muda, para o operário, em progresso incessante de sua miséria; é pelo monopólio enfim, que todas as noções de justiça comutativa são pervertidas e que a economia social, de ciência positiva que é, torna-se uma verdadeira utopia.

Este travestimento da economia política sob a influência do monopólio é um fato tão notável na história das idéias sociais, que nós não podemos nos dispensar aqui de arrolar alguns exemplos.

Assim, do ponto de vista do monopólio, o valor não é mais esta concepção sintética, que serve para exprimir a relação de um objeto particular de utilidade com o conjunto da riqueza; como o monopólio estima as coisas não com relação à sociedade mas relativamente a si mesmo, o valor perde o seu caráter social e nada mais é que uma relação vaga, arbitrária, egoísta e essencialmente móvel. Partindo deste princípio, o monopolizador estende a qualificação de *produto* a todas as espécies de servidão e aplica a idéia de *capital* a todas as indústrias frívolas e vergonhosas que exploram as suas paixões e seus vícios. Os encantos de uma cortesã, diz Say, são um *fundo* cujo produto segue a lei geral dos *valores*, à saber a *oferta* e a *procura*. A maioria das obras de economia política estão cheias de semelhantes aplicações. Mas como a prostituição e a criadagem que dela emanam são reprovadas pela moral, o Sr. Rossi nos observará ainda que a economia política, depois de ter *modificado* a sua fórmula pela intervenção do monopólio, deverá aplicar novamente outro *corretivo*, se bem que suas conclusões sejam irretorquíveis. Pois, diz ele, a economia política nada tem a ver com a moral: cabe a nós aceitá-la e modificar ou corrigir suas fórmulas, segundo o nosso bem, o bem da sociedade e os cuidados da moral o reclamarem. Quantas coisas há entre a economia política e a verdade!

Da mesma forma, a teoria do produto líquido, tão eminentemente social, progressiva e conservadora foi, se assim posso dizer, individualizada por sua vez pelo monopólio e o princípio que deveria fornecer o bem-estar da sociedade, causa a sua ruína. O monopolizador, perseguindo de toda a forma o maior produto líquido possível, não age como um membro da sociedade e no interesse da sociedade; ele age tendo em vista o seu interesse exclusivo, quer seja ou não tal interesse contrário ao interesse social. É esta mudança de perspectiva que o Sr. Sismondi designa como causa para o despovoamento da Campanha Romana[21]. Segundo pesquisas comparativas que ele realizou sobre o produto do *agro romano*, conforme fosse cultivado ou deixado como terra de pastagem, ele descobriu que o produto seria doze vezes mais considerável no primeiro caso do que no segundo; mas como a cultura exige um número comparativamente maior de braços, ele observou igualmente que o produto *líquido* seria menor. Este cálculo não tinha escapado aos proprietários; basta observar, para confirmar esta observação, o seu hábito de deixar suas terras incultas e desta forma a Campanha Romana está desabitada.

"Todas as partes dos Estados Romanos, acrescenta Sr. Sismondi, apresentam o mesmo contraste entre a sua prosperidade, durante a Idade Média e a sua desolação atual. A cidade de Céres, tornada célebre por Renzo do Céri, que defendeu Marselha contra Carlos V e Genebra contra o duque de Savóia, é hoje apenas uma solidão. Em todos os feudos dos Orsini e dos Colonna não há ninguém. Nas florestas que bordam o belo lago de Vico, a raça humana desapareceu e os soldados, com os quais o prefeito de Vico fez tantas vezes tremer Roma no séc. XIV, não deixaram descendentes. Castro e Ronciglione estão desoladas..." (*Études sur l'Économie Politique*).

Com efeito, a sociedade busca o maior produto bruto e portanto a maior população possível, porque para ela produto bruto e produto líquido são idênticos. O monopólio, ao contrário, visa constantemente

---

[21] [N.T.]: Chama-se *Campagna Romana* (os campos de Roma) à região da Itália Central compreendida entre o Lácio, os Apeninos, o mar Tirrênio e Nápoles. Esta região estava tradicionalmente dividida entre os Estados Pontifícios (o "Patrimonium Petri", ou poder temporal do Papa constituído do Lácio, da Romanha, da porção setentrional da Campanha e de parte do Benevento) e a potência dominante no Sul da Itália, formando uma espécie de "marca" de fronteiras flutuantes e muito sofreu, à partir do séc. XVI com as "Guerras da Itália", com a incúria dos espanhóis, com a catastrófica gestão dos legados cardinalícios do papa e depois com os descalabros administrativos de um ramo menor dos Bourbons que se instalou como casa real no assim chamado "reino das Duas Sicílias" que seria definitivamente derrubado pelas tropas garibaldinas, já bem avançado o séc. XIX. De região outrora fértil e próspera transformou-se em um charco infestado de malária e sangrado pelo latifúndio improdutivo e viu suas curvas demográficas decrescerem continuamente desde 1680 até 1860 mais ou menos, quando as ferrovias, as obras públicas de saneamento e infra-estrutura e o processo de unificação vieram minorar um pouco os seus sofrimentos. Foram os camponeses sem terra da *Campagna*, de *Nápoles* e da *Calábria*, depois do *Véneto* que constituíram boa parte do exército de imigrantes italianos à partir de 1890. O anarquismo teve sólida implantação nesta região, graças aos esforços propagandísticos de Bakunin, Cafiero e Malatesta.

o maior produto líquido, mesmo que tenha que ser obtido às custas da exterminação do gênero humano[22,23].

Sob esta mesma influência do monopólio, o juro do capital, pervertido na sua noção, torna-se por sua vez para a sociedade uma primavera de morte. Como já explicamos, o juro do capital é, por um lado, a forma sob a qual o trabalhador goza do seu produto líquido, fazendo-o servir para novas criações; por outro lado este juro é o vínculo material de solidariedade entre os produtores, do ponto de vista do acréscimo das riquezas. Sob o primeiro aspecto, a soma dos juros nunca pode exceder o montante do próprio capital; sob o segundo ponto de vista o juro comporta, além do reembolso, um prêmio como recompensa de um serviço prestado. Em caso nenhum ele implica perpetuidade.

Mas o monopólio – confundindo a noção de capital, que, pode-se dizer, aplica-se somente às criações da indústria humana, com a do fundo explorável que a natureza nos deu e que pertence a todos – favorecido aliás na sua usurpação pelo estado anárquico de uma sociedade onde a posse pode existir apenas sob a condição de ser exclusiva, soberana e perpétua; o monopólio, dizíamos, imaginou e colocou como princípio que o capital, da mesma forma que a terra, os animais e as plantas, tinha por si mesmo uma atividade própria, que dispensaria o capitalista de aportar qualquer outra coisa para a troca e de tomar parte nos trabalhos da oficina. Desta idéia falsa do monopólio saiu o nome grego para usura – *tokos* – como quem dissesse o filhote ou a parte que cresce do capital; isto deu oportunidade à Aristóteles de fazer um trocadilho: *as moedas não dão cria*[24]. Mas a metáfora dos usurários

---

[22] [R.P]: O produto líquido e o produto bruto de um empreendimento nem sempre variam no mesmo sentido; a rentabilidade máxima não é necessariamente função do máximo de produtividade. Sobre este problema e para a apreciação das idéias de Proudhon a tal respeito ver LANDRY, *L'Utilité Sociale de la Proprieté Privée* (Paris, 1901 no 63 e ss.). Já vimos Proudhon afirmar, no capítulo II destas *"Contradições"* que: "...três anos de fertilidade em certas províncias... são uma calamidade pública".

[23] [N.T.]: Este parágrafo talvez nos incite a uma nova apreciação de algumas "catástrofes contemporâneas" tão trombeteadas e tão crocodilianamente pranteadas por certa imprensa: a quem aproveitaria a exterminação pela AIDS de 80% da população desta Zâmbia, tão rica em pastagens e minerais? quem lucraria com o colapso demográfico, tão cuidadosamente plantado por guerras e epidemias, da África sub-saariana? A quem aproveita a "limpeza" causada pelos tiros do narcotráfico entre a população masculina jovem e pobre da América Latina, que já é visível nas estatísticas? Quem lucra com o "efeito estufa" e com o buraco na camada de ozônio?

[24] [N.T.]: *Les écus ne font point de petits* no original francês. No português de Portugal isto talvez soasse: *os escudos não fazem miúdos*, de modo muito mais fiel à letra francesa. Preferimos o tom mais enfático e vulgar.

prevaleceu contra o chiste do Estagirita; a usura, como a renda da qual é a imitação, foi declarada de direito perpétuo; foi somente bem mais tarde que, por uma espécie de meia-volta ao princípio, ela reproduziu a idéia de *amortecimento*...

Tal é o sentido deste enigma que levantou tantos escândalos entre teólogos e legisladores e sobre o qual a Igreja cristã errou duas vezes: a primeira condenando toda a espécie de juro e a segunda ao alinhar-se com o sentimento geral dos economistas, desmentindo assim as suas antigas máximas. O juro, ou direito de **aubaine** é ao mesmo tempo a expressão e a condenação do monopólio; é a espoliação do trabalho pelo capital organizado e legislado; é, dentre todas as subversões econômicas, a que mais altamente acusa a antiga sociedade e cuja persistência escandalosa justificaria a expropriação[25] brusca e sem indenização de toda a classe capitalista.

Por fim o monopólio, por uma espécie de instinto de conservação, perverteu até mesmo a idéia de associação que poderia marchar contra ele[26], ou melhor dizendo, não lhe teria permitido nascer.

Quem poderia arrogar-se hoje em dia poder definir o que deve ser a sociedade entre os homens? A lei distingue duas espécies e quatro variedades de sociedades civis e o mesmo número de sociedades comerciais, desde a simples parceria até a sociedade anônima. Eu li os comentários mais respeitáveis que foram escritos sobre todas estas formas de associação e declaro não ter neles encontrado nada além de uma aplicação das rotinas do monopólio entre dois ou mais associados, que juntam seus capitais e seus esforços contra todo aquele que produz e que consome, que inventa e que troca, que vive e que morre. A condição *sine qua non* de todas estas sociedades é o capital, com cuja presença apenas elas se constituem e que lhes dá uma base; seu objeto é o monopólio, isto é, a exclusão de todos os outros trabalhadores e capitalistas e conseqüentemente a negação da universalidade social, no que tange às pessoas.

Assim, segundo a definição do Código Civil[27], uma sociedade comercial que colocasse como princípio a faculdade, para todo o

---

[25] [N.T.]: *Dépossession* no original francês.

[26] [N.T.]: *Contrevenir*, no original francês, possui o sentido de agir contrariamente a algo.

[27] [N.T.]: Trata-se evidentemente do código francês contemporâneo de Proudhon: o célebre Código Napoleônico.

estrangeiro, de dela fazer parte por simples pedido e de tão logo aceito gozar dos direitos e prerrogativas dos associados, até mesmo os gerenciais, não seria mais uma sociedade[28] e os tribunais poderiam pronunciar oficialmente a sua dissolução, a sua não-existência[29]. Além disto um ato de sociedade no qual os contratantes não estipulassem nenhum aporte e que, reservando para cada um dos pactuantes o direito expresso de fazer concorrência a todos, se limitasse a garantir-lhes reciprocamente o trabalho e o salário, sem mencionar o ramo de atividade[30] nem os capitais, nem juros, nem lucros e nem perdas; um tal ato pareceria contraditório em seu teor, desprovido tanto de objeto quanto de razão e seria, sob a queixa do primeiro refratário, anulado pelo juiz. Convenções assim redigidas não poderiam dar lugar a nenhuma ação judiciária; pessoas que se dissessem associadas de todos seriam consideradas como não sendo

---

[28] [R.P.]: As sociedades de capital e pessoal variáveis, definidas pelo art. 48 da lei de 24 de julho de 1867, respondem à esta definição. Sabe-se que foi sob tal forma jurídica que se constituíram todas as sociedades cooperativas francesas.

[29] [N.T.]: Proudhon capta aqui muito claramente o caráter burguês do novo direito civil e comercial desenvolvido à partir do Código Napoleônico. Trata-se, sob a roupagem das palavras de ordem de *liberdade*, *igualdade* e *fraternidade*, de assegurar na maior extensão possível, os princípios do individualismo econômico, da soberania da propriedade e da preeminência privilegiada do capital na nova ordem social, tais como concebidos pela economia clássica. É claro que isso não se faz sem conflitos; o principal cavalo de batalha dos novos legisladores é o conceito de que qualquer vínculo intermediário que se crie entre cidadãos, que não seja o "livre contrato entre indivíduos", ressalvada a subordinação de todos à vontade geral representada pela lei, pelo governo e pela ordem constituída, é um atentado à liberdade individual e um retrocesso à ordem estamental do feudalismo, derrubada pela Revolução. Os socialistas, logo irão denunciar nesta nova liberdade a reconstituição de um novo feudalismo, com base na riqueza e no poder econômico, mas o fato fundamental que queremos aqui ressaltar é a dificuldade destes legisladores em aceitar princípios associativos independentes ou paralelos à tutela do Estado. Já vimos em notas anteriores, que o Código Napoleônico, e a legislação européia que o seguiu até a segunda metade do séc. XIX, considerava crime contra a ordem social o "delito de coalizão", isto é o fato de trabalhadores se reunirem para discutir seus problemas e as tarifas de seu trabalho. A maioria das tentativas de organização operária anteriores à I Internacional foi atacada precisamente neste ponto. Mas não é somente contra as "classes perigosas" que este preconceito anti-associacionista se ergue: é muito difícil constituir-se, dentro do direito napoleônico um quadro coerente para as sociedades anônimas e o desenvolvimento das Bolsas p. ex., sofrerá com isto; os negócios internacionais que prevêem associação de parceiros de diversas nacionalidades são igualmente dificultados e as primeiras "multinacionais" européias (a Siemens, a Daimler e a BASF, p. ex) somente se constituirão em finais do séc. XIX à partir da Alemanha e da Inglaterra.

[30] [N.T.]: *Spécialité de l'exploitation* (especialidade da exploração literalmente) no original francês, optamos por uma tradução quase figurada, que julgamos mais clara ao leitor.

associadas a ninguém; escritos onde se falasse ao mesmo tempo de garantia e de concorrência entre associados, sem menção alguma aos fundos sociais e sem designação de objeto, passariam por uma obra de charlatanismo transcendental e seu autor poderia muito bem ser enviado a Bicêtre[31], supondo-se que os magistrados consentissem em considerá-lo apenas louco.

Entretanto revela-se, por tudo aquilo que a história da economia social contém de mais autêntico, que a humanidade foi lançada nua e sem capital sobre a terra que ela explora e que conseqüentemente ela criou e sempre cria toda a riqueza; que nela o monopólio nada mais é que um ponto de vista relativo, servindo para designar o grau do trabalhador, com certas condições de gozo e que todo o progresso consiste, multiplicando indefinidamente os produtos, em determinar a sua proporcionalidade, isto é, consiste em organizar o trabalho e o bem-estar pela divisão, pelas máquinas, pela oficina, a educação e a concorrência. O mais aprofundado estudo dos fenômenos não consegue nada além disto. Por outro lado, é evidente que todas as tendências da humanidade, tanto na sua política quanto nas suas leis civis, são pela universalização, isto é, por uma transformação completa da idéia de sociedade, tal como nossos códigos a determinam.

Donde concluo que um ato de sociedade que regulasse não mais o aporte dos associados – posto que cada associado segundo a teoria econômica é suposto não possuir absolutamente nada em sua entrada na sociedade – mas sim as condições de trabalho e de troca, e que desse acesso à elas a todos aqueles que se apresentassem; de tal ato, como dizia, eu concluo que a sociedade não teria nada que não fosse racional e científico, posto que isto seria a própria expressão do progresso e a fórmula fundante do trabalho, pois

---

[31] [N.T.]: Trata-se do primeiro manicômio judicial do distrito de Paris, criado pelo Diretório, para cumprir as exigências do novo Código Penal e da então recente legislação sobre alienados. Nele pontificarão os principais nomes do "alienismo" do séc. XIX, como Pinel e Dubois, e logo se transformará em uma "instituição padrão" de pesquisas sobre a loucura. Em finais do séc. XIX, foi incorporado à famosa Salpetriére de Charcot. Para maiores informações sobre o tema, o leitor pode consultar: CASTEL, Robert, *L'Ordre Pschyatrique* (Paris, 1ª ed. Ed. de Minuit, 1986) e subsidiariamente FOUCAULT, Michel *Histoire de la Folie* (Paris, 4ª ed. Gallimard, 1989 - há tradução brasileira).

isto revelaria, por assim dizer, a humanidade a si mesma, dando-lhe o rudimento de sua constituição[32].

Ora, quem por uma única vez que fosse, entre os jurisconsultos e os economistas, aproximou-se mesmo que fosse a uma distância de mil léguas desta idéia magnífica e entretanto tão simples? "Eu não

---

[32] [NT]: Nos três últimos parágrafos vemos expostas uma série de idéias que são, ao mesmo tempo, bastante características de Proudhon e que, mais ou menos transformadas, serão pontos centrais da luta do anarquismo posterior. Além do problema das "séries", dois outros conceitos articulam o pensamento social proudhoniano: a idéia de Progresso e a idéia de Justiça; a tais temas ele dedicará posteriormente duas obras volumosas (*La Philosophie du Progrés* e *De la Justiçe dans la Révolution et dans l'Église*). Mas ambos conceitos em Proudhon pouco têm a ver com os conceitos habituais; ele não advoga o *progresso* positivista, nem tampouco a *justiça* no sentido jurídico e legal; estas serão antes de mais nada *características do devir social*, metas para as quais tendem as diversas etapas da constituição da humanidade. O trabalho coletivo ou social é para Proudhon um elemento fundante da sociedade, que por sua vez é um ser coletivo – Prometeu na sua metáfora – distinto dos indivíduos que a compõem. A justiça caracteriza as relações proporcionais e necessárias que devem viger entre as distintas partes deste todo, relações estas atingíveis pela ciência, embora possam não estar ainda constituídas na realidade; o progresso é o processo dialético pelo qual esta realidade transforma-se buscando, através das contradições econômicas e sociais, gerar no concreto estas relações percebidas como necessárias no entendimento.

Seguem-se daí numerosas questões. Em primeiro lugar o processo dialético concebido fora do esquema hegeliano de *tese, antítese* e *síntese*; as contradições ao afrontarem-se deverão fundir-se em um conceito mais amplo e superior que as absorva e concilie; em segundo lugar a característica materialista, ou melhor monista deste processo gnoseológico, mas que preserva um papel dinâmico ao entendimento: as idéias são geradas pelos fatos, mas uma vez geradas possuem uma certa autonomia com relação à eles, devida ao processo lógico e às inferências que ele possibilita; daí o fato do progresso ser simultaneamente um processo material e intelectual e de não ser de modo algum *um dado a priori*. É necessária uma *construção* deste processo e nesta construção os dados são tanto os disponíveis na realidade quanto aquelas idéias dela derivadas pelo processo lógico da investigação científica. Se por exemplo, a economia política demonstra que todo o valor provém do trabalho, a organização social deve se basear sobre este último e não sobre a detenção do capital que é apenas uma forma momentânea de cristalização ou de representação do valor. Decorre igualmente que os fundamentos da organização social, tal como postos pelo direito e pela jurisprudência, possam estar em contradição, ou melhor em *antinomia* com os fundamentos derivados da análise e dos fatos sociais e econômicos e que, portanto, mecanismos muito racionais e concretos de organização social, como as associações mencionadas por Proudhon, possam ser *inconcebíveis* quando analisados pelos quadros jurídicos tradicionais, sem que isto em nada atinja a necessidade ou a racionalidade intrínsecas destas propostas. A justiça constituir-se-á pois, no processo concreto de transformação e de criação destas novas instituições e regras sociais e o progresso no processo de sua instituição e operacionalização no seio da sociedade. A questão da *propriedade coletiva*, das *associações operárias*, das *cooperativas da autogestão* e mesmo questões mais audaciosas como a instituição de sociedades de crédito mutualista e de bancos populares, ou mesmo a abolição do direito de herança, que tanta polêmica causarão na I Internacional e que serão tão características do anarco-sindicalismo francês, estão umbilicalmente ligadas a estes fundamentos.

penso, diz o Sr. Troplong[33], que o espírito de associação seja chamado a destinos maiores que aqueles por ele cumpridos no passado e até o momento...; e confesso que nada tentei para realizar tais esperanças, que acredito exageradas... Existem limites justos que a associação não deve ultrapassar. Não! A associação não é chamada a tudo governar na França. O impulso espontâneo do espírito individual é também uma força viva de nossa nação e uma causa de sua originalidade..."

"A idéia de associação não é nova... Nós já a observamos entre Romanos a sociedade de comércio aparecer com todo o seu aparelho de monopólios, de acaparamentos, de colusões, de coalizões, de pirataria e de venalidade... As comendas preenchem todo o direito civil e comercial da Idade Média; elas são nesta época o instrumento mais ativo do trabalho organizado em sociedade... desde o meio do séc. XIV vemos formarem-se as sociedades por ações e até a ruína de Law[34] nós as vemos ter um contínuo acréscimo... Como! Como nos admiramos daqueles que colocam minas, fábricas, patentes e jornais sob as ações! Mas há dois séculos se colocava sob ações ilhas, reinos e quase todo um hemisfério. Nós acreditamos no milagre porque centenas de acionistas vêm se agrupar em torno de uma empresa; mas já no séc. XIV a cidade de Florença inteira era acionista de alguns comerciantes que levaram o mais longe possível o gênio de suas empresas. Depois, se nossas especulações foram más, se tivermos sido temerários, imprevidentes ou crédulos, atormentaremos o legislador com nossas reclamações desordenadas; pedimo-lhes proibições e anulações. Nesta nossa mania de tudo regulamentar, *até mesmo aquilo que já está codificado*; de tudo encadear por textos revistos, corrigidos e aumentados; de tudo administrar, até mesmo o acaso e os reveses do comércio, nós ainda gritaremos, em meio a tantas leis existentes: Há que se fazer alguma coisa!..."

O Sr. Troplong acredita na Providência, mas seguramente ele mesmo não é o seu homem. Não será ele quem encontrará a fórmula

---

[33] [R.P.]: TROPLONG (1795-1869) jurisconsulto e político, foi um dos mais ardorosos defensores do bonapartismo. Ele via em Napoleão III o representante, a encarnação, da democracia organizada. Publicou numerosos tratados jurídicos que gozaram de autoridade considerável. Na época em que Proudhon e ele escrevem, a legislação sobre as sociedades comerciais era muito imperfeita; quanto às associações civis, se contassem com mais de 20 associados constituíam um delito previsto no Código Penal e agravado por uma lei de 1864 [N.T. curiosamente o ano de fundação da I Internacional].

[34] [N.T.]: LAW, John (1671-1729), financista escocês cujos empreendimentos na França fizeram bancarrota no começo do governo de Luís XIV.

da associação que hoje em dia reclamam os espíritos, enojados que estão de todos os protocolos da coalizão e da rapina dos quais o Sr. Troplong desenvolveu o quadro em seu comentário. O Sr. Troplong se zanga, e com razão, contra aqueles que querem tudo amarrar[35] nos textos das leis; mas ele mesmo pretende encadear o futuro em cerca de cinqüenta artigos, nos quais a razão mais sagaz não descobrirá uma centelha sequer de ciência econômica e nem uma sombra de filosofia. *Em nossa mania*, exclama, *de tudo regulamentar*, MESMO O QUE JÁ ESTÁ CODIFICADO!... Não conheço nada de mais delicioso do que este traço que pinta ao mesmo tempo o jurisconsulto e o economista. Tiremos boa medida disto pelo *Código de Napoleão*[36]!...

"Felizmente, prossegue o Sr. Troplong, todos estes projetos de mudança lançados em 1837 e 1838 com tanto ruído, estão esquecidos hoje em dia. O conflito das proposições e a anarquia das opiniões reformistas conduziram a resultados negativos. Ao mesmo tempo em que se operava uma reação contra os agiotas, o bom senso do público fazia justiça a tantos planos oficiais de organização, muito menos prudentes que a lei existente, muito menos em harmonia com os usos do comércio, muito menos liberais, mesmo depois de 1830, que as concepções do conselho de Estado imperial![37] Agora tudo voltou à boa ordem e o Código de Comércio conservou a sua integridade. Quando

---

[35] [N.T.]: *Enchaîner* (lit. encadear, prender com correntes) no original francês.

[36] [N.T.]: *Après le code Napoleon, tirez l'échelle!* No original. Em francês *échelle* significa ao mesmo tempo *escada de mão* (as escadas dos imóveis são denominadas preferencialmente *escalier*) e também *escala*, no sentido metrológico (escala e um instrumento ou escala de unidades de medida). Existe um jargão profissional onde *tirer l'échelle significa aproximadamente efetuar uma medida ou passar a régua por dois pontos dados*; daí preferirmos a tradução acima, no sentido figurado, como que dizendo para se medir ou comparar o alcance da proposição emitida pelo peso da obra efetuada (no caso o código). *Tirar a escada* seria ao nosso ver neste contexto totalmente absurdo.

[37] [N.T.]: Troplong refere-se aqui às tentativas de reforma jurídica que se seguiram à Revolução de 1830, que marcou o início do reinado de Luís Felipe, o *"roi-bourgeois"* segundo a língua ácida do tempo. Este reinado caracterizou-se pelo domínio do grande capital financeiro na França e por tentativas de se implantar negócios em grande escala, superando o ambiente predominantemente manufatureiro das indústrias da época. Os romances de Balzac nos pintam um retrato primoroso da nobreza, da burguesia e da classe média da época, com suas tramóias e negociatas, o arrivismo os preconceitos e o peso enorme das convenções sociais. Bakunin, na obra que já citamos inúmeras vezes *L'Empire Knouto-Germanique et la Révolution Sociale*, realiza uma análise histórica e social compacta, mas muito original e precisa deste período da história francesa. As modificações mencionadas na legislação foram propagandeadas para dar uma satisfação aos republicanos e operários que auxiliaram Luis Felipe a derrubar o regime da restauração, mas obviamente eram apenas cosméticas...

o comércio tem necessidade, pode nele encontrar ao lado da sociedade coletiva, a sociedade por participações, a sociedade anônima e a comandita[38], temperadas apenas pela prudência dos acionistas e pelos artigos do Código Penal que definem o estelionato." (TROPLONG *Des Societés Civiles et de Commerce*, prefácio).

Que filosofia é esta que se regozija de ver abortar as tentativas de reforma e que conta seus triunfos pelos *resultados negativos* do espírito de pesquisa! Não podemos neste momento entrar mais a fundo na crítica das sociedades civis e do comércio, que forneceram ao Sr. Troplong a matéria para os seus dois volumes. Reservaremos este assunto para o tempo quando, uma vez acabada a teoria das contradições econômicas, tivermos encontrado na sua equação geral o programa da associação, que publicaremos então com relação à prática e com as concepções dos que nos precederam.

Uma palavra apenas com relação à comandita.

Acreditar-se-ia à primeira vista que a comandita, por seu poder expansivo e pela facilidade de mutação que ela apresenta, possa generalizar-se de modo a abraçar a nação inteira, com todas as suas relações comerciais e industriais. Mas um exame, mesmo superficial, da constituição desta sociedade logo nos demonstra que o tipo de ampliação do qual ela é suscetível no que tange ao número dos acionistas, nada tem em comum com a extensão do vínculo social.

Inicialmente a comandita, como todas as outras sociedades comerciais, está necessariamente limitada a uma única exploração; neste aspecto ele exclui todas as outras indústrias que não a sua própria. Se fosse de outra forma a comandita mudaria a sua natureza e seria uma nova forma de sociedade cujos estatutos disporiam não mais especificamente sobre os lucros, mas sim sobre a distribuição do trabalho e sobre as condições das trocas; ela seria precisamente o tipo de associação negado pelo Sr. Troplong e que a jurisprudência do monopólio exclui.

Quanto ao pessoal que compõe a comandita, ele divide-se naturalmente em duas categorias: os gerentes e os acionistas. Os gerentes, em número muito pequeno, são escolhidos entre os promotores, organizadores e patrões da empresa; para dizer a verdade, são eles os

---

[38] [N.T.]: Todas estas são figuras jurídicas do código mencionado, variando basicamente pelo número de associados, pela definição do seu grau de responsabilidade na condução dos negócios e pela repartição das cotas do capital da empresa em ações.

únicos associados. Os acionistas, comparados a este pequeno governo que administra com plenos poderes a sociedade, são como um povo de contribuintes que, estranhos uns aos outros e sem influência e responsabilidade, mantêm-se no negócio apenas através dos primeiros. São emprestadores à juros e não verdadeiros associados.

Concebe-se desta forma que todas as indústrias do reino possam ser exploradas por comanditas e que cada cidadão, graças à facilidade de multiplicar as suas ações, possa interessar-se na totalidade ou na maioria destas comanditas, sem que com isto a sua condição melhore; poderia até mesmo ocorrer que tal situação se comprometesse mais ainda. Pois, mais uma vez, o acionista é a besta de carga, o material explorável da comandita: não foi para ele que tal sociedade formou-se. Para que a associação seja real, é preciso que aquele que nela se engaja, nela tenha uma qualidade não de apostador mas de empresário; é preciso que ele tenha voz deliberativa no conselho; que seu nome esteja expresso ou subentendido na razão social; que tudo enfim seja regulado com relação a ele em pé de igualdade. Mas estas condições são precisamente as condições da organização do trabalho e esta não entrou nas provisões do Código; elas formam o objeto ULTERIOR da economia política e conseqüentemente não podem ser pressupostas, mas sim criadas e, enquanto tais, são radicalmente incompatíveis com o monopólio.

O socialismo, apesar do fasto de seu nome, não foi até hoje mais feliz que o monopólio na definição da sociedade; pode-se até mesmo dizer que em todos os seus planos de organização ele mostrou-se plagiário da economia política. O Sr. Blanc, que já citei à respeito da concorrência e que já observamos sucessivamente partidário do princípio hierárquico, defensor oficioso da desigualdade, pregador do comunismo, negador em uma penada da lei da contradição, posto que não a concebe, e afetando ademais todo o poder como última razão de seu sistema; o Sr. Blanc nos oferece de novo o curioso exemplo de um socialista que copia, sem o perceber, a economia política e que gira continuamente, sem se dar conta, no círculo vicioso das rotinas proprietárias. No fundo, o Sr. Blanc nega a preponderância do capital; ele chega mesmo a negar que o capital seja igual ao trabalho na produção, e neste ponto está de acordo com as sadias teorias econômicas. Mas ele não pode, ou não sabe, passar sem o capital; ele toma o capital como ponto de partida e apela para a comandita de Estado, isto é, ajoelha-se diante dos capitalistas e reconhece a soberania do monopólio. Daí decorrem as singulares contorções de sua dialética. Peço ao leitor que me desculpe por estas eternas questões pessoais, mas como o socialismo, da mesma forma que a economia política, personificou-se em certo número de escritores, não posso fazer outra coisa senão citar tais autores.

"O capital, dizia *La Phalange*[39], enquanto faculdade concorrente para a produção tem ou não a legitimidade das outras faculdades produtivas? Se ele é ilegítimo é ilegitimamente que pretende uma parte na produção, é preciso excluí-lo e ele não tem juros a receber; se ao contrário, ele é legítimo, não poderíamos legitimamente excluí-lo da participação nos lucros, para cujo acréscimo concorreu."

A questão não poderia ser colocada mais claramente. O Sr. Blanc, ao contrário, acha que ela foi colocada de uma maneira *muito confusa*, o que quer dizer que ela o embaraça muito e que ele muito se atormenta para encontrar-lhe um sentido.

Ele supõe inicialmente que lhe é perguntado "se é equânime conceder ao capitalista, nos lucros da produção, *uma parte igual à do trabalhador?*" A isto o Sr. Blanc responde sem hesitar que seria injusto. Segue um movimento de eloqüência para estabelecer esta injustiça.

Ora, o falansteriano não pergunta se a parte do capitalista deve ou não ser igual *à parte do trabalhador*; ele quer saber simplesmente *se o capitalista deve ter uma parte*. E é isto que o Sr. Blanc não responde.

Quer dizer, continua o Sr. Blanc, que o capital é *indispensável*, como o próprio trabalho, à produção? Neste ponto o Sr. Blanc faz uma distinção: ele concorda que o capital é indispensável *como* o trabalho, mas não *tanto quanto* o trabalho.

Mais uma vez ainda: o falansteriano não disputa sobre a quantidade, mas sim sobre o direito.

Será que se entende – é sempre o Sr. Blanc quem interroga – que nem todos os capitalistas são ociosos? O Sr. Blanc, generoso para com os capitalistas que trabalham, pergunta porque se faz tão grande a parte dos que não trabalham. E depois as tiradas de eloqüência sobre os serviços *impessoais* dos capitalistas e dos serviços *pessoais* do trabalhador, que terminam por apelos à Providência.

---

[39] [N.Ed.]: *La Phalange, Journal de Science Sociale* (A Falange, jornal de ciência social), bimensal e órgão dos fourieristas, que circulava desde 1834. Esta revista sucedeu ao periódico do grupo, intitulado "*La Réforme Sociale ou Le Phalanstére*" (A Reforma Social ou o Falanstério), que circulou entre 1832 e 1833.

Pela terceira vez se vos pergunta se a participação do capital nos lucros é legítima, uma vez que admitis que ela é indispensável na produção.

Enfim o Sr. Blanc, que já tinha compreendido a questão, decide responder que se ele concede um juro ao capital, é uma pura medida de transição para adoçar um pouco para capitalista a ladeira íngreme que terão que descer. De resto, seu projeto torna inevitável a absorção dos capitais privados na associação e seria loucura e abandono de princípios fazer mais que isto. O Sr. Blanc, se tivesse estudado a matéria, teria respondido com uma única palavra: Eu nego o capital.

Desta forma o Sr. Blanc, e sob o seu nome eu entendo todo o socialismo, depois de ter já por uma primeira contradição no título de seu livro sobre a ORGANIZAÇÃO DO TRABALHO, declarado que o capital é *indispensável* na produção e que conseqüentemente ele deveria estar organizado e participar dos lucros como o trabalho, rejeita, por uma segunda contradição, o capital para fora da organização e recusa-se a reconhecê-lo; por uma terceira contradição, ele que se ri das condecorações e dos títulos de nobreza, distribui em nome da pátria coroas cívicas, recompensas e distinções aos literatos, inventores e artistas que os tiverem merecido; ele lhes concede pensões segundo graus e dignidades e todas estas coisas nada mais são na realidade que a restauração do capital, mas desta vez não mais com a mesma precisão matemática dos juros e do produto líquido[40]. Por uma quarta contradição o Sr. Blanc constitui esta nova aristocracia sobre o princípio da igualdade, e pretende fazer com que os associados livres e iguais votem escolhendo seus mestres, e que concedam privilégios de ociosidade a trabalhadores, instaurando enfim a espoliação sobre os espoliados; por uma quinta contradição, ele faz repousar esta aristocracia igualitária sobre a base de um *poder dotado de grande força*, quer dizer, sobre o despotismo que é uma outra forma do monopólio; por uma sexta contradição, depois de ter tentado, por seus encorajamentos às artes e ao trabalho, proporcionar a retribuição ao serviço como o monopólio o faz, e o salário à capacidade também como o monopólio, ele se põe a fazer o elogio da vida em comum e do consumo em comum, o que não

---

[40] [N.T.]: Note-se que Proudhon, como todos os anarquistas, sempre foram inimigos ferrenhos da meritocracia e dos salários diferenciados segundo as "competências". A meritocracia e o mal denominado "capital cultural" constituem para eles apenas mais uma forma da dominação capitalista.

o impede de querer subtrair aos efeitos da indiferença comum, através dos meios de encorajamento nacionais extraídos do produto comum, os escritores sérios e graves com os quais o comum dos leitores pouco se importa; por uma sétima contradição... Mas paremos na sétima, pois senão acabaríamos facilmente na septuagésima sétima.

Diz-se que o Sr. Blanc, que neste momento prepara uma história da Revolução Francesa, pôs-se a estudar seriamente a economia política. O primeiro fruto destes estudos será, não o duvido, o de fazer com que ele se retrate de seu panfleto sobre a *Organização do Trabalho* e em seguida o de fazer com que reforme todas as suas idéias sobre a autoridade e o governo. A tal preço, a *História da Revolução Francesa* do Sr. Blanc será um trabalho verdadeiramente útil e original[41].

Todas as seitas socialistas sem exceção estão possuídas pelo mesmo preconceito; todas, mesmo contra vontade, são inspiradas pela contradição econômica e acabam confessando a sua impotência diante da necessidade do capital; todas esperam, para que possam realizar as suas idéias, que tenham em mãos o poder e o dinheiro. As utopias do socialismo, naquilo que diz respeito à associação, fazem mais do que nunca ressaltar a verdade daquilo que dizíamos no começo: *não há nada no socialismo que não se encontre na economia política*; e este plagiato perpétuo é a condenação irrevogável de ambos. Em parte alguma vemos despontar esta idéia-mãe, que brota com tanto brilho da geração das categorias econômicas: a fórmula superior da associação não deve absolutamente se ocupar do capital, que é objeto da contabilidade dos particulares, mas sim deve incidir unicamente sobre o equilíbrio da produção, sobre as condições das trocas e sobre a redução progressiva dos preços de venda; esta é a única fonte do progresso da riqueza. Ao invés de determinar as relações de indústria para indústria, de trabalhador para trabalhador, de província para província e de povo para povo, os socialistas preocupam-se apenas em se prover de capitais, sempre concebendo o problema da solidariedade dos trabalhadores como se se tratasse de fundar uma nova casa de monopólio. O mundo, a humanidade, os capitais, a indústria e a prática dos negócios existem; trata-se apenas de buscar a sua filosofia ou, em outros termos, trata-se

---

[41] [N.Ed.]: Esta história com efeito apareceu entre 1847 e 1862 (12 v.). Longe de renegar a sua doutrina, nela Louis Blanc faz a apologia de seus precursores, os socialistas do séc. XVIII, Mably e Morelly.

de organizá-los. E os socialistas buscam capitais! Sempre fora da realidade, o que há de estranho no fato de que a realidade lhes falte?

Desta forma o Sr. Blanc pede a comandita de Estado e a criação das oficinas nacionais; desta forma Fourier pede seis milhões e sua escola preocupa-se até hoje em reunir esta soma[42]; da mesma forma os comunistas, enquanto esperam uma revolução que lhes dê a autoridade e o Tesouro, esgotam-se confiando em subscrições inúteis. O capital e o poder, órgãos secundários na sociedade, são sempre os deuses que o socialismo adora; se o capital e o poder não existissem, ele os inventaria. Por suas preocupações com o poder e o capital, o socialismo menosprezou completamente o sentido de seus próprios protestos; mais ainda, ele não percebeu que, engajando-se como fazia na rotina econômica, ele perdia até mesmo o direito de protestar. Ele acusa a sociedade de antagonismo e é através deste mesmo antagonismo que ele persegue a sua reforma. Ele pede capitais para os pobres trabalhadores, como se a miséria dos trabalhadores não derivasse da concorrência dos capitais entre si, bem como da oposição factícia do trabalho e do capital; como se a questão não fosse hoje exatamente a mesma que era antes da criação dos capitais, isto é, hoje e sempre, trata-se de uma questão de equilíbrio; como se, enfim, e repitamo-lo sem cessar, repitamo-lo até a saciedade, como se enfim se tratasse de outra coisa que não de uma síntese de todos os princípios emitidos pela civilização e que se tal síntese, se esta idéia que conduz o mundo, fosse conhecida não se teria necessidade do capital nem do Estado para colocá-la em evidência.

O socialismo, desertando da crítica para entregar-se às declamações e à utopia, mesclando-se nas intrigas políticas e religiosas, traiu sua missão e menosprezou o caráter do século. A revolução de 1830 nos desmoralizou; o socialismo nos efemina. Como a economia política, cujas contradições ele apenas repete inutilmente, o socialismo é impotente para satisfazer o movimento das inteligências; naqueles a quem subjuga, ele é apenas um novo preconceito a destruir e naqueles que o propagam, ele é mais um charlatanismo a desmascarar e é tanto mais perigoso porque quase sempre é praticado de boa-fé.

---

[42] [N.T.]: Dizem os biógrafos de Fourier que, nos últimos 25 anos de sua vida, já tendo publicado o grosso de sua obra e tendo alcançado alguma celebridade, ele dedicava pontualmente vinte minutos de seu dia, sempre no mesmo horário, para receber o mecenas que lhe adiantaria o capital necessário de seis milhões de francos, que ele estimava ser o custo de implantação inicial do Falanstério. Vivendo muito modestamente em um quarto alugado, ele empetigava-se, interrompia o que estivesse fazendo e dirigia-se para casa para esperar o seu mecenas...

Capítulo VII

Quinta Época
- A Polícia ou o Imposto

Na posição de seus princípios, a humanidade, como se obedecesse à uma ordem soberana, não retrograda jamais. Tal como o viajante que por oblíquas sinuosidades eleva-se do vale profundo ao pico da montanha, ela segue intrepidamente o seu caminho em ziguezague e marcha para sua meta com um passo seguro, sem arrependimento e sem parada[1]. Chegado ao ângulo do monopólio, o gênio social lança para trás um olhar melancólico e, numa reflexão profunda, diz:

"O monopólio tudo tirou do pobre mercenário: pão, roupa, lar, educação, liberdade e segurança. Eu taxarei o monopólio e desta forma manterei seu privilégio".

"A terra e as minas, as florestas e as águas, primeiro domínio do homem, são proibidas para o proletário. Intervirei na sua exploração. Terei minha parte nos produtos e o monopólio será respeitado."

"A indústria caiu no feudalismo, mas sou eu quem sou o suserano. Os senhores me pagarão um tributo e conservarão o benefício de seus capitais."

"O comércio consegue sobre os consumidores lucros usurários. Semearei os caminhos com pedágios, timbrarei suas duplicatas e visarei suas expedições e ele passará."

---

[1] [R.P.]: Marx critica, não sem razão mas também não sem excesso, o processo de encadeamento lógico que, para vincular a teoria do imposto à teoria do monopólio, faz intervir aqui o gênio social e sua marcha ondulante. [N.T]: O que diria Marx se pudesse ter observado o nascimento do keinesianismo, do Estado Militar-Industrial, da regulação que os governos dos países desenvolvidos atuais promovem dos preços e da produção através das encomendas públicas, subsídios como o do setor agrícola, e a formação de instâncias de controle internacionais como o FMI, a ONU, etc...

"O capital venceu o trabalho pela inteligência. Abrirei escolas e o trabalhador, tornado inteligente, poderá por sua vez tornar-se também capitalista."

"Falta circulação aos produtos e a vida social está comprimida. Construirei estradas, pontes, canais, mercados, teatros e templos e então isso será ao mesmo tempo um trabalho, uma riqueza e um mercado."

"O rico vive na abundância, enquanto o operário chora de fome. Estabelecerei impostos sobre o pão, o vinho, a carne, o sal e o mel, sobre os objetos de necessidade e as coisas de preço e isto será uma esmola para os meus pobres."

"Postarei guardas sobre as águas, as florestas, os campos, as minas e as estradas; enviarei coletores para o imposto e preceptores para a infância; terei um exército contra os refratários[2], tribunais para julgá-los, prisões para puni-los e padres para amaldiçoá-los. Todos estes empregos serão entregues ao proletariado e serão pagos pelos homens do monopólio."

"Tal é a minha vontade certa e eficaz."

Teremos que provar que a sociedade não poderia ter melhor pensado nem pior agido; este será o objeto de uma revisão que, eu espero, iluminará o problema social com uma nova luz.

Toda a medida de polícia geral, todo o regulamento da administração ou do comércio, da mesma forma que toda a lei sobre impostos, nada mais são no fundo que um dos inumeráveis artigos desta antiga transação, sempre violada e sempre retomada entre o patriciado e o proletariado. Pouco nos importa que os partidos ou os seus representantes não soubessem nada disso, ou mesmo que tenham freqüentemente considerado a questão em suas constituições políticas sob um ponto de vista totalmente distinto; não é ao homem, seja ele legislador ou príncipe, que pedimos o sentido de seus atos, mas sim aos próprios fatos.

---

[2] [N.T]: O termo geralmente utilizado no sentido de indicar aqueles que se recusam ao serviço militar obrigatório, pode aqui ser entendido no sentido mais amplo daqueles que resistem às ordenanças do "gênio social" acima descritas.

§ I - Idéia sintética do imposto. Ponto de partida para o desenvolvimento desta idéia

Para tornar mais inteligível o que vai se seguir, irei por uma espécie de inversão do método que até o momento segui, expor a teoria superior do imposto; darei em seguida a sua gênese e por fim exporei a sua contradição e os seus resultados. A idéia sintética do imposto, bem como a sua concepção originária, forneceria matéria a desenvolvimentos mais vastos. Limitar-me-ei a um simples enunciado das proposições, com a indicação sumária das provas.

O imposto em sua essência e em seu destino positivo é a forma de partilha para esta espécie de funcionários que Adam Smith designou sob o nome de *improdutivos*, se bem que ele convenha, mais do que ninguém, na utilidade e até mesmo da necessidade de seu trabalho na sociedade. Por esta qualificação de *improdutivos* Adam Smith, cujo gênio tudo entreviu e que nos deixou tudo por fazer, entendia que o produto destes trabalhadores é *negativo*, o que é muito diferente de ser *nulo*, e que em conseqüência disto a distribuição segue em seu caso um modo diferente da troca.

Consideremos com efeito o que se passa do ponto de vista da distribuição nas quatro grandes divisões do trabalho coletivo: *extração, indústria, comércio e agricultura*. Cada produtor traz ao mercado um produto real cuja quantidade se pode medir, cuja qualidade se pode apreciar, o preço debater-se e finalmente o valor se descontar, seja contra outros serviços ou mercadorias, seja contra numerário. Para todas estas indústrias, a distribuição nada mais é que a troca mútua de produtos, segundo a lei da proporcionalidade dos valores.

Nada de semelhante ocorre com os funcionários assim chamados *públicos*. Estes obtêm seu direito à subsistência, não pela produção de utilidades reais, mas pela própria improdutividade onde, sem que seja sua culpa, estão retidos. Para eles a lei de proporcionalidade é inversa; enquanto que a riqueza social forma-se e acresce-se na razão direta da quantidade, da variedade e da proporção dos produtos efetivos fornecidos pelas quatro grandes categorias industriais, o desenvolvimento desta mesma riqueza e o aperfeiçoamento da ordem social supõem ao contrário, no que diz respeito ao pessoal da polícia, uma redução progressiva e indefinida. Os funcionários do Estado são, portanto, verdadeiramente improdutivos. A tal respeito, J. B. Say pensava como A. Smith e tudo aquilo que ele escreveu a este respeito para corrigir o seu mestre, e que teve a inabilidade de contar entre os seus títulos de glória, provém unicamente, como é fácil de ver, de um mal-entendido. Em uma única palavra, o salário dos empregados do governo constitui para a sociedade um *déficit* e deve ser contabilizado com as *perdas*, que a meta da organização industrial deve atenuar sem cessar; que outra qualificação atribuir depois disto aos homens do poder se não aquela de Adam Smith?

Eis, portanto, uma categoria de serviços, que, não fornecendo produtos reais, não pode de modo algum saldar-se de maneira ordinária; serviços que não recaem sobre uma lei de trocas, que não podem tornar-se o objeto de uma especulação particular, de uma concorrência, de uma comandita, nem de espécie alguma de comércio; serviços que, no fundo sendo reputados como exercidos gratuitamente por todos, são entretanto confiados, em virtude da lei da divisão do trabalho, a um pequeno número de homens especiais que a eles se dedicam exclusivamente e que, por conseqüência, devem ser pagos. A história confirma este dado geral. O espírito humano, que sobre cada problema tenta todas as soluções, empreendeu também submeter à troca as funções públicas; por muito tempo os magistrados na França, como os notários p.ex., viveram apenas das percepções[3] recolhidas. Mas a experiência provou que este modo de distribuição empregado para com os improdutivos era muito oneroso e sujeito a muitos inconvenientes, de modo que teve que ser abandonado.

A organização dos serviços improdutivos contribui para o bem-estar geral de muitas formas: em primeiro lugar liberando os produto-

---

[3] [N.T]: Proudhon refere-se aqui ao fato histórico bem conhecido, no processo de formação das monarquias nacionais na Europa, da *venda de cargos*. O Estado Nacional europeu origina-se da decomposição da ordem feudal, ocorrida principalmente à partir do séc. XIV, com o Rei lutando contra os nobres e apoiando-se geralmente na burguesia durante esta luta. A ordem estamental do feudalismo tende a ser substituída pela centralização típica das monarquias absolutas e os poderes jurídicos e fiscais dos senhores feudais e das cidades livres tendem a ser abolidos e substituídos pelo poder real; no ápice deste processo Luís XIV poderá dizer "*l'État c'est moi*" (O Estado sou eu). No início deste processo, a inexistência de uma burocracia organizada que fizesse girar as engrenagens deste novo poder, fez com que o Rei se aproximasse de comerciantes e de rábulas que compravam os direitos de arrecadar impostos da Coroa, e os direitos de exercer alguns atos de justiça civil local (como o registro de terras e inventários p.ex.), em troca de rendas pagas ao tesouro real. Este sistema híbrido de gestão pública será, à partir da Revolução Inglesa, lentamente transformado na administração pública que hoje conhecemos.

res dos cuidados para com a coisa pública, da qual todos devem participar e da qual por conseqüência todos são mais ou menos escravos; em segundo lugar, criando na sociedade uma centralização artificial, imagem e prelúdio da solidariedade futura das indústrias; por fim fornecendo a primeira tentativa de ponderação e de disciplina.

Desta forma, reconhecemos juntamente com J. B. Say a utilidade dos magistrados e de outros agentes da autoridade pública, mas sustentamos que tal utilidade é totalmente negativa e conservamos por conseqüência aos seus autores o título de improdutivos que lhes foi dado por A. Smith, não por nenhum tipo de desfavor, mas porque efetivamente eles não podem ser classificados na categoria dos produtores. "O imposto, diz muito bem um economista da escola de J. B. Say o Sr. J. Garnier[4], o imposto é uma *privação* que é preciso buscar diminuir ao máximo, até o limite das necessidades da sociedade." Se o autor a quem cito refletiu no sentido de suas palavras, ele viu que a palavra *privação*, da qual se serviu, é sinônimo de *não produção* e que conseqüentemente aqueles em benefício dos quais o imposto se recolhe são muito verdadeiramente *improdutivos.*

Insisto nesta definição, que me parece pouco contestável pois, ressalvando-se as disputas sobre as palavras, todos me parecem de acordo sobre a coisa, porque ela contém o germe da maior revolução que deve ocorrer no mundo: quero falar da subordinação das funções improdutivas às funções produtivas, ou seja em uma única palavra, da subordinação efetiva, sempre exigida mas nunca conseguida, da autoridade aos cidadãos.

É uma conseqüência do desenvolvimento das contradições econômicas, o fato de que a ordem nas sociedades mostre-se inicialmente como que invertida; que o que deva estar em cima esteja colocado embaixo, que o que deva estar em relevo pareça estar escavado e que o

---

[4] [R.P]: Joseph GARNIER (1813-1882), fundador da Sociedade de Economia Política de Paris em 1842, juntamente com Guillaumin. Depois de ter lecionado um curso livre de economia política no Ateneu, foi nomeado em 1846 professor na École des Ponts et des Chaussées. Jornalista, propagou ardorosamente o pacifismo e o livre cambismo. Entrou para o Senado em 1876. J. Garnier pode ser considerado como o melhor divulgador da economia clássica; seus *Élements d'Économie Politique* (1846) e o seu *Traité des Finances* (1862) são exposições muito claras da doutrina da qual ele era, na Academia de Ciências Morais e Políticas, um dos principais representantes. Apesar da oposição doutrinal mútua, ele e Proudhon mantiveram sempre um vínculo de amizade.

que deva estar iluminado esteja rejeitado na sombra. Assim o poder, que por sua essência e bem como o capital, é o auxiliar e o subordinado do trabalho, torna-se, pelo antagonismo da sociedade, o espião, o juiz e o tirano das funções produtivas; o poder, cuja inferioridade original encomenda à obediência, é príncipe e soberano.

Em todos os tempos, as classes trabalhadoras perseguiram, contra a casta oficial, a dissolução desta antinomia, da qual a ciência econômica é a única que pode fornecer a chave. As oscilações, isto é, as agitações políticas que resultam desta luta do trabalho contra o poder, tanto podem conduzir a uma depressão da força central, que compromete a própria existência da sociedade, quanto, exagerando além de qualquer medida esta mesma força, geram o despotismo. Pois os privilégios do comando, as alegrias infinitas que ele dá à ambição e ao orgulho, fazem das funções improdutivas o objeto da cobiça geral; um novo fermento de discórdia penetra a sociedade que, já dividida por um lado entre capitalistas e assalariados e por outro em produtores e improdutivos, divide-se novamente pelo poder em monarquistas e democratas. Os conflitos entre a realeza e a república nos forneceriam a matéria do mais maravilhoso, do mais interessante dos nossos episódios. Os limites desta obra não nos permitem uma excursão tão longa e depois de ter assinalado esta nova ramificação da vasta rede das aberrações humanas, nós nos limitaremos exclusivamente, ao falar do imposto, à questão econômica.

Tal é pois, na sua exposição mais sucinta, a teoria sintética do imposto, quer dizer, se ouso permitir-me uma comparação familiar, desta quinta roda[5] do carro da humanidade, que faz tanto ruído e que se denomina, em estilo governamental, o Estado. O Estado, a polícia, ou o seu meio de existência, o imposto, são – repito-o – o nome oficial

---

[5] [N.T]: Ironia de Proudhon. A Física Elementar mostra que um corpo rígido pode ser posto em equilíbrio sob a ação de apenas três forças, ou seja um corpo rígido pode equilibrar-se apenas com três pontos de apoio em um plano. Os corpos reais são deformáveis e sob o efeito de forças externas exigem as chamadas *condições hiperestáticas* para acharem-se em equilíbrio. Pode igualmente ser mostrado, para uma classe muito ampla de problemas, que neste caso *quatro pontos de apoio seriam necessários para manter o corpo em equilíbrio estático ou dinâmico*, de modo que o quadrilátero é o polígono de apoio fundamental dos corpos elásticos. Ao mencionar a quinta roda Proudhon alude pois *a algo de supérfluo ou até mesmo de incômodo* e aí está a essência da ironia.

da classe que se designa em economia política sob o nome de improdutivos, ou seja em uma palavra: a criadagem[6] social[7].

Mas a razão pública não atinge em um único salto esta idéia simples que, durante séculos, deve permanecer no estado de concepção transcendental. Para que a civilização vença tal montanha[8] é preciso que ela atravesse tempestades terríveis e inúmeras revoluções; em cada uma delas dir-se-ia que ela renova suas forças por um banho de sangue. E quando finalmente a produção, representada pelo capital parece por um momento subalternizar o órgão improdutivo, o Estado, a sociedade então se subleva indignada, o trabalho chora por se ver logo livre, a democracia freme pelo abaixamento do poder, a justiça grita escândalo e todos os oráculos dos deuses que se vão, exclamam com terror que a abominação da desolação penetrou nos lugares santos e que o fim dos tempos chegou. Pois é grande verdade que a humanidade nunca quer o que ela busca e que nem o menor progresso pode realizar-se sem lançar o pânico entre os povos!

Qual é pois, nesta evolução, o ponto de partida da sociedade e por qual atalho ela chega à reforma política, quer dizer, à economia nos seus gastos, à igualdade na distribuição de seu imposto e à subordinação do poder à indústria? É o que vamos dizer em poucas palavras, reservando os desenvolvimentos para a seqüência.

A idéia original do imposto é a de um RESGATE[9].

Como na lei mosaica cada primogênito era suposto pertencer a Jehovah e deveria ser resgatado por uma oferenda, da mesma forma

---

[6] [N.T]: *Domesticité* em francês, ou seja, o conjunto dos empregados domésticos de uma casa burguesa (faxineiras, cocheiros, jardineiros, cozinheiras, etc.). O termo possui conotação levemente pejorativa e por isso escolhemos a tradução acima.

[7] [R.P]: Proudhon raramente perde a oportunidade de rebaixar as funções políticas, em benefício das funções econômicas. *A despeito de sua majestade de aparato, diz ele, as primeiras desempenham um papel menos essencial que as outras. Antes de legislar, de administrar, de construir palácios e tempos e de fazer a guerra, a sociedade trabalha, labora, navega, troca e explora terras e mares.* (De la Capacité Politique des classes Ouvriéres.)

[8] [N.T]: *Franchisse tel sommet* no original. *Sommet*, literalmente é um *vértice* e no sentido figurado o *pico* de uma montanha. A expressão, traduzida literalmente seria pois *franquear tal pico*, que soa estranha em português; daí a tradução figurada.

[9] [R.P]: Na sua *Teoria do Imposto* (1861), Proudhon adotará a teoria do imposto-troca e dirá que *o imposto é a quota-parte a pagar por cada cidadão para a defesa dos serviços públicos*. É exatamente a teoria de BASTIAT (*Oeuvres* T.V p. 344 e T. IV. p. 47). Ver sobre as idéias fiscais de nosso autor *Proudhon et Nôtre Temps.*

o imposto apresenta-se por toda a parte sob a forma de um dízimo ou de um direito de regalia pelo qual o proprietário resgata a cada ano do soberano o benefício da exploração que supõe-se que ele deva a este último. Tal teoria do imposto ademais, é apenas um dos artigos particulares do que se chama contrato social.

Os antigos e os modernos estão de acordo, em termos mais ou menos explícitos, em apresentar o estado jurídico das sociedades como uma reação da fraqueza contra a força. Esta idéia já domina todas as obras de Platão, principalmente o *Górgias*, onde ele sustenta, com mais sutileza do que lógica, a causa das leis contra a violência, isto é o arbítrio legislativo contra o arbítrio aristocrático e guerreiro. Nesta disputa escabrosa, onde a evidência das razões é igual nas duas partes, Platão apenas exprime o sentimento de toda a antigüidade. Muito tempo antes dele, Moisés, fazendo a divisão das terras, declarando o patrimônio inalienável e ordenando uma purgação geral e sem reembolso de todas as hipotecas a cada cinqüenta anos, tinha oposto uma barreira às invasões da força. A Bíblia inteira é um hino à JUSTIÇA, isto é, segundo o estilo hebreu, à caridade, à mansidão do poderoso com relação ao fraco, à renúncia voluntária ao privilégio da força. Solon, iniciando a sua missão legislativa por uma abolição geral das dívidas e criando direitos e reservas, isto é, barreiras que impeçam o retorno delas, não foi menos reacionário. Licurgo foi mais longe: ele proibiu a posse individual e esforçou-se por absorver o homem no Estado, aniquilando a liberdade para melhor conservar o equilíbrio. Hobbes, fazendo com grande razão derivar a legislação do estado de guerra, chegou por outro caminho à constituir a igualdade sobre uma exceção: o despotismo. Seu livro[10] tão caluniado, nada mais é que o desenvolvimento desta famosa antítese. A Constituição de 1830, consagrando a insurreição feita em 1789 pela ruptura com a nobreza e decretando a igualdade abstrata das pessoas diante da lei, apesar da desigualdade real das forças e dos talentos que forma o verdadeiro fundo do sistema social em vigor, nada mais é que um protesto da sociedade em favor do pobre contra o rico e do pequeno contra o grande. Todas as leis do gênero humano sobre a venda, a compra, o

---

[10] [N.E.]: Trata-se aqui do *Leviathan* de 1651, cujas idéias centrais HOBBES (1588-1679) já havia exposto no seu *De Cive* em 1642. Nestas obras ele faz a apologia dos direitos da soberania.

aluguel, a propriedade, o empréstimo, a hipoteca, a prescrição, as sucessões, doações e testamentos, sobre o dote das mulheres, a menoridade, a tutela, etc. são verdadeiras barreiras erguidas pelo arbítrio jurídico contra o arbítrio da força. O respeito dos contratos, a fidelidade à palavra, a religião do juramento, são ficções, são os ossinhos[11], como dizia muito bem o famoso Lisandro, com os quais a sociedade engana os fortes e os põe sob jugo.

O imposto pertence a esta grande família de instituições preventivas, coercitivas, repressivas e vindicativas, que Adam Smith designava sob o nome genérico de polícia e que nada mais é, como eu já disse, em sua concepção original que a reação da fraqueza contra a força. É isto o que resulta, independentemente dos testemunhos históricos que abundam e que deixaremos de lado para nos manter exclusivamente sobre a prova econômica, da distinção natural que se fez sobre os impostos.

Todos os impostos dividem-se em duas grandes categorias: 1º- impostos de *distribuição*, ou de privilégio: são os estabelecidos com maior antigüidade; 2º- impostos de *consumo* ou de *cotização*, cuja tendência, assimilando-se aos primeiros, é a de equalizar entre todos os encargos públicos.

A primeira espécie de impostos – que compreende entre nós o imposto territorial, o imposto sobre portas e janelas[12], as contribui-

---

[11] [N.T]: Alusão aos pequenos ossos do calcanhar dos quadrúpedes (carneiros e bodes principalmente), entre os quais conta-se o famoso *astrágulo* em forma de prisma hexagonal, que foram muito utilizados na Antigüidade para lançar sortes e interpretar os oráculos. Acredita-se mesmo que do lançamento do astrágulo nasceu o nosso moderno jogo de dados.

[12] [N.T]: Este é um dos maiores absurdos tributários, presentes antigamente não apenas na França, mas em outros países da Europa e no Brasil; consistia em uma taxa a pagar anualmente sobre o número de portas e janelas contidas nas fachadas das casas; quanto maior o seu número, maior a alíquota. Isto determinou conseqüências arquitetônicas muito nocivas por ocasião da concentração demográfica que se seguiu à Revolução Industrial. Como este imposto incidia apenas sobre o número de portas e janelas, sem considerar a área do imóvel, as casas dos pobres foram construídas com pequeno número delas (usualmente apenas uma janela e uma porta) na fachada e uma abertura maior no quintal; isto prejudicava de sobremaneira a ventilação e a iluminação destes imóveis: chamam-se *alcovas* p. ex. em português, *aos quartos de dormir desprovidos de janelas*. Outras soluções encontradas foram as *mansardas* e os *porões*. Com o adensamento populacional, estas condições arquitetônicas favoreciam de sobremaneira a transmissão de vírus e bactérias. Os surtos e epidemias de tuberculose e cólera, tão mortais no séc. XIX, são devidos ao menos em parte a tais fatos.

ções pessoal, mobiliária e locativa[13], patentes e licenças[14], direitos de mutação, dízimos, prestações em natureza[15] e brevês – é o encargo[16] que o soberano se arroga lançar e se reserva sobre todos os monopólios que concede ou que tolera; é, como já dissemos, a indenização do pobre e o salvo-conduto concedido à propriedade. Tal é a forma e o espírito do imposto em todas as antigas monarquias: o feudalismo consistiu em seu mais belo ideal. Sob este regime o imposto é apenas um *tributo* pago pelo detentor ao proprietário ou comanditário universal: o rei.

Quando mais tarde, pelo desenvolvimento do direito público, a realeza – forma patriarcal da soberania – começa a impregnar-se de espírito democrático, o imposto torna-se uma cotização que todo censitário deve à COISA pública e que, ao invés de cair nas mãos do príncipe, é recebida no tesouro do Estado[17]. Nesta evolução o princípio do imposto permanece intacto: não é ainda a instituição que se transforma; é o soberano real que sucede ao soberano figurativo. Quer o imposto entre no pecúlio do príncipe, quer sirva para saldar a dívida comum, trata-se sempre de uma reivindicação da sociedade contra o privilégio; sem isso é impossível se dizer porque o imposto estabeleceu-se na razão proporcional das fortunas.

---

[13] [N.T]: A contribuição pessoal, ou *capitação*, hoje em completo desuso, era um imposto lançado, geralmente de maneira esporádica e para cobrir gastos muito específicos, sobre cada súdito de certa idade para cima, morando em determinada região (que poderia ser uma única cidade, ou abranger o país inteiro). Não conseguimos maiores informações sobre as contribuições mobiliária e locativa.

[14] [N.T]: As patentes tinham uma extensão maior do que hoje. Não eram patenteadas apenas idéias, processos ou equipamentos de uso comercial ou industrial, ou nomes de fantasia de firmas e entidades, para preservar eventuais direitos comerciais, (note-se de passagem que Watt construiu um império econômico graças às patentes sobre suas máquinas, registradas em quase todo o continente europeu e que além de lhe atribuir o monopólio de sua produção, ainda impedia outros inventores de trabalhar em modificações parciais dela, se fosse mantido o mesmo princípio operacional de base); muitas profissões, como a de carpinteiro p. ex., necessitavam de patentes para serem exercidas e estas deviam ser renovadas periodicamente. Muitos ramos de indústria, como a imprensa, até o início do séc. XIX, dependiam de licença para serem exercidos e os livros e jornais tinham seu preço e taxas determinados oficialmente, sendo que o impressor gozava do monopólio de sua impressão por determinado tempo e toda outra edição era reputada como contrafação, podendo ser perseguida.

[15] [N.T]: Estas últimas são impostos de origem claramente feudal.

[16] [N.T]: *Rédevance* no original, que indica a dívida ou obrigação financeira contraída e saldável a prazo fixo.

[17] [N.T]: De fato uma das maneiras de se estudar o desenvolvimento do Estado Moderno é se acompanhar o processo pelo qual o tesouro público se separa gradualmente do patrimônio real. Esta separação, pouco visível nos tempos de Felipe Augusto, p. ex., vai se tornar quase completa nos tempos da rainha Vitória e de Luís Felipe.

"Que todos contribuam para as despesas públicas, não há nada de melhor; mas por que o rico paga mais que o pobre? É justo, dizer-se-á, porque ele possui mais. Confesso que não compreendo esta justiça. Das duas uma: ou o imposto proporcional garante um privilégio em favor dos grandes contribuintes, ou ele será uma iniqüidade. Porque, se a propriedade é um direito natural, como o quer a declaração de 93[18], tudo aquilo que me pertence em virtude deste direito é tão sagrado quanto a minha pessoa; é meu sangue, é minha vida, é eu mesmo; qualquer um que nela tocar ofende a menina de meu olho. Meus 100.000 francos de renda são tão invioláveis quanto os 75 cêntimos da *grisette*[19], os meus apartamentos tanto quanto a sua mansarda. A taxa não é distribuída em função da força física, do tamanho ou do talento: não pode sê-lo, com mais razão, em função da propriedade." (*O que é a Propriedade* cap. II.)

Estas observações são tanto mais justas, na medida em que o princípio que elas têm por fim opor ao princípio da distribuição proporcional já teve o seu período de aplicação. O imposto proporcional é muito posterior na história à homenagem, que consistia em uma simples demonstração oficiosa, sem encargo real.

O segundo tipo de impostos compreende em geral todos aqueles que se designa, por uma espécie de antífrase, sob o nome de contribuições *indiretas*, bebidas, sais, tabacos, alfândega, em uma palavra todas as taxas que afetam DIRETAMENTE a única coisa que deve ser taxada: o produto. O princípio deste imposto, cujo nome é um verdadeiro contra-senso, está incontestavelmente melhor fundamentado em teoria e é de uma tendência mais eqüitativa que o precedente; assim, apesar da opinião contrária da massa que é sempre enganada tanto sobre aquilo que lhe serve quanto sobre aquilo que lhe traz prejuízo,

---

[18] [N.T]: Trata-se aqui da *Declaração Universal dos Direitos do Homem e do Cidadão*, estabelecida como preâmbulo para a Constituição Francesa pelo Diretório em 1793, e resumindo anos de debates duros e por vezes caóticos que se sucediam na França desde a convocação do Estados Gerais.

[19] [N.T]: *Grisette* é um termo francês dificilmente traduzível; designa, no séc. XIX, aquelas jovens proletárias bonitas, que afluem a Paris e que dividem o seu tempo entre o trabalho mal remunerado (geralmente como floristas, costureiras ou auxiliares em casas de alta costura), e a boêmia dos *cabarets* em aventuras amorosas com jovens intelectuais lumpenizados ou a prostituição pura e simples. A literatura romântica as decantou, bem como a ópera e o seu protótipo talvez seja a *Dama das Camélias*. Remetemos o leitor interessado ao clássico de Alain CORBIN *Les Filles de la Noce* para um estudo mais documentado e bibliografia. A palavra em geral não tem conotação pejorativa.

eu não hesito em dizer que este imposto é o único normal, ressalvando-se a sua distribuição e percepção, das quais não me ocuparei aqui.

Pois se é verdade, como nós há pouco explicamos, que a verdadeira natureza do imposto seja resgatar, segundo um modo particular de salário, certos serviços que se furtam à forma habitual da troca, segue-se que todos os produtores, quanto ao seu uso pessoal, gozam igualmente de tais serviços e devem contribuir ao seu soldo por porções iguais. A cotização para cada um será, portanto, a uma fração de seu produto trocável ou, em outros termos, uma retenção sobre os valores por ele entregues ao consumo. Mas sob o regime do monopólio e com retenção na fonte[20], o fisco atinge o produto antes que ele tenha entrado no processo de troca, antes mesmo que ele tenha sido produzido: circunstância esta que tem por efeito rejeitar o montante da taxa nos custos de produção, o que tem por conseqüência onerar o consumidor e liberar o monopólio.

Qualquer que seja o significado do imposto por distribuição ou do imposto por quotas, uma coisa permanece positiva e é isso que nos importa sobretudo saber: é que, pela proporcionalidade do imposto, a intenção do soberano foi a de fazer com que os cidadãos contribuíssem com os encargos públicos não mais, segundo o velho princípio feudal, através de uma capitação – que implicaria a idéia de uma cotização calculada em razão do número de contribuintes e não em função de seus bens – mas sim segundo o fluxo dos capitais[21], o que supõe que os capitais gozem de uma autonomia superior à dos capitalistas. Todos, espontaneamente e por um acordo unânime, consideram tal distribuição justa; todos julgam, portanto, por um acordo unânime, que o imposto é uma retomada da sociedade, um tipo de redenção do

---

[20] [N. T.]: *Perception fonciére* no original. *Perception* pode ser traduzida como a nossa percepção, e lembrando-se que o vocábulo não possui apenas o sentido psicológico, mas que também pode ser utilizado no sentido de *receber*; assim se dizia, há algumas décadas, *perceber salários* e não apenas *receber salários*. O adjetivo *foncier, ére* designa primitivamente tudo aquilo relativo a um fundo de terra: *proprieté fonciére* pode ser traduzida como *propriedade rural* ou como *propriedade imobiliária*. Por extensão este adjetivo designa igualmente tudo aquilo relativo a um fundo ou coisas profundas: *sentiment foncier* = sentimento arraigado, *idées fonciéres*. Dessa forma entendemos a locução acima como a recepção do valor devido do imposto na sua raiz geradora, ou seja na moderna linguagem técnica: retenção ou arrecadação na fonte.

[21] [N.T]: *Au marc le franc* no original; expressão idiomática francesa que indica inicialmente a distribuição de lucros e encargos em uma sociedade segundo a proporção ou a cota-parte de cada associado no empreendimento.

monopólio. Isto é particularmente chocante na Inglaterra, onde, por uma lei especial, os proprietários da terra e os industriais, recolhem, proporcionalmente às suas rendas, um imposto de duzentos milhões que se chama a taxa dos pobres.

Em duas palavras: a finalidade prática e confessa do imposto é a de exercer sobre os ricos, e em proveito dos pobres, uma retomada proporcional ao capital.

Ora, a análise e os fatos demonstram:

Que o imposto de distribuição, o imposto do monopólio, ao invés de ser pago por aqueles que possuem, o é quase completamente por aqueles que não possuem;

Que o imposto por cotas, separando o produtor do consumidor, onera exclusivamente o último, deixando ao capitalista apenas a parte que deveria pagar se as fortunas fossem absolutamente iguais;

Por fim que o exército, os tribunais, a polícia, as escolas, os hospitais, os hospícios, as casas de refúgio e de correção, os empregos públicos e a própria religião, tudo aquilo que a sociedade criou para a defesa, emancipação e alívio do proletário, pago antes de mais nada e mantido pelo proletário, volta-se em seguida contra ele ou está perdido para ele; de maneira que o proletariado, que inicialmente trabalhava apenas para a casta que o devora – a dos capitalistas – deve trabalhar mais para a casta que o flagela, a dos improdutivos.

Estes fatos são entretanto tão conhecidos, e os economistas, eu lhes devo esta justiça, já o expuseram com tanta evidência, que eu me absterei aqui de retomar, como sub-obra, as suas demonstrações que, de resto, não mais encontram contraditores. Aquilo que me proponho iluminar e que os economistas não me parecem ter suficientemente compreendido, é que a condição criada para o trabalhador nesta nova fase da economia social não é suscetível de melhoria alguma; que, exceto o caso aonde a organização industrial, pelo efeito de uma reforma política, conduzisse à igualdade das fortunas, o mal é inerente às instituições de polícia como ao pensamento de caridade que lhes fez nascer; e por fim que o ESTADO, seja qual for a forma que lhe afete, aristocrática ou teocrática, monárquica ou republicana, enquanto não se tiver tornado em órgão obediente e submisso de uma sociedade de iguais, será para o povo um verdadeiro inferno, eu quase que diria uma danação legítima.

§ II - Antinomia do imposto

Ouço às vezes os partidários do *status quo* pretenderem que, com relação ao presente, nós já gozamos de liberdade suficiente e que, a despeito das declamações contra a ordem das coisas, estamos abaixo de nossas instituições. Ao menos no que diz respeito aos impostos, compartilho da opinião destes otimistas.

Segundo a teoria que acabamos de ver, o imposto é a reação da sociedade contra o monopólio. As opiniões a tal respeito são unânimes: povo e legislador, economistas, jornalistas e autores de *vaudeville*[22], traduzem, cada um na sua língua, o pensamento social, publicam à vontade que o imposto deve recair sobre os ricos, taxar o supérfluo e os objetos de luxo e deixar isentos os artigos de primeira necessidade. Em breve, faz-se do imposto uma espécie de privilégio para os privilegiados; mau pensamento, pois com ele se reconhece a legitimidade do privilégio que, em caso algum e sob qualquer forma que se mostre, não vale nada. O povo deveria ser punido por esta inconseqüência egoísta e a Providência não falhou na sua missão.

Desde o momento em que o imposto foi concebido como reivindicação, ele teve que estabelecer-se proporcionalmente às faculdades, seja incidindo sobre o capital, seja afetando especialmente a renda. Ora, farei observar que sendo a distribuição proporcional[23] do imposto precisamente aquela que seria adotada em um país onde todas as fortunas fossem iguais, e salvo as diferenças de base de cálculo e de extensão[24], o fisco é o que existe de mais liberal em nossa sociedade e que sobre este ponto nossos costumes estão efetivamente atrás de nossas instituições. Mas como com os maus as melhores coisas não podem deixar de ser detestáveis, nós iremos ver o imposto igualitário esmagar o povo, precisamente porque o povo não está à sua altura.

Suponho que a renda bruta média da França seja, para cada família composta de quatro pessoas, de 1.000 francos aproximadamente:

---

[22] [N.T]: A opereta satírica, entremeada de quadros de humor e cançonetas, de gosto popular, que foi o precursor dos *music-halls*, dos musicais e de nosso já falecido *teatro de revista*.

[23] [N.T]: *Au marc le franc* novamente no original.

[24] [N.T]: *Sauf les differences d'assiette et de recouvrement...* no original francês, que seria traduzido literalmente: "... salvo as diferenças de assentamento e de recobrimento.."; cremos que a nossa tradução aproxima-se mais da atual linguagem econômica vigente no Brasil.

é um pouco mais que a estimativa do Sr. Chevalier, que encontrou 63 cêntimos por pessoa e por dia, o que perfaz 919 francos e 80 cêntimos por família. O imposto hoje sobe a mais de um bilhão, ou seja, cerca de um oitavo da renda total do país; cada família, ganhando 1000 francos por ano, é taxada em 125 francos.

Nesta proporção, uma renda de 2.000 francos, paga 250 francos de imposto, uma renda de 3.000 francos paga 375, uma renda de 4.000 francos, 500 francos, e assim por diante. A proporção é rigorosa e matematicamente irrepreensível; o fisco está seguro, pela aritmética, de nada perder.

Mas pelo lado dos contribuintes, a coisa muda totalmente de aspecto. O imposto que, pelo pensamento do legislador, deveria ser proporcional à fortuna, é ao contrário progressivo no sentido da miséria, de modo que, quanto mais o cidadão é pobre, mais ele paga. É isto que esforçar-me-ei por tornar sensível, através de alguns números.

Segundo o imposto proporcional é devido ao fisco:

para uma renda de	1.000	2.000	3.000	4.000	5.000	6.000
um imposto de	125	250	375	500	625	750

O imposto parece pois crescer, segundo esta série, proporcionalmente à renda.

Mas se refletirmos que cada soma de renda se compõe de 365 unidades, cada uma representando o rendimento diário do contribuinte, não teremos mais o imposto proporcional, mas sim igual. Com efeito, se para uma renda de 1.000 francos, o Estado recolhe 125 francos de imposto, é como se recolhesse da família taxada 45 jornadas de subsistência; da mesma forma as alíquotas de 250, 375, 500, 625 e 750 francos representam para cada um dos contribuintes um imposto de 45 jornadas de vencimento.

Eu digo que esta igualdade de imposto é uma desigualdade monstruosa e que é uma ilusão estranha imaginar que, pelo fato da renda diária ser mais considerável, que a contribuição da qual ela é a base seja maior. Transportemos nosso ponto de vista da renda pessoal para a renda coletiva.

Pelo efeito do monopólio, a riqueza social abandona a classe trabalhadora para se transportar para a classe capitalista; a finalidade do imposto seria moderar este deslocamento e reagir contra a usurpação, exercendo sobre cada privilegiado uma retomada proporcional. Mas proporcional a quê? A tal privilégio recebido em excesso, sem dúvida, e não à fração do capital social que sua renda representa. Ora, a finalidade do imposto não é cumprida e a lei transforma-se em chalaça quando o fisco, ao invés de tomar o seu oitavo lá aonde tal oitavo existe, ele o pede precisamente a aqueles a quem deveria restituir. Uma última operação tornará isto palpável.

Suponhamos que a renda da França seja de 68 cêntimos por dia e por pessoa; o pai de família a quem, a título de salário ou como renda de seus capitais, toque 1000 francos por ano, recebe, digamos, quatro partes da renda nacional; aquele a quem toca 2000 francos ao ano, tem oito partes desta renda; aquele a quem toca 4.000 francos, terá dezesseis partes e assim por diante. Segue-se daí que o operário que, para uma renda de 1000 francos paga 125 ao fisco, cede ao bem público meia parte da renda nacional, ou seja um oitavo de seu rendimento e da subsistência de sua família, ao passo que o rentista que, sobre uma renda de 6.000 francos paga apenas 750 francos, beneficia-se na verdade de 17 partes sobre a renda coletiva, ou seja, em outros termos, ele ganha 425%[25].

---

[25] [N.T]: Na verdade o argumento de Proudhon neste parágrafo é confuso e parece não sustentar a conclusão que ele coloca no final. No próximo parágrafo o argumento ficará mais claro. A única coisa que se pode deduzir dele é que o imposto assim aplicado não altera a distribuição de renda da sociedade, e portanto não atinge o pressuposto de penalizar o monopólio. O problema principal parece ser, em nossa opinião, a ausência do dado demográfico para se passar com segurança da renda pessoal ou familiar para a renda total da nação. Para simplificar o argumento suponhamos a sociedade consistindo apenas de seis famílias de rendas crescentes, cf. a tabela abaixo:

renda familiar (x1000 F)	renda familiar (% renda total)	imposto (% renda total)	renda familiar líquida (% renda total)
1	4,76	0,59	4,17
2	9,52	1,19	8,33
3	14,28	1,78	12,50
4	19,04	2,38	16,66
5	23,81	2,98	20,83
6	28,57	3,57	25,00

onde supusemos a renda total igual a 21.000 F (isto é igual à soma das seis classes de rendimento). A tabela acima mostra claramente que com *alíquota única* não se altera *a distribuição relativa de rendas*, o que é quase um truísmo. Assim, a razão da renda máxima para a renda mínima é a mesma, tanto para a renda bruta (coluna 1) quanto para a renda líquida (coluna 4) na razão de 6:1. Desta forma apenas alíquotas crescentes conseguiriam o efeito de redistribuição almejado.

Reproduzamos a mesma verdade sob outra forma.

A França conta com cerca de 200.000 eleitores[26]. Ignoro qual seja a soma paga por eles, mas creio não me afastar muito da verdade, supondo a média *per capita* de 300 francos anuais de impostos pagos, ou seja um total de 60 milhões para os 200.000 censitários; a estes 60 milhões acrescentaremos ainda um quarto do valor à guisa de impostos indiretos pagos por eles, obtendo portanto 75 milhões, ou seja, supondo-se que a família média de cada eleitor componha-se de cinco pessoas, obteremos 75 F *per capita* como a taxa que paga ao Estado a classe eleitoral. Ora, como o orçamento público, segundo o *Annuaire Économique* de 1845, é de 1.106 milhões, resta portanto 1 bilhão e 31 milhões de francos que são pagos pela população, ou seja 31,30 F *per capita* para cada cidadão não eleitor: dois quintos da taxação paga pela classe rica. Ora, para que tal proporção fosse eqüitativa, seria preciso que o bem-estar médio da classe não eleitoral fosse dois quintos da média do bem-estar da classe dos eleitores: para que isto fosse verdade seria preciso aumentar o bem-estar médio dos primeiros em três quartos.

Esta desproporção parecerá ainda mais chocante, se refletirmos que os cálculos acima efetuados sobre a classe eleitoral estão equivocados, em favor dos censitários.

Com efeito, os únicos impostos que são contados para o gozo dos direitos eleitorais são: 1º o imposto rural e territorial; 2º os impostos pessoais e mobiliários; 3º imposto sobre portas e janelas; 4º patentes. Ora, com exceção do imposto pessoal e mobiliário, que varia pouco, os três outros impostos são repassados para os consumidores; este é igualmente o caso dos impostos indiretos, pois os detentores de capitais se fazem reembolsar o seu valor pelos consumidores, salvo os direitos de mutação que incidem diretamente sobre o proprietário e que apuram no total 150 milhões. Ora, se estimarmos

---

[26] [R.P]: O direito de voto, em virtude da lei eleitoral de 13 de abril de 1831, era concedido apenas às pessoas que pagassem ao menos 500 francos anuais de impostos diretos; este censo era rebaixado para 100 francos anuais, no caso das "capacidades" (conselheiros gerais, prefeitos, adjuntos, magistrados, advogados, tabeliães, médicos e professores universitários). O "país legal" compunha-se de cerca de 200.000 pessoas que derivavam seus direitos políticos da sua fortuna pessoal. [N.T.]: lembremos ao leitor que as mulheres, fosse qual fosse a sua renda, não votavam na França do séc. XIX e nem no começo do séc. XX, quando Picard redigia esta nota].

que a propriedade dos detentores de direito eleitoral corresponda a um sexto desta soma, o que é muito, obteremos que a parcela dos impostos diretos (409 milhões) corresponderia a um *per capita* de 12 F e que a parcela dos impostos indiretos (547 milhões) corresponderia a 16 F. A média de impostos pagos por uma família de eleitores, supondo-se composta de cinco pessoas, seria de 265 F por ano, enquanto que o operário, que possui apenas sua braça[27] para alimentar a si, à sua mulher e aos seus dois filhos, pagará por ano 112 F de impostos. Em termos mais gerais, a média das contribuições *per capita* nas classes superiores seria de 53 F ao ano e na classe inferior de 28 F. E neste ponto eu renovo a minha questão: o bem-estar daqueles que estão aquém do censo eleitoral seria a metade do daqueles que estão além dele?

Ocorre como imposto o mesmo que acontece com as publicações periódicas, que na verdade custam mais caro quanto mais espaçada é a sua periodicidade. Um jornal cotidiano custa 40 F ao ano, um semanário 10 F, uma publicação mensal 4. Supondo-se iguais todos os outros custos, os preços das assinaturas destes jornais estão entre si como os números 40, 70 e 120; o custo cresce com o intervalo entre as edições. Tal é precisamente a marcha do imposto: ele é uma assinatura paga por cada cidadão em troca do direito de trabalhar e de viver. Aquele que usa deste direito em menor proporção paga mais; o que utiliza um pouco mais paga um pouco menos e que usa muito paga pouco.

Os economistas estão geralmente de acordo com tudo isto.

Eles atacaram o imposto proporcional não apenas no seu princípio, mas também na sua aplicação; eles pesquisaram as suas anomalias que provêm quase todas da relação do capital para a renda, ou da superfície cultivada para a renda e que nunca é fixa.

"Seja uma contribuição de um décimo sobre o rendimento das terras, e terras de diferentes qualidades, produzindo a primeira 8 F de trigo, a segunda 6 F e a terceira 5; o imposto exigirá um oitavo do rendimento da terra mais fecunda, um sexto daquela que o é um pouco menos e finalmente um quinto daquela menos fértil. O imposto não

---

[27] [N.E.]: *Brasse* (braça em português N.T), é a extensão medida pelos braços abertos e aqui a força destes braços. Os operários manuais eram outrora denominados na França de braçais (este é o caso também do Brasil N.T.); em italiano dizemos ainda *bracchianti*.

estaria pois estabelecido no sentido inverso do que deveria[28]? No lugar das terras poderíamos supor os outros instrumentos de produção e comparar capitais de mesmo valor ou quantidades de trabalho de mesma grandeza, aplicados a ramos de indústria de produtividade diferente: a conclusão seria a mesma. Há injustiça em se exigir a mesma capitação de 10 F ao operário que ganha 1000 F ao ano e ao artista ou ao médico que consegue uma renda de 60.000 libras." (J.GARNIER *Cours d'Économie Politique*).

Estas reflexões são muito justas, embora recaiam apenas sobre as alíquotas ou sobre a base de arrecadação e não atinjam o princípio básico do imposto. Pois supondo a distribuição feita sobre a renda, ao invés do capital, sempre permanece o seguinte fato: o imposto, que deveria ser proporcional às fortunas, é um encargo do consumidor.

Os economistas venceram este passo: reconheceram claramente que o imposto proporcional é iníquo.

"O imposto, diz J. B. Say, jamais deve incidir sobre a necessidade." Este autor, é verdade, não define o que devemos entender por necessidade, mas nós podemos suprir esta omissão. O necessário é aquilo que toca a cada indivíduo, do produto total do país, uma vez descontado o total devido de impostos. Assim, contando em números redondos, a produção da França é de 8 bilhões e o total dos impostos é de 1 bilhão; a necessidade de cada indivíduo, por dia, é de 56 cêntimos e meio. Tudo o que ultrapassar esta renda deveria ser taxado, segundo J. B. Say; e tudo o que estivesse abaixo desta cifra deveria permanecer sagrado para o fisco.

É isto o que exprime o mesmo autor em outros termos quando diz: "O imposto proporcional não é eqüitativo". Adam Smith já tinha dito antes dele: "...Não é irrazoável que o rico contribua com as despesas públicas não apenas na proporção de sua renda, mas também com algo a mais". "Irei mais longe, acrescenta J. B. Say, não temerei dizer que o imposto progressivo é o único eqüitativo." E o Sr. J. Garnier, o abreviador de todos os economistas, nos diz: "As

---

[28] [N.T]: Esta passagem é um pouco obscura dada a pouca precisão da linguagem econômica da época. As produtividades às quais o texto se refere são obviamente produtividades *por unidade de área*. Assim, para se obter *um mesmo rendimento absoluto*, ou, o que é quase a mesma coisa, uma mesma arrecadação de impostos para estas terras é necessário cultivar áreas que estão entre si na proporção de 1/8:1/6: 1/5, ficando assim explicada a afirmação do texto.

reformas devem tender a estabelecer uma igualdade progressiva, se assim posso me exprimir, bem mais justa, bem mais eqüitativa, que a pretensa igualdade no imposto, que nada mais é que uma monstruosa desigualdade".

Assim, segundo a opinião geral e o testemunho dos economistas, duas coisas são reconhecidamente verdadeiras: uma é que em seu princípio o imposto é reativo[29] ao monopólio e dirigido contra o rico; a outra é que, na prática deste mesmo imposto, ele é infiel à sua meta; ao onerar preferencialmente o pobre, ele comete uma injustiça, que o legislador deve tender constantemente a distribuir de uma maneira mais eqüitativa.

Eu tinha necessidade de estabelecer solidamente este duplo fato antes de passar a outras considerações: neste ponto a minha crítica começa.

Os economistas – com esta bonomia das pessoas honestas que eles herdaram de seus ancestrais e que constitui ainda hoje motivo para o seu elogio – não deixaram de perceber que a teoria progressiva do imposto, que eles indicavam aos governos como o *nec plus ultra* de uma administração prudente[30] e liberal, era contraditória nos termos e que estava grávida de uma legião de impossibilidades. Eles acusaram, uma depois da outra, como causa da opressão do fisco a barbárie dos tempos, a ignorância dos princípios, os preconceitos de casta, a avidez dos tratantes, ou seja em uma única palavra, na sua opinião, tudo aquilo que, impedindo a progressividade do imposto, fazia obstáculo à prática sincera da igualdade diante do orçamento; o que eles sequer por um instante suspeitaram é que aquilo que pediam, com o nome de imposto progressivo, seria uma inversão completa de todas as noções econômicas.

Desta forma eles não viram que, por exemplo, o imposto era progressivo pelo próprio fato de ser proporcional; apenas a progressão era tomada ao contrário, sendo dirigida – como nós o dissemos – não no sentido da maior fortuna, mas no sentido da

---

[29][N.T]: *Réactionnaire* no original francês. Traduzimos por reativo porque a conotação excessivamente ideológica que o termo *reacionário* possui em português não se ajusta ao nosso ver ao contexto.

[30] [N.T]: *Sage* no original, que pode ser traduzido literalmente como *sábio/ sábia*, mas cujo sentido mais usual em francês é o de *prudente*. Adotamos este registro na tradução.

menor. Se os economistas tivessem tido uma idéia clara desta inversão, invariável em todos os países que aplicam impostos, um fenômeno tão singular não teria deixado de chamar a sua atenção; eles teriam investigado as suas causas e teriam acabado por descobrir que aquilo que tomavam como um acidente da civilização, como um efeito das inextricáveis dificuldades do governo humano, era na verdade o produto da contradição inerente à toda a economia política.

1 – O imposto progressivo, quer seja aplicado ao capital quer à renda, é a própria negação do monopólio, deste monopólio que pode ser encontrado em toda parte, como diz o Sr. Rossi[31], no caminho da economia social; deste monopólio que é o verdadeiro estimulante da indústria, a esperança da poupança, o conservador e o pai de toda a riqueza; monopólio do qual, podemos dizer por fim que a sociedade não pode existir sem ele. Se o imposto tornar-se subitamente naquilo que ele indubitavelmente deve ser, a saber a contribuição proporcional (ou progressiva, o que é a mesma coisa) de cada produtor aos encargos públicos, a renda e o lucro serão logo confiscados em toda a parte em favor do Estado; o trabalho será despojado do fruto de suas obras e cada indivíduo será reduzido à porção côngrua de 56 cêntimos e meio, a miséria se tornará geral, o pacto formado entre o trabalho e o capital será dissolvido e a sociedade, desprovida de leme, retrogradará às suas origens.

Alguém poderá dizer que é fácil impedir a aniquilação absoluta dos lucros do capital, detendo-se em um momento qualquer o efeito da progressão.

Ecletismo, centrismo, acomodação com o céu ou com a moral: é sempre a mesma filosofia! A verdadeira ciência repugna semelhantes transações. Todo o capital investido deve retornar ao produtor sob a forma de juros; todo o trabalho deve deixar um excedente, todo o salário deve ser igual ao produto. Sob a égide de tais leis, a sociedade realiza sem cessar, pela maior variedade da produção, a maior soma de bem-estar possível. Estas leis são absolutas: violá-las significa machucar, mutilar a sociedade. Assim o capital, que no fi-

---

[31][R.P]: ROSSI, *Cours d'Économie Politique* 4ª ed. T. IV pp. 33 e ss. e ainda *Cours de Droit Constitutionel, p. 366.* Para Proudhon o imposto progressivo é um confisco. Esta opinião, freqüentemente sustentada na época, era igualmente a de THIERS.

nal das contas não é outra coisa que o trabalho acumulado, é inviolável. Mas por outro lado, a tendência à igualdade não é menos imperiosa: ela manifesta-se em cada fase econômica com uma energia crescente e com autoridade invencível. Tereis pois que satisfazer ao mesmo tempo ao trabalho e à justiça: deveis dar ao primeiro garantias cada vez mais reais e distribuir[32] a segunda sem concessões ou ambigüidade.

Ao invés disto, sabeis apenas substituir vossas teorias pelo belprazer do príncipe, deter o curso das leis econômicas por um poder arbitrário e, sob o pretexto de eqüidade, mentir igualmente ao salário e ao monopólio! Vossa liberdade é apenas uma meia liberdade, vossa justiça é somente uma meia justiça, e toda a vossa sabedoria consiste na prudência dos meios-termos cuja iniqüidade é sempre dupla, pois não dá direito às pretensões de nenhuma das partes! Não, tal não pode ser a ciência que vós nos prometestes e que, desvendando-nos os segredos da produção e do consumo das riquezas, deve resolver sem equívocos as antinomias sociais. Vossa doutrina semiliberal é o código do despotismo e detecta em vós tanto a impotência em avançar quanto a vergonha de recuar.

Se a sociedade, engajada por seus antecedentes econômicos, nunca pode retroceder em seu caminho; se, até que chegue a equação universal, o monopólio deva ser mantido em sua posse, nenhuma mudança será possível na base de incidência do imposto: apenas reside aí uma contradição que, como qualquer outra, deve ser levada até o esgotamento. Tende pois coragem em vossas opiniões: respeito pela opulência e nenhuma misericórdia para com o pobre, que o Deus do monopólio condenou. Quanto menos o mercenário tenha do que viver, mais é preciso que ele pague: *qui minus habet, etiam quod habet auferetur ab eo.* Isto é necessário, isto é fatal: isto vai salvar a sociedade.

Tentemos entretanto retornar à progressão do imposto e fazer com que, ao invés do trabalhador, seja o capitalista que mais lucre com ele.

---

[32] [N.T]: *Procurer* no original francês, que não possui o mesmo significado de *procurar* em português. O termo é utilizado no sentido de obtenção, fornecimento: *se procurer un manteau = conseguir um casaco.* Nossa tradução é mais figurada, mas compatível com o uso da linguagem jurídica portuguesa, onde *distribuir justiça* faz parte do jargão.

Observo inicialmente que, com a atual maneira de percepção, a totalidade deste imposto é contada entre os custos de produção e então das duas coisas uma: ou o produto, apesar do aumento em seu valor venal, será comprado pelo consumidor e conseqüentemente o produtor será descarregado da taxa, ou então este produto será considerado muito caro e neste caso o imposto, como o disse muito bem J. B. Say, atua como um dízimo lançado sobre as sementes: ele impede a produção. Desta forma um direito de mutação muito elevado detém a circulação de imóveis e torna os fundos menos produtivos, opondo-se a que mudem de mãos.

Se, ao contrário, o imposto recai sobre o produto, ele passa a ser apenas um imposto de cotas, que cada um paga segundo a importância de seu consumo enquanto que o capitalista, que deveria ser atingido, é preservado.

Aliás, a suposição de um imposto progressivo tendo por base o produto ou o capital, é perfeitamente absurda. Como supor que determinado produto seja taxado com um direito de 10% em um tal comerciante e em apenas 5% em outro? Como os fundos, já tão gravados de hipotecas e que mudam todos os dias de dono, como o capital, formado por sociedade ou pela fortuna de um único indivíduo, serão distinguidos no cadastro e taxados não segundo o seu valor ou sua renda, mas sim em razão da fortuna ou dos lucros presumidos do proprietário?...

Resta portanto um último recurso: é o de taxar a renda líquida de cada contribuinte, seja qual for a maneira com que se forme. Por exemplo, uma renda de 1000 F pagaria 10%; uma renda de 2.000 F, 20%; de 3000 F, 30%, etc. deixemos de lado as mil dificuldades e vexações do recenseamento e suponhamos a operação tão fácil quanto quisermos. Pois bem! eis aí precisamente o sistema que eu acuso de hipocrisia, de contradição e de injustiça.

Eu digo em primeiro lugar que o sistema é hipócrita porque, a menos que ele retire do rico a porção inteira de sua renda que ultrapasse a média do produto nacional por família – fato este inadmissível – ele não conduz, como se imagina, à progressão do imposto para o lado da riqueza; no máximo ele transforma esta progressão em razão proporcional. Assim, a progressão atual do imposto, para as fortunas de 1.000 F de renda e ACIMA está como os números 10, 11, 12, 13, etc.; e para as fortunas de 1.000 F de renda e ABAIXO, como os números 10, 9, 8, 7, 6, etc.; o imposto desta forma sempre cresce com a miséria e decresce com a riqueza[33]: se nos limitássemos à desa-

---

[33] [N.T]: O exemplo acima torna mais claro o pensamento de Proudhon. Suponhamos as rendas do país distribuídas em N classes: 1,2,3,...,10,11,....N; no caso de Proudhon, como 10 corresponde 1000F teremos que a classe 1 corresponde à rendas entre 0 e 100F, a classe 2 à rendas entre 101 e 200F e assim por diante (poderíamos igualmente definir estas classes com os valores 100F, 200F,...etc. constituindo o valor central e não o extremo do intervalo, mas isto, embora econometricamente seja mais consistente, é menos intuitivo e irrelevante na atual discussão); seja r_k a renda média da classe k e t_k o imposto pago; da hipótese de Proudhon decorre imediata mente que: $t_k = k \cdot a_k$ onde a_k é a alíquota do imposto da classe k, ou seja Proudhon admite esta alíquota proporcional à ordem da classe, ou seja função da renda média desta classe (assim, p. ex. uma alíquota de 8% sobre o rendimento de 1000F daria portanto $10 \cdot a_{10} = 80 \Rightarrow a_{10} = 8$). As alíquotas das classes menores serão mais baixas e as das classes superiores mais altas. Se a renda máxima tributável for de 20.000 F, N= 200 e a deve ser calculado de modo que: $200.a_{200} < 20.000 \Rightarrow a_{200} < 100$, para que a classe mais rica fique com alguma renda depois de tributada; analogamente, a alíquota da classe 1 deve ser necessariamente menor que a renda média da classe 1 e a fortiori:$a_1 < 100$; obtemos assim um *limite superior* para a as alíquotas; a determinação mais precisa das alíquotas de cada classe poderia ser feita utilizando-se técnicas matemáticas mais sofisticadas, como os *multiplicadores de Lagrange* p.ex, associadas à condições de máximo e mínimo convenientes (p. ex. a *arrecadação total deve ser constante e igual ao mínimo suficiente para manter as despesas do Estado*, o que implica em fazer ,

$$T = \sum_{k=1}^{N} n_k t_k = \sum_{k=1}^{N} n_k k \cdot a_k$$ onde n_k é a *população* da classe k, um mínimo com relação às

alíquotas e $t_k < r_k \Rightarrow a_k < \dfrac{r_k}{k} \Rightarrow a_k < 100 \ \forall k$). Esta matemática é claramente demasiado complicada para que a exponhamos aqui. Suporemos portanto que se tenha fixado de alguma maneira a série que Proudhon supõe para os impostos (para fixar as idéias digamos que $a_1 = 1, K \ a_{10} = 8 ,..., a_{200} = 50$, o que equivale a uma tributação de 50% para a classe mais rica e de 1% para a classe mais pobre; suponhamos ainda que os valores intermediários sejam estabelecidos de maneira similar, obedecendo o critério de crescimento da alíquota segundo a renda da classe) .

O problema da *renda média* é um pouco mais árduo. Para estabelecer a renda média de cada classe de rendimentos temos que saber como esta se distribui no interior de cada classe, isto é, p.ex. dentro da classe 8 (rendimentos entre 701 e 800F) quantas famílias recebem 701F, quantas 702F, etc.; isto é, teremos que levantar *histogramas de renda* dentro de cada classe e desta forma escrever:

$$r_k = \frac{\sum_{j=1}^{100} r_k^j n_k^j}{\sum_{j=1}^{100} n_k^j} = \frac{\sum_{j=1}^{100} r_k^j n_k^j}{n_k}$$

onde os r_k^j são as subclasses de renda pertencentes à classe k e n_k^j é o número de famílias que goza de tais rendas. No caso presente somamos até $n=100$, porque fizemos com que a renda variasse com passo de 1 F (isto é adotamos a distribuição *por centil*) dentro de cada classe; poderíamos ter escolhido um passo mais grosso (5 ou 10 F, por exemplo) ou mais fino (10 cêntimos p.ex), obtendo em cada caso uma estimativa mais ou menos precisa da renda média (nos casos práticos toma-se geralmente nesta escala a distribuição *por decil*), mas sem que a média definida deixe de ser significativa; obviamente a somatória do número de famílias dentro de cada subclasse de renda será igual à população total da classe. Lembremos agora que cada subclasse de renda pode ser facilmente escrita em termos da renda máxima que define a classe, p. ex.: 701= 0,8765x800; 702=0,8775x800; ...;799=0,9987x800; 800=1.x800, e desta maneira poderemos escrever: $r_k^j = p_k^j \cdot r_k^0$, onde r_k^0 é a renda máxima da classe em questão e os p_k^j são os coeficientes acima mencionados que definem a renda da subclasse em função da renda máxima. Substituindo esta última expressão na expressão para a renda média, obteremos facilmente:

$$r_k = r_k^0 \frac{\sum_{j=1}^{100} p_k^j n_k^j}{n_k} = r_k^0 \langle n_k \rangle$$

vemos assim que a renda média de cada classe é igual ao produto da renda máxima da classe por um fator que pode ser assimilado à uma média ponderada percentual da distribuição interna de renda na classe ou seja, pondera-se a população de cada subclasse por um fator que corresponde à renda da subclasse e divide-se o total pela população da classe. Este fator é obviamente **menor que a unidade**. A renda máxima da classe, por sua vez escreve-se facilmente em termos da ordem da classe como $r_k^0 = 100 \cdot k$, ou seja ainda, a renda média da classe será:

$$r_k = r_k^0 \frac{\sum_{j=1}^{99} p_k^j n_k^j}{n_k} = 100 \cdot k \langle n_k \rangle$$

o critério de justiça do imposto, como assinala Proudhon, é a razão do seu montante para a renda média

$$\tau_k = \frac{t_k}{r_k} = \frac{k \cdot a_k}{100 \cdot k \langle n_k \rangle} = \frac{a_k}{100 \langle n_k \rangle} = \frac{n_k a_k}{100 \sum_{j=1}^{100} p_k^j \cdot n_k^j} = \frac{n_k a_k}{100 \beta_k}$$

consideremos agora duas classes de renda k e l tais que $k < l$, isto é, tais que os membros da classe k sejam *mais pobres* que os membros da classe l e comparemos as respectivas razões de taxação, tais como acima definidas:

$$\frac{\tau_k}{\tau_l} = \frac{n_k a_k}{100 \beta_k} \cdot \frac{100 \beta_l}{n_l a_l} = \frac{n_k}{n_l} \cdot \frac{a_k}{a_l} \cdot \frac{\beta_l}{\beta_k}$$

assim, para que a justiça do imposto fosse preservada seria necessário que sempre tivéssemos $\dfrac{\tau_k}{\tau_l} < 1$. Ora, na sociedade capitalista a *renda está concentrada*, ou seja, a população das classes inferiores de renda é *maior que* a das classes superiores, de modo que: $n_k > n_l$, ou seja: $n_k / n_l > 1$. As alíquotas são, por hipótese progressivas, de maneira que: $a_k / a_l < 1$, mas em geral a *progressividade das alíquotas* é de ordem tal que **a sua variação não compensa a variação de população das classes**. No Brasil de hoje, por exemplo, a metade mais pobre da população

gravar o imposto indireto que incide principalmente sobre a classe pobre e sobretaxássemos as rendas dos ricos para compensar, a progressão não seria mais a que citamos acima, mas sim para a primeira a dos números 10; 10,25; 10,50; 10,75; 11; 11,25; etc. e para a da segunda os números 10; 9,75; 9,50; 9,25; 9,0; 8,75; etc. Mas esta progressão, ainda que mais lenta dos dois lados, nem por isso deixaria de estar orientada para o mesmo sentido[34], sempre ao revés da justiça: é isto o que faz com que o imposto dito progressivo seja no máximo capaz de alimentar as tagarelices dos filantropos e que não tenha valor científico algum. Com ele nada muda na jurisprudência fiscal: será sempre, como diz o provérbio, o pobre quem carregará a cangalha e sempre o rico será objeto das solicitudes do poder.

Acrescento ainda que tal sistema é contraditório.

Com efeito *dar e reter não vale* dizem os jurisconsultos. Por que então, em lugar de consagrar os monopólios, cujo único benefício para os titulares nesta nova ordem seria o de perder, juntamente com as rendas por ele geradas, todos os gozos, porque não proclamar logo a lei agrária? Por que inscrever na constituição que cada um goza livremente do fruto de seu trabalho e da sua indústria quando, pelo fato ou pela tendência do imposto, esta permissão é concedida apenas até a ocorrência de um dividendo de 56 cêntimos e meio por dia, coisa que,

---

fica com apenas 20% da renda nacional, ao passo que a parcela dos 1% mais ricos apropria-se de quase 40% da renda, ou seja são cem vezes mais ricos que a parcela mais pobre. Se considerarmos os 25% mais pobres da população brasileira, a concentração será maior ainda: os mais ricos terão uma renda 240 vezes maior que os 25% mais pobres. Se considerarmos que o Imposto de Renda no Brasil possui apenas quatro classes de alíquotas, perceberemos que a progressividade é muito menor do que deveria ser.

Este fato é na verdade universal: em todos os países a progressividade geral dos impostos é menor do que a concentração de renda, de modo que a razão $\tau_k / \tau_l \geq 1$ quase sempre se verifica e o imposto é portanto no máximo proporcional, como insiste Proudhon. Observemos ademais que a dificuldade de se aumentar a progressividade é antes de mais nada política, pois os membros do Parlamento e os administradores do Governo são em geral recrutados na classe média alta, na burguesia ou na tecnocracia, cujos interesses não são obviamente distributivos.

[34] [N.T]: É o que se depreende da nota anterior. De fato, não se trata de *aumentar as proporções das alíquotas*, mas sim de fazê-las crescer *mais rápido que a concentração de renda nas distintas classes sociais*. É exatamente este ponto que é considerado um esbulho e um autoritarismo pelo Direito Tributário. Note-se que isto não quer dizer que nem Proudhon nem os anarquistas sejam partidários da alta taxação nem da concentração das rendas nas mãos do Estado, como a discussão que se segue mostrará.

é verdade, a lei não previu mas que resulta necessariamente da progressão? O legislador, confirmando-nos em nossos monopólios, quis favorecer a produção, manter o fogo sagrado da indústria; ora que interesse teríamos em produzir se, não estando ainda associados, não produzíssemos apenas para nós mesmos? Como, depois de termos sido declarados livres, podem nos ser impostas condições de venda e de aluguel e de troca que anulam a nossa liberdade?

Um homem possui, em títulos do Estado 20.000 libras de renda. O imposto, através da nova progressão lhe retirará 50%. Nesta taxa lhe será mais vantajoso retirar o seu capital e consumir os fundos ao invés da renda. Reembolsemo-lo portanto. Mas o quê! Reembolsar? O Estado não pode ser obrigado ao reembolso; se ele consentir no resgate será na base do *pro-rata* da renda líquida. Assim um título de rendas de 20.000 libras valerá apenas 10.000 para o rentista se ele quiser ser reembolsado pelo Estado, e isto por causa do imposto; a menos que ele divida o seu capital em vinte cotas menores e neste caso terá uma renda dupla[35]. Da mesma forma, se uma fazenda[36] fornece pelo seu arrendamento 50.000 libras ao seu proprietário, ao gravar-se esta renda em dois terços pelos impostos, ver-se-á o preço do imóvel perder dois terços do seu valor. Mas se o proprietário dividir esta fazenda em cem lotes e leiloá-los, como o

---

[35] [N.T]: Proudhon supõe implicitamente que títulos de renda de 1000 F não paguem imposto e neste caso 20x1000= 20.000=2x10.000; um raciocínio simplista. Se tais títulos pagarem a alíquota de 8%, a mesma suposta para uma renda qualquer de 1.000F, teremos, supondo-se que não exista taxação suplementar, uma renda líquida de 20x920=18.400F. Este exemplo, apesar de pedestre, mostra bem as sutilezas da taxação: um aumento de alíquota em determinado rendimento, sempre provocará um movimento de "fuga ao imposto" que poderá tornar atraentes para investimento aplicações nominalmente menos rentáveis.

[36] [N.T]: *Domaine* no original, cujo sentido literal é domínio, por herança direta do latim *dominium* de *domus*, que indica primitivamente a casa do *pater-famílias*. *Dominium* na baixa latinidade indicava as propriedades rurais da aristocracia romana ou provincial, compostas geralmente de uma casa grande e suntuosa (a *villa*), casas menores de administradores e agregados, celeiros, estábulos e oficinas, terras de cultivo e uma aldeia de servos, escravos e trabalhadores semilivres (o *vicus*). Por ocasião das invasões germânicas, as tribos instaladas nos territórios romanos, a título de federadas, tinham direito, através do próprio ato imperial de reconhecimento deste vínculo, a serem mantidas pelos cidadãos do território no qual se instalavam: juridicamente era como se os cidadãos pagassem um imposto para a manutenção de uma milícia de segurança. Esta "manutenção" tomava geralmente a forma de uma cessão de patrimônio: um terço de cada domínio da região geralmente era atribuído ao chefe germânico, juntamente com os homens para valorizá-lo, a título de *beneficium*, isto tornava o rei germânico um proprie-

terror do fisco não deterá mais os compradores, ele poderá retirar a integridade de seu capital[37]. De modo que, com o imposto progressivo, os imóveis não seguem mais a lei da oferta e da procura e não mais são estimados segundo o seu rendimento real, mas sim segundo a qualidade do seu titular. A conseqüência será que os grandes capitais serão depreciados e a mediocridade será posta na ordem do dia; os proprietários tentarão realizar às pressas os seus capitais imobilizados, pois será melhor consumir suas propriedades do que delas retirar uma renda insuficiente; os capitalistas resgatarão seus fundos, ou os investirão apenas à taxas usurárias; todo o grande empreendimento será proibido, toda a fortuna aparente perseguida e todo o capital que ultrapasse a cifra do necessário será proscrito. A riqueza reprimida, recolher-se-á a si mesma e sairá apenas por contrabando e o trabalho, como um homem amarrado a um cadáver, estreitará a miséria em um abraço sem fim[38]. Os economistas que concebem tais mudanças estarão no direito de ridicularizar os reformistas?

Depois de ter demonstrado a contradição e a mentira do imposto progressivo, seria necessário que eu ainda provasse a sua iniqüi-

---

tário de terras, que tinha direito de reger pelo seu direito próprio e não pela lei romana. A crise demográfica do Ocidente, característica dos dois últimos séculos do Império, juntamente com a força militar dos bárbaros, fez com que estes últimos ampliassem suas posses muito além do previsto pela lei; nas regiões de colonização romana mais antiga – como o Sul da França p. ex. – a estrutura cadastral e imobiliária foi melhor mantida e assim o *domaine*, representava no francês medieval a gleba de terra cultivada, pertencente ou não ao feudo; posteriormente passou a designar as glebas da pequena nobreza, de extensão bem menor que os feudos dos duques e condes... É neste sentido que traduzimos *domaine* por fazenda, que significa no português do Brasil uma gleba de terra cultivada ou explorada de alguma forma e de extensão considerável. No português de Portugal talvez o termo *herdade* traduzisse com maior precisão o vocábulo. O leitor interessado poderá encontrar um resumo do processo histórico acima descrito no livro de Ferdinand LOT *La Fin du Monde Antique et le Début du Moyen Age* (4ª ed. PARIS Aubier, 1978), com tradução portuguesa pelas Edições70, Lisboa 1984.

[37] [N.T]: Observou-se um processo semelhante à partir do começo da década de 1980 em muitas antigas regiões agrícolas do Estado de S. Paulo, quando um aumento de alíquota foi introduzido no Imposto Territorial incidindo sobre terras improdutivas ou subaproveitadas. Começaram a surgir então "condomínios rurais", onde o proprietário dividia sua fazenda, ou mais freqüentemente metade dela em lotes para chácaras de recreio e/ou explorações turísticas ou hoteleiras e ficava com uma determinada parcela do lote "terceirizado" além de manter a outra metade da fazenda na sua subprodução que lhe era bastante rentável, escapando assim às intenções moralizadoras do fisco.

[38] [N.T]: *comme un homme attaché à un cadavre, embrassera à la misère dans un acouplement sans fin* no original francês. Optamos por uma tradução "moderada". Uma tradução mais "forte" também possível diria: "*como um homem que, amarrado a um cadáver abraçasse a miséria em um coito sem fim*" pois o verbo *s'acoupler* em francês, além do sentido básico de *acoplar-se*, é também utilizado para designar a união sexual nos animais....

dade[39]? O imposto progressivo, tal como o entendem os economistas e na sua trilha alguns radicais, é impraticável, como eu disse há pouco, se ele incide sobre os capitais ou sobre os produtos: suponho conseqüentemente que ele onerará as rendas. Mas quem não vê que esta distinção puramente teórica entre *capitais*, *produtos* e *rendas* tomba diante do fisco e que as mesmas impossibilidades que já assinalamos reaparecem aqui com seu caráter fatal?

Um industrial descobre um procedimento através do qual, economizando 20% dos custos de produção, consegue um rendimento de 25.000 F. O fisco lhe exige 15.000. O empreendedor é então obrigado a elevar seus preços porque, pelo imposto, o seu procedimento ao invés de economizar 20%, economiza apenas 8%. Não se poderia dizer que o fisco impede que os preços baixem? Assim, crendo atingir o rico, o imposto progressivo atinge sempre o consumidor; é impossível que um deixe de atingir o outro, a menos que se suprima a produção: que desvio![40].

É uma lei da economia social o fato de todo o capital investido ter que retornar incessantemente ao empreendedor sob a forma de juros. Com o imposto progressivo, esta lei é radicalmente violada posto que, pelo efeito da progressão, o juro do capital atenua-se até o ponto no qual a indústria constitua-se em perda de uma parte ou da totalidade do mencionado capital. Para que as coisas se passassem de modo diferente seria preciso que o juro dos capitais crescesse progressivamente como o próprio imposto, o que é um absurdo. Portanto o imposto progressivo trava a formação dos capitais; ademais opõe-se também à sua circulação. Qualquer um, com efeito, que quisesse adquirir um material de exploração ou um fundo de terra deveria, sob o regime de progressividade das contribuições, considerar não mais o

---

[39] [R.P.]: Em 11 de junho de 1848, Proudhon apresentou à Assembléia Nacional um projeto de lei de imposto que combinava o imposto progressivo e requisições sobre o capital. Sem temer nenhuma iniqüidade, ele propôs que metade do imposto arrecadado dos proprietários fosse transferido aos locatários, sob forma de redução dos aluguéis; uma combinação análoga viria aliviar os arrendamentos de terras produtivas, as dívidas hipotecárias e as promissórias. Thiers, encarregado de relatar este projeto, concluiu brevemente pela sua rejeição.

[40] [N.T]: *Que mécompte* no original. *Mécompte*, é propriamente falando, um erro grosseiro de contabilidade, de cálculo ou de projeto. Utilizamos aqui a palavra desvio, também utilizada no vocabulário metrológico português, para indicar o sentido de não se atingir com a ação proposta a meta almejada.

valor real deste material ou deste fundo, mas também o imposto que ele gerará: de modo que, se o rendimento real é de 4% e, pelo efeito do imposto ou da condição de comprador, este rendimento cair para 3%, pode ser que a compra não se realize. Depois de ter acossado todos os interesses e lançado a perturbação no mercado por suas categorias, o imposto progressivo trava o desenvolvimento das riquezas e reduz o valor venal abaixo do valor real; ele diminui, ele petrifica a sociedade. Que tirania, que farsa ofensiva!

O imposto progressivo, por mais que se faça, resolve-se portanto em uma negação da justiça, em um interdito à produção, em um confisco. É o arbítrio sem limite e sem freio dado ao poder sobre todo aquele que, pelo trabalho, pela poupança e pelo aperfeiçoamento dos meios, contribui para a riqueza pública.

Mas do que nos serve perdermo-nos em hipóteses quiméricas, quando já tocamos o verdadeiro? Não é por culpa do princípio proporcional que o imposto se abate[41] com desigualdade tão chocante sobre as diversas classes da sociedade; o erro reside em nossos preconceitos e em nossos costumes. O imposto, na medida em que isto é concedido às operações humanas, procede com eqüidade e precisão. A economia social comanda-lhe que se dirija ao produto e a este ele se dirige. Se o produto se furta, ele agrava o capital: nada mais natural! O imposto, avançado com relação à civilização, supõe a igualdade entre os trabalhadores e os capitalistas; expressão inflexível da necessidade, ele parece convidar-nos a nos tornarmos iguais pela educação e pelo trabalho e, pelo equilíbrio de nossas funções e pela associação de nossos interesses, a que nos ponhamos de acordo com ele. O imposto recusa-se a distinguir entre um homem e outro e nós acusamos o seu rigor matemático de causar a discordância de nossas fortunas! Nós pedimos à própria igualdade que se dobre à nossa injustiça!...Não tive pois razão de dizer no começo que, com relação ao imposto, estamos aquém de nossas instituições?

Também vemos sempre o legislador deter-se, no que tange às leis fiscais, diante das conseqüências subversivas do imposto progressivo e consagrar a necessidade, a imutabilidade do imposto proporcional. Pois a igualdade do bem-estar não pode sair da violação do capital: a

---

[41] [N.T]: *Frappe* no original. O verbo *frapper*, pode ser traduzido como *bater*, *percutir*, *chocar*. Preferimos aqui uma tradução mais alusiva.

antinomia deve ser metodicamente resolvida sob pena de, para a sociedade, recair-se no caos. A eterna justiça não se acomoda mais a todas as fantasias dos homens: como uma mulher que se pode ultrajar mas que se desposa apenas sob a condição de solene alienação de si mesmo, ela exige de nossa parte, juntamente com o abandono de nosso egoísmo, o reconhecimento de todos os seus direitos, que são os direitos da ciência.

O imposto, cuja meta final, como já fizemos ver, é a retribuição dos *improdutivos*, mas cujo pensamento original foi uma restauração do trabalhador, o imposto, sob o regime do monopólio, reduz-se pois a um puro e simples protesto, a uma espécie de ato extrajudiciário, cujo efeito é agravar a posição do assalariado, perturbando o monopolizador em sua posse. Quanto à idéia de substituir o imposto proporcional pelo imposto progressivo, ou melhor dizendo, a idéia de inverter a progressão do imposto, é um erro grosseiro cuja responsabilidade pertence integralmente aos economistas.

Mas a ameaça plana doravante sobre o privilégio. Com a faculdade de modificar a proporcionalidade do imposto, o governo tem em sua mão um meio bastante expedito e seguro de desapossar, quando quiser, os detentores de capitais; é uma coisa espantosa ver por toda parte esta grande instituição, base da sociedade, objeto de tantas controvérsias, de tantas leis, de tanta adulação e de tantos crimes, a PROPRIEDADE, suspensa, pela extremidade de um fio, sobre a goela escancarada do proletariado.

§ III - Conseqüências desastrosas e inevitáveis do imposto. (Gêneros de primeira necessidade, leis suntuárias, polícia rural e industrial, patentes de invenção, registro de marcas, etc.)

O Sr. Chevalier levantava, em julho de 1843, as seguintes questões sobre o imposto:

"1. Ele será exigido de todos ou de uma parte apenas da nação? 2. O imposto será semelhante a uma capitação ou será exatamente proporcional à fortuna dos contribuintes? 3. A agricultura será mais ou menos taxada do que a indústria manufatureira ou comercial? 4. A propriedade imobiliária será mais ou menos poupada dele que a propriedade mobiliária? 5. Aquele que produz será mais favorecido do que aquele que consome? 6. Nossas leis de impostos terão o caráter de leis suntuárias?"

A estas distintas perguntas o Sr. Chevalier responde o que vou relatar e que resume tudo o que encontrei de mais filosófico sobre a matéria:

"a) O imposto afeta a universalidade, ele se dirige para a massa e toma a nação em bloco; todavia, como o pobre é mais numeroso, ele o taxa de bom grado, certo de recolher mais. b) Por sua natureza, o imposto às vezes assume a forma de capitação, como o imposto sobre o sal o testemunha. c,d,e) O fisco dirige-se tanto ao trabalho quanto ao consumo, porque na França todos trabalham; ele afeta mais a propriedade imobiliária do que a mobiliária[42] e a agricultura mais do que a indústria. Pela mesma razão nossas leis sobre a matéria possuem pouco do caráter de leis suntuárias."

O que, caro professor! isto é tudo o que a ciência vos indicou? *O imposto dirige-se à massa*, dizeis, *ele toma a nação em bloco*. Infelizmente sabemos muito bem disto; mas é este mesmo fato que é iníquo e cuja explicação vos é pedida. O governo, quando se ocupou com a base de incidência e com a distribuição do imposto, não pôde acreditar e não acreditou que todas as fortunas fossem iguais; conseqüentemente não pôde querer e efetivamente não quis que as alíquotas o fossem. Por que motivo, pois, a prática do governo é sempre o inverso de sua teoria? Por favor, qual é vossa opinião neste caso difícil? Explicai, justificai ou condenai o fisco; tomai o partido que queirais, desde que escolhais um e que digais alguma coisa. Lembrai-vos que são homens os que vos lêem e que eles não poderiam deixar passar a um doutor enunciando *ex cathedra* proposições como estas: *o pobre é mais numeroso, é por isso que o fisco o taxa de bom grado, certo de poder recolher mais*. Não, meu senhor: não é o *número* que regula o imposto; o imposto sabe muito bem que milhões de pobres somados a milhões de pobres não perfazem um eleitor. Tornais o fisco odioso fazendo-o absurdo: eu sustento que

---

[42] [N.T]: Notemos que ainda hoje um dos grandes cavalos de batalha do "neo-liberalismo" é a não taxação dos lucros obtidos da especulação nas Bolsas de Valores. O Brasil, atualmente não taxa estas rendas e paga um preço caro por isso em termos de instabilidade, fuga de capitais e oscilações violentas do câmbio. Enquanto isso, automóveis velhos e proprietários de um único imóvel, bem como os assalariados, são o alvo do IPVA e do licenciamento, do IPTU e do Imposto de Renda.

ele não é nem uma coisa nem outra. O pobre paga mais do que o rico porque a Providência, para quem a miséria é tão odiosa quanto o vício, dispôs as coisas de tal forma que o miserável deva sempre ser o mais espremido. A iniqüidade do imposto é o flagelo celeste que nos empurra para a igualdade. Meu Deus! Quem dera um professor de economia política que outrora foi um apóstolo[43] pudesse ainda compreender esta revelação!

Pela natureza das coisas, diz o Sr. Chevalier, *o imposto assume algumas vezes a forma de uma capitação.* Pois bem! Em qual caso é justo que o imposto tome a forma de capitação: sempre ou nunca? Qual é o princípio do imposto? Qual é a sua meta? Falai, respondei.

E qual ensinamento, eu vos rogo, poderemos retirar desta observação tão pouco digna de ser recolhida, de que *o fisco dirige-se ao trabalho tanto quanto ao consumo, à propriedade imobiliária mais que à propriedade mobiliária, à agricultura mais que à indústria?* O que importa para a ciência esta interminável constatação de fatos brutos se nunca, por vossa análise, sequer uma única idéia deles brota?

Todas as incidências do imposto, a renda, o juro dos capitais, etc., operam sobre o consumo, entram na contabilidade dos custos gerais e fazem parte do preço de venda do produto de modo que sem-

---

[43] [N.E.]: Michel Chevalier tinha pertencido por muito tempo à escola saint-simoniana. Ele tinha se aproximado dela em 1826, juntamente com seus colegas da Escola Politécnica: Cazeux, Transon e Jean Reynault e aderiu definitivamente em 1829. Foi chamado por Enfantin para dirigir *Le Globe* e na retirada dos *Quarenta* em Menilmontant, ele estava entre os oito *apóstolos* agrupados em torno do *Pai*. Condenado no processo de 1832 ele foi para a Sainte-Pelagie [N.T.: célebre prisão para presos políticos franceses durante o séc. XIX; situava-se no subúrbio homônimo de Paris. Proudhon passará uma temporada dentro de seus muros com o advento de Napoleão III, depois da derrota da revolução de 1848 e lá escreverá suas *Memórias de um Revolucionário*] juntamente com Enfantin. Ele foi o primeiro a orientar o saint-simonismo para aplicações industriais e permaneceu fiel à doutrina, muito embora colaborasse no *Jornal des Débats* [N.T.: órgão teórico e ideológico da burguesia liberal francesa que discutia em suas páginas as questões mais candentes da economia e da política, bem como apresentava artigos de fundo sobre as novas tendências filosóficas, estéticas e científicas, críticas literárias e artísticas, contos, etc. Os irmãos Anatole e Paul LEROY-BEAULIEU, talvez representem melhor e mais sinteticamente o tipo de intelectual que animava tal iniciativa]. Seu ensino no Collége de France suscitou descontentamentos na seita, se bem que Michel Chevalier se esforçasse por conservar na mais ampla medida possível a inspiração saint-simoniana, fato este aliás que constitui a sua originalidade diante dos economistas da época. Foi apenas em 1863 que ele proclamou publicamente a sua independência com relação ao seu antigo mestre, por ocasião das polêmicas levantadas pelo projeto de Enfantin de organizar o crédito intelectual. Em sua carta de desligamento ele afirmava que já havia muito tempo que mantinha com Enfantin apenas relações formais e não as de um discípulo (ver G. WEILL *L'École Sain-Simonienne*).

pre, com pouquíssimas exceções, é o consumidor quem paga o imposto: disto nós sabemos. E como os gêneros que mais são consumidos são também os que mais rendem, ocorre necessariamente que são os mais pobres os mais sobrecarregados: esta conseqüência é, como a primeira, inevitável. Que nos importa portanto, e mais uma vez, as vossas distinções fiscais? Seja qual for a classificação fiscal das matérias tributáveis, como é impossível taxar o capital além da renda, o capitalista será sempre favorecido, enquanto que o proletário sofrerá iniqüidade e opressão. Não é a distribuição do imposto que é ruim, é a distribuição dos bens. O Sr. Chevalier não pode ignorar isto; porque pois o Sr. Chevalier, cuja palavra teria mais autoridade que a de um escritor suspeito de não gostar da ordem atual das coisas, não diz?

Entre 1806 e 1811 (esta observação, bem como as seguintes, é do Sr. Chevalier) o consumo anual de vinho em Paris era de 160 litros por pessoa; hoje ele é apenas de 95. Suprima-se o imposto, que é de 30 a 35 cêntimos no varejista, e logo o consumo subirá novamente de 95 para 200 litros e a indústria vinícola, que não sabe o que fazer com seus produtos, encontrará um escoadouro. Graças aos direitos alfandegários impostos sobre a importação de animais, o consumo de carne diminuiu para o povo em uma proporção análoga ao do vinho e os economistas reconheceram com espanto que o operário francês realizava menos trabalho que o inglês, porque estava pior alimentado.

Movido pela simpatia pelas classes trabalhadoras, o Sr. Chevalier deseja que nossas manufaturas sintam um pouco o aguilhão da concorrência estrangeira. Uma redução dos direitos alfandegários sobre as lãs de 1F por calça deixaria no bolso dos consumidores cerca de trinta milhões: a metade da soma necessária para resgatar o imposto do sal; 20 cêntimos a menos no preço de uma camisa produziriam uma economia provavelmente igual ao custo de se manter sob as armas um corpo de vinte mil homens.

Em quinze anos o consumo de açúcar elevou-se de 53 para 118 milhões de quilogramas, o que dá atualmente uma média anual de 3,5 quilogramas por pessoa. Este progresso demonstra claramente que o açúcar deve ser hoje colocado, juntamente com o pão, a carne, a lã, o algodão, a madeira e o carvão mineral, entre os gêneros de primeira necessidade. No açúcar consiste toda a farmácia do pobre: seria muito elevar o seu consumo de 3,5 para 7 quilogramas por pessoa? Suprimamos o seu imposto, que é de 49,5 F a cada 100 quilogramas e o nosso consumo dobrará.

Desta forma o imposto sobre os gêneros de primeira necessidade agita e tortura de mil maneiras o pobre proletário: o alto preço do sal é nocivo para a criação do gado e os direitos de importação sobre a carne diminuem ainda mais a ração do operário. Para satisfazer simultaneamente o imposto e a necessidade de bebidas fermentadas que a classe trabalhadora experimenta, lhes são servidas misturas que são tão desconhecidas do químico quanto do cervejeiro ou do vinhateiro[44]. O que faremos com as prescrições dietéticas da Igreja? Graças ao imposto, o ano inteiro transformou-se em Quaresma para o trabalhador e o seu almoço de Páscoa não vale a sóbria colação ingerida na Sexta-Feira Santa pelo Sr. Bispo. É urgente abolir-se em todas as partes o imposto sobre o consumo, que extenua e esfaima o povo: tal é a conclusão dos economistas e dos radicais.

Mas se o proletário não jejua para alimentar a César, o que César comerá? E se o pobre não rasgar seu próprio manto para cobrir a nudez de César, como César se vestirá?

Eis a questão, questão inevitável, que temos que resolver.

O Sr. Chevalier tendo-se perguntado na sua questão nº 6 se nossas leis fiscais possuíam um caráter de leis suntuárias, respondeu: não, nossas leis fiscais não possuem tal caráter. O Sr. Chevalier poderia ter acrescentado, e isso seria ao mesmo tempo novo e verdadeiro, que isto é precisamente o que há de melhor em nossa legislação fiscal. Mas o Sr. Chevalier, que conserva faça o que faça um velho fermento de radicalismo, prefere declamar contra o luxo, coisa que não poderia comprometê-lo diante de nenhum partido. "Se em Paris, exclama, se lançasse sobre os carros particulares, sobre os cavalos de sela ou tiro, sobre os domésticos e sobre os cães um imposto com a mesma alíquota que a percebida pela carne, far-se-ia uma operação totalmente equânime."

---

[44] [N.T]: As fraudes bromatológicas são um fenômeno já razoavelmente registrado e documentado – embora pouquíssimo estudado – que acompanha quase todo o processo de implantação de capitalismo industrial e de concentração urbana em muitas partes do mundo. A alimentação das cidades tende a deteriorar-se e a encarecer, ao menos nas primeiras etapas desta implantação e suas implicações sanitárias são às vezes notadas pelos médicos, sanitaristas e estatísticos. Já os processos de controle e correção são muito mais lentos que esta constatação. Tema interessante para os estudiosos...

Será pois pelo fato de ter comentado a política de Mazaniello[45] que o Sr. Chevalier tem assento no Collége de France?

Eu vi em Basiléia cães levando ao pescoço uma placa fiscal, sinal de sua capitação e acreditei que, em um país onde o imposto é quase nulo, uma taxa sobre os cães fosse muito mais uma lição de moral e uma precaução de higiene do que um elemento de arrecadação de receita. Em 1844 o imposto sobre cães em toda a província do Brabante[46] (667.000 habitantes) no valor de 2 F e 11,5 cêntimos por cabeça, arrecadou um total de 63.000 F. Com base nestes dados poderíamos conjecturar que o mesmo imposto, se criado na França, arrecadaria no total cerca de 3 milhões e possibilitaria um desagravo de *oito cêntimos* por pessoa e por ano nos impostos de taxa fixa. Certamente, estou longe de pretender que 3 milhões sejam uma quantia desprezível, sobretudo com um ministério pródigo, e lamento que a Câmara tenha reprovado o imposto sobre os cães, que ao menos serviria para dotar meia dúzia de altezas[47]. Mas devo relembrar que um imposto desta natureza tem por princípio nem tanto um interesse do fisco, mas sim um motivo de ordem; conseqüentemente convém considerá-lo do ponto de vista fiscal como vexatório, quando a maioria do povo, um pouco mais humanizada, se desgostar da companhia dos animais. *Oito cêntimos por ano*, que alívio da miséria!...

Mas o Sr. Chevalier conseguiu prover-se de outros recursos: os cavalos, as viaturas, os domésticos, os objetos de luxo: o luxo enfim! Quantas coisas existem sob esta única palavra: o LUXO!

Cortemos logo esta fantasmagoria através de um simples cálculo: as reflexões virão a seguir. Em 1842 o total dos direitos alfandegários obtidos com as importações elevou-se a 129 milhões. Sobre este total de 129 milhões, 61 artigos, os de consumo usual, responderam por 124

---

[45] [N. Ed.]: Mazaniello foi o pescador napolitano que, em 1647, tomou a frente de uma insurreição popular contra os agentes do fisco e assenhorou-se de Nápoles por sete dias, sendo depois assassinado pelos homens do vice-rei. Ele é o herói de uma ópera conhecida: *A Muda de Portici*.

[46] [N.T]: O Brabante é uma província da Bélgica central, caracterizada por planícies férteis e que foi sede de grande atividade agrícola e comercial desde a Idade Média, com o conseqüente impulso de urbanização. Nos dias de hoje ela conta com cerca de 2.200.000 habitantes.

[47] [N.E.]: No momento em que Proudhon escreve estas linhas, existe a lembrança recentíssima das polêmicas de imprensa e das discussões parlamentares, provocadas pela insistência de Luís Felipe em querer atribuir uma dotação para o duque de Nemours. Este projeto, que deveria custar a sobrevivência do ministério de Guizot, já tinha causado a queda de dois gabinetes em 1837 e em 1839.

milhões de arrecadação e 177, os artigos de alto luxo, responderam por *cinqüenta mil francos*. Entre os primeiros, o açúcar arrecadou 43 milhões, o café 12 milhões, o algodão 11 milhões, as lãs 10 milhões, os óleos comestíveis 8 milhões, o carvão mineral 4 e os linhos e cânhamos 3 milhões; no total 91 milhões de francos para sete artigos. O volume da receita baixa, portanto, na medida em que a mercadoria é de menor uso e de um consumo mais raro, de um luxo mais refinado. Os artigos de luxo entretanto, são muito mais taxados. Desta maneira, para obter um desagravo apreciável sobre os bens de primeira necessidade, dever-se-ia elevar ao cêntuplo as alíquotas dos objetos de luxo e tudo o que se conseguiria seria suprimir um ramo de comércio através de um imposto proibitivo. Ora, não são todos os economistas a favor da abolição das alfândegas? E não seria para substituí-las por outorgas...Generalizemos este exemplo: o sal gera para o fisco 57 milhões e o tabaco 84 milhões. Que me seja mostrado, com números na mão, por quais impostos sobre os artigos de luxo seria coberto o défict, depois de ter suprimido os impostos sobre o sal e o tabaco.

Quereis sobretaxar os objetos de luxo: tomais a civilização ao revés[48]. De minha parte eu sustento que os objetos de luxo deveriam ser livres de impostos. Quais são, em linguagem econômica, os produtos de luxo? São aqueles cuja proporção na riqueza total é a menor, os que vêem por último na série industrial e cuja criação supõe a preexistência de todos os outros. Deste ponto de vista todos os produtos do trabalho humano foram, e por sua vez deixaram de ser, objetos de luxo, porque por luxo não entendemos outra coisa senão uma relação de posteridade – seja ela cronológica, seja comercial – nos elementos da riqueza. Luxo, em uma palavra, é sinônimo de progresso; é, a cada instante da vida social, a expressão do máximo de bem-estar realizado pelo trabalho e ao qual é de direito tanto quanto de destino que todos nele cheguem. Ora, da mesma forma como o imposto respeita durante um certo lapso de tempo, a casa recentemente construída ou o campo recentemente desbravado, da mesma forma ele deve acolher com franquias os novos produtos e os objetos preciosos, os primeiros porque sua raridade deve ser incessantemente combatida e os segundos porque

---

[48] [R.P]: Ver estas idéias desenvolvidas por Proudhon na *Théorie de l'Impôt*. Os economistas liberais não deixaram de utilizar contra os impostos suntuários o concurso inesperado de Proudhon. Ver p. ex. STOURM: *Systémes Généraux d'Impôt*.

toda invenção merece encorajamento. O quê! quereis estabelecer, sob o pretexto do luxo, novas categorias de cidadãos? Tomais a sério a cidade de Salento e a prosopopéia de Fabricius?

Como o assunto nos conduz a isto, falemos de moral. Não negareis sem dúvida esta verdade repisada pelos Sênecas de todos os séculos de que o luxo *corrompe* e *amolece* os costumes: isto significa que ele humaniza, eleva e enobrece os hábitos, que a primeira e a mais eficaz educação para o povo, o estimulante do ideal para a maioria dos homens, é o luxo. As Graças andavam nuas, segundo os antigos; seriam por isso indigentes? É o gosto pelo luxo que em nossos dias, ao contrário dos princípios religiosos, mantêm o movimento social e revela às classes inferiores a sua dignidade. A Academia de Ciências Morais e Políticas compreendeu isto muito bem, quando tomou o luxo por objeto de um de seus discursos e eu aplaudi do fundo do coração a sua sabedoria. O luxo, com efeito, já é mais que um direito em nossa sociedade, é uma necessidade[49]; e é lamentável aquele que não se dá um pouco de luxo. É precisamente quando o esforço universal tende a popularizar cada vez mais as coisas de luxo, que quereis restringir o gozo do povo aos objetos que vos agrada qualificar de objetos de necessidade! É quando, pela comunidade do luxo, as fileiras aproximam-se e confundem-se, que quereis escavar mais profundamente a linha de demarcação e mais alçar vossos degraus! O operário sua, priva-se e aperta-se[50] para comprar um ornamento para a sua noiva, um colar para a neta ou um relógio para seu filho: e quereis subtrair dele esta felicidade, a menos que ele pague o vosso imposto, isto é a vossa multa!

Mas já chegastes a pensar que taxar os objetos de luxo significa proibir as artes do luxo? Considerai os operários da seda, cujo salário em média não atinge 2 francos, as modistas de 50 cêntimos[51]; os joa-

---

[49] [N.E.]: Comparar esta passagem com os capítulos de *De la Guerre et de la Paix*, onde Proudhon demonstra que "a condição do homem sobre a terra é o trabalho e a pobreza" e que, por uma espécie de lei fisiológica e econômica a humanidade deixa de trabalhar além daquilo que baste às suas necessidades imediatas. A lei da pobreza "lei da nossa natureza e da nossa sociedade" condiciona o equilíbrio econômico (*De la Guerre et de la Paix* livro II cap. 2 a 5).

[50] [N. T.]: *Se pressure* (literalmente: pressiona-se) no original, tradução esta de pouco sentido em português.

[51] [N. E.]: Trata-se de salários diários e não de salários por hora. A maioria das indústrias de luxo, cuja produção era geralmente confiada a operários a domicílio, praticaram salários baixíssimos durante o séc. XIX. Este fato deu nascimento ao movimento em favor de um mínimo legal para os salários.

lheiros, ourives e relojoeiros com seu desemprego interminável; os domésticos a 40 escudos; considerai que eles ganham muito?

Estais seguros de que o imposto do luxo não seria pago pelo operário do luxo, assim como o imposto sobre bebidas é pago pelo consumidor de bebidas? Sabeis ao menos se uma maior carestia nos objetos de luxo não seria um obstáculo ao bom preço dos objetos necessários e se, acreditando favorecer a classe mais numerosa, na verdade não estaríeis piorando a sua condição geral? Uma bela especulação na verdade! Estaríamos dando 20 francos ao trabalhador do vinho ou do açúcar e tomando-lhe 40 sobre os seus prazeres. Ele ganharia 75 cêntimos ao ano sobre o couro de suas botas e, para levar sua família ao campo apenas quatro vezes ao ano ele pagaria 6 francos a mais pela viatura! Um pequeno burguês gasta anualmente 600 francos com a faxineira, a lavadeira, a roupeira e um mensageiro; se, por uma economia bem compreendida e no interesse de todos, ele contrata uma empregada doméstica, o fisco, no interesse das subsistências, punirá esta tentativa de poupança! Que coisa mais absurda, quando vista de perto, é a filantropia dos economistas!

Quero entretanto satisfazer a vossa fantasia; como as leis suntuárias vos são absolutamente necessárias, pretendo vos dar uma receita para elas. Certifico-vos que no meu sistema a coleta de impostos seria fácil: sem controladores, sem repartidores, sem degustadores, sem ensaiadores, verificadores ou recebedores; sem vigilância nem despesas administrativas; sem a menor vexação e nem a mais ligeira indiscrição e com nenhuma obrigação. Que seja decretado, por uma lei que ninguém no futuro possa acumular dois ordenados e que os maiores honorários, em todos os empregos, não ultrapassem a 6.000 francos em Paris e a 4.000 nos departamentos. O quê! Baixais os olhos!...Confessai portanto que vossas leis suntuárias não passam de uma hipocrisia.

Para aliviar o povo alguns fazem do imposto uma aplicação da rotina comercial. Se, por exemplo, dizem eles, o preço do sal fosse reduzido pela metade, se o porte das cartas fosse desagravado na mesma proporção, o consumo logo começaria a elevar-se e a receita mais que dobraria; assim o fisco ganharia e com ele o consumidor.

Suponho que os eventos confirmem esta previsão e digo: se o porte das cartas fosse diminuído em três quartos e o sal fosse dado a troco de nada, o fisco ainda ganharia? Não, seguramente. Qual é pois o sentido daquilo que se denomina reforma postal? Será que existe para cada produto uma taxa natural ACIMA da qual o benefício se transforma em usura e tende a fazer decrescer o consumo, mas ABAI-XO da qual, há perda para o produtor? Isto assemelha-se notavelmente com a determinação do valor, que os economistas rejeitam e sobre a qual dizíamos: Há uma força secreta que fixa os limites extremos entre os quais o valor oscila; existe portanto um termo médio que exprime o valor justo.

Ninguém certamente deseja que os serviços postais sejam realizados com prejuízo; a opinião é portanto de que tais serviços sejam realizados *a preço de custo*. Isto é de uma simplicidade tão rudimentar, que estranhamos ter sido necessária uma pesquisa laboriosa sobre o desagravo das tarifas postais na Inglaterra; acumular números espantosos e probabilidades a perder de vista, torturar-se o espírito e tudo isto para saber se tal desagravo na França traria um bônus ou um déficit e finalmente para não se poder entrar em acordo sobre nada. Como! Não se encontrou um homem sequer de bom senso para dizer à Câmara: não são necessários relatórios do embaixador e nem exemplos da Inglaterra; é preciso apenas reduzir gradualmente o valor das tarifas de correio até que a receita iguale a despesa[52]! Para onde foi o nosso velho espírito gaulês?

Mas, dir-se-á, se o imposto vendesse a preço de custo[53] o sal, o tabaco, os serviços de correio, o açúcar, os vinhos, a carne, etc., o consumo sem dúvida aumentaria e a melhoria seria enorme: mas então como o Estado cobriria as suas despesas? A soma dos impostos indiretos é maior que 600 milhões; de onde o Estado retiraria este imposto? Se o fisco não ganhar nada com os correios, será preciso aumentar a alíquota do sal; se desagrava-se o sal seria necessário concentrar tudo sobre as bebidas; esta cantilena não teria fim. Portanto a venda a preço de custo dos produtos, seja pelo Estado, seja pela indústria privada, é impossível.

---

[52] [P.]: Graças aos céus o ministério decidiu a questão e eu aqui dou os meus sinceros cumprimentos a ele. Segundo a tabela proposta o porte foi reduzido a 10c. para distâncias entre 1 e 20 quilômetros; a 20c. para distâncias entre 20 e 40 quilômetros; 30c. entre 40 e 120 km; 40c. entre 120 e 360 km e 50c. para distâncias superiores.

[53] [N.T]: Não nos esqueçamos que durante o séc. XIX a França e muitos outros países mantiveram o monopólio do sal, do tabaco, dos correios e de outros produtos e serviços (como a aguardente no Império Russo p. ex.) como um privilégio do Estado, que poderia explorá-lo diretamente ou concedê-lo a terceiros através de resgates. Já nos estendemos sobre este tema em notas anteriores, de modo a não necessitar desenvolvê-lo novamente aqui.

Portanto, eu replico, o alívio das classes infelizes pelo Estado é também impossível, assim como a lei suntuária é impossível, como o imposto progressivo é impossível; todas as vossas divagações sobre os impostos são chicanas de rábula. Sequer tendes esperança no aumento da população[54] que, ao dividir os encargos, alivia o fardo de cada um; porque a miséria cresce com a população e com a miséria os encargos e o pessoal do Estado aumentam.

As diversas leis fiscais, votadas pela Câmara dos Deputados durante a sessão de 1845-46, são tantos outros exemplos da incapacidade absoluta do poder, seja qual for o caminho que tome, em providenciar o bem-estar do povo. É apenas por isto que ele é poder, isto é, o representante do direito divino e da propriedade, o órgão da força; ele é necessariamente estéril e todos os seus atos estão marcados com a cunha de uma fatal decepção.

Citei há pouco a reforma das tarifas postais, que reduziu de um terço aproximadamente o preço do porte das cartas. Seguramente, se não fosse pela questão dos motivos, eu nada teria a reprovar do governo, que fez aprovar esta útil redução; bem menos ainda eu buscaria atenuar o seu mérito por miseráveis críticas de detalhe, pasto vil da imprensa quotidiana. Um imposto bastante oneroso foi reduzido em 30%, sua distribuição foi tornada mais eqüitativa e mais regular: se eu considerar apenas este fato, eu aplaudo o ministro que o realizou. Mas a questão não reside aí.

Em primeiro lugar a vantagem que o governo nos fez gozar sobre o imposto postal, deixa intacto a tal imposto o seu caráter de proporcionalidade, isto é, de injustiça: isto praticamente não carece de demonstração. A desigualdade dos encargos, no que diz respeito às taxas postais, subsiste como antes; o benefício da redução foi adquirido não tanto pelos mais pobres, mas sobretudo pelos mais ricos. Uma tal casa de comércio, por exemplo, que pagava 3.000 francos em tarifas por suas cartas, agora pagará apenas 2.000; serão portanto 1.000 F de lucro líquido que ela poderá somar aos 50.000 que lhe dá o seu comércio e que ela deve à munificência do fisco. Por seu lado, o camponês ou o operário, que escreve duas vezes por ano ao seu filho soldado e que

---

[54] [N.T]: Alusão às teorias demográficas de Malthus, que gozavam então de amplo crédito entre os economista e políticos liberais.

receberá um número igual de respostas, terá economizado 50 cêntimos. Não é pois verdade que a reforma postal caminha em sentido inverso ao de uma distribuição eqüitativa de imposto? Claro que sim, pois se o governo, segundo os desejos do Sr. Chevalier, tivesse querido realmente agravar o rico e poupar o pobre, não teria percebido que o imposto postal seria o último que deveria ser objeto de redução? Não parece que o fisco, infiel ao espírito de sua instituição, tenha usado do pretexto de um desagravo imperceptível da indigência para ter a ocasião de oferecer um presente à fortuna?

Eis o que os censuradores deste projeto de lei poderiam ter dito e o que nenhum deles percebeu. É bem verdade que esta crítica, ao invés de se dirigir apenas ao ministro, atingiria o poder em sua essência e com o poder a propriedade, e isto não está na conta dos opositores. A verdade, hoje em dia, tem contra si todas as opiniões.

Mas poderia ser de outra forma? Não, porque se a antiga taxa fosse conservada prejudicar-se-ia a todos sem aliviar a ninguém e no caso de desagravo, não se poderia dividir a tarifa por categorias de cidadãos, sem violar o art. 1º da Constituição que diz: "Todos os franceses são iguais diante da lei", quer dizer, diante do imposto. Ora o imposto sobre os correios é necessariamente pessoal; é portanto um imposto de capitação e o que é eqüidade sob este aspecto, será iniqüidade com relação a outro ponto de vista e o equilíbrio dos encargos é impossível.

Na mesma época uma outra reforma foi operada sob os auspícios do governo: a da tarifa sobre o gado. Antigamente, quer os direitos alfandegários sobre a importação do gado, quer os impostos recolhidos nas portas das cidades, eram cobrados por cabeça; doravante serão lançados por peso. Esta útil reforma, reclamada há muito tempo, deve-se em parte à influência dos economistas que, nesta ocasião como em muitas outras que não posso aqui relembrar, mostraram o mais honrado zelo e deixaram para trás de si as declamações ociosas do socialismo. Mas ainda aqui, o bem que resulta da lei para a melhoria das classes pobres é totalmente ilusório. Equalizou-se, regularizou-se a arrecadação sobre os animais; mas não se distribuiu eqüitativamente este encargo entre os homens. O rico, que consome 600 quilogramas de carne por ano poderá ressentir-se um pouco da nova condição imposta aos abates; a imensa maioria do povo, que nunca come carne, não perceberá a mudança[55]. E eu renovo a questão que há pouco coloquei: Poderia ocorrer que o Governo ou a Câmara fizessem outra coisa que não o que fizeram? Mais uma vez não; porque não se pode dizer ao açougueiro: venderás tua carne ao rico por 2 francos o quilograma e ao pobre por 10 tostões. Seria talvez o inverso que se obteria do açougueiro.

A mesma coisa ocorre com o sal. O governo desagravou em quatro quintos o sal empregado na agricultura, sob a condição de sua desnaturação. Um certo jornalista, não tendo nada melhor a objetar, emitiu uma queixa na qual se lamenta sobre a sorte de seus pobres

---

[55] [N.T]: Observemos que até o final do séc. XIX (de 1875 em diante) não existia, na França ou em qualquer parte do mundo, uma indústria frigorífica de peso e que portanto o consumo urbano de carne ressentia-se fortemente disto. Os abatedouros localizavam-se nas proximidades das grandes cidades e o campo tinha que entregar, em base semanal ou diária, os animais para o abate: era a chamada *carne verde*, que deveria ser logo consumida por ser precária a sua conservação e que custava caro por diversos fatores: transporte, variações sazonais, alto índice de perda, etc., sendo portanto muito mais freqüente na mesa do rico. Os *embutidos* e os *salgados*, ao contrário, produzidos sazonalmente no campo, ou nos lares operários, nas épocas de safra e com peças menos nobres (o porco, os miúdos, o sangue, os retalhos de boi e cavalos velhos eram a sua base), tinham maior durabilidade, podendo ser estocados com perda menor e maior regularidade e eram os mais consumidos pelo remediado e o pobre. Além disto a 1ª Revolução Industrial ocasionou uma profunda mudança no perfil da produção agrícola; produtos como o algodão, o linho, o cânhamo, os carneiros e o bicho-da-seda, assim como os cereais, leguminosas e oleaginosas, passaram a ter prioridade na produção, pois eram matérias-primas básicas para a indústria nascente ou indispensáveis como base alimentar barata e não perecível para uma população que se urbanizava de uma maneira explosiva. Desta maneira as áreas de pastagem e criação reduziram-se drasticamente na Europa entre 1780 e 1840, com a conseqüente quebra de produção de carne, leite e derivados e aumento de seus preços. As conseqüências sanitárias e alimentares deste quadro foram catastróficas, conforme se pode constatar pelos relatos médicos e pela literatura da época. Com a Guerra de Secessão nos EUA, iniciaram-se as primeiras tentativas de industrializar a carne em conserva (o *corned beef*) por iniciativa de Armour e vinte anos mais tarde, durante a década de 1880, os avanços na Termodinâmica e na metalurgia, permitiram a liquefação industrial de gases e os primórdios da indústria de refrigeração. Estas duas mudanças tecnológicas tornaram possível o desenvolvimento da produção de laticínio e carne em pontos distantes e o seu transporte seguro para os mercados consumidores. É dos finais do séc. XIX que data a consolidação dos EUA (na região de Illinois e Chicago), da Argentina e do Uruguai como os grandes produtores internacionais de gado. O operário do tempo de Proudhon estava pois reduzido, no que tange ao consumo de proteína animal, à ingestão de ovos, um pouco de lingüiça, salame ou carne seca e de bacalhau salgado e mesmo assim em quantidades insuficientes, como o relatório do Dr. VILLERMÉ ou os BLUE-BOOKS ingleses facilmente o demonstram. A desnutrição, aliada a condições higiênicas catastróficas na moradia e no saneamento eram uma avenida para todo o tipo de doenças bacterianas e virais, além de gerar o raquitismo. Como já comentamos em outras notas, a curva de esperança de vida ao nascer na Europa, que vinha sustentando um ritmo ascendente desde meados do séc. XVII, despenca abruptamente entre 1790 e 1830, muito provavelmente devido aos fatores econômicos que acima mencionamos.

camponeses, que são mais maltratados pela lei do que seus animais. Pela terceira vez eu me pergunto: Poderia ser de outra maneira? Das duas uma: ou a diminuição será absoluta, e neste caso será preciso substituir o imposto do sal por um outro – e eu desafio todo o jornalismo francês a inventar um imposto que resista a um exame de dois minutos – ou a sua redução será parcial, seja quando incidindo sobre a totalidade das matérias o imposto reserve uma parte de seus direitos, seja abolindo-se a totalidade dos direitos para algumas matérias apenas. No primeiro caso a redução é insuficiente para a agricultura e para a classe pobre; no segundo a capitação subsiste, com a sua enorme desproporção. Faça-se o que se fizer, é o pobre, é sempre o pobre quem é gravado; apesar de todas as teorias, o imposto nunca pode estar na razão do capital possuído ou consumido, e se o fisco quisesse proceder de outra forma, ele proibiria a riqueza, ele mataria o capital.

Os democratas que nos reprovam o fato de sacrificar o interesse revolucionário (mas o que é este interesse revolucionário?) ao interesse socialista, bem que poderiam nos dizer como, sem fazer do Estado o proprietário único e sem decretar a comunidade dos bens e dos ganhos, eles pretendem, por um sistema qualquer de imposto, aliviar o povo e devolver ao trabalho aquilo que o capital lhe retirou. Eu já quebrei a minha cabeça: eu vejo, em todas estas questões, o poder colocado na situação mais falsa e a opinião dos jornais divagar em um absurdo sem limites.

Em 1842, o Sr. Arago[56] era partidário da execução de ferrovias por companhias privadas e a maioria da França pensava como ele. Em 1846, ele acabou de dizer que tinha mudado de opinião; e, salvo um punhado de especuladores das ferrovias, pode-se dizer ainda que a opinião da maioria dos cidadãos mudou como a do Sr. Arago. O que fazer e no que acreditar, diante deste vai-e-vem dos cientistas e da França?

---

[56] [N.T]: A família Arago, originária do Roussillon e dos Pirineus orientais, possuía forte tradição republicana e forneceu muitos homens célebre à França, tanto na política quanto na ciência. Proudhon refere-se aqui a François ARAGO (1786-1853), físico e astrônomo que descobriu a polarização rotatória da luz, a imantação do ferro pela corrente elétrica, contribuindo desta forma para o nascimento da Eletrotecnia, e mediu a densidade de diversos gases (especialidade aliás da física francesa do início do séc. XIX) além de ser um divulgador científico de valor. Espírito liberal e popular, participou do governo provisório em 1848 e aboliu a escravidão nas colônias francesas.

A execução pelo Estado parece melhor assegurar os interesses do país, mas é longa, dispendiosa e pouco inteligente. Vinte e cinco anos de erros, de desvios, de imprevidência, de milhões atirados pela janela, nas grandes obras hidráulicas do país bem o demonstraram, até para os mais incrédulos. Chegamos mesmo a ver engenheiros e membros da administração proclamar em alto e bom som a incapacidade do Estado em matéria de trabalhos públicos e de indústria.

A execução através de companhias é irrepreensível, é verdade, do ponto de vista dos interesses dos acionistas; mas com ela o interesse geral é sacrificado e a porta fica aberta para a agiotagem e a exploração do público pelo monopólio organizado.

O ideal seria um sistema que reunisse as vantagens dos dois modos, sem apresentar nenhum de seus inconvenientes. Ora, qual é o meio de conciliar estes caracteres contraditórios? Qual o meio de insuflar o zelo, a economia, a argúcia nestes funcionários inamovíveis que nada têm a ganhar nem a perder? Qual é o meio de tornar os interesses do público tão caros a uma companhia quanto os seus próprios, de fazer com que estes interesses sejam verdadeiramente os seus, sem que ela deixe de ser distinta do Estado e deixe de ter conseqüentemente seus próprios interesses? Quem é que, no mundo oficial, concebe a necessidade e conseqüentemente a possibilidade de uma tal conciliação? Com mais forte razão, quem é que possui o seu segredo?

Em tal ocorrência o governo fez, como sempre, o ecletismo: tomou para si uma parte da execução e entregou a outra às companhias; quer dizer, ao invés de conciliar os contrários, ele apenas os pôs em conflito. E a imprensa, que em nada e para nada possui mais espírito que o poder, a imprensa, dividindo-se em três facções, tomou partido ou pela transação ministerial, ou pela exclusão do Estado, ou pela exclusão das companhias. De modo que, hoje não mais que ontem, nem o público e nem o Sr. Arago, depois de sua reviravolta, sabem o que querem.

Que rebanho é em pleno séc. XIX a nação francesa, com seus três poderes, sua imprensa, seus corpos científicos, sua literatura e seu ensino! Cem mil homens em nosso país têm os olhos constantemente abertos para tudo o que interessa ao progresso nacional e à honra da pátria. Ora, coloquemos a estes cem mil homens a mais simples questão sobre a ordem pública e poderemos nos assegurar que todos eles irão chocar-se com a mesma tolice.

É melhor a promoção dos funcionários segundo o mérito ou segundo a antigüidade?

Certamente não há ninguém que aspire ver este duplo modo de avaliação fundido em um único. Que sociedade é aquela onde os direitos do talento estariam sempre de acordo com os da idade? Mas, diz-se, uma tal perfeição é utópica porque ela é contraditória em seu enunciado. E ao invés de ver que é a própria contradição que torna a coisa possível, começa-se a disputa sobre o valor respectivo dos dois sistemas opostos que, conduzindo ambos ao absurdo, dão igualmente lugar a abusos intoleráveis.

Quem julgará o mérito? diz um: o governo. Ora o governo reconhece o mérito apenas de suas criaturas. Desta forma não ao sistema de promoções escolhidas, não a este sistema imoral, que destrói a independência e a dignidade do funcionário.

Mas, diz o outro, a antigüidade é respeitável sem dúvida. É pena que ela tenha o inconveniente de imobilizar o que é essencialmente voluntário e livre: o trabalho e o pensamento; o inconveniente é o de criar obstáculos para o poder até mesmo entre os seus agentes e de entregar ao acaso, e muitas vezes à impotência, o preço do gênio e da audácia.

Transige-se por fim: concede-se ao governo a faculdade de nomear arbitrariamente um certo número de cargos, para os homens ditos com méritos e que supõe-se não necessitem de nenhuma experiência prévia; enquanto que o resto, aparentemente considerado incapaz, avança pouco a pouco. E a imprensa, esta velha égua de passo[57] de todas as mediocridades presunçosas, que vive no mais das vezes das composições gratuitas de jovens tão desprovidos de talento quanto de ciência, a imprensa recomeça suas incursões contra o poder, acusando-o, não sem razão de resto, aqui de favoritismo e ali de rotina.

Quem poderia orgulhar-se de nunca ter feito nada segundo a vontade da imprensa! Depois de ter reclamado e gesticulado contra o tamanho do orçamento, eis que ela pede aumentos de ordenados para um exército de funcionários que, para dizer a verdade, realmente não têm como viver. Algumas vezes é pelo ensino, fundamental ou superior,

---

[57] [N.T]: *Haquenée* no original, vocábulo raro em francês que significa um cavalo pequeno ou uma égua mansa, de pouca marcha, que outrora era utilizada como montaria de damas ou de pessoas que tinham que realizar viagens muito longas, para as quais um corcel as tornaria extremamente desconfortáveis. Nossa única opção foi traduzir pelo circunlóquio acima.

que ela faz erguer as suas queixas; outras vezes preocupa-se com o clero das aldeias, tão mediocremente retribuído a ponto de ter sido forçado a reter suas prebendas [58] fonte fecunda de escândalos e de abuso. Depois também é toda esta nação administrativa, que não é alojada, nem vestida, nem aquecida e nem alimentada: um milhão de homens com suas famílias, quase um oitavo da população, cuja pobreza envergonha a França e para os quais seria necessário inicialmente aumentar o orçamento em 500 milhões. Note-se que neste imenso pessoal, nenhum homem está em excesso; ao contrário, se a população crescer este número aumentará proporcionalmente. Estareis em condições de extrair da nação 2 bilhões em impostos? Podereis tomar, em uma média de 920 francos anuais de renda para quatro pessoas, 236 francos, mais de um quarto desta renda, para pagar, entre outras despesas do Estado, os ordenados dos improdutivos? Se não podeis, se não podeis nem saldar vossas despesas nem reduzi-las, do que reclamais? Do que vos queixais?

Que o povo o saiba pois de uma vez por todas: Todas as experiências de redução ou de eqüidade no imposto, com as quais o acalentam as arengas do poder e as diatribes dos homens dos partidos, são apenas mistificações; nem o imposto pode reduzir-se nem a sua distribuição pode ser eqüitativa em regime de monopólio. Ao contrário, quanto mais a condição do cidadão se abaixa, mais a contribuição torna-se pesada para ele; isto é fatal e irresistível, apesar do desejo confesso do legislador e dos esforços reiterados do fisco. Todo aquele que não pôde tornar-se ou conservar-se opulento, todo aquele que entrou na caverna do infortúnio, deve resignar-se a pagar em proporção da sua miséria: *Lasciate ogni speranza voi ch'entrate*[59].

O imposto e portanto a polícia – doravante não separaremos mais estas duas idéias – é uma nova fonte de pauperismo. O imposto agrava os efeitos subversivos das antinomias precedentes: a divisão do

---

[58] [N.T]: As prebendas tinham sido abolidas da França juntamente com outros direitos feudais, em 1792. À partir da concordata de Napoleão I com Roma, o clero secular francês foi assimilado ao funcionalismo público, recebendo do governo um salário pelo exercício de suas funções e, em contrapartida, muitas igrejas e catedrais, com seus terrenos anexos foram considerados *bens nacionais*. Proudhon aqui se refere à sobrevivência dos costumes feudais no campo francês, com o cura mantido por rendas locais e recebendo um pagamento do Estado. Balzac descreve pitorescamente esta situação em seus romances "campestres"; ver sobretudo "*Un cure de Village*".

[59] [N.T]: Dístico gravado nos portões do Inferno, segundo o Dante da Divina Comédia.

trabalho, as máquinas, a concorrência e o monopólio. Ele ataca o trabalhador na sua liberdade e na sua consciência, no seu corpo e na sua alma, pelo parasitismo, pelas vexações e pelas fraudes que sugere e pela penalidade que o segue[60].

Sob Luís XIV[61], apenas o contrabando do sal produzia anualmente 3.700 apreensões domiciliares, 2.000 prisões de homens, 1.800 prisões de mulheres e 6.600 de crianças, além de 1.000 cavalos capturados e 50 viaturas confiscadas e 300 condenações às galés. E isto apenas, observa o historiador, como produto de um único imposto: o imposto do sal. Qual teria sido o número total de infelizes presos torturados e expropriados pelo imposto?...

Na Inglaterra para cada quatro famílias, existe uma improdutiva e é esta uma que vive na abundância. Que benefício tamanho para a classe operária, direis, se esta lepra do parasitismo fosse removida! Sem dúvida tendes razão em teoria; na prática a supressão do parasitismo seria uma calamidade. Se um quarto da população da Inglaterra é improdutivo, existe um outro quarto desta mesma população que trabalha para ele: ora, o que faria esta fração dos trabalhadores se perdesses subitamente a colocação de seus produtos? Suposição absurda, direis. Sim, suposição absurda, mas muito real e que é necessário admitir, precisamente por ser absurda. Na França um exército permanente de 500.000 homens: 40.000 padres, 20.000 médicos, 80.000 homens da lei, 26.000 fiscais aduaneiros e não sei mais quantas outras centenas de milhares de

---

[60] [R.P]: Esta idéia do malefício do imposto no regime social atual, retomada com algumas atenuações por Proudhon em sua *Theorie de l'Impôt*, é uma daquelas que os agrupamentos operários mais popularizou. Na sua *Memória*, apresentada pelo grupo parisiense ao Congresso de Genebra da Internacional (em 1866), todo o capítulo relativo ao imposto nada mais é senão uma análise das idéias proudhonianas. (Cf. FRIBOURG *L'Association Internationale des Travailleurs*, Paris 1871), onde esta memória acha-se reproduzida. Para a crítica desta memória por MARX, ver PUECH *Le Proudonisme dans l'Association Internationale des Travailleurs* 1907 p. 151. [N.T.: O leitor interessado poderá encontrar a peça mencionada, além de *toda* a documentação relativa à I Internacional na obra fundamental de *Jacques* FREYMOND *La 1ère Internationale* (3v. Genebra, DROZ 1966), obra esta traduzida igualmente em espanhol em 2v pela editora ZYX, Madrid (1974). Esta obra contém todos os documentos públicos da Internacional: atas dos congressos, teses dos diferentes grupos, circulares das seções e do Conselho Geral, todos devidamente editados e anotados, além de uma introdução histórica e bibliografia. É um instrumento indispensável para que deseja avaliar o peso de Proudhon no movimento operário].

[61] [N.T]: O "maior" (Luís o Grande, O Rei-Sol, eram seus epítetos) dos monarcas absolutistas franceses. Seu tempo é conhecido como a *Époque Classique* da França e com ele o Absolutismo sem dúvida atinge seu ápice; viveu entre 1638 e 1715 e reinou entre 1643 e 1715.

outros improdutivos de toda a espécie, formam um escoadouro imenso para nossa agricultura e nossas fábricas. Ora, se este escoadouro subitamente se trava, a indústria pára, o comércio não fecha o seu balanço e a agricultura será afogada pelo volume de seus próprios produtos.

Mas como conceber que uma nação ache-se entravada em sua marcha porque desembaraçou-se de bocas inúteis? Perguntai antes se uma máquina, cujo consumo foi previsto em 300 quilogramas de carvão por hora perde sua força se lhe dermos apenas 150[62]. Mais ainda, não poderíamos tornar produtores estes improdutivos, visto que não podemos nos desembaraçar deles? Ah! Minha criança, diz-me antes como poderás passar sem polícia, monopólio, concorrência e todas as outras contradições, por fim, que compõem a tua ordem de coisas! Escuta.

Em 1844, por ocasião dos distúrbios de Rive-de-Gier[63], o Sr. Anselme Petetin publicou na *Revue Independente* dois artigos cheios de

---

[62] [N.T]: Vemos aqui mais uma vez reafirmado o conceito da economia como um sistema complexo de geração e circulação dos valores cujos parâmetros são regulados socialmente, que Proudhon sorveu de Ricardo e J. B. Say e que desenvolverá de modo peculiar, sistema este cujo esboço foi traçado nos Capítulos I e II da presente obra. As mudanças sociais, mesmo as mais necessárias e revolucionárias não podem ser feitas com simplismo e voluntarismo de medidas tópicas ou parciais. Sobre as relações entre a teoria econômica e sua prática em Proudhon, o leitor poderá obter algumas indicações sumárias mas interessantes no livro de Charles GIDE e Charles RIST: "*História das doutrinas Econômicas*" Rio de Janeiro, Ed. ALBA 1941 (o original da obra é francês com várias edições entre 1919 e 1950), bem como o livro já citado de Jean BANCAL: *Proudhon: Pluralisme et Autogestion.* (2v. Paris Ed. AUBIER 1970), do qual existe edição parcial em português.

[63] [R.P]: Os distúrbios de Rive-de-Gier ocorreram no momento em que se operava a concentração na indústria de mineração da bacia do Loire. Em 1837 as jazidas desta região forneciam a metade da produção francesa e eram objeto de 65 concessões, algumas das quais dividiam-se em várias explorações independentes administradas separadamente e concorrendo umas com as outras. Uma primeira concentração operou-se formando apenas três companhias: a Compagnie Générale, a Compagnie des Mines Réunies e a Union des Mines. Os operários concebiam neste momento a idéia de também unir-se e o seu jornal, *l'Ami des Ouvriers*, publicado em Saint-Étienne, fez campanha pela criação de um caixa central de socorro e de aposentadoria para os mineiros do Loire, mas o projeto não vingou. Quando a Companhia única constituiu-se, o diretor quis reduzir os salários pagos em algumas explorações; os operários se sublevaram e a greve foi declarada em 31 de março de 1844, por um cartaz muito violento afixado em toda a extensão da concessão; os fura-greves eram ameaçados explicitamente e a greve logo tomou um caráter de insurreição; os operários que queriam trabalhar foram maltratados; a tropa atirou sobre os grevistas e houve mortes; foram efetuadas muitas prisões e dezoito operários foram condenados (ver *Gazzete des Tribunaux* 1º de maio de 1844). Em 1846 e depois em 1852, novas greves, não menos violentas, deveriam estourar em Rive-de-Gier. Nesta ocasião o governo, inquieto com o poderio crescente das grandes companhias mineiras, lançou um decreto (em 23 de outubro de 1853), proibindo às concessionárias de agrupar-se sem autorização prévia e uma sentença de 17 de outubro de 1854 obrigaria a Compagnie des Mines de la Loire a cindir-se em quatro sociedades anônimas distintas. Cf. LEVASSEUR *Histoire des Classes Ouvriéres en France*.

razão e de franqueza sobre a anarquia das explorações de carvão mineral na bacia do Loire. O Sr. Petetin assinalava a necessidade de se reunir as minas e de se centralizar a sua exploração. Os fatos que ele trouxe ao conhecimento do público não podiam mais ser ignorados pelo poder: o poder inquietou-se com a reunião das minas e a organização desta indústria? De modo algum. O poder seguiu o princípio da livre concorrência: deixou que se fizesse e deixou passar.

Desde esta época os industriais do carvão associaram-se, não sem inspirar uma certa inquietude aos consumidores que, nesta associação, viram um projeto secreto de fazer subir o preço do combustível. O poder, que recebeu numerosas queixas a este respeito, intervirá para restabelecer a concorrência e impedir o monopólio? Ele não pode; o direito de coalizão é idêntico na lei ao direito de associação; o monopólio é a base de nossa sociedade, assim como a concorrência é a sua conquista; e desde que não haja sublevação, o poder deixará fazer e olhará passar. Que outra conduta poderia ele ter? Poderia proibir uma sociedade comercial legalmente constituída? Poderia obrigar os vizinhos a se entredestruir? Poderia proibir-lhes de reduzir as suas despesas? Poderia estabelecer um preço máximo? Se o poder fizesse uma sequer destas coisas, estaria derrubando a ordem estabelecida. O poder não poderia, pois, tomar nenhuma iniciativa; ele está instituído para defender e proteger ao mesmo tempo o monopólio e a concorrência, sob a reserva das patentes, das licenças, contribuições imobiliárias e outras servidões que ele estabeleceu sobre as propriedades. À parte destas reservas, o poder não tem direito algum de fazer valer em nome da sociedade. O direito social não está definido; ele seria aliás a própria negação do monopólio e da concorrência. Como, pois, o poder tomaria a defesa daquilo que a lei não previu e não definiu, daquilo que é o contrário dos direitos definidos pelo legislador?

Assim, quando o mineiro, que deveremos considerar no caso dos eventos de Rive-de-Gier como o verdadeiro representante da sociedade com relação aos exploradores do carvão mineral, pensou em resistir ao levante dos monopolizadores defendendo o seu salário e opondo coalizão à coalizão, o poder fuzilou o mineiro. E os latidores[64] políticos acusam a autoridade que é, no seu dizer, parcial, feroz e ven-

---

[64] [N. T.]: *Clabaudeurs* no original francês, termo derivado de *clabaud, clabaudage, clabauder*. São termos de arte venatória em francês e designam o cão que late indevidamente fora das pistas; diz-se também do cão que late e corre indevidamente atrás de veículos ou pessoas. Não conhecemos termo em português que traduza adequadamente o vocábulo.

dida ao monopólio. Quanto a mim declaro que esta maneira de julgar os atos da autoridade me parece pouco filosófica e que eu a repilo com todas as minhas forças. É possível que se pudesse matar menos gente, é possível também que se tivesse matado mais; o fato a observar aqui não é o número de mortos e de feridos, é a repressão aos operários. Os que criticaram a autoridade teriam feito como ela, exceto talvez pela impaciência das suas baionetas e pela precisão do seu tiro; eu digo que eles teriam reprimido e que não poderiam agir de outra maneira. E a razão, que se quer em vão desconhecer, é que a concorrência é coisa legal; a sociedade por comandita é coisa legal; a oferta e a procura, coisas legais, bem como todas as conseqüências que resultam diretamente da concorrência, da comandita e do livre comércio – todas coisas legais, ao passo que a greve dos operários é ILEGAL. E isto não apenas porque o Código Penal assim o estabelece; é o sistema econômico, é a necessidade da ordem estabelecida. Enquanto o trabalho não for soberano, ele deve permanecer escravo: a sociedade subsiste apenas a tal preço. Que cada operário individualmente tenha a livre disposição de sua pessoa e de seus braços, isto pode ser tolerado[65,66] mas que os ope-

---

[65] [P]: Na nova lei sobre as cadernetas de trabalho encerrou em limites mais estreitos a independência dos operários. A imprensa democrática fez explodir de novo a tal respeito a sua indignação contra os homens do poder, como se eles fizessem outra coisa que não aplicar os princípios da autoridade e da propriedade, que são os princípios da democracia. O que as câmaras fizeram com relação aos livretes era inevitável e deveríamos esperar isto delas. É igualmente impossível que em uma sociedade fundada sobre o princípio proprietário não se termine pela distinção de castas, que em uma democracia não chegue ao despotismo, que uma religião seja razoável e que o fanatismo se mostre tolerante. É a lei da contradição: quanto tempo será ainda necessário para entendê-la?

[66] [R.P]: (Seqüência à nota de Proudhon) - Segundo um decreto do ano XI [N.T.: trata-se do ano XI da revolução francesa, segundo o calendário revolucionário, i.é 1789+11= 1800], confirmado para os mineiros por um decreto de 3 de janeiro de 1813, todo o operário, sob pena de prisão, deveria estar munido de uma caderneta emitida pelas autoridades administrativas e devidamente visada por elas a cada mudança de residência do titular e que mencionava, além do estado civil do operário, a sucessão de seus diversos empregos. Considerada como uma afronta à liberdade individual, a obrigação da caderneta foi abolida pela lei de 2 de julho de 1890. Quanto ao direito de coalizão, será preciso esperar pela lei de 25 de maio de 1864 para que ele fosse reconhecido: a coalizão em si não constitui mais um delito; apenas as violências ou manobras fraudulentas que poderiam acompanhá-la recaem sob o domínio da lei penal [N.T.: esta política ambígua de "dar com uma mão e tirar com a outra" foi típica do comportamento de Napoleão III tanto na questão social e operária, quanto em todos os temas políticos candentes. Embora formalmente liberadas, as coalizões estavam à mercê dos humores do governo; uma greve poderia ser tolerada enquanto outra era ferozmente reprimida. O Imperador utilizou também esta ambigüidade da lei para poder "controlar" o crescimento da organização operária com o advento da I Internacional; os militantes desta última sofreram vários processos, multas e prisões]. O direito de associação foi concedido a patrões e operários apenas pela lei de 21 de março de 1884.

rários empreendam, por meio de coalizões, fazer violência ao monopólio, isto a sociedade não permite. Esmagai o monopólio e abolireis a concorrência, desorganizareis a oficina e semeareis a dissolução por toda a parte. A autoridade, fuzilando os mineiros, encontrou-se como Brutus[67], colocado entre o seu amor de pai e seus deveres de cônsul: era preciso perder os seus filhos ou salvar a República. A alternativa era horrível, que seja, mas tal é o espírito e a letra do pacto social, tal é o teor da constituição, tal é o desígnio da Providência.

Assim a polícia, instituída para a defesa do proletariado, está dirigida inteiramente contra o proletariado. O proletário é expulso das florestas, dos rios e das montanhas: até mesmo os atalhos lhes são proibidos e logo conhecerá apenas os caminhos que o levam à prisão.

Os progressos da agricultura fizeram sentir geralmente as vantagens das pradarias artificiais e a necessidade de abolir a *vaine-pature*[68]. Por toda a parte desbrava-se, arrenda-se e cerca-se os terrenos comunais[69]: novos progressos e novas riquezas. Mas o pobre diarista que tinha como único patrimônio os bens comunais e que no verão alimentava uma vaca e alguns carneiros fazendo-os pastar nos caminhos, nas moitas e nos campos segados perderá o seu único e derradeiro recurso. O proprietário rural, o comprador ou o arrendatário dos bens comunais, serão agora os únicos a vender, com o trigo e os legumes, também o leite e o queijo. Em lugar de enfraquecer o antigo monopólio, criou-se um novo. Até os calceteiros reservam-se as margens das

---

[67] [N.T]: BRUTUS (Lucius Junius): Personagem legendário da história romana que expulsou o último rei, Tarquínio o Soberbo de Roma e instalou a República. Não confundir com o homônimo Marcus Junius Brutus ($\cong 85$ - $\cong 43$ a. C.), que conspirou com Cassius contra Julius César e o assassinou.

[68] [N.T]: Esta expressão, que não conseguimos equivalente em português, significa literalmente *pastagem vã* e indica o antigo direito camponês de se deixar os animais pastarem nos campos de cultivo, uma vez realizada a colheita; o benefício seria duplo: o dono do animal economizaria a ração e o dono do campo ficaria com o esterco.

[69] [N.T]: Proudhon refere-se aqui a um processo típico da implantação da agricultura capitalista no campo europeu, onde havia o uso imemorial das terras francas pela comunidade camponesa, em oposição às terras senhoriais e aos lotes de posse individual; estas terras, geralmente de propriedade da aldeia, poderiam ser utilizadas em comum e abrangiam bosques e algumas terras de cultivo e pastos, sendo de grande valia para os pobres. No começo do séc. XIX, começa um processo de apropriação destas terras pelos grandes proprietários através de seu resgate da prefeitura. Uma vez assim adquiridas elas passavam a ser de uso privado e os pequenos camponeses ficavam muito prejudicados pois não tinham mais como alimentar suas vacas e seus porcos nem como plantar hortas ou obter madeira, sendo pois forçados à proletarização.

estradas como um prado que lhes pertence e expulsam de lá o gado não administrativo. O que resulta disto? Que o diarista, antes de renunciar à sua vaca, comete contravenção e a faz pastar clandestinamente, entrega-se à rapina, comete mil estragos, faz-se condenar às multas e à prisão: de que lhe servem a polícia e os progressos agrícolas? No ano passado a prefeitura de Mulhouse, para impedir a rapina das uvas, proibiu a todo indivíduo não proprietário de vinhedos de circular, de dia ou de noite, pelos caminhos que circundem ou que cortem os vinhedos: precaução caridosa, pois prevenia até mesmo os desejos e os arrependimentos. Mas se a via pública nada mais é que um acessório da propriedade, se os munícipes convertem-se em proprietários, se o domínio público, por fim, assimilado a uma propriedade, é guardado, explorado, arrendado e vendido como uma propriedade, o que resta ao proletário? De que lhe serve o fato da sociedade ter saído do estado de guerra para penetrar no regime de polícia?

Tanto quanto a terra, a indústria também possui os seus privilégios; privilégios consagrados pela lei, como sempre, sob condição e reserva; mas como sempre também para grande prejuízo do consumidor. A questão é interessante: diremos algumas palavras sobre ela.

Cito o Sr. Renouard[70]:

"Os privilégios, diz o Sr. Renouard, foram um corretivo à regulamentação..."

Peço permissão ao Sr. Renouard de traduzir o seu pensamento invertendo a sua frase: a regulamentação foi um corretivo ao privilégio. Porque, quem diz regulamentação diz limitação: ora, como imaginar que se tenha limitado o privilégio antes que ele existisse? Concebo que o soberano tenha submetido os privilégios aos regulamentos, mas não compreendo como ele tenha criado privilégios expressamente para amortecer efeitos dos regulamentos. Uma tal concessão não teria sido motivada por nada, seria um efeito sem causa. Na lógica tanto quanto na história, tudo é apropriado e monopolizado até que venham as leis e os regulamentos: ocorre com a legislação civil à este respeito o mesmo que com a legislação penal. A primeira é provocada pela posse e pela apropriação; a segunda pela aparição dos crimes e dos delitos. O Sr.

---

[70] [R.P]: M. RENOUARD foi autor de um *Traité sur les Brevets d'Invention* (Tratado sobre as patentes de Invenções) PARIS, última edição em 1865, que marcou época.

Renouard, preocupado com a idéia da servidão inerente a toda regulamentação, considerou o privilégio como uma compensação desta servidão; o que lhe fez dizer que *os privilégios são um corretivo da regulamentação*. Mas isto que acrescenta o Sr. Renouard prova que é o inverso o que ele quis dizer: " O princípio fundamental de nossa legislação, o da concessão de monopólio temporário como preço de um contrato entre a sociedade e o trabalhador, sempre prevaleceu" etc. O que é no fundo esta *concessão* de monopólio? Um simples reconhecimento, uma declaração. A sociedade, querendo favorecer uma indústria, e gozar com as vantagens que ela lhe promete, *transige* com o seu inventor, como transigiu com o colono: ela garante-lhe o monopólio para a sua indústria por um determinado tempo, mas ela não criou o monopólio. O monopólio existe pelo próprio fato da invenção e é o reconhecimento do monopólio que cria a sociedade.

Uma vez dissipado este equívoco, eu passo às contradições da lei.

"Todas as nações industriais adotaram o estabelecimento de um monopólio temporário, como preço do contrato entre a sociedade e o inventor... Eu não posso acreditar que todos os legisladores de todos os países cometeram uma espoliação."

O Sr. Renouard, se porventura ler esta obra, me fará justiça em reconhecer que, citando-o, não é o seu pensamento que critico: ele mesmo já sentiu as contradições da lei sobre as patentes. Tudo o que pretendo é vincular esta contradição ao sistema geral.

Por que, em primeiro lugar, um monopólio *temporário* na indústria enquanto o monopólio fundiário é *perpétuo?* Os egípcios eram mais conseqüentes: neles ambos monopólios eram igualmente hereditários, perpétuos e invioláveis. Eu conheço as considerações que são argüidas contra a perpetuidade da propriedade literária e eu as admito todas; mas tais considerações aplicam-se também à propriedade imobiliária; além disso, elas deixam subsistir inteiramente todos os argumentos que lhes são opostos. Qual é, pois, o segredo destas variações do legislador? De resto, não necessito dizer que, levantando esta incoerência, não quero caluniar nem satirizar: reconheço que o legislador determinou-se não voluntariamente, mas sim necessariamente.

Mas a contradição mais flagrante é a que resulta da lei. Título IV, art. 30, § 3º, que diz: "Se a patente incidir sobre princípios, métodos, sistemas, descobertas e concepções teóricas ou puramente científicas, dos quais não sejam indicadas as aplicações industriais, então a patente será nula".

Ora, o que é um *princípio*, um *método*, uma *concepção teórica*, um *sistema*? São o próprio fruto do gênio, são a invenção na sua pureza, são a idéia, é tudo. A aplicação é o fato bruto, não é nada. Assim a lei exclui do benefício da patente quem de fato merece a patente: a idéia; e ao contrário, concede a patente à aplicação, isto é, ao fato material, a um exemplar da idéia, teria dito Platão. É portanto equivocadamente que se diz *patente de invenção*; deveria se dizer *patente de primeira ocupação*.

Um homem que em nossos dias tivesse inventado a aritmética, a álgebra e o sistema decimal, não poderia obter patentes; mas Barrême teria obtido para as suas *Comptes-Faits*[71] direitos de propriedade. Pascal[72] não poderia ter patenteado a sua teoria do peso do ar, mas um vidreiro hábil teria obtido em seu lugar uma patente para o barômetro. "Depois de 2.000 anos, e eu cito o Sr. Arago, um de nossos compatriotas percebeu que o parafuso de Arquimedes[73], que serve normalmente para elevar a água, poderia ser empregado para fazer descer os gases:

---

[71] [N.T]: Trata-se de uma das primeiras tabelas matemáticas publicadas, contendo conversões de unidades, tabelas de raízes, de números primos, de cálculo de juros, logaritmos, etc., impressa na França em finais do séc. XVII e agraciada com privilégio real.

[72] [N.T]: Trata-se de Blaise PASCAL (1623-1662) físico, matemático e filósofo francês influenciado pelo cartesianismo e muito considerado pelos jansenistas. Escreveu um *Essai sur les coniques* aos 16 anos, o famoso livro *Pensées*, as *Provinciales* e o opúsculo *De l'Esprit Géometrique*, além de deixar numerosa correspondência e muitos inéditos. Inventou a máquina de calcular e foi um dos precursores do Cálculo das Probabilidades juntamente com Fermat, e da Análise Combinatória; descobriu ainda o famoso *triângulo de Pascal* em Álgebra e o importante *Teorema de Pascal* na Geometria Projetiva. Estimulado pelos trabalhos de Torricelli efetuou numerosos estudos sobre a pressão atmosférica e sobre Hidrostática, onde descobriu o princípio da prensa hidráulica, que revolucionaria as técnicas de engenharia. Aliava curiosamente este espírito científico, criativo e indagador com fortes sentimentos místicos.

[73] [N.T]: Trata-se de uma das primeiras máquinas hidráulicas conhecidas pelo homem, cuja invenção é atribuída a Arquimedes de Siracusa (287 a.C. - 212 a.C.) e que consiste, na sua versão mais elementar de um helicóide ou de um tubo aberto nas extremidades e enrolado helicoidalmente e encaixados em um cilindro inclinado com relação à horizontal. O helicóide ou o tubo são capazes de girar em torno do eixo do respectivo cilindro e a extremidade inferior deste está em contacto permanente com um reservatório de água ou outro líquido. Ao colocar-se em rotação o helicóide ou o tubo helicoidal o líquido será transferido da extremidade inferior para a extremidade superior do cilindro, ou seja *eleva-se* e o parafuso de Arquimedes funciona assim como uma bomba hidráulica elementar. Diz a tradição que Arquimedes inventou este dispositivo para poder lançar ao mar com facilidade os navios em reparo ou em construção nos estaleiros e diz-se que, na sua primeira demonstração, foi capaz de sozinho e em poucas horas de trabalho, fazer flutuar um navio que habitualmente necessitava de uma equipe de 150 homens para ser lançado ao mar. A aplicação que Proudhon menciona a seguir é trivial: se invertermos o sentido de rotação do parafuso, ao invés de bombearmos o líquido estaremos insuflando o ar atmosférico nele.

bastaria para tanto, sem nele nada modificar, fazê-lo girar da direita para a esquerda, ao invés de girá-lo no sentido adequado para fazer subir a água, da esquerda para a direita. Grandes volumes de gás carregados de substâncias estranhas são desta forma levados ao fundo de uma espessa camada de água; o gás injetado purifica-se ao elevar-se novamente no líquido. Eu sustento que aí houve invenção, que a pessoa que percebeu que se pode transformar o parafuso de Arquimedes em uma máquina insufladora tinha direito a uma patente." O que há de mais extraordinário é que se o próprio Arquimedes teria agora que resgatar o direito de servir-se de seu próprio parafuso e o Sr. Arago acha que isto é justo.

É inútil multiplicar os exemplos: o que a lei quis monopolizar, não é, como eu disse há pouco, a idéia, mas sim o fato; não a invenção, mas sim a ocupação. Como se a idéia não fosse a categoria que abarca todos os fatos que a traduzem, como se um método, um sistema, não fossem uma generalização de experiências e portanto aquilo que constitui propriamente o fruto do gênio: a invenção! Aqui a legislação é mais que antieconômica, ela esbarra na tolice. Tenho, pois, o direito de perguntar ao legislador, porque apesar da livre concorrência – que não é outra coisa senão o direito de aplicar uma teoria, um princípio, um método ou um sistema não apropriável – ele proíbe em certos casos esta mesma concorrência, este direito de aplicar um princípio. "Não se pode mais, diz com muitíssima razão o Sr. Renouard, esmagar os concorrentes reunindo-se em corporações e jurandas; assim desembaraçamo-nos deles com as patentes." Porque o legislador deu mão forte a esta conjuração dos monopólios, a esta interdição das teorias que pertencem a todos?

Mas do que serve interpelar sempre quem nada pode dizer? O legislador não soube em qual espírito atuava, quando fazia esta estranha aplicação do direito de propriedade, que deveria ser chamado, para que fôssemos exatos, de direito de prioridade. Que ele se explique, pois, ao menos, sobre as cláusulas do contrato que concluiu em nosso nome com os monopolistas.

Silenciarei a parte relativa às datas e a outras formalidades administrativas e fiscais e chego finalmente a este artigo:

"A patente não garante a invenção".

Sem dúvida a sociedade, ou o príncipe que a representa, não pode nem deve garantir a invenção, pois, concedendo um monopólio de quatorze anos, a sociedade torna-se a compradora de um privilégio e conseqüentemente cabe ao patenteado fornecer a garantia. Como pois os legisladores podem, gloriosos, vir dizer aos seus outorgantes[74]: "Tratamos em vosso nome com um inventor; ele se compromete a fazer-vos fruir de sua descoberta com a reserva de ter a sua exploração exclusiva por quatorze anos. Mas nós não garantimos a invenção!" E sobre o que vós vos apoiastes[75], ó legisladores? Como não percebestes que sem uma garantia da invenção, concederíeis um privilégio não mais para uma descoberta real, mas sim para uma descoberta possível e que desta forma o campo da indústria estaria por vós alienado antes mesmo que o arado tivesse sido inventado? É certo que vosso dever vos comandava ser prudentes, mas quem vos deu mandato para serdes tolos?

Assim a patente de invenção nem sequer é uma reserva[76], é uma alienação antecipada. É como se a lei dissesse: eu asseguro a terra ao primeiro ocupante, mas sem garantir nem a qualidade, nem o local e nem mesmo a existência, sem que eu saiba se devo aliená-la, se ela pode cair na apropriação! Curioso uso do poder legislativo!

Eu sei que a lei tinha excelentes razões para se abster, mas eu sustento que ela também teria outras excelentes para intervir. Prova:

"Não se pode dissimular, diz o Sr. Renouard, não se pode impedir o fato: as patentes são e serão um o instrumento de charlatanismo, ao mesmo tempo em que são uma legítima recompensa do trabalho e do gênio... O bom senso deve fazer justiça a tais malabarismos". Isto equivaleria a dizer: cabe ao público distinguir os verdadeiros modelos dos falsos, assim como o vinho natural do falsificado; cabe ao bom senso do público distinguir sobre a botoeira a condecoração concedida ao mérito daquela prostituída à mediocridade e à intriga. Por que, pois, apelais para o Estado, o Poder, a Autoridade e para a Polícia, se a polícia deve ser feita pelo bom senso do público?

"É como se diz: Quem tem terra tem a guerra; da mesma forma, quem tem privilégio, tem processo."

Pois bem! Como julgareis as contrafações se não tendes garantia? Em vão vos será alegado o direito de primeira ocupação, por causa

---

[74] [N.T]: *Commetant* no original, que significa aquele que comissiona alguém para agir em seu lugar. Preferimos a tradução acima.

[75] [N.T]: *Sur quoi donc avez-vous tablé, legislateurs*, no original francês. *Tabler* é um verbo de difícil tradução para o português; significa apoiar seus cálculos ou suposições sobre algo.

[76] [N.T]: *Prise de date* no original, que significa, marcar a data para um encontro, acontecimento ou reunião. Entendemos este significado no caso presente como uma reserva antecipada de direitos a vigorar à partir de certo momento ou condição; daí a tradução por *reserva*.

da semelhança. Lá aonde a qualidade da coisa constitui a sua própria realidade, não exigir garantia é outorgar um direito sobre o nada, é subtrair o meio de comparar os processos e de constatar a contrafação. Em matéria de procedimentos industriais, o sucesso conta muito pouco. Mas este pouco é tudo.

Concluo de tudo isto que a lei sobre as patentes de invenção[77], indispensável nos seus motivos, é impossível – isto é, ilógica, arbitrária e funesta – na sua economia. Sob o império de certas necessidades o legislador acreditou, no interesse geral, dever conceder um privilégio para uma coisa determinada; o que de fato ocorre é que ele ofereceu um cheque em branco para o monopólio, que ele abandonou as chances que tinha o público de fazer esta descoberta ou outra análoga, que ele sacrificou sem compensação o direito dos concorrentes e que entregou sem defesa à cupidez dos charlatães a boa-fé dos consumidores. Depois, para que nada mais faltasse ao absurdo do contrato, ele disse a aqueles a quem devia garantir: Garanti a vós mesmos!

Da mesma forma que o Sr. Renouard, não acredito que os legisladores de todos os tempos e de todos os países tenham cometido coincidentemente uma espoliação, consagrando os diversos monopólios em torno dos quais gira a economia pública. Mas o Sr. Renouard bem que poderia convir comigo que os legisladores de todos os tempos e de todos os países nunca compreenderam grande coisa de seus próprios decretos. Um homem surdo e cego aprendeu a tocar os sinos e a regular o relógio de sua paróquia; o que havia de cômodo para ele nas suas funções de toca-sinos era que nem o ruído das badaladas, nem a altura do campanário lhe davam vertigens. Os legisladores de todos os tempos e de todos os países, pelos quais eu, juntamente com o Sr. Renouard, professo o mais profundo respeito, assemelham-se a este surdo-cego: eles são os címbalos[78] de todas as loucuras humanas.

---

[77] [R.P]: A lei sobre as patentes, cuja exposição de motivos foi apresentada pela primeira vez em 10 de janeiro de 1833 na Câmara dos Pares [N.T.: já vimos que o voto era censitário no tempo da Monarquia de Julho; a Câmara dos Pares, reunindo um número fixo de membros, escolhidos perpetuamente entre os "morgados", isto é entre os detentores de altas rendas, funcionava como uma espécie de Senado] e tinha sido aprovada, enquanto Proudhon escrevia o seu livro, em 1844.

[78] [N.T]: *Jacquemards* no original francês, que são os bonecos automáticos que fazem soar os sinos que indicam as horas em alguns relógios monumentais do fim da Idade Média. Adotamos aqui a tradução figurada *címbalo*, para indicar algo que ressoa e amplifica estrondosamente os mínimos movimentos de outrem, sem a menor intenção ou consciência, que é, parece-nos, a intenção do autor ao utilizar esta imagem.

Que glória para mim se conseguisse fazer estes autômatos refletirem! Se eu pudesse fazê-los compreender que seu trabalho é uma tela de Penélope que eles estão condenados a desfazer por um lado, enquanto continuam a tecê-la por outro!

Assim, enquanto se aplaude a criação das patentes, em outros pontos se requer a abolição dos privilégios e sempre com o mesmo orgulho e o mesmo contentamento. O Sr. Horace Say[79] quer que o comércio das carnes seja livre. Dentre outras razões, ele faz valer este argumento perfeitamente matemático:

"O açougueiro que quer retirar-se de seus negócios, busca um comprador para seus fundos; ele leva em conta os seus utensílios, as suas mercadorias, sua reputação e sua clientela; mas no regime atual ele acrescenta a isto o valor de sua licença, isto é, do seu direito de tomar parte em um monopólio. Ora, este capital suplementar, que o açougueiro sucessor entrega pelo título, carrega um juro; isto não é uma criação nova: é preciso que ele faça este juro compor o preço da carne. Portanto a limitação no número de licenças tende a fazer com que o preço da carne aumente e não que baixe".

"Não temo afirmar, de passagem, que aquilo que digo sobre a venda de um cepo de açougueiro, aplique-se igualmente a todas as licenças que possuam valor venal."

As razões do Sr. Horace Say para a abolição dos privilégios dos açougues são irrespondíveis; além disto elas se aplicam aos impressores, aos tabeliães, aos advogados, aos oficiais de justiça[80], aos oficiais de cartório[81], aos despachantes, aos representantes comerciais[82], aos agentes de câmbio e aos farmacêuticos, tão bem como aos açougueiros. Mas elas não destroem as razões que fizeram estes monopólios serem adotados e que se deduzem geralmente da necessidade de segurança, de autenticidade e de regularidade para as transações, bem como dos interesses do comércio e da saúde pública. A meta, direis, não é atingida. Meu Deus! Eu bem o sei: deixemos os açougues entregues à concor-

---

[79] [R.P]: HORACE SAY (1794-1860), filho de J.B. Say, comerciante, político e conselheiro de Estado, deixou numerosos estudos descritivos sobre problemas econômicos. Seu filho foi o financista Léon SAY. O comércio de carnes será livre depois de 1863, mas os açougues e os açougueiros deverão submeter-se a alguns regulamentos de polícia que podem incluir até a taxação dos preços de varejo.

[80] [N.T]: *Huissiers* no original.

[81] [N.T]: *Greffiers* no original.

[82] [N.T]: *Courtiers* no original.

rência pura e comeremos carniça; estabeleçamos um monopólio dos açougues e comeremos carniça também. Eis o único fruto que se pode esperar da vossa legislação sobre monopólios e patentes.

Abuso! exclamam os economistas regulamentadores. Criai para o comércio uma polícia de vigilância, tornai obrigatórias as marcas de fábrica, puni a falsificação dos produtos, etc.

No caminho pelo qual a civilização engajou-se, para qualquer lado que nos voltemos terminaremos sempre no despotismo do monopólio, e conseqüentemente na opressão dos consumidores, ou na aniquilação do privilégio pela ação da polícia, que significa retrogradar-se na economia e destruir a sociedade destruindo-se a liberdade. Coisa maravilhosa! No sistema de livre indústria os abusos, como as lêndeas dos piolhos, renascem de seus próprios remédios e se o legislador quisesse reprimir todos os delitos, vigiar todas as fraudes e assegurar contra todo atentado as pessoas, as propriedades e a coisa pública, ele chegaria, de reforma em reforma, a multiplicar a tal ponto as funções improdutivas que por fim a nação inteira passaria a exercê-las e não restaria ninguém para produzir. Todo mundo seria da polícia[83] e a classe industrial tornar-se-ia um mito. Então talvez a ordem reinasse no monopólio.

"O princípio da lei a se fazer sobre as marcas de fábrica, diz o Sr. Renouard, é que tais marcas não possam e nem devam transfor-

---

[83] [N.T]: Será interessante notar que estas duas últimas frases foram escritas cinqüenta anos antes do moderno capitalismo burocrático nascer, em finais do séc. XIX. A proliferação dos estamentos burocráticos no Estado e na administração das empresas é, paralelamente ao fato da conglomeração da produção nas grandes unidades multinacionais, um dos obstáculos mais severos a qualquer tentativa de transição para uma economia socialista e autogestionária. Ver a tal propósito, entre outros Maurício TRAGTEMBERG *Burocracia e Ideologia* (1ª ed. S. Paulo, Ática, 1977) e Cornelius CASTORÍADIS *La Societé Burocratique* (3ª ed. Paris, Robert Lafont, 1997). Em particular a mentalidade regulamentadora e policialesca no trato dos problemas econômicos e sociais, reflete-se muito bem nos problemas contemporâneos relativos aos tráficos gêmeos de drogas e de armas, nas políticas de "tolerância zero" com relação aos delitos e crimes e no crescimento assustador das empresas de segurança e de vigilância eletrônica (a principal administradora de presídios dos EUA, p. ex. apresenta altos índices de rentabilidade e possui ações negociadas na NASDAQ, sendo pois considerada "empresa de alta tecnologia" no mercado norte-americano). É curioso que o muitíssimo mal denominado "neo-liberalismo" necessite, para poder funcionar minimamente, atacar tão fundo as liberdades individuais concretas. O capitalismo industrial, que necessitou da apologia das liberdades para instalar-se em finais do séc. XVIII, necessitaria de métodos ditatoriais e burocráticos para manter-se e desenvolver-se? Uma reflexão muito interessante, aprofundando esta linha de pensamento pode ser obtida na tese do prof. Edson PASSETTI "*Política e Massa: o Impasse Liberal de Von Mises*" (Dep. Ciências Sociais PUC-SP 1994).

mar-se em garantias de qualidade." Esta é uma conseqüência da lei das patentes[84] que, como vimos, não garante a invenção. Adotemos o princípio do Sr. Renouard; para que serviriam então as marcas? Do que me serve ler no fundo de uma garrafa em lugar de *vinho de doze* ou de *vinho de quinze*, SOCIETÉ OENOPHILE[85] ou qualquer outra marca de fábrica que se queira? O que me preocupa não é o nome do fabricante, mas sim a qualidade e o justo preço da mercadoria.

Supõe-se, é verdade, que o nome do fabricante será como um sinal de boa ou de má fabricação, de qualidade superior ou inferior. Por que pois não se alinhar francamente, na intenção daqueles que isso pedem, juntamente com a *marca de origem* uma *marca de significado*? Não se compreende tal reserva[86]. As duas espécies de marca têm a

---

[84] [N.T]: Isto é uma conseqüência direta da hipótese da "mão invisível" de Adam Smith e do princípio da concorrência perfeita que pressupõe, como diz Marx no 1º capítulo d'O Capital, que o consumidor possua conhecimentos enciclopédicos sobre as mercadorias. Qualquer distinção de privilégio, segundo a Economia Clássica da "seita de Manchester" destruiria a isonomia das mercadorias no mercado e assim destruiria a concorrência. É interessante notar como estas discussões, aparentemente inocentes, "epistemológicas" e de princípio, acabam influenciando a prática legislativa e o funcionamento da economia social de uma maneira brutal. Caso tais "princípios" ou "fundamentos" revelem-se falsos empiricamente, quem paga a conta?

[85] [N.T]: *Sociedade Enófila*, pois nestes tempos, para combater a fraude e garantir o mercado externo, os pequenos e médios produtores da Borgonha e do Reno começaram a unir-se em cooperativas para a vindima e a produção mais industrializada do vinho; para favorecer o ganho de escala, melhores preços, maiores lucros e o controle dos açambarcadores, as uvas que compunham uma determinada safra provinham de distintos parreirais e eram pisadas e fermentadas em conjunto: é o início da política de "regiões demarcadas" e da introdução de marcas de fantasia na indústria vinícola. Um Chianti ou um Borgonha serão vinhos originados de determinada região e não mais de um determinado vinhateiro. Os numerais indicam a *graduação alcoólica* do licor na escala de Gay-Lussac, tornada oficial na França em 1822.

[86] [N.T]: Notemos de passagem a dificuldade que se teve, durante todo o séc. XIX, em fazer avançar as normas e padrões internacionais de qualidade. Apenas na Metrologia se conseguiu estabelecer algum avanço, relativamente limitado, graças à Convenção do Metro e à criação do *Bureau International des Poids et des Mesures* (BIPM), na ano de 1882 em Sévres. A garantia de qualidade paradoxalmente somente pode evoluir um pouco por causa das exigências de segurança e de padronização impostas pela fabricação de material bélico, tornada evidente depois da Guerra Franco-Prussiana de 1870; as primeiras associações nacionais de normas técnicas nascem apenas à partir de 1910 e a ISO (International Standart Organization) começa a ser organizada somente em 1932, conseguindo um mínimo de alcance apenas durante a década de 1960. Esta resistência é ilustrativa da ordem de idéias aqui criticada por Proudhon; é interessante igualmente notar que as discussões sobre "qualidade total" – tão apregoadas e tão utilizadas pelo moderno neo-liberalismo após a consolidação do denominado "modelo japonês" em meados dos anos 1980, com uma carga implícita e enorme de autoritarismo e burocratização – seja aqui problematizada por Proudhon, que se demonstra, neste como em outros muitos casos um autor extremamente original e atual em Economia Política.

mesma finalidade; a segunda nada mais é que uma exposição ou uma paráfrase da primeira, um apanhado dos prospectos do negociante: por que, mais uma vez, se a origem *significa* alguma coisa a marca não determinaria este significado?

O Sr. Wolowsky[87] desenvolveu muito bem esta tese em seu discurso de abertura de 1843-44[88], cuja substância reside nesta analogia: "Da mesma maneira, diz o Sr. Wolowsky, que o governo pôde determinar um critério de *quantidade*, ele pode e deve fixar um critério de *qualidade*; cada um destes critérios é o complemento necessário do outro. A unidade monetária e o sistema de pesos e medidas não se constituem em atentado à liberdade industrial; o sistema de marcas, pela mesma razão, também não a feriria". O Sr. Wolowsky apóia-se a seguir na autoridade dos príncipes da ciência, A. Smith e J. B. Say, o que é uma precaução sempre útil quando se trata com um auditório submetido à autoridade bem mais do que à razão.

Declaro, no que me tange, que compartilho a idéia do Sr. Wolowsky, e isto porque eu a considero profundamente revolucionária. A marca, nada mais sendo segundo a expressão do Sr. Wolowsky que um critério das qualidades, equivale para mim a uma tarificação geral. Quer exista pois uma autarquia[89] que marque em nome do Estado e que garanta a qualidade das mercadorias, como já ocorre para algumas matérias como o ouro e a prata, ou quer os cuidados da marca sejam deixados ao fabricante, a partir do momento em que a marca deva dar a *composição intrínseca da mercadoria* (tais são as próprias palavras do Sr. Wolowsky) *e garantir o consumidor contra toda surpresa*, ela se resolverá forçosamente em preço fixo[90]. Ela não é a mesma coisa que o preço:

---

[87] [R.P]: WOLOWSKY (1810-1876), de origem polonesa, abandona o seu país por ocasião da Revolução de 1830 e fixa-se na França, onde acaba por naturalizar-se. Fundador da *Revue de Législation et de Jurisprudence* e professor de economia industrial no Conservatório de Artes e Ofícios, ele entra para a Assembléia Legislativa em 1849, mas abandona a vida política depois do golpe de Estado de Luís Napoleão e volta a ela apenas em 1871 como deputado e depois como senador vitalício. Deixou numerosas obras sobre Estatística, Economia Monetária e Finanças.

[88] [N.T]: Dos seus cursos no Conservatório.

[89] [N.T]: *Régie* no original francês.

[90] [N.T]: O leitor mais atento já deverá ter percebido porque Proudhon considera *revolucionária* a marca de garantia de qualidade. Seria esta quem possibilitaria no concreto o processo de consolidação do valor, que ele discutiu no capítulo II desta obra e cuja antinomia gerou todas as outras até aqui estudadas. Conhecendo-se a *"composição intrínseca das mercadorias"* e não mais deixando ao consumidor a tarefa de se constituir conhecimentos enciclopédicos sobre merceologia, como quer a doutrina clássica, seria fácil comparar os preços sem se recorrer à lei da oferta e da procura, com

dois produtos similares, mas de origem e qualidade diferentes, podem ser de igual valor; uma garrafa de borgonha pode valer o mesmo que uma garrafa de bordeaux, mas a marca, sendo significativa, conduz ao conhecimento exato do preço, pois ela dá a sua análise. Calcular o preço de uma mercadoria é decompô-la em suas partes constituintes; ora é isto precisamente o que a marca de fábrica deve fazer, se quisermos que ela signifique alguma coisa. Caminhamos pois, como eu já disse, para uma tarificação geral.

Mas uma tarificação geral nada mais é que uma determinação de todos os valores e eis novamente a economia política em contradição nos seus princípios e nas suas tendências. Infelizmente, para realizar a reforma do Sr. Wolowsky é preciso começar por resolver todas as contradições anteriores e colocar-se em uma esfera de associação mais alta: é esta falta de solução que levantou, contra o sistema do Sr. Wolowsky, a reprovação da maioria dos seus confrades economistas.

Com efeito, o regime das marcas é inaplicável na ordem atual porque este regime, que contraria os interesses dos fabricantes e repugna os seus hábitos, somente poderia subsistir pela vontade enérgica do poder. Suponhamos por um momento que uma autarquia seja encarregada de estabelecer as marcas: seria preciso que seus agentes interviessem a cada momento no trabalho, como eles intervêm no comércio de bebidas e na fabricação da cerveja[91]; ora estes últimos,

---

base no valor efetivamente agregado na produção do bem. Este processo de *quantificação da qualidade* permitiria pois uma classificação matricial das mercadorias: por um lado segundo a sua natureza e por outro segundo os critérios de qualidade (como por exemplo se sabe que um reator nuclear deva custar mais caro que um microcomputador, por ser uma máquina mais elaborada e portanto mais custosa, por agregar mais trabalho, mas igualmente porque se pode comparar, graças a tal quantificação, reatores nucleares e microcomputadores entre si, estabelecendo-se *classes de qualidade destas máquinas*, sendo que mercadorias de mesma categoria e de mesma classe de qualidade, devem ter preços de venda da mesma ordem de grandeza). Este mecanismo possibilitaria pois a comparação dos preços de venda e uma comparação objetiva dos custos de produção, sendo assim um passo fundamental para a constituição generalizada do valor. Note-se que este ponto, ao nosso ver muito importante, não foi sequer percebido por Marx na sua crítica à Filosofia da Miséria.

[91] [N.T]: Proudhon refere-se aqui não aos fiscais sanitários de serviços bromatológicos, cuja figura, sujeita a muitas discussões e contraditórias, somente fará sua aparição no terceiro quartel do séc. XIX por insistência dos especialistas em Saúde Pública sem a sua almejada eficácia, mas sim aos fiscais de verificação de pesos e volumes, instituição muito mais antiga, que remonta aos privilégios de feira outorgados pelos soberanos da baixa Idade Média a algumas cidades e cuja função era zelar pela exatidão e precisão das quantidades vendidas. Esta última instituição não foi criada por simples benevolência do soberano, mas sim porque os impostos pagos pelos mercadores eram função do volume de vendas efetuadas.

cujo exercício já parece tão importuno e vexatório, ocupam-se apenas das quantidades taxáveis e não das qualidades trocáveis. Seria preciso que estes controladores e verificadores fiscais conduzissem suas investigações sobre todos os detalhes, para poder reprimir e prevenir a fraude. Mas que fraude? O legislador não a teria definido ou a definiu mal: e neste ponto a tarefa se torna assustadora.

Não há fraude em se distribuir vinho de péssima qualidade, mas ela existe quando se quer fazer passar vinho de determinada qualidade como sendo de outra: somos obrigados pois a diferenciar as qualidades do vinho e conseqüentemente garanti-las. Será fraude fazer misturas? Chaptal, no seu tratado sobre a arte de fabricar o vinho, as aconselha como eminentemente úteis; por outro lado a experiência mostra que certos vinhos são de alguma forma antipáticos um ao outro, ou não associáveis, e que produzem por sua mistura uma bebida desagradável e malsã. Eis-nos na obrigação de dizer quais vinhos podem ser misturados de maneira útil e quais não podem. Seria fraudar a mesma coisa que aromatizar, alcoolizar ou molhar[92]. Novamente, Chaptal o recomenda e todos sabem que toda esta drogaria algumas vezes produz muitos resultados vantajosos e outras vezes resultados perniciosos e detestáveis. Quais substâncias devemos proscrever? Em quais casos? Em que proporção? Defenderemos a adição de chicória ao café, a adição de glicose à cerveja e de água, cidra ou três-seis[93] ao vinho?

---

[92][N.T]: Os vinhos possuem um teor alcoólico médio em torno de 12° Gay-Lussac; por questões climáticas, agronômicas e técnicas, este teor pode variar um pouco com a safra e as condições do terreno e do armazenamento; *molha-se* o vinho mais encorpado e *alcooliza-se* o menos encorpado, de modo a manter o seu teor alcoólico adequado: este é um procedimento legítimo, que pode ter característica de fraude, quando aplicado simplesmente para aumentar o volume ou ajustar uma mistura suspeita. Igualmente alguns vinhos, como os vermutes, o *retsina* grego e os vinhos do Porto, não procedem unicamente da fermentação e do envelhecimento do suco da uva, mas são macerados com algumas ervas, ou submetidos a tratamento com outros produtos orgânicos, *de maneira intencional e tradicional*, de modo a alterar as suas propriedades organolépticas e constituindo-se assim em produtos mais ou menos diferenciados do vinho. Pode-se igualmente, através do uso *flavorizantes*, alterar tais propriedades. A diferença entre o *produto original* e a *fraude* pode ser sutil. O desenvolvimento da Química e da Bromatologia, permitiram muitos avanços nesta área, pois se pode caracterizar melhor os *processos químicos* que ocorrem nos produtos autênticos e desta maneira melhor detectar as fraudes; técnicas como a eletroforese e a cromatografia foram fundamentais neste sentido.

[93] [N.T]: *trois -six* no original. Infelizmente, apesar de nossas pesquisas, não fomos capazes de atinar com o significado desta expressão em português ou em francês.

A Câmara dos Deputados, na tentativa informe de lei que lhe aprouve editar o ano passado[94] sobre a falsificação dos vinhos, deteve-se no meio da obra vencida pelas dificuldades inextricáveis da questão. Ela houve por bem estabelecer que a adição da água ao vinho, ou a de álcool além da proporção de 18%, seria fraude e depois colocou tal fraude na categoria dos delitos. Ela estava no terreno da ideologia, onde jamais há embaraços. Mas todos viram neste reforço de severidade o interesse do fisco, muito mais que o interesse do consumidor, quanto mais que a Câmara não ousou criar, para supervisionar e constatar a fraude, um exército de gastrônomos, de verificadores, etc., sobrecarregando assim o orçamento com alguns novos milhões; proibindo entretanto a diluição e a alcoolização do vinho, único meio que resta aos mercadores-fabricantes de colocar seu produto ao alcance de todos e de realizar lucros, ela não pôde ampliar o consumo por um desagravo na produção. Em uma única palavra: a Câmara, perseguindo a falsificação dos vinhos, apenas fez recuarem os limites da fraude. Para que a sua obra atingisse a meta proposta seria preciso antes dizer como o comércio do vinho seria possível sem falsificação e como o povo pode comprar vinho não falsificado: é isto o que foge da competência e escapa da capacidade da Câmara.

Se quereis que o consumidor seja garantido sobre o valor e sobre a salubridade, estais forçados a conhecer e a determinar tudo o que constitui a boa e sincera produção, a estar a toda a hora junto ao fabricante, de guiá-lo passo a passo. Não será mais ele quem fabrica; sois vós, o Estado, quem sereis o verdadeiro fabricante.

Eis-vos pois caídos na armadilha: ou entravais a liberdade de comércio imiscuindo-vos de mil maneiras na produção, ou declarai-vos o único produtor e o único comerciante.

No primeiro caso, vexando a todos, acabareis por sublevar a todos e cedo ou tarde o Estado se fará expulsar e as marcas de fábrica serão abolidas. No segundo caso, substituireis por toda a parte a iniciativa individual pela ação do poder, o que é contra os princípios da economia política e a constituição da sociedade. Se tomardes o meio-termo será então o favor, o nepotismo, a hipocrisia: o pior dos sistemas.

---

[94] [N.T.]: Isto é, em 1845, pois a obra foi editada em 1846.

Suponhamos agora que a marca seja abandonada aos cuidados do fabricante. Eu digo então que elas, mesmo que sejam tornadas obrigatórias, perderão pouco a pouco o seu *significado* e que nada mais serão no fim que *marcas de origem*. É preciso conhecer muito pouco do comércio para se imaginar que um negociante ou um chefe de manufatura, fazendo uso de procedimentos não sujeitos à patente, irá trair o segredo de sua indústria, de seus lucros, de sua existência. O significado será pois mentiroso: não é dado ao poder de polícia fazer com que isto ocorra de modo diferente. Os imperadores romanos, para descobrir os cristãos que dissimulavam a sua religião, obrigavam todos a sacrificar aos ídolos. Acabaram fazendo apóstatas e mártires e o número de cristãos só fez aumentar. Da mesma forma as marcas significativas, úteis para algumas casas, gerarão fraudes e repressões inúmeras: é tudo o que se pode esperar delas. Para que o fabricante indique lealmente a composição intrínseca de seu produto, quer dizer o valor industrial e comercial de sua mercadoria, é preciso que lhes sejam retirados os perigos da concorrência e satisfeitos os seus instintos de monopólio: podereis fazer isto? É preciso ademais interessar o consumidor na repressão às fraudes, fato este que, enquanto o produtor não for plenamente desinteressado, é ao mesmo tempo impossível e contraditório[95]. É impossível: considerai de um lado um consumidor depravado[96], a

---

[95] [N.T]: É interessante ressaltar este papel do consumidor na prevenção à fraude, observado por Proudhon. Porque nem sempre a fraude resulta em *prejuízo* para o consumidor. Tomemos o exemplo bastante atual da questão dos direitos autorais sobre programas de computador, discos à laser, livros, etc. Existe forte campanha internacional contra a "pirataria" destes bens, mas a questão pode ser resumida em poucas linhas: um programa de computador para cálculos matemáticos sofisticados, baseados nas chamadas linguagens voltadas para o objeto, custa em termos oficiais algo na faixa de U$ 2.500,00 - U$ 13.200,00, ao passo que a sua contrafação pode ser adquirida a U$ 4,00. Um estudante ou um técnico em países de 3º Mundo simplesmente não possui renda suficiente para adquirir a versão original, que sozinha custa mais que um sistema de "hardware", ao passo que a cópia pirata poderá ser instalada discretamente em sua máquina e *prestará os mesmos serviços que o* original. Do ponto de vista da "mão invisível" este comportamento não seria perfeitamente racional? Um argumento análogo valeria para CD's ou livros: um livro técnico hoje dificilmente custa menos de U$ 80,00, ao passo que a sua cópia xerográfica custará no máximo 20% deste total; para quem não tem dinheiro, a decisão é óbvia. Se a razão custo/benefício fosse outra, a procura pelo contrafação cairia. Como diz Proudhon, de pouco adiantam as declamações ou a repressão enquanto o fato básico: o acesso ao bem em questão, não for regulado. Cremos que neste caso o confronto entre o *monopólio* (no caso as grandes empresas de comunicação e da indústria cultural, os fabricantes de software, etc.) e o *interesse do consumidor* é tão óbvio, que dispensa qualquer comentário.

[96] [N.T]: Notemos que em francês *depravé* embora possa ser traduzido pelo mesmo termo em português, possui um registro menos moralista podendo ser utilizado no sentido de *alterado em direção à decomposição, adulterado, corrompido*, assim, p. ex. *dépravation du gout* deve ser entendido como uma alteração (para pior) na percepção do gosto, devida a alguma alteração ou defeito introduzido nos órgãos de degustação.

China, e de outro um fornecedor acossado, a Inglaterra; entre os dois uma droga venenosa que dá a exaltação e a embriaguez: tereis, apesar de toda a polícia do mundo, o comércio do ópio[97]. É contraditório: na

---

[97] [N.T]: Esta frase possibilitaria uma vasta glosa sobre o problema, muito atual e nevrálgico, do *tráfico internacional de drogas*. Observemos apenas dois pontos fundamentais. Em primeiro lugar, o referido tráfico é um negócio de proporções monumentais e de importância política e estratégica – o segundo melhor depois do tráfico de armas; Noam CHOMSKI estimava, em 1998, em 300 bilhões de dólares o giro anual de capital desta atividade: algo da ordem de 20% do PIB norte-americano e um tal fluxo de capitais não pode circular desapercebido ou sem a conivência do sistema financeiro internacional. Estima-se por outro lado que a atividade policial consiga apreender cerca de 10% da droga em circulação; ora apreensões de cocaína da ordem de uma tonelada não são infreqüentes no Brasil e nem em outros países, o que significa que para cada tonelada apreendida existem outras nove circulando e vinte mega-apreensões por ano significam uma produção mínima anual da ordem de 200 toneladas; como uma folha de coca contém no máximo alguns miligramas da droga, vemos que a atual circulação implica no tratamento de **bilhões de folhas de coca** – uma operação química de vasta envergadura, necessitando de quantidade ponderável de reagentes, de pessoal técnico e de instalações especializadas; note-se que muitos dos reagente utilizados na extração da cocaína **não são fabricados** nos países produtores da droga, tendo pois que ser importados dos países industrializados e colocando desta maneira outra intrigante indagação. É lugar comum igualmente, entre o pessoal encarregado da repressão ao tráfico, a afirmação de que a repressão recai apenas sobre os escalões baixos e médios deste negócio, não conseguindo atingir os reais condutores que, altamente colocados na sociedade, são na prática inatingíveis pela repressão. Além disto ressaltemos que, desde finais da década de 1950, a CIA vem estabelecendo vínculos escusos e clandestinos com traficantes de heroína e cocaína no Extremo Oriente e na América Latina, com o objetivo duplo de utilizar os serviços desta gente na repressão de movimentos políticos contrários aos interesses norte-americanos nos países de origem das drogas, como também providenciar um "caixa dois" não acessível a auditorias que pode ser de extrema utilidade na condução das chamadas "operações clandestinas": este é um segredo de polichinelo mas muitas vezes é "esquecido" nas falas dos especialistas da imprensa e dos governos e infelizmente os exemplos da desestabilização do Laos pelo Triângulo Dourado durante a guerra do Vietnã, a ascensão ao poder de Garcia Mesa na Bolívia e de Noriega no Panamá durante a década de 1980, em golpes patrocinados pela CIA confirmam a veracidade do vínculo.

Por outro lado a política repressiva apenas faz aumentar o problema e não o resolve; o séc. XIX foi tolerante com relação ao uso de substâncias psicoativas, ao passo que o séc. XX foi repressivo: como resultado apenas a magnificação do problema. O ponto fundamental é o seguinte: o abuso de substâncias psicoativas, assim como o alcoolismo, o tabagismo ou as atitudes obsessivas em geral são fatos que, no máximo, são da alçada da saúde pública e nunca da ação repressiva e policial do Estado. Existem registros do uso destas substâncias pelos humanos há milênios, bem como o registro de seu uso por outras espécies animais, provindo de observações etológicas, sem os efeitos catastróficos hoje observados. Lembremos que a Lei Seca, nos EUA, ao criminalizar o uso do álcool, foi a responsável direta pelo crescimento da Máfia e do crime industrial, além de causar monumentais problemas sanitários: os poucos registros que a Medicina possui de **uso endovenoso de álcool**, provêm infelizmente desta época; além disto as mortes e intoxicações por bebidas adulteradas com metanol, acetona e outras substâncias foi enorme. A Máfia ganhou muito dinheiro e peso político, influindo poderosamente na vida sindical, na eleição de parlamentares e de presidentes e por ocasião do

sociedade, o produtor e o consumidor são um só, quer dizer, ambos estão interessados em produzir aquilo cujo consumo lhe é nocivo; e como para cada um o consumo segue-se à produção e à venda, todos pactuarão para salvaguardar o seu primeiro interesse, excetuando o pôr-se em guarda respectivamente sobre o segundo.

O pensamento que sugeriu as marcas de fábrica é de mesma cepa daquele que, outrora, ditou as leis de preço máximo. Mais uma vez aqui está mais umas das encruzilhadas da economia política.

É uma constante das leis de máximo, todas elas feitas com vistas a remediar a carestia, o fato de que tiveram todas como conseqüência piorar a carestia. Assim, não é de injustiça ou má vontade que os economistas acusam estas leis abominadas, é de imperícia e de falta de política. Mas que contradição existe na teoria que eles lhes opõem!

Para remediar a carestia é preciso chamar os gêneros de primeira necessidade, ou melhor, é preciso trazê-los à luz; até aqui, nada a opor. Para que estes gêneros apareçam, é preciso atrair os seus detentores

---

fim da lei seca possuía uma infra-estrutura econômica e logística que lhe permitiu ampliar as suas atividades legais em cobertura às ilegais. Malatesta, em 1920, comentando a preocupação de um médico sanitarista francês sobre o uso crescente de cocaína, elaborava uma "sugestão" que dizia ser impossível de ser aceita, mas que seria a resposta à proposta repressiva e ineficaz do esculápio; consistia em fazer simplesmente com que as entidades de saúde pública fornecessem aos adictos, a preço de custo ou mais barato ainda, a substância de que necessitavam; segundo Malatesta isto causaria a quebra econômica do tráfico e traria a questão do uso e do abuso das drogas ao domínio individual. É interessante ver que alguns países, como a Holanda, p. ex., vêm progressivamente ingressando nestas atitudes não repressivas, com melhorias substanciais nos problemas de violência urbana, de criminalidade e de saúde associados com o uso destas substâncias. Em 1860 já se conhecia os efeitos do ópio, não obstante ele poderia ser comprado em qualquer farmácia (o leitor de Anna Karênina poderá ter uma confirmação deste fato): o tráfico de drogas não existia na Europa; hoje em dia, com a instalação de um aparato repressivo espetacular, o consumo de heroína é um flagelo sanitário entre a juventude. Como diz Proudhon, dadas estas condições *tereis, apesar de toda a polícia do mundo, o tráfico do ópio.*
Ao leitor interessado em aprofundar estes assuntos recomendamos as seguintes leituras: Noam CHOMSKY *Deterring Democracy* (1ª ed. New York, Vintage Books 1992); Edward HERMAN & Noam CHOMSKY *Manufacturing Consent* (1ª ed. New York, Vintage Books 1994); Edson PASSETTI *Das Fumeries ao Narcotráfico* (1ª ed. S. Paulo, EDUC 1991); Norman LEWIS *A Máfia por Dentro* (1ª ed. R. de Janeiro, Civilização Brasileira 1967); Norman MAILLER *O Fantasma da Prostituta* (2 v. 1ª ed. S. Paulo, Best-Seller 1991); Michael LEVINE *A Grande Mentira Branca* (1ª ed. S. Paulo, Best-Seller 1994); Victor MARCHETTI & John D. MARKS *The CIA and the Cult of Inteligence* (2ª ed. New York Dell Publishing Co. 1974); Maurides M. RIBEIRO & Sérgio D. AMARAL (org.) *Drogas: Hegemonia do Cinismo* (1ª ed. S. Paulo, Memorial 1997); Simón BRAILOWSKY *Las Sustancias de los Sueños: Neuropsicofarmacologia* (2ª ed. México, FCE 1998); Martin A. GOSCH & Richard HAMMER *O Testamento do Chefão* (1ª ed. R. de Janeiro, Novo Tempo Ed. 1979.)

pelo lucro, excitar a sua concorrência e assegurar-lhes liberdade completa no mercado: este processo não vos parece da mais absoluta homeopatia[98]? Como conceber que, quanto mais facilmente extorquido, mais cedo serei abastecido? Deixai fazer, diz-se, deixai passar; deixai agir a concorrência e o monopólio, sobretudo em tempos de escassez, mesmo quando a dita escassez é fruto da concorrência e do monopólio. Que lógica! Mas sobretudo que moral!

Mas por que então não se cria uma tarifa para os fazendeiros, como a que existe para os padeiros? Por que não um controle da semeadura, da colheita, da vindima, da forragem e do gado, como a estampilha que se apõe aos jornais, às circulares e mandatos, como as concessões para os cervejeiros e comerciantes de vinho?... No sistema do monopólio isto seria, eu concordo, um acréscimo dos tormentos; mas com as nossas tendências de comércio desleal e a disposição do poder em aumentar sem cessar o seu pessoal e o seu orçamento, uma lei de inquisição sobre as colheitas torna-se cada dia mais indispensável.

Ademais seria difícil dizer qual dos dois, se o livre comércio ou se o tabelamento de preços, causa mais mal em tempos de carestia.

Mas seja qual for o partido que escolherdes, não podereis fugir desta alternativa, a decepção será segura e o desastre imenso. Com o tabelamento os gêneros se ocultam, o terror cresce pelo próprio efeito da lei, o preço dos gêneros de primeira necessidade sobe, sobe e logo a circulação detém-se e a catástrofe se segue, pronta e impiedosa como uma razia. Com a concorrência, a marcha do flagelo é mais lenta, mas não menos funesta: quanta gente esgotada ou morta de fome antes

---

[98][N. T]: Proudhon utiliza aqui o termo no sentido etimológico e não no sentido médico mais habitual. Homeopatia provém do grego: ʼομηοσ + παθοσ. O substantivo παθοσ é habitualmente traduzido por paixão, mas lembremo-nos que o sentido psicológico e sentimental deste último, que é o mais comum na linguagem cotidiana, é apenas um sentido derivado. O sentido primitivo deste termo é o de sensação interna, sentimento e é desta forma que Descartes, p.ex., intitulou um de seus tratados de "As Paixões da Alma" : aqueles estados internos ao psiquismo provocados por eventos do mundo exterior e não pelo seu dinamismo interno. ʼΟμηοσ é um prefixo que indica semelhança, igualdade; assim, literalmente homeopatia significa mesma sensação, mesma Paixão, da mesma forma como simpatia indicaria sensações ou paixões de mesmo rumo, sensações ou paixões afins e antipatia seria propriamente a indicação de sensações ou paixões opostas ou antagônicas. O sentido médico do termo derivou do seu sentido etimológico, através do célebre apotegma de Hahnemann: "Simila similis curantur", que indica a cura de um sintoma pelo uso de um fármaco que produzisse sintoma semelhante. Ao utilizar o termo, Proudhon quer indicar, criticamente, que a ação proposta para resolver o problema reduz-se a reforçar os termos do problema.

que a alta atraia os comestíveis! E quantas outras extorsões depois que estes gêneros chegaram! É a história daquele rei a quem Deus, em punição ao seu orgulho, ofereceu a alternativa de três dias de peste, três meses de fome ou três anos de guerra. Davi escolheu o caminho mais curto: os economistas preferem o mais longo. O homem é tão miserável, que prefere finar-se pela tísica do que pela apoplexia: parece-lhe que desta forma morre menos. Eis a razão que faz exagerar tanto os inconvenientes das leis de máximo e os benefícios do livre comércio.

De resto, se a França não se ressente, há vinte e cinco anos, de uma carestia geral, a causa não se deve à liberdade do comércio, que sabe muito bem, quando quer, produzir o vácuo no pleno e no seio da abundância fazer reinar a fome; a ausência de carestia se deve à melhoria das vias de comunicação que, abreviando as distâncias, logo chamam de volta ao equilíbrio uma situação momentaneamente perturbada por uma penúria local. Este é um exemplo patente desta triste verdade de que na sociedade o bem geral nunca é o efeito de uma conspiração de vontades particulares!

Quanto mais se aprofunda este sistema de transações ilusórias entre o monopólio e a sociedade, isto é, conforme já explicamos no primeiro parágrafo deste capítulo, entre o capital e o trabalho, entre o patriciado e o proletariado, mais se descobre que tudo nele está previsto, regulado e executado segundo esta máxima infernal, que Hobbes e Maquiavel, estes teóricos do despotismo, não conheceram: TUDO PELO POVO E CONTRA O POVO. Enquanto o trabalho produz, o capital, sob a máscara de uma falsa fecundidade, goza e abusa: o legislador, oferecendo a ele a sua mediação, quis trazer novamente o privilegiado para os sentimentos fraternais e cercar de garantias o trabalhador e agora vê, pela contradição fatal dos interesses, que cada uma destas garantias é um instrumento de suplício. Seriam necessários cem volumes, a vida de dez homens e um peito de aço para relatar, deste ponto de vista, os crimes do Estado para com o pobre e a variedade infinita de suas torturas. Um sumário golpe de vista sobre as principais categorias da polícia, bastará para nos fazer apreciar o seu espírito e a sua economia.

Depois de ter lançado, em um caos de leis civis, comerciais e administrativas, a perturbação nos espíritos, de ter tornado mais obscura a noção de justiça multiplicando a sua contradição e tornando necessária, para explicar tal sistema, toda uma casta de intérpretes, foi preciso ainda organizar a repressão dos delitos e providenciar o seu castigo. A justiça criminal, esta ordem tão rica da família dos improdutivos[99] cuja manutenção custa anualmente mais de 30 milhões de francos à França, tornou-se para a sociedade um princípio de existência tão necessário quanto o pão o é para a vida do homem; mas com esta diferença de que o homem vive do produto de suas mãos, ao passo que a sociedade devora os seus membros e alimenta-se de sua própria carne[100].

---

[99] [N.T]: Lembremos que *família* e *ordem* são também termos técnicos da Zoologia, tal como sistematizada por Buffon e Lineu em finais do séc. XVIII. Proudhon, pois, compara a organização interna da classe dos improdutivos às ramificações observadas dos animais, assimilando pois ironicamente esta classe às bestas...

[100] [N.T]: Os anarquistas, bem como algumas outras escolas socialistas como os owenianos p. ex., sempre foram críticos do sistema prisional, das penas e do Direito Penal. O anarquismo, entretanto, destaca-se de seus congêneres neste ponto ao postular que tais instituições repressivas são ao mesmo tempo *desnecessárias* e *nocivas* do ponto de vista social, servindo apenas para agravar os problemas e conflitos e não resolvendo absolutamente nada. Os denominados "crimes" em sua opinião derivam basicamente de duas fontes: a estrutura social vigente, com sua ênfase na acumulação a conseqüente geração de profundas desigualdades e frustrações e a necessidade da força para se manter o privilégio, aliada à ilusão, gerada pelo próprio sistema de que *todos nele podem enriquecer e que só os incompetentes é que não o conseguem*; os atentados contra a propriedade (furtos, estelionato, roubos, assaltos, seqüestros com finalidade econômica, etc.) são as principais fontes de atos delituosos mesmo hoje em dia, e é óbvio para eles que uma distribuição justa da riqueza social praticamente eliminaria tais comportamentos. A segunda fonte de comportamentos "criminais", segundo sua opinião, provém de problemas patológicos e constitui os denominados "crimes bárbaros" tais como assassinatos e violências cometidos aparentemente sem razão, alguns crimes sexuais, comportamentos destrutivos gratuitos, etc. e neste caso a repressão é igualmente inútil, pois o que importa é compreender e tratar o problema e não simplesmente reprimi-lo. Além disto as prisões possuem um efeito desmoralizante profundo, pois, ao privar o homem de sua liberdade, privam-no igualmente de algo fundamental à sua própria personalidade alterando profundamente o seu comportamento e, neste sentido, as modernas observações sobre a "psicologia do internalizado" nada mais fazem do que, sem o saber, retomar as teses libertárias velhas de um século e meio. A pena de morte, é para eles apenas um espetáculo de vilania do poder, que visa apenas atemorizar e promover a sujeição, sem nenhuma eficácia prática. Vemos que tais teses, em muitos pontos, prefiguram as concepções mais modernas de um Gabriel Tarde e sua Sociologia Criminal, do Michel Foucault da História da Loucura e de Vigiar e Punir, de um Deleuze, de um Goffman, etc., bem como algumas visões da Psicanálise. Tais posturas estão igualmente na raiz da moderna escola jurídica do Abolicionismo Penal, que vem revolucionando a jurisprudência e a Penologia na Escandinávia e na Holanda. Em todas as oportunidades históricas que tiveram, os anarquistas colocaram suas idéias de abolição das prisões em prática, seja na Comuna de Paris, seja na Ucrânia, por ocasião da Revolução de 1917, seja na Catalunha revolucionária de 1936: as prisões foram pura e simplesmente abertas e as pessoas tornadas responsáveis pelos seus atos; não consta, na medida dos fatos empíricos que se pode recolher nestas situações tumultuadas, que tal atitude tenha contribuído para um aumento dos atos anti-sociais ou para a "implantação do caos"

Conta-se segundo alguns economistas[101]:

Em Londres   1 criminoso em 89 habitantes
Em Liverpool   1 criminoso em 45 habitantes
Em Newcastle   1 criminoso em 27 habitantes

Mas tais números não possuem exatidão e, por mais apavorantes que pareçam, não exprimem o grau real de perversão social pela polícia. Não é somente o número de culpados reconhecidos que se trata de aqui determinar, é o número de delitos. O trabalho dos tribunais criminais é somente um mecanismo particular que serve para pôr em relevo a destruição moral da humanidade sob o regime de monopólio; mas esta exibição oficial está longe de abraçar o mal em toda a sua extensão. Eis outros números que poderão nos conduzir a uma aproximação mais certeira.

Os tribunais criminais de Paris julgaram:

Em 1835   106.467 casos
Em 1836   128.489 casos
Em 1837   140.247 casos

Suponhamos que esta proporção tenha continuado até 1846 e que a este total de casos se some os de outras jurisdições, os simples casos de polícia e todos os delitos não conhecidos ou deixados impunes, delitos cujo número, no dizer dos magistrados, ultrapassa em muito

---

como querem os conservadores que – na tradição de Maquiavel e Hobbes e talvez por pintarem os outros à sua própria imagem – sustentam que ao se abolir o aparato repressivo cai-se imediatamente no caos. Para uma visão mais aprofundada sobre esta questão, remetemos o leitor ao clássico de Piotr KROPOTKIN *"As Prisões"*, bem como aos escritos de Errico MALATESTA sobre o tema, que infelizmente estão esparsos ao longo de sua obra (consultar o índice da edição de seus escritos pela FAI: *Pagine di Lotta Cotidiana* 2v e *Pensiero e Volontá* 2v.). Um depoimento e uma análise incisivos sobre o funcionamento das prisões pode ser encontrado no clássico de Alexander BERKMANN *Prision Memoirs of an Anarchist*; são igualmente interessantes as reflexões de Robert OWEN sobre o tema, que podem ser apreciadas em uma coletânea recente (*A New View on Society and other Writings* London Penguin Classics 1991).

[101] [N.T]: Os "efeitos criminógenos" de toda a industrialização súbita são um fato exaustivamente apontado por toda a estatística social há mais de duzentos anos e as tentativas de combater tais efeitos com prisões, cárceres, galés, trabalhos forçados, enforcamentos ou fuzilamentos revelaram-se todas inócuas. Matérias interessantes para reflexão no Brasil de hoje.

aqueles atingidos pela justiça, e chegaremos que na cidade de Paris há mais infrações à lei do que há de habitantes. E como, dentre os autores presumidos destas infrações, é preciso descontar as crianças menores de 7 anos, que estão abaixo do limite de imputabilidade penal, deveremos concluir que cada cidadão adulto é, três ou quatro vezes ao ano, culpado com relação à ordem estabelecida[102].

Assim, o sistema proprietário sustenta-se em Paris somente através do consumo de um ou dois milhões de delitos! Ora, mesmo que tais delitos fossem apenas de um único homem, o argumento sempre subsistiria: este homem seria apenas o bode emissário carregado com os pecados de Israel[103]; que importa o número de culpados, desde que a justiça tenha o seu contingente?

A violência, o perjúrio, o roubo, o estelionato, o desprezo pelas pessoas e pela sociedade constituem de tal forma a essência do monopólio; eles dele decorrem de uma maneira tão natural e com tão perfeita regularidade e segundo leis tão seguras que se pode submeter o seu perpetrar ao cálculo de modo que, dados um certo tamanho da população, o estado de sua indústria e de suas luzes, deduz-se rigorosamente as estatísticas de sua moral. Os economistas ainda não sabem qual é o princípio do valor, mas conhecem, com precisão de algumas decimais, a proporcionalidade do crime. Tantas mil almas, tantos malfeitores e tantas condenações e isto sem engano. É uma das mais belas aplicações do cálculo das probabilidades e o ramo mais avançado da ciência econômica. Se o socialismo tivesse inventado esta doutrina acusadora, todos teriam gritado ser uma calúnia.

Aliás, qual é o conteúdo, nisto tudo, que nos deva surpreender? Como a miséria é um resultado necessário das contradições da sociedade, resultado este possível de se determinar matematicamente segundo a taxa de juros, o volume dos salários e os preços do comércio, da mesma forma os crimes e os delitos são outro efeito do mesmo antago-

---

[102] [N.T]: Os advogados da "tolerância zero", do aumento das figuras criminais previstas em lei e do rebaixamento do limite de imputabilidade, bem que poderiam, por um momento, refletir nestas palavras, para que não tenhamos que, no futuro, utilizar metade da população como vigia da outra metade e conseqüentemente todos morrermos de fome.

[103] [N.T]: Alusão ao ritual descrito no Levítico, segundo o qual anualmente os israelitas deveriam despachar ao deserto, em intenção à Azael, um bode expiatório, carregado com todos os pecados cometidos pelo povo durante o período, de modo que este conquistasse novamente o seu estado de pureza ritual.

nismo, suscetíveis, como a sua causa, de serem apreciados pelo cálculo. Os materialistas tiraram as mais tolas conseqüências desta subordinação da liberdade às leis dos números, como se o homem não estivesse sob a influência de tudo aquilo que o cerca e como, dado que aquilo que o cerca é regido por leis fatais, ele não devesse experimentar, nas suas manifestações as mais livres, a reação destas leis![104]

O mesmo caráter de necessidade que acabamos de assinalar no estabelecimento e na alimentação da justiça criminal encontra-se, mas sob um aspecto mais metafísico, na sua moralidade.

Segundo todos os moralistas, a pena deve ser tal que possibilite a correção do culpado[105] e conseqüentemente deve afastar-se de tudo aquilo que puder acarretar a sua degradação. Longe de mim o pensamento de combater esta tendência feliz dos espíritos e de denegrir as tentativas que teriam feito a glória dos maiores homens da antigüidade. A filantropia, apesar do ridículo que às vezes vincula-se ao seu nome, permanecerá, aos olhos da posteridade, como o traço mais honroso de nossa época: a abolição da pena de morte, que está apenas postergada, e das marcas de infâmia, os estudos realizados sobre o regime celular, o estabelecimento de oficinas nas prisões e mais uma multidão de outras reformas que não posso citar, testemunham um progresso real em nossas idéias e em nossos costumes. Aquilo que o autor do cristianismo, em um sublime impulso de amor, nos contava de seu místico reino, onde o pecador arrependido deveria ser glorificado acima do justo inocente, esta utopia da caridade cristã tornou-se a aspiração de nossa

---

[104] [N.T]: Eis aqui, mais uma vez e claramente enunciado, o vínculo de imersão da cultura humana na natureza, que discutimos tão longamente em nossas notas ao Capítulo I da presente obra.

[105] [N.T]: Proudhon refere-se aqui ao movimento de idéias que, à partir de Cesare BECCARIA (*Dos Delitos e das Penas*) e dos Iluministas propugna por uma mudança na concepção da justiça, que deveria abandonar o seu caráter vingativo de *hybrys*, para adotar um caráter positivo e pedagógico. O crime deixaria de ser uma ofensa ao corpo social, ao corpo metafísico do soberano ou ao da Igreja e passaria a ser um desvio de conduta suscetível de ser retificado. A abolição das torturas institucionais e das torturas espetaculares, através das execuções capitais conduzidas como um teatro de horrores e a instituição das prisões modernas e da gradação das penas são etapas decisivas neste processo. O leitor interessado pode encontrar elementos para uma discussão deste movimento nas obras já citadas de Robert CASTEL (*L'Ordre Psychiatrique*), de Michel FOUCAULT (*História da Loucura* e *Vigiar e Punir*) e de Erving GOFFMANN (*Manicômios, Conventos e Prisões*) entre outras. A literatura do período abunda em descrições sobre a ordem penitenciária, como, p. ex. o 1º tomo d'*Os Miseráveis* de Victor HUGO e as obras de Charles DICKENS e Thomas HARDY.

sociedade incrédula; e quando se pensa na unanimidade de sentimentos que reina a tal respeito, pergunta-se com surpresa o que é que impede que este desejo não seja cumprido.

Infelizmente é porque ainda a razão é mais forte que o amor e a lógica mais tenaz que o crime; é porque, aqui como em qualquer outro domínio, reina uma contradição insolúvel em nossa civilização. Não nos percamos em mundos fantásticos; abracemos em sua nudez temível o real.

O crime faz a vergonha e não o cadafalso, diz o provérbio. Apenas por isso, pelo fato do homem ser punido mesmo que o mereça, ele se degrada: a pena o torna infame não em virtude da definição do Código Penal, mas por causa da falta que motivou a punição. O que importa pois a materialidade do suplício? O que importam todos os sistemas penitenciários? O que fazeis deles é para satisfazer a vossa sensibilidade, mas eles são impotentes para reabilitar o infeliz que vossa justiça golpeia. O culpado, uma vez dobrado pelo castigo, é incapaz de reconciliação; sua mancha é indelével e sua danação eterna. Se as coisas pudessem ocorrer de outra maneira, a pena deixaria de ser proporcional ao delito e não seria mais que uma ficção, não seria nada. Aquele a quem a miséria conduziu ao furto, se deixar-se atingir pela justiça, permanece para sempre o inimigo de Deus e dos homens; melhor seria para ele não ter vindo ao mundo; é o próprio Jesus-Cristo quem diz: *Bonum erat ei, si natus non fuisset homo ille.* E sobre aquilo que disse Jesus-Cristo nem os cristãos e nem os descrentes tergiversam: a irremissibilidade da vergonha é, de todas as revelações do Evangelho, a única que foi entendida pelo mundo proprietário[106]. Assim,

---

[106] [N.T]: Seria muito produtivo que os cinco parágrafos acima fossem lidos, relidos e meditados pelos propugnadores atuais das panacéias repressivas baseadas no modelo da tolerância zero para "atitudes anti-sociais" como resposta às demandas de segurança pública. Talvez fosse mais produtivo ainda que o mesmo trecho fosse igualmente trabalhado e meditado pelos rompedores de selos já abertos e pelos inventores da roda que tanto acoimam os escritores clássicos anarquistas de positivismo, de cientificismo e que tão sedentos estão de um "aggiornamento" das idéias libertárias. Sinceramente, tendo em vista tudo aquilo que de mais moderno se escreveu sobre a questão das penas e das prisões – e ressalvando-se as erudições de detalhes por um lado e as empolações obrigatórias ou consentidas ao discurso acadêmico pelos autores por outro – o trecho de nosso tipógrafo bisontino não poderia folgadamente lhes ombrear? Haveria nele algo que repugnasse a consciência libertária contemporânea? Ou não seria este texto uma súmula magistral do abolicionismo, escrita há quase 160 anos atrás. Por que não divulgá-la e utilizar os neurônios para aprofundar as fronteiras do tema, ao invés de repisar

separado da natureza pelo monopólio e arrancado da humanidade pela miséria, mãe do delito e da pena, que refúgio resta ao plebeu cujo trabalho não pode alimentá-lo e que não é suficientemente forte para tomar?

Para conduzir esta guerra ofensiva e defensiva contra o proletariado, uma força pública seria indispensável: o poder executivo saiu das necessidades da legislação civil, da administração e da justiça. E mais uma vez, aí, as mais belas esperanças transformaram-se em amargas decepções.

Como o legislador, como o burgomestre e como o juiz, o príncipe colocou-se como representante da autoridade divina. Defensor do pobre, da viúva e do órfão ele prometeu fazer reinar ao redor do trono a liberdade e a igualdade, prometeu vir em ajuda do trabalho e de ouvir a voz do povo. E o povo lançou-se com amor nos braços do poder e quando a experiência lhe fez sentir que o poder estava contra ele, em lugar de erguer-se contra a instituição, ele pôs-se a acusar o príncipe sem querer nunca compreender que, sendo o príncipe por natureza e destino o chefe dos improdutivos e o maior dos monopolizadores era impossível, fosse ele quem fosse, que abraçasse de fato a causa do povo.

Toda a crítica, seja da forma, seja dos atos do governo, termina nesta contradição essencial. E quando os teóricos ditos da soberania popular pretendem que o remédio contra a tirania do poder consiste em fazê-lo emanar do sufrágio popular, eles apenas agem como o esquilo que volteia na gaiola que o captura. Pois, no momento em que as condições constitutivas do poder, isto é, a autoridade, a propriedade e hierarquia, são conservadas, o sufrágio do povo nada mais é que o consentimento do próprio povo com sua opressão; é o que há do mais tolo charlatanismo.

No sistema de autoridade, seja qual for a sua origem – monárquica ou democrática – o poder é o órgão nobre da sociedade; é através

---

em tom de novidade temas e posições já tão bem expostos? Um pouco de modéstia é fundamental para a construção da liberdade! Nem todas as idéias que surgem em nosso cérebro são absolutamente originais; mesmo sem ser plágio, ocorre muitas vezes que chegamos autonomamente às mesmas conclusões, sobre um assunto, que as atingidas por outros. Mas às vezes, falar de Proudhon, de Bakunin ou de Kropotkin, exibir francamente seus textos na academia pode ofender ouvidos severos e então a introdução de nomes mais palatáveis pode ser de mais proveito!

dele que ela vive e move-se; toda iniciativa dele emana, toda ordem, toda perfeição é sua obra. Segundo as definições da ciência econômica ao contrário, definições estas conformes à realidade das coisas, o poder é a série dos improdutivos que a organização social deve tender a reduzir indefinidamente. Como pois, com o princípio da autoridade tão caro aos democratas, o voto da economia política, que é também o desejo do povo, poderia realizar-se? Como o governo, que nesta hipótese é tudo, tornar-se-ia um servidor obediente, um órgão subalterno? Como o príncipe, que teria recebido o poder apenas para enfraquecê-lo, trabalharia, com vistas à ordem, pela sua própria eliminação? Como ele não se ocuparia antes em fortificar-se, em aumentar o seu próprio pessoal e em obter sem cessar novos subsídios, livrando-se finalmente da dependência do povo, termo fatal de todo o poder saído do povo?

Diz-se que o povo, nomeando os seus legisladores e através deles notificando a sua vontade ao poder, estará sempre em condições de deter as invasões deste último; diz-se que desta forma o povo desempenhará ao mesmo tempo o papel de príncipe e o de soberano. Eis em duas palavras a utopia dos democratas, a eterna mistificação com a qual eles enganam o proletariado.

Mas o povo faria leis contra o poder, contra o princípio de autoridade e de hierarquia – que é o princípio da própria sociedade, contra a liberdade e a propriedade? Na hipótese em que nos achamos isto é mais que impossível, é contraditório. E portanto a propriedade, o monopólio, a concorrência, os privilégios industriais, a desigualdade das fortunas, a preponderância do capital, a centralização hierárquica e esmagadora, a opressão administrativa e o arbítrio legal serão conservados; e como é impossível que um governo não atue no sentido de seu princípio, o capital permanecerá como antes o deus da sociedade e o povo, sempre explorado e sempre envilecido, nada mais ganhará, desta tentativa de soberania, senão a demonstração de sua impotência.

Em vão os partidários do poder, todos estes doutrinários dinástico-republicanos que diferem entre si apenas pela tática, gabam-se que, uma vez nos negócios, trarão para todo o canto a reforma. Reformar o quê?

Reformar a Constituição? É impossível. Se a população em massa tiver penetrado em uma Assembléia Constituinte, de lá sairá somente depois de ter votado sua própria opressão, sob outra forma, ou decretado a sua dispersão[107].

Refazer o código, obra do imperador[108], substância pura do direito romano e do costume? É impossível. O que colocareis no lugar de vossa rotina proprietária, fora da qual não vedes nem ouvis nada? O que colocareis no lugar de vossas leis de monopólio, cujo círculo vossa imaginação é impotente para romper? Há quase meio século a realeza e a democracia, estas duas sibilas que nos legou o mundo antigo, empreenderam, através de uma transação constitucional, fazer concordar os seus oráculos; mas desde que a sabedoria do príncipe pôs-se em uníssono com a voz do povo, o que resultou[109]? Qual princípio de ordem foi descoberto? Que saída para o labirinto do privilégio foi indicada? Antes de o povo e o príncipe terem assinado este estranho compromisso, no que as suas idéias se assemelhavam? E depois, quando cada um deles esforça-se por romper o pacto, no que elas diferem?

Diminuir os cargos públicos, distribuir o imposto em base mais eqüitativa? É impossível: tanto para o imposto quanto para o exército, sempre o homem do povo fornecerá o maior contingente.

Regulamentar o monopólio? Pôr um freio à concorrência? É também impossível: mataríamos a produção.

Abrir novos mercados? É impossível[110].

Organizar o crédito? É impossível[111].

---

[107] [N.E.]: Esta crítica da autoridade política será retomada por todos os sindicalistas parlamentares e por todos os anarquistas, discípulos mais ou menos conscientes de Proudhon. O antagonismo entre os fins naturais da sociedade humana e a noção de Estado marca-se vigorosamente aqui, como em muitas outras passagens das obras de Proudhon. É à liberdade que ele pedirá a solução do problema e, conscientemente, ele despreza uma eventual parte coadjuvante ou estimulante do Estado no auxílio à plena formação do indivíduo (Ver HENRY MICHEL *L'Idée de l'Etat* pp. 395-406).

[108] [N.T]: Proudhon refere-se aqui ao "Código Napoleônico" – o primeiro Código Civil moderno – que regulamenta a propriedade, a família, as heranças e sucessões e os direitos civis na perspectiva burguesa. Sua influência foi imensa, pois instalou-se por quase toda a Europa, derrubando toda a jurisprudência antiga, baseada no Direito Consuetudinário e nas concepções feudais.

[109] [N.T]: Alusão de Proudhon à nova ordem monárquico-constitucional, que instaurou-se na Europa, e em outras partes de mundo, como no Brasil p. ex., à partir da ascensão de Napoleão ao Império e da "contra-revolução" que se seguiu à Waterloo, com a Santa Aliança e a incorporação das "novidades burguesas" do Código ao cotidiano legal da nação.

[110] [P]: Ver o Capítulo IX, no tomo II.

[111] [P]: Ver o Capítulo X, no tomo II [N.T.: Não obstante mais tarde Proudhon será um combatente apaixonado do crédito popular gratuito, como ferramenta para se construir as oficinas autogeridas].

Atacar a herança? É impossível[112].

Criar as oficinas nacionais; assegurar, na falta de trabalho, um mínimo para os operários; designar-lhes uma participação nos lucros? É impossível. É da natureza do governo poder ocupar-se das questões do trabalho apenas para encadear os trabalhadores, assim como ele se ocupa dos produtos apenas para recolher o seu dízimo.

Reparar, através de um sistema de indenizações, os efeitos desastrosos das máquinas? É impossível.

Combater pelos regulamentos a influência embrutecedora da divisão parcelar do trabalho? É impossível.

Fazer com que o povo goze dos benefícios do ensino? É impossível.

Estabelecer tabelamentos para as mercadorias e salários e fixar pela autoridade soberana o valor das coisas? É impossível.

De todas as reformas que a sociedade em desgraça reclama, nenhuma é da competência do poder; nenhuma pode ser realizada por ele, porque a essência do poder é incompatível com elas e não cabe ao homem unir aquilo que Deus dividiu[113].

Ao menos, dirão os partidários da iniciativa governamental, reconhecereis que, para cumprir a revolução prometida pelo desenvolvimento das antinomias, o poder seria um auxiliar poderoso. Por que, pois, oponde-vos a uma reforma que, colocando o poder nas mãos do povo, secundaria tão bem vossos projetos? A reforma social é a meta; a reforma política é o instrumento: por que, se quereis o fim, repudiais o meio?

Tal é, hoje em dia, todo o raciocínio da imprensa democrática, a quem agradeço, do fundo da minha alma, ter enfim proclamado, com esta profissão de fé quase socialista, a nulidade de suas teorias. É pois em nome da ciência que a democracia reclama, como preliminar à reforma social, uma reforma política. Mas a ciência protesta contra este subterfúgio, que para ela é injurioso; a ciência repudia qualquer aliança com a política e está muito longe dela esperar desta última o menor socorro; é pela política que ela deve começar a obra de suas exclusões.

---

[112] [P]: Idem [N.T.: Não obstante, os anarquistas, na I Internacional irão propugnar valentemente pela abolição do direito de herança e esta bandeira igualmente constará da maioria dos programas anarco-sindicalistas, redigidos entre 1890 e 1914.]

[113] [N.T.]: Alusão irônica à fórmula de indissolubilidade pronunciada durante o ritual do casamento católico: "que o homem não separe aquilo que Deus uniu".

Quão pouca afinidade pelo verdadeiro possui o espírito do homem! Quando eu vejo a democracia, socialista na véspera, pedir sem parar o capital para combater a influência do capital; pedir a riqueza para remediar a pobreza; pedir o abandono da liberdade para organizar a liberdade e a reforma do governo para reformar a sociedade; quando eu a vejo encarregar-se da sociedade desde que as questões sociais sejam afastadas ou resolvidas, parece que estou vendo uma daquelas cartomantes que, antes de responder às perguntas de seus consulentes, começa por indagar a sua idade, seu estado, sua família e todos os acidentes de sua vida. Pois bem, miserável feiticeira! Se conheces o futuro, sabes quem eu sou e o que quero: Por que, pois, me os indagas?

Responderei, pois, aos democratas: se conheceis o uso que deveis fazer do poder e se sabeis como o poder deve ser organizado, possuis a ciência econômica. Ora, se a possuís, se tendes a chave de suas contradições, se estais em condição de organizar o trabalho, se estudastes as leis da troca, não tendes mais necessidade dos capitais, da nação ou da força pública. Sois, desde hoje, mais poderosos que o dinheiro, mais fortes que o poder. Pois, se os trabalhadores estão convosco, sois por este fato os únicos amos da produção; tendes encadeados o comércio, a indústria e a agricultura; dispondes de todo o capital social e sois o árbitro do imposto; bloqueais o poder e espezinhais o monopólio. Que outra iniciativa, que autoridade maior reclamais? O que vos impede de aplicar vossas teorias?

Certamente não é a economia política, embora esta última seja geralmente seguida e acreditada; pois, como tudo na economia política tem o seu lado verdadeiro e seu lado falso, o problema reduz-se, para vós, em combinar os elementos econômicos de tal modo que o seu conjunto não apresente mais contradição.

Não é tampouco a lei civil, posto que tal lei – consagrando a rotina econômica unicamente por causa de suas vantagens e apesar de seus inconvenientes – é suscetível, como a própria economia política, de dobrar-se a todas as exigências de uma síntese exata e portanto ela vos é extremamente favorável.

Enfim, não é o poder que, última expressão do antagonismo e criado apenas para defender a lei, poderia levantar-vos obstáculos apenas abjurando-a.

Quem pois, mais uma vez ainda, vos impediu?

Se possuis a ciência social, sabeis que o problema da associação consiste em organizar não apenas os *improdutivos* – graças aos céus existe pouca coisa a fazer desse lado – mas principalmente organizar os *produtores* e, através desta organização, submeter o capital e subalternizar o poder. Tal é a guerra que tendes que sustentar: a guerra do trabalho contra o capital, a guerra da liberdade contra a autoridade, a guerra do produtor contra o improdutivo, a guerra da igualdade contra o privilégio. Aquilo que pedis para conduzir tal guerra a bom fim é precisamente aquilo que deveis combater. Ora, para combater e reduzir o poder, para colocá-lo no lugar que lhe convém na sociedade, de nada serve mudar os depositários do poder, nem de trazer algumas novas variantes às suas manobras: é preciso encontrar uma combinação agrícola e industrial através da qual o poder, hoje dominador da sociedade, torne-se seu escravo. Possuís o segredo de tal combinação?

Mas o que digo! É precisamente isto que vós não consentis. Como podereis conceber a sociedade sem hierarquias, se vos fizestes apóstolos da autoridade e adoradores do poder; pensais apenas em frutificar o poder e meter arreios na liberdade[114]; vossa máxima favorita é que é preciso providenciar o bem do povo apesar do próprio povo; ao invés de proceder a reforma social pela exterminação do poder e da política, vos é necessária uma reconstituição do poder e da política. Então, por uma série de contradições que provam a vossa boa-fé, mas das quais vossos competidores – os aristocratas e os monarquistas – conhecem muito bem as ilusões, vós nos prometeis, através do poder, a economia nas despesas, a distribuição eqüitativa do imposto, a proteção do trabalho, a gratuidade do ensino, o sufrágio universal[115], e todas

---

[114] [N.T]: *Museler la liberté*, no original francês. *Museler* é um verbo que significa *colocar focinheira em um animal* (os cães principalmente). Desconhecemos a existência de um correlativo em português e daí a nossa tradução figurada que pensamos melhor representar a força do texto original.

[115] [N.T.]: Lembremos que, quando Proudhon escreve estas linhas o voto popular, na maioria dos países onde existia e que não eram muitos, era censitário e masculino, sendo a sua universalização um cavalo de batalha dos democratas "radicais". A extensão de seu engano pode ser facilmente demonstrada quando se nota, por exemplo, que na França o introdutor do sufrágio universal masculino foi ninguém menos que Napoleão III. Todos os historiadores honestos do segundo Império reconhecem que esta instituição foi uma ferramenta conservadora ou mesmo reacionária, pois permitiu por duas décadas que as frações reacionárias do campo dominassem a opinião das cidades francesas, majoritariamente contrárias ao regime. Da mesma forma, durante a recente ditadura militar no Brasil (1964-1984), as eleições legislativas ocorriam com regularidade e o sufrágio era universal.

as utopias antipáticas à autoridade e à propriedade. O poder, em vossas mãos, não fez outra coisa senão periclitar e é por isso que jamais pudestes retê-lo; é por isto que, no 18 Brumário[116], bastaram quatro homens para subtraí-lo de vós e por isso hoje a burguesia, que ama como vós o poder e que quer um poder forte, não vô-lo entregará.

Assim o poder, instrumento da força coletiva, criado na sociedade para servir de mediador entre o trabalho e o privilégio, encontra-se encadeado fatalmente ao capital e dirigido contra o proletariado. Nenhuma reforma política pode resolver esta contradição pois, como os próprios políticos o confessam, tal reforma apenas daria mais extensão e energia ao poder e, a menos que se derrube a hierarquia e se dissolva a sociedade, o poder não poderia tocar nas prerrogativas do monopólio. O problema pois consiste, para as classes trabalhadoras, não em conquistar, mas sim em vencer ao mesmo tempo o poder e o monopólio, o que significa fazer surgir das entranhas do povo, das profundezas do trabalho uma autoridade maior, um fato mais poderoso, que envolva o capital e o Estado e que os subjugue. Toda a proposição de reforma que não satisfaça a esta condição será apenas um flagelo a mais, uma verga em sentinela, *virga vigilantem* diria um profeta, que ameaça o proletariado.

O coroamento deste sistema é a religião. Não irei me ocupar aqui do valor filosófico das opiniões religiosas, nem de narrar a sua história ou em buscar a sua interpretação. Limitar-me-ei a considerar a origem econômica da religião, o vínculo secreto que a liga à polícia e o lugar que ela ocupa na série das manifestações sociais[117].

---

[116] [N.T]: Aqui a data do golpe de Estado que conduziu ao Consulado e posteriormente ao Império Napoleão I, data esta tida usualmente como o final da Revolução Francesa.

[117] [R.P]: Toda esta página de Proudhon é puro materialismo econômico e Marx não teve trabalho de encontrar aqui inspirações úteis para as suas próprias teses. Esta aliás, não é a única passagem onde Proudhon lhe foi fornecedor: Toda a primeira parte da *Création de l'Ordre dans l'Humanité* pode ser lida nesta óptica. Ver a tal respeito a obra citada de MUELBERGER, pp. 58-59, que remete a numerosas passagens das *Contradições*. Ver por fim os textos muito significativos citados por DROZ (na nota das pp. 58-59 da obra citada) e principalmente as páginas 265-266 da *Idée Générale de la Revolution*. Marx exagerou o princípio de interpretação econômica da história, que Proudhon também utilizava, sem entretanto negar a influência dos fatores morais na vida das sociedades.

O homem, desesperando de encontrar o equilíbrio de suas potências, lança-se fora de si, por assim dizer, e busca no infinito esta harmonia soberana cuja realização é para ele o mais alto grau da razão, da força e da felicidade. Não podendo pôr-se de acordo consigo ele ajoelha-se diante de Deus e reza. Ele reza e sua prece, hino cantado a Deus, é uma blasfêmia contra a sociedade[118].

É de Deus, diz o homem, que me vem a autoridade e o poder: obedeçamos portanto a Deus e ao príncipe. *Obedite Deus et principibus.* É de Deus que me vem a lei e a justiça. *Per me reges regnant et potentes decernunt justitiam:* respeitemos aquilo que disseram o legislador e o magistrado. É Deus quem faz prosperar o trabalho, que eleva e derruba as fortunas: que se cumpra a sua vontade! *Dominus dedit, dominus abstulit, sit nomen Domini benedictum.* É Deus quem me castiga quando a miséria me devora; que eu sofra perseguição pela justiça e recebamos com respeito os flagelos dos quais sua misericórdia se serve para nos purificar: *Humiliamini agitur sub potenti manu Dei.* Esta vida que Deus me deu é apenas uma prova que me conduz à salvação: fujamos pois dos prazeres; amemos, busquemos a dor; façamos nossas delícias da penitência. A tristeza que vem da injustiça é uma graça do céu; felizes aqueles que choram! *Beati qui lugent!... Haec est enim gratia, si quis sustinet tristitias, patient injuste.*

Há um século, um missionário pregando diante de um auditório composto de financistas e de grandes senhores fazia a justiça desta moral odiosa. ".. O que eu fiz? Exclamava ele com lágrimas. Eu afligi os pobres, os melhores amigos de meu Deus! Preguei os rigores

---

[118] [N.T]: Mais uma vez vemos aqui a tese de que Deus é o inimigo da Sociedade humana. No "Programa" que serve de prefácio à sua obra *De la Justice dans la Revolution et dans l'Église*, escrita quase vinte anos depois das presentes *Contradições*, ele ainda exclamará : "...Desde que a Humanidade entrou no período de civilização, tão longe quanto a memória alcança, o povo, como dizia Paul-Louis COURIER, *reza e paga*. Ele reza por seus príncipes, por seus magistrados, por seus exploradores e seus parasitas. Ele reza, como Jesus Cristo, por seus carrascos. Ele reza até mesmo por aqueles que deveriam rezar por ele. E depois ele paga para aqueles por quem reza. Ele paga o governo, a justiça, a polícia, a igreja, a nobreza, a coroa, a renda, o proprietário e o guarnissário, quero dizer o soldado. Ele paga por seus passos, para ir e vir, para comprar e vender, para beber, comer, respirar, aquecer-se ao Sol, nascer e morrer. E implora ao céu para dar-lhe, abençoando o seu trabalho, meios com que pagar cada vez mais. O povo nunca fez outra coisa senão rezar e pagar: acreditamos que é chegado o momento de fazê-lo FILOSOFAR. (Proudhon, *De la Justice* ... nouvelle edition, 1ère. Étude pp. I e II - Bruxelas 1860).

da penitência diante de infelizes a quem faltava o pão! É aqui, aonde meus olhares recaem apenas sobre os poderosos e os ricos, sobre os opressores da humanidade sofredora, que eu deveria fazer retumbar a palavra de Deus com toda a força de seus trovões!..."

Reconheçamos todavia que a teoria da resignação serviu à sociedade, impedindo a revolta. A religião, consagrando por direito divino a inviolabilidade do poder e do privilégio, deu forças à humanidade para continuar seu caminho e esgotar as suas contradições. Sem esta venda amarrada sobre os olhos do povo, a sociedade já teria se dissolvido mil vezes. Era preciso que alguém sofresse para que ela se curasse e a religião, consoladora dos aflitos, tornou o pobre decidido a sofrer. Foi tal sofrimento que nos conduziu ao ponto onde estamos; a civilização, que deve ao trabalhador todas as suas maravilhas, deve ainda ao seu sacrifício voluntário tanto a sua existência quanto o seu futuro. *Oblatus est quia ipse voluit, et livore ejus sanate sumus.*

Ó povo dos trabalhadores, povo deserdado, vexado e proscrito! Povo que é aprisionado, que é julgado e que é morto! Povo ultrajado, povo marcado! Não sabes que mesmo para a paciência, mesmo para a dedicação, há um limite? Não deixarás de dar ouvidos a estes oradores do misticismo que te dizem para rezar e esperar, pregando a salvação pela religião ou pelo poder e cuja palavra veemente e sonora te cativa[119]? Teu destino é um enigma que nem a força física, nem a coragem da alma, nem as iluminações e o entusiasmo, nem a exaltação de nenhum sentimento podem resolver. Aqueles que te dizem o contrário enganam-te e seus discursos servem apenas para retardar a hora de tua liberação, que está prestes a soar. O que são o entusiasmo e o sentimento, o que é uma poesia vã diante da necessidade? Para vencer a necessidade há apenas a necessidade, razão última da natureza, pura essência da matéria e do espírito.

Assim, a contradição do valor, nascida da necessidade do livre-arbítrio, deveria ser vencida pela proporcionalidade do valor que é outra necessidade e ambas produzem por sua união a liberdade e a

---

[119] [N.T]: Proudhon alude aqui em primeiro lugar aos "socialistas cristãos" como Lamennais p. ex. e aos democratas radicais e socialistas estatizantes de inspiração jacobina, como Blanqui, Louis Blanc, entre outros.

inteligência. Mas, para que esta vitória do trabalho inteligente e livre produzisse todas as conseqüências, seria necessário que a sociedade atravessasse uma longa peripécia de tormentos.

Haveria necessidade de que o trabalho, para que aumentasse seu poder, se dividisse; e, pelo fato desta divisão, há necessidade de degradação e empobrecimento do trabalhador.

Haveria a necessidade de que esta divisão primordial se reconstituísse em instrumentos e combinações científicas[120] e necessidade de que, por esta reconstrução, o trabalhador subalternizado perdesse, juntamente com o salário legítimo, até o próprio exercício da indústria que o alimentava.

Haveria necessidade de que a concorrência viesse então emancipar a liberdade prestes a perecer; e necessidade de que esta libertação conduzisse a uma vasta eliminação dos trabalhadores.

Haveria a necessidade de que o produtor, enobrecido por sua arte como outrora o guerreiro o era por suas armas, erguesse bem alto a sua bandeira, para que a coragem do homem fosse honrada tanto no trabalho quanto na guerra e haveria necessidade de que do privilegiado logo nascesse o proletário.

Haveria necessidade de que a sociedade tomasse então sob sua proteção o plebeu vencido, mendigo e sem asilo e necessidade de que esta proteção se convertesse em uma nova série de suplícios.

Encontraremos em nosso caminho outras necessidades ainda, que desaparecerão, como as primeiras, sob necessidades maiores, até que por fim chegue a equação geral, a necessidade suprema, o fato triunfador que deve estabelecer para sempre o reino do trabalho[121].

Mas esta solução não pode sair nem de um golpe de mão e nem de uma transação vã. É tão impossível associar o trabalho e o

---

[120] [N.T]: *Savantes* no original.

[121] [R.P]: Ver o último capítulo, *Resumo e conclusões*. Proudhon indica aqui a meta de sua arte social: a substituição da hierarquia das funções políticas por uma organização das forças econômicas; a oficina substituindo o governo. É a fórmula saint-simoniana da administração das coisas substituindo o governo dos homens que aqui encontramos, assim como ela também aparece em Marx. Os anarquistas modernos: Stirner, Bakunin e Kropotkin retomam também em Proudhon esta fórmula de Saint-Simon. Podemos igualmente ver nesta página um exemplo da aplicação da dialética hegeliana, tal como Proudhon a concebia. Vê-se aqui as realidades sucessivas gerarem-se pela síntese das contradições lógicas que constituem a sua própria essência.

capital quanto produzir sem capital e sem trabalho; é tão impossível criar a igualdade pelo poder quanto suprimir o poder e a igualdade e fazer uma sociedade sem povo e sem polícia.

É preciso, eu repito, que uma FORÇA MAIOR invertesse as fórmulas atuais da sociedade; que seja o TRABALHO do povo e não a sua bravura ou os seus sufrágios quem, por uma combinação científica, legal, imortal e inelutável submeta o capital ao povo e lhe entregue o poder.

FIM DO I TOMO

Impressão e Acabamento

Bartira
G r á f i c a
(011) 4123-0255